베트남과 그 이웃 중국

서남동양학술총서
베트남과 그 이웃 중국
양국관계의 어제와 오늘

초판 1쇄 발행/2012년 11월 20일
초판 5쇄 발행/2023년 9월 19일

지은이/유인선
펴낸이/강일우
책임편집/김정혜
펴낸곳/(주)창비
등록/1986년 8월 5일 제85호
주소/10881 경기도 파주시 회동길 184
전화/031-955-3333
팩시밀리/영업 031-955-3399 · 편집 031-955-3400
홈페이지/www.changbi.com
전자우편/human@changbi.com

ⓒ 유인선 2012
ISBN 978-89-364-1332-3 93910

서남동양학술총서

베트남과
그 이웃 중국

양국관계의 어제와 오늘

유인선 지음

창비

21세기에 다시 쓴 간행사

서남동양학술총서 30호 돌파를 계기로 우리는 2005년, 기왕의 편집위원회를 서남포럼으로 개편했다. 학술사업 10년의 성과를 바탕으로 이제 새로운 토론, 새로운 실천이 요구되는 시점이라고 판단했기 때문이다.

알다시피 우리의 동아시아론은 동아시아의 발칸, 한반도에 평화체제를 구축하고자 하는 비원(悲願)에 기초한다. 4강의 이해가 한반도의 분단선을 따라 날카롭게 교착하는 이 아슬한 상황을 근본적으로 해결하는 방책은 그 분쟁의 근원, 분단을 평화적으로 해소하는 데 있다. 민족 내부의 문제이면서 동시에 국제적 문제이기도 한 한반도 분단체제의 극복이라는 이 난제를 제대로 해결하기 위해서는 우선 서구주의와 민족주의, 이 두 경사 속에서 침묵하는 동아시아를 호출하는 일, 즉 동아시아를 하나의 사유단위로 설정하는 사고의 변혁이 중요롭다. 동양학술총서는 바로 이 염원에 기초하여 기획되었다.

10년의 축적 속에 동아시아론은 이제 담론의 차원을 넘어 하나의 학(學)으로 이동할 거점을 확보했다. 우리의 충정적 발신에 호응한 나라 안팎의 지식인들에게 깊은 감사를 표하는 한편, 이 돈독한 토의의 발전이 또한 동아시아 각 나라 또는 민족들 사이의 상호연관성의 심화가 생활세계의 차원으로까지 진전된 덕에 크게 힘입고 있음에 괄목한다. 그리고 이러한 변화가 6·15남북합의(2000)로 상징되듯이 남북관계의 결정적 이정표 건설을 추동했음을 겸허히 수용한다. 바야흐로 우리는 분쟁과 갈등으로 얼룩진 20세기의 동아시아로부터 탈각하여 21세기, 평화와 공치(共治)의 동아시아를 꿈꿀 그 입구에 도착한 것이다. 아직도 길은 멀다. 하강하는 제국들의 초조와 부활하는 제국들의 미망이 교착하는 동아시아, 그곳에는 발칸적 요소들이 곳곳에 숨어 있다. 남과 북이 통일시대의 진전과정에서 함께 새로워질 수 있다면, 그리고 그 바탕에서 주변 4강을 성심으로 달랠 수 있다면 무서운 희망이 비관을 무찌를 것이다.

동양학술총서사업은 새로운 토론공동체 서남포럼의 든든한 학적 기반이다. 총서사업의 새 돛을 올리면서 대륙과 바다 사이에 지중해의 사상과 꿈이 문명의 새벽처럼 동트기를 희망한다. 우리의 오랜 꿈이 실현될 길을 찾는 이 공동의 작업에 뜻있는 분들의 동참과 편달을 바라 마지않는 바이다.

서남포럼 운영위원회

www.seonamforum.net

책머리에

중국 남쪽에 위치한 베트남은 국경을 접하고 있는 중국과 과거에는 물론 오늘날까지 정치적으로나 문화적으로나 밀접한 관계를 맺어오고 있다. 따라서 베트남의 오랜 역사와 문화, 그리고 오늘날의 정치적 상황까지도 중국과의 관계를 고려하지 않고서는 정확히 이해할 수 없다 해도 과언이 아니다. 실제로 세계 각국의 많은 학자들이 양국의 관계에 깊은 관심을 가지고 연구를 해오고 있다. 그러나 그러한 연구는 대부분 중국을 중심으로 두 나라의 문제를 살피는 경향이 강하다.

일례로 베트남은 동아시아 문화권에 속한다든지 또는 대대로 중국에 조공(朝貢)을 바쳤다는 서술이 그런 것이다. 베트남은 중국문화의 영향을 받았지만, 근본적으로는 동남아시아 문화권의 일부이다. 또한 조공을 바쳤다는 것은 중국적 관점이고 베트남은 조공을 형식적으로만 생각했을 뿐, 조공이란 표현조차 잘 쓰지 않았다.

본 연구는 기존의 연구경향에서 벗어나, 베트남의 관점에서 중국과의 관계를 살펴보고자 했다. 논저의 제목을 『베트남과 그 이웃 중국――양국 관계의 어제와 오늘』이라고 한 것도 그런 의도에서였다. 이를 위해 많은 관련 사료를 세밀히 살피며 베트남의 관점에서 중국과의 관계를 재구성하여 보았다. 여기에 여러 학자들의 상이한 주장들을 비교검토함은 물론이다. 또한 연구의 주된 목적은 우리의 부진한 베트남연구에 일조하는 데 있지만 연구자들뿐만 아니라 좀더 많은 이들이 베트남을 이해하는 데 보탬이 될 수 있게 가능한 한 평이하게 쓰고자 노력했다.

우리나라와 베트남은 문화적으로 비슷한 면이 있다. 각각 전근대시기에 받아들인 중국문화의 영향 때문이다. 현대에는 우리가 베트남전쟁에 참여했고, 종전 이후 1992년 현 베트남사회주의공화국과 국교정상화 이후에는 특히 경제적인 면에서 밀접한 관계를 유지하고 있다. 그럼에도 불구하고 베트남역사와 문화를 이해하려는 노력은 몇몇 연구자에 의해서만 이루어지고 있을 뿐이다.

본 연구 및 저술 과정에서도 무엇보다 어려웠던 점은 국내에서 참고할 수 있는 자료의 부족이었다. 국내 어느 도서관에도 베트남과 중국의 관계에 관한 아주 기본적인 자료조차 제대로 갖추어지지 않았다. 베트남 자료가 거의 없는 것은 차치하고, 중국 현대사 자료가 태부족인 점은 오늘날 우리와 중국의 관계의 중요성을 고려할 때 아쉬움이 적지 않다. 베트남과 중국에 관한 자료 수집은 현지조사에 의존하기도 했지만, 무엇보다 국내외에 있는 후학들에게 많은 도움을 받았다. 특히 서울대학교 동양사학과 박사과정에 있는 이기천 군의 도움이 컸다. 연구를 후원해준 서남재단과 출판을 맡아 수고한 창비의 편집진 여러분들에게도 감사의 뜻을 표한다. 그러나 책 내용상의 문제는 어디까지나 전적으로 저자 자신의 몫이다.

2012년 10월
유 인 선

일러두기

1. 베트남어 고유명사와 인명·지명은 베트남어 원음에 가깝게 표기하고, 띄어 쓰는 것을 원칙으로 하였다. 단 우리에게 친숙한 일부 지명과 인명은 관례를 따랐다. 예: 비엣 남 → 베트남 / 싸이 공 → 싸이공 / 호 찌 민 → 호찌민
   특정 용어나 조직명 등 고유명사는 베트남어 철자를 병기하고, 인명·지명은 영문 알파벳과 한자를 병기하였다.
2. 중국 인명은 신해혁명(1911년)을 기준으로 하여, 이전에는 우리말 한자음으로 표기하고, 이후는 중국 발음으로 표기하였다.
3. 베트남 내의 중국인의 경우 베트남화되지 않았으면 한자음으로 표기하고 괄호 안에 베트남어 발음을 병기하였다. 예: 조타(趙佗, 찌에우 다)
   참파 인명도 한자음으로 표기하였다. 예: 범일(范逸)

서장

베트남은 동남아시아 대륙부의 동쪽 끝에 위치해 있다. 남북으로 길게 뻗은 지형으로 총 직선 길이가 1,650킬로미터에 이른다. 북쪽은 중국, 서쪽은 라오스·캄보디아와 국경을 접하고, 동쪽은 남중국해(South China Sea, 베트남에서는 '동해'Biển Đông라고 함)에 연해 있다. 전체 면적은 33만 1,689제곱킬로미터로 한반도의 1.5배에 달하며 인구는 2010년 말 기준으로 9,054만 명 정도이다.

베트남(Việt Nam)이란 국명은 한자 월남(越南)의 베트남어 발음으로, 정확한 발음은 비엣 남이다. 이 국명은 베트남의 마지막 전통왕조인 응우옌왕조(Nha Nguyen, 阮朝, 1802~1945)가 창건되면서 당시 중국의 청나라와 합의하에 만들어졌다. 제2차 세계대전 말까지만 하여도 베트남은 흔히 안남(安南)이라고 불렸는데, 이는 당나라가 베트남을 지배한 시기에 둔 안남도호부(安南都護府)에서 유래하였다.

베트남역사의 한가지 특징은 남으로의 진출이라는 이른바 '남진(南進)'이다. 원래 그 역사와 문화의 중심지는 북부로서, 중부에는 인종과 문화가 다른 참파(Champa)라는 왕국이 있었고 남부는 캄보디아의 영토였다. 참파는 한때 베트남과 거의 대등한 위치에서 경쟁을 했으나 15세기 후반 베트남 레 왕조(Nha Le, 黎朝, 1428~1788)에 의해 일대 타격을 받고 중부지방 이남으로 밀려났다. 그후 참파는 쇠퇴의 길을 걷다가 18세기에 들어와서는 명목상으로만 존재했다. 또한 캄보디아의 남부 상실은 궁중 내부의 왕위를 둘러싼 계속된 세력다툼 때문이었다. 베트남은 캄보디아 왕위계승자들이 도움을 요청한 댓가로 점차 영토를 잠식하여 마침내는 남부지방을 손에 넣을 수 있었다. 이리하여 18세기 말에 비로소 현재와 같은 베트남의 모습이 형성되었다.

베트남은 북쪽 국경을 접하고 있는 중국과 역사적·문화적으로 더욱 밀접한 관계를 가져왔고 현재도 마찬가지이다. 따라서 중국과의 관계를 고려하지 않고 베트남의 역사나 현재의 대외정책을 정확히 이해한다는 것은 불가능한 일이다. 오늘날 동아시아에는 중국·한국·일본에, 몽골까지 포함시킬 수 있을지 모르겠다. 베트남은 지리적으로 분명히 동아시아가 아니라 동남아시아에 속한다. 그러나 한자문화권이라고 지칭할 경우는 다르다. 즉 중국·한국·일본뿐만 아니라 베트남도 하나의 문화권에 묶인다는 데 이견이 없을 것이다. 실제로 베트남은 어떤 면에서 일본보다 중국을 가까이 접하면서 그 문화의 영향을 받았다. 다시 말해서 베트남은 한국 다음으로 중국문화를 많이 받아들인 나라로, 이는 그들 스스로 인정하는 바이다.[1]

1986년 베트남정부가 도이 머이(Doi Moi, 쇄신)정책을 채택하기 이전 하노이 사학계는 베트남역사 4천년설을 주장하다가 현재는 그 역사가 2,700

---

1) 응우옌 왕조의 민 망 황제(Minh Mang, 明命帝, 1820~1840)가 1840년 12월 예부(禮部)로부터 지난해 청에 간 베트남 사절의 서열이 고려[조선]·남 쯔엉(Nam Chuong, 南掌, 오늘날의 루앙 프라방)·섬라(暹羅)·유구(琉球)보다 하위였다는 보고를 받았다. 이에 대해 그는 "고려는 문헌의 나라이니 굳이 논할 바가 되지 않지만 남 쯔엉 같은 경우는 우리의 조공국이니 (…) 이들보다 서열이 낮게 되느니 차라리 반열에서 벗어나 책벌을 받는 게 나을 것이다"라고 했다. 『大南寔錄』正編, 東京: 慶應義塾大學 言語文化研究所 1963~1981, 第2紀 권220, 8a~b면.

14

년이라는 데 대해 일치를 보이고 있다. 흥미로운 사실은 베트남역사가 4천 년이든 2,700년이든 처음부터 중국과 연결고리가 있었다는 점이다. 베트남 전설에 의하면, 베트남역사는 중국과의 관계에서부터 시작한다. 전설을 사실로서 받아들일 수는 없지만, 이를 완전히 부정할 수는 없다. 그 사실 여부를 떠나 베트남인들의 의식 속에 중국이 어떤 형태로든 크게 자리잡고 있기에 생긴 전설이라고 볼 수 있기 때문이다.

본론에서 구체적으로 논의하겠지만, 필자는 일찍부터 베트남의 역사는 현재 하노이 사학계의 의견처럼 2,700년 설이 옳다고 생각해왔다. 즉 베트남의 실질적 역사는 기원전 7세기경 성립한 것으로 보이는 반 랑(Van Lang, 文郎) 왕국시기부터 비롯되었다고 할 수 있다.[2] 이 왕국과 뒤를 이은 어우락(Au Lac, 甌貉)국까지는 한국사에서 말하는 고대국가 이전 단계이다. 베트남 지역이 진정한 의미의 고대국가 형성기에 들어선 것은 기원전 207년 경 현 광저우(廣州)를 중심으로 중국인 관리에 의해 세워진 남 비엣(Nam Viet, 南越) 왕국이 기원전 2세기 후반 북부 베트남 지방을 포괄하면서부터 였다.[3] 따라서 베트남과 중국의 실질적 관계는 이 남 비엣의 성립과 더불어 시작되었다고 볼 수 있다. 이후 1세기 동안 평화적이던 중국과의 관계는 기원전 2세기 말 한(漢)나라가 남 비엣을 멸하고 지배하면서 기원후 10세기에 독립할 때까지 베트남은 천년 동안 중국의 지배하에 놓였다. 이 천년을 베트남역사에서 '북속기(北屬期)'(베트남어로는 thời kỳ Bắc thuộc)라고 한다. '북속기'의 지배적 현상은 중국관리의 경제적 착취에 대한 베트남인들의 끊임없는 저항이었다. 그리고 그러한 저항으로 인해 마침내 중국의 지배에서 벗어나 독립하게 되었다.

10세기에 중국으로부터 독립한 베트남은 19세기 말 프랑스의 식민지로

---

2) 유인선『베트남史』, 서울: 민음사 1984, 20면.
3) 남 비엣을 현 베트남 학계에서는 중국의 지방정권으로 보고 있다. 1부 1장 30면 참조.

전락할 때까지 천년 동안 중화적 세계질서 개념을 인정하고 조공을 통해 가능한 한 친선관계를 유지하려 노력했다. 중화적 세계질서를 부정하기에는 베트남에게 중국은 면적으로 보나 인구로 보나 너무나 큰 나라였고, 더욱이 문화적으로도 우월한 국가였다. 이 시기를 중국과의 '조공관계기'라고 불러도 좋을 것이다. 한편 베트남측의 친선 노력에도 불구하고 중국의 역대 왕조는 베트남의 내부문제를 이용하여 여러차례 침입하였고, 더욱이 15세기 초에는 명나라가 20년 동안 베트남을 직접 지배하기까지 했다. 중국이 침입하면 베트남은 이에 굴하지 않고 끝까지 싸웠기 때문에 어떤 베트남 사가들은 전근대 베트남의 중국에 대한 관계를 '북거(北拒)'(베트남어로는 Bắc Cự)라는 말로 표현하기도 한다.[4] 베트남 역사책 어디에나 나오는 '독립에의 불굴의 의지', '외국침략자에 대한 끈질긴 투쟁', '민족독립에의 강한 집념' 등의 표현은 단순한 상투적 문구가 아니라 그 역사가 그대로 민족독립을 위한 장기간에 걸친 일련의 투쟁이었음을 보여주고 있다.[5]

베트남과 중국의 공식적 관계는 19세기 말 베트남이 프랑스 식민지가 되면서 끊기고 1945년 제2차 세계대전이 끝난 후에야 재개되었다. 물론 이 식민지배 기간에도 베트남인들은 비공식적으로 중국과 접촉하면서 신해혁명 같은 정치적 변동에 영향을 받았는가 하면, 베트남과 국경을 접한 광둥(廣東)·광시(廣西) 등지는 베트남 독립운동가들의 중요한 활동무대였다.

베트남이 중국과 다시 공식관계를 맺은 것은 중국대륙이 공산화된 다음이었다. 중화인민공화국이 1950년 1월 세계 최초로 호찌민의 베트남민주공화국을 승인함으로써 두 나라의 외교관계가 수립되었다. 중국은 하노이 정부가 프랑스와, 그리고 그뒤 미국과 싸울 때 막대한 인적·물적 자원을

---

4) Li Tana, *Nguyen Cochinchina: Southern Vietnam in the Seventeenth and Eighteenth Centuries*, Ithaca: Cornell Southeast Asia Publications 1998, 19면.

5) Jean Chesneaux, *Le Vietnam—Études de politique et d'histoire*, Paris 1968, 藤田和子 譯『ベトナム─政治と歴史の考察』, 東京: 青木書店 1969, 33면.

제공하는 등 양국관계는 외견상 상당히 돈독해 보였다. 그러나 베트남은 중국이 '맏형(big brother)'으로 자처하는 태도에 내심 불만을 가진 것도 사실이다. 중국의 그러한 태도는 면밀히 따져보면 전통적 조공관계의 유산으로, 베트남으로 하여금 불쾌감, 더 나아가 불안감까지 갖게 하였다.

두 나라의 이러한 내적 갈등은 마침내 1979년 중월전쟁이란 무력충돌로 나타났다. 이후 양국은 몇년간 적대관계에 있다가, 그러한 관계가 서로에게 전혀 이익이 될 바가 없다는 것을 깨닫고 타협점을 모색하기 시작하였다. 베트남은 무엇보다 북쪽의 위협적인 중국과 앞으로 공존할 수밖에 없다는 것을 인식했고, 중국은 동남아시아 국가들과의 우호관계 개선 차원에서, 그리고 1989년 톈안먼(天安門)사태 이후 국제적 고립상황에서 벗어나기 위해 베트남과 화해할 필요성을 느꼈다. 결국 두 나라의 이해관계가 합치하여 1991년 11월 마침내 국교가 회복되어 오늘에 이르고 있다. 하지만 베트남과 중국 두 나라 사이의 오랜 불신과 갈등은 남중국해의 섬들을 둘러싼 문제에서 보듯이 완전히 해소되었다고 볼 수는 없다. 오늘날 두 나라는 그저 편의상 우호관계를 유지하고 있다고 하겠다.

제1부

베트남 북속시기의 역사적 전개: 지배와 항쟁

제1장 베트남역사와 중국

1. 베트남 신화와 대중(對中) 인식

반 랑의 성립

베트남 정사(正史) 『대월사기전서(大越史記全書)』(1497년)를 편찬한 응오 씨 리엔(Ngo Si Lien, 吳士連)은 베트남역사의 기원을 중국 삼황(三皇) 신화에 나오는 신농씨(神農氏)까지 소급하여 기원전 2879년으로 하였다.[1] 이는 베트남이 중국만큼 오랜 역사를 지녔을 뿐만 아니라 어떤 면에서는 중국보다 우월하다는 의미를 내포하는 것이다. 베트남을 처음 다스린 전설상의 낀 즈엉 브엉(Kinh Duong Vuong, 涇陽王)이 북방 중국을 통치한 이복형 데 응이(De Nghi, 帝宜)보다 뛰어난 인물로 묘사된 점도 그러한 예이다. 신농씨의 3대 후손인 데 민(De Minh, 帝明)은 장자인 데 응이보다 낀 즈엉 브

---

1) 『大越史記全書』 3권 陳荊和 編校, 東京: 東京大學東洋文化硏究所 附屬 東洋學文獻センタ 1984~1986(이하 『全書』) 상, 97면.

엉이 총명하여 제위를 맡기려 하였지만 낀 즈엉 브엉이 이를 사양하자 남방을 다스리게 했다는 것이다.[2]

낀 즈엉 브엉은 동 딘 꿘(Dong Dinh Quan, 洞庭君)의 딸 턴 롱(Than Long, 神龍)을 아내로 맞이하여 락 롱 꿘(Lac Long Quan, 貉龍君)을 낳았다. 락 롱 꿘은 데 응이의 손녀인 어우 꺼(Au Co, 嫗姬)와 결혼하여 100명의 아들(속설에는 100개의 알)을 낳았는데, 락 롱 꿘은 물의 종족이고 어우 꺼는 산의 종족이라 같이 살기가 어려웠다. 그리하여 이들은 아들 100명을 둘로 나누어 락 롱 꿘은 50명을 데리고 바다로 가고 어우 꺼는 나머지 50명을 데리고 산으로 가서 그 중 가장 강한 자를 훙 브엉(Hung Vuong, 雄王)에 봉했다. 훙 브엉은 나라 이름을 반 랑(Van Lang, 文郞)이라고 하였는데, 이것이 베트남 최초의 국가이다. 이후 반 랑은 18대에 걸쳐 기원전 258년까지 존속했다고 한다.[3] 이 반 랑 왕국의 종족은 락 비엣(Lac Viet, 雒越)이었다.[4]

제2차 세계대전 이후 베트남민주공화국이 성립된 뒤, 특히 호찌민 주석이 훙 브엉의 건국에 대해 언급하면서 하노이 학계는 1950년대 후반부터 반 랑의 실재를 고고학적으로 증명하려 노력하였다. 그 결과 풍 응우엔

---

2) 『全書』(상), 97면; 유인선 「전근대 베트남人의 歷史認識──黎文休와 吳士連을 중심으로」, 『동양사학연구』 73, 2001, 196면.

3) 이 이야기는 14세기 후반의 베트남 설화집인 *Lĩnh-nam chích-quái*(嶺南摭怪)의 내용을 유교적으로 윤색한 것이다. 『영남척괴』에서는 어우 꺼가 데 응이의 아내이며, 훙 브엉은 어우 꺼를 따라간 50명 중에서 가장 강한 자로 되어 있다. Trân Thế Pháp(陳世法), *Lĩnh-nam chích-quái*(嶺南摭怪), Sài Gòn: Nhà sách Khai-Trí 1961, 5~6면(이하 『嶺南摭怪』); Yamamoto Tatsuro, "Myths Explaining the Vicissitudes of Political Power in Ancient Vietnam," *Acta Asiatica* 18, 1970, 70~94면.

4) 羅香林 『百越源流與文化』, 臺北: 中華叢書委員會 1955, 66~77면; Đào Duy Anh, *Đất nước Việt Nam qua các đời*(베트남 역대 강역), Huế: NXB Thuận Hóa 1994, 21면. 이 책의 초판은 1964년 하노이에서 출판되었다. Keith W. Taylor, *The Birth of Vietnam*, Berkeley: University of California Press 1983, 9면; 杉本直次郎 「秦漢兩代における中國南境の問題」, 『東南アジア史研究』 I, 東京: 嚴南堂書店 1968, 9~34면.

(Phung Nguyen) 문화 후기인 기원전 2천년경 청동기시대의 출현으로 베트남사회는 비약적 발전에 들어섰다고 보고 이 시기에 반 랑이 성립하였다는 데 의견의 일치를 보았다.[5] 이리하여 하노이 사학계에서는 베트남역사 4천년설이 풍미하게 되었다.

그러나 외국 학자들은 베트남역사 4천년설이 현실적이 아니라 보고 좀 더 실증적인 연구를 바탕으로 반 랑 왕국의 건국을 베트남에서 청동기문화가 절정에 달하는 기원전 7세기의 동 썬(Dong Son)시대와 연결시키고 있다.[6] 현재는 베트남 학자들도 반 랑 왕국이 동 썬 청동기문화 단계에 이르러 형성되었다는 데 대해 이견을 내지 않는다.[7]

이와 관련하여『대월사기전서』에 훨씬 앞서 쩐 왕조시대(Nha Tran, 陳朝, 1225~1400)에 씌어진『월사략(越史略)』의[8] 기사 또한 우리의 관심을 끈

---

5) Ủy ban khoà học xã hội Việt Nam(UBKHXHVN), *Lịch Sử Việt Nam*(베트남역사), tập I, Hà Nội: NXB khoà học xã hội Viet Nam 1971, 9, 37~38면; Phan Huy Lê, et al., *Lịch Sử Việt Nam*(베트남역사), tập I, Hà Nội: NXB đại học và giáo dục chuyên nghiệp 1985, 54~58면; Đặng Nghiêm Vạn, "Những chặng đường hình thành dân tộc Việt-Nam thống nhất"(통일 베트남 민족형성의 여러 단계), *Nghiên Cứu Lịch Sử*(역사연구, 이하 *NCLS*) 179, 1978, 9~18면.

6) Taylor, *The Birth of Vietnam*, 4면.

7) Nguyễn Quang Ngọc, chủ biên, *Tiến trình lịch sử Việt Nam*(베트남역사의 전개과정), Hà Nội: NXB giáo dục 2000, 25면; Trương Hữu Quýnh, et al., *Đai cương lịch sử Việt Nam*(베트남사 개요), tập I, Hà Nội: NXB giáo dục 1999, 36~37면.

8) 베트남 학자들과 야마모토 타쯔로오(山本達郎) 및 테일러(Keith W. Taylor)는『월사략』이란 1272년 레 반 흐우(Le Van Huu, 黎文休)가 편찬한『대월사기(大越史記)』를 간략히 한 것으로 보고 있다. 이에 대해 천징허(陳荊和)는『대월사기』이전에 씌어졌다고 주장한다. 그는 또한『사고전서총목제요(四庫全書總目提要)』에 "이 책의 원제는 '대월사략(大越史略)'이었다"라고 하였으니,『월사략』의 본래 책제목은 '대월사략'이었을 터인데 중국인들의 화이관(華夷觀)에 의해 '대(大)'자가 생략되었을 가능성이 많다는 견해를 보이고 있다. Phan Huy Lê, "Đại Việt Sử Ky Toàn Thư—tác giả, văn bản, tác phẩm"(대월사기전서—작자, 판본, 작품), *Đại Việt Sử Ky Toàn Thư*, tập I, Hà Nội: NXB khoa học xã hội 1993, 16~17면; 山本達郎「越史略と大越史記」,『東洋學報』(東京) 32-4, 1950, 60~68

다. 『월사략』에 의하면, 훙 브엉의 반 랑 왕국은 중국 주(周) 장왕(莊王, 기원전 696~682) 때 세워져 18대 동안 계속되었다고 한다.[9] 반 랑의 등장을 기원전 7세기로 한 것은 오늘날 고고학적 증거와 일치하고 있다. 그리고 18대 동안 이어졌다고 하여 주 장왕으로부터 주의 종말까지 같게 한 점도 흥미롭다. 18대라고 할 때 뒤이은 어우 락(Au Lac, 甌貉) 왕국이 기원전 3세기 말 출현하는 것을 고려하면 합리적이라 여겨진다.[10] 반 랑은 베트남 최초의 국가로 이 시기에 서서히 베트남 전통이 형성되기 시작하였으며, 뒷날 중국의 지배로부터 벗어날 수 있는 밑바탕이 되었다.[11] 반 랑의 성립이 기원전 7세기라고 하더라도 베트남사람들이 락 롱 꿘과 어우 꺼를 자기네 시조로 생각하는 데는 변함이 없다.

어우 락 왕국

『대월사기전서』에 따르면, 반 랑 왕국은 기원전 257년 안 즈엉 브엉(An Duong Vuong, 安陽王)에 의해 멸망하고 안 즈엉 브엉은 전술한 어우 락 왕국을 세운 것으로 되어 있다.[12] 그러나 최근의 연구는 반 랑의 멸망이 기원전 221년 진시황에 의한 중국통일과 관련이 있는 것으로 보는 편이다. 진시황은 남방 월(越) 지방의 무소 뿔[犀角]·상아·비취(翡翠)·진주 등을 탐내 대군을 동원하여 힘겨운 싸움 끝에[13] 기원전 214년 마침내 그 지방을

면; Taylor, *The Birth of Vietnam*, 351~52면; 陳荊和 「大越史略──その內容と編者」, 『山本達郎博士古稀記念 東南アジア·インドの社會と文化』(下), 東京: 山川出版社 1980, 152~53면.

9) 『大越史略』 陳荊和 編校, 東京: 創價大學アジア研究所 1987, 27면.

10) Le Thanh Khoi, *Histoire du Viet Nam des origines à 1858*, Paris: Sudestasie 1981, 64면.

11) Phạm Huy Thông, "Ba lần dựng nước"(세차례 건국), *Học Tập* 21, no. 237, 1975, 63~72, 76면.

12) 『全書』(상), 100면.

13) 劉安 等編, 高誘 注 『淮南子』 권18, 上海: 上海古籍出版社 1989, 203면; 『後漢書』 권4, 中

점령하고 구이린(桂林)·샹(象)·난하이(南海) 세 군(郡)을 두었다.[14] 구이린 군은 지금 광시 성의 구이린, 닌하이 군은 광둥 성의 광저우(당시 번우番禺) 지방이라는데 이견이 없지만, 샹 군의 위치에 대해서는 그 군이 북부 베트남을 포함하는지에 대해 논란이 많으나 대략 구이저우(貴州) 성과 광시 성 경계에 걸친 것으로 추정된다.[15]

한편 오늘날 베트남 역사학계에서는 『회남자(淮南子)』에 진시황의 군대가 처음 월과의 싸움에서 대패했다는 기록이 있는 것을 근거로 진이 베트남을 침입했고 베트남이 이를 물리쳤다고 주장한다.[16] 다시 말하면, 중국의 최초 침입에 대한 베트남인의 성공적 저항이라는 것이다. 그러나 『회남자』에서 말하는 월, 즉 서구(Tay Au, 西嘔)는 문자의 형태나 음운으로 보아 베트남 사학자 다오 주이 아인(Dao Duy Anh)이 말하는 광시 성의 떠이 어우(Tay Au, 西甌)와[17] 동일한 종족을 뜻하는 것으로 생각된다. 따라서 진의 남침은 광시 성에 대한 것이며 베트남을 침입했다고 볼 수는 없다.

華書局標點校勘本, 北京: 中華書局 1996, 2837면[이하에서 인용되는 25사(史)는 중화서국표점교감본(中華書局標點校勘本)에 의거한다]; Wang Gungwu, "The Nanhai Trade: A Study of the Early History of Chinese Trade in the South China Sea," *Journal of the Malayan Branch of the Royal Asiatic Society* 31, 1958, 8면. 『史記』 「화식열전(貨殖列傳)」에 의하면, 당시 번우는 진주, 무소 뿔, 귀갑(龜甲), 과일, 갈포(葛布) 등의 집산지였다. 『史記』 권129, 1997, 3268면.

14) 『史記』 권6, 253면.

15) Henri Masèpro, "La commanderie de Siang," *Bulletin de l'École Française d'Etrême-Orient*(이하 *BÉFEO*) 16, 1917, 49~55면. 최근 한 일본 학자는 고고학적 면에서도 선진(先秦) 및 진대의 유물이 북부 베트남에서는 발견되지 않은 점으로 보아 진의 샹 군은 중국 영남지방에 있었고 베트남까지는 포함하지 않았다고 하였다. 吉開將人 「歷史世界としての嶺南・北部ベトナム——その可能性と課題」, 『東南アジア——歷史と文化』 31, 2002, 81~83면.

16) Phan Huy Lê, *Tìm về cội nguồn*(근원의 탐구), tập I, Hà Nội: Thế Giới Publishers 1998, 495면; Nguyễn Quang Ngọc, chủ biên, *Tiến trình lịch sử Việt Nam*, 30면.

17) Đào Duy Anh, *Đất nước Việt Nam qua các đời*, 21면.

여하튼 이러한 진의 광시 성 원정으로 떠이 어우 종족이 오늘날 베트남 경내로 이동하면서 안 즈엉 브엉은 이들을 흡수하여 세력을 강화한 결과 반 랑 왕국을 멸할 수 있었던 것이 아닐까 한다. 안 즈엉 브엉에 대하여는 성이 툭(Thuc, 蜀)이고 이름이 판(Phan, 泮)이라는 것이 알려져 있을 뿐이다.[18] 최근에 알려진 이야기에 의하면, 툭 집안은 반 랑 왕국 말기 까오 방(Cao Bang, 高平) 계곡을 중심으로 하여 인접한 광시 성의 일부 지방까지 포함한 남 끄엉(Nam Cuong, 南疆)이란 왕국을 지배했다고 한다. 따라서 진의 영향력이 광시 성에 이르자 떠우 어우 집단은 남으로 이동하여 자연스럽게 툭 집안의 세력 강화에 도움이 되었을 것이다. 그 결과 툭씨는 풍요한 홍 강(Song Hong) 델타로의 진출이 가능해져 마침내 반 랑 왕국을 정복하고 어우 락 왕국을 세웠다. 그리고 하노이에서 서북쪽으로 멀지 않은 곳에 위치한 현재의 꼬 로아(Co Loa, 古螺)에 성을 쌓고 도읍으로 삼았다. 새로운 왕국은 이름에서 외래의 떠이 어우와 토착의 락 비엣이 결합된 나라임을 보여준다.[19] 이후 어우 락 왕국의 이야기는 전설과 역사적 사실이 뒤섞여 전해지는데, 확실한 것은 한(漢)에서 여후(呂后)가 사망한 직후인, 아마도 기원전 179년 남 비엣의 조타(趙佗, 베트남어로는 찌에우 다Triệu Đa)에게 복속되었다는 점이다.[20]

---

18) 『嶺南摭怪』, 22면; Lý Tế Xuyên(李濟川), Việt-Điện u-linh tập(越甸幽靈集), Sài Gòn: Nhà sách Khải-Tri 1960, 192면(이하 『越甸幽靈集』); 『全書』(상), 100면. 『월전유령집(越甸幽靈集)』은 1329년에 저술된 설화집으로, 『全書』의 기록은 앞의 두 책을 인용한 것이다.

19) Đào Duy Anh, Đất nước Việt Nam qua các đời, 26~27면; Taylor, The Birth of Vietnam, 19~20면. 고대 역사서들은 어우 락 왕국의 성립연대를 명확히 밝히고 있지 않으나, 베트남 역사학계에서는 이를 기원전 208년이라고 한다. Phan Huy Lê, et al., Lịch Sử Việt Nam, tập I, 114면; Nguyễn Quàng Ngọc, chú biên, Tiến trình lịch sử Việt Nam, 31면.

20) 『史記』 권113, 2969면; Lê Tắc(黎崱), An Nam Chí Lược(安南志畧), Huế: NXB Thuận Hóa 2002, 467면(이하 『安南志畧』). 『全書』에 어우 락의 멸망을 기원전 208년으로 한 것은 분명 오류이다. 『全書』(상), 102~103면.

남 비엣의 건국과 한(漢)

진시황이 죽은 후 진 제국이 붕괴되기 시작하자 난하이 군 룽촨(龍川) 현령(縣令)이던 조타는 당시 난하이 군위(郡尉)의 부름을 받고 그의 사후 직을 이은 다음 군위의 생전 조언에 따라 독립의 뜻을 굳혔다. 그는 북쪽에서 남으로 연결되는 도로를 차단하는 한편, 진이 멸망하자 구이린과 샹 군을 병합하여 남 비엣(Nam Viet, 南越)을 세우고 스스로 무왕(武王)이라 칭했다(기원전 207년).[21]

조타의 성공은 당시 남으로 이주해 온 소수의 중국인 집단을 규합한 덕분이지만, 동시에 다수의 비중국인 토착사회와 밀착되어 있었기에 가능했다. 오늘날의 광둥과 광시 지방은 중국의 영역이지만, 당시 그 주민은 인종 면에서나 문화적인 면에서 홍 강 델타의 주민과 비슷했으며 북방의 중국인과는 크게 달랐다. 다시 말하면 오늘날 광둥으로부터 북부 베트남에 이르는 지역은 하나의 독자적 '문화권' 또는 '역사세계'였다.[22] 이를 중국과 베트남이라는 두 지역으로 구분하는 현재의 개념은 후대 국경으로 인해 생긴 것이다.

조타는 북에서 임명되어 온 중국인 관리였지만 토착문화에 익숙한데다 자신을 현지인과 동일시하기까지 했다. 한이 중원을 재통일한 후 기원전 196년 중국 사신 육가(陸賈)가 조타를 남 비엣 왕에 봉하러 왔을 때, 그는 현지의 관습대로 머리에는 상투를 틀고 다리는 쭉 뻗은 채 앉아서 맞이했다고 한다. 육가가 그의 무례한 행동을 지적하자 조타는 남방의 만이(蠻夷) 속에 오래 살다 보니 예절을 잊어버렸다고 변명을 했지만 그것은 단지 변명일 뿐이었다. 이는 조타가 육가에게 "나와 황제[한 고조] 중 누가 더 현

---

21) 『史記』 권113, 2967면; 『大越史略』, 27면; 『全書』(상), 107면.

21) 『史記』 권113, 2967면; 『大越史略』, 27면; 『全書』(상), 107면.
22) 松本信廣 『印度支那の民族と文化』, 東京: 岩波書店 1942, 295~313면; 吉開將人「歷史世界としての嶺南·北部ベトナム」, 79~96면.

명한가?"라고 한 물음으로도 알 수 있다.[23] 육가가 인구와 면적을 고려하면 그것은 비교할 수도 없는 바라고 답하자, 조타는 자기가 중원에서 일어났더라면 한의 황제만 못할 리가 없다고 하였다.

조타는 남 비엣이 인구나 영토 면에서 한에 비해 작기는 하지만, 그렇다고 중국을 섬겨야 한다고는 생각하지 않고 한과 대등한 독립왕조임을 강조했던 것이다. 그러나 조타로서도 강력한 세력으로 등장한 한과의 대결은 바람직하지 않다고 보아 한의 제안을 받아들임으로써 양국 사이에는 평화가 이루어졌다. 이러한 평화도 잠시뿐 한에서 여후(呂后)가 정권을 잡은 후 남 비엣의 세력 성장을 우려하여 철·금·농기구·우마 등의 판매를 금지했다. 조타는 이런 일은 분명히 오늘날 후난(湖南) 지방에 있던 창사(長沙) 왕의 간사한 계책 때문이라고 믿고 스스로 남 비엣 부 데(南越武帝, Nam Viet Vu De)라고 칭하면서 창사 변경지방을 공격하여 초토화하였다. 조타가 황제를 칭한 것은 암묵적으로 이미 인정한 한의 종주권을 부정한 셈이다. 여후는 이에 대한 응징으로 군대를 보내 남 비엣의 정벌을 시도하였으나 병사들 사이에 전염병이 번졌다. 그러던 중 여후가 사망하고(기원전 180년) 한의 군사들은 철수하였다. 이에 조타는 주변지역으로 세력을 확대하기 시작했다. 그는 현 푸젠 성의 민월(閩越)과 홍 강 델타의 어우 락을, 한편으로는 군대로 위협하고 다른 한편으로는 선물로 회유하여 복속시켰다(기원전 179년).[24] 이렇게 하여 조타는 남중국에서 북부 베트남에 이르는 독립왕조를 건설했다. 당시 한 조정은 안으로 제후들과 갈등이 있었고 밖으로는 북방 흉노의 위협을 받고 있던 터라 남 비엣의 세력 확장에 간섭할 여유가 없었다.

한편 한에서는 문제(文帝)가 즉위하자 화해할 목적에서 다시 육가를 남

---

23) 『史記』 권97, 2698면; 『全書』(상), 108면.
24) 『史記』 권113, 2969면; 『安南志略』, 467면; 『全書』(상), 109면. 『全書』에는 이 복속이 기원전 181년에 행해진 것으로 되어 있는데 이는 분명 오류이다. Taylor, *The Birth of Vietnam*, 24면, n. 113.

비엣에 보냈다. 이때 조타는 앞으로는 황제를 칭하지 않고 한에 대해 신하로서의 예를 다하겠다고 약속하지만, 이는 어디까지나 대외적인 것으로 국내에서는 여전히 제호(帝號)를 사용하며 중국과 대등한 태도를 취했다.[25] 신하를 칭하고자 한 것은 한과 불필요한 갈등을 피함으로써 왕조의 안전을 보존하려는 의도였던 것이다.

조타는 새로이 정복한 어우 락 왕국을 두 개의 군(郡), 곧 자오 찌(Giao Chi, 交趾)와[26] 끄우 쩐(Cuu Chan, 九眞)으로[27] 나누어 다스렸다. 자오 찌는 홍 강 델타의 중심부에 위치했으며 끄우 쩐은 델타 지방 남쪽 마(Ma) 강 유역에 설치되었다. 조타는 그곳에 사자(使者)를 파견하여 감독하게 하였지만 직접 행정을 담당하게 하지는 않았다.[28] 파견된 사자들의 임무는 아마도 중국인들의 관심사인 남해의 무역노선을 확보하는 데 있었던 것으로 보인다.[29] 따라서 어우 락 사회의 전통적인 관습과 사회질서는 아무런 변화도 없이 그대로 유지되었다.

조타는 71년간 통치한 후 기원전 137년 121세로 세상을 떠났다. 그는 처음 중국관리로 출발하였으나 중국과 대립하는 독자의 왕조를 세웠기에, 『사기(史記)』나 『한서(漢書)』에서는 그를 외신(外臣) 또는 외번(外藩)으로 기술하여 이민족을 주축으로 하는 국가의 지배자로 다루었다.[30] 그러나 후

---

25) 『史記』 권113, 2969면; 『大越史略』, 28면; 『安南志畧』, 467면; 『全書』(상), 110~11, 113면.
26) '자오 찌'는 발이 서로 뒤얽힌다는 의미로, 사람들이 둥글게 누워 자면서 발이 한가운데서 서로 겹치는 습관에서 붙여졌다고 한다. 陳荊和「交趾名稱考」, 『國立臺灣大學文史哲學報』 4, 1952. 자오 찌(Giao Chi)는 16세기 뽀르뚜갈 사람들에 의해 코친(Cochin)으로 발음되고, 그로부터 코친차이나(Cochinchina)라는 이름이 생겨났다. Taylor, *The Birth of Vietnam*, 26면.
27) 끄우 쩐의 어원은 밝혀져 있지 않다.
28) 『水經注』 권37, 南京: 江蘇古籍出版社 1989, 3042~43면. 『全書』가 사자들의 파견을 기원전 198년으로 기록한 것은 오류임이 분명하다. 『全書』(상), 107면.
29) 後藤均平『ベトナム救國抗爭史』, 東京: 新人物往來社 1975, 60면.
30) 栗原朋信『秦漢史の硏究』, 東京: 吉川弘文館 1956, 174~77면.

일 중국인들은 그가 이방 관리이기는 하지만 중국 지방정권의 지배자로 생각했다.[31] 반면에 베트남사람들은 그를 중국의 침략에 대항한 위대한 황제로 받들었다. 그러기에 역사가 레 반 흐우(Le Van Huu, 黎文休)는 진정한 의미에서 베트남역사는 조타의 남 비엣으로부터 시작된다고 하였고,[32] 응오 씨 리엔은 남 비엣의 멸망 이후 베트남이 영원히 조타의 옛 영토를 회복하지 못했음을 한탄하였다.[33] 후일 베트남인들은 대부분 레 반 흐우나 응오 씨 리엔처럼 조타의 남 비엣을 베트남 왕조로 간주한 데 비해, 18세기 후반 저명한 문사 겸 관리였던 응오 티 씨(Ngo Thi Si, 吳時仕) 같은 이는 조타를 중국의 지배자로 보았다.[34] 오늘날 베트남 역사학계는 남 비엣을 중국의 지방정권으로 인정하는 경향을 보인다. 조타의 어우 락 병합을 중국의 침략이라고 하고, 그로 인해 북속기의 시작 연대도 어우 락이 합병당한 기원전 179년이라고 한다.[35]

조타가 죽은 후 손자인 호(胡)가 그의 뒤를 잇게 되는데, 이가 문왕(文王)이다.[36] 문왕(文王)이 즉위했을 때, 한의 위협을 느낀 민월은 좀더 안전한

---

31) Taylor, *The Birth of Vietnam*, 27면.
32) 『全書』(상), 114면; O.W. Wolters, "Historians and Emperors in Vietnam and China: Comments Arising Out of Le Van Huu's History, Presented to the Tran Court in 1272," Anthony Reid and David Marr, eds., *Perceptions of the Past in Southeast Asia*, Singapore: Heinemann Educational Books (Asia), Ltd. 1979, 73~74, 77~78면; 유인선 「전근대 베트남人의 歷史認識 ― 黎文休와 吳士連을 중심으로」, 180면.
33) 『全書』(상), 120면.
34) Ngô Thì Sĩ(吳時仕) 『越史標案』, École Française d'Etrême-Orient, microfilm A. 11, 연대미상, 28~30면.
35) Phan Huy Lê, et al., *Lịch Sử Việt Nam*, tập I, 139~45면; Phan Huy Lê, *Tìm về cội nguồn*, tập I, 495면; Nguyễn Quang Ngọc, chủ biên, *Tiến trình lịch sử Việt Nam*, 34, 36면. 현대 베트남 학자들과 달리 전통적으로는 북속기의 시작이 한무제가 남 비엣을 정복하는 기원전 111년부터라고 한다. Trần Trọng Kim, *Việt-Nam Sử-Lược*(越南史略), Quyển I, Sài Gòn: Bộ Giáo-Dục Trung-Tam Học-Liệu xuất-bản 1971, 37면; Le Thanh Khoi, *Histoire du Vietnam des origines à 1858*, 84, 89면; Taylor, *The Birth of Vietnam*, 30면.

님으로 이주를 도모했다. 기원전 135년 민월이 남 비엣을 공격하자 문왕은
응전도 하지 않고 번신(藩臣)을 통해 이를 한에 알렸다. 한은 원정군을 보
냈지만 민월왕이 동생에 의해 살해되자 곧 철병하였다. 그러나 한은 이를
구실로 문왕의 입조(入朝)를 요구했다. 문왕은 장자 영제(嬰齊)를 보내고
한의 간섭을 피하라는 신하들의 충고를 받아들여 자신은 병을 핑계로 가
지 않았다.[37] 하지만 그의 한에 대한 태도는 조타에 비해 훨씬 종속적으로
남 비엣의 위상은 외번에서 내번(內藩)으로 격하된 듯 보인다.[38]

2. 한(漢)의 남 비엣 점령과 지배

한의 남 비엣 지배

기원전 124년 문왕이 사망하자 영제, 즉 명왕(明王)이 왕위를 계승했는
데, 즉위하기까지 그는 10여년간 한의 장안(長安, 지금의 시안西安)에 볼모로
잡혀 있었다. 그는 이미 본국에 부인이 있었는데도 장안에 있는 동안 규
(樛)씨라는 중국 여인과 결혼하여 아들 흥(興)을 낳았다. 영제가 즉위하자
규씨를 왕후로, 흥을 태자로 삼았다. 명왕 때도 한은 자주 사신을 보내 입

---

36) 『大越史略』, 28면; 『全書』(상), 113면. 손자인 호는 『全書』에 시호가 문왕(文王)으로 되
    어 있으나, 1983년 광저우에서 발굴된 '남월왕묘(南越王墓)'의 부장품 가운데 '문제행
    새(文帝行璽)'가 있는 점으로 보아 조타와 마찬가지로 국내에서는 황제라 했던 것 같다.
    일찍이 쿠리하라 토모노부(栗原朋信)도 『한서(漢書)』 「남월전(南越傳)」의 '무제·문제새
    (武帝·文帝璽)'라는 구절을 인용하여 문왕 역시 대내적으로는 '문제'라 칭했음이 틀림
    없다고 하였다. 吉開將人 「印からみた南越世界」(前篇), 『東洋文化硏究所紀要』 136, 1998,
    95면; 栗原朋信 『秦漢史の硏究』, 176면.
37) 『史記』 권113, 2970~71면; 『安南志略』, 467면; 『全書』(상), 114~16면.
38) 齋藤實 「前漢武帝の對外政策」, 『日本大學藝術學部紀要』 18, 1989, 64면.

조를 권했으나 병을 구실로 가지 않고 둘째아들을 보내 친선을 유지하며 독립을 지키려 했다.[39]

명왕이 죽은 후 어린 흥이 왕위에 오르자(哀王, 기원전 113년) 황태후 규씨는 섭정으로 정치를 대행했다. 한무제는 이 기회를 이용하여 남 비엣에 대한 영향력을 강화하려고 규씨의 옛 애인인 소계(少季)라는 자를 사절로 보냈다. 규씨는 소계와 결탁하여 왕과 신하들에게 한에 복속할 것과 왕의 입조(入朝)를 요청했다. 왕은 마침내 3년에 한번 조공하기로 결정하여 한의 허락을 받은 후 중국법의 시행과 동시에 입조를 준비하기에 이르렀다. 그러나 이들은 승상 르 자(Lu Gia, 呂嘉)의 반대에 부딪쳤다. 르 자는 중국인이 아닌 토착인[越人]으로 조타 때부터 계속 벼슬을 하면서 왕실과 혼인관계를 맺었으며, 그에 대한 현지인들의 신뢰는 왕을 능가했다.[40] 르 자의 반대로 남 비엣 조정이 친한파와 반한파로 나뉘어 대립하게 되자 한은 황태후 규씨를 중심으로 한 친한파를 보호하기 위해 군대를 파견했다.

한의 원정군 파견 소식을 들은 르 자는 왕과 황태후 및 소계를 죽이고, 왕의 이복형이자 자신의 사위인 끼엔 득(Kien Duc, 建德, 術陽王)을 왕위에 앉혔다. 이에 한무제는 장군 로박덕(路博德)과 양복(楊僕)으로 하여금 대군을 이끌고 가서 지금의 광둥 성 번우(番禺)를 점령케 하니 남 비엣은 멸망하고 말았다. 때는 기원전 111년이었다.[41]

로박덕이 더 남쪽으로 진격하여 자오 찌 부근에 이르자, 남 비엣이 파견한 자오 찌와 끄우 쩐의 사자 두 사람이 소[물소] 100마리와 술 1,000병 및

---

39) 『史記』 권113, 2972면; 『安南志畧』, 467면.

40) 『史記』 권113, 2972면; 『安南志畧』, 468, 495면; 『全書』(상), 117~18면. 남 비엣 왕가와 르 자의 관계를 볼 때 본서 30면에서 언급한 것처럼 남 비엣은 중국 왕조도 베트남 왕조도 아닌 그 나름대로 하나의 독자적 세계였다고 생각된다.

41) 레 반 흐우는, 르 자가 한의 신하가 되지 말도록 권한 것은 잘한 일이라고 하면서도 한의 개입을 가져와 그 속국이 되게 한 죄는 결코 용납될 수 없다고 하였다. 『全書』(상), 120면.

호적을 가지고 와 항복했다. 로박덕은 그들을 그대로 두 군의 태수로 임명하여 예전과 다름없이 다스리게 했다.[42] 그리하여 정치적 변동에도 불구하고 남 비엣 사회에는 아무런 변화도 일지 않았다. 한이 파견한 관리는 낙장(雒將)과 낙후(雒侯)로 일컬어지는 토착지배계층만을 통제하고, 낙장과 낙후는 거의 독자적으로 주민을 다스린 것으로 보인다. 이러한 사실은 『수경주(水經注)』에서 "그들은 전과 다름없이 주민을 다스렸다"고[43] 한 것으로 알 수 있다. 물론 일부 지배층 가운데는 한의 침략에 저항한 세력이 없지 않았지만, 그 수가 적어서 대세에 영향을 미치지 못했다.[44]

한은 남 비엣을 멸망시킨 후 곧 그 판도 내에 7개 군을 설치하고 각 군 아래에는 현(縣)을 두었다. 7개 군 중 난하이·창우(蒼梧)·위린(鬱林)·허푸(合浦)는 광둥과 광시 두 성에 위치했으며, 자오 찌·끄우 쩐·녓 남(日南)[45] 세 군은 베트남에 설치되었다. 자오 찌는 홍 강 델타의 중앙으로부터 북부를, 끄우 쩐은 델타 남부인 지금의 타인 호아(Thanh Hoa) 지방을, 그리고 녓 남은 오늘날 중부 베트남의 북부지역을 관할했다. 한은 이어 이듬해인 기원전 110년 하이난(海南) 섬에 단얼(儋耳)과 주야(珠崖) 2개 군을 더 설치하고[46] 이들 9개 군으로 자오 찌 자사부(交趾刺史部)를 구성하여 자사

---

42) 『水經注』 권37, 3043면. 레 딱(Le Tac, 黎崱)은 『교주기(交州記)』를 인용하여 세 사자라 하면서, 제3의 사자는 녓 남(日南)으로부터 온 것으로 하였다. 『全書』도 세 사자라고 하였으며, 이들은 각각 자오 찌·끄우 쩐·녓 남 태수로 임명되었다고 하였다. 『安南志畧』, 411면; 『全書』(상), 120면; Taylor, *The Birth of Vietnam*, 28면, n. 133. 그러나 이전에 녓 남에 사자를 파견했다는 기사가 없어서 『수경주(水經注)』의 기록이 더 신빙성이 있어 보인다.

43) 『水經注』 권37, 3043면.

44) Henri Masèpro, "L'Expedition de Ma Yüan," *BÉFEO* 18, 1918, 11면; Taylor, *The Birth of Vietnam*, 29면.

45) 녓 남이란 이름은 이 지방이 북회귀선 이남에 위치하여 여름에는 해보다 남쪽에 있다는 의미에서 붙여졌다.

46) 기원전 82년 단얼 군은 주야 군에 편입되고, 이 주야 군도 기원전 46년에 폐지되었다.

가 통괄케 했다. (자오 찌 자사부는 기원후 203년 자오 쩌우 자사부[交州刺史部]로 바뀐다.)

9군 중 제일 중요한 군은 자오 찌였다. 처음 자사를 이곳에 거주케 했다는 것으로 알 수 있다. 한무제가 남 비엣을 정복하고 베트남 중부의 북쪽까지 진출한 목적은 자국 변방의 안정과 더불어 남방 물산을 획득하기 위해서였다. 결국 중국관리의 주요 임무는 북부 베트남에서 산출되거나 또는 그곳에 집산되는 남해의 진귀한 물산을 획득하고, 무역노선을 확보하는 것이었다. 이와 관련하여 자오 찌가 통킹 만의 동해안에 위치하여 남해와의 무역에서 중요한 항구인 허푸에 대한 통제가 광둥의 난하이보다 거리상으로 유리했다는 사실 또한 주목할 필요가 있다.[47] 『한서』 지리지(地理志)에 의하면, 당시 중국인들은 넛 남 군(郡)의 항구나 레이저우(雷州) 반도의 쉬원(徐聞) 또는 허푸에서 황금이나 비단을 가지고 난하이로 가 그곳에서 진주·보석·기석(奇石)·진기한 이물(異物) 등과 교환했다고 한다.[48]

결국 중국관리는 남방 물자에만 관심이 있었을 뿐, 현지사회를 지배하는 것은 부차적인 일이었다. 베트남사회 내부에 간섭하기 위해 많은 관리와 군대를 보내는 것은 당시 베트남사회의 농업생산력으로 보아 오히려 경제적으로 손해일 뿐 아무런 이익도 없었다.[49] 그리하여 자사의 거주지가 기원전 106년 창우 군으로 옮겨지고, 낙장과 낙후는 군이나 현의 관리로 임명되어 전과 다름없이 주민을 다스림으로써 현지사회에는 별다른 변화가 없었다. 이런 의미에서, 미국의 베트남역사 전문가인 테일러(Keith Taylor)는 전통적으로 베트남에 대한 중국의 지배의 시작이라고 하는 기원

後藤均平『ベトナム救國抗爭史』, 60면.

47) Wang Gungwu, "The Nanhai Trade," 18면; 櫻井由躬雄「南海交易ネットワークの成立」, 『岩波講座 東南アジア史』I, 東京: 岩波書店 2001, 116면 참조.

48)『漢書』 권28 下, 1996, 1671면; Wang Gungwu, "The Nanhai Trade," 19면.

49) 後藤均平『ベトナム救國抗爭史』, 59~60면.

전 111년보다는 한이 직접지배를 실시하는 기원후 42년이 지배계층에는 더 중요한 의미가 있다고 하였다.[50]

베트남인들의 대중(對中) 인식

그렇다면 기원전 111년에서 기원후 42년 사이에 베트남에서는 무슨 일이 일어났는가? 아래에 보이는 바와 같이 기원 초 이후의 일에 대하여는 기록이 있지만 그 이전 백년 동안에 관하여는 아무런 기록도 보이지 않는다. 다만 『한서』 지리지의 내용으로 보아 적지 않은 중국상인들이 남해무역에 종사하기 위해 이주했을 가능성은 충분히 추측할 수 있다. 그러나 이들은 교역에만 관심이 있었기 때문에 현지사회에 어떤 변화를 가져왔을 것 같지는 않다.

다른 한편, 기록이 없다는 것은 베트남이 평온했다는 의미로 해석해도 무리가 없지 않을까 한다. 문제가 있었다면 기록이 남겨졌을 것이기 때문이다. 평온했다는 것은 무엇을 의미하는가? 아마도 낙장·낙후 같은 지배계층은 중국통치로 인해 자신들의 지위가 위협받지 않고 유지되자 별다른 불만이 없었으리라 여겨도 될 것 같다. 이들은 오히려 중국지배에 협조적이었을 수도 있다. 이는 『한서』 지리지에 보이는 호구조사를 통해 추측할 수 있다. 그 기록에 따르면 한이 베트남을 통치한 지 113년이 지난 기원후 2년 자오 찌 자사부 7개 군의 호수(戸數)와 인구수는 다음과 같다.[51]

난하이	19,613호	94,253인
위린	12,415호	71,162인

---

50) Taylor, *The Birth of Vietnam*, 30면.
51) 『漢書』 권28 下, 1628~30면.

창우	24,379호	146,160인
허푸	15,398호	78,980인
자오 찌	92,440호	746,237인
끄우 쩐	35,743호	166,013인
녓 남	15,460호	69,485인

한대의 호구조사 숫자는 상당히 신뢰도가 높다고 알려져 있다. 그런 점에서 베트남에 설치된 3개 군의 호구 숫자까지 철저히 파악할 수 있었던 데는 낙장·낙후의 협조 없이는 불가능했을 것임에 틀림없다.[52]

위의 호구 수로부터 한가지 흥미로운 사실은 자오 찌의 인구가 남 비엣의 중심지인 난하이의 7.9배에 달한다는 점이다. 100여 년 전에는 어떠했는지 알 수 없지만, 그때도 자오 찌가 물산이 가장 풍부하고 인구가 많아 한무제가 이에 주목하여 자사부를 처음 자오 찌에 두었던 것으로 보인다.

호구 숫자가 알려진 무렵부터 한의 베트남 통치에 관한 기록도 나타나기 시작한다. 전한(前漢) 평제(平帝, 기원후 1~5년) 때 자오 찌 태수(太守)인 석광(錫光)은 학교를 세우는 동시에 토착민에게 중국식 예절 및 새로운 농경법을 가르쳐 변화를 일으키면서 그 명성이 뒤에 언급할 후한 초의 임연(任延)과 같았다고 한다.[53] 이는 한의 통치방식이 간접통치에서 직접지배로 변해감을 의미하는 것이다. 석광은 후한 초까지 자오 찌 태수로 있었다.

한의 직접지배로의 변화는 기원후 9년 왕망(王莽)이 왕위를 찬탈함으로써 더욱 강화되었다. 당시 자오 찌 자사 등양(鄧讓)은 왕망의 권위를 부정하는 동시에 북쪽 변경을 폐쇄하고 남쪽의 안정을 꾀하였다. 이에 적지 않은 한의 관리와 지식인들이 중국 본토의 혼란을 피해 남으로 이주했다. 이

---

52) Taylor, *The Birth of Vietnam*, 33면.
53) 『後漢書』 권76, 2462면 및 권86, 2836면; 『安南志畧』, 439면; 『全書』(상), 125면.

들은 이전의 상인들과는 달리 교양인이었던바 현지 중국인 관리들의 정책에 직간접적으로 영향을 끼쳤을 것이라 여겨진다.

왕망이 몰락한 직후, 기원후 25년에 끄우 쩐 태수로 임명된 임연은 직접 지배를 시도한 대표적 중국관리이다. 그의 열전에 따르면,[54] 끄우 쩐 사람들은 수렵이 주업이어서 소를 이용한 농사법을 몰라 부족한 곡식을 자오 찌로부터 사왔지만 늘 궁핍했다. 이에 임연은 주민들에게 우경(牛耕)과 철제농구 사용법을 가르쳐 농토를 개간하여 생활을 안정시켰다. 한편 그는 당시까지 행해져온 일종의 군혼(群婚)과 같은 혼인풍습을 중국식 부계제도로 고쳐 통치의 편의를 도모했다. 15세에서 50세까지의 남자와 15세부터 40세까지의 여자를 연령에 따라 짝을 지어주고, 가난한 이들에게는 결혼비용도 보태주었다. 당시 결혼한 이가 2천여명에 달하고, 태어난 아이들은 모두 임연의 성을 따랐다고 한다.

그러나 이 사료의 내용을 그대로 받아들이기에는 의심스러운 점이 없지 않다. 끄우 쩐에서 수렵을 업으로 했다든지 2천여명이 동시에 결혼했다는 것 등도 그러한 예이다. 지방관들이 흔히 자기들 업적을 과대포장하여 중앙조정에 보고하는 경향이 있었기 때문이다.[55]

델타 남부 변두리에 위치하여 문화적으로 후진지역이었던 끄우 쩐은 임연 당시 농사를 짓되 아직 철제농기구는 사용하지 않았을지 모른다. 그렇지만 만약 자오 찌가 잉여농산물을 끄우 쩐에 공급하였다면, 홍 강 델타에서는 농업기술이 상당히 발달했다는 얘기이다. 그러한 농업기술의 발달은 철제농기구 사용과 우경(牛耕)을 의미한다. 철제농기구의 무게를 감안하면 소를 이용해야만 가능하기 때문이다. 그리고 이러한 우경은 로박덕의 원정 때 두 사자(使者)가 100마리의 소를 바쳤다든가, 그에 앞서 여후가 남

---

54) 『後漢書』 권76, 2462면; 『安南志畧』, 439~40면; 『全書』(상), 125면.
55) 後藤均平 『ベトナム救國抗爭史』, 72면.

비엣에 철과 우마의 수출을 금지했다는 기록 등으로 보아 입증이 가능하다. 일본 역사가 고또오 킴뻬이(後藤均平)는 철을 처음 자오 찌에 가져온 중국인은 남해의 진귀한 산물을 구하러 온 상인들이었을 것이라고 하였다.[56]

1세기 초 석광과 임연 같은 중국관리들의 노력은 베트남사회에 어떤 영향을 미쳤을까? 『후한서(後漢書)』의 편찬자는 "영남(嶺南)의 중국적 풍속은 두 태수[석광과 임연]로부터 비롯된다"라고 평했다.[57] 과대 평일 수 있으나, 여하튼 이전의 간접지배로부터 직접지배로 전환하면서 중국의 문물과 풍속습관 등이 전보다 널리 이식되었으리라는 것은 분명한 사실이다. 이질적 문화의 도입은 종래의 사회체제를 해체시키는 것으로, 토착지배계급에게는 중대한 위협이었다. 그럼에도 불구하고 초기에는 잠시 평온을 유지할 수 있었는데, 토착상층계급이 새로운 개혁에 만족하여서가 아니라 인식 부족 때문일 수도 있다.[58] 그러나 개혁이 진행됨에 따라 중국의 베트남 지배는 갈수록 강화되고, 자신들의 지위가 점차 약화되는 데 불안을 느낀 베트남 토착지배계급이 적대적으로 나오게 되는 것은 당연한 결과였다.

중국이 직접지배 정책으로 전환한 것은 단순히 베트남인들의 '야만적' 풍습을 바꾸어 중국식으로 교화하자는 것만이 목적은 아니었다. 이는 베트남사회에 우경이 도입되면서 생산력이 향상되는 것과 관련이 있어 보인다. 남해물산의 집산지로만 여겨온 베트남이 농업생산력의 향상을 보이자 한나라 조정은 이를 새로운 조세수입원으로 간주하게 되었다. 기원후 2년의 호구조사는 이와 관련이 있는 것으로 보인다. 처음 낙장·낙후는 잉여생산물을 거두어들이는 것에 만족하였지만, 중국관리들의 요구가 커짐에 따라 양자는 경쟁관계로 발전했다.[59] 이러한 경쟁관계에서 열세일 수밖에 없

---

56) 後藤均平 『ベトナム救國抗爭史』, 71면.
57) 『後漢書』 권76, 2462면; 『全書』(상), 125면.
58) H. Maspèro, "L'Expedition de Ma Yüan," 12면.
59) 後藤均平 『ベトナム救國抗爭史』, 74~75면; Taylor, *The Birth of Vietnam*, 36~37면.

는 토착지배자들은 점차 불만이 커져 중국의 지배에 저항하게 되는 것이다.

결국 석광과 임연은 중앙조정의 정책을 충실히 실천한, 다시 말해 '선정(善政)'을 행한 관리로 칭송되었지만, 지배를 받는 측의 입장에서는 결코 그렇게 생각할 수 없었다.[60]

---

60) 後藤均平 『ベトナム救國抗爭史』, 75면.

제2장 중국에 대한 저항의 발단

1. 쯩 자매의 저항

쯩 자매의 봉기

왕망정권을 무너뜨리고 광무제(光武帝)가 한을 재건하자 등양과 석광은 왕망에 저항한 공로로 작위를 받고 자오 찌를 떠났다(기원후 29년). 임연도 거의 동시에 4년 동안의 책무를 끝내고 중원으로 돌아갔다. 그가 돌아간 후 사람들은 사당을 세워 그를 기리었다고 한다.[1]

석광의 뒤를 이어 자오 찌 태수로 부임한 관리는 소정(蘇定)이었다. 베트남 사서(史書)들은 그를 '탐욕스럽고 포악한' 인물로 그리고 있다.[2] 훗날 중국 기록에도, 그는 돈에만 눈을 크게 뜨고, 반군에 대하여는 눈을 감은 채 공격하기를 두려워했다고 하였다.[3]

---

1) 『後漢書』권76, 2462면; 『安南志略』, 440면; 『全書』(상), 125면.
2) 『安南志略』, 440면; 『全書』(상), 125면.
3) Bui Quang Tung, "Le soulèvement des Soeurs Trung," *Bulletin de la Société des Études*

소정의 지배에 반기를 든 것은 기원후 40년 쯩 짝(Trung Trac, 徵側)이란 여인이었다. 그녀는 자오 찌 군(郡) 메 린(Me Linh, 麊泠) 현(縣)의[4] 한 낙장 (雒將) 딸로 같은 군 내 쭈 지엔(Chu Dien, 朱鳶) 현의[5] 낙장인 티 싸익(Thi Sach, 詩索)에게 시집을 갔다. 소정은 늘 베트남 지배계층의 불만에 촉각을 곤두세우던 차에 이 혼인을, 저항을 위한 세력규합으로 보고 티 싸익을 '법'에 의해 체포했다.[6] 여기서 법이란 중국법을 의미하는 것으로 풀이된다. 베트남에는 공동체에 따른 관습법이 있지만 소정은 이를 고려하지 않고 중국의 지배체제에 의거하여 일방적으로 중국법을 적용한 것이다.[7]

성격이 뛰어나게 용맹했다고 하는 쯩 짝은 동생 쯩 니(Trung Nhi, 徵貳) 와 함께 소정에 대한 복수심에서 자오 찌 중심부를 공격하니 소정은 난하이로 도주하였다. 끄우 쩐·녓 남·허푸가 저항에 합세함에 따라, 중국관리의 직접지배로 자신의 입지가 위태로워진 여타 토착지배계급들도 모두 복종하여 쯩 짝의 세력은 순식간에 65개 성(城)으로 확대되었다. 쯩 짝은 성공을 거두자 고향인 메 린에 도읍을 정하고 왕을 칭했다. 그리고 자오 찌와 끄우 쩐의 주민들에게 그후 2년간 세금을 면제해주었다.[8]

쯩 짝과 쯩 니, 두 자매는 뒷날 베트남인들에 의해 영웅으로 받들어지고 있다. 레 반 흐우는 여자도 이처럼 중국지배에 저항했는데 후일 남자들은 속수무책으로 복종한 데 부끄러움을 느껴야 한다고 했다.[9] 한편 『대월사

Indochinoises 36-1, 1961, 76면.

4) 하노이로부터 서북쪽으로 40km 떨어진 오늘날 푸 토(Phu Tho) 성의 비엣 찌(Viet Tri) 부근.

5) 지금의 썬 떠이(Son Tay).

6) 『後漢書』 권86, 2836면. 『수경주』에는 『후한서』와 달리 소정이 티 싸익을 체포했다는 기사가 없어 논란의 대상이 되고 있다. Bui Quang Tung, "Le soulèvement des Soeurs Trung," 76면; Stephen O'Harrow, "From Co-loa to the Trung Sister's Revolt," *Asian Perspectives* 22-2, 1979, 160면.

7) 片倉穰「中國支配下のベトナム (1)」, 『歷史學硏究』 380, 1972, 23면.

8) 『後漢書』 권24, 838면; 『水經注』 권37, 3042면.

기전서』에는 티 싸익이 처형되어 쯩 짝이 반기를 든 것으로 되어 있다.[10] 이에 대한 확실한 증거는 없다. 아마도 남편이 살아 있는데 부인이 저항의 지도적 역할을 한 것에 대해 이를 받아들이기 어려운 후일의 유교적 편견 때문이 아니었나 싶다.[11] 그러나 쯩 짝의 시대에는 여성이 높은 지위를 누린 모권사회 성격이 강했다. 오늘날 그녀를 모신 사당에 당시 봉기에 참여한 50여명의 이름이 기록되어 있는데, 그중 여성이 상당한 비율을 차지하고 있다는 사실도 이를 말해준다.[12]

마원의 원정

쯩씨 자매가 반란을 일으켰다는 소식을 들은 후한 광무제는 창사(長沙) 이남의 각 군(郡)에 명하여 군선(軍船)을 마련하게 하고, 다리와 도로를 보수하는 등 일련의 토벌 준비를 진행하였다. 그리고 당시 최우수 장군의 한 사람인 마원(馬援)을 복파장군(伏波將軍)에[13] 임명하고 자오 찌 토벌 명령을 내렸다. 때는 기원후 41년, 정규군 8천과 민병 2만으로 구성된 마원의 군대는 허푸에 도착했다. 수송선박이 부족하여 허푸에서부터는 해안을 따라 길을 닦으며 진군을 계속하여 아무런 저항도 받지 않고 홍 강 델타의 중심부까지 이르렀다. 그러나 42년 봄 마원의 원정군은 랑 박(Lang Bac, 浪

---

9) 『全書』(상), 126면.

10) 『全書』(상), 126면; Bui Quang Tung, "Le soulèvement des Soeurs Trung," 83면.

11) O'Harrow, "From Co-loa to the Trung Sister's Revolt," 160면; Taylor, *The Birth of Vietnam*, 39면.

12) Nguyễn Khắc Xương, "Về cuộc khởi nghĩa Hai Bà Trưng qua tư liệu Vĩnh-phú"(빈 푸 자료에 의한 쯩씨 자매의 의거), *NCLS* 151, 1973, 41~49면. Taylor, *The Birth of Vietnam*, 39면에서 재인용.

13) 한무제 때 처음 설치된 수군의 장군 칭호. 그 위력이 풍파라도 가라앉힐 수 있다는 의미에서 붙여진 것이다.

泊)과[14) 떠이 부(Tay Vu, 西于)[15)에서는 우기(雨期)로 인해 어려움이 많았다. 그럼에도 불구하고 쯩 짝의 군대는 장비가 우수한 한의 정규군의 기세에 눌려 대패하였다. 이 전투에서 쯩 짝의 군은 수천명이 전사하고 만여명이 항복하였다. 쯩씨 자매는 메 린에 있는 딴 비엔(Tan Vien, 傘圓) 산으로 도피 하여 이후 1년 동안 산발적으로 마원 군대에 저항했으나 한의 군사력에 밀 려 패배를 거듭했다. 43년 1월 마원은 마침내 쯩 짝과 쯩 니를 생포하여 참 수한 후 그들의 머리를 낙양의 조정으로 보냈다.[16)

이와 달리, 베트남 사서들은 쯩 자매가 마원에 처형된 것이 아니라 딴 비 엔 산 근처의 홍 강 지류인 핫(Hat, 喝) 강에 몸을 던져 자살한 것으로 서술 하여 굴욕적인 모습을 부정하고 있다.[17) 이는 물론 쯩 자매가 후대의 베트 남인들에 의해 위대한 영웅(하이 바 쯩Hai Bà Trưng)으로 추앙되고 있는 것과 밀접한 관련이 있다.

전투는 처음부터 쯩 짝에게 승산이 없었다. 『대월사기전서』에 의하면, 쯩 짝은 적군이 강한데 자신의 군대는 오합지졸임을 보고 자신감이 없이 겁을 냈다. 따르는 무리 역시 쯩 짝이 여성으로서 적군에 대항하기 어려우 리라는 두려움에 흩어지고 말았다.[18) 이는 쯩 짝의 시대에 베트남사회가 모권적 경향이 강했다 해도, 중국관리들의 통치에 의해 부권적 영향이 서 서히 침투하고 있었음을 말해준다.

델타 지방을 평정한 마원은 끄우 쩐 지방의 쯩씨 잔당을 토벌하기 위해 2만여 병사를 동원하여 남으로 끄 퐁(Cu Phong, 居風), 즉 지금의 응에 안

---

14) 현 박 닌(Bac Ninh) 시 남부.
15) 안 즈엉 브엉의 수도 꼬 로아(Co Loa, 古螺)가 그 중심지.
16) 『後漢書』 권24, 838면; Bui Quang Tung, "Le soulèvement des Soeurs Trung," 77면; 川 本邦衛 『ベトナムの詩と歴史』, 東京: 文藝春秋 1976, 73~74면.
17) 『越甸幽靈集』, 11면; 『全書』(상), 127면. 『대월사략』만은 쯩 짝이 살해되었다고 한다. 『大越史略』, 29면.
18) 『全書』(상), 126면.

(Nghe An, 義安) 지방까지 쳐들어갔다. 이때 참수되거나 포로로 된 자가 5천 명에 달했다. 한편 반란의 주력인 낙장 3백여 가구를 중국 남부의 영릉군(零陵郡)으로 강제로 이주시켰다.[19] 자오 찌와 끄우 쩐 두 군을 완전히 평정한 마원은 44년 봄 자오 찌를 떠나 가을 낙양에 개선하였으나 병사의 절반을 잃은 상태였다.[20]

마원의 개혁과 영향

마원은 낙양으로 귀환하기 전 1년 동안 한의 통치기반을 다지기 위해 여러 가지 개혁을 단행함으로써 베트남사회에 커다란 변화를 가져왔다. 무엇보다 그는 중국관리의 직접지배를 강화하여 종래의 토착지배계층인 낙장·낙후의 이름을 사라지게 하였다.[21] 그리하여 마원의 원정은 흔히 베트남역사에서 중요한 사건으로 일컬어진다.

마원은 우선 자오 찌 군의 9개 현 중 떠이 부 현이 다른 현들에 비해 인구가 많고 면적이 넓은데다 현청(縣廳)과 멀리 떨어져 있어 관리가 어렵다는 이유로 퐁 케(Phong Khe, 封溪)와 봉 하이(Vong Hai, 望海) 두 현으로 분할했다.[22] 당시 떠이 부 현의 호수는 3만 2천 개였다. 이는 앞에서 본 기원 2년의 호구조사와 비교해볼 때 끄우 쩐을 제외한 다른 어떤 군의 호수보다도 많은 게 사실이다. 그러나 실제적인 이유는 정치적인 데 있었다. 안 즈엉 브엉의 수도 꼬 로아를 중심으로 한 그 일대의 떠이 부 현은 예로부터

---

19) H. Maspèro, "L'Expedition de Ma Yüan," 22~23면; 後藤均平『ベトナム救國抗爭史』, 79면.

20) 『後漢書』 권24, 840면.

21) H. Masprèo, "L'Expedition de Ma Yüan," 18면; Le Thanh Khoi, *Histoire du Viet Nam des origines à 1858*, 94면.

22) 『後漢書』 권24, 839면; 『大越史略』, 29면; 『全書』(상), 127면.

중요한 정치적 중심지로 쯩씨 자매의 반란 근거지인 메 린과 쭈 지엔 두 현에 인접해 있었다. 일대 격전이 벌어진 랑 박도 떠이 부 현에 속하였다. 결국 마원의 떠이 부 현 분할은 행정상의 편의뿐만 아니라 떠이 부 토착세 력을 분열시키려는 획책이었던 것이다.[23]

마원은 가는 곳마다 군현의 성곽을 보수하고, 농민을 위해 관개수로를 만들었다.[24] 반란으로 어지러워진 지배질서를 회복하고, 더욱이 전란으로 피폐해진 농촌을 복구하기 위해 수리시설을 정비한다는 명분에서였다. 정 말 그러했을까? 실제로는 전통적으로 낙장의 손에 있던 관개수리권을 중 국의 군현관이 직접 장악케 함으로써 낙장층의 지배력을 제거하려는 것이 마원의 의도였다.[25]

끝으로 마원은 베트남인의 전통적 법규와 한의 법규 사이에 차이가 나 는 십여가지를 조정에 보고했다. 베트남인들에게 '구제(舊制)'를 분명히 밝히고, 중국법을 어기지 않겠다는 약속을 받아냈다.[26] 구제에 대하여는 베트남의 전통적 고유법을 의미한다는 견해들도 있으나,[27] 고또오 킴뻬이 (後藤均平)는 이를 낙장 권력의 해체선상에서 이해하려고 한다. 마원이 행 한 위의 두가지 개혁을 고려하면 가장 설득력이 있어 보인다. 고또오는 구 제란 석광·임연 이래 한이 지향해온 군현지배의 법이라고 했다.[28] 카따꾸 라 미노루(片倉穰)는 '구제'의 내용을 좀더 구체적으로 설명하면서, 이는 중국법의 일방적 강제에 의해 성립된 것이 아니고, 베트남 고유법과 낙장 의 권력을 어느정도 고려하여 만든 통치법일 것이라고 하였다. 그러면서

---

23) 後藤均平『ベトナム救國抗爭史』, 80면.
24) 『後漢書』 권24, 839면.
25) 後藤均平『ベトナム救國抗爭史』, 80~81면.
26) 『後漢書』 권24, 839면.
27) 松本信廣『ベトナム民族小史』, 東京: 岩波書店 1969, 23면; 川本邦衛『ベトナムの詩と歷 史』, 74면.
28) 後藤均平『ベトナム救國抗爭史』, 81~82면.

소정이 티 싸익을 체포한 법은 '구제'가 아니라 순전한 중국법이기 때문에 낙장들이 반발하였다고 했다.[29] 결국 마원은 구제의 미비한 점을 정리하여 낙장 지배를 확실히한 셈이다. 『후한서』에 "이후 낙월(雒越) 사람들은 마원이 확립해놓은 것을 받들어 행했다"는 구절이 이를 입증해준다.[30] 하지만 마원의 개혁이 베트남사회를 완전히 변모시킨 것은 아니다. 카따꾸라 미노루의 말대로라면, 그의 개혁은 낙장의 지배력을 제거했을 뿐 베트남 전통사회의 관습은 그대로 유지시켰다. 낙장들도 비록 그 이름은 없어졌지만 군현의 관리로서 여전히 존속했다. 직접지배의 강화에 필요한 많은 관리들을 이들로 충당했음이 거의 틀림없기 때문이다. 이들은 중국인 이주민과 함께 일종의 지방특권층을 형성하게 된다.[31]

마원의 원정과 관련하여 한가지 더 언급되어야 할 것은, 그가 남쪽 경계를 정하기 위해 이른바 동주(銅柱) 둘을 세우고 "이를 부러뜨리면 자오 찌는 멸하게 될 것이다"라는 구절을 새겨넣었다는 이야기이다.[32] 『후한서』 본문 어디에도 동주에 관한 언급은 없고 다만 주(註)에서 인용된 3세기 저작 『광주기(廣州記)』에서 보일 뿐이다. 한편 『대월사기전서』에 따르면, 마원은 쯩 자매의 잔당을 끄우 쩐의 끄 퐁까지 가서 토벌하고 동주를 세웠다고 한다.[33] 그렇다면 끄우 쩐은 넛 남의 북에 위치했기에 한나라 영역의 최남단에 동주를 세웠다고 보기는 어렵다.[34]

마원의 원정은 베트남인들의 기억에서 지워지지 않았다. 그래서 8세기

---

29) 片倉穣「中國支配下のベトナム (1)」, 24면.

30) 『後漢書』 권24, 839면.

31) H. Maspèro, "L'Expedition de Ma Yüan," 19면; 後藤均平 『ベトナム救國抗爭史』, 83면; Taylor, *The Birth of Vietnam*, 47면.

32) "銅柱折 交趾滅." 『安南志畧』, 379면; Liam C. Kelly, *Beyond the Bronze Pillars*, Honolulu: University of Hawaii Press 2005, 6면.

33) 『後漢書』 권24, 840면; 『全書』(상), 127면.

34) Kelly, *Beyond the Bronze Pillars*, 7면.

후반 안남도호(安南都護) 마총(馬揔)은 자신을 그의 후예라고 하면서, 마원의 업적을 기리기 위해 전과 같은 장소에 또다른 동주 둘을 광둥 성 흠주(欽州)에 세웠다고 한다.[35] 유감스럽게도 『구당서(舊唐書)』에 있는 그의 열전은 구체적인 장소를 밝히지 않고 있다.[36] 이때문에 동주의 수나 장소에 대하여는 예전이나 지금이나 학자들마다 의견이 제각각이다.[37]

마원의 원정 결과, 베트남에는 새로운 지배계층이 등장했다. 이들의 일부는 중국인 이주자인가 하면, 전술한 이전 낙장 출신 베트남인들도 있었다. 중국인들은 왕망시대의 혼란을 피해 왔다가 돌아가지 않았거나 마원의 병사 중 귀국하지 않고 현지에 남은 이들이었다. 전자의 대표적인 예로는 후한 말 자오 찌 태수로 명망이 높았던 사섭(士燮, 베트남어는 씨 니엡 Sĩ Nhiếp)의 조상을 들 수 있다. 그의 조상은 본래 노국(魯國, 현 산둥 성) 사람이었는데 왕망시대에 광시 성의 창우(蒼梧) 군으로 피난하여 정착했다.[38] 후자 중 적지 않은 수는 현지 여인과 결혼하여 주로 중하급 관리로 임명되어 한의 권위 유지에 충성을 바치는 동시에 한문화에도 관심을 가지게 되었다.[39]

오늘날 북부 베트남에서 발견된 한식(漢式) 전묘(磚墓)는 백수십개에 달하며, 연대로 보면 대부분 기원후 2세기에서 5세기에 걸친 것으로 알려졌다. 이들 중 2세기나 3세기의 것은 모두 새로운 중국계 지배계층의 것으로 짐작된다. 전묘 내에서 발견된 부장품으로는 각종 청동기·철제무기·동전·옥(玉)제품·도기·악기 등이 있는데, 이들은 대부분 남중국으로부터 가

---

35) 『安南志畧』, 379면; Kelly, *Beyond the Bronze Pillars*, 7면.

36) 『舊唐書』 권157, 1997, 4151면.

37) 요시까이 마사또(吉開將人)는 마원의 동주에 대해 중국과 베트남 양쪽에서의 논의를 역사적으로 잘 정리하여 놓았다. 吉開將人「馬援銅柱おめぐる諸問題」,『ベトナムの社會と文化』3, 2001, 389~407면.

38) 『三國志』,「吳書」四, 권49, 1995, 1191면. 자오 찌 자사부(交趾刺史部).

39) Taylor, *The Birth of Vietnam*, 149면.

저온 것이었다.[40] 이들 지배계층은 중국문화를 존중하고 생활도 상당히 호사스러웠던 것으로 보인다. 그 시대 중국인들이 어디서 사망하든 유골은 고향 선산에 묻히는 것이 관습인 것을 감안하면 당시 정치적 혼란 탓도 있지만,[41] 달리 생각하면 베트남을 자신들의 고향으로 생각하고 돌아가려 하지 않았다는 증거이기도 하다.[42]

그러나 전묘가 백수십개인 것은 모든 중국 이주민이 지배계층이 아니었음을 말해주기도 한다. 생계를 위해 이주해 온 이들이나 유배된 이들 혹은 망명객들, 또는 그들 자손은 일반백성에 불과했다. 때문에 중국에서 파견한 관리들에 대해 비판적 태도를 가지고, 반발하는 경우도 있었다. 이들은 현지인과 결혼함으로써 베트남사회의 구성원이 되는 경우가 많아 중국인이라고 할 수 없고, 그 자손은 한두 세대가 지나면 베트남어를 썼으리라 여겨진다. 결국 베트남인이 중국화되기보다는 중국인이 베트남화되었다고 보는 편이 맞을 것이다. 이들 중국 이주민은 2세기에 있은 중국의 지배에 저항하여 빈번히 일어나는 반란에서 지역사회의 지도자 역할을 하기도 했다.[43]

2. 중국관리의 수탈과 반란

기원후 2세기의 반란

마원의 원정 이후 베트남에 부임해 오는 중국관리에는 두 부류, 즉 양리

---

40) 後藤均平 『ベトナム救國抗爭史』, 125~30면.
41) Olov Janse, *Archaeological Research in Indo-China*, Vol. I, Cambridge, Mass.: Harvard University Press 1947, 58면.
42) 後藤均平 『ベトナム救國抗爭史』, 123면.
43) 같은 책, 144~46면.

(良吏)와 혹리(酷吏)가 있었다. 물론 이들의 행적을 기록 그대로 받아들일 수는 없을 것이다. 관리의 열전이 송덕비에 의거하는 경우가 많기 때문이다. 송덕비의 비문은 생시의 치적을 나쁘게 쓰는 법이 없는데다 업적을 높이기 위해 전임자의 나쁜 점을 과장하는 것이 일반적이라는 것을 감안해야 한다.

기원후 2세기 후반 양리의 대표적 인물로는 이선(李善), 혹리로는 장회(張恢)가 거론된다. 후한 명제(明帝, 58~75) 때 넛 남 태수를 지낸 이선은 주민들을 관용과 사랑으로 다스리는 한편 토착민의 고유한 풍습을 인정했다. 그 공로로 인해 끄우 쩐 태수로 영전되었다.[44] 그러나 이런 관리는 드물고, 이선과 동시대의 인물로 자오 찌 태수였던 장회 같은 혹리가 더 많았다. 그는 수탈과 회뢰(賄賂)로 수많은 재물을 쌓은 사실이 밝혀져 처형되고 재산은 몰수되었다.[45]

당시 후한 조정은 멀리 떨어져 있어 현지의 관리를 통제하기 어려웠을 뿐만 아니라 일관된 정책도 없었다. 다시 말해 관리의 순환이 매우 잦았다.[46] 자사는 사복을 채워 목적을 달성하면 귀임하고, 그로 인해 반란이 일어나면 토벌할 자사를 보냈다. 토벌이나 위무(慰撫)에 성공한 장수나 관리는 유능함을 인정받아 중앙조정의 명(命)으로 돌아가고 또 다시 새로운 자사가 보내졌다. 문제의 근본을 밝혀 해결하려는 시도는 없었다.

이러한 상황에도 불구하고 마원 원정 이후 서기 1세기 말까지 반세기 동안 베트남에서는 별다른 반란이 없었다. 후한의 전성기로 한의 권위가 토착사회를 지배하기에 충분했기 때문이다. 그러나 후한이 정치적 부패와 혼란으로 쇠락하자 베트남에서 소요의 조짐이 일기 시작했다. 첫 움직임은 자오 찌 내부에서가 아니라 변경의 소요로 나타났다. 후한의 통치력이

---

44) 『安南志畧』, 440면; 『全書』(상), 127면.
45) 『後漢書』권41, 1407면; 『安南志畧』, 440면.
46) 尾崎康 「後漢の交趾刺史について──士燮をめぐる諸勢力」, 『史學』 33-3·4, 1961, 152면.

변경지방에서 먼저 약화되면서 부패한 관리들을 제대로 통제하지 못한 데원인이 있었음은 물론이다.

기원 100년 넛 남의 최남단에 위치한 뜨엉 럼(Tuong Lam, 象林) 현 주민 2천여명이 주민을 약탈하고 관아에 불을 지른 사건이 발생했다. 중국측이 북쪽 군현의 군사를 동원하여 주동자를 잡아 참수하자 추종자들은 모두 굴복하였다. 중국은 뜨엉 럼에 장병장사(將兵長史)라는 특수 군부대를 설치하여 후환에 대비했다.[47] 2년 뒤에는 뜨엉 럼에 토지세를 비롯하여 세 종류의 세금을 2년간 면제하여 주었다.[48] 이로 보면, 100년에 일어난 소요사건은 중국관리들의 착취와 관련이 있었던 것으로 생각된다. 기원 초부터 중국과 인도 사이에는 교역이 행해졌으며,[49] 넛 남은 이 교역에서 중간무역항으로 열대지방 산물의 집산지이기도 했다.

이후 한동안 넛 남은 잠잠했으니, 124년에는 "넛 남 변방 밖의 만이(蠻夷)"가 와서 한에 복종을 표했다고 한다.[50] 이도 잠시뿐이로 137년에는 뜨엉 럼 변방의 원주민인 구련(區連)[51] 등 수천명이 현청 소재지를 공격하여 불사르고 관리를 살해했다. 뜨엉 럼은 그 이남에 거주하는 참족(Chams)과의 경계지역이었던 것으로 보아 구련은 참족의 지도자였던 듯하다. 이 사건은 베트남인과 인종도 문화도 다른 참족에 대한 최초의 기록이다. 중국의 문헌에는 이들이 세운 나라를 처음엔 임읍(Lin-yi, 林邑), 나중에는 참파(Champa, 占婆)로 부르고 있다.

자오 찌 자사 번연(樊演)은 자오 찌와 끄우 쩐의 군사 만여명을 동원하

---

47) 『後漢書』 권4, 187면 및 권 86, 2837면.

48) 片倉穣 「中國支配下のベトナム (1)」, 24면.

49) 『漢書』 권12, 352면; Wang Gungwu, "The Nanhai Trade," 20~21면.

50) 『後漢書』 권86, 2837면.

51) 구련은 인명이 아니라 종족 이름이라는 설도 있다. Georges Coedès, *The Indianized States of Southeast Asia*, Honolulu: East-West Center Press 1968, 43면.

여 이를 구하려 했으나, 군사들은 먼 원정길이 두려워 오히려 반란을 일으
켜 대신 자사부를 공격했다. 때마침 넛 남에 있던 시어사(侍御使) 가창(賈
昌)이 주와 군과 힘을 합해 구련을 공격했지만 도리어 포위되고 말았다.[52]
후한 조정은 본국으로부터 원정군을 보내려 하였으나, 대장군 이고(李固)
의 조언을 받아들여 포기했다. 그는 거리는 멀고 기후도 좋지 않은데다 군
량미 부족문제도 있고 또 원정군이 반란을 일으킬지도 모른다는 이유 등
을 들어 반대의사를 표시한 것이다. 대신 그는 인후하고 용맹 있는 인물을
보내도록 제안하면서, 장교(張喬)와 축량(祝良)을 천거했다. 각각 자오 찌
자사와 끄우 쩐 태수로 임명된 두 사람은 위무와 용략의 방법으로 반란을
수습하는 데 성공했다.[53]

그러나 144년에 7년 전과 같은 사건이 또다시 발생했다. 즉 넛 남의 주민
들이 현청 소재지를 공격하여 불태웠고, 여기에 고무된 끄우 쩐에서도 반
란이 일어났다. 자오 찌 자사인 하방(夏方)은 반도들에게 관용을 베풀겠다
고 약속하여 그들을 투항시켰다.[54] 그에 이어 157년에는 끄우 쩐의 끄 퐁
(Cu Phong, 居風) 현에서 쭈 닷(Chu Dat, 朱達) 등이 현령의 지나친 수탈에
격분하여 반란을 일으켜 현령을 살해했다. 무리 4,5천명이 끄우 쩐 군 소재
지로 진격한 결과 태수가 전사하였다. 새로 부임한 도위(都尉) 위명(魏明)
이 2천명을 참수했으나 난은 좀처럼 진압되지 않았다.[55]

홍 강 델타의 주변에서 일어난 반란은 마침내 그 중심부에까지 번져 178
년에는 자오 찌와 허푸의 토착민이 난을 일으켰다. 이후 끄우 쩐과 넛 남으
로 번져갔고 마침내 자오 찌 전역으로 확대되었다. 주모자는 이주한인 르

---

52) 『後漢書』 권86, 2837면; 『全書』(상), 127~28면.
53) 『後漢書』 권86, 2838~39면; 『大越史略』, 30면; 『全書』(상), 128면; 後藤均平 『ベトナム救
　　國抗爭史』, 91~92면; Taylor, *The Birth of Vietnam*, 61~63면.
54) 『後漢書』 권86, 2839면; 『大越史略』, 30면; 『全書』(상), 128면.
55) 『後漢書』 권86, 2839면.

엉 롱(Luong Long, 梁龍)으로, 곧이어 난하이 군의 태수도 가담했다. 자사인 주우(朱嵎)는 속수무책일 수밖에 없었다. 한 조정은 181년 주준(朱儁)을 자오 찌 자사에 임명하였는데, 그는 권위와 덕망으로 반도들을 위압하는 한 편 무력을 사용하여 반란을 진압했다.[56] 명대의 이탁오(李卓吾)는 역대인물을 비평하면서 주준을 '현장(賢將)'이라고 했다 한다.[57] 그러나 반란은 여기서 그치지 않았다. 3년 뒤인 184년에는 자오 찌의 주둔병이 난을 일으켜 자사와 허푸 태수를 포로로 삼았다.

가종(賈琮)

이상의 반란들은 모두 부임해 온 중국관리들이 남방의 진귀한 물자들을 중간에서 가로채 사복을 채웠기 때문에 그에 대한 불만에서 일어난 것이다. 이러한 실정은 184년의 반란을 수습하기 위해 파견된 가종(賈琮)의 말에 잘 나타나 있다.[58]

자오 찌는 진주·물총새 깃·무소 뿔·상아·귀갑(龜甲)·향목(香木)·미목(美木)의 산지이다. [그곳에 임명되는] 자사는 거의가 부패하여, 한편으로는 고위관리에게 선물을 주고 다른 한편으론 뇌물로 자신의 부를 축적했다. 축적된 부가 충분하다고 생각되면 곧 다른 곳으로의 승진을 추구했다. 때문에 하급관리와 주민들이 원한을 품고 반란을 일으킨 것이다.

가종의 말대로, 반란은 자사의 혹독한 정치에서 비롯된 것이 확실하다. 자사만이 아니라 자오 찌 자사부 7군 태수들의 수탈도 일일이 열거할 수

---

56) 『後漢書』 권86, 2839면; 『大越史略』, 30면; 『安南志畧』, 441면; 『全書』(상), 129면.
57) 後藤均平 『ベトナム救國抗爭史』, 94면.
58) 『後漢書』 권31, 1111면; Wang Gungwu, "The Nanhai Trade," 25면.

없을 정도였다. 예컨대 환제(桓帝, 147~167) 때 허푸 태수는 지독히 탐욕스러워 군의 특산품인 진주를 모두 채취하여 사재를 축적했다. 그리하여 빈민이 길에서 아사할 정도였다고 후임자인 맹상(孟嘗)은 한탄하였다. 허푸 사람들은 채취한 진주를 이웃 자오 찌에서 쌀과 바꾸었는데 그러지 못해 이처럼 비참한 일이 일어났다는 것이다.[59] 맹상은 양리에 속하는 인물로 자신의 치적을 높이기 위해 전임자를 좋지 않게 평했을 가능성도 있지만, 그의 말에 상당한 진실성이 있다는 것 또한 부정하기 어렵겠다. 중국관리의 착취는 후한대에만 그치는 것이 아니라 이후로도 중국지배하에서 끊임없이 계속되었다. 일례로, 진(晉) 나라(265~317) 때 온방(溫放)이란 관리는 빈곤을 구실로 자오 찌우 자사(交州刺史)직을 요청하여 사복을 채웠다.[60] (자오 찌 자사부는 기원후 203년 자오 쩌우 자사부[交州刺史部]로 바뀌었다.)

자오 찌에 도착한 가종은 주민들이 안심하고 생업에 종사할 수 있도록, 세금을 줄여주고 유능한 관리를 군현에 배치하는 등 일련의 조치를 취했다. 그러면서도 반란의 지도자는 절대로 용서하지 않았다. 이러한 조치로 평온은 곧 회복되었다. 그의 열전에 있는 기록대로라면, 항간에서는 그의 선정을 칭송하여 "가부(賈父)가 늦게 와 우리가 전에 반란을 일으켰는데, 이제는 살기가 편하니 다시는 반(反)하지 않겠노라"라는[61] 노래를 불렀다고 한다.

역설적이게도 가종의 감세정책은 정규 세금의 징수를 용이하게 했다. 위의 노래는 수탈이 없는 상황에서 주민들은 세금 징수에 순순히 응했다는 의미이기도 하다. 이러한 징수의 성공으로 가종은 명성을 얻었고, 중앙의 요직에 영전할 수 있었다. 그런 의미에서 자오 찌 자사는 그에게 관료로서의 출세 길에서 하나의 과정인 셈이기도 했다.[62]

---

59) 『後漢書』 권76, 2474면; 後藤均平 『ベトナム救國抗爭史』, 96면.

60) 『晉書』 권67, 1997, 1796면.

61) 『後漢書』 권31, 1112면; 『大越史略』, 30면; 『安南志畧』, 441면; 『全書』(상), 129면.

62) 後藤均平 『ベトナム救國抗爭史』, 99~101면.

가종은 재임 3년 후 중원으로 돌아가고 그의 뒤를 이어 자오 찌 출신의 이진(李進)이 자사가 되었다는 기록이 있다. 이진은 중국 사료에서는 보이지 않고 베트남 기록에만 나타나기 때문에 의문시되는 점이 없지 않다. 더욱이 한대에는 회피제(回避制)가 시행되어 지방관은 자기 고향에 임명되지 않았기 때문에 의문은 증폭이 된다. 그러나 달리 생각해보면, 2세기 후반 자오 찌에 대한 후한의 행정은 정상적이 아니었던데다가, 가종이 현지인을 관리로 임명했다든지 후한이 자오 찌의 평온 유지를 위해 노력한 점 등을 고려하면, 자오 찌 출신을 의도적으로 자사에 임명했을 수도 있으리라는 생각이다.[63] 『대월사기전서』에 의하면, 이진은 임명되자 곧 후한 조정에 상소하여 자오 찌 출신자들도 차별하지 말고 중앙의 관리로 등용해줄 것을 요청하였고 조정도 이를 어느정도 수용한 듯하다.[64]

위에서 말한 많은 반란들은 이른바 '만이(蠻夷)'라든가 '이민(吏民)'이라고 불리는 베트남인들이 주로 일으켰지만, 여기에 국한되지 않고 이주한인인 지배계층도 가세하고 있다. 157년 끄 퐁에서 난을 주도한 쭈 닷은 몇대 전에 중국에서 이주하여 끄 퐁 현에 정착하여 토착화된 유력자인 듯하며, 178년 자오 찌와 허푸에서 발생한 반란의 지도자 르엉 롱 역시 이주한인인데다 여기에 난하이 군 태수까지 가담했다는 사실이 이를 잘 말해준다.[65]

사실 1세기부터 2세기에 걸쳐 베트남은 북방에서 오는 한인 이주민을 받아들이기에 충분할 만큼 농업생산이 향상되었고, 호구 수도 뚜렷이 증가했다. 140년 북부 베트남 3군의 호구 수는 다음과 같다.[66]

63) Taylor, *The Birth of Vietnam*, 69면; 尾崎康「後漢の交趾刺史について」, 153면. 고또오 킴뻬이는 한대의 회피제로 볼 때 이진이 자오 찌 출신일 것 같지는 않다고 한다. 後藤均平『ベトナム救國抗爭史』, 153면.

64) 『全書』(상), 130~31면.

65) 後藤均平『ベトナム救國抗爭史』, 93~94면.

66) 『後漢書』志 233, 532면.

자오 찌	—	—
끄우 쩐	46,513호	209,894인
녓 남	18,263호	100,676인

이를 기원후 2년의 인구조사와 비교해보면, 끄우 쩐과 녓 남의 인구는 각각 26.5%와 66.5%의 증가를 보이고 있다. 이러한 증가는 대부분 자연증가, 변경 밖 주민의 내속(內屬)에 의해서라고 생각되지만, 적지 않은 수의 중국인 또한 이주해왔다고 봐도 무리가 없겠다. 쭈 닷 같은 인물의 존재가 이를 입증해준다. 유감스럽게도 자오 찌의 호구 수는 밝혀져 있지 않으나, 중국과의 거리라든가 경제적 풍요로움을 고려할 때 자오 찌의 중국인 이주민은 끄우 쩐과 녓 남에 비해 훨씬 많았으리라 추측된다.

결국 2세기에 일어난 반란들은 후한 관리들의 과중한 수탈로 인한 현지 주민들의 저항의식에 새로운 지배계층의 지도력이 결합하여 일어난 조직적인 항쟁이었다고 할 수 있다. 그러나 이러한 여러 반란에 대하여 이미 대내적으로 통제력이 약화되어 내리막길에 접어든 후한은 마원의 원정처럼 적극적이면서 근본적으로 해결할 수 있는 상황이 아니었다. 따라서 앞서 말한 바와 같이, 사건이 터지면 그저 한두 사람의 우수한 관리를 현지에 파견하여 그의 역량에 의지하는 소극적이며 고식적인 대응에 그칠 수밖에 없었다. 따라서 후한 조정의 통제로부터 점차 벗어나 독자적인 토착사회를 형성하고자 하는 큰 흐름을 막을 수는 없었다.

제3장 중국 지배형태의 변화

1. 사섭의 통치

사섭(士燮)

후한 말 중국 본토가 환관(宦官)의 권력남용, 황건적의 난, 군웅할거 등으로 한참 혼란의 소용돌이에 빠져 있을 무렵, 자오 찌 지방은 오히려 전보다도 더 평온하였다. 이처럼 평화가 유지될 수 있었던 것은 당시 자오 찌 태수 사섭의 통치력 덕분이었다.

앞서 말한 바와 같이, 사섭의 조상은 본시 산둥 출신으로 왕망시대에 난을 피해 창우로 온 뒤 돌아가지 않았다. 사씨 집안의 등장은 환제 때 베트남에서의 반란과 밀접한 관련이 있는 듯하다. 이전에 베트남에 오는 태수들은 중앙조정에서 임명되었다. 그러나 이때에 이르면 난세(亂世)와 인재 부족으로 인해, 유능하면 출신배경과 무관하게 등용되었다. 이리하여 한인으로 현지와 밀접한 관련이 있는 이들이 태수직에 임명되기 시작했다. 이들은 후한 조정에 충성하기보다 점차 현지 이익의 대변자가 됨으로써

주민들의 폭넓은 지지를 받았다.[1]

환제 때 사씨의 5세 후손인 사섭의 아버지 사사(士賜)가 녓 남 태수로 임명된 것은 이러한 배경에서였음이 분명하다. 사씨나 그와 유사한 집안들은 중앙을 대신하여 현지인과의 조정자 역할을 하면서 명성을 쌓았다. 그리하여 후한의 세력이 약화됨에 따라 이들은 베트남의 지방정치에서 중심 인물이 될 수 있었다.

사사의 아들 중 하나인 사일(士壹)은 당시 군(郡)의 도위(都尉)였다. 환제 때 자오 찌 자사 정궁(丁宮)은 근면한 사일을 좋게 보아 중앙조정으로 돌아간 다음 그를 불러 갔다.[2] 정궁은 혼란시 자오 찌 자사로서는 드물게 사공(司空)과 사도(司徒)직에까지 오른 뛰어난 인물이다. 정궁과 사일의 관계로 볼 때 정궁은 사섭과도 직접 접촉했을 것 같다. 정궁 같은 인물과의 관계는 사씨 집안의 번성에 적지 않은 힘이 되었을 것이다.[3]

사섭은 사사의 장남으로 137년 창우에서 태어났다. 그는 아버지가 녓 남 태수로 임명되었을 무렵 낙양에 유학하여 유자기(劉子奇) 밑에서 『춘추좌씨전(春秋左氏傳)』을 배웠다. 이후 효렴(孝廉)으로 상서랑(尙書郎)에 추천되어 출세길에 올랐으나 알 수 없는 사건으로 면직되었다. 아버지의 상을 당해 고향으로 돌아와 복상을 끝낸 후 현재의 쓰촨 성의 무현(巫縣) 현령에 임명되었다. 이러한 사섭이 자오 찌 태수가 된 것은 전술한 184년 반란으로 자오 찌 자사에 임명된 가종의 천거에 의해서였다.[4] 가종이 현지의 명망있는 인물들을 임명한 사실을 상기하면 충분히 가능한 일이다.

가종 다음의 자오 찌 자사로는 이진 외에 주부(朱符, 주준의 아들)와 장진(張津) 두 사람의 이름만 확인된다. 주부가 자사였다고 하나 그의 통치지역

---

1) 尾崎康 「後漢の交趾刺史について」, 153면.
2) 사일은 동탁(董卓)이 반란을 일으켰을 때 고향으로 돌아왔다. 『三國志』 권49, 1191면.
3) 尾崎康 「後漢の交趾刺史について」, 153면.
4) 『三國志』 권49, 1191면; 尾崎康 「後漢の交趾刺史について」, 153면.

은 주로 현재의 광둥과 광시 두 성의 군(郡)들이고, 사섭이 태수로 있는 자오 찌 지방에 대하여는 별 영향력을 행사하지 않았다. 주부는 백성들을 학대하고 전부(田賦)를 강탈하여 결국은 원한을 사서 196년 살해당하고 만다.[5] 주부의 지배력이 광둥 성과 광시 성 지역에만 한정되어 있었다는 것은, 그의 사후 사섭이 곧 자신의 세 동생 일(壹), 유(䵄), 무(武)를 각각 허푸 태수, 끄우 쩐 태수, 난하이 태수로 임명한 것으로 알 수 있다.[6] 물론 후한 조정의 형식적 승인을 받았겠지만, 사섭이 태수의 신분으로 형제들을 모두 이웃 태수로 임명할 수 있었다는 것은 전례가 없는 일이다. 후한 조정은 사섭이 현지 출신으로서 현지인들, 특히 지배계층의 절대적 지지가 있음을 인식했기에 그의 권력을 인정해주었을 것이다. 이렇게 사섭은 자오 찌 자사부 거의 전역을 장악하여, 조타도 미칠 수 없을 정도의 세력을 누렸다.[7]

한편 후한 조정은 주부 사후 그 후임으로 장진을 자오 찌 자사에 임명했으나, 그의 영향력은 창우와 위린에 제한되어 있었다. 장진은 개인적으로는 도교에 심취해 있었으며, 현실적으로는 조정에 대립하는 북의 형주목(荊州牧) 유표(劉表)와 충돌하여 매년 전쟁을 하여 부하 장수들의 혐오를 샀다. 조정은 여력이 없었으나 203년 자오 찌 자사부를 주(州)로 승격하고 장진을 주목(州牧)에 임명하였다. 그렇지만 장진은 통솔력이 부족하여 장수들의 능멸을 사 2년 후 마침내 부하인 구경(區景)에 의해 살해되고 말았다.[8]

주부와 장진의 횡사는 사섭만큼 주민을 이끌어가는 능력이 부족했기 때

---

5) 『三國志』 권53, 1252면. 레 딱은 그가 건안(建安) 5년에 살해되었다고 하는데 이는 잘못이다. 주부의 재임기간은 190~196년이었다. 尾崎康 「後漢の交趾刺史について」, 150면, n. 18; 『安南志畧』, 442면.

6) 『三國志』 권49, 1191면; 『大越史略』, 30면; 『安南志畧』, 442면; 『全書』(상), 130면.

7) 『三國志』 권49, 1192면; 『大越史略』, 31면; 『安南志畧』, 442~43면; 『全書』(상), 132면.

8) 『三國志』 권53, 1252면 및 권49, 1192면; 『全書』(상), 132면; 後藤均平 『ベトナム救國抗爭史』, 156~57면.

문이다. 이러한 무능한 인물들에 대해 사섭은 무시하는 태도를 취하고 전혀 협력하지 않았다. 반면에 유능한 자사에 대해서는 복종하면서 제휴하는 모습을 보였는데, 그 좋은 예가 정궁과의 관계다.[9] 사섭이 형제들을 태수에 임명하면서 이미 약화될 대로 약화된 후한 조정에 승인을 요청한 것도 아직은 외형상 정통성이 존재하기 때문에 그러하지 않았을까 한다. 사섭의 외교술은 사실 상당히 능란하고, 그러한 점은 후일 손권(孫權)과의 관계에서도 그대로 나타난다.

장진이 살해되자 유표는 부하인 뢰공(賴恭)을 자오 찌 자사에, 그리고 오거(吳巨)를 창우 태수에 임명했다.[10] 장진의 사망 소식을 듣자, 조조(曹操)가 권력을 장악하고 있던 후한 조정은 사섭에게 다음과 같은 조칙을 보냈다.[11]

자오 찌우는 남으로 강과 바다를 사이에 두고 있어 황은(皇恩)이 미치지 못하고 또한 그곳의 현실이 상달되지도 않는다. 역적 유표가 뢰공을 남쪽으로 보낸 사실은 들어서 알고 있다. 이제 사섭을 수남중랑장(綏南中郎將)에 임명하여 7군을 감독하게 하거니와 그의 자오 찌 태수직은 전처럼 그대로 유지하게 한다.

이 글은 한 조정이 남쪽의 문제에 간섭할 여력이 없어 사섭에게 일임하고 있음을 보여준다. 그럼에도 불구하고 그를 자사에 임명하지 않은 것은 아마도 한의 회피제 때문이 아닐까 한다.[12] 사섭은 조정의 제안을 받아들이고 당시의 혼란상황 속에서 내왕 자체가 힘든데도 불구하고 중앙조정에

---

9) 尾崎康「後漢の交趾刺史について」, 154~55면.
10) 『三國志』 권49, 1192면 및 권53, 1252면.
11) 『三國志』 권49, 1192면; 『安南志略』, 443면; 『全書』(상), 132면.
12) 後藤均平 『ベトナム救國抗爭史』, 157면.

조공을 끊이지 않았다. 한 조정은 사섭의 이러한 충정을 인정하여 안원장군(安遠將軍)에 임명하고 작위까지 내려주었다.

사섭과 손권

208년 유표가 사망하고 강남에서 손권의 세력이 강해지자 사섭은 곧 대북정책을 바꾸어 손권과 손을 잡았다. 210년 손권이 보척(步隲)을 자오 쩌우 자사로 삼자 사섭 형제들은 그의 권위를 인정하고 협력했다. 보척은 창우에 있던 유표의 잔존세력을 일소하고 남부지역의 통치를 사섭에게 맡겼다. 그리하여 자오 쩌우에서의 실권은 사섭의 손에 있었다. 손권은 사섭의 남부 통치에 만족하여 그에게 좌장군(左將軍)의 칭호를 더해주었다.[13]

220년 조조 집안이 후한 황제로부터 양위의 형식을 빌어 황제의 자리에 올라 위(魏)를 창건하고, 이듬해 유비(劉備)도 촉한(蜀漢)을 세우자, 1년 뒤인 222년 손권 또한 자립하여 오(吳)의 건국을 선포했다. 사섭은 즉시 아들 흠(廞)을 인질로 난징(南京)에 보내니, 손권은 흠을 무창(武昌) 태수직에 임명했다. 사섭과 동생 사일 및 아들들 또한 모두 새로운 직책을 받았다. 한편 오와 촉의 관계가 악화되었을 때 사섭이 익주(益州)의 주민들을 설득하여 오에 복종하게 하자 손권은 사섭과 사일에게 더 높은 장군직과 함께 작위를 수여했다. 사섭은 이후 매년 사신을 보내 남해의 진귀한 산물, 즉 향료·고은 갈포·진주·조개·유리·비취·귀갑·무소 뿔·상아·각종 과일·약재 등을 손권에게 바쳤다. 사일 또한 수백 필의 말을 보냈다. 이런 다양한

---

13) 『三國志』 권49, 1192면; 『安南志畧』, 443면; 『全書』(상), 132면. 우리나라 사람들 대부분은 제갈량(諸葛亮)이 맹획(孟獲)을 칠종칠금(七縱七擒)했다는 지역을 베트남으로 잘못 알고 있다. 그 지역은 후한 때 영창군(永昌郡)이던 지금의 윈난 성 서쪽지방으로 미얀마의 동북 변경과 가까운 곳이다. 베트남은 당시 오의 영향권에 속해 있었으며 촉과는 아무런 관계가 없었다.

공물은 손권에게 주요 재원이 되었으며, 그로 인해 사씨 집안은 자오 쩌우에서 전과 다름없는 권력을 누릴 수 있었다.[14]

사섭이 손권에 바친 많은 진귀한 산물들은 자오 쩌의 특산물이거나 그렇지 않으면 남해무역을 통해 수입한 것들이었다. 당시 자오 쩌에는 인도나 동남아시아 및 기타 지역에서 온 상인들이 상당수 거주하고 있었다. 초기 자오 쩌에서 불교포교로 저명한 중앙아시아의 소그디아나(Sogdiana, 康居)계 승려인 강승회(康僧會)의 아버지도 그중 한 사람으로 천축(天竺), 즉 북인도에서 태어난 상인인데, 무역을 하기 위해 자오 쩌에 정착하고 평생을 그곳에서 살다가 세상을 떠났다.[15] 따라서 동남아시아 무역은 사섭 정권의 중요한 경제적 기반이었다.

오와의 우호관계가 사섭을 외부의 위협으로부터 보호해주기도 했지만, 그가 대내적으로 안정을 유지할 수 있었던 데에는 또다른 중요한 이유가 있었다. 그것은 그에 대한 토착사회의 지지였다. 사섭은 처음 한인관리로서 자오 쩌에 왔지만 그때까지 부임해 온 관리들과는 달랐다. 이전의 관리들은 부임하자마자 토착 주민들을 착취하여 자신의 재산을 축적하고 또 이를 이용하여 다른 지역으로 승진해 가는 것에만 관심을 가졌고, 현지 사회와는 아무런 유대관계도 맺으려 하지 않았다. 사섭은 이들과 달리 그 조상이 남방에 이주하여 여러 대에 걸쳐 살면서 일궈놓은 생활기반이 있었다. 그는 토착사회와 밀착되어 있었고, 현지 주민들과 공통의 이해관계도 있었다. 사섭의 인품과 통치력은 그의 열전에 잘 나타나 있다.[16]

사섭은 성품이 관후하며 아래 사람에게 겸허하다 (…) 그는 학식이 박학

---

14) 『三國志』 권49, 1192~93면; 『安南志畧』, 443면; 『全書』(상), 132면; 『大越史略』, 30면; 後藤均平 『ベトナム救國抗爭史』, 167~68면.
15) 慧皎 『高僧傳』, 西村九郎右衛門, 木刻板, 日本 1651, 권1, 「譯經」上, 9b면.
16) 『三國志』 권49, 1191면; 『安南志畧』, 442면; 『全書』(상), 131면; 『大越史略』, 31면.

하면서도 탁월하고 행정력 역시 뛰어났다. [후한 말의] 혼란중에 자오 찌 군 전체를 보존하여 20여년 동안 지역이 무사하여서 주민들은 생업을 잃지 않았다.

사섭의 지배 아래 자오 찌가 이처럼 평온을 유지하자 전란에 시달리던 많은 중국인들, 특히 학자들이 난을 피해 남하했다. 더욱이 사섭이 학문을 애호하고 학자를 후대했기 때문이다. 학자들 중에는 유희(劉熙)·허정(許靖)과 같은 당대 유명한 인물들도 있었다. 그렇다면 문제는 이들이 베트남 사회에 어떤 영향을 끼쳤는가 하는 점이다. 결론적으로 말하면 이들의 영향은 지극히 미미했다. 대부분은 베트남을 단지 나그네가 거쳐 가는 땅으로만 생각하고 현지사회에 대해 전혀 관심이 없었다. 심지어는 주민들을 경멸에 찬 눈으로 바라보았다.

설종(薛綜)의 글은 당시 중국 난민 학자들의 베트남 인식을 가장 생생하게 보여준다. 설종은 현 안후이(安徽) 성에서 태어나 2세기 말 난을 피해 베트남으로 와서 유희의 제자가 되었다. 한때 사섭 밑에서 관리로 일했으며, 그의 사후에는 허푸 태수와 자오 찌 태수를 역임했다. 230년경 그는 자신이 태수로 지내면서 얻은 경험을 토대로 손권에게 장문의 상소문을 올렸다.

상소문의 논지는 남방 사람들을 교화시키는 일은 불가능에 가깝다는 것이다. "관습이 다르고 언어도 달라 몇번의 통역을 거쳐야 겨우 의사가 소통되며, 사람들은 금수와 같아 장유(長幼)의 구별도 없다. 석광과 임연이 농경을 가르치고 올바른 결혼예절을 지키도록 하였으며 학교를 세워주었지만, 중국문화의 영향은 지극히 제한적이다. 자오 찌와 끄우 쩐의 일부 지방에서는 형이 사망하면 동생이 형수와 결혼하는데 관리들도 이를 금하지 못한다. 또 녓 남에서는 남녀가 벌거벗고 다니면서도 부끄러움을 모른다." 그러면서도 설종은 자오 찌가 남해 보화의 생산지이자 집산지로 무시할

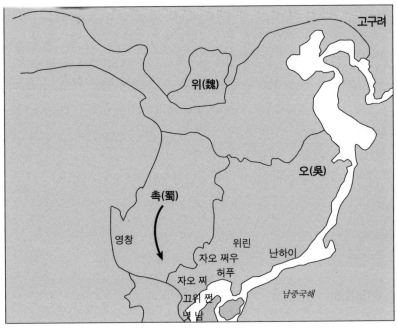

삼국시대의 베트남

수 없는 중요한 곳이므로, 물자의 수탈로 인한 반란을 피하기 위해 현명하면서도 권모술수에 능한 관리를 보내야 한다고 결론짓고 있다.[17]

베트남에 대해 이러한 인식을 가진 중국인 학자들이었기에 중국대륙이 어느정도 정치적 안정을 되찾자 그들은 대부분 돌아갔다. 그러나 이들이 베트남사회에 전혀 족적을 남기지 않았다고 할 수는 없겠다. 응오 씨 리엔은 말하기를 "우리나라에서 시서(詩書)가 통하고 예악을 익혀 문명된 국가가 되는 것은 사섭 때로부터"[18]라고 했다. 이러한 평에도 불구하고 사섭 자

---

17) 『三國志』 권53, 1251~53면; 『全書』(상), 138면; Taylor, *The Birth of Vietnam*, 75~79면.
18) 『全書』(상), 133면.

신은 중국 문물을 베트남에 이식하는 데 그다지 적극적이지 않았다. 그는 유교적 소양을 쌓은 사람이지만, 불교도 장려하여 그가 출입할 때는 항상 호승(胡僧), 곧 인도 승려 수십명이 향을 피우며 그의 수레를 따랐다고 한다.[19]

사섭은 자오 찌 태수로 40여년 재임한 후 226년 90세로 세상을 떠났다. 그가 죽은 뒤 베트남인들은 사당을 짓고 소망을 기원했으며, 쩐 왕조 때는 그에게 브엉(vuong, 王)의 칭호를 붙여 씨 브엉(Si Vuong, 士王)이라 부르며 공적을 더욱 기렸다. 사섭의 공적은 중국의 정치적 격동기에 베트남을 혼란에 빠뜨리지 않고 주민들의 생활을 안정시킨 것이었다.[20]

2. 오(吳)의 베트남 점령

여대(呂岱)

사섭이 병사했을 무렵 마침 위에서는 창건자인 조비(曹丕)가 죽고, 촉은 산시(陝西) 성 방면으로의 출병에 여념이 없어 오에게는 더이상 대외적 위협이 없었다. 중국의 통치자들은 전통적으로 남방산물의 획득에 많은 노력을 기울였으며, 손권도 예외는 아니었다. 따라서 사섭의 사망은 그에게 남방으로 세력을 확대할 수 있는 절호의 기회였다. 손권은 사씨 세력을 해체할 의도에서 곧바로 자오 쩌우를 양분하여 허푸 이북 4개 군은 광저우

---

19) 『三國志』 권49, 1192면; 『全書』(상), 132면.
20) 『嶺南摭怪』, 41~42면. 레 반 흐우는 사섭의 재주와 용기가 조무제(趙武帝)만은 못해 사대의 예로서 오에 굽히기는 하였지만 강토를 보전한 것은 지혜롭다고 하였다. 그래서 『全書』에는 「사왕기(士王紀)」가 있다. 그러나 18세기 응오 티 씨 이후 19세기에는 사섭을 단지 중국관리로 보고 있다. 『全書』(상), 130, 132면; Ngô Thì Sĩ(吳時仕), 『越史標案』, 65~66면; 後藤均平 『ベトナム救國抗爭史』, 187~88면.

(廣州)로, 자오 찌 이남 3개 군은 자오 쩌우로 하였다. 이러한 양분은 오늘 날과 같이 베트남과 중국을 분할하는 단초가 되었다. 한편 그는 여대(呂岱) 와 대량(戴良)을 각각 광저우와 자오 쩌우 자사에 임명하고, 진시(陳時)를 자오 찌 태수로 삼았다. 대량과 진시가 자오 찌로 향하자 사섭의 아들 사휘 (士徽)가 스스로 자오 찌 태수가 되어 이들이 오는 것을 저지하였고, 결국 대량과 진시는 허푸에 머물렀다.[21]

그러나 호안 란(Hoan Lan, 桓鄰)이란 인물이 사휘에 반대하고 나섰다. 그 는 사섭이 관리로 등용한 토착유력자로 사휘에게 신임 자사와 태수의 권 위를 인정하도록 요청했다가 매를 맞고 죽었다. 이에 호안 란의 집안이 무 기를 들고 일어나고 베트남은 양측으로 나뉘었다. 기회를 놓칠 리 없는 여 대가 군대를 동원하여 자오 찌로 향했다. 마침 여대의 막하에는 사일의 아 들로 여대 친구인 사광(士匡)이 있었다. 여대는 사광을 사휘에 보내 항복하 면 군수직을 잃을 뿐 사면해주겠다는 약속을 전하게 했다. 사휘는 이에 형 제들과 함께 항복하였는데, 여대는 이들을 모두 참수하고 말았다. 이에 분 개한 호안 집안이 저항하자 여대는 이들도 제압하여 자오 찌를 평정했다. 그리고 다시 끄우 쩐 지방으로 진격하여 수많은 사람들을 죽이거나 잡아 가두고, 남아 있는 사씨 일가를 몰살했다.[22]

남방을 완전히 평정한 오는 다시 광저우와 자오 쩌우를 통합하여 전과 같이 하나의 자오 쩌우로 하였으며, 통합된 자오 쩌우 자사에 여대를 임명 하였다. 231년 오 조정은 다른 지역에서 일어난 반란을 진압하기 위해 여 대를 불러들였다. 하지만 여대가 사씨 집안의 해체 과정에서 보여준 잔혹 성은 베트남인들의 분노를 사기에 충분했다. 248년 마침내 자오 찌와 끄우 쩐 지방에서 변란이 일어나 베트남사회가 동요하였다. 오는 육윤(陸胤)을

---

21) 『三國志』권49, 1193면; 『全書』(상), 137면; 『安南志畧』, 443면.
22) 『三國志』권60, 1384~85면; 『全書』(상), 137~38면.

자사에 임명하여 사태를 수습케 하였고, 그는 무력과 설득을 통해 임무를 성공적으로 완수했다.[23]

베트남 사료에 의하면, 끄우 쩐 지방에서 일어난 반란의 주도자는 찌에우 어우(Trieu Au, 趙嫗)였다.[24] 그는 오늘날 타인 호아 지방인 농 꽁(Nong Cong, 農貢) 현 출신의 젊은 여인으로 코끼리를 타고 부하들을 지휘하며 5,6개월 동안 저항하다가 중과부족으로 더이상 견딜 수 없자 자살했다고 한다. 그때 찌에우 어우 나이 23세였다. 6세기 베트남의 독립운동을 주도한 리 본(Ly Bon, 李賁), 즉 리 남 데(Ly Nam De, 李南帝)는 그녀의 충성과 용맹을 가상히 여겨 사당을 짓고 영웅 칭호를 수여했다.[25] 찌에우 어우의 이야기는 민간에서 전설화되어 오늘날까지 칭송되고 있다.

하나의 난이 평정되자 또다른 소요가 일어났다. 263년 자오 찌의 토착 출신 서리(胥吏)인 르 홍(Lu Hung, 呂興)이 태수 손서(孫謂)와 오 조정이 보낸 감사관 등순(鄧詢)을 살해한 것이다. 손서는 자오 찌의 장인(匠人) 천여 명을 난징(南京)으로 보냈을 뿐만 아니라 탐욕이 심하여 현지인들의 원성을 샀다. 등순은 이를 감독하기 위해 파견된 관리인데, 현지에 도착하자마자 공작 30쌍을 난징으로 보내게 했다. 때마침 위가 촉한을 멸하고 오를 위협하자 르 홍은 이를 기회로 삼았다. 그는 곧 위에 태수직과 군사원조를 요청했고, 끄우 쩐과 녓 남도 이에 호응했다.[26]

위 조정은 르 홍에게 자오 찌우의 군사문제를 총괄케 하였으나, 위는 이

---

23) 『三國志』 권61, 1409면; 『全書』(상), 138~39면. 육윤(陸胤)은 『대월사략』에는 '陸允'으로 되어 있다. 『大越史略』, 31면.

24) 찌에우 어우의 어우(au)는 여성에 대한 존칭이며, 그녀의 이름은 찌에우 티 쩐(Triệu Thị Trinh, 趙氏貞) 또는 찌에우 쩐 느엉(Triệu Trinh Nương, 趙貞娘)이다.

25) 『全書』(상), 139면; 『安南志畧』, 502면; UBKHXHVN, Lịch Sử Việt Nam, 109~10면; Phan Huy Lê, et al., Lịch Sử Việt Nam, 223~27면; 川本邦衛 『ベトナムの詩と歴史』, 85~87면; 後藤均平 『ベトナム救國抗爭史』, 190~91면.

26) 『三國志』 권48, 1161면; 『全書』(상), 139면; 『安南志畧』, 444면; 『大越史略』, 31면.

듬해 진에 의해 멸망하면서(265년) 자오 쩌우는 자연히 진에 귀속되었다. 진은 르 흥에게 안남장군(安南將軍)의 칭호를 주고 자오 찌 태수에 임명하지만, 곧이어 부하에게 살해당했다. 그후 진 조정은 쓰촨(四川)에 있는 장군 곽익(霍弋)을 자오 쩌우 자사에 임명하고 일체를 일임하였다.[27]

도황(陶璜)

이무렵 오는 북쪽의 위협으로 르 흥에 대해 적극적인 조치를 취하지 못하고 다만 전처럼 자오 쩌우에서 광저우를 분리하는 데 그쳤다(264년).[28] 그러다가 268년 군대를 보내 자오 찌 정복을 시도하여 세차례 실패한 후 271년 마침내 성공하고 도황(陶璜)을 자오 쩌우 자사로 임명하는 동시에 모든 군사문제를 위임했다. 도황은 창우 태수를 지낸 경험으로 현지 사정에 밝은데다 전략적 면에서도 뛰어나 끄우 쩐 지방의 공격 때에는 소금의 공급을 끊어 항복을 받아냈다. 그는 또한 가난한 사람들을 구제하여 인심을 얻었다. 도황이 다른 곳으로 전출되자 현지인 천여명이 되돌려 보내줄 것을 청원하여 오 조정은 이를 허락했다.[29]

280년 진이 오를 병합하자, 진에 항복하라는 오의 군주 손호(孫皓)의 권유에 도황은 울면서 이를 받아들였다. 진은 남방이 너무 멀어 통치하기 어려워서 도황을 유임시키는 동시에 작위를 더해주었다. 도황이 자오 쩌우에 30년 재임한 후 세상을 떠나자 모든 주민이 부모의 상을 당한 듯이 통곡했다.[30]

도황이 죽은 뒤 자오 쩌우 자사에는 오의 관리인 오언(吾彦)이 임명되었

27) 『晉書』 권57, 1588면; 『全書』(상), 139면; 『安南志畧』, 445면.

28) 『三國志』 권48, 1162면.

29) 『晉書』 권57, 1589~60면; 『全書』(상), 141면; 『安南志畧』, 446면.

30) 『晉書』 권57, 1560~61면; 『全書』(상), 141면.

다. 오언이 부임했을 때 끄우 쩐의 수비병들이 찌에우 찌(Trieu Chi, 趙祉)의 주동하에 반란을 일으켰다. 찌에우 찌가 어떤 인물인지는 명확치 않으나, 테일러는 도황에게 저항한 세력과 연결된 것으로 보았다.[31] 오언은 문무를 겸비한 인물로 반란을 진압한 후 여러 해 동안 통치했는데, 한편으로는 관용을 베풀며 다른 한편으로는 위엄으로써 다스린 결과 그의 통치하에서 자오 쩌우는 평온을 유지했다.[32]

오언 이후 몇몇 자사가 자오 쩌우에 부임했지만 자오 쩌우는 불안정한 상태였다. 주된 이유는 진의 쇠퇴였다. 진은 8왕의 난(292~306년) 이후 중앙권력이 크게 쇠약해지고 지방에서는 관리들이 이권다툼을 벌이고 있었다. 이러한 혼란을 틈타 이민족들이 일어나 진을 멸망시켰다. 자오 쩌의 일부 지방에서는 현지인 군지휘관 르엉 탁(Luong Thac, 梁碩)이 거의 독자적인 세력을 형성하고 있었다.[33]

진의 종실에 의해 동진(東晉)이 강남에서 다시 일어나자(317년) 광저우에서는 오의 잔존 세력인 왕기(王機)가 이에 저항했다.[34] 동진 조정은 장군 도간(陶侃)을 광저우 자사에 임명하면서 자오 쩌우 군사문제에 대해 전권을 주었다. 도간은 총명하면서도 근면한 인물로 이들 반란을 모두 진압하고, 그 공로로 자오 쩌우 자사가 됨과 동시에 정남대장군(征南大將軍)으로 승진했다.[35]

그러나 도간은 곧 북에서의 반란으로 되돌아가고 뒤이어 이부시랑(吏部侍郎) 완방(阮放)이 자청하여 자사로 왔으나 도착하자마자 사망하였다. 이후 자오 쩌우의 상황은 잘 알려져 있지 않지만, 동진이 멀리 떨어져 있는

---

31) Taylor, *The Birth of Vietnam*, 99면.
32) 『晉書』 권57, 1561면; 『安南志畧』, 446면; 『全書』(상), 141면.
33) 『晉書』 권57, 1561면; 『全書』(상), 141면; 『安南志畧』, 447면; Taylor, *The Birth of Vietnam*, 100~104면.
34) 『晉書』 권100, 2624면; 『安南志畧』, 446~47면.
35) 『晉書』 권6, 160면 및 권66, 1773면; 『全書』(상), 141~42면; 『安南志畧』, 447면.

자오 쩌우를 돌아볼 여력이 없어서 파견된 관리들은 이전 왕조들의 관리들처럼 남방산물의 착취에만 급급했다. 관리들의 이러한 행위는 대외관계에도 영향을 미쳐 임읍과의 충돌을 빚었다.

3세기 후반 임읍의 왕 범웅(范雄)은 녓 남의 변경을 자주 침입했다. 그 뒤를 이은 범일(范逸)은 284년 진에 사절을 보내는 등 우호관계가 맺어졌으나,[36) 4세기 전반 중국계의 범문(范文)이 두번째 왕조를 세우면서 평온은 다시 깨졌다. 원인은 범문이 야심에 찬 인물인데다 중국과 남해무역의 중심지인 녓 남에 부임해 오는 중국관리들의 지나친 탐욕 때문이었다. 『진서(晉書)』「임읍전(林邑傳)」에 의하면, 남해로부터 무역선이 녓 남에 들어오면 자오 쩌우 자사나 녓 남 태수는 물품의 20~30%를 착복하고, 50% 이상을 취한 자사도 있었다고 한다.[37) 범문은 347년에 녓 남을 점령하여 극도의 부패로 인해 각국 상인들의 원한을 사고 있던 태수 하후람(夏侯覽)을 비롯해 주민 5,6천명을 살해했다. 그러고는 자오 쩌우 자사 주번(朱藩)에게 녓 남 북쪽의 호아인 썬(Hoanh Son, 橫山)을 경계로 하자고 제안했다가 거부당했다.[38)

349년 광저우와 자오 쩌우 연합군은 등준(滕畯)의 지휘하에 범문과 녓 남 북쪽 항구인 로중(盧容)에서 치열하게 싸웠다. 범문이 치명상을 입고 사망하자 그의 아들 범불(范佛)이 뒤를 이었다. 범불도 침략과 화친을 계속하다가 359년 자오 쩌우 자사 온방지(溫放之)에 의해 도읍이 포위되는 지경에 이르렀다. 범불은 하는 수 없이 충성을 맹세했고, 370년대에는 동진에 사절을 파견했다.[39)

---

36) 『晉書』권3, 58면; George Maspèro, *Le royaume de Champa*, Paris: Les Edition G. van Oest 1928, 55면.
37) 『晉書』권97, 2546면.
38) 『晉書』권8, 193면 및 권97, 2546면;『安南志畧』, 448면.
39) 『晉書』권97, 2546~47면;『水經注』권36, 3006~7면;『安南志畧』, 448면; G. Maspèro,

자오 쩌우와 임읍의 치열한 싸움에서 전쟁터가 된 베트남은 곤경에 빠졌다. 베트남이 중국의 남단에 위치한 이상 양자의 싸움 사이에 끼는 것은 불가피한 상황으로, 결국 스스로 이러한 난국을 타개해 나갈 수밖에 없었다. 바로 이때 등장한 지도자가 도(Do, 杜)씨였다.

온방지의 뒤를 이어 주보(朱輔)가 자오 쩌우 자사가 되었다고 하나, 그에 대하여는 전혀 알려진 바가 없다. 그후 자사직은 공석으로 남고, 자사가 없는 동안 영향력을 행한 것은 현지인으로 끄우 쩐 태수인 리 똔(Ly Ton, 李遜) 부자였다. 380년 새로운 자사로 등둔지(騰遯之)가 부임한다는 소식에 접한 리 똔은 반기를 들었다가 이듬해 자오 찌 태수인 도 비엔(Do Vien, 杜瑗)에 의해 참수되었다.[40]

도(杜)씨 3대

도 비엔은 자오 찌의 쭈 지엔 출생으로, 조상은 본래 장안(長安) 부근에 살던 중국인들이었다. 그의 조부가 영포(寧浦, 허푸 군 북부에 오가 설치했음) 태수로 부임한 것이 인연이 되어 마침내 자오 찌에 정착했다. 도 비엔은 자오 찌의 유력자로서 주(州)와 부(府)의 관리로 출발하여 녓 남과 끄우 득(Cuu Duc, 九德)의 태수를 거쳐 마침내 자오 찌 태수가 되었다. 마침 리 똔이 신임 자사의 부임을 저지하려고 하자 추종자들을 모아 그를 제거하고는 신임 자사를 맞이했던 것이다.[41] 그러고는 중국 남쪽 방위의 제일선에 서서 북진하는 임읍의 세력을 저지했다.

등둔지에 대하여는 알려진 바가 없으나 비교적 유능한 인물이었는지, 그가 자오 쩌우에 있는 10여년간 임읍이 여러차례 침입해왔으나 별다른

Le royaume de Champa, 59~61면.
40) 『晉書』 권9, 231면; 『宋書』 권92, 1996, 2263면; 『安南志畧』, 448면; 『全書』(상), 142면.
41) 『宋書』 권92, 2263면.

성과를 거두지 못했다. 399년 등둔지가 떠나자 임읍에서는 범불의 뒤를 이는 범호달(范胡達)이 다시 북침을 하여 넛 남·끄우 득·끄우 쩐 3개군을 차례로 유린하고 마침내는 자오 쩌우의 중심인 롱 비엔까지 포위하기에 이르렀다.[42] 도 비엔은 베트남에서 태어나 성장한 인물로, 사섭과 마찬가지로 토착사회를 수호하는 데 누구보다 열성적이었다. 그는 셋째아들과 함께 전력을 기울여 성(城)을 군게 지키면서 다양한 전략을 사용하여 임읍 군대와 여러차례 싸워 대파하였다. 이어 부자는 적군을 추격하여 끄우 쩐과 넛 남에서 대승을 거두었다. 동진 조정은 도 비엔의 공로를 인정하여 그를 자오 쩌우 자사에 임명하였다.[43] 베트남 토착인물이 최초로 자오 쩌우의 최고행정책임자가 된 것이다. 407년 범호달이 또다시 넛 남을 공격했으나, 도 비엔이 바다를 통해 임읍의 해안을 침입함으로써 저절로 물러갔다.[44] 남쪽 변경이 잠시 평온해진 사이, 북에서 예기치 않은 사태가 발발하여 주의를 돌리게 했다.

410년 광저우 자사 노순(盧循)이 반란을 일으키고 도 비엔에게 지원을 요청하는 사절을 보냈다. 도 비엔은 요청을 거절했을 뿐 아니라 사절을 살해해버렸다. 그해 84세를 일기로 도 비엔은 세상을 떴다.[45] 고령인데다가 동진 조정에 충실한 신하로서 도 비엔은 반란에 가담하기를 원치 않았던 것이다. 도 비엔이 사망하자 이듬해 다섯째 아들인 도 뚜에 도(Do Tue Do, 杜慧度)가 지방관들의 천거로 자오 쩌우의 모든 군사문제를 책임지는 직책과 함께 자오 쩌우 자사로 임명되었다. 황제의 조서가 도착하기도 전에 노순이 허푸를 격파하고 자오 쩌우로 쳐들어옴에 따라 도 뚜에 도는 그와 대적하지 않을 수 없었다. 도 뚜에 도는 6천명의 군사를 거느리고 노순과

---

42) G. Maspèro, *Le royaume de Champa*, 61면.
43) 『晉書』 권10, 251면; 『宋書』 권92, 2264면; 『全書』(상), 142면.
44) 『梁書』 권54, 1997, 785면; G. Maspèro, *Le royaume de Champa*, 62면.
45) 『宋書』 권92, 2264면.

싸워 이기고 고위 참모를 포로로 잡는 성과를 거두었다. 그러나 노순이 이에 굴하지 않고 다시 리 똔의 아들들과 연합하여 자오 쩌우를 침공하자 도 뚜에 도는 자오 찌 태수와 끄우 쩐 태수인 동생들과 힘을 합쳐 악전고투 끝에 노순 부자와 그 아들들 및 리씨 일가를 모두 참수하여 난징으로 보냄으로써 북쪽의 위협을 제거했다.[46]

북쪽에서의 싸움이 끝난 지 얼마 안 되어 남의 임읍이 다시 침입해왔다. 413년 범호달이 끄우 쩐을 공격하자 도 뚜에 도는 이에 대응하여 오랜 전투 끝에 그와 그의 아들들을 참수하고 100여명의 부하들을 잡아서 처형하였다.[47] 그러나 임읍이 이에 그치지 않고 약탈을 계속하자, 도 뚜에 도는 420년 만명의 대군을 동원하여 대대적인 원정에 나섰다. 원정은 대성공으로, 적군의 절반을 살해하고 이전에 잃었던 것들을 거의 다 되찾았다.[48]

이 해 남중국에서는 동진으로부터 유유(劉裕)가 제위를 넘겨받아 송(宋)을 세웠다. 그는 도 뚜에 도에게 보국장군(輔國將軍)의 칭호를 내리고 자오 쩌우에서의 권위를 그대로 인정해주었다. 이에 대한 보답으로 도 뚜에 도는 임읍과의 싸움에서 이기자 사자를 보내 승전을 보고하는 동시에 다량의 노획물을 바쳤다.[49] 이리하여 자오 쩌우는 중국에서 벌어진 왕조교체의 혼란기를 무사히 넘겼다. 사실상 베트남은 중국대륙이 혼란할 때 번영했으며, 도리어 제국이 강력하면 불안정했다. 이처럼 자오 쩌우가 토착 지배층의 영도하에 중국의 혼란에 휩싸이지 않고 평온을 유지한 것은 이후 독자적인 정치발전을 위한 밑거름이 되었다.

423년 도 뚜에 도가 50세로 사망하자, 당시 끄우 쩐 태수였던 큰아들 도

---

46) 『宋書』권92, 2264면; 『全書』(상), 143면.
47) 『晉書』권10, 262면; 『水經注』권36, 3002~3면; 『梁書』권54, 78면; 『全書』(상), 143면;
    G. Maspèro, *Le royaume de Champa*, 62~63면.
48) 『宋書』권92, 2264면; 『全書』(상), 143면.
49) 같은 곳.

72 제1부 베트남 북속시기의 역사적 전개: 지배와 항쟁

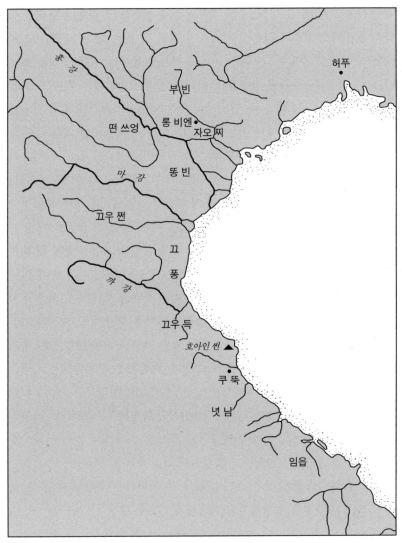

3~5세기 자오 쩌우

호앙 반(Do Hoang Van, 杜弘文)이 자사직을 승계했다. 호앙 반은 관대한 성격의 소유자로 많은 사람들의 지지를 받았고, 조정은 427년 다른 이로 자사를 삼고 그를 중앙관직에 임명하여 난징으로 불렀다. 마침 중병에 걸렸던 도 호앙 반은 주위의 만류를 뿌리치고 집안 3대에 걸쳐 황은(皇恩)을 입었는데 어찌 가지 않을 수 있겠냐며 길을 떠났다가 광저우에서 사망했다.[50] 이리하여 반세기에 걸친 도씨 3대의 자오 쩌우 지배는 막을 내렸다. 그들은 이전의 누구보다도 자오 찌 토착출신의 대표자로서 자오 쩌우의 평화를 유지하고 남과 북의 침입을 막아내는 데 전력을 다했다. 그럼에도 불구하고 도씨 3대는 모두 중국 왕조의 충실한 신하였기에 그들에게서 베트남의 독립을 기대할 수는 없었다.

한편 한동안 잠잠하던 임읍은 도씨의 지배 말기부터 다시 송에 대해 적대적 태도를 보이기 시작했다. 당시 왕 범양매(范陽邁)는 처음 송에 입공하면서 순종하는 태도를 보였으나 433년에는 사절을 보내 자오 쩌우의 할양을 요구하기까지 했다. 물론 거절당했지만 이후 그들의 공격은 점점 더 빈번해졌다.[51] 마침내 송은 446년 자오 쩌우 자사 단화지(檀和之)에 명하여 임읍에 대해 대대적인 정벌을 하게 했다. 위협을 느낀 범양매는 사절을 파견하여 전에 점령한 녓 남과 포로로 한 군민(郡民)들을 되돌려주고 또한 다량의 금은도 바치겠다는 의사를 전했다. 단화지는 조정의 허락을 받아 녓 남으로 진군하는 동시에 범양매에게 관리를 보내 그의 제안을 받아들인다는 뜻을 알렸으나 범양매는 오히려 관리를 억류해버렸다.[52]

이에 단화지는 범양매가 자인(Gianh) 강 어귀에 구축한 요새인 쿠 뚝(Khu Tuc, 區粟) 성을 점령하여 수비대장을 비롯한 많은 사람을 죽이고, 임읍의 수도 상포(象浦), 즉 참파뿌라(Campapura)를 함락하기에 이르렀다.

---

50) 『宋書』권92, 2265면; 『全書』(상), 143~44면.
51) 『宋書』권97, 2377면; 『全書』(상), 144면; Taylor, *The Birth of Vietnam*, 116면.
52) 『宋書』권97, 2378면; 『梁書』권54, 786면; 『全書』(상), 144면.

궁중과 사원에 있는 많은 보화와 황금 10근을 약탈한 후 447년 개선했다.[53] 단화지의 정벌 이후 임읍은 쇠약해져 더이상 북쪽을 공격침략할 여력이 없었다. 그럼에도 불구하고 넛 남은 시대가 지남에 따라 점차 다시 임읍의 영향하에 들어와 그 북쪽에 위치한 호아인 썬은 북부와의 문화적·정치적 경계가 되었다.[54] 이는 강남 왕조들의 약화가 주원인이었다.

당시 강남 왕조들의 주관심사는 이민족이 세운 북방 왕조들에 있었다. 강남 왕조들은 후자와 끊임없는 긴장관계에 있었기 때문에 남쪽에 주의를 기울일 만한 여유가 없어 자연히 통제력이 약화되었다. 그 결과 자오 쩌우에 부임해오는 관리들은 남방을 어떻게 다스릴 것인가에 대해서는 별 관심이 없고 오로지 자신의 사욕을 채우는 데만 몰두하였다. 이런 상황은 토착지배층이 점차 세력을 확대하여 현지문제에서 주도적인 영향력을 행사하기에는 좋은 기회였다.

이와같은 기회를 처음 포착한 인물이 리 쯔엉 년(Ly Truong Nhan, 李長仁)이었다. 468년 송의 자오 쩌우 자사 유목(劉牧)이 사망하자 조정은 유발(劉勃)을 후임으로 임명하였으나 리 쯔엉 년은 주 경계를 봉쇄하고 새 자사의 부임을 저지했다. 이때 유발이 사망하고 리 쯔엉 년이 사죄를 청하자 송은 그에게 자사직을 승인해주었다.[55] 송은 당시 매년 북위의 침략을 받고 있어서 자오 쩌우에 군대를 파견할 여유가 없었기 때문이다.

리 쯔엉 년의 사후에는 사촌동생 리 툭 히엔(Ly Thuc Hien, 李叔獻)이 스스로 자사직을 대행하면서 송에 자사의 정식 승인을 요청했다. 송은 이를

53) 『宋書』 권97, 2378면; 『梁書』 권54, 786면; 『大越史略』, 33면; G. Maspèro, *Le royaume de Champa*, 72~73면. 『全書』에는 단화지의 정벌이 436년으로 되어 있는데, 이는 분명 오류이다. 『全書』(상), 144~45면.

54) Paul Pelliot, "Deux itineraires de Chine en Inde à la fin du VIIIᵉ siècle," *BÉFEO* 4, 1904, 183~92면. Taylor, *The Birth of Vietnam*, 117~18면에서 재인용.

55) 司馬光 著, 胡三省 注 『資治通鑑』, 臺北: 天工書局 1988, 권132, 4146면; 『宋書』 권8, 163면; 『全書』(상), 145면.

거절하고 심환(沈渙)을 자사로 보냈다. 리 툭 히엔은 리 쯔엉 년처럼 주의 경계를 지키면서 새 자사가 오는 것을 막았다. 마침 심환은 발병하여 사망하고 바로 직후인 479년 송은 제(齊)에 의해 멸망하였다.[56]

제의 새 황제는 리 툭 히엔이 영역을 평온하게 유지하고 관리들의 보고에 따르면 능력도 있다고 하는바 특별사면을 내려 자오 쩌우 자사 임명을 승인하였다.[57] 그러나 자사는 그 직을 이용하여 남방의 여러 나라로부터 제에 오는 물자를 자오 찌에서 횡령한 것 같다. 485년 제 조정은 리 툭 히엔을 해임할 목적으로 유해(劉楷)를 자사에 임명하고 군사를 동원하여 무력으로 그를 위협했다. 리 툭 히엔은 선물을 바치며 충성을 맹세하는 척했지만 결국 해임되고 만다.[58] 리 쯔엉 년과 리 툭 히엔은 도씨와 같은 토착세력이지만, 도씨들과 달리 중국왕조의 통치를 완강히 거부했다. 이런 점에서 이들은 6세기에 일어나는 독립운동의 선구적 존재였다고 볼 수 있다.

---

56) 『大越史略』, 34면; 『全書』(상), 145면.
57) 『南齊書』권2, 1997, 34~35면; 『資治通鑑』권135, 4230면.
58) 『南齊書』권3, 49면; 『資治通鑑』권136, 4265면; 『大越史略』, 34면; 『全書』(상), 146면.

제4장 독립의지의 표출

1. 리 본(李賁)의 칭제(稱帝)와 건국

리 본의 반란

6세기는 중국 지배하의 베트남역사에서 하나의 전환기라고 할 수 있다. 그전까지는 중국관리들의 수탈에 대해 단순히 저항한 데 비해, 이 시기부터는 중국의 지배에서 벗어나겠다는 베트남인들의 의지가 분명히 나타나기 시작하기 때문이다.

502년 중국 강남에서는 다시 왕조의 교체가 있어, 제가 멸망하고 양(梁)이 들어섰다. 중국 왕조교체의 혼란기를 틈타 505년 토착민 출신 자오 쩌우 자사 리 카이(Ly Khai, 李凱)가 양의 지배에 반기를 들었다. 리 카이가 어떻게 자오 쩌우 자사가 되었는지는 확실치 않으나 제 말기의 혼란을 틈타 자사를 자칭하여 임명되었을 가능성이 크다. 그러나 또다른 토착민 출신의 하급관리 리 딱(Ly Tac, 李賁)이 그를 살해하고, 516년에는 자오 쩌우 자사로서 리 카이 지지집단을 패퇴시켰다.[1] 리 딱은 아직 양의 지배를 거부하기에는 이르다고 보고, 오히려 적극적으로 인정하는 편이 자신의 권익을 지키는 데 더 나은 길이라고 생각했음이 분명하다.

양은 이전 왕조들과 마찬가지로 자오 쩌우를 직접 지배하고 제국의 일부로 통합시키려 했다. 그 한가지 방법은 자사와 주의 수를 늘려 이주 중국인들을 새로 개편된 행정단위의 관리로 기용하는 것인데, 이는 남방의 주와 군에 대한 지배권을 확립하려는 의도에서였다. 이리하여 양은 끄우 쩐 군과 끄우 득 군을 자오 쩌우로부터 분리하여 아이 쩌우(Ai Chau, 愛州)를 설치하고, 나중에는 아이 쩌우를 다시 개편하여 끄우 쩐 지방만으로 득 쩌우(Duc Chau, 德州)를 만들었다. 그리고 홍 강 델타의 북쪽 해안지대에는 호앙 쩌우(Hoang Chau, 黃州)를 두었으며, 남쪽 임읍의 변경에는 러이 쩌우(Loi Chau, 利州)와 민 쩌우(Minh Chau, 明州)를 신설했다.[2]

이 주들 중 전략적으로 중요한 주의 자사에는 황족을 임명하고, 덜 중요한 주의 통치는 황족보다 신분이 낮은 인물이나 토착 호족에게 맡겼다. 작은 주를 설치한 이유는 양 제국의 지배에 현지인들을 참여시켜 그들의 불만을 해소하려는 것이었다. 그러나 관리로의 진출에서 철저히 문벌이 중시되던 당시 베트남인들이 참여할 수 있는 기회란 거의 없었고, 그 결과 불만이 쌓여 마침내는 반란으로 표출되었다.

541년 리 본(Ly Bon, 李賁 또는 리 비Ly Bi)의 난이 바로 그러한 경우이다. 그의 조상은 중국인으로 500년 전인 왕망시대에 자오 쩌우로 이주하여 7대째에 베트남인이 되었다.[3] 리 본은 문무를 겸비한 인물로 처음 양 조정에 나가 벼슬을 했으나 가문으로 인해 뜻을 이룰 수 없음을 깨닫고 고향으

1) 『梁書』 권2, 42, 56면; 『資治通鑑』 권146, 4584, 4628면; 『大越史略』, 34면; 『安南志畧』, 449~50면. 『全書』에는 리 카이가 리 응우옌 카이(Ly Nguyen Khai, 李元凱)로 되어 있다. 『全書』(상), 147면.
2) 『梁書』 권3, 67면; 『隋書』 권31, 1997, 886면; Taylor, *The Birth of Vietnam*, 133면.
3) 리 본의 조상과 고향에 대하여는 Taylor, *The Birth of Vietnam*, 320~23면.

로 돌아왔다. 마침 동향인으로 띤 티에우(Tinh Thieu, 幷韶)이란 이도 시문에 뛰어났으나 이부상서(吏部尚書) 채준(蔡撙)이 그의 가문이 전에 고관을 배출한 적이 없다는 이유로, 수도에 있는 한 성문의 문지기로 임명한 데 치욕을 느껴 리 본과 함께 귀향했다.[4]

리 본은 그후 득 쩌우의 무관으로 근무했는데, 마침 자오 쩌우 자사 소자(蕭諮)가 폭정으로 민심을 잃자 띤 티에우와 공모하여 반란을 일으켰다. 각지의 토호들이 호응하여 반란에 참가하고, 특히 쭈 지엔 지방의 추장 찌에우 뚝(Trieu Tuc, 趙肅)이 리 본의 재덕(才德)에 감복하여 무리를 이끌고 가세하자 소자는 광저우로 도망하여 리 본의 군대는 쉽사리 롱 비엔 성을 점령했다.[5] 이듬해 양은 영남 여러 주의 자사들을 보내 반란을 진압케 했으나 병사의 60~70퍼센트가 우기로 인한 질병으로 사망함에 따라 원정은 실패하였다.[6]

리 본 측은 비록 양의 원정군이 물러가기는 했지만 결코 마음을 놓을 수가 없었다. 자오 쩌우가 혼란한 틈을 타 남의 임읍이 침입해왔기 때문이다. 임읍은 마침 제4왕조 초기로 내부의 결속을 위해 새로운 왕이 543년 북침을 단행한 것이다. 리 본은 장군 팜 뚜(Pham Tu, 范脩)를 보내 득 쩌우에서 이를 격퇴시켰다.[7]

남과 북으로부터의 침입을 성공적으로 막아낸 리 본은 국내 조직의 필요성을 생각하게 되었다. 544년 초 그는 자신을 남 비엣의 황제[南越帝]라 칭하고 연호를 티엔 득(Thien Duc, 天德)이라 했으며, 나라 이름은 "사직이

---

4) 『資治通鑑』 권158, 4909면; 『全書』(상), 147면; 『越甸幽靈集』, 221면. 베트남 사료에는 '蔡撙'이 '蔡樽'으로 되어 있다.

5) 『資治通鑑』 권158, 4909면; 『陳書』 권1, 1996, 2면; 『安南志畧』, 450면; 『全書』(상), 147면.

6) 『資治通鑑』 권158, 4912면; 『陳書』 권1, 2면; 『安南志畧』, 450면; 『全書』(상), 148면.

7) 『資治通鑑』 권158, 4918면; 『梁書』 권3, 87면; 『全書』(상), 148면; G. Maspèro, *Le royaume de Champa*, 81면; 後藤均平 『ベトナム救國抗爭史』, 210면.

만세에 이르기를 염원한다"는 의미에서 반 쑤언(Van Xuan, 萬春)이라 했다. 그리고 롱 비엔 성을 도읍으로 삼아 궁궐[萬壽殿]을 짓고 찌에우 뚝을 태부 (太傅)로 임명하는 등 백관(百官)을 두고 이들과 더불어 정사를 돌보았다.[8] 리 본의 남 비엣 황제라는 칭호는 남 비엣을 세우고 황제를 일컬으며 한에 저항한 조타의 선례를 따른 것이다. 이제 베트남은 중국의 지배를 거부하고 정식으로 독립된 국가임을 선언했다고 볼 수 있다.

　　그러나 전통적 지배자인 중국이 베트남에 새로이 출현한 독립국가를 부정할 것은 너무나도 분명한 일이었다. 545년 양은 양표(楊瞟)를 자오 쩌우 자사, 진패선(陳霸先)을 군사령관으로 삼아 베트남으로 쳐들어왔다. 리 본은 3만의 병력으로 양의 군대를 맞아 쭈 지엔에서 싸웠지만 패하여 또 릭 (To Lich, 蘇瀝) 강 어귀로 물러났다. 그러나 여기서도 공격을 막지 못하고 자 닌(Gia Ninh, 嘉寧) 성으로 후퇴하자 양의 군대는 이를 포위하여 공방전은 장기간 계속되었다.[9]

　　이듬해 자 닌 성마저 함락되자 리 본은 라오(Lao, 哀牢) 족이 사는 산간지대로 들어가 진용을 재정비하여 2만의 병력으로 디엔 찌엣(Dien Triet, 典澈, 비엣 찌 부근) 호(湖)에 함선을 띄우고 양군과 대치했다. 양군은 오랜 추격으로 지쳐 거의 전의를 상실하였는데, 마침 갑작스런 폭우로 호수의 물이 불어나자 진패선은 이 틈을 타 리 본의 군대를 공격하여 대패시켰다. 리 본은 또다시 라오 족의 고지로 피신했으나 547년 그곳 주민들에게 살해당하였다. 그의 머리는 양나라 군대에 보내지고, 진패선은 다시 이를 양의 수도에 전했다.[10] 이리하여 베트남의 독립을 획득하려던 리 본의 꿈은 깨지고

8)『大越史略』, 34면;『全書』(상), 148면;『資治通鑑』권158, 4920면;『梁書』권3, 88면.『자치통감(資治通鑑)』에서는 단순히 월제(越帝)라고 하여 남 비엣과 연계시키려 하지 않았다.
9)『資治通鑑』권159, 4928면;『梁書』권3, 90면;『全書』(상), 148면;『大越史略』, 34면.
10)『陳書』권1, 3면;『資治通鑑』권159, 4940면 및 권161, 4977면;『梁書』권3, 93면;『全書』(상), 149~50면;『大越史略』, 34~35면. 리 본이 살해된 해는『진서(陳書)』에 따라서 547

말았다. 그러나 그의 정신을 이어받은 운동은 그후 수십년 동안 계속되어 베트남사람들의 자아의식을 굳건히 해주었고, 뒷날 독립을 실현케 하는 밑거름이 되었다. 오늘날 하노이 역사학계는 베트남인의 민족독립의식을 고양시키며 자주독립의 길을 열어놓았다며 리 본을 높이 평가하고 있다.[11]

찌에우 꽝 푹(趙光復)

리 본이 디엔 찌엣 호 전투에서 패하고 546년 라오족의 고지로 도피하면서 델타 지방의 병권은 찌에우 뚝의 아들 찌에우 꽝 푹(Trieu Quang Phuc, 趙光復)에게 넘어갔다. 찌에우 꽝 푹은 진패선과 몇차례 대치했으나 군사력의 열세로 쭈 지엔에 있는 자 짜익(Da Trach, 夜澤, 일명 녓 자 짜익[Nhat Da Trach, 一夜澤])이라는 섬으로 후퇴해 명맥을 유지했다. 이 섬은 소택지로 갈대가 우거져 낮에도 어두워서 적의 접근이 어려웠다. 찌에우 꽝 푹은 이 점을 이용하여 낮에는 숨어 있다가 밤에만 공격하는 게릴라 전법으로 양의 군대를 괴롭혔고 진패선도 이를 당해내지 못했다. 그리하여 이 지방 사람들은 그를 '자 짜익 브엉(Da Trach Vuong, 夜澤王)'이라 불렀다.[12]

전설에 따르면, 왕이 소택지에서 향을 피우고 천지신명에게 승리를 빌자 신인(神人)이 하늘에서 황룡을 타고 내려와 용의 발톱을 그의 투구에 꽂아주면서 적을 물리칠 수 있을 것이라고 일러주었다. 여기에 등장하는

년으로 했다. 베트남 사료들에는 리 본이 병사한 것으로 되어 있다.

11) Nguyễn Quàng Ngọc, chủ biên, *Tiến trình lịch sử Việt Nam*, 47면. 이와 달리 레 반 흐우의 평은 냉혹하기까지 하다. 병법에 3만의 병력이면 천하에 못할 바가 없다고 했는데, 리 본은 5만의 군대로 나라를 지키지 못했으니 그저 평범한 장수에 불과하다는 것이다. 그러면서도 용병술이 뛰어난 진패선을 만난 것이 리 본의 불운이라고 하며 독립을 이루지 못한 데 대한 아쉬움을 표하고 있다. 『全書』(상), 150면; 유인선 「전근대 베트남人의 歷史認識」, 182면.

12) 『越甸幽靈集』, 220면; 『全書』(상), 149면.

제4장 독립의지의 표출 **81**

황룡은 락 롱 꿘의 화신이라는 것이다. 새로이 사기가 진작된 찌에우 꽝 푹의 군대는 진패선이 548년에 일어난 후경(侯景)의 난을 진압하기 위해 급히 귀국하면서 뒤에 남겨놓은 양의 군대를 궤멸하고 롱 비엔을 되찾았다. 찌에우 꽝 푹은 성에 들어와 자신을 찌에우 비엣 브엉(Trieu Viet Vuong, 趙越王)이라 일컬었다.[13]

한편 리 본이 죽은 후 그의 형 리 티엔 바오(Ly Thien Bao, 李天寶)가 끄우 쩐으로 물러나 2만의 병력을 재수습한 후 그곳 자사 진문계(陳文戒)를 살해하고 아이 쩌우로 진격했다. 그러나 진패선이 추격해오자 당하지 못하고 오늘날 라오스 국경의 산간지대로 달아났다.[14] 베트남 사료들에 의하면 리 티엔 바오는 그곳에서 도(Do, 桃) 강의 수원지에 있는 비옥한 자 낭(Da Nang, 野能) 일대를 근거지로 삼아 자 낭이란 나라를 세우고 자신을 다오 랑 브엉(Dao Lang Vuong, 桃郞王)이라 했다. 555년 리 티엔 바오가 사망하자, 그의 자식이 없었기 때문에 무리의 추대로 친척인 리 펏 뜨(Ly Phat Tu, 李佛子)가 후계자가 되었다.[15] 그리하여 『대월사기전서』에서는 리 펏 뜨를 후이남제(後李南帝)라 하고, 리 본을 전이남제(前李南帝)라 한다.[16]

리 펏 뜨는 2년 뒤, 즉 진패선이 진(陳)을 건국한 557년에 무리를 이끌고 델타 지역으로 내려와 찌에우 비엣 브엉과 타이 빈(Thai Binh, 太平)에서 베트남의 지배권을 쟁취하기 위해 싸웠다. 몇차례 접전 끝에 리 펏 뜨가 전세의 불리함을 깨닫고 휴전을 제의하자 찌에우 비엣 브엉은 리 펏 뜨가 리 본의 친족임을 고려하여 현 하노이 서쪽에 위치한 꿘 턴 쩌우(Quan Than Chau, 君臣洲) 이서 지역을 주어 화약을 맺었다. 이에 리 펏 뜨는 오 지엔(O

---

13) 『嶺南摭怪』, 13면; 『越甸幽靈集』, 220면; 『全書』(상), 150면.
14) 『陳書』 권1, 3면; 『資治通鑑』 권161, 4977면; 『全書』(상), 151면; 『大越史略』, 35면. 『대월사략』에는 리 티엔 바오가 리 본의 아들로 되어 있다.
15) 『越甸幽靈集』, 220면; 『全書』(상), 151면.
16) 『全書』(상), 147, 152면.

Dien, 烏鳶)을 도읍으로 삼았다.[17]

찌에우 꽝 푹과 리 펏 뜨가 이처럼 홍 강 델타 지방에서 주도권을 놓고 다툰 것은 중국의 세력 약화와 밀접한 관련이 있다.[18] 양의 마지막 자오 쩌우 자사는 원담완(袁曇緩)으로 진의 초기까지 그 자리에 있었다. 그는 재임 중 막대한 황금을 모아 광저우 자사 겸 자오 쩌우를 포함한 주변 지역의 군사령관 구양위(歐陽頠)에게 바쳤다. 그러나 이 황금은 당시 광둥과 광시 지방에서 벌어지고 있는 사태가 자신에게 불리하게 작용하지나 않을까 두려워한 찌에우 꽝 푹이 새로운 진 세력과의 우의를 다지기 위하여 제공한 것으로, 원담완이 자사로서의 권력을 행사하여 축적한 것은 아니었다.

557년 진패선이 양의 황제를 폐위하고 스스로 제위에 올라 진 왕조를 세우자, 양의 종실이며 평소 그와 사이가 좋지 않은 광저우 자사 소발(蕭勃)이 반기를 들었다. 얼마 후 소발은 패사하지만 한달 뒤에는 왕림(王琳)이 창사에서 반란을 일으켜 그 여파가 자오 쩌우와 경계 지방인 광저우에까지 미쳤다. 난의 진압을 위해 광저우 자사에 임명된 구양위는 560년에야 가까스로 사태를 수습했다. 이런 사태의 추이를 주시하면서 불안해하던 찌에우 꽝 푹은 델타 지방에서 리 펏 뜨와 타협할 수밖에 없었고, 리 펏 뜨 또한 이런 상황을 분명히 간파하고 이를 이용하여 산악지대에서 내려와 비옥한 델타 지방에 자리를 잡을 수 있었다.

찌에우 꽝 푹은 리 펏 뜨의 등장을 초래한 왕림의 반란에 호의적일 수가 없었고, 자연히 구양위 쪽으로 기울었고, 앞에서 말한 대로 이런 연유에서 황금이 제공되었던 것이다. 원담완이 죽은 뒤 자오 쩌우 자사로 임명된 것은 구양위의 동생 구양성(歐陽盛)이지만, 그는 실제 광저우 북쪽에서 형을 도와 반란을 진압하는 데 전념했을 뿐이다.

---

17) 『越甸幽靈集』p, 220면; 『全書』(상), 151면.
18) 이하 구양흘까지의 설명은 Taylor, *The Birth of Vietnam*, 153~55면 참조.

563년 구양위가 사망하자 아들 구양흘(歐陽紇)이 자리를 이어받은 후 수년 동안 광둥과 광시 두 지방은 평온을 유지했다. 그러나 구양흘의 영향력은 양광(兩廣) 지방을 크게 벗어나지 못했고, 자오 쩌우에는 대리인을 보내 그곳에 머물면서 무역에 종사하게 했다. 따라서 찌에우 꽝 푹은 구양씨와 유대관계를 맺고, 실제 정치권력은 그가 행사했을 것으로 추측된다. 사실상 구양흘이 569년 반란을 일으켰다가 실패하자, 찌에우 꽝 푹 역시 몰락했다.

베트남 사서에 따르면,[19] 리 펏 뜨는 찌에우 꽝 푹에게 이상한 술법이 있음을 감지하고 그에게 자기 아들 냐 랑(Nha Lang, 雅郎)을 사위로 삼아 줄 것을 제의하여 결혼이 성사되었다고 한다. 냐 랑은 신부 까오 느엉(Cao Nuong, 杲娘)을 꾀어 용의 발톱을 몰래 구경하고 이를 모조품으로 바꾸어 놓았다. 그리고 아버지에게 돌아가 이를 알리고 군사를 동원하여 찌에우 꽝 푹을 공격했다. 용의 발톱을 잃은 찌에우 꽝 푹은 대패하여 홍 강 어귀로 쫓기다 바다에 몸을 던져 죽었다. 이 이야기는 단순한 설화인가 아니면 어떤 역사적 사실을 내포하고 있는가?

테일러는 찌에우 꽝 푹의 몰락은 신화와 달리 570년 완탁(阮卓)의 원정과 관련이 있다고 했다.[20] 『진서(陳書)』에 구양흘의 난이 평정된 후 자오 찌의 주민이 모여 치안을 소란케 하므로 이에 대처하기 위해 조정은 완탁을 사자(使者)로 보내 수습하게 했다는 기록이 보인다.[21] 여기서 소란이란 찌에우 꽝 푹과 리 펏 뜨의 대결을 의미하는 것이 아닐까 생각된다. 한편 자오 찌는 넛 남 및 임읍과 통하면서 진귀한 남해물산이 많았다고 하였으니, 완탁은 아마도 이를 확보하기 위해 남부와의 무역 중심지인 델타 동부의 안정에만 주의를 기울였을 뿐 델타 서부에 자리잡은 리 펏 뜨에는 별로 관

---

19) 『越甸幽靈集』, 219~20면; 『全書』(상), 151~52면.
20) Taylor, *The Birth of Vietnam*, 155면.
21) 『陳書』 권34, 472면.

심이 없었을 가능성이 높다. 따라서 찌에우 꽝 푹은 영향력을 잃고 이 틈을 타서 이후 리 펏 뜨가 중심세력으로 부상할 수 있었을 것이다.[22]

당시 베트남사회는 이미 자사로서는 지배할 수 없는 상황에 이르렀던 것 같다. 구양흘의 반란이 진압된 후 심각(沈恪)이 광저우를 비롯한 영남 (嶺南) 18개 주의 도독으로 임명되어 572년까지 재임했지만, 전술한 바와 같이 자오 쩌우는 소란하여 완탁을 특사로 보내야만 했다. 심각의 뒤를 이은 것은 진패선의 조카인 진방태(陳方泰)였다. 그는 젊어서부터 무뢰한으로 능력부족이라 영남 토착사회가 매년 소동을 일으킨 바람에 해임되고 심군리(沈君理)가 고사 끝에 578년 광저우 자사 겸 18개 주의 도독으로 임명되었다. 그러나 그는 재임 3년 만에 사망했다.[23] 이 동안 자오 쩌우 자사에 대한 언급은 어디에서도 발견되지 않는다.

자오 쩌우 자사의 이름이 다시 나오는 것은 583년이다. 이 해 자사인 리어우 빈(Ly Au Vinh, 李幼榮)이 진 조정에 훈련된 코끼리를 바쳤다고 한다.[24] 리 어우 빈은 리 펏 뜨의 본명인 듯하며, 펏 뜨(佛子)란 그가 불교를 신봉하여서 붙여진 이름인데 리 본과의 관계를 나타내지 않으려고 본명을 사용한 것 같다. 그가 어떻게 하여 자오 쩌우 자사가 되었는지는 알 수 없다.

수(隋)의 남진

베트남에 대한 중국의 불안정한 지배는 중국에서 수(隋)나라가 등장하면서 일변했다. 581년 북중국에서 일어난 수나라는 8년 후인 589년 남조의 진을 멸하고 300년 가까운 중국의 분열에 종지부를 찍었다. 그러나 남방에

---

22) 테일러는 완탁이 찌에우 꽝 푹을 도우러 왔을 가능성이 있다고 하지만, 필자는 오히려 그와 다른 생각이다. Taylor, *The Birth of Vietnam*, 155면.

23) 後藤均平『ベトナム救國抗爭史』, 221~22면; Taylor, *The Birth of Vietnam*, 149면.

24) 『陳書』 권6, 109면.

서는 잠시 혼란이 계속되는 가운데 자오 쩌우에선 590년 리 쑤언(Ly Xuan, 李春)이라는 인물이 대도독(大都督)을 자칭하면서 수에 반기를 들었다.[25] 당시 베트남의 정세로 보아 리 쑤언은 리 팟 뜨임에 틀림없어 보인다. 수 문제(文帝)는 양소(楊素)를 행군총관(行軍總管)에 임명하여 남방의 혼란을 차츰 진압해나갔다. 양광 지방이 평정되어 수의 세력이 확립되자 리 팟 뜨는 수의 권위를 인정하고 복속했다. 이때 수의 남방 변경에 대한 영향력은 상당했던 듯, 595년에는 임읍이 사절을 보낼 정도였다.[26]

602년 리 팟 뜨는 또다시 수의 지배에 반기를 들고 저항했다.[27] 이는 수 지배력의 이완으로 인한 것이었다. 당시 베트남 지배를 책임진 인물은 구이저우(桂州)의 총관으로 광저우와 자오 쩌우를 비롯한 남방 17개 주의 군사문제를 위임받은 영호희(令狐熙)였다. 이미 나이가 예순에 가까운 그는 은퇴하고 싶은 마음이 강했다. 따라서 멀리 떨어진 자오 쩌우 지방에서 상당한 세력을 갖고 있는 리 팟 뜨가 문제를 일으키지 않는 한 간섭할 의사가 없었다.

그렇지만 영호희는 자신의 관할하에 있는 주와 군현의 명칭에 적지 않은 관심을 가져, 이것들을 고쳤다. 홍 쩌우(Hung Chau, 興州)는 퐁 쩌우(Phong Chau, 峯州)로, 호앙 쩌우는 룩 쩌우(Luc Chau, 陸州)로, 득 쩌우는 호안 쩌우(Hoan Chau, 驩州)로 바꾸었다. 군현 중에서는 부 빈(Vu Binh, 武平) 군을 없애고 그 지역을 교주 직할 아래 두었다.[28]

600년 영호희는 61세로 마침내 전임을 청원하는 글을 올렸으나 조정은 이를 받아들이지 않았다. 리 팟 뜨의 반란은 이런 직후에 일어났기 때문에,

---

25) 『資治通鑑』 권177, 5535면; 『隋書』 권2, 35면.

26) 『隋書』 권2, 40면.

27) 『隋書』 권2, 48면 및 권53, 1357면; 『資治通鑑』 권179, 5598면; 『大越史略』, 35면.

28) 『隋書』 권56, 1386~87면; Taylor, *The Birth of Vietnam*, 160면; 後藤均平『ベトナム救國抗爭史』, 223면.

영호희는 그로부터 뇌물을 받았다는 참소를 당해 본국 소환 도중 사망했다. 이리하여 중국측의 대비가 없는 가운데 리 펏 뜨는 쉽사리 베트남의 지배자가 되었다. 그는 곧 수도를 옛 도읍지인 꼬 로아(Co Loa, 古螺. 당시는 퐁 쩌우)로 옮기고 롱 비엔에는 형의 아들 리 다이 꾸엔(Ly Dai Quyen, 李大權)을 보내는 한편, 이전 수도인 오 지엔(O Dien, 烏鳶)은 부장 리 포 딘(Ly Pho Dinh, 李普鼎)에게 맡겼다.[29]

수 문제는 양소의 천거로 유방(劉方)을 정벌군 사령관인 행군총관에 임명했다. 유방이 이끄는 27개 군대는 쓰촨에서 윈난 고원으로 출발했으나 피로와 질병으로 많은 장졸을 잃었다. 거의 남진 불능 상태에서 유방은 건장한 병사 수천명을 선발하여 진군을 계속했다. 도륭령(都隆嶺, 현 광시 성의 칭위안)에서 베트남군 2천명과 대적했으나, 이를 쉽게 격파하고 홍 강을 내려가 곧바로 리 펏 뜨의 중심부로 쳐들어갔다. 허가 찔린 리 펏 뜨는 숫자나 장비면에서도 수 원정군에 비교가 되지 못했다. 유방의 권고를 받아들여 항복한 그는 장안으로 보내졌다.[30] 이로써 리 본으로부터 시작된 베트남인의 독립 획득 노력은 62년 만에 막을 내렸다. 오 씨 리엔의 말대로, 남북간에는 강약이 있기 마련인데,[31] 베트남은 아직 막강한 북쪽 중국에 대항하기에는 역부족이었다.

베트남을 확보한 수는 오늘날 하노이인 똥 빈(Tong Binh, 宋平) 성에 교주총관부(交州總管府)를 설치하고 다른 주들은 모두 자오 찌, 끄우 쩐, 녓 남의 3개 군으로 개편하여 그 관할하에 두었다.[32]

---

29) 『隋書』 권56, 1387면 및 권53, 1357면; 『資治通鑑』 권179, 5598면; 『大越史略』, 35면; 『全書』(상), 153면.

30) 『隋書』 권53, 1357~58면; 『資治通鑑』 권179, 5598면; 『全書』(상), 153면.

31) 『全書』(상), 153면.

32) 『隋書』 권31, 885~86면; 後藤均平 『ベトナム救國抗爭史』, 224면; Taylor, *The Birth of Vietnam*, 166~67면.

수는 604년 다시 유방으로 하여금 남쪽의 임읍을 침공케 하였다. 유방은
이듬해 원정길에 올랐다. 그는 임읍 왕 삼부바르만(Sambhuvarman, 范梵志)
과 싸워 격파하고 임읍의 수도에 들어가 삼부바르만 이전 18왕의 황금상
(黃金像)과 불경 1,350부를 비롯하여 많은 보물을 약탈했다. 그러나 돌아오
는 길에 발에 종기가 나 병사의 4,5할을 잃고, 유방 자신도 도중에 병을 얻
어 세상을 떴다.[33] 뒷날 사람들은 그가 욕심이 지나쳐 신의 저주를 받았다
고 했다. 임읍 왕은 수도로 복귀한 다음 또다시 침략을 당할까 두려워 사절
을 보내 사죄하고 이후 조공을 계속 바쳤다.[34]

수는 통일의 대업을 이룩했지만, 예전의 진과 마찬가지로 단명으로 끝
났다. 수양제(隋煬帝)의 끊임없는 대외전쟁, 무리한 토목공사, 그리고 도를
넘는 사치는 백성들의 불만을 사서 반란을 초래했고, 618년 결국 수는 이
연(李淵)에 의해 멸망하였다. 그러나 이연이 당(唐)을 건국한 뒤에도 중국
대륙은 계속하여 십여년간 혼란을 겪었다. 이에 비해 자오 찌는 평온을 유
지할 수 있었는데, 그것은 당시 태수인 구화(丘和)의 통치 덕분이었다. 그
는 수양제에 의해 자오 찌 태수로 임명되어 와서 지방 유력자들을 달래고
주민들의 마음을 사로잡았다. 구화의 통치 중 수의 위세에 압도된 임읍 및
그 서쪽의 소국들은 그에게 진주·무소 뿔·금 및 왕에게나 바칠 귀중한 물
건들을 보냈다.[35]

양제가 시해된 후 양쯔 강 이남 각 지방의 세력가들은 구화를 자기네 편
으로 끌어들이려 했으나 그는 수가 망하리라고 생각지 않고 중립을 지켰
다. 이후 수가 멸망하자 양쯔 강 중류에서 세력을 잡고 있던 양(梁)의 후손
인 소선(蕭詵)에게 복속했다가 622년 소선이 이연에 의해 평정됨에 따라

---

33) 『隋書』 권53, 1358면 및 권82, 1833면; 『資治通鑑』 권180, 5619면; 『大越史略』, 35면;
　　『全書』(상), 157면; G. Maspèro, *Le royaume de Champa*, 84~85면.
34) 『隋書』 권82, 1833면; G. Maspèro, *Le royaume de Champa*, 85면.
35) 『舊唐書』 권59, 2325면.

곧 당에 복종하여 자오 쩌우 총관(總管)에 임명되었다.[36] 이렇게 당은 수에게서 베트남을 별다른 문제 없이 순조롭게 물려받았다.

2. 당의 안남도호부와 베트남

안남도호부

당은 처음 수의 제도를 답습하여 교주총관부를 두었다가 628년 이를 교주도독부(交州都督府, 50년 뒤인 679년에는 다시 안남도호부로 개칭)로 승격하여 지배의 기틀을 확립했다.[37] 안남(安南)은 글자 그대로 '안정된 남쪽'이라는 뜻으로, 이때부터 베트남은 중국인들에 의해 '안남'으로 불리기 시작하고, 훗날에는 우리나라나 일본 및 서양에서도 안남으로 널리 알려졌다.

당은 주변 민족들을 지배할 때 대체로 자치에 맡기고 이를 직접 통치하지는 않았다. 이들 민족에 기미주(羈縻州)를 설치하여 내지의 행정구획과 구별하는 동시에 추장에게 자사의 칭호를 주었다. 그러나 지역이 멀고 더욱이 강력한 몇몇 민족에 대해서는 자치에 맡길 수 없어 도호부를 설치하여 감시하게 했다. 당시 주요 도호부로는 고구려의 옛 영토에 둔 안동도호부를 비롯하여 여섯개인데, 안남도호부(安南都護府)도 그중 하나이다.

한무제가 베트남에 군현제를 실시한 다음 처음에는 낙장을 통해 간접 지배하는 방식을 취하다가, 마원의 원정에 의해 직접지배로 바뀌어 그후 6백여년간 베트남 지배의 기조가 되었다. 이 방식이 7세기 이르러 종래와

---

36) 『舊唐書』 권59, 2325면; 『資治通鑑』 권190, 5943면; 『安南志畧』, 450~51면; 『全書』(상), 158면. 『全書』에는 구화가 618년 당에 복종하여 자오 쩌우 태총관(交州太總管)에 임명되었다고 하였는데, 이는 오류이다.
37) 『舊唐書』 권41, 1749면; 『新唐書』 권43, 1997, 1111면; 『大越史略』, 35면.

다른 도호 행정으로 되었다는 것은 커다란 변화임이 틀림없다. 이런 변화는 수백년에 걸친 베트남인들의 계속된 저항을 막을 수 없어 직접지배를 포기한 것이라고 볼 수 있다. 이 점에서 안남도호부는 다른 도호부들이 당의 의욕적인 진출로 설치된 것과는 대조를 이룬다.[38]

안남도호부 밑에는 주, 그리고 주 아래에는 군과 현이 두어졌다. 주의 수는 시대에 따라 다르지만, 중요한 것은 여덟 개였다. 이들은 남쪽부터 푹 록 쩌우(Phuc Loc Chau, 福祿州)·호안 쩌우(Hoan Chau, 驩州)·지엔 쩌우(Dien Chau, 演州)·아이 쩌우(Ai Chau, 愛州)·쯔엉 쩌우(Truong Chau, 長州)·퐁 쩌우(Phong Chau, 峯州)·자오 쩌우(Giao Chau, 交州)·룩 쩌우(Luc Chau, 陸州) 등이다.[39]

당 지배 초기 당 관리 중에는 토착문화를 이용하여 자기의 권위를 합법화하려는 이들도 있었다. 전설에 의하면, 영휘(永徽) 연간(650~655년) 이상명(李常明)이란 자오 쩌우 도독은 사당과 호국신상을 세우고 향을 피우며 토착수호신의 가호를 빌었다고 한다.[40] 그러나 당의 세력이 강성해지면서 그 지배는 점차 독단적이 되고 관리들의 착취 또한 심해졌다.

687년 유연우(劉延祐)가 안남도호로 부임해 왔다. 그는 668년 젊은 나이에 진사시험에 합격한 인물이지만, 총명함이 지나쳐 경솔한 면이 있었던 듯하다. 이 점을 예견하였는지 그가 과거에 합격하자 창업공신인 이적(李積)이 그에게 좀 자제하고 너무 앞서 나가지 말라는 충고를 했다고 한다.[41]

이적의 충고에도 불구하고 경솔함은 여전하였는지 유연우는 안남도호로 부임하자마자 전후 사정을 고려하지 않고 이전까지 중국의 절반 수준

---

38) 後藤均平『ベトナム救國抗爭史』, 238~40면.

39) Taylor, *The Birth of Vietnam*, 171~75면.

40) 『越甸幽靈集』, 189면.

41) 『新唐書』권201, 5732면; 『資治通鑑』권201, 6357면; Taylor, *The Birth of Vietnam*, 188면.

8~9세기 베트남

이던 안남의 조세를 두배로 올려 본토와 똑같이 부담케 했다. 당연히 주민들은 항거했고, 그 지도자는 리 뜨 띠엔(Ly Tu Tien, 李嗣先)이었다. 유연우가 리 뜨 띠엔을 처형하자 이번에는 딘 끼엔(Dinh Kien, 丁建) 등이 들고 일어나 도호부를 포위했다. 광저우 도호인 풍원상(馮元常)의 구원을 기다렸으나 도움을 받지 못한 채 성이 함락되고 유연우는 살해되었다. 그러나 난은 곧이어 구이저우 사마(司馬)인 조현정(曹玄靜)에 의해 진압되었다.[42]

이 반란은 종래의 난들과는 본질적으로 성격이 달랐다. 이전의 반란은 주로 토착지배층들의 기득권 유지 내지 권력장악을 위해 일어났다. 그러나 이번 경우는 리 뜨 띠엔 및 딘 끼엔 같은 이들의 이름이 보이긴 하지만, 반란의 주체는 어디까지나 하층 농민[俚戶]이었다.[43] 이들은 유연우가 세금을 배가하자 생활이 더욱 어려워 들고 일어났던 것이다.

마이 툭 로안의 반란

이로부터 722년 마이 툭 로안(Mai Thuc Loan, 梅叔鸞)이 호안 쩌우에서 당 지배에 도전할 때까지 베트남에서 무슨 일이 있었는지는 별로 알려진 바가 없다. 다만 유우(劉祐)와 곡람(曲覽)이라는 이가 안남도호였다는 것이 베트남 기록에 보인다. 유우는 매우 부유한 집안 출신으로 식사 때마다 닭 한마리를 먹고는 하인에게 두마리를 채워놓으라고 했다고 한다.[44] 곡람은 중종(中宗, 705~709) 연간의 도호로 탐욕스럽고 포악하여 민심을 잃고

---

42) 『新唐書』 권201, 5732~33면; 『舊唐書』 권185 上, 4800면; 『資治通鑑』 권204, 6445면; 『大越史略』, 35면; 『全書』(상), 159면; 『安南志畧』, 452면. 『대월사략』에는 이 반란이 679년에 일어난 것으로 되어 있는데 이는 잘못이다.
43) 『新唐書』 권201, 5732면; 『資治通鑑』 권204, 6445면.
44) 『安南志畧』, 452면.

부하에게 살해되었다고 한다.[45] 당시 안남도호들이 상당히 억압적으로 베트남을 다스렸을 뿐만 아니라 착취가 심했다고 볼 수 있다. 마이 툭 로안의 난은 이처럼 빗나간 도호행정으로 인해 불가피하게 일어날 수밖에 없었던 것이다.

마이 툭 로안은 호안 쩌우의 남부(현 하 띤Ha Tinh 동남부)에 위치한 해안가 마을 출신으로, 그곳은 예로부터 소금을 주업으로 해왔다.[46] 그렇다면 그는 소금의 생산과 거래를 통해 부를 축적한 토호였을 가능성이 크다. 722년 마이 툭 로안은 32개 주의 주민은 물론 임읍과 진랍(眞臘, 현 캄보디아) 및 금린(金隣) 등과 연대하여 40만(일설에는 30만)에 달하는 병력으로 반란을 일으키고 자신을 '흑제(黑帝)'라 칭했다. 내시관(內侍官) 양사욱(楊思勗)과 안남도호 광초객(光楚客)이 원주민을 포함한 10만 원정군으로 반란군을 기습공격하여 간신히 난을 진압하였는데, 마이 툭 란과 추종자들의 시체가 산더미를 이루었다고 한다.[47] 그러나 난의 규모가 그때까지의 어떤 반란보다도 크고 또한 임읍이나 진랍과 같은 외국과 연결되어 있었음에 주목할 필요가 있다. 마이 툭 란이 흑제라 한 것은 피부가 검기 때문인데, 호안 쩌우 남단이 임읍과 경계지역임을 고려하면 그는 순수한 베트남인이 아니었을 가능성이 크다.

당이 반란 진압을 위해 10만대군을 동원할 수 있었던 것은, 당시가 성당(盛唐)이라 불리는 현종(玄宗)의 개원의 치세(開元之治, 713~741)로 정치적으로나 경제적으로나 안정되어 번영을 구가하는 시기였기 때문이다. 그러나 현종이 집권 후기, 즉 천보(天寶) 연간(742~755)부터 정치에 싫증을 느끼면서, 당 세력은 기울기 시작했다. 변방에서는 군대가 패퇴를 당하고 국내

---

45) 『大越史略』, 35면.

46) Taylor, *The Birth of Vietnam*, 191면.

47) 『舊唐書』 권8, 183~84면 및 권184, 4756면; 『新唐書』 권207, 5857면; 『資治通鑑』 권221, 6751면; 『全書』(상), 159면; 『安南志畧』, 52면.

제4장 독립의지의 표출 **93**

에서는 안록산(安祿山)의 난(755~763)이 일어나 국력을 약화시켰다. 그동안 안남도호부는 혼란을 면했으나 757년 그 이름이 진남도호부(鎭南都護府)로 바뀌고 절도사(節度使) 제도가 도입되었다. 그러다가 10년 뒤인 768년 다시 이전처럼 안남도호부로 이름을 고치고 도호는 절도사를 겸했다.[48]

당 세력의 쇠퇴로 안남에 대한 지배력이 약화되자 주변국들이 이를 자주 침공하는 일이 벌어졌다. 대표적인 예가 767년 곤륜(崑崙)과 사파(闍婆)의 침입이다.[49] 이들은 도호부의 소재지인 뜨 타인(Tu Thanh, 子城, 현 하노이 교외)을 점거하고 약탈을 자행했다. 곤륜은 중국인들이 동남아시아 해안지대와 도서지방의 주민을 가리키는 총칭이며, 사파는 현재 인도네시아의 자바를 일컫는 이름이다. 당시 도호였던 장백의(張伯儀)는 고정평(高正平)이 이끄는 북방 지원군의 도움을 받아 이들을 물리치고 오늘날 하노이에 새로이 나성(羅城)을 쌓고 그리로 중심을 옮겼다. 나성의 베트남어 발음이 라 타인(La Thanh)이라 그곳을 라 타인이라 불렀다.

하지만 베트남은 이미 안정을 유지하기 어려운 상황이었다. 782년에는 현지 출신인 지엔 쩌우의 사마(司馬) 리 마인 투(Ly Manh Thu, 李孟秋)와 퐁 쩌우 자사 비안(Bi An, 皮岸)이 반란을 일으켰으며, 특히 전자는 안남절도를 자칭하기까지 했다. 이들은 당시 안남도호 보양교(輔良交)에게 사로잡혀 참수되었다.[50] 이후 얼마 안되어 안남경략사(安南經略使)인 장응(張應)이 현직에서 사망하자 그의 보좌관이던 이원도(李元度)가 군대로 주와 현

---

48) 『新唐書』 권43, 1111~12면; 『舊唐書』 권41, 1749면; 『大越史略』, 36면; 『全書』(상), 159면; Taylor, *The Birth of Vietnam*, 196면, n. 75 및 199면. 중국 사료와 『대월사략』에는 진남도호부로 바뀐 것이 757년으로 되어 있으나, 『全書』만은 이를 758년이라 하였다. 테일러는 757년은 당 조정에서 설치를 결정한 시기이며 758년은 베트남에 실제 설치된 해라는 의견이다.

49) 『大越史略』, 36면; 『全書』(상), 159~60면.

50) 『新唐書』 권7, 188면; 『資治通鑑』 권227, 7334면; 『安南志畧』, 453면. 『자치통감』에는 리 마인 투만 언급되어 있다.

을 위협하여 병사를 모아 또다시 난을 일으키는 사건이 발생했다. 당의 장군 이복(李復)이 이원도를 생포함으로써 남쪽 변경은 잠잠해졌다고 한다.[51] 그러나 잠잠했다고 하는 것은 외면적인 현상일 뿐 내면적으로 당 권위는 날이 갈수록 약화되어만 갔다. 이러한 상황 가운데 현지 지도자가 나타나 군대를 이끌고 도호 행정에 도전하면서 난을 일으켰다.

풍흥의 저항

저항의 지도자는 풍흥(Phung Hung, 馮興)으로 퐁 쩌우의 드엉 럼(Duong Lam, 唐林, 지금의 썬 떠이) 지방 호족출신이었다. 그 집안은 대대로 꽌 랑(quan lang, 官郞)이라고 하는 칭호를 물려받았는데, 이는 예전 홍 브엉의 아들들이 가졌던 것이라고 한다.[52] 이러한 칭호가 풍 흥의 권위를 높이는 데 기여했으리라는 것은 말할 필요도 없다. 더욱이 그와 동생 풍 하이(Phung Hai, 馮駭)는 모두 용력(勇力)이 대단하여 주변 일대 사람들이 모두 두려워하며 복종했다.

풍 흥은 풍 하이와 함께 도호부 내의 군대들이 반란을 일으켜 정치적으로 혼란한 틈을 이용하여 주변 각지로 영향력을 넓혀나갔다. 그리고 이름을 '도 꽌(Do Quan, 都君)'이라 칭하면서, 같은 고향사람인 도 아인 한(Do Anh Han, 杜英翰)의 도움으로 군대를 조직하여 마침내 라 타인을 포위하기에 이르렀다. 당시 안남도호 고정평이 난의 진압에 실패하자 낙담해하다 병사하자 풍 흥이 쉽사리 라 타인을 함락하였다. 7년간 왕으로 군림한 풍 흥은 라 타인 점령 후 얼마 안 되어 세상을 떠났다.[53]

전설집 『월전유령집(越甸幽靈集)』에 의하면, 풍 흥이 죽은 후 그의 아들

---

51) 『安南志畧』, 453면; Taylor, *The Birth of Vietnam*, 201면 n. 88 참조.
52) 『嶺南摭怪』, 48면; 『越甸幽靈集』, 222면.
53) 『嶺南摭怪』, 48~49면; 『越甸幽靈集』, 222면; 『全書』(상), 160~61면.

풍 안(Phung An, 馮安)이 2년 동안 통치했다. 『구당서(舊唐書)』에는 791년 당 조정이 조창(趙昌)을 안남도호로 보내 무력이 아닌 평화적인 방법으로 풍 안을 설득하여 문제를 해결하는 데 성공했다고 한다.[54] 그렇다면 풍 흥이 저항을 한 것은 리 마인 투이가 반란을 일으킨 782년, 다시 말해 앞서 말한 바와 같이 베트남이 혼란에 빠져 있던 시기를 이용했음에 틀림없다.

풍 흥이 죽은 후 주민들에게 여러가지 신기한 일들이 일어났다. 사람들이 풍 흥을 위해 라 타인 서쪽에 사당을 세우고 기우제를 지내자 곧바로 응답이 있었다. 그로부터 재난이 있을 때마다 사람들은 모여 제물을 바치며 이를 피하게 해달라고 빌었다. 또 상인들은 사업이 잘되게 해달라고 기원하는 등등 각종 사람들의 행렬이 줄을 이어 향불이 꺼지지 않았다.[55] 이를 볼 때 풍 흥은 일반대중 속에 깊이 자리잡고, 이를 배경으로 반기를 들었던 인물인 것 같다.

그의 뒤를 이은 아들 풍 안은 풍 흥을 존칭하여 '보 까이 다이 브엉(Bo Ca Dai Vuong, 布蓋大王)'이라고 하였다. '포(布)'라는 한자의 당나라 때 발음은 지배자를 뜻하는 '브어(vua)'에 가깝고, '까이'는 '크다'를 뜻하므로 보 까이는 대왕(大王)과 같은 의미이다.[56] 이 경우 '대왕'은 '흥 브엉'의 예에서와 마찬가지로 의미를 확실히하기 위해 붙인 것으로 보인다. 그러나 전통적으로는 의도적이든 아니든 '보(bo)'는 아버지, '까이(cai)'는 어머니로 해석하여 '부모'와 같은 왕이라는 의미라고 믿어왔다.[57] 이는 풍 흥에 대한 베트남인들의 친숙함과 동시에 믿음을 보여주는 것이다. '보'나 '까

---

54) 『越甸幽靈集』, 222면; 『舊唐書』 권13, 372면 및 권151, 4063면; 『全書』(상), 160~161면; Taylor, *The Birth of Vietnam*, 202~203면.

55) 『越甸幽靈集』, 222면; 『嶺南摭怪』, 49면.

56) Keith W. Taylor, "Phung Hung: Mencian King or Austric Paramount?" *The Vietnam Forum* 8, 1986, 10~25면.

57) 『越甸幽靈集』, 6면; 『全書』(상), 161면; Trần Trọng Kim, *Việt-Nam Sử-Lược*, Quyển I, 60면.

이'는 한자를 빌어 베트남어를 표기하는 문자로 이런 문자들을 쯔놈(chữ nôm, 字喃)이라고 한다. 쯔놈이 언제부터 문자로 사용되었는지에 대하여는 아직 정설이 없으나 10세기 이전인 것만은 확실하다.[58]

한편 풍 흥과는 달리 당시 중국문화를 수용하고, 신라의 최치원(崔致遠)처럼 당의 과거시험에 합격하여 벼슬한 이들도 있었다. 대표적인 인물로는 아이 쩌우 출신의 크엉 꽁 푸(Khuong Cong Phu, 姜公輔)와 크엉 꽁 푹(Khuong Cong Phuc, 姜公復) 형제를 들 수 있다. 크엉 꽁 푸는 당 덕종(德宗, 779~804) 때 과거에 합격하여 훗날 관직이 간의대부(諫議大夫)를 거쳐 동중서문하평장사(同中書門下平章事)에까지 이르렀으며, 동생 크엉 꽁 푹도 거의 같은 시기에 과거에 급제하여 비부랑중(比部郎中)의 벼슬을 지냈다.[59]

풍 흥의 저항은 당의 베트남 지배에서 하나의 전환점이기도 했다. 당의 세력은 약화되고 베트남인들은 이를 기회로 도호행정을 거부하면서 저항한 것이다. 중국관리들은 이제 베트남을 강압적으로 통치하기 어려웠고 따라서 가능하면 현지주민들의 감정을 이해하여 수용하는 방법을 택했다. 대표적 인물은 조창이었다. 그는 두차례나 안남도호로 임명되어 12년간 베트남에 머물렀다.[60] 조창은 베트남에 체류하는 동안 여러 곳을 두루 다니며 현지 관습을 익혀 인심을 얻는 한편, 학교를 세워 학문을 장려하는 데도 힘을 기울였다. 실제로 그가 세운 학교 출신자들 중 많은 이가 관리로

---

58) Stephen O'Harrow, "On the Origin of Chu-nom," *Indo-Pacifica* 1, 1981, 166면.

59) 『全書』(상), 160면; 『新唐書』 권152, 4831~32면; 『全唐文』, 臺北: 大通書局 1979, 권622, 16a.

60) 『구당서(舊唐書)』와 『신당서(新唐書)』의 서술에는 차이가 있으나, 이를 종합하면 조창은 791년 부임하여 10년간 체류했다가 다리를 다쳐 중앙 조정의 직에 임명되었다. 그러나 후임자인 배태(裵泰)가 803년 현지 주(州)의 장수 브엉 꾸이 응우옌(Vuong Quy Nguyen, 王季元)에 의해 축출되자 804년 72세에 다시 안남도호로 임명되어 806년까지 2년간 머물렀다. 『舊唐書』 권13, 373, 397면 및 권14, 416면 및 권151, 4063면; 『新唐書』 권7, 204면 및 권170, 5175면; 『安南志畧』, 453면; 『大越史略』, 36면; 『全書』(상), 161면.

출세했다고 한다.[61] 조창의 첫 후임자 배태(裴泰)가 쫓겨난 것은 현지 사정을 이해하지 못하고 경솔하게 성벽 내의 수로를 메우는 일에 주민들을 강제로 동원하였기 때문이다. 조창이 다시 부임하자 주민들은 서로 경하하면서 반란은 즉시 멈췄다고 한다.

2년 후인 806년 조창이 돌아가고 후임에 그의 조력자인 장주(張舟)가 안남도호에 임명되었다.[62] 그의 시급한 과제는 802년 배태 때 임읍의 환왕(環王)에게 빼앗긴 호안 쩌우와 아이 쩌우를 회복하는 일이었다. 장주는 우선 방비를 공고히하기 위해 장백의가 쌓은 라 타인을 증축하여 다이 라(Dai La, 大羅)라 하고,[63] 3년간 무력을 증강시켜 809년에는 환왕에 대한 공격을 감행했다. 공격은 대성공으로 3만 이상을 포로로 하고 호안 쩌우와 아이 쩌우를 되찾아 파괴된 성벽을 다시 쌓았다.[64] 장주는 이러한 공격을 행할 때 일방적으로 하지 않고 베트남인들의 외침(外侵)에 대한 두려움을 이해하고 그들의 협조를 구해 성공할 수 있었다.

조창과 장주의 노력으로 당과 베트남의 관계는 상당히 우호적이 되었다. 이러한 관계는 장주의 뒤를 이은 마총(馬摠)에 의해서도 이어졌다. 문제는 813년 안남도호로 배행립(裴行立)이 부임하면서 불거지기 시작했다. 배행립은 엄격한 법치주의자로 전임자들 같은 관대한 처사로는 통치하기가 어렵다고 믿었다. 한번은 현지 군관 중 한 사람이 수영하다 그의 부름에 늦자 군법을 구실로 목을 베고 자신의 아들에게 그 직을 맡겼다. 그의 열전에는 이후 통치의 위엄이 바로 섰다고 했다.[65] 그렇지만 현지 관리들의 불

61) 『越甸幽靈集』, 52면.
62) 『舊唐書』 권14, 416면. 『全書』는 장주의 부임을 808년이라 하였다.
63) 『全書』(상), 161면; 『安南志畧』, 453~54면.
64) 『舊唐書』 권14, 428면; 『新唐書』 권222 下, 6298면; 『全書』(상), 161면; G. Maspèro, *Le royaume de Champa*, 105면. 『全書』에는 이 공격이 808년에 행해진 것으로 되어 있다.
65) 『新唐書』 권15, 446면 및 권129, 4445면; 『安南志畧』, 454면.

만이 잠시 수면 아래로 가라앉았을 뿐 기회가 오면 언제 분출할지 모를 상황이 되었다.

배행립 뒤를 이어 819년 부임한 도호 이상고(李象古)는 황족으로 임지에 도착하자마자 주민들을 착취하고 법을 무시하여 민심을 잃었다. 그런데다 현지 출신의 유력한 장수인 즈엉 타인(Duong Thanh, 楊淸)을 시기하여 하급장교로 임명한 것이 문제되어 급습을 받아 그와 가솔 등 천여명이 살해되었다.[66] 안남은 다시 혼란에 빠졌는데, 새로 도호로 임명된 계중무(桂仲武)가 즈엉 타인의 부하들과 수개월에 걸친 비밀접촉 끝에 겨우 이들의 지지를 얻어 마침내 즈엉 타인을 참수하고 사태를 수습했다.[67] 여기에서 보듯이, 당의 베트남 지배는 악화일로를 걷고 있는 것이 확실했다. 이후 도호는 자주 교체되고 베트남은 주변 소수민족들의 침입에 시달렸다.

남조의 침입

이러한 가운데 9세기 중반 윈난 지방에서 남조(南詔)의 세력 강화는 당의 베트남정책에 새로운 변화를 가져오게 했다. 당시 쇠락하고 있던 당은 안남도호부를 유지하는 것이 어려웠지만, 남조의 팽창을 저지하기 위해서는 전략적으로 중요한 이곳을 확보하지 않을 수 없었다. 836년 당 조정은 교양이 있으면서 동시에 행정 수완이 뛰어난 마식(馬植)을 안남도호에 임명하여 베트남인들의 환심을 사고자 했다. 그는 부임하면서 불필요한 규정이나 세금으로 주민들을 괴롭히지 않아 주민들의 신뢰를 받았으며, 주변 산간지방의 주민들까지도 그의 권위에 복종했다.[68]

---

66) 『舊唐書』 권15, 470면 및 권131, 3641면; 『新唐書』 권80, 3583면; 『全書』(상), 161면; Taylor, *The Birth of Vietnam*, 208면.
67) 『舊唐書』 권131, 3641면; 『新唐書』 권80, 3583면; Taylor, *The Birth of Vietnam*, 229면.
68) 『舊唐書』 권17, 566면 및 권176, 4565면; 『新唐書』 권184, 5391면; 『安南志畧』, 455면.

마식의 후임자는 무혼(武渾)이었다. 843년 그는 현지 장병들에게 라 타인 성벽의 보수를 명하였는데, 장병들은 이에 불만을 품고 성루를 불태우는 한편 창고를 약탈했다. 무혼은 광저우로 달아나고 감군(監軍)인 단사칙(段士則)이 간신히 저항을 무마시켰다.[69] 이 사건은 당 도호의 권위가 얼마나 무력한가를 잘 보여준다. 그러나 이후 평온한 상태가 잠시 계속되다가 854년 이탁(李琢)이 부임하면서 사태는 걷잡을 수 없게 되었다.

이탁은 탐욕스럽고 포악한 인물로 알려져 있다. 그는 전통적으로 행해져온 산지와 평지의 물물교환에서 우마(牛馬) 한 마리에 소금 한 말을 교환하도록 강요했다.[70] 이는 순전히 이들을 팔아 사욕을 채우기 위해서였다. 산지민들이 이에 반발하여 반란을 일으키고 토착민 출신의 아이 쩌우 자사 도 똔 타인(Do Ton Thanh, 杜存誠)이 가세했다가 이탁에게 살해되자 반란은 더욱 확대되어 남조를 끌어들이게 되었다. 당시 싸움이 가장 격렬했던 퐁 쩌우는 현지 출신 장군 리 조 독(Ly Do Doc, 李由獨)이 방어하고 있었지만 이탁이 지원을 거부해 버티기가 어려운 상황이었다. 이를 이용하여 남조는 리 조 독을 회유하는 데 성공하여 더욱 대대적인 공세를 취했다.[71] 858년 때 일로, 이로써 당과 남조와의 본격적 전쟁이 시작되었다.

안남도호부의 상황이 악화되자 당 조정은 즉시 당시 가장 유능한 장군 중 한 사람인 왕식(王式)을 도호에 임명했다. 그는 부임하자 라 타인을 목책으로 둘러싸고 바깥에 해자를 파서 물을 채웠다. 얼마 후 남조의 군대가 침입했을 때는 역관(譯官)을 보내 잘 타이르니 그날 밤으로 물러갔다.[72] 이리하여 왕식의 재임 중 안남은 평온했으나 그가 다른 곳의 반란을 진압하

---

69) 『新唐書』 권8, 243면; 『資治通鑑』 권247, 7993면; 『全書』(상), 162면.
70) 『新唐書』 권222 中, 6282면; 『資治通鑑』 권249, 8070면; 『安南志略』, 455면; 『全書』(상), 163면.
71) 『新唐書』 권222 中, 6283면; 『資治通鑑』 권249, 8070면; 『全書』(상), 163면.
72) 『舊唐書』 권18 下, 642면; 『新唐書』 권167, 5120면; 『資治通鑑』 권249, 8066~67면.

기 위해 떠난 다음 새로 부임한 이호(李鄠)가 도 똔 타인의 아들 도 투 쫑 (Do Thu Trung, 杜守澄)을 처형하여 토착 유력자들의 지지를 잃는 바람에 라 타인은 남조에 의해 점령당했다. 이호는 주변지역에서 보낸 구원군의 도움으로 라 타인을 탈환하기는 했지만 실책으로 인해 좌천되었다.

후임자인 왕관(王寬)은 위무정책을 택해 안남의 평화를 유지하려 노력하였으나 862년 남조가 대규모 공격을 해옴으로써 성공을 거두지 못했다. 왕관이 급히 구원을 요청하자 당 조정은 채습(蔡襲)으로 교체하고 3만의 군대를 보내주었다. 채습은 얼마 후 사태를 잠정적으로 수습하였으나, 그의 공을 시기한 영남절도사(嶺南節度使) 채경(蔡京)의 건의로 증원군은 곧 물러갔다.[73]

당 증원군이 철수한 틈을 타 남조는 그해 겨울 5만의 군대로 재차 침입을 감행하여 이듬해 정월 라 타인을 함락했다. 채습은 도피하다가 익사했고, 두차례의 남조 침입으로 당은 병사를 포함한 15만 군민이 전사하거나 포로가 되었다고 한다. 남조는 장군 단추천(段酋遷)에게 2만 병력을 주어 안남에 주둔케 했는데, 866년 가을 당의 고병(高駢)에 의해 격퇴될 때까지 2년 반 동안 이들의 약탈로 수많은 촌락이 피폐해지고 주민들은 사방으로 흩어져 그 피해는 말할 수 없을 정도였다.[74] 전쟁은 남조와 당 사이에 벌어진 것이지만, 그 와중에 피해를 입은 것은 베트남이었다. 그 결과 남조의 침입은 베트남인들로 하여금 오래 전부터 품고 있던 독립의 의지를 더욱 굳건히 다지게 하였다.

---

73) 『舊唐書』 권19 上, 653면; 『新唐書』 권9, 258면; 『資治通鑑』 권250, 8096~98면; 『大越史略』, 37면; 『全書』(상), 164면.

74) Taylor, *The Birth of Vietnam*, 245면.

고병(高駢)

당 조정은 남조문제에 대처하기 위해 송융(宋戎)·강승훈(康承訓)을 차례로 임명했지만 별다른 성과가 없자, 864년 가을 마침내 고병을 안남도호총관경략초토사(都護總管經略招討使)에 임명하여 남조군의 퇴치를 맡겼다.[75) 고병은 유능한 장군으로 일찍이 토번(吐藩)과의 전쟁에서 명성을 얻었다. 866년 겨울 그는 마침내 라 타인을 포위·공격하여 단추천 등 남조군 3만을 참수하고 그 세력을 안남에서 몰아냈다.[76) 이후 곧이어 당은 안남도호부를 철폐하고 정해군(靜海軍)을 신설하였는데, 고병이 공적을 인정받아 초대 절도사에 임명되었다.[77) 이리하여 당이 설치한 6개 도호부 중 가장 오래 남아 있던 안남도호부는 사라졌다. 한편 고병은 남조 격퇴의 업적과 뒤이은 전쟁피해 복구사업으로 인해 베트남인들 사이에서 칭송되면서 사섭과 마찬가지로 '왕'으로 불리었다.[78) 이는 베트남인들에게 평화와 안정이 얼마나 중요하였는가를 여실히 보여준다.

고병은 1년 반 남짓 절도사로 재임하였는데, 첫 관심은 외침(外侵)에 대비해 라 타인의 수비를 견고히하는 일이었다. 그는 외곽 성벽을 쌓고, 라 타인을 크게 한다는 뜻에서 다이 라 타인(Dai La Thanh, 大羅城)이라고 이름을 바꾸었다.[79) 다이 라 타인은 10세기 베트남이 중국으로부터 독립하면서 70년 가까이 방치되었다가 리 왕조(Trieu Ly, 李朝, 1009~1125)가 성립하자 다시 도읍이 되어 탕 롱(Thang Long, 昇龍)이라 불리었다. 이 도읍이 오늘날

---

75) 『資治通鑑』권250, 8110면;『新唐書』권9, 258면;『大越史略』, 38면;『全書』(상), 166면.
76) 『新唐書』권222 下, 6391면;『資治通鑑』권250, 8115~16면;『安南志畧』, 456면;『大越史略』, 38면;『全書』(상), 167면.
77) 『新唐書』권222 下, 6392면;『資治通鑑』권250, 8117면;『安南志畧』, 456면;『大越史略』, 38면;『全書』(상), 167면.
78) 『全書』(상), 167면.
79) Henri Maspèro, "Le protectorat gènèral d'Annam," *BÉFEO* 10, 557~58면.

의 하노이(Ha Noi, 河內)로, 하노이란 이름은 응우옌 왕조(阮朝)의 제2대 민
망(Minh Mang, 明命) 황제 때인 1831년에 붙여진 이름이다.

또한 고병은 오랜 전란으로 인해 폐허가 된 땅을 복구하기 위해 도로와
다리를 건설하고 제방을 쌓았으며 수로를 굴착하기도 했다. 이런 일에는
토착신의 도움도 있었다고 한다. 그리하여 토착신을 위해 사당을 짓고 불
사와 도교사원을 세우는 등 인심을 수습하는 데 많은 노력을 기울였다.[80]

868년 가을 승진하여 북으로 돌아가게 된 고병은 자신의 후임으로 손자
고심(高潯)을 천거하였다.[81] 그러나 그가 떠난 것은 결과적으로 안남에 대
한 당 지배, 더 나아가 중국지배의 종언을 고하는 것이었다. 중국에서는 마
침 황소(黃巢)의 난(875~884)이 일어나 당의 몰락을 재촉함으로써 베트남
에 대한 당의 지배는 이름만 남게 되고 실질적 지배는 끝난 것이나 다름없
었다. 황소의 난 후 당 조정은 겨우 명맥만을 유지했을 뿐 중국 내지의 각
지방 절도사들 사이에 벌어진 싸움을 조정할 능력조차 없었기 때문이다.
앞에서 언급한 응오 씨 리엔의 말처럼, 중국의 쇠약은 베트남이 독립을 획
득할 수 있는 호기임에 틀림없었다.

---

80) 『大越史略』, 38면; 『全書』(상), 167~68면; 『安南志畧』, 457~58면; Taylor, *The Birth of Vietnam*, 251면.
81) 『新唐書』 권222 下, 6392면; 『資治通鑑』 권251, 8121면; 『大越史略』, 38면; 『全書』(상), 168면.

제5장 독립의 길

1. 당의 쇠퇴와 절도사 체제

절도사 체제

고심이 조부인 고병의 뒤를 이어 정해절도사(靜海節度史)가 되었으나 그의 행적에 대하여는 알려진 바가 없다. 테일러는 아마도 그가 고병의 정책을 계승하지 않았을까 추측하고 있다.[1] 고심이 10년 가까이 절도사로 있었고, 877년 혹은 878년에 고병의 부하 장수인 증곤(曾袞)이 그 뒤를 이었다.[2]

증곤은 베트남사람들에 대하여 상당히 인정이 있었던 모양으로, 사람들은 그를 존칭하여 '증상서(曾尙書)'라 불렀다. 한편 증곤은 베트남에 전해 내려오는 이야기들을 모아 『교주기(交州記)』를 찬술하였는데,[3] 지금은 전

---

1) Taylor, *The Birth of Vietnam*, 255면.
2) 『安南志畧』은 877년, 『全書』는 878년이라고 하였다. 『安南志畧』, 459면; 『全書』(상), 168면.
3) 『大越史畧』, 39면; 『全書』(상), 169면.

해지고 있지 않지만 뒷날 베트남 역사가들에 의해 많이 인용되었다.

이 책에서 인용된 두가지 예만 들면, 베트남 초기 전설로 널리 알려진 홍 브엉의 딸 미 느엉(媚娘)에 대해 안 즈엉 브엉의 선조가 청혼을 하자 홍 브엉이 이를 받아들이려고 하였는데 신하들이 결혼은 구실에 불과하고 실제는 나라를 병합하려는 술책이니 받아들이지 않도록 조언했다든가, 풍 홍의 집안배경 및 그의 아들이 그에게 보 까이 다이 브엉의 칭호를 바쳤다는 이야기가 있다.[4]

875년 난을 일으킨 황소가 878년 광저우를 점령한 후 북상하자 남부에 약하게나마 남아 있던 당의 영향력마저 거의 사라졌다. 이를 틈타 880년 다이 라 타인의 수비병들이 반란을 일으키자, 증곤은 중국으로 달아나고, 그후 당 수비병들 역시 제각기 소집단을 이루어 북으로 돌아갔다.[5] 수비병들이 중국으로 돌아간 것을 볼 때 먼 외지에서의 고달픈 생활에 대한 불만 때문에 반란이 일어난 것이라 여겨진다. 증곤 다음에 20여년간 당 조정에서 정해절도사를 임명했다는 기록이 전혀 없는 것으로 보아 당의 지배력이 미치지 못했음이 분명해 보인다. 당 지배력의 공백기에 베트남은 아마도 토착세력의 지배 아래 있었을 것으로 추정된다.

당이 다시 정해절도사를 임명한 것은 901년이다. 그러나 당시 절도사에 임명된 손덕소(孫德昭)는 다시 5일 후 안남도호로 지명되지만 실제로 베트남에 부임하지는 않았다.[6] 손덕소를 베트남에 보내려고 한 것은 당시 선무절도사(宣武節度使)로서[7] 막강한 영향력을 행사하던 주전충(朱全忠)이 자기세력 확대에 불편하다고 생각되는 인물들을 제거하려는 계획의 일환이

---

4) 『越甸幽靈集』, 192, 221~22면.

5) 『資治通鑑』 권253, 8224, 8228면; 『全書』(상), 169면.

6) 『舊唐書』 권20 上, 771면.

7) 선무절도사의 관할지역은 오늘날 허난(河南) 성 카이펑(開封)을 중심으로 안후이(安徽) 성의 서북부와 산둥(山東) 성 남서부였다.

었다.

증곤 이후 실제로 안남에 부임한 절도사는 주전충의 형인 주전욱(朱全昱)이었다. 주전욱이 임명된 것은 동생에 의해서였지만, 실제 부임했는지는 알려진 바가 없다. 실제 부임했다면 아마도 905년 초가 아닐까 한다. 주전충에 뇌물을 보내 904년 말 유은(劉隱)이 광둥 지역의 청해절도사(淸海節度使)로 임명됨으로써[8] 그의 도움을 얻어 안남으로의 여행이 가능했으리라 여겨지기 때문이다. 그러나 주전욱이 임명된 지 두달도 채 안된 905년 2월 다시 동생에 의해 "어리석고 무능하다"는 이유로 해임된 것을 보면,[9] 부임하지 못했을 가능성이 더 높다. "어리석고 무능하다"는 것은 주전욱이 정말 그러했는지 아니면 베트남 토착세력의 저항을 무마하기에 부적당하다는 것인지 알 수 없다. 전씨 가문이 농민출신임을 감안하면 두가지 다였을 가능성이 커 보인다.

주전욱이 해임되면서 바로 뒤이어 3월 독고손(獨孤損)이 정해절도사에 임명되었다. 독고손의 임명 역시 주전충이 당 조정의 구세력을 제거하기 위한 계책이었다. 그러나 독고손은 부임하기도 전에 임명된 지 두달도 되어 산둥(山東) 지방의 체주자사(棣州刺史)로 좌천되었다. 그리고는 다시 오늘날 하이난(海南) 섬에 있는 충저우(瓊州)의 사호(司戶)라는[10] 말단관리로 유배되었다가 6월 사약을 받고 스스로 목숨을 끊었다.[11] 결국 손덕소 이래로 세 사람이 정해절도사로 임명되기는 했지만, 모두가 이름뿐이고 실제로 부임하지는 않았다.

---

8) 『資治通鑑』 권265, 8639면.
9) 『資治通鑑』 권265, 8640면; 『全書』(상), 169면.
10) 호적을 맡아보던 관리.
11) 『舊唐書』 권20 上, 790, 794, 796면; 『新唐書』 권10, 303면; 『資治通鑑』 권265, 8641, 8643면. 『대월사략』에는 독고손을 '옥상서(獄尙書)'라고 했는데, 이는 아마도 그가 절도사로 임명된 뒤 연금되어 있어서 그렇게 부른 것이 아닌가 한다. 『大越史略』, 39면; Taylor, *The Birth of Vietnam*, 259면, n. 35.

쿡(曲)씨 3대

『자치통감』에 의하면 독고손이 절도사가 된 이듬해인 906년 정월 베트남인 쿡 트아 주(Khuc Thua Du, 曲承裕)가 정해절도사에 임명되었다. 그러나 그는 이미 독고손이 죽은 뒤 바로 절도사를 자칭했으며 이때 당은 그의 요구를 받아들여 추인한 데 불과하다고 보는 편이 맞지 않을까 한다.[12] 쿡 트아 주는 일년 반 만인 907년 6월 사망하고 7월에 그 아들 쿡 하오(Khuc Hao, 曲顥)가 절도사직을 이어받았다.[13] 이때는 주전충이 당을 멸하고 후량(後粱)을 세운 해이다. 주전충은 건국 초년이라 베트남에 간섭할 겨를이 없어 이를 잠시 인정해준 것이다.

베트남 야사(野史)에 의하면, 쿡씨 집안은 홍 쩌우(Hong Chau, 洪州), 즉 자오 찌의 동부지방 출신으로 대대로 명문거족이었으며, 쿡 트아 주는 관후한 인물로 사람들의 존경을 받았다고 한다.[14] 이것이 쿡씨에 대해 알려진 전부로 사실 여부는 알 수 없지만, 그들의 세력 성장과 관련하여 볼 때 전혀 근거없는 이야기는 아닐 것이다. 그러기에 아버지 쿡 트아 주가 사망한 후 아들 쿡 하오가 그 지위를 계승할 수 있었던 것이다.

쿡 하오는 절도사로서, 중국세력의 약화를 기회로 베트남 내에서 상당한 권한을 행사하려고 한 듯하다. 15세기 중국 전적(傳籍)인 『안남지원(安南志原)』에 의하면,[15] 쿡 하오는 지방행정제도를 대대적으로 개혁하여 이

---

12) 『資治通鑑』 권265, 8656면; 山本達郎 「安南が獨立國を形成したる過程の研究」, 『東洋文化研究所紀要』 1, 1943, 61~62면.

13) 『資治通鑑』 권266, 8683면; 『舊五代史』 권3, 1997, 53면. 쿡 트아 주는 두 책 모두에서 쿡 주[曲裕]로 표기되어 있다. 베트남의 관행으로는 성명 3자 중 가운데 자를 생략하는 경우가 많으므로 이는 오류가 아니다. 쿡 하오도 중간 '트아'가 생략되었을 가능성이 많다. 후술하는 쿡 트아 주의 손자인 쿡 트아 미[曲承美]가 단순히 쿡 미라고만 되어 있기도 하다. 『資治通鑑』 권268, 8749면.

14) Ngô Thì Sĩ 『越史標案』, 55a; 山本達郎 「安南が獨立國を形成したる過程の研究」, 62면.

제까지의 주(州)를 로(路), 현을 부(府)나 주, 그리고 향(鄕)을 갑(甲)으로 개편하는 한편 최소 행정단위인 사(社)를 정착시키려 했다. 그렇지만 그는 절도사를 칭한 기간이 짧아 개혁을 제대로 이루지 못한 것이 확실하다. 그는 908년에 죽은 것으로 추정되기 때문이다.

908년 10월 주전충은 청해절도사인 유은으로 하여금 정해절도사를 겸하게 하였는데,[16] 야마모또 타쯔로오(山本達郎)는 쿡 하오의 사망으로 인해 그러했을 것으로 추측한다.[17] 이러한 추측은 상당히 합리적이 아닌가한다. 다음에서 보듯이, 유은이 죽은 후에 쿡 하오의 아들 쿡 트아 미(Khuc Thua My, 曲承美)가 정해절도사에 임명되었다.[18] 그러나 유은은 실제로 베트남에 가지는 않았기 때문에 명의상으로만 그러했을 뿐이고, 실제로는 쿡 트아 미가 실권을 장악하였을 가능성이 크다.

유은이 911년에 사망하자 후량 조정은 청해절도사와 정해절도사를 다시 분리하여 전자에는 유은의 동생인 유암(劉巖)을, 후자에는 쿡 하오의 아들인 쿡 트아 미를 임명했다.[19] 이러한 분리는 쿡씨가 후량과의 관계개선에 노력한 결과이기도 하다. 쿡 트아 미가 정해절도사로 임명된 것은 12월인데, 이는 아마도 그 무렵 후량에 진공(進貢)한 사실과 관련이 있음에 틀림없다.[20] 쿡 트아 미가 후량과 밀접한 관계를 유지하려한 것은 광둥의 유

---

15) Lèonard Aurousseau, ed., *Ngan-Nan Tche Yuan*(安南志原), Hanoi: École Française d'Extrême-Orient 1932, 60면(이하『安南志原』).

16) 『資治通鑑』권267, 8705면; 『舊五代史』권135, 1807면; 『新五代史』권65, 1997, 809면. 『全書』가 유은의 청해·정해절도사 겸임을 907년으로 한 것은 오류이다. 『全書』(상), 169면.

17) 山本達郎「安南が獨立國を形成したる過程の研究」, 66~67면.

18) 『大越史略』에는 쿡 트아 미를 쿡 하오의 동생이라 하였는데, 이는 다른 사료들과 비교해볼 때 오류임이 분명하다. 『大越史略』, 39면.

19) 『資治通鑑』권268, 8741, 8749면.

20) 『舊五代史』권6, 100면; 山本達郎「安南が獨立國を形成したる過程の研究」, 65면. 『全書』와 『대월사략』은 각각 쿡 트아 미가 정해절도사로 임명된 것을 917년 또는 후당(後唐)의

씨 세력을 두려워해서였다.

한편 유암은 915년 후량에게 자신을 남월왕에 봉해주도록 요청했다가 거절당하자 그 이후로는 진공사절을 보내지 않았다. 그리고는 917년 스스로 제위에 올라 국호를 대월(大越)이라 하고, 이듬해에는 다시 대한(大漢, 곧 남한南漢)으로 고쳤다. 자신의 이름도 바꾸어 유공(劉龔)이라 했다.[21] 이러한 유씨 세력에 대처하기 위해 쿡 트아 미는 후량과의 관계를 더욱 돈독히하려고 918년 다시 사절을 파견했고, 후량에서는 그에게 검교태보동평장사(檢校太保同平章事)라는 직을 더해주었다.[22] 이에 앞서 쿡 트아 미는 환호사(歡好使)로 광저우 부근에 가 후량의 상황을 엿보았다.[23] 이는 쿡씨가 남한에 대해 얼마나 경계심을 가지고 있었는가를 잘 보여준다.

한편 유공은 쿡 트아 미가 후량에 사절을 보내 새로운 직을 받은 데 대해 분노한 것은 말할 것도 없지만, 후량이 배후에 있기에 쿡 트아 미에 대해 아무런 행동도 취하지 않았다. 실제로 당시 후량은 유암이 칭제하면서 조공을 하지 않았기 때문에 이전에 준 관작을 박탈하는 등 그 세력의 확대를 억제하고자 하였다.

명종(明宗, 926~932) 때라고 하였는데 이는 모두 오류임에 틀림없다. 『全書』(상), 169면; 『大越史略』, 39면.

21) 『新五代史』 권65, 811면; 『資治通鑑』 권270, 8836면; 河原正博 「ベトナム獨立王朝の成立と發展(905~1009)」, 山本達郎 編 『ベトナム中國關係史』, 東京: 山川出版社 1975, 8면. 『舊五代史』에는 917년 유공(劉龔, 유암의 바뀐 이름)이 칭제함과 동시에 국호를 대한이라 하였다고 하였는데 이는 잘못이다. 『舊五代史』 권135, 1808면; 山本達郎 「安南が獨立國을 形成したる過程の研究」, 68면.

22) 『舊五代史』 권9, 136면. 『全書』는 쿡 트아 미의 제2차 사절 파견을 919년이라고 하였다. 『全書』(상), 169~70면.

23) 『全書』는 쿡 하오가 아들 쿡 트아 미를 환호사로 광저우에 보냈다고 하였으며, 『安南志畧』에는 권호사(勸好使)로 보냈다고 하였으나, 이들 오류에 대하여는 야마모또가 잘 설명하고 있다. 『全書』(상), 169면; 『安南志畧』, 469면; 山本達郎 「安南が獨立國을 形成したる過程の研究」, 67~71면.

923년 중원에서는 다시 왕조가 바뀌었다. 후량이 망하고 후당(後唐)이 일어난 것이다. 남한의 유공은 사절을 보내 상황을 알아보게 하였더니, 사절은 돌아와 보고하기를 후당은 반드시 혼란하게 될 터인즉 염려할 바가 없다고 하였다. 이에 유공은 크게 기뻐하면서 낙양에 있는 후당의 천자를 '낙주자사(洛州刺史)'라는 칭호로 낮추어 부르고 중국과의 관계를 끊었다.[24] 그리고는 유은 이래 관심을 가지고 있던 베트남의 병합을 위해 930년 9월 원정군을 보냈다. 이러한 원정군의 파병에는 복건절도사인 왕심지(王審知)가 926년 사망한 것과 연관이 있어 보인다.[25]

쿡 트아 미와 왕심지는 이웃 광저우의 유씨 세력이 두려워 서로 연계하여 후량과 외교관계를 맺고 있었다. 911년 쿡 트아 미가 처음 후량에 진공사절을 파견할 수 있었던 것도 왕심지의 도움 덕분이었다.[26] 이러한 왕심지가 사망한 후부터 푸젠 내부에서는 분란이 일기 시작했고 930~931년에는 더욱 혼란스러워졌기에,[27] 유공은 이 기회를 이용하고자 했다.

유암은 장군 양극정(梁克貞)과 이수용(李守鄘)을 중심으로 한 원정군을 파견하였는데, 이들은 자오 찌, 즉 다이 라 성을 쉽사리 함락하고 절도사 쿡 트아 미를 붙잡아 광저우로 압송했다. 그리고 이진(李進)에게 교주자사직을 맡겼다.[28] 이로써 쿡씨의 베트남 지배는 끝이 났다. 쿡 트아 주는 905년 절도사를 자칭한 것으로 추측되기 때문에 그로부터 계산하면 쿡씨는 25년 동안 베트남을 지배한 것으로 볼 수 있다. 이 25년 동안 베트남 내부 사정에 대해서는 알려진 바가 거의 없다. 알려진 바가 없다는 것은 어떤 의

---

24) 『新五代史』 권65, 812면.

25) Taylor, *The Birth of Vietnam*, 263면.

26) 같은 책, 262면.

27) Edward Schafer, *The Empire of Min*, Tokyo: Charles E. Tuttle Co. 1954, 36~39면.

28) 『資治通鑑』 권277, 9047면; 『新五代史』 권65, 813면. 『대월사략』에는 양극정이 양극진 (梁克眞)으로 잘못 표기되어 있다. 『大越史略』, 39면. 『全書』가 남한 유씨의 베트남 출병을 923년으로 한 것은 오류이다. 『全書』(상), 170면.

미에선 사회가 평온했다는 얘기일 수 있다. 그러나 사회 저변에서는 중요한 변화가 일고 있었다. 즉 "우리는 중국인이 아니라 베트남인이다"라고 하는 정체성 인식이었다.[29]

한편 남한의 군대는 자오 찌를 점령한 후 다시 양극정의 지휘하에 남으로 진격하여 호아인 썬을 넘어 꽝 남(Quang Nam, 廣南) 성에 있는 참파의 수도 인드라푸라(Indrapura)로 쳐들어갔다. 그리고는 많은 보물을 약탈해 가지고 돌아왔다.[30]

남한의 베트남 병합은 유은의 정해절도사 겸임에서 보듯이 오랜 소망이었는데도 불구하고, 그 지배는 1년 남짓으로 끝나고 말았다. 남한의 지배에 대해 홍 강 델타 지역에서는 별다른 저항이 없었다. 그러나 그 남쪽의 아이 쩌우와 호안 쩌우에서의 상황은 달랐다. 이들 지역은 중국문화의 영향을 덜 받아 중국의 지배에 대한 저항감이 강했다.

즈엉 딘 응에(楊廷藝)

아이 쩌우 출신으로 쿡씨의 부하장수였던 즈엉 딘 응에(Duong Dinh Nghe, 楊廷藝)는 이 지역을 기반으로 세력을 키웠지만, 이진은 뇌물을 받고 이를 눈감아주었다. 즈엉 딘 응에가 마침내 931년 12월 다이 라 성을 포위하자, 유암은 승지 정보(程寶)를 보내 돕게 했다. 성이 함락되기도 전에 이진은 달아났다가 유암에게 처형당하고, 정보는 즈엉 딘 응에와 싸우다 패하여 사망했다.[31] 『대월사략』에 의하면, 베트남의 지배권을 확보한 즈엉 딘 응에는 자신을 절도사로 칭했다고 하고, 『송사(宋史)』에는 남한이 그에게 절도사직을 수여한 것으로 되어 있다.[32] 아마도 즈엉 딘 응에가 절도사

29) Taylor, *The Birth of Vietnam*, 263면.
30) 『資治通鑑』 권277, 9049면; 『新五代史』 권65, 813면.
31) 『資治通鑑』 권277, 9064면; 『新五代史』 권65, 813면; 『全書』(상), 170면.

를 자칭한 데 대해, 남한이 이를 인정한 것이 아닌가 한다.

즈엉 딘 응에가 남한의 세력을 구축하고 베트남의 지배자로 되었다고
는 하지만, 6년이 채 지속되지 못했다. 937년 3월 또다른 토착세력인 끼에
우 꽁 띠엔(Kieu Cong Tien, 矯公羨)이 나타나 그를 죽이고 대신 절도사가
되었기 때문이다. 끼에우 꽁 띠엔은 즈엉 딘 응에의 말단 부하로 홍 강 델
타 상부에 위치한 퐁 쩌우 지방 출신이었다.[33] 이는 즈엉 딘 응에와 끼에우
꽁 띠엔의 대립이 단순한 개인간의 권력투쟁이라기보다는 델타의 중심세
력과 델타의 남부세력, 다시 말하면, 중국문화의 영향을 더 받은 지역과 덜
받은 지역의 대립이었을 가능성이 농후하다는 것을 뜻한다. 이러한 사실
은 즈엉 딘 응에가 남한의 세력을 물리친 데 비해, 후술하는 바와 같이 끼
에우 꽁 띠엔은 응오 꾸옌(Ngo Quyen, 吳權)의 공격을 받자 남한에 사절을
보내 지원을 요청한 것으로 분명해 보인다.

2. 응오 꾸옌의 바익 당 강 전투

응오 꾸옌(吳權)

응오 꾸옌은 베트남이 중국의 오랜 지배에서 벗어나 독립하는 데 절대
적인 역할을 한 중요한 인물이다. 그는 즈엉 딘 응에의 사위이며 부장(副
將)으로, 즈엉 딘 응에가 살해당하자 아이 쩌우에서 세력을 결집하여 이듬
해인 938년 12월 끼에우 꽁 띠엔을 공격했다. 그러자 다이 라 성에 있던 끼

---

32) 『大越史略』, 39면; 『宋史』 권488, 1997, 14057면.
33) 『大越史略』, 39면; 『全書』(상), 170면; 『安南志畧』, 469면; 『資治通鑑』 권281, 9172면;
『新五代史』 권65, 813면. 중국 사료에는 '皎公羨'으로 되어 있으나 여기서는 베트남 사료
에 따랐다.

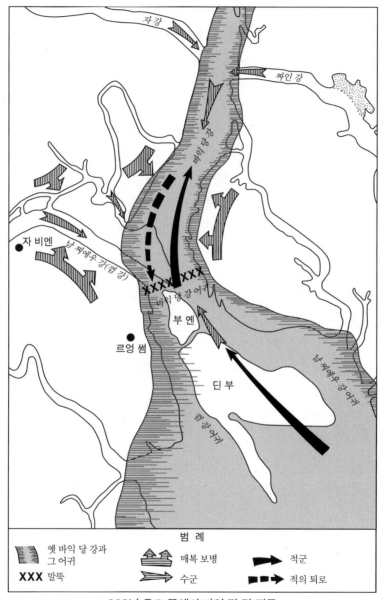

범 례

| | 옛 바익 당 강과 그 어귀 | | 매복 보병 | | 적군 |
| | 말뚝 | | 수군 | | 적의 퇴로 |

938년 응오 꾸옌의 바익 당 강 전투

에우 꽁 띠엔은 사절을 남한에 파견하여 뇌물을 바치며 구원을 요청했다.[34]

남한의 왕 유공은 이를 절호의 기회로 생각하여 아들 유홍조(劉弘操)를 정해절도사에 임명하는 동시에 교왕(交王)에 봉하여 군대를 이끌고 가 끼 에우 꽁 띠엔을 구하게 하고, 자신도 군사를 거느리고 해문(海門), 즉 염주(廉州, 이전의 허푸)까지 가 머물렀다. 그러고는 신하인 소익(蕭益)에게 방책을 물었다. 소익은 대답하기를, 비는 열흘 이상 계속해서 내리고 뱃길은 멀고 험난한데다 응오 꾸엔은 아주 교활하니 가볍게 볼 상대가 아니니 신중을 기하도록 조언을 하였지만, 유공은 야망에 가득 차 그의 말을 듣지 않았다.[35]

유공은 유홍조에 명하기를, 해로로 바익 당(Bach Dang, 白藤) 강의 어귀, 곧 오늘날 꽝 옌(Quang Yen, 廣安) 부근에 이르러, 그곳에서 강을 거슬러올라가 자오 찌의 중심부로 진입하도록 했다. 그러나 응오 꾸엔은 이미 끼에우 꽁 띠엔을 살해했으며 바익 당 강에서 남한의 함대를 대적할 만반의 준비를 갖추고 있었다. 그는 강어귀 바닥에 말뚝을 많이 박게 하고 그 끝을 뾰족하게 한 다음 이를 쇠로 씌운 후 만조를 이용하여 작은 배로 유홍조의 함대를 상류로 유인했다. 그리고 간조 때 적을 기습공격하니 남한의 큰 함선들은 말뚝에 걸려 옴짝달싹 못하여 대패하였다. 남한 병사의 태반이 물에 빠져 죽고, 유홍조도 전사했다. 유공은 통곡하며 염주에 남아 있는 병사들을 수습하여 광저우로 돌아가니 남한의 베트남 침공은 완전히 실패로 끝났다.[36]

---

34) 『大越史略』, 40면; 『全書』(상), 171면; 『安南志畧』, 469면; 『資治通鑑』 권281, 9192면.

35) 『資治通鑑』 권281, 9192~93면.

36) 『資治通鑑』 권281, 9192~93면; 『新五代史』 권65, 813면; 『大越史略』, 40면; 『全書』(상), 171면. 『大越史略』에 유홍조가 유굉조(劉宏操)로 되어 있는 것은 청 건륭제(乾隆帝)의 휘(諱)인 홍력(弘曆)의 '弘'자를 피하기 위해서였다. 山本達郞 「安南が獨立國を形成したる過程の硏究」, 85면 참조. 『대월사략』은 베트남 쩐 왕조 시대의 사관에 의해 찬수되었지만 베트남에서는 전해지지 않고, 후일 사고전서(四庫全書)에 '월사략(越史略)'이란 이름으로 들어 있는 것이 발견되었다. 건륭제의 휘를 피한 것은 이때문이다.

응오 꾸옌의 칭왕(稱王)

응오 꾸옌의 바익 당 강 승리는 베트남이 중국의 식민지배로부터 벗어나 민족독립으로 가는 과정에서 하나의 중요한 이정표였다. 939년 봄 그는 이전의 즈엉 딘 응에나 끼에우 꽁 띠엔이 남한으로부터 절도사의 칭호를 받은 것과는 달리 자신을 왕이라 칭했다.[37] 이는 남한으로부터의 독립을 의미하는 것이다.

그러나 응오 꾸옌이 왕을 칭한 것은 후대 역사가들 사이에 논란이 되었다. 레 반 흐우는 응오 꾸옌이 남한의 군대를 물리쳐 더이상 북인(北人), 즉 중국인이 올 수 없게 한 공은 인정하면서도, 왕을 칭했을 뿐 제위에 오르지 않고 연호도 제정하지 않았으므로 불완전한 독립이라고 보았다. 완전한 독립은 966년 딘 보 린(Dinh Bo Linh, 丁部領)이 제위에 오름으로써 이루어졌고, 그 결과 찌에우 브엉(Trieu Vuong, 趙王), 다시 말해 찌에우 다의 전통이 회복되었다고 했다.[38]

이에 반해 응오 씨 리엔은 응오 꾸옌이 남한의 침입을 물리쳤을 뿐만 아니라 백관(百官)을 두고 조정의 의례를 제정하는 등 제왕의 규모를 갖추었다고 하면서 그의 치세를 독립의 출발이라고 생각하여 『전서』에서 외기(外紀)가 아닌 본기(本紀)에 포함시켰다.[39] 이에 대해 1514년 「월감통고총

---

37) 『全書』에서는 그를 '전오왕(前吳王)'이라고 했다. 『全書』(상), 171면.

38) 『全書』(상), 172, 180면; O.W. Wolters, "Historians and Emperors in Vietnam and China," 73~74면. 『全書』에는 딘 보 린의 즉위 연대가 968년으로 되어 있으나 카와하라 마사히로(河原正博)가 이를 966년으로 고증하여, 베트남 학자들을 제외하고 외국에서는 이를 받아들이는 추세다. 河原正博「丁部領の即位年代について」,『法政大學文學部紀要』15, 1970, 29~46면.

39) 杉本直治郞「五代宋初に於ける安南の土豪吳氏に就いて」,『東南アジア史研究』I, 東京: 巖南堂書店 1968, 87~88면; 陳荊和「大越史記全書の撰修と傳本」,『全書』(상), 8면. 오늘날 베트남 사학계는 응오 꾸옌이 걸출한 재능의 소유자로 민족독립을 쟁취했다고 하여, 레 반 흐우보다는 응오 씨 리엔의 평가에 동조하는 경향이다. 그러나 일본 학자들이나 미

론(越鑑通考總論)」을 쓴 부 꾸인(Vu Quynh, 武瓊)은 다시 레 반 흐우의 견해를 받아들여 응오 꾸옌은 아직 독립을 완성하지 못한 과도기적 인물이었으며, 황제를 칭하는 딘 보 린에 이르러 베트남은 비로소 독립을 성취했다고 보았다. 그리하여 응오 꾸옌을 외기에 두고 딘 보 린에서 본기를 시작하는 현재와 같은 『대월사기전서』의 체제가 이루어졌다.[40]

그렇다면 응오 꾸옌은 왜 황제라 칭하지 않고 왕이라고 했을까? 추측해보는 한가지는 그가 홍 강 델타 중심부에 위치한 드엉 럼(Duong Lam, 唐林), 즉 오늘날 썬 떠이(Son Tay) 성의 푹 토(Phuc Tho) 지방에서 태어나 자라면서 보고 들은 중국문화의 영향으로 자신을 황제라 칭할 생각까지는 못했을 수 있다는 것이다. 당시 남한의 지배자조차 왕이라고 한 것을 고려하면 더욱 그랬을 가능성이 높다.[41] 사실 그가 왕위에 오른 후 실시한 많은 제도는, 심지어 관리들의 복색까지도 중국 것을 모방했다. 이는 그가 델타 중심부에서 태어나 중국문화에 익숙하여 다른 제도를 잘 몰랐기 때문으로, 여기에 그의 한계성이 있는 것이다.[42]

그럼에도 불구하고 응오 꾸옌이 천년 이상 계속된 중국의 속박에서 베트남을 해방시킬 수 있었던 것은, 그가 풍 흥과 같은 고향인 드엉 럼 출신으로 지난날 영웅의 저항정신을 들으며 자라나 그 영향에 따라 즈엉 딘 응에의 부하가 되었다가 그의 딸과 결혼하여 장인의 출생지이자 세력기반인

국 학자인 테일러는 레 반 흐우처럼 딘 보 린에 이르러 독립이 완성되었다고 본다. Phan Huy Lê, *Tìm về cội nguồn*, 495면; Nguyễn Quang Ngọc. chủ biên, *Tiến trình lịch sử Việt Nam*, 62~63면; 山本達郎「安南が獨立國を形成したる過程の研究」, 141면; 杉本直治郎「五代宋初に於ける安南の土豪吳氏に就いて」, 90면; Taylor, *The Birth of Vietnam*, 267~95면. 이들 견해에 대하여는 유인선「전근대 베트남人의 歷史認識」, 179~81, 199~200면 참조.
40) 『全書』(상), 86~87면; 杉本直治郎「五代宋初に於ける安南の土豪吳氏に就いて」, 88면.
41) 유인선「전근대 베트남의 對中國認識——조공과 대등의식의 양면성」, 『동북아역사논총』 23, 2009, 395면.
42) Taylor, *The Birth of Vietnam*, 270면.

아이 쩌우의 관할권을 위임받았던 데서 찾을 수 있지 않을까 한다. 전설에 따르면, 응오 꾸옌이 바익 당 강에서 남한의 군대를 물리칠 수 있었던 것은 풍 흥이 신병(神兵)으로 도왔기 때문에 가능했으며, 이를 감사히 여긴 그는 풍 흥을 위해 사당을 지어주고 제물을 바쳤다 한다.[43]

응오 꾸옌의 강한 민족의식은 이제까지 행정중심지였던 다이 라 성을 버리고 어우 락 시대의 도성인 꼬 로아에 도읍을 정한 데도 나타난다.[44] 다이 라 성은 중국인들에 의해 축조되어 베트남을 지배한 식민통치의 상징이었던 반면, 꼬 로아는 안 즈엉 브엉의 도읍으로 유서깊은, 말하자면 베트남 고유의 정통적 왕권과 관련이 깊은 곳이기 때문이다.

즈엉 땀 카와 응오 꾸옌의 두 아들

응오 꾸옌은 왕위에 오른 지 6년 뒤인 944년에 47세를 일기로 세상을 떠났다. 죽음에 임박하여 그는 처남인 즈엉 땀 카(Duong Tam Kha, 楊三哥)에게 네 아들 중 위의 두 아들을 도와줄 것을 부탁했다. 그러나 즈엉 땀 카는 오히려 자신이 권력을 잡고 왕위에 올라 빈 브엉(Binh Vuong, 平王)이라 자칭했다.[45] 즈엉 땀 카는 응오 꾸옌의 왕후 즈엉의 남동생으로[46] 아버지가 끼에우 꽁 띠엔에게 살해된 뒤 매형이 실권자로 부상한데다 왕위에 오른 후에 중국제도를 모방하는 데 대해 아이 쩌우 출신으로서 강한 불만을 품었을 것이다. 다만 응오 꾸옌의 생존 중에는 그의 권위에 압도되어 이런 불

---

43) 『越甸幽靈集』, 6~7면; Taylor, *The Birth of Vietnam*, 269~70면.

44) 『全書』(상), 172면.

45) 응오 꾸옌은 아직 어린 두 아들은 왕후인 즈엉씨에게 맡겼다. 『全書』(상), 172면.

46) 『全書』는 즈엉 땀 카가 즈엉 왕후의 오빠라고 하면서, 동생이라고 하는 설도 있다고 했다. 그러나 동생이 맞는 것 같다. 『全書』(상), 172면; Trần Trọng Kim, *Việt-Nam Sử-Lược*, Quyển I, 81면.

만을 겉으로 나타낼 수 없었을 뿐이다.

즈엉 땀 카가 권력을 장악하자 응오 꾸엔의 장자인 응오 쓰엉 응업(Ngo Xuong Ngap, 吳昌岌)은 신변의 위협을 느끼고 남 싸익(Nam Sach, 南冊) 강을 통해 짜 흐엉(Tra Huong, 茶鄕)으로 도피하여 팜 린 꽁(Pham Linh Cong, 范令公) 집안에 몸을 의탁했다.[47] 남 싸익 강은 하이 즈엉 성(省)의 남 싸익(Nam Sach, 南策) 지방을 흐르는 강이며, 짜 흐엉은 하이 즈엉 성 동부 낌 타인(Kim Thanh, 金城) 현에 해당하는 곳으로 이들 지역에는 중국 이주민이 상당수 정착하여 그들의 영향력이 큰 것으로 알려졌다. 따라서 쓰엉 응업은 이곳이 반중국적 정서가 강한 즈엉 땀 카를 피하기에 안전하다고 여겼을 것이다.[48]

즈엉 땀 카는 응오 꾸엔의 차남인 응오 쓰엉 반(Ngo Xuong Van, 吳昌文)마저 궁중을 탈출할 경우 사태가 심각해지리라 판단하고 그를 양자로 삼아 후계자로 삼는 한편, 즈엉 깟 러이(Duong Cat Loi, 楊吉利)와 도 까인 탁(Do Canh Thac, 杜景碩) 두 사람을 보내 도망한 쓰엉 응업을 네차례나 찾아보게 했으나 실패하였다. 그후 950년에는 응오 쓰엉 반으로 하여금 즈엉 깟 러이와 도 까인 탁을 거느리고 퐁 쩌우 변두리에 위치한 두 촌락, 즉 타이 빈(Thai Binh, 太平)과 드엉 응우엔(Duong Nguyen, 唐阮)을 공격케 했다.[49] 당시 퐁 쩌우에는 쓰엉 응업의 도피를 도와준 끼에우 꽁 한(Kieu Cong Han, 矯公罕)이 강력한 세력을 형성하고 있었기 때문이다. 끼에우 꽁 한은 937년 즈엉 딘 응에를 살해한 끼에우 꽁 띠엔과 같은 집안으로, 그로 인해 두 가문은 타협의 여지가 없었다.

응오 쓰엉 반은 하노이 서북방에 위치한 현재의 뜨 리엠(Tu Liem, 慈廉)

---

47) 『大越史略』, 40면; 『全書』(상), 172면.
48) 山本達郞 「安南が獨立國を形成したる過程の硏究」, 89면; Taylor, *The Birth of Vietnam*, 271면.
49) 『大越史略』, 40면; 『全書』(상), 173면.

현에 이르리 같이 원정길에 오른 즈엉 깟 러이와 도 까인 탁을 회유하는 데 성공했다.[50] 여기에서 보듯이, 즈엉 땀 카는 자기세력 내에서도 절대적인 지지를 얻지 못했을 뿐만 아니라 짜 흐엉 방면에 응오 쓰엉 응업이 있는데도 이를 체포하지 못하고, 또 퐁 쩌우 변방 마을을 공격하려 한 점으로 미루어 보아 그의 세력은 매우 취약했으며 세력범위 또한 매우 제한되어 있었음 알 수 있다.[51] 응오 쓰엉 반은 두 지지자와 함께 군사를 돌려 즈엉 땀 카를 추방하고 자신이 왕위에 올라 남 떤 브엉(Nam Tan Vuong, 南晉王)이라 칭했다.[52] 야마모또 타쯔로오는 응오 쓰엉 반이 국호를 남 떤이라 한 것은 당시 중국에 있던 오대십국(五代十國)의 나라들과 자신을 대등한 위치에 놓으려는 의도였지 않을까 추측하고 있다.[53] 주지하는 바와 같이, 응오 꾸엔의 집권 때 중국 중원에는 후진(後晉, 936~946)이 존속했다. 그러나 이는 중국을 의식해서가 아니라 국내에서 자신의 권위를 확고히하려는 태도로 해석하는 편이 적절할 것이다. 이런 점에서 응오 쓰엉 반은 응오 꾸엔과 마찬가지로 중국문화의 테두리에서 벗어나지 못한 듯하다. 한편 그는 빈 브엉이 자기에 베푼 은혜를 생각해 처형하지 않고 오히려 쯔엉 즈엉 꽁(Truong Duong Cong, 張楊公)이란 칭호를 주어 여생을 보내도록 다이 라 성으로부터 홍 강을 조금 내려간 지역에 식읍까지 주었다.[54]

즈엉 땀 카를 추방하고 정권을 되찾은 응오 쓰엉 반은 그 이듬해인 951년에 형 쓰엉 응업을 맞아들여 함께 나라를 다스렸다. 그러나 양두정치는

---

50) 『大越史略』, 40면; 『全書』(상), 173면.
51) 山本達郎 「安南が獨立國を形成したる過程の硏究」, 89면.
52) 『全書』는 그를 응오 꾸엔과 대비시켜 '후오왕(後吳王)'이라 했다. 『全書』(상), 174면.
53) 山本達郎 「安南が獨立國を形成したる過程の硏究」, 91면. Taylor, *The Birth of Vietnam*, 273면도 참조.
54) 『大越史略』, 40면. 레 반 흐우는 쓰엉 반이 즈엉 땀 카를 처형하지 않고 식읍까지 준 것은 커다란 잘못이라고 하였다. 이와 달리 응오 씨 리엔은 이를 인(仁)에 합당한 행위라고 보았다. 『全書』(상), 173, 175면.

쓰엉 응업의 독단적 행동으로 평탄치 않았다. 티엔 싸익 브엉(Thien Sach Vuong, 天策王)을 칭한 응오 쓰엉 응업은 전횡을 일삼으면서 동생 쓰엉 반이 정치에 간여하지 못하게 했다.[55]

954년 응오 쓰엉 응업이 사망하자 응오 쓰엉 반은 다시 정권을 잡았다. 그는 권력을 장악하자 곧 남한의 왕, 유성(劉晟)에게 사절을 보내 신하를 칭하겠다고 요청하니 유성은 이를 받아들여 응오 쓰엉 반을 정해절도사 겸 안남도호에 임명하였다.[56] 당시 델타의 각 지방에는 즈엉씨에 반대하는 세력들이 할거하고 있어 중앙의 응오씨는 위협을 느끼지 않을 수 없었다. 이런 상황 속에서 응오 쓰엉 반은 이미 언급한 바와 같이, 자신을 남 떤 브엉이라고 하여 중국과 대등한 존재라고 강조하는 것보다는 남한과 친선을 유지하여 국내 다른 세력들의 도전을 막는 것이 더 유리하다고 판단했음에 틀림없다. 그러나 그는 국내의 혼란한 상황이 알려지는 경우 남한의 태도가 바뀔지도 모른다는 생각에서인지, 유성이 사절로 이서(李嶼)를 보내 절도사직에 공식 임명하려 하자 해로에 해적이 있고 도로 또한 통행이 안전하지 못하다는 이유로 이를 거절했다.[57]

십이사군시대

이후 응오 쓰엉 반에 대하여는 알려진 바가 거의 없지만, 그의 지위는 지방 세력들이 강성해짐에 따라 약화되었을 것으로 보인다. 이런 국면을

---

55) 『大越史略』, 41면; 『全書』(상), 174면.
56) 『大越史略』, 41면; 『全書』(상), 174면; 『資治通鑑』권291, 9501면; 『新五代史』권65, 816면. 『대월사략』과 『全書』에는 유성의 아들 유창(劉鋹)으로 되어 있으나, 유창이 즉위한 것은 958년이니 이는 착오이다. 한편 『신오대사(新五代史)』에는 쓰엉 반 앞에 쓰엉 뚜언(昌濬)을 언급하고 있는데, 야마모토 타쯔로오는 두 사람을 동일 인물로 간주하고 있다. 山本達郎「安南が獨立國を形成したる過程の研究」, 92~95면.
57) 『安南志略』, 470면.

타개하기 위해 응오 쓰엉 반은 963년, 이전에 빈 브엉의 지시로 원정에 나선 퐁 쩌우의 두 촌락에 대한 공격을 감행하던 중 배 위에서 관전하다가 복병이 쏜 화살에 맞아 사망했다.[58] 그가 사망하자 자오 찌 각지에서 군웅이 할거하는 혼란이 벌어졌다고 한다. 중국 사서에서는 이를 일러 '교지십이주대란(交趾十二州大亂)'이니 '관내일십이주대란(管內一十二州大亂)'이라고 했다.[59] 이는 베트남 사서에서 말하는 이른바 '십이사군시대(十二使君時代)'의 시작이다.

십이사군에 대한 기록은 『대월사략』과 『대월사기전서』에 모두 보이는데, 십이사군이란 끼에우 꽁 한(Kieu Cong Han, 矯公罕)·응우옌 코안(Nguyen Khoan, 阮寬)·응오 녓 카인(Ngo Nhat Khanh, 吳日慶)·도 까인 탁(Do Canh Thac, 杜景碩)·응오 쓰엉 씨(Ngo Xuong Xi, 吳昌熾)·리 쿠에(Ly Khue, 李圭, 또는 李奎)·응우옌 투 띠엡(Nguyen Thu Tiep, 阮守捷)·르 드엉(Lu Duong, 呂

---

58) 『대월사략』과 『全書』에는 이 공격이 965년에 행해진 것으로 되어 있다. 그러나 카와하라는 중국 사료 『속자치통감장편(續資治通鑑長編)』의 건덕(乾德) 원년(965) 기사를 인용하여 응오 쓰엉 반이 963년에 사망했다고 했으니 공격은 이때 행해졌으며, 965년은 남월왕 유창이 딘 보 린의 아들인 딘 리엔(Dinh Lien, 丁璉)을 절도사에 임명한 해라고 주장한다. 이에 대하여는 제2장 제1절에서 자세히 언급하고자 한다. 『大越史略』, 41면; 『全書』(상), 175면; 『續資治通鑑長編』, 北京: 中華書局 1979(이하 『長編』), 권4, 114면; 河原正博「丁部領の卽位年代について」, 29~46면.

59) 『長編』권4, 114면; 『宋史』권488, 14058면. 베트남은 12주로 나누어진 적이 없기 때문에 이 말에는 의문시되는 점이 없지 않다. 테일러는 중국 고대 순(舜) 임금 때의 12주로부터 연원하여 중국 전체를 가리키는 상투적 표현을, 970년대에 베트남의 사신이 빌려 베트남 전국이 혼란에 빠졌다는 것을 강조하면서 이를 수습한 딘(丁)씨의 공적을 높이기 위해 송(宋)에 보고한 것이 이후 송 역사가들에 의해 그대로 사용된 때문이 아닌가 하는 의견을 제시하고 있다. 이와 달리 야마모토 타쯔로오의 견해는 십이사군의 싸움을 전해들은 중국인들이 이를 12주라고 받아들여 표현했다는 것이다. 『尙書正義』(十三經注疏), 北京: 北京大學出版社 2000, 77면; Keith W. Taylor, "The 'Twelve Lords' in Tenth-Century Vietnam," *Journal of Southeast Asian Studies* 14-1(March), 1983, 51~52면; 山本達郎「安南が獨立國を形成したる過程の研究」, 103면.

唐)·응우옌 씨에우(Nguyen Sieu, 阮超)·끼에우 투언(Kieu Thuan, 矯順)·팜 바익 호(Pham Bach Ho, 范白虎)·쩐 람(Tran Lam, 陳覽)을 말한다.[60]

이들 중 끼에우 꽁 한과 그 동생으로 알려진 끼에우 투언은 퐁 쩌우를 중심으로 독자적 세력을 형성하고 있었다.[61] 이들을 제외한 12사군 중 아홉은 당시 베트남사회의 정치적·경제적·문화적 중심지 자오 쩌우에 자리잡고 응오 집안과 어떤 형식으로든 연결되어 그 권위를 인정한 것 같다. 특히 현재의 하 동(Ha Dong) 시 남서쪽을 중심으로 한 도 까인 탁, 지금의 박 닌(Bac Ninh) 성의 띠엔 주(Tien Du) 현이 중심지였던 응우옌 투 띠엡, 현 하노이에 자리잡고 있던 응우옌 씨에우 및 오늘날 박 닌 성의 씨에우 로와이(Xieu Loai)와, 같은 박 닌 성의 반 장(Van Giang) 현을 각각 근거지로 한 리 쿠에와 르 드엉 등 다섯 사군이 자오 쩌우의 핵심지역을 장악하고 있었다.

응우옌 코안은 끼에우 꽁 한의 퐁 쩌우 동쪽 반대편에 위치한 응우옌 자(Nguyen Gia, 阮家), 즉 지금의 빈 뜨엉(Vinh Tuong)에 할거했는데, 그는 응우옌 투 띠엡과 응우옌 씨에우의 맏형이다. 이들 아버지는 베트남으로 이주해 온 중국 상인이라고 한다. 팜 바익 호의 세력 중심지는 당 쩌우(Dang Chau, 藤州)로, 현재의 흥 옌(Hung Yen) 시 북북서에 위치한 곳이다.

쩐 람은 중국 광저우에서 온 상인으로 홍 강이 바다로 흘러들어가는 입구에 위치한 보 하이(Bo Hai, 布海) 항구에 자리잡고 교역을 통해 부를 쌓아 권력층으로 등장한 것 같다. 그의 역사적 의미는 딘 보 린의 후견인으로, 딘 보 린이 델타의 지배세력으로 성장하는 길을 열어준 데 있다. 『대월사

---

60) 『大越史略』, 41~42면; 『全書』(상), 175면. 다만 『대월사략』에 보이는 응우옌 주 직(Nguyen Du Dich, 阮遊突)은 『全書』에 없고 대신 응오(吳) 사군이란 이름이 있는데, 그 이름이 쓰엉 씨라 하였으니 동일 인물임에 틀림없다. 山本達郎 「安南が獨立國を形成したる過程の研究」, 97~98면.

61) 십이사군의 거점에 대하여는 다음을 참조하였다. 山本達郎 「安南が獨立國を形成したる過程の研究」, 100~102면; Trần Trọng Kim, Việt-Nam Sử-Lược, Quyển I, 82~83면; Taylor, "The 'Twelve Lords' in Tenth-Century Vietnam," 55~57면.

략』과 『대월사기전서』에 의하면, 아들이 없는 쩐 람은 딘 보 린의 능력을 중히 여겨 자신의 양자 겸 후계자로 삼았다고 한다. 딘 보 린의 십이사군 평정은 쩐 람의 명에 의했으며, 쩐 람이 사망한 후 응오씨 집안과의 대결에 서 승리하자 수도에 있던 관리와 백성들이 모두 그에 복종하였다.[62] 이에 대해서는 다음 장에서 자세히 논하겠지만, 965년의 일이었을 것이다.

후대 사가들은 쩐 람이 딘 보 린을 양자로 삼은 것과 그가 죽은 후 딘 보 린의 승계를 중시한 것은 아마도 10세기 이후 지배계층의 사고방식과 관 련이 있다고 보았다.[63] 딘 보 린의 아버지인 딘 꽁 쯔(Dinh Cong Tru, 丁公 著)는 참파와의 국경지대인 호안 쩌우 자사였지만 중앙의 정치무대에서는 별로 알려지지 않았으며, 아버지의 자리를 물려받은 딘 보 린도 시골 출신 으로 알려져 있다.[64] 그래서 딘 보 린은 분명히 자신을 중앙의 지배계층과 동등한 지위로 높일 필요를 느꼈을 것이고, 이는 쩐 람의 양자가 되어 그의 후계자가 됨으로써 달성할 수 있었다. 실제로 이러한 것이 얼마나 중요했 을지는 알 수 없지만, 명분상 델타 평정의 참여에 정당성을 부여해주었다 는 의미에서 사가들이 중시하여 기록으로 남겼음은 확실하다.

한편 아이 쩌우 남부에 근거를 둔 것으로 알려진 응오 쓰엉 씨는 『대월 사기전서』에 쓰엉 응업의 아들로 십이사군을 대표하는 실력자로 기록되 어 있지만 의문의 여지가 있다. 아마도 이는 응오 씨 리엔이 신유학의 역 사서술의 영향을 받아 정통성과 왕조의 연속성을 강조한 결과였지 않은 가 한다.[65] 사실 응오 쓰엉 반의 사후 응오씨의 구심점은 응오 녓 카인이었

---

62) 『大越史略』, 42면; 『全書』(상), 176면. 테일러는 수도란 꼬 로아를 의미하는 것으로 보 고 있다. Taylor, "The 'Twelve Lords' in Tenth-Century Vietnam," 57면.
63) 같은 책, 58면.
64) 『大越史略』, 42면; 『全書』(상), 179면.
65) Taylor, "The 'Twelve Lords' in Tenth-Century Vietnam," 58면. 山本達郎 「安南が獨立 國を形成したる過程の研究」, 98~99면도 참조.

으며 그는 응오씨의 고향인 드엉 럼을 중심으로 세력을 확대했다.[66] 십이 사군을 통일하는 딘 보 린이 왕조를 세운 후 그의 어머니 즈엉씨를 황후로 삼고 그의 누이동생을 아들 딘 리엔(Dinh Lien, 丁璉)의 아내로 삼은 것은 응오 넛 카인의 이런 위치를 고려하였기 때문임에 틀림없다. 그런 연후에도 딘 보 린은 혹 응오 넛 카인이 반란을 일으킬지 모른다는 두려움에서 다시 딸을 그에게 시집보내 그의 충성심을 얻고자 했다.[67] 딘 보린은 응오 넛 카 인 외에는 십이사군 누구에게도 이러한 대우를 하지 않았다. 때문에 테일러 는 응오 넛 카인의 이런 위치에도 불구하고 뒷날 역사가들이 그를 중시하 지 않은 것은 딘 보 린의 통일에 협조하지 않았기 때문이라고 보고 있다.[68]

이상에서 말한 바를 다시 살펴보면, 십이사군 시대를 역사서술이 보여 주는 군웅할거의 혼란시기라고 보기보다는 오히려 이전 시기와 하나의 연 속선상에서 볼 수 있지 않을까 한다. 응오 왕조는 물론 그전의 당대에도 델 타가 권력의 중심지였고 아이 쩌우와 호안 쩌우 등지는 델타의 직접적인 통제에서 벗어난 주변지역에 불과했다. 그렇다면 왜 중국과 베트남의 사 서들은 십이사군 시기를 혼란기로 보았는가? 이는 중국인들의 왕조교체기 에 대한 생각과 관련이 있어 보인다. 중국인들은 흔히 왕조교체기에는 혼 란과 퇴폐가 있다고 보았다. 이런 인식하에서 960년대 딘 보 린의 사자는 송 조정에 베트남 사정을 혼란상으로 보고하고, 이를 통일하여 새로운 왕 조를 창건한 딘 보 린의 정당성을 강조하려 한 것으로 생각된다.[69]

---

66) 테일러는 응오 넛 카인이 응오 꾸엔의 네 아들 중 하나였으며, 그의 어머니 즈엉씨는 응오 꾸엔의 왕후였을 것이라고 추측하고 있다. Taylor, "The 'Twelve Lords' in Tenth-Century Vietnam," 61면.

67) 『全書』(상), 184~85면.

68) Taylor, "The 'Twelve Lords' in Tenth-Century Vietnam," 59면. 응오 넛 카인은 딘 보 린의 결혼정책을 겉으로는 즐겁게 받아들였으나 내심으론 불평을 품고 처를 데리고 참 파로 갔다. 『全書』(상), 184~85면.

69) Taylor, "The 'Twelve Lords' in Tenth-Century Vietnam," 62면.

제2부

독립왕조시기의 양국관계: 조공과 방교

제1장 독립왕조의 성립과 중국과의 관계

1. 딘 보 린의 칭제(稱帝) 및 송과의 관계

앞에서 언급한 바와 같이, 딘 보 린이 십이사군을 평정하고 제위에 오르자 베트남은 중국으로부터 완전한 독립을 이룩했다. 딘 보 린의 통일에 대하여 『속자치통감장편(續資治通鑑長編)』 건덕(乾德) 원년(963) 12월 조(條)를 보면 다음과 같다.[1] 정해절도사 응오 쓰엉 반이 사망하자 그 참모인 응오 쓰 빈(Ngo Xu Binh, 吳處玶) 등이 서로 다투어 일어나면서 자오 찌 십이주가 크게 어지러워졌다. 처음 즈엉 딘 응에(楊廷藝)가 정해절도사가 되자 아장(牙將) 딘 꽁 쯔로 호안 쩌우 자사를 삼았다. 꽁 쯔가 죽자 아들 보 린이 뒤를 이었다. 이에 보 린은 아들 리엔과 함께 병사 3만으로 응오 쓰 빈 등을 격파했다. 경내가 안정되자 마침내 자립하여 만승왕(萬勝王)이라 하고 리엔을 정해절도사로 삼아 남한에 보내 알렸다. 남한왕은 이에 리엔에게 절도사직을 수여했다. 그리고 『속자치통감장편』에 첨부된 주(註)의 『십

---

1) 『續資治通鑑長編』, 北京: 中華書局 1979(이하 『長編』), 권4, 114면.

국기년(十國紀年)』에 의하면, 딘 보 린이 만승왕을 자칭하고 아들 리엔을 정해절도사로 삼아 남한에 알렸는데, 이는 건덕 3년(965)이었다고 한다.

유사한 내용은『송사(宋史)』「교지(交阯)」열전에서도 보인다. 다만『송사』에서는 응오 쓰엉 반의 사망을 건덕 초년이라고만 하여 구체적 연대를 밝히지 않고, 만승왕도 대승왕(大勝王)이라 했다.[2] 건덕은 송 태조 조광윤(趙匡胤)의 두번째 연호로 963년부터 968년까지인 점을 고려하면 건덕 원년과 일치되는 것으로 볼 수 있다. 그렇다면 딘 보 린이 십이사군을 평정한 해는『십국기년』의 기록처럼 965년으로 보아 틀림없지 않을까 한다. 한편『송회요(宋會要)』「교지」열전에는 개보(開寶) 6년 4월 딘 리엔이 송에 사신을 보내 베트남의 산물을 바쳤는데, 그가 절도사직을 남한에게서 받은 것이 기축년(己丑年)이라고 했다.[3] 천징허(陳荊和)는 기축년은 을축년(乙丑年)의 오류임을 입증하였는데,[4] 이는 딘 리엔이 남한으로부터 정해절도사직을 받은 965년임을 의미하는 것으로 카와하라 마사히로는 해석하고 있다.[5] 그러나『대월사략』과『대월사기전서』는 이를 967년이라고 했다.[6] 그렇다면 2년의 차이는 어디에서 비롯되었을까?

이에 대해 카와하라는『대월사략』과『대월사기전서』의 편자가『신오대사(新五代史)』의 다음과 같은 기사를 잘못 읽어 일어난 오류라는 것이다. "[大寶] 8년 자오 쩌우의 응오 쓰엉 반이 사망하자 그를 보좌하던 르 쓰 빈(Lu Xu Binh, 呂處玶)과 퐁 쩌우 자사 끼에우 찌 흐우(Kieu Tri Huu, 喬知祐)

---

2)『宋史』 권488, 1997, 14057~58면.

3)『宋會要輯稿』, 北京: 中華書局 (影印本) 1957, 第8冊, 7723면.

4) 陳荊和「五代宋初之越南──有關安南獨立王朝成立年代之若干商榷」, 郭廷以 等著『中越文化論集』(二), 臺北: 中華文化出版事業委員會 1956, 243면.

5) 河原正博「丁部領の卽位年代について」『法政大學文學部紀要』15, 1970, 32~33면.

6)『大越史略』陳荊和 編校, 東京: 創價大學アジア研究所 1987, 42면;『大越史記全書』3권 陳荊和 編校, 東京: 東京大學東洋文化研究所 附屬 東洋學文獻センタ 1984~1986(이하『全書』), 상, 176면.

가 서로 다투어 자오 찌에 대란이 일어났다. 호안 쩌우의 딘 리엔이 거병하여 이들을 격파하니 [유]창이 리엔에게 자오 쩌우의 절도사직을 수여했다."[7] 카와하라에 의하면 여기서 말하는 대보 8년[건덕 3년, 즉 965년]은 응오쓰엉 반이 사망한 해가 아니라 유창이 딘 리엔을 절도사로 임명한 해로 보아야 한다는 주장이다.[8] 이러한 주장은 『십국기년』의 기사와 일치하는 것으로 합당하다는 생각이다. 한편 만승왕에 대하여는 『속자치통감장편』을 제외한 모든 송 관련 사료에는 대승왕으로 기록되어 있고[9] 베트남 사서 역시 딘 보 린이 제위에 오른 후 대승명황제(大勝明皇帝)라 칭했다고[10] 한 점으로 보아 『송사』의 대승왕이란 기록이 옳다는 생각이다.

딘 보 린은 십이사군을 평정한 다음 처음에는 스스로 왕이라 칭했다. 그리고 이듬해 황제로 칭호를 바꾸고 나라 이름을 다이 꼬 비엣(Dai Co Viet, 大瞿越)이라 하는 동시에 수도를 호아 르(Hoa Lu, 華閭)로 옮겼다(딘[Dinh] 왕조, 966~980). 『대월사략』과 『대월사기전서』는 이러한 일련의 일들이 행해진 해를 제1부 제4장에서 말한 바와 같이 968년이라고 했으나,[11] 966년이 정확하다고 하겠다. 한편 중국인의 개념에 의하면 황제는 천하에 한 사람밖에 없기 때문에 그가 황제를 칭한 것은 중국과 정치적으로 대등하다는 것을 의미하였다. 다이 꼬 비엣의 '꼬(瞿)'는 쯔놈으로 '꼬(cồ, 古)' 또는 '께(kẻ, 几)' 자와 통하여 '나라'를 의미하므로 다이 꼬 비엣은 '큰 나라 비엣'이라는 뜻이다.[12] 다이 꼬 비엣이라는 이름은 1054년 리 왕조의 3대 왕

---

7) (大寶)八年, 交州吳昌文卒, 其佐呂處玶與峯州刺史喬知祐, 爭立, 交趾大亂, 驩州丁璉擧兵擊破之, 錶授璉交州節度.

8) 『新五代史』 권65, 818~19면; 河原正博 「丁部領の卽位年代について」, 42~43면.

9) 山本達郎 「安南が獨立國を形成したる過程の硏究」, 『東洋文化硏究所紀要』 1, 1943, 110면.

10) 『大越史略』, 42면; 『全書』(상), 180면.

11) 『大越史略』, 42면; 『全書』(상), 180면.

12) 일반적으로 '구(瞿)' 자를 '크다'는 의미로 해석하고 있지만, 필자는 '나라'라는 뜻으로 풀이한 응우옌 칵 캄의 설을 따랐다. Nguyen Khac Kham, "Dai Co Viet Revisited," 『創

리 타인 똥(Ly Thanh Tong, 聖宗)이 '꼬'자를 빼고 국호를 '다이 비엣(Dai Viet, 大越)'으로 바꿀 때까지 사용되었다.[13] 호아 르에 도읍을 정한 것은 그 때까지 정치적 중심지였던 다이 라 타인이나 꼬 로아가 중국문화의 영향을 많이 받은 곳이어서 딘 보 린으로 대표되는 베트남 토착세력에 대해 적대적인데다 또 이 지역이 석회석 산으로 둘러싸여 있어 외부의 침략을 막기가 용이했기 때문이다.[14]

이듬해 967년에 딘 보 린은 장자인 리엔을 남 비엣 브엉(Nam Viet Vuong, 南越王)에 봉하고, 다시 1년 후에는 그때까지 사용하던 중국식 연호를 버리고 자신의 연호까지 제정하여 타이 빈(Thai Binh, 太平)이라 하였다.[15] 남 비엣 브엉이란 칭호는 전한(前漢) 초기 한에 대항했던 조타가 처음 사용한 것으로, 6세기 리 본이 남 비엣 황제라고 칭한 것도 같은 맥락인데, 이는 베트남인들에게 중국에 대한 저항이라는 상징적 의미를 갖는다. 어떤 연유에서인지 중국 사료들은 리엔이 남 비엣 브엉에 봉해진 것을 딘 보 린이 양위한 것처럼 기록하고 있는데,[16] 이는 딘 보 린의 칭제를 몰랐던가 아니면 인정하려 하지 않았기 때문이 아닌가 한다. 한편 베트남에서 독자적 연호의 사용은 리 본이 티엔 득이라고 한 경우가 처음이며 이때가 두번째인데, 이 역시 황제의 칭호처럼 중국 군주와 대등하다는 표시이다. 딘 보 린의 황제 칭호라든가 연호 제정은 이후 베트남 모든 왕조 군주들의 전례가 되었다.

大アジア研究』10, 1989, 17~47면.

13) 『全書』(상), 283면. 이후 18세기 말까지 역대 왕조는 모두 국호를 다이 비엣이라 했다.

14) Keith W. Taylor, *The Birth of Vietnam*, Berkeley: University of California Press 1983, 279면.

15) 『대월사략』과 『全書』는 이들 일도 969년과 970년이라 하였으나, 딘 보 린의 즉위를 966년으로 보면 이 역시 각각 2년씩 당겨 967년과 968년으로 보아야 할 것이다. 『大越史略』, 43면; 『全書』(상), 180면.

16) 『宋史』 권488, 14058면; 河原正博「丁部領の卽位年代について」, 34~35면.

딘 보 린의 중국에 대한 이러한 태도에도 불구하고 그는 중국과의 친선을 소홀히해서는 안된다는 것을 분명히 인식하고 있었음이 분명하다. 딘 보 린은 쿡씨의 베트남 지배가 남한의 침공으로써 종말을 고했으며, 웅오 꾸옌이 끼에우 꽁 띠엔과 대립했을 때 남한이 군대를 파견한 사실을 너무나도 잘 알고 있었을 것이다. 만일 남한이 또다시 군대를 파견한다면 새로운 왕조로서는 커다란 부담이 아닐 수 없었다. 그리하여 앞에서 보았듯이, 딘 보 린은 황제를 칭하기 이전에 이미 딘 리엔을 남한에 친선사절로 파견하였던 것이다.

딘 보 린과 송의 관계

베트남 사료에는 딘 보 린이 남한에 사절을 보냈다고 하는 기록은 보이지 않는다. 단지 조광윤(趙匡胤)이 960년에 송을 세워 각지에 할거하던 세력들을 병합하고 970년에는 장군 반미(潘美)로 하여금 남월의 유창을 평정하게 하자 딘 보 린이 송에 사신을 보내 친선사절을 맺고자 하였다는 기록이 있을 뿐이다. 이에 송은 딘 보린을 안남군왕(安南郡王)에 봉하여 주었다고 한다.[17]

이러한 베트남 사료의 기록은 세가지 점에서 의문을 품지 않을 수 없다. 우선 송이 남한을 멸망시킨 것은 971년이란 점이다. 971년 이전에 송의 남진을 인식하고 사절을 파견했다고 볼 수도 있지만 이는 당시 베트남과 중국의 교통로를 감안하면 가능성이 크지 않다. 베트남에서 남한을 통하지 않고 그 이북으로 사절을 파견하는 것은 실질적으로 불가능하다. 더욱이 베트남 기록에 문제가 있다는 증거는 송이 딘 보 린을 안남군왕에 봉했다는 사실이다. 송에서는 베트남을 교지(交阯 또는 交趾)라고 하였으며, 안남이란 이름을 사용하여 하나의 독립된 국가로 인정하기 시작한 것은 남송

---

17) 『全書』(상), 180면.

때인 1174년이다.[18] 셋째는 딘 보 린이 중국 사신은 모두 아들 딘 리엔의 이름으로 보냈기 때문에 남한에서는 그를 정해절도사에, 송에서는 정해 군절도사 안남도호(靜海軍節度使 安南都護)의 칭호를 수여하였음에 주목할 필요가 있다.[19] 따라서 베트남의 사료에서처럼 딘 보 린과 송의 관계가 970년에 성립되지 않았다는 것이 분명하다.

그렇다면 딘 보 린은 언제부터 송과의 친선을 맺고자 했는가?『송사』본기(本紀)에 의하면, 개보(開寶) 6년 5월(973)에 딘 리엔이 사절을 보내 방물(方物)을 바쳤다고 하고,「교지」열전에는 그를 검교태사(檢校太師)로 임명하면서 정해군절도사 안남도호에 봉했다고 한다.[20]『속자치통감장편』개보 6년 5월 조에는 이보다 좀더 자세히 설명되어 있다. 즉 정해절도사 딘 리엔이 영남(嶺南) 모두가 평정되었음을 듣고 사절을 보내 조공을 바쳤는데 아버지의 명에 의해서였다. 이에 곧 송은 리엔을 정해절도사로 하였다.[21]

『대월사략』은 딘 보 린이 972년 사절을 보내 송과 수호를 맺게 하였다고 하고,[22]『대월사기전서』에는 973년 딘 리엔의 사절이 돌아오고 아울러 송의 사절이 와서 딘 보 린과 딘 리엔을 각각 교지군왕(交趾郡王)과 검교태사 정해군절도사 안남도호에 봉하였다고 한다.[23]

이상을 종합하면, 971년 송이 남한을 멸하자, 딘 보 린은 중국에서 좀더 강력한 송이 출현하여 국경을 접하게 됨에 따라 위협을 느낀다. 그리하여

---

18)『대월사략』에는 1174년,『全書』에는 1164년이라고 되어 있으나 이는 이미 여러 선학 (先學)들에 의해『대월사략』의 기록이 맞다는 것이 밝혀졌다.『大越史略』, 77면;『全書』 (상), 297면; 片倉穣「ベトナム・中國の初期外交關係にする一問題」,『東方學』권44, 1992, 95면.

19)『長編』권4, 114면;『宋史』권488, 14058면.

20)『宋史』권3, 40면 및 권488, 14058면.

21)『長編』권14, 302면.

22)『大越史略』, 43면.

23)『全書』(상), 181면.

972년 아들 리엔의 이름으로 친선사절을 파견하였는데, 이들이 송의 수도 개봉(開封)에 도착한 것은 973년이었다. 송은 이 친선관계의 청을 받아들여 곧 사절을 파견하여 딘 리엔을 정해군절도사 겸 안남도호에 임명하였다. 딘 보 린을 교지군왕에 봉했다는 것은 의문의 여지가 많다. 왜냐하면 앞서 본 바와 같이 송은 아들 리엔에게 양위했기에 딘 보 린의 지위를 인정한 것 같지 않기 때문이다.

딘 보 린은 일단 송과의 친선관계 수립에 안심하면서도 만일의 경우에 대비하여 국내 방비를 철저히했다. 974년 새로 군제를 개편하여, 100만의 대군을 십도군(十道軍)으로 나누고, 도군(道軍)은 다시 십군(十軍)으로 나누는 등 최하 10인을 단위로 하는 오(伍)의 편제 형태로 비상시에 백성을 동원할 수 있는 체계를 갖추었다.[24] 야오 타까오(八尾隆生)의 견해처럼[25] 군적(軍籍)에 있는 사람이 100만에 달한다는 것은 현실적으로 믿기 어렵고, 아마도 중국을 의식해 과장한 숫자가 아닌가 한다.

다른 한편 그는 송과의 친선을 좀더 확고히하려고 이듬해 다시 딘 리엔의 이름으로 사절을 파견하여 금과 비단 및 무소 뿔을 바쳤다. 이때 송 조정은 딘 보 린이 배후의 실권자임을 인식했는지 딘 리엔보다 등급을 높여 그를 교지군왕에 봉해주었다.[26] 여기서 주목할 사실은 송 조정이 딘 보 린을 왕에 봉하면서도 '군왕(郡王)'이라고 하여 베트남을 독립국으로 인정하지 않았다는 점이다. 군왕이란 중국의 여러 군들 중 일개 군의 지배자에 불과한 의미이다. 딘 보 린이 이에 대해 어떤 반응을 보였는지는 알려져 있지 않지만, 추측컨대 이를 무시하는 한편 송과 친선관계가 맺어진 것에 만족했을 것 같다.

---

24) 『全書』(상), 181면.
25) 八尾隆生 『黎初ヴェトナムの政治と社會』, 東廣島: 廣島大學出版會 2009, 107면.
26) 『宋會要輯稿』 第8冊, 7723면. 『全書』에는 딘 리엔을 교지군왕에 봉한 것으로 되어 있으나, 여기서는 중국 기록을 따랐다. 『全書』(상), 181면.

여기서 딘 보 린의 사절 파견과 관련하여 두가지 점에 유의할 필요가 있다. 하나는 딘 보 린이 송에 사신을 보낼 때 남 비엣 브엉으로 봉해진 아들 리엔 이름으로 했다는 점이다. 자신이 지배자인데도 아들에게 대신하게 한 것은 황제로서의 권위를 손상하지 않으려는 의도였다.[27] 때문에 교지 군왕에 봉해진 것과는 관계없이 딘 보린은 이후에도 전면에 나서지 않고 계속하여 아들 리엔의 이름으로 송과 접촉을 했다.『속자치통감장편』에도 977년 송 태종의 즉위를 축하하기 위해 베트남 사절이 왔는데, 이는 딘 리엔이 보낸 사람들이었다고 되어 있다.[28]

또다른 하나는 딘 보 린의 사절 파견에 대해『대월사략』과『대월사기전서』의 편자들이 모두 '견사여송(遣使如宋)'이라고 하여 중국적 개념인 '공(貢)'자를 쓰지 않고 단순히 '간다'는 의미의 '여(如)'자를 썼다고 하는 사실이다.『대월사략』과『대월사기전서』편자들의 표현이기는 하지만, 이는 분명히 중국과 상하질서 관계가 아니라 평등하다고 생각하여 자신을 황제로 칭한 딘 보 린의 의사와 부합하는 것으로 보인다.[29]

이상에서 본 바에 따르면, 딘 보 린은 유능한 지도자인 동시에 용맹한 장수였지만, 곧 설명할 바와 같이 제위 계승을 제대로 정하지 못함으로써 왕조를 단명으로 끝나게 했다. 그의 실책은 통일사업에서 중추적인 역할을 한 장자 딘 리엔을 무시하고 막내아들 항 랑(Hang Lang, 項郎)을 총애하여 자신의 후계자로 삼은 것이다. 물론 당시 베트남에는 장자상속의 개념이 없었기에 이런 일이 가능했다. 그러나 딘 리엔은 불만을 품고 979년 초 사람을 시켜 항 랑을 암살하게 하였고, 이듬해 자신도 아버지와 함께 도 틱

27) 山本達郎「安南が獨立國を形成したる過程の硏究」, 116면.

28)『長編』권18, 417면;『全書』(상), 182면.

29)『대월사기전서』의 편자들은 후일 원·명·청에의 사신 파견에도 '여(如)'자를 쓰고 있다. 유인선「전근대 베트남의 對中國認識──조공과 대등의식의 양면성」,『동북아역사논총』23, 2009, 396면.

(Do Thich, 杜釋)이란 자에 의해 궁중에서 암살되고 만다.[30] 전하는 바에 따르면, 도 틱은 관리였는데 어느날 밤 유성(流星)이 입에 떨어지는 것을 보고 자신이 황제가 될 징조라고 생각하여 일을 저질렀다고 한다.

2. 띠엔 레 왕조와 송

레 호안

딘 보 린과 딘 리엔이 살해된 후 유일하게 생존한 딘 보 린의 둘째아들 딘 또안(Dinh Toan, 丁璿)이 신하들에 의해 추대되어 6세의 어린 나이로 황제의 자리에 올랐고 딘 보 린은 띠엔 호앙 데(Tien Hoang De, 先皇帝)로 추존되었다. 이때 군권을 장악하고 있던 대장군 레 호안(Le Hoan, 黎桓)이 섭정으로 있으면서 황태후 즈엉씨와 결탁하여 전횡을 일삼았고, 자신을 부왕(副王)이라 칭하기까지 했다. 이에 오늘날 총리격인 정국공 응우옌 박(Nguyen Bac, 阮匐)을 중심으로 한 세력이 군사를 일으켜 반발했지만 실패하고 만다.[31]

이런 내분 소식을 들은 광시 성 옹주(邕州, 지금의 난닝[南寧])의 지주(知州)인 후인보(侯仁寶)는 송 태종에게 상소하여, 지금 군사를 동원하여 정벌하

---

30) 『大越史略』, 43면;『全書』(상), 182~83면.

31) 『全書』(상), 184면. 레 반 흐우는 언제 있을지 모를 몽골의 침입 앞에서 『대월사기』를 썼기에 레 호안이 송나라 침입을 물리친 데 대해 높이 평가했다. 반면에 응오 씨 리엔은 『대월사기전서』를 신유교적 관점에서 찬술했기 때문에 레 호안이 섭정으로 군주를 제대로 모시지 못한 것을 비난하고, 응우옌 박 등의 기병(起兵)을 반란이라 하지 않고 오히려 '충의지신(忠義之臣)'이라고 했다. 『全書』(상), 184, 188~89면; 유인선 「전근대 베트남人의 歷史認識——黎文休와 吳士連을 중심으로」, 『동양사학연구』 73, 2001, 180~83, 189~95면.

면 쉽게 병합할 수 있을 것이니 기회를 놓치지 말도록 권유했다. 태종은 이를 흔쾌히 받아들였는데, 그는 베트남이 당나라 때까지 중국의 내지였으나 당 말의 혼란을 틈타 이를 벗어났다고 함으로써[32] 이전과 같이 베트남을 중국의 주현(州縣)으로 삼을 생각이었던 것으로 보아 틀림없다. 사실 북송(北宋) 때에는 베트남의 독립을 인정하지 않고 여전히 자신의 속지로 간주하였다. 이는 『송사』 열전에 베트남을 '교지'라고[33] 한 것으로 보아 잘 알 수 있다. 교지는 말할 것도 없이 중국의 일개 군(郡)에 불과하다는 의미이다. 태종은 980년 7월 후인보를 베트남 정벌의 총사령관으로 삼고 손전흥(孫全興) 등을 옹주로부터 출정하는 육군의 장수로, 유징(劉澄) 등을 광둥 성의 염주(廉州)로부터 진군하는 수군의 장수로 각각 임명하여 수륙으로 병진하도록 준비시켰다.[34]

국가 존망의 위기에 처한 베트남에서는 황태후가 레 호안으로 하여금 군사를 선발하여 송군의 침입을 막도록 했다. 이때 대장군이 임명된 팜 끄르엉(Pham Cu Luong, 范巨倆)은 출정에 앞서 군사회의를 열어 황제 딘 또안이 어려서 비록 자신들이 사력을 다한다 해도 긴급상황에 대처할 수 없으므로 황제자리를 레 호안에게 물려주게 하는 것이 어떻겠느냐고 물었다.[35] 황제를 옹호해줄 만한 세력은 이미 제거된 상황이라 모두가 찬성하여 레 호안이 제위에 오르니, 때는 980년 7월로 띠엔 레 왕조(Tien Le, 前黎, 980~1009)가 시작되면서 딘 왕조는 2대 15년 만에 끝나고 말았다.

새로운 황제, 곧 다이 하인 호앙 데(Dai Hanh Hoang De, 大行皇帝)는[36] 연

---

32) 『全書』(상), 186면.
33) 『宋史』 권488, 「交阯傳」.
34) 『長編』 권21, 476면; 『宋史』 권488, 14058면; 『全書』(상), 185면; 山本達郎 「安南が獨立國を形成したる過程の硏究」, 122~24면; 河原正博 「宋初における中越關係──太宗のベトナム出兵を中心として」, 『法政大學文學部紀要』 18, 1972, 6~7면.
35) 『大越史略』, 43면; 『全書』(상), 185면.
36) 황제가 사망한 후 시호가 정해질 때까지는 '대행황제(大行皇帝)'라 일컫는다. 레 호안

호를 티엔 푹(Thien Phuc, 天福)이라 정하고 딘 또안의 지위를 베 브엉(Ve Vuong, 衛王)으로 낮추었다. 이무렵 송 태종은 출사의 조서를 내려, 송의 남한 평정에 의해 서로 경계를 접하게 된 베트남이 머리를 조아리고 번신(藩臣)을 칭하면서도 군비를 갖추어 스스로를 강화시키는 것은 사대의 예에 어긋나기 때문에 어쩔 수 없이 토벌한다고 했다.[37] 이는 어디까지나 출사의 합리화일 뿐 실제로는 앞서 언급한 바와 같이 베트남을 직접 지배하기 위해서였다. 레 호안은 11월 송 군대의 침입을 사전에 저지하고자 사절을 보내 금은기(金銀器)·상아·서각(犀角)·비단 등 조공품을 바쳤다. 그와 동시에 거짓으로 딘 또안의 이름을 빌려 글을 올리면서 앞으로 계속 조공하겠으니 죄를 묻지 말아 달라고 했다. 레 호안의 의중을 간파한 송 태종은 이미 출병을 명한 뒤라 답변도 하지 않았다.[38]

송의 군대는 예정대로 출병하여, 『속자치통감장편』에 의하면, 후인보와 손전흥 등의 육군은 옹주로부터 랑 썬(Lang Son, 諒山)으로 진격해서 그해 12월 만여명으로 추정되는 베트남군을 대파하고[39] 남하를 계속했다. 한편 유징이 이끄는 수군도 염주로부터 981년 3월 바익 당 강의 어귀에 이르러 역시 1만 5천여명의 베트남군과 싸워 1천명의 수급과 전함 200척을 획득하는 전과를 올렸다.[40] 그러고는 강을 거슬러올라와 육군과 호아 보(Hoa

은 시호가 없어 '다이 하인 호앙 데'라 불린다. 1272년 『대월사기』를 편한 레 반 흐우는 평하기를, 형을 살해한 후 제위에 오른 롱 딘(Long Dinh, 龍鋌, 1005~1009)이 불초자식인데다가 조정 내에 유교를 이해하는 지식인들이 없어 이를 바로잡지 못했기 때문이라고 했다. 『全書』(상), 197면.

37) Lê Tắc(黎崱), An Nam Chí Lược(安南志畧), Huế: NXB Thuận Hóa 2002, 359면(이하 『安南志畧』); 河原正博 「宋初における中越關係」, 12~13면.

38) 『長編』 권21, 480면; 『宋史』 권488, 14058~59면; 『全書』(상), 187면; 河原正博, 「宋初における中越關係」, 13~14면.

39) 『長編』 권21, 484면; 河原正博, 「ベトナム獨立王朝の成立と發展 (905~1009)」, 山本達郎編 『ベトナム中國關係史』, 東京: 山川出版社 1975, 19면.

40) 『長編』 권22, 491면; 河原正博 「ベトナム獨立王朝の成立と發展(905~1009)」, 19면.

Bo, 花步, 지금의 칠탑로 쎄뜨빠고드Sept Pagodes) 부근에서 합류하여 진군을 계속했다.[41] 송군에 밀려 한때 후퇴하던 레 호안은 이듬해 3월 항복을 가장하여 후인보를 유인한 다음 기습공격으로 그를 살해하고 송의 수군에도 커다란 타격을 입혔다.[42] 설상가상으로 송의 군대는 무더위로 질병이 만연하여 철군하지 않을 수 없었다.[43] 송의 군대가 완전히 퇴각한 것은 아마도 그해 10월이었던 것 같다. 송이 철군하게 된 또다른 이유는 당시 북방에서 거란의 위협을 받고 있어서 베트남 정복에 전념할 상황이 아니었던 것이다.

그러나 송의 영남(嶺南) 관리는 패배를 인정하면서도 982년 3월 대국의 위신을 생각하여 언젠가는 반드시 재침하겠다는 뜻을 밝혔다. 이에 레 호안은 송과의 우호가 필요하다고 생각하여 베트남 특산물을 바치고, 두 나라 사이에 평화적인 관계가 수립되었다. 주목할 것은 이때에도 레 호안은 2년 전과 마찬가지로 딘 또안의 이름으로 사절을 보냈다는 사실이다.[44] 앞에서 본 바와 같이, 레 호안은 이미 제위에 올랐는데도 두차례나 굳이 딘 또안의 이름으로 사절을 파견한 것은 제위의 찬탈을 감추어 가능한 한 송의 비위를 거스르지 않으려는 의도가 아닌가 한다.

이러한 레 호안의 태도는 이듬해(983)에 이르러 바뀌었다. 즉 5월 레 호안은 찌에우 뜨 아이(Trieu Tu Ai, 趙子愛)라는 자를 사절로 보내 조공을 바치며, 스스로를 권교주삼사유후(權交州三使留後)라 칭하면서 표문(表文)을 올렸다. 표문의 내용을 보면, 전년 10월 딘 또안과 그의 모(母)가 군민을 이끌고 와서 삼사(三使)의 인수(印綬)를 자신에게 주었기 때문에 자기는 그

---

41) 야마모또는 송의 육군이 70일이나 수군을 기다린 것이 이후 패배의 한 원인이라고 하였다. 山本達郞 「安南が獨立國を形成したる過程の硏究」, 126면.

42) 『大越史略』, 44면; 『全書』(상), 188면.

43) 영남전운사(嶺南轉運使) 허중선(許仲宣)에 의하면, 사졸 10명 중 죽은 자가 2, 3명이었다고 한다. 『宋史』 권420, 9268면.

44) 『長編』 권23, 515면; 『宋史』 권488, 14059면; 河原正博 「宋初における中越關係」, 15~16면. 송 관리의 말은 한낱 위협적인 언사에 지나지 않았다는 생각이다.

지방[府]의 일을 하게 되었다고 하였다. 거기에는 딘 또안의 표문도 올려 그가 인수를 레 호안에게 준 사실을 밝혀 레 호안의 표문을 뒷받침해주었다.[45] 결국 이는 레 호안이 송에게 자신을 베트남의 정식 지배자로 임명하여주도록 요청한 것으로 볼 수 있다.

송은 레 호안의 요청을 거절하고 단지 그가 딘 또안이 성년이 될 때까지 도와주면서 기다렸다가 그가 그럴만한 인물이 못되면 절도사로 임명하겠다는 조칙과 함께 사절을 보냈다. 그러나 레 호안은 이미 권력을 잡은 지 오래되어 이를 받아들이지 않았다.[46] 송은 권위로써 이를 받아들이게 하려 했지만, 레 호안은 이미 그럴 의사가 없었던 것이다. 후술하는 바와 같이, 레 호안은 송에 대해 결코 굽히지 않았다.

송이 레 호안을 베트남의 지배자로 정식 인정한 것은 986년이다. 이해 10월 송은 사절을 보내 레 호안을 '안남도호 정해군절도사 경조군후(安南都護 靜海郡節度使 京兆君侯)'에 봉함으로써 양국관계는 완전히 정상화되었다.[47] 이러한 결정에는 레 호안이 그에 앞서 983년과 985년 각각 사절을 보내 방물(方物)을 바치고, 더욱이 985년의 경우에는 절도사직을 공식적으로 요청하기까지 한 결과였다. 다시 말하면, 이런 과정에서 송은 결국 딘 또안이 어릴뿐더러 레 호안이 절대권력자인 것을 부정할 수 없었으리라 보인다.

송과의 외교관계에서 한가지 흥미로운 사실은 불교 승려들의 역할이다. 987년 송에서 이각(李覺)이 사절로 왔는데,[48] 이때 레 호안은 선종의 일파인 보 응온 통(Vo Ngon Thong, 無言通)의 선사(禪師) 팝 투언(Phap Thuan, 法

45) 『長編』 권24, 545면; 『宋史』 권4, 70면 및 권488, 14059면; 河原正博 「ベトナム獨立王朝の成立と發展(905~1009)」, 23면.
46) 『長編』 권24, 545면; 『宋史』 권488, 14059~60면; 河原正博 「宋初における中越關係」, 17~18면.
47) 『宋史』 권488, 14060면; 『長編』 권27, 624면; 『大越史略』, 45면; 『全書』(상), 191면.
48) 이각은 이때 태종의 조서를 가지고 베트남에 도착한 것이 아닌가 한다. 山本達郎 「安南が獨立國を形成したる過程の硏究」, 136면.

順)을 강나루 담당관리로 가장하여 접대하게 했다. 이각이 배를 타고 유람하면서 시를 읊자 팝 투언이 곧 운을 따서 시를 지으니 이각이 몹시 놀랐다.[49] 이는 물론 베트남에서는 강나루의 하급관리까지도 시문에 조예가 깊다는 것을 보이기 위해서였다. 중국 외교사절 접대에는 역사적으로 항상 훌륭한 문장가가 책임을 진 것을 고려하면, 당시 불승은 조정 내에서 최고의 지식층으로 이들을 통해 레 호안은 송에 대한 베트남의 정체성을 보여주려 한 것으로 여겨진다.

송은 이후 988년과 989년에 각각 사절을 보내 레 호안의 작위를 올려주었다. 주목할 사실은 레 호안이 990년 송 사절을 맞아 송 황제의 조서를 받을 때 절하기를 기피했다는 것이다. 그가 최근 만족(蠻族)과 싸우다 말에서 떨어져 다리를 다쳤기 때문이라는 것이 이유였지만, 실제로는 신하의 예를 취하지 않기 위해서였다.[50]

송은 993년 레 호안을 정해군절도사에서 교지군왕으로 책봉했다.[51] 그럼에도 불구하고 중국 기록에 따르면, 레 호안은 995년과 997년 사이 자주 송의 변경을 침범했다고 한다. 지방관은 이에 대한 대책을 상주(上奏)했으

---

49) 『全書』(상), 191~92면; Nguyen Cuong Tu, *Zen in Medieval Vietnam: A Study and Translation of the Thiền Uyển Tập Anh*, Honolulu: University of Hawaii Press 1997, 171면; 川本邦衛「ヴェトナの佛教」, 中村 元 等編『アジア佛教史・中國編 IV』, 東京: 佼成出版社 1976, 265면. Thiền Uyển Tập Anh(禪苑集英)은 쩐 왕조 시대에 편찬된 일종의 전등록(傳燈錄)이다. 이 책에는 팝 투언을 도 투언(Do Thuan, 杜順)이라 하였는데, 이는 그의 성이 도씨였기 때문이다.

50) 『宋史』 권488, 14061면; 『全書』(상), 192~93면; O.W. Wolters, "Historians and Emperors in Vietnam and China: Comments Arising Out of Le Van Huu's History, Presented to the Tran Court in 1272," in Anthony Reid and David Marr, eds., *Perceptions of the Past in Southeast Asia*, Singapore: Heinemann Educational Books (Asia), Ltd. 1979, 74면. 송의 작위 결정은 989년의 일인데 『전서』에 990년으로 되어 있는 것은 송 사절이 도착한 시점을 기준으로 하였기 때문이다.

51) 『宋史』 권488, 14062면; 『全書』(상), 193면.

나, 송 태종은 자신의 뜻은 먼곳의 이민족을 달래는 것이라고 하여 그 죄를 묻지 않았다. 이렇게 레 호안은 송과 우호관계를 유지하는 한편 베트남의 이익을 추구했던 것 같다.

997년 3월 송 태종이 사망하고 진종(眞宗)이 즉위하면서 레 호안은 남평왕(南平王)으로 진봉(進封)되었다. 이에 레 호안은 답례로 사절을 보내 조공을 바치고,[52] 그후에도 몇차례 더 조공사절을 보냈다.

롱딘

레 호안은 24년 동안 통치한 후 1005년 세상을 떠났다. 그는 생전에 셋째 아들인 롱 비엣(Long Viet, 龍鉞)을 후계자로 삼을 생각이었지만, 이를 확고히 하지 못한 채 사망하자 곧 여러 아들들 사이에 왕위계승 문제를 놓고 싸움이 벌어졌다. 7개월에 걸친 분쟁 끝에 롱 비엣이 간신히 제위에 올랐는데, 이가 쭝 똥(Trung Tong, 中宗)이다. 그러나 쭝 똥은 즉위 사흘 만에 동생 롱 딘(Long Dinh, 龍鋌)에 의해 살해되었다. 롱 딘이 제위에 올랐는데, 그는 치질 때문에 모든 일을 앉아서가 아니라 누워서 했기 때문에 응오아 찌에우(Ngoa Trieu, 臥朝, 1005~1009)로 불렸다.

레 호안이 죽은 후 이처럼 여러 아들들이 서로 싸워 베트남이 혼란에 빠지자 송 진종은 광동의 지방관들에게 명하여 방책을 논하게 했다. 1006년 6월 이들은 상주하기를, 지금 레 호안의 여러 아들들이 서로 싸우기 때문에 민심이 이반하고 지배층의 일부는 무리를 이끌고 염주로 투항해왔을 정도이니 군대를 동원하여 수륙으로 진공하면 쉽게 평정할 수 있다고 했다. 그러나 진종은 레 호안이 조공을 끊지 않았고 더욱이 그 아들로 하여금 조공을 시키는 등 순종을 다하였는데, 이제 그 상(喪)을 이용하여 토벌하

---

52) 『宋史』 권488, 14063~64면; 『全書』(상), 195면.

는 것은 왕자(王者)의 도리가 아니라고 하면서 출병의 건의를 받아들이지 않았다. 그러면서 베트남에는 글을 보내 송 조정의 위덕(威德)을 보이는 한편 만약 싸움을 계속한다면 죄를 묻겠다고 했다.[53]

이를 두려워한 롱 딘은 스스로를 정해절도사 개명왕(開明王)이라 칭하면서 동생 민 쓰엉(Minh Xuong, 明昶)을 광둥 성 관리에게 보내 조공할 뜻을 밝혔다. 광둥 성 관리는 이를 미워해 롱 딘에게는 답도 하지 않고 황제에게 보고했다. 진종은 사리를 분별하지 못하는 만이(蠻夷)의 일이니 이상할 것도 없다고 하면서 칭호를 삭제하지 않고 입공을 허락하도록 명령을 내렸다.[54]

한편 1007년 7월에는 롱 딘이 다시 동생 민 쓰엉을 보내 조공을 바쳤기 때문에, 진종은 롱 딘을 정해군절도사에 임명하고 교지군왕에 봉하는 동시에 지충(至忠)이란 이름을 내렸다. 아울러 남평왕 레 호안에게는 남 비엣 왕을 추봉(追封)했다.[55] 또 1009년에는 롱 딘이 사절을 보내 서각·상아·금은 등과 함께 물소 한마리를 바쳤다. 진종은 물소가 풍토에 맞지 않기 때문에 받아들이지 않을까 했으나 롱 딘의 뜻을 거스르지 않으려 사신이 귀국한 다음 바닷가에 놓아주었다고 한다.[56] 송이 이처럼 베트남에 대해 온건한 태도를 취한 것은 앞서 말한 바와 같이, 북쪽에서 거란과 대치하느라 남

---

53) 『長編』권63, 1407면; 『宋史』권488, 14064면; 『全書』(상), 199면; 河原正博「ベトナム獨立王朝の成立と發展(905~1009)」, 26면.

54) 『長編』권63, 1410면; 『宋史』권488, 14064~65면; 『全書』(상), 199면; 河原正博「ベトナム獨立王朝の成立と發展(905~1009)」, 6면.

55) 『長編』권66, 1475면; 『宋史』권488, 14065면; 『全書』(상), 200면; 河原正博「ベトナム獨立王朝の成立と發展(905~1009)」, 27면. 『전서』에는 레 호안이 남 비엣 왕에 추봉되었다는 기사가 없다. 여하튼 송은 베트남과의 초기 외교관계에서 베트남 지배자에게 군왕(郡王)·왕·국왕의 3단계로 나누어 책봉했다. 제1단계는 교지군왕, 제2단계는 남평왕, 그리고 사후 남 비엣 왕에 추봉하는 형식이었다. 片倉穰「ベトナム·中國の初期外交關係に關する一問題」, 96면.

56) 『宋史』권488, 14065면; 河原正博「ベトナム獨立王朝の成立と發展(905~1009)」, 27면.

쪽에 대해 적극적 정책을 취할 수 없었던 것이 주원인이었다.

그러나 베트남에서는 롱 딘이 즉위한 지 4년 만인 1009년에 사망함에 따라 띠엔 레 왕조는 곧 몰락하게 된다. 원인은 롱 딘이 매우 잔학했을 뿐 아니라, 무엇보다 당시 정치적 영향력이 강력했던 불교 승려들은 물론 관리들을 희화화(戱畵化)한 때문이었다. 그는 승려의 머리 위에 사탕수수를 올려놓고 신하를 시켜 껍질을 벗기다 일부러 상처를 내어 피를 흘리게 하며 재미있어했다. 그런가 하면, 주위에는 항상 어릿광대를 두고 알현하러 온 조정의 신하들을 웃음거리로 만들어 그들이 당황해하는 모습을 보고 즐거워했다는 것이다.[57]

롱 딘이 사망한 때 그의 아들은 겨우 열살이었다. 롱 딘의 두 동생 민 데(Minh De, 明提)와 민 쓰엉이 서로 권력을 다투었지만, 친위전전지휘사(親衛殿前指揮使)인 리 꽁 우언(Ly Cong Uan, 李公蘊)이 승려들과 관리들의 지지를 얻어 제위에 올랐다. 그가 바로 리 왕조의 타이 또(Thai To, 太祖, 1009~1028)이다. 레씨 왕조는 이렇게 30년이란 짧은 기간으로 종말을 고하였다.

---

57) 『大越史略』, 47면; 『全書』(상), 201면.

제2장 리·쩐 왕조와 송·원

1. 리 왕조 초기 송과의 관계

리 꽁 우언(李公蘊)

리 타이 또는 1009년 11월 제위에 오른 다음 이듬해 2월 모든 일에 앞서 송에 사절 파견과 더불어 공물을 바쳤다. 광둥의 지방관은 그가 민 데와 민 쓰엉을 살해하고 권력을 빼앗았다며 황제가 적절한 명령을 내려줄 것을 청했다. 이에 대해 진종은 리 꽁 우언이 레 호안의 불의를 이어받은 것이 괘씸하지만, 만이(蠻夷)의 일이라 책할 바가 못된다고 하면서 레 호안의 고사(故事)를 인용하여 정해군절도사직과 함께 교지군왕에 봉했다.[1] 송이 이처럼 리 꽁 우언의 찬탈을 문제삼지 않고 쉽게 교지군왕에 봉한 것은 요(遼)의 위협 때문이었다. 사실 요의 대거 남진으로 1004년에는 '전연(遭淵)

---

1) 『長編』 권73, 1655면; 『宋史』 권488, 14066면; 『全書』(상), 207, 209면; 河原正博「李朝と宋との關係(1009~1225)」, 山本達郎 編 『ベトナム中國關係史』, 29~30면.

의 맹약'이라는 강화조약이 맺어졌다. 맹약의 내용은 양국이 형제관계를 맺는 동시에, 송은 요의 화북 영유지를 인정하며, 매년 비단 20만필과 은 10량을 준다는 것이었다.

리 꽁 우언은 1012년 송에 사절을 보내 조공을 바치며 옹주에 직접 호시 (互市)를 열어줄 것을 청하였다. 그러나 진종은 이에 대해서는 거부의사를 표시했다. 이유인즉, 바닷가 사람들은 항상 교주(交州)가 침구(侵寇)할까 두려워하는데 같은 일이 내지에서 일어난다면 좋지 않을뿐더러, 지금까지 염주(廉州)에서 해로를 통해 호시가 행해지고 있어 옹주에서의 호시는 받 아들일 수 없다는 것이었다.[2]

진종은 리 꽁 우언과의 관계에 대해 상당히 신중한 태도를 취하기도 했다. 일례로, 1014년 리 꽁 우언의 조공에 대한 답례로 보내는 조서 중에 '여맹(黎民)'이란 말의 본뜻을 리 꽁 우언이 혹 잘못 이해해 레 호안 정권과 연결지을지 모른다는 생각에서 바꾸라고 했다는 것이다.[3] 이후 리 꽁 우언은 거의 매년 혹은 격년으로 송에 조공사절을 보내 1017년에는 남평왕에 봉해졌고, 이듬해에는 삼장경(三藏經)이 주어졌다.[4] 이렇게 진종 때에는 베트남과 송 사이에 상호 평화적인 우호관계의 유지를 위해 노력했다고 할 수 있다. 리 꽁 우언으로서는 건국 초기라 송과의 관계를 중시하지 않을 수 없었을 것이다.

1028년 리 꽁 우언이 사망한 후 왕자들의 난을 진압하고 뒤를 이은 장자 펏 마(Phat Ma, 佛瑪),[5] 즉 리 타이 똥(Ly Thai Tong, 太宗, 1028~1054)은[6] 이듬

---

2) 『長編』 권78, 1772면; 河原正博「李朝と宋との關係(1009~1225)」, 30면.

3) 『長編』 권83, 892면; 河原正博「李朝と宋との關係(1009~1225)」, 30면.

4) 『長編』 권89, 2044면; 『宋史』 권488, 14066면; 『全書』(상), 203면.

5) 펏 마는 일명 득 찐(Duc Chinh, 德政)으로, 중국 사서에는 이 이름으로 기록되어 있다. 리 왕조 때는 장자상속제가 확립되어 있지 않았기 때문에 군주가 사망한 후 왕자들의 난이 일어나곤 하였다.

6) 리 왕조에서는 까오 똥(Cao Tong, 高宗, 1176~1210) 이전까지 연호제정 때 유월칭호법

해 안남정해군권지유후사(安南靜海軍權知留後事)로 칭하면서 송에 사절을 보내 아버지 리 꽁 우언의 사망을 전했다. 당시 송의 황제 인종(仁宗)은 리 꽁 우언을 남 비엣 왕에 추봉하고 타이 똥은 정해군절도사 안남도호 교지 군왕에 봉했다.[7] 따라서 양국의 우호관계에는 별다른 변화가 없었고, 조공은 대략 3년에 한번 하는 것으로 정해졌다. 그러나 타이 똥 다음 타인 똥 (Thanh Tong, 聖宗, 1054~1072) 치세 이후에는 조공이 계속 행해지기는 하였 지만 일정하지 않았던 것 같다.[8] 이러한 정기적 조공 외에 임시사절로 책봉을 청하는 경우가 많았다.

리 왕조와 송의 상호친선 유지 노력에도 불구하고 두 나라 사이에 충돌이 벌어지기도 했다. 양국 국경지대에 사는 소수민족의 지배권을 누가 가지는가 하는 문제에서 비롯되었다. 특히 이 지역이 금·단사(丹沙) 등과 같은 광물의 산지였기에 더욱 심각한 문제였다. 초기 충돌의 대표적인 경우로는 꽝 응우옌(Quang Nguyen, 廣源, 지금의 까오 방Cao Bang 부근 지역)을 근거로 하고 있던 타이계의 능(Nung, 儂)족을 들 수 있다.

971년 남한이 송에 멸망하자, 6년 후인 977년 능족의 추장 능 전 푸(Nung Dan Phu, 儂民富)라는 이가 남한으로부터 받은 10개 주(州) 수령의 조칙을 가지고 와서 부세(賦稅)를 경감해줄 것을 요청하자, 송은 이를 받아들이고 그에게 검교사공(檢校司空)직을 수여했다고 한다. 그러고는 이들 지역을 옹주 소속으로 했다.[9] 이를 보면, 능족은 베트남의 영향이 미치지 못할 때는 남한에 속했다가 남한이 망하자 스스로 송에 복속한 것 같다. 그후 반세기 이상 송측에서는 능족에 대해 언급이 없다가 1029년 수령 능 똔 푹

(踰月稱號法)을 사용해왔다. 이에 대해 응오 씨 리엔은 '일년불이군(一年不二君)'이라 하면서 비판하고 있다.『全書』(상), 217~18면.

7)『長編』권107, 2507면;『宋史』권488, 14067면.
8) 河原正博「李朝と宋との關係(1009~1225)」, 31면.
9)『長編』권18, 395~96면;『宋史』권4, 55면.

(Nung Ton Phuc, 儂存福)이 귀부(歸附)했다는 기록이 보인다.[10]

그렇다면 눙씨는 이미 송의 옹주 소속이었는데 이제 다시 귀부했다는 것은 무엇을 의미하는가 하는 의문이 생기지 않을 수 없다. 이는 아마도 꽝 웅우옌 지방이 변방 산간지대로 형식상 옹주 소속이었지만 송은 이 지방을 눙씨의 자치에 맡기지 않았는가 하는 생각이 든다. 더욱이 980년 송 태종의 베트남 침공이 실패로 끝나면서 눙씨도 송에 복속할 의사가 없었을 가능성이 많다. 그러다가 베트남에서 리 왕조가 창건되어 그 세력이 산지 지방에까지 미치자 눙씨는 송에 의지하려 한 것으로 보인다. 이와같은 추측은 송 사서들의 기록에 의해 입증된다. 『송사(宋史)』나 『속자치통감장편』의 1049년 9월 항목에 따르면, 꽝 웅우옌이 비록 옹주의 기미주(羈縻州)이기는 하나 실제는 교지에 복속되어 있었다.[11] 다른 한편 베트남 사료에 의하면, 눙씨는 대대로 강토를 보전하면서 공물을 바쳤다고 한다.[12] 결국 눙씨는 주로 리 왕조에 예속해 있으면서도, 이해관계에 따라 송에 의존하려 하였음에 틀림없다. 그러나 그들은 어느쪽에도 완전히 예속되려고 하지는 않은 듯하다.

눙 찌 까오(儂智高)의 반란

1038년 눙족의 수령 눙 똔 푹은 리 왕조에 반기를 들고, 이듬해 자신을 소성황제(昭聖皇帝)라 칭하고 처 아 눙(A Nung, 阿儂)을 명덕황후(明德皇后)로 일컫는 동시에 나라 이름을 장생국(長生國)이라 하면서 독립을 꾀했다. 리 타이 똥은 자신이 직접 토벌에 나서 눙 똔 푹과 큰아들 찌 통(Tri Tong,

---

10) 沈括 著, 胡道靜 校注『夢溪筆談校證』, 北京: 中華書局 1960, 819면.
11) 『宋史』권495, 14215면; 『長編』권167, 4014면; 河原正博「李朝と宋との關係(1009~1225)」, 33~34면.
12) 『全書』(상), 228면.

智聰)을 포로로 하여 수도로 돌아와 처형했다.[13] 이때 아 능과 작은 아들 능
찌 까오(Nung Tri Cao, 儂智高)만은 잡히지 않고 도망쳤다. 2년 후 1041년에
눙 찌 까오는 어머니와 함께 꽝 응우옌 부근의 탕 조(Tang Do, 儻猶)로 돌
아와 이를 중심으로 새로이 대력국(大曆國)을 세웠다. 리 타이 똥은 군대를
보내 능 찌 까오를 생포하였으나 이미 그의 아버지와 형이 사형당한 것을
불쌍히 여겨 죄를 사하고 반란을 방지하기 위해 꽝우옌 지방과 부근 일대
의 지배권을 내주었다.[14]

이후 잠시 잠잠하던 능 찌 까오는 1048년 다시 리 왕조에 저항하는 동시
에 송의 옹주 변방도 침범하였다. 그렇게 3년 가까이 계속하다가 리 왕조
의 압박이 강화되자 일시 송에 복속을 요청했으나, 송은 리 왕조와의 관계
를 고려하여 이를 받아들이지 않았다. 1052년 능 찌 까오는 마침내 옹주를
함락하고 인혜황제(仁惠皇帝)라 자칭하면서 나라 이름을 대남(大南)이라
했다.[15] 송은 여정(余靖)과 손면(孫沔)을 보내 이를 평정케 했으나 실패하
고 말았다. 당시 송은 북쪽의 요와 서하(西夏)의 대립에 휘말려 정국이 불
안정했기 때문에 능 찌 까오의 권위를 인정해줄 생각까지 했다가 그 지역
일대를 잃을지 모른다는 우려에서 이를 취소하고 장군 적청(狄靑)을 보내
1053년 난을 겨우 진압할 수 있었다. 능 찌 까오는 윈난의 대리국(大理國)
으로 도망했으나 그곳 토착민들에 의해 살해되고 그 머리는 송에 보내졌
다. 이후 능쪽의 위협은 더이상 없었다.

능씨의 반란 이후에도 이 지역을 둘러싸고 송과 리 왕조 사이에는 작은
분쟁이 계속되었다. 송 인종(仁宗)은 문제의 근본해결을 베트남에서 찾고
자 하여 신하들에게 물었다. 이때 한기(韓琦)가 대답하기를, "레 호안이 명
(命)에 반하여 태종이 토벌했다가 복속시키지 못하고, 그후 사절을 보내

13) 『全書』(상), 227~28면; 『宋史』 권495, 14215면.
14) 『全書』(상), 230면; 『長編』 권167, 4014~15면.
15) 『宋史』 권495, 14216면; 『全書』(상), 237면.

초유(招誘)하여 귀순시켰습니다. 교주는 산길이 험악하고 장려(瘴癘)의 독기가 심해 비록 그 땅을 얻는다 해도 지키기 어려울 것입니다"라고 했다.[16] 이는 베트남이란 곳은 송이 무력으로 복속시킬 수 없는 지역이라는 의미인 것이다.

그렇다고 리 왕조가 안심하고만 있을 수는 없는 일이었다. 1069년 리 타인 똥의 대대적인 참파 원정은 이러한 상황에서 배후를 든든히하기 위한 사전의 대비책으로 행해진 것이 아닐까 한다. 당시 참파 왕 루드라바르만 3세(Rudravarman III, 制矩)는 1062년 송에 조공사신을 보냈고, 리 왕조에도 세차례(1063, 1065, 1068)에 걸쳐 사절을 파견했다. 그러나 그는 1061년 왕이 된 이래 베트남에 대한 전쟁을 준비해왔으며,[17] 1068년에는 공격을 감행하기에 이르렀다. 타인 똥은 이듬해 봄 자신이 직접 5만 군대를 이끌고 참파를 공격하여 수도 비자야(Vijaya)를 함락시켰다. 그러고는 패주하는 참파 왕을 추격하여 캄보디아 국경에서 생포한 후 비자야와 부근 지역을 완전히 불태운 뒤 왕과 다른 포로들을 끌고 탕 롱에 개선했다.[18] 흥미로운 사실은 리 타인 똥의 원정 중에 원비(元妃)가 정사를 돌보았다는 것인데, 이는 리 왕조 때 여성의 정치적 역할을 보여주는 좋은 사례이다.[19]

---

16) 『宋史』 권495, 14068~69면.
17) 아마도 이는 1044년 리 타인 똥의 친정(親征) 때 참파 왕이 전사하는 등 대패한 데 대한 보복이 아닌가 한다. 『全書』(상), 233~34면 참조.
18) 『全書』(상), 245면; George Maspèro, *Le royaume de Champa*, Paris: Les Edition G. van Oest 1928, 140~41면; George Coedès, *The Indianized States of Southeast Asia*, Honolulu: East-West Center Press 1968, 140~41면. 리 타인 똥은 포로가 된 참파 왕의 요청에 의해 그의 귀국을 허락하고 그 댓가로 오늘날의 꽝 빈(Qaung Binh)과 꽝 찌(Quang Tri) 두 성에 해당하는 참파의 3개 주 디아 리(Dia Ly, 地哩), 마 린(Ma Linh, 麻令), 보 찐(Bo Chinh, 布政)을 할양받았다. 이는 베트남역사에서 중요한 일면인 '남진(南進)'의 제일보로 베트남 영토가 사상 처음으로 중부 베트남으로까지 확대되었다.
19) 『全書』(상), 245면; 桃木至郎 「一家の事業としての李朝」, 『東洋學報』(東京) 79-4, 1998, 432~35면.

이무렵, 즉 1067년 송에서는 영종이 세상을 떠나고 신종(神宗)이 즉위하면서 신법으로 유명한 왕안석(王安石)이 등용되었다. 신종은 리 타인 똥을 남평왕으로 봉하는 등 겉으로는 전과 다름없이 친선관계를 유지하려는 듯하였으나, 내면적으로는 리 왕조에 대해 적극적인 공세를 취할 준비에 들어갔다. 1070년 중앙의 한 관리는 광서전운사(廣西轉運使)가 베트남 경략을 계획하면서 상주했다는 이야기를 전해듣고 이를 신종에게 알렸다. 신종은 왕안석에게 이에 대한 의견을 물으니, 그는 이러한 일은 측근을 조신케 하고 베트남은 위무시켜야 하며, 만일 그렇지 못하면 베트남측이 알고 대비할 것이라고 했다. 왕안석의 답변에는 베트남 모르게 적극적 방책을 취하려는 의도가 담겨 있는 것으로 풀이된다.[20]

이를 반영하듯이 1071년 대 베트남정책의 주요 위치에 있는 구이저우(桂州)의 지주(知州)에 이전 옹주의 지주로서 베트남 공격을 적극 주장하던 소주(蕭注)가 임명되었다.[21] 이어 광서경략사(廣西經略司) 소속 관리로는 일찍이 만이에 들어가 적을 여러차례 살해한 공로가 있는 온고(溫杲)가 부임하였는데, 소주의 추천이라고 하지만, 그 배경에는 베트남을 도모하기 위한 신종의 명이 있었다고 한다.[22] 신종의 베트남에 대한 적극적 정책을 확실히 보여주는 예이다. 신종의 이러한 정책은 리 왕조에서 어린 황태자가 제위에 오름에 따라 송에게는 더없이 좋은 기회인 듯이 보였다.

20) 『長編』 권217, 5285~86면; 河原正博 「李朝と宋との關係(1009~1225)」, 42면.
21) 『長編』 권219, 5324면; 『宋史』 권334, 10733면.
22) 『長編』 권221, 5393면 및 권237, 5782면.

2. 송의 침입과 리 트엉 끼엣

송 신종(神宗)의 침입

1072년 리 타인 똥이 세상을 떠나고 황태자 깐 득(Can Duc, 乾德)이 제위에 올랐다. 이때 깐 득의 나이는 겨우 일곱살이었지만 다행히도 왕위계승을 둘러싼 분쟁은 없었다. 깐 득, 곧 년 똥(Nhan Tong, 仁宗, 1072~1127)은 너무 어려서 정사를 돌볼 수 없었기에 태사(太師) 리 다오 타인(Ly Dao Thanh, 李道成)이 오늘날 총리격인 평장군국중사(平章軍國重事)로서 모든 일을 처리했다. 리 다오 타인은 청렴하고 강직한 인물로 국사를 신중히 다루고 유능한 사람들을 적재적소에 활용함으로써 리 년 똥 치세의 기틀을 다졌다. 송으로서는 전혀 예상하지 못한 일이었다.

여하튼 신종과 왕안석은 베트남에 대한 공격적 정책을 계속 추진하고자 했다. 당시 많은 관리들이 베트남을 취할 수 있다고 했지만, 막상 그 책임을 맡은 소주만은 극력 반대하고 나섰다. 이전 옹주의 지주였을 당시는 훈련된 병사도 많고 병기도 충분했으나 지금은 그렇지 못하며 심복들도 태반은 사망했기 때문이라는 것이다. 반면에 그동안 베트남은 인구가 증가하고 훈련도 받았는데, 그 무리가 참파의 침입을 입어 만(萬)을 넘지 못한다는 것은 망언이라고 했다. 뿐만 아니라 소주는 베트남을 평정하겠다는 방책을 내놓는 자가 있으면 그 책을 불살라버리겠다고 할 정도로 적극 반대하는 입장을 취했다.[23]

이에 대해 집현전 수찬(修撰)인 심기(沈起)는 베트남의 소추(小醜)를 평정하지 못할 리가 없다고 하면서 강경책의 주도자가 되었다. 그리하여

---

23) 『宋史』 권334, 10734면; 『長編』 권219, 5324면 및 권242, 5905면; 河原正博「李朝と宋との關係(1009~1225)」, 43면.

1073년 신종은 소주 대신 심기를 구이저우의 지주로 임명했다.[24] 이후 심기는 왕안석의 지원하에 모든 베트남 대책을 현지에서 처리하고 그의 주청(奏請)은 신종이 모두 허가하여 다른 관리들은 참여할 수가 없었다.[25] 그러나 심기는 부임한 지 1년 만인 1074년 건주(虔州)의 지주인 유이(劉彝)에 의해 대체되었다. 이유인즉 전쟁은 지극히 힘든데 아마도 심기의 능력으로는 부족할지 모른다는 것이었다.[26] 한편 신종은 불필요한 일로 베트남을 자극하지 않도록 단단히 명하였다. 물론 장기적으로 보아 송의 베트남 정벌계획에 차질을 가져올 수 있기 때문이었다.

그럼에도 불구하고 심기가 베트남을 토벌하겠다고 공언한 것이나, 유이가 정남(丁男)을 훈련시켜 보갑(保甲)으로 편성하는 동시에 선박을 수리하여 수전(水戰)에 익숙하게 할 뿐만 아니라 변경 주현(州縣)에서의 교역을 금지시킨 것 등은 베트남으로 하여금 커다란 위협을 느끼게 했다. 리 왕조에서는 기선을 제압하기 위해 선제공격에 나섰다. 1075년 2월 리 년 뜽은 리 트엉 끼엣(Ly Thuong Kiet, 李常傑)과 뚱 단(Tong Dan, 宗亶) 등이 10만 대군을 이끌고 수륙 양로로 진공하게 했다. 수로로는 리 트엉 끼엣이 수군을 이끌고 흠주와 염주를 함락시켰으며, 육로에서는 뚱 단이 영평(永平)과 태평(太平) 등을 점령한 후 리 트엉 끼엣 군과 합세하여 12월 옹주를 포위하기에 이르렀다.[27]

신종은 급히 조설(趙卨)을 총사령관에 임명하여 사태에 대비하게 하는 동시에, 베트남에 대하여는 대대로 왕작(王爵)을 받고 잘못이 있어도 관대

24) 『宋史』 권334, 10728면; 『長編』 권242, 5905면; 河原正博 「李朝と宋との關係(1009~1225)」, 43면.

25) 『長編』 권244, 5933면; 河原正博 「李朝と宋との關係(1009~1225)」, 43면.

26) 『長編』 권247, 6031면; 河原正博 「李朝と宋との關係(1009~1225)」, 44면.

27) 중국 사료는 베트남군이 8만이라고 하였는가 하면, 베트남 사료는 8월 이전에 이미 리 트엉 끼엣 군대가 공격을 성공적으로 마치고 귀환한 것으로 기술하고 있다. 여기서는 중국 기록에 따랐다. 『全書』(상), 248면; 『長編』 권271, 6639~40면.

히 이를 용서해주면서 금일에 이르렀는데 이제 성읍을 공격하고 이민(吏民)을 살상하니 그 행위는 천(天)의 토벌을 받아 마땅하다고 했다.[28] 이는 종주국으로 자처해온 송이 군사동원의 명분을 삼으려는 의도였던 것이다. 옹주 지주인 소함(蘇緘)은 주변 주들의 도움을 받지 못한 가운데, 도우러 오던 광남서로(廣南西路)의 도감(都監)인 장수절(張守節)마저 리 트엉 끼엣에 패하여 죽음으로써 고립무원 상태에 빠졌다. 40여일을 버티다 1076년 1월 성은 함락되고, 리 트엉 끼에 등은 흠주·염주·옹주 3주의 주민 상당수를 포로로 삼아 개선했다.[29]

1076년 2월 송은 리 트엉 끼엣 등에 대패한 데 대한 보복으로 곽규(郭逵)를 원정군 총사령관에 임명하여 대군을 이끌게 했다. 동시에 참파와 진랍은 베트남에 오랫동안 침입을 당해 원한이 큰 만큼 이번 출병에 협력하게 하자는 결정도 보았다.[30]

리 트엉 끼엣

1076년 9월 옹주에서 베트남을 향해 출발한 곽규의 원정군은 베트남 내느 응우옛(Nhu Nguyet, 如月) 강(지금의 꺼우 강)에 이르러 베트남군에 일시 패배를 당하기도 했으나,[31] 이에 개의치 않고 진군을 계속하여 12월 탕 롱에서 30리 떨어진 푸 르엉(Phu Luong, 富良, 지금의 홍 강) 강 북안에 이르렀

---

28) 『長編』 권271, 6650면.
29) 『全書』(상), 248면. 소함은 성이 함락되자 가솔 30여 명을 먼저 죽게 한 다음 이들을 먼저 구덩이에 묻고 자신은 분신자살했다. 응오 씨 리엔은 소함의 충용(忠勇)을 리 트엉 끼엣의 그것에 비견하였다.
30) 『長編』 권273, 6675~76면.
31) 이 전투는 베트남 기록에만 있고 중국 사서에서는 보이지 않는다. 『大越史略』, 62면; 『全書』(상), 249면. 카와하라는 이 전투는 다음에서 언급할 프 르엉 강 전투를 의미한다고 하였다. 河原正博 「李朝と宋との關係(1009~1225)」, 52~54면.

다. 그러나 리 왕조의 군사령관인 리 트엉 끼엣이 전함 400여 척을 강 남안에 포진시켰기 때문에 강을 건널 수 없었다.[32] 이리하여 강을 사이에 두고 양군이 대치하기를 한달 남짓, 송군은 식량 부족과 더위로 인한 질병으로 사망자가 속출하여서 점차 전의를 상실하고, 이를 틈 타 리 트엉 끼엣 군대는 강을 건너 기습공격을 감행하여 송군에 대타격을 가했다.

전하는 바에 의하면, 이때 리 왕조 군대의 진영 근처에는 마침 6세기 찌에우 비엣 브엉(趙越王, 즉 찌에우 꽝 푹)을 도와 싸운 두 장군의 사당이 있었는데, 리 트엉 끼엣은 송군을 공격하기 전날 밤에 몰래 부하를 그곳에 보내 다음과 같은 노래를 부르게 함으로써 군대의 사기를 진작시켰다고 한다.[33]

> 남국의 산하에는 남제(南帝)가 거(居)한다고
> 천서(天書)에 분명히 나와 있거늘,
> 어이하여 역로(逆虜)는 우리 땅을 침범하는가.
> 너희는 참담한 패배를 맛보고야 말 것이다.

리 트엉 끼엣은 베트남을 남국, 중국을 북국으로 규정하고 동시에 베트남의 군주를 남제로 하여 중국의 천자, 곧 북제와 대비시키고 있다. 그는 두 나라 사이에 어떤 상하관계도 존재하지 않는다고 말한다. 더욱이 그는 이런 사실을 하늘에 의해 정해진 것으로 귀착시킴으로써 그 절대성을 강조하고 있다. 이 노래는 딘 보 린 이래 베트남의 지배자가 황제를 칭한 사실을 그대로 반영하고 있는 것이다.

---

32) 『長編』 권279, 6843면.
33) 『全書』(상), 249면; UBKHXHVN, *Thơ Văn Lý-Trân*(李陳詩文), Hà Nội: NXB Khóa Học Xã Hội, Tập I, 1977, 321~22면; Lý Tế Xuyên(李濟川), *Việt-Điện u-linh tập*(越甸幽靈集), Sài Gòn: Nhà sách Khải-Tri 1960, 24면(이하 『越甸幽靈集』); 최귀묵 『베트남문학의 이해』, 서울: 창비 2010, 151면.

송나라 군대가 리 트엉 끼엣 군에 의해 입은 타격은 막대했다. 전후(戰後) 보고에 따르면, 출정병 4만 9천여명 중 생환자는 2만 8천여명뿐이며, 말 4,600여필 중 3,100여필만이 남았다고 한다.[34] 한편 리 왕조 또한 장기간의 전쟁이 백성들의 생활을 파괴할 뿐 아무런 소득도 없기 때문에 사태의 조속한 해결을 원하였다. 이에 양쪽은 화의에 도달하여, 리 왕조 측은 송의 군대가 이미 점령한 오늘날의 까오 방과 랑 썬(Lang Son) 지역에 해당하는 또 머우(To Mau, 蘇茂), 몬(Mon, 門), 랑(Lang, 諒), 뜨 랑(Tu Lang, 思琅) 및 꽝 응우옌의 5개 주를 양보함으로써[35] 송의 육군은 1077년 1월 철수하고 수군의 귀환은 이보다 2개월 늦었다.

이듬해인 1078년 1월 곧바로 리 년 똥은 사절을 보내 코끼리를 바치며 꽝 응우옌, 또 머우 등 지역의 반환을 요청했다. 이에 대해 송측은 즉각적인 답을 회피한 채 응하지 않았다.[36] 송은 1079년 리 왕조가 포로로 한 221명을 돌려보내면 상기한 지방의 반환에 응하기로 했다.[37] 그러나 곧이어 국경분쟁이 일어났기 때문에 이후 양측은 몇차례 협상 끝에 1084년 마침내 합의에 도달하여 반환이 이루어지고 국경이 정해졌다.[38] 꽝 응우옌은 금의 산지였기 때문에 당시 어떤 송나라 사람은 다음과 같은 시를 지어 애석해했다고 한다.[39]

---

34) 『長編』 권280, 6868~69면; 河原正博 「李朝と宋との關係(1009~1225)」, 57면.

35) 『長編』 권279, 6844면. 꽝 응우옌 주는 송이 점령한 후 순주(順州)로 이름을 바꾸었다. Trần Trọng Kim, *Việt-Nam Sử-Lược*(越南史略), Quyển I, Sài Gòn: Bộ Giáo-Dục Trung-Tam Học-Liệu xuất-bản 1971, 106면.

36) 『大越史略』, 63면; 『全書』(상), 250면; 『長編』 권287, 7011면.

37) 『長編』 권300, 7310면; 『全書』(상), 250면.

38) 『長編』 권348, 8349면; 『大越史略』, 63면; 『全書』(상), 251면; 河原正博 「李朝と宋との關係(1009~1225)」, 62~65면.

39) Trần Trọng Kim, *Việt-Nam Sử-Lược*, Quyển I, 106면.

교지(交趾)의 코끼리를 탐하다가

오히려 꽝 응우옌의 금을 잃었구나.

이상과 같은 협상과정을 보면, 리 왕조는 비록 송에 대해 조공을 한다고 하지만 거의 대등한 입장에서 협상하고 있음을 알 수 있다. 다시 말하면, 조공은 거의 형식에 불과하고 자신들의 이익을 위해 최선의 노력을 하고 있는 것이다. 이후 양국간의 분쟁은 거의 일어나지 않았고 조공은 4년 간 격으로 이루어지다가 아인 똥(Anh Tong, 英宗, 1138~1175)에 이르러서는 3년에 한번 하는 것으로 되었다.[40]

안남국왕

리 아인 똥 때에는 송과의 관계에서 한가지 중요한 변화가 있었다. 앞서 본 바와 같이, 그때까지 송은 베트남의 지배자를 처음에는 교지군왕에 봉 했다가 나중에 남평왕으로 진봉하고 그의 사후에 남 비엣 왕으로 추봉하 는 것이 상례였다. 아인 똥에 대해서도 당시 남송은 처음 전례를 따랐으나 1174년에 이르러 '안남국왕'으로 책봉하는 동시에 이듬해에는 '안남국왕 지인(安南國王之印)'이라는 여섯 글자를 각인해주었다.[41] 이는 베트남이 독 립국가임을 승인한 것이다. 이런 변화는 남송이 북방에서 여진족이 세운 금(金)의 세력에 밀려 이미 남천(南遷)했기 때문에 베트남을 회유할 목적

---

40) 河原正博「李朝と宋との關係(1009~1225)」, 71~72면.

41) 『宋會要輯稿』第197冊, 7738면 下左 및 7751면 上右; 『大越史略』, 77면; 『全書』(상), 297 면. 『全書』에는 1164년으로 되어 있으나, 이는 이미 여러 선학(先學)들에 의해 오류임이 밝혀졌다. 片倉穰「ベトナム·中國の初期外交關係に關する一問題」, 95면; Tạ Ngọc Liễn, *Quan hệ giữa Việt Nam & Trung Quốc, thế kỷ xv~đầu thế kỷ xvi*(베트남과 중국 관계, 15세 기~16세기 초), Hà Nội: NXB khoa học xã hội 1995, 49~50면.

에서였다. 『대월사기전서』를 보면, 이에 앞서 1168년 [남]송과 금의 사절이 동시에 방문하여, 베트남측에서는 이들이 서로 만나지 않게 하느라 고심했다는 기록이 있다.[42] 이는 전근대 동아시아의 중화적 세계질서 속에서 중국의 세력 약화가 베트남의 지위를 격상시켜준 좋은 본보기이다.

리 아인 똥 이후의 까오 똥(Cao Tong, 高宗, 1176~1210)과 후에 똥(Hue Tong, 惠宗, 1211~1124) 역시 안남국왕에 봉해졌다. 그러나 최후의 황제인 리 찌에우 호앙(Chieu Hoang, 昭皇, 1224~1225)은 왕위에 오른 지 일년 후 쩐(Tran, 陳)씨에게 자리를 물려주어야 했기 때문에 남송으로부터 왕작을 받을 수 없었다.

3. 쩐 왕조 초기 원과의 관계

몽골의 제1차 침입

리 왕조에 이어 건립된 쩐 왕조(陳朝) 역시 중국과의 관계에 주의를 기울였다. 쩐 까인(Tran Canh, 陳煚), 즉 타이 똥(Thai Tong, 太宗, 1225~1258)은 황제의 자리에 오른 후 5년째인 1229년 남송에 사절을 보내 안남국왕에 봉해졌다.[43] 쩐 왕조를 실제로 창건한 쩐 투 도(Tran Thu Do, 陳守度)는 리 찌에우 호앙으로부터 강제로 양위받아 나이 어린 쩐 까인을 제위에 오르게 했기에 대내외적으로 새로운 왕조의 정통성을 확립하기 위해서는 중국의

---

42) 『全書』(상), 298면. 『全書』에서는 달단(韃靼)을 원의 사신이라고 하였으나 연대로 보아 금의 사신임이 확실하다. 사실 『흠정월사통감강목(欽定越史通鑑綱目)』에서는 금사(金使)라 하였다. 『欽定越史通鑑綱目』, 臺北: 國立中央圖書館 1969(이하 『綱目』), 정편 권5, 14a면.
43) 『全書』(상), 324면.

정식 책봉이 중요했다. 남송이 별다른 시비 없이 쉽사리 쩐 타이 똥을 안남 국왕에 봉한 것은 당시 송은 북에서 몽골세력이 팽창하여 오던 시기로 그 압박 때문이었다고 보아도 무리가 없겠다.

몽골은 북중국을 정복한 후 서방으로 팽창하는 데 주력했으나 곧이어 남으로 관심을 돌려 송에 대해 압박을 가했다. 1252년 뭉케 칸(Mongke Khan, 즉 제4대 憲宗, 1251~1259)의 명령을 받은 쿠빌라이(Qubilai, 忽必烈)가 몽골군을 이끌고 윈난 성의 대리국으로 진격한 이듬해 정복하면서 몽골과 베트남은 국경을 맞대게 되었다. 쿠빌라이가 귀환한 뒤에 남아 윈난 지방에 주둔하면서 인근 민족들을 토벌하던 우리양카다이(Uriyangqadai, 兀良合台)는 1257년 쩐 왕조에 사신을 보내 항복하도록 하였으나 답이 없자 군사를 보내 베트남 국경을 압박했다.[44] 이것이 몽골군의 제1차 베트남 침입으로, 목적은 베트남을 경유하여 남으로부터 송을 공격하려는 의도였다.[45] 쩐 타이 똥은 사신을 억류하는 한편 침략에 대비해 육군과 수군의 지휘를 쩐 꾸옥 뚜언(Tran Quoc Tuan, 陳國峻), 일명 쩐 흥 다오(Tran Hung Dao, 陳興道)에게 맡겨 변경의 방비를 강화하였다. 우리양카다이의 군대는 베트남 경내로 침입하여 이번에도 사신을 보냈으나 돌아오지 않자 두 길로 나누어 홍 강과 로(Lo, 瀘) 강 유역을 따라 남하하여 쩐 왕조의 군대를 격파하고 어렵지 않게 수도 탕 롱에 입성했다.[46]

위기에 처한 쩐 타이 똥이 배를 타고 탕 롱을 탈출하여 태위(太尉) 쩐 녓히에우(Tran Nhat Hieu, 陳日皎)에 다가가 어떻게 할지 물으니 강물 위에다 송나라로 가라는 의미의 '입송(入宋)'이란 두 글자를 써주었다. 쩐 타이 똥은 다시 쩐 투 도에게 가서 물으니, "신의 머리가 아직 땅에 떨어지지 않았으니 폐하는 염려하지 마십시오"라고 했다고 한다.[47] 쩐 타이 똥은 이 말

---

44) 『元史』 권121, 1995, 2931면.
45) 『安南志畧』, 407면; 山本達郎 『安南史研究』 I, 東京: 山川出版社 1950, 46~47면.
46) 『元史』 권209, 4633~34면.

을 듣고 마음이 안정되었다.

그러는 사이 몽골군은 무더운 기후를 이기지 못하여 9일 만에 철수를 시작했고, 이를 이용하여 쩐 왕조의 군대는 반격에 나서 대대적인 공격을 가해 많은 피해를 입혔다. 몽골군은 후퇴하면서 약탈을 일삼았기 때문에 베트남인들을 그들을 가리켜 불법(佛法)에 어긋나는 도둑질을 한다는 뜻으로 '불적(佛賊)'이라고 불렀다.[48] 때는 1257년 12월이었는데, 쩐 타이 똥은 또다른 침입을 사전에 막기 위해 이듬해 정월 곧 사신을 몽골에 보내 화약을 맺고 3년에 한번 입공할 것을 약속했다.[49]

몽골과의 화약이 맺어진 직후 타이 똥은 장자인 호앙(Hoang, 晃, 중국 기록에는 日烜), 곧 타인 똥(Thanh Tong, 聖宗, 1258~1278)에게 양위하고 자신은 태상황(太上皇)으로 물러나 일반 정무에는 간여하지 않았다.[50] 이후 쩐 왕조에서는 황제가 생존 중에 제위를 후계자에게 물려주고 국가의 중대사에만 조언하는 관례가 생겼다. 이 제도의 주요 목적은 황제의 사망 후 있을지도 모를 왕위계승 분쟁을 사전에 방지하려는 것이었으나, 또다른 의도는 딘보 린이 했던 것처럼 중국과의 교섭에서 황제가 자신을 신하로 비하해야 하는 상황을 피하자는 것도 있었다.[51]

쩐 타인 똥의 치세 중에 쩐 왕조와 몽골의 직접적인 무력충돌은 없었으나 1260년 쿠빌라이가 즉위하면서 나라 이름을 원(元)으로 고친 몽골은 베트남에 대해 전보다 더욱 강압적인 태도를 보였다. 세조(世祖) 쿠빌라이는

---

47) 『全書』(상), 339면.
48) Trần Trọng Kim, *Việt-Nam Sử-Lược*, Quyển I, 127면. 몽골군을 불법에 빗대어 '불적'이라고 한 것은 쩐 왕조 시기 불교의 영향이 강했기 때문이다.
49) 『全書』(상), 340면; 『安南志畧』, 407, 492면.
50) 베트남에서는 처음으로 쩐 왕조에 이르러 왕위계승에서 장자상속제를 채택하였으나, 이 제도는 일반 대중에게까지 영향을 미치지 못했다.
51) 藤原利一郎 「ヴェトナム諸王朝の變遷」, 『岩波講座 世界歷史』 12, 東京: 岩波書店 1971, 452~53면.

즉위 후 곧 사절을 파견하여 나라를 잘 다스리라는 조서를 내리고, 쩐 타인 똥은 답례로 1261년 사절을 보내 전례에 따라 삼년일공(三年一貢)하기로 약속하면서 통호(通好)를 청했다.[52]

쿠빌라이는 타인 똥을 안남국왕에 봉하는 동시에, 1264년부터 3년 1공으로 하여, 유사(儒士)·의사(醫師)·음양복서(陰陽卜筮)에 능한 사람들은 물론 소합유(蘇合油)·금·은·주사(朱砂)·무소 뿔·진주·상아 등의 공납을 요구하는 한편, 다루가치(達魯花赤)를 설치하여 쩐 왕조의 내정에 간섭하려 들었다.[53] 뿐만 아니라 1267년에는 다시금 왕의 친조(親朝), 왕자 인질, 군역 차출, 부세(賦稅) 수납 등을 요구하기에 이르렀다.[54] 이듬해에는 참파 공격에의 참여를 독촉하는 조서도 내렸다.[55] 원의 강압적인 태도에 대하여 타인 똥은 송의 운명이 이미 종말에 가까워 보였기 때문에 원에 대해 화친 정책을 취하여 코끼리를 헌납하고 왕자를 입조시켰지만, 쩐 타인 똥의 친조만은 끝내 거부했는가 하면, 1270년과 1273년 원 황제의 조서를 받을 때에도 본속(本俗)에 따른다고 하면서 절하지 않았다.[56] 따라서 원의 태도도 누그러질 리가 없었다.

이처럼 원과의 관계가 교착상태에 빠졌을 때 교섭의 임무를 맡은 이들은 유학의 소양을 쌓은 베트남의 문사들이었다.[57] 이들은 오만한 원의 사신을 환대해야 했는가 하면, 또 원 조정에 사절로 가 몽골 황제의 무리한

---

52) 『全書』(상), 342면; 『元史』 권209, 4635면.
53) 『元史』 권209, 4635면; 송정남 「中世 베트남의 外交──對蒙抗爭을 소재로」, 『국제지역연구』 10-1, 2006, 218면.
54) 『元史』 권6, 116면 및 권209, 4635면.
55) 『元史』 권6, 116면.
56) 『全書』(상), 348면; 『元史』 권209, 4636면 및 권8, 147면; 山本達郎 『安南史硏究』 I, 80~81면.
57) 유학의 소양을 쌓은 문사들, 즉 당시의 표현대로 '유자(儒者)'라는 말은 유학자라기보다 단순히 '지식인'의 개념으로 이해하는 편이 옳을 것이다. Wolters, "Historians and Emperors in Vietnam and China," 75면.

요구를 완화시켜야 했다. 이러는 가운데 조정 내에서 문사들의 지위가 점차 높아져 최고 관직에 오르는 자도 나타난 것은 주목할 일이다.[58]

레 반 흐우의 『대월사기』

1272년 『대월사기』를 쓴 레 반 흐우도 이러한 문사 중의 한 사람이었다. 그는 『대월사기』를 찬술할 때 눈앞의 위협적인 원을 바라보며 어떻게 그 침입을 받지 않고 독립을 유지하며, 그렇다고 외교적으로도 굴욕을 받지 않을 수 있을까 고심한 끝에, 찌에우 다를 가장 이상적인 인물로 보았다. 그리하여 주저하지 않고 그를 진정한 베트남의 창건자로 했다. 한편 그가 지녔던 베트남왕조의 독립과 중국과의 대등함에 대한 관심은, 베트남이 천년 동안의 중국지배로부터 벗어나 독립한 때를 응오 꾸옌이 남한의 군대를 물리치고 왕을 칭한 939년이 아니라 딘 보 린이 제위에 오른 966년으로 한 데서 잘 드러난다.[59]

1278년 타인 똥은 전례에 따라 제위를 장자 깜(Kim, 昑), 곧 년 똥(Nhan Tong, 仁宗, 1278~1293)에게 물려주고 자신은 상황이 되었다. 원의 세조는 이를 빌미로 년 똥의 친조(親朝)를 요구하였으나, 쩐 년 똥은 병을 핑계로 듣지 않고 1281년 자기 대신 당숙인 쩐 지 아이(Tran Di Ai, 陳遺愛)를 보냈다. 이에 앞서 1279년 남송을 멸한 원은 베트남에 대해 한층 태도가 강경해져 쩐씨의 왕권을 무시하고 쩐 지 아이를 안남국왕에 봉한 다음 군대로 호위하여 귀국하게 했다(1282).[60] 원의 호위대가 베트남 국경에서 쩐 왕조의

---

58) O.W. Wolters, "Assertions of the Cultural Well-being in Fourteenth-Century Vietnam (Part One)," *Journal of Southeast Asian Studies* 10-2, 1979, 436~37면. 이전에는 쩐 황실 귀족의 철저한 과두정치체제였다.

59) 『全書』(상), 55, 114, 180면; 유인선 「전근대 베트남人의 歷史認識」, 180~81면.

60) 『元史』권209, 4638면; 『全書』(상), 352, 354면; 『安南志畧』, 482면; 山本達郎 『安南史研

군대에게 패배하고 쩐 지 아이가 도망쳐 귀국하자[61] 양국 사이의 충돌은 피할 수 없게 되었다. 하지만 원은 참파를 먼저 공격했다.

중국대륙을 통일한 원은 이전 왕조들의 전통적인 남방 팽창정책을 이어받아 남으로의 진출, 즉 중국으로부터 동남아시아와 인도 및 페르시아만(灣)에 이르는 남해무역에 지대한 관심을 보였다.[62] 참파는 남해 항로의 요충지로서 중국과 남해 사이를 왕래하는 모든 선박이 경유하기 때문에 원의 세조는 남해 연안의 나라들을 통합할 목적으로 1281년 참파에 행중서성(行中書省)을 두었다.[63] 그러나 원의 행중서성 설치가 참파의 지배를 의미하는데다 남해 정벌에 필요한 식량까지 강요당하자 참파에서는 왕자 하리짓(Harijit, 補的) 등을 중심으로 한 세력이 원에 반기를 들었다.

이에 원은 참파 원정군을 파견하면서 베트남에게 군대의 경유지로서 길을 빌려 달라는 것과 군량의 제공을 요구했다. 하지만 쩐 왕조는 이를 거절하는 한편 원의 침입에 대비했다.[64] 원의 군대는 장군 소게투(Sogetu, 唆都)의 지휘하에 1282년 11월 광동을 출발하여 해로로 참파에 이르러 1283년 초 수도 비자야를 함락시켰다.[65] 그러나 참파 왕이 산간지역으로

究』I, 88~97면.

61) 쩐 지 아이는 도형(徒刑)에 처해져 강제노역에 종사하는 병사[犒甲兵]가 되었다. 『全書』(상), 354면.

62) 몽골, 특히 쿠빌라이의 남해무역에 대한 관심은 고명수가 잘 논하고 있다. 고명수 「쿠빌라이 정부의 南海정책과 해외무역의 번영 ─ 몽골의 전통적 세계관과 관련하여」, 『사총』 72, 2011, 235~65면.

63) 『元史』 권210, 4660면 및 권129, 3152면; G. Maspèro, Le royaume de Champa, 176면; 山本達郎 『安南史研究』I, 103~106면; 송정남 「中世 베트남의 外交」, 211면; 고명수 「쿠빌라이 정부의 南海정책과 해외무역의 번영」, 253면.

64) 『全書』(상), 355면; 『安南志畧』, 482면; 山本達郎 『安南史研究』I, 113~14면.

65) 『元史』 권210, 4661면 및 권129, 3152면; G. Maspèro, Le royaume de Champa, 177~78면; 山本達郎 『安南史研究』I, 114~20면. 『원사(元史)』에서는 비자야를 목성(木城)이라고 했다.

도피하여 게릴라 전법으로 계속 저항함에 따라 소세투의 원정군은 고전을 면치 못해, 쿠빌라이는 원군(援軍)을 보내야만 하는 상황에 처하게 되었다. 원은 베트남에게 또다시 원 군대의 베트남 통과와 쩐 왕조의 출병 및 군량미의 공급 등을 요구했다. 베트남측이 이를 거부하자 1284년 4월 원군은 해로로 지금의 꾸이 년(Quy Nhon, 歸仁) 부근에 이르렀지만 폭풍을 만나 큰 타격을 입었다.[66]

이런 손실에도 불구하고 쿠빌라이는 남해로의 팽창정책을 결코 포기하지 않고, 이번에는 베트남을 경유하여 그 거점인 참파를 점령하고자 1284년 7월 아들인 진남왕(鎮南王) 토곤(Toghon, 脫歡)에게 공격 명령을 내렸다.[67] 이에 앞서 원의 침입을 예상한 쩐 왕조에서는 년 뚱이 직접 보병과 수군을 훈련시키는 동시에 쩐 흥 다오를 국공(國公)으로 삼아 군대를 통솔하게 했다. 다른 한편 원에 사절을 보내 사태를 완화시키고자 했지만 원의 확고한 태도에는 변함이 없었다.[68] 1284년 8월 쩐 흥 다오는 왕후(王侯)들의 군사를 집합케 하여 동 보 더우(Dong Bo Dau, 東步頭, 현 하노이 부근)에서 열병한 다음 이들을 나누어 요충지에 주둔하게 했다. 토곤은 50만 대군을 거느리고 광시 성을 출발하여 12월 베트남의 록 쩌우(Loc Chau, 祿州, 지금의 랑 썬Lang Son)에 다다랐다.[69]

66) 『元史』 권13, 266면 및 권209, 4640면; 『安南志畧』, 398~99면; G. Maspèro, *Le royaume de Champa*, 182면; 山本達郎 『安南史硏究』 I, 126~43면.

67) 『元史』 권13, 268면.

68) 『全書』(상), 356면; 『安南志畧』, 493면; 『元史』 권209, 4641~42면.

69) 『元史』 권13, 268면 및 권209, 4642면; 山本達郎 『安南史硏究』 I, 151~58면.

4. 몽골의 침입과 쩐 흥 다오

쩐 흥 다오(陳興道)

당시 쩐 왕조의 군대는 20만에 지나지 않아 원군에 대한 숫자의 열세는
어쩔 수 없었다. 이를 감안하여 태상황 쩐 타인 똥이 전국의 덕망있는 부로
(父老)들을 궁궐 내 지엔 홍(Dien Hong, 延洪) 섬돌에 모아 저항과 항복 중
에서 택일할 것을 묻자 모두 싸우겠다는 결의를 보였다.[70] 베트남역사에서
는 이를 '지엔 홍 회의(延洪會議)'라 부르면서, 외세의 침입에 대한 베트남
민족의 단결력을 과시한 것으로 강조하고 있다.[71]

한편 쩐 흥 다오는 항복하는 것이 어떻겠느냐는 태상황 쩐 타인 똥의 물
음에, "먼저 신의 머리를 벤 후에 그렇게 하소서"라고 했다.[72] 그 직후 쩐
흥 다오는 제가(諸家) 병법의 요체를 추려『병서요략(兵書要略)』한권을 엮
어 휘하의 장수들에게 읽기를 권했는데, 이것이 널리 알려진「격장사문(檄
將士文)」이다. 첫머리에는 종묘사직을 구한 충신들의 사례를 열거했다. 이
어서 몽골에 핍박당하는 현실, 일신의 안전과 안일을 위해 투쟁에 적극적
으로 나서지 않으려는 태도에 대한 경계, 몽골에 패했을 때 닥칠 일들, 몽
골과 맞서 싸워야 하는 이유, 싸움을 준비하기 위해 필요한 일 등이 서술되
었다. 후반부에서는 몽골에 패했을 경우 닥칠 일들이 실감나게 씌어 있다.
봉록(俸祿)이 박탈당하는 것은 말할 것도 없고 처자식이 포로가 되며 조상
의 묘도 파헤쳐질 것이지만, 투쟁의 의지를 군건히하여 승리를 하게 되면
아름다운 이름이 역사에 길이 남게 될 것이라고 했다.[73]

---

70)『全書』(상), 357면.

71) Nguyễn Quang Ngọc. chủ biên, *Tiến trình lịch sử Việt Nam*(베트남역사의 전개과정),
   Hà Nội: NXB giáo dục 2000, 91면.

72)『全書』(상), 380면.

이무렵 토곤은 사자(使者)를 보내 참파를 공격하기 위한 길을 내달라고 했다. 쩐 년 똥은 서신을 받고 "본국에서 참파에 가기에는 수륙 모두 불편하다"는 답신을 보냈다.[74] 사자의 보고를 받고 대로한 토곤은 군대를 록 쩌우에서 동로(東路)와 서로(西路)로 나누어 진격을 재촉하여, 동로의 군대는 이듬해(1285년) 1월 초 반 끼엡(Van Kiep, 萬劫, 현 반 옌[Van Yen, 萬安])에서 베트남군을 격파하고 10여 일도 안 되어 수도 탕 롱을 점령하는 데 성공했다.[75] 당시 쩐 왕조의 병사들은 팔에 몽골인을 죽이자는 의미의 '살달(殺韃)'이라는 두 글자를 새겼는데, 몽골 장군 오마르(Omar, 烏馬兒)가 이를 보고 격노하여 많은 베트남인 포로들을 살육하였다고 한다.[76] 서로로 남하한 원군에 대해서는 사료가 거의 없어 자세한 것은 알려져 있지 않으나 탕 롱 함락 전에 동로의 군과 합류했음이 분명하다.

다른 한편 참파와 베트남 사이에 주둔하고 있던 소계투의 군도 북진하여 오 리(O Ly, 烏里)와 보 찐(Bo Chinh, 布政)을 거쳐 응에 안(Nghe An, 乂安)과 타인 호아서 베트남군을 격파했다. 이후 북상을 계속하여 탕 롱 부근에서 토곤의 군대와 만났다.[77] 그리고 다시 타인 호아 방면으로 되돌아왔다.

태상황 타인 똥과 년 똥은 탕 롱 함락 직전 탈출하여 타인 호아로 도망쳤지만, 이때 타이 똥의 둘째아들인 동시에 타인 똥의 동생인, 즉 년 똥에게는 숙부가 되는 쩐 익 딱(Tran Ich Tac, 陳益稷)을 비롯한 몇몇 황족과 귀족

---

73) 『全書』(상), 380~82면; 최귀묵 『베트남문학의 이해』, 267~69면; Truong Buu Lam, *Patterns of Vietnamese Response to Foreign Intervention: 1858~1900*, Monograph Series No. 11, New Haven: Yale Southeast Asia Studies 1967, 49~54면.

74) 『綱目』 정편 권7, 30b~31a면.

75) 『全書』(상), 358면; 『元史』 권13, 273면; 山本達郎 『安南史研究』 I, 163~68면.

76) 『全書』(상), 358면.

77) 『元史』 권209, 4644면; 『安南志畧』, 408면; 山本達郎 『安南史研究』 I, 170~78면. 『全書』에는 소계투가 원난으로부터 라오스를 거쳐 참파에 왔다가 북상한 것으로 되어 있는데, 그는 1282년부터 1285년까지 참파에 있었기 때문에 이는 믿기 어렵다. 『全書』(상), 359면.

및 문사들이 원군에 항복했다. 쩐 익 딱은 학식이 풍부한 인물로 타인 똥 때는 학당(學堂)을 열고 문사들을 모아 의식을 제공하며 학문을 가르쳤다.[78]

탕 롱을 함락한 원군은 타인 똥 부자를 추격하는 등 3월까지는 전세가 그들에게 유리한 형국이었으나, 4월부터는 형세가 역전되었다. 당시 년 똥은 군신과 회합하면서 말하기를, 적군이 여러해에 걸쳐 먼 길을 왔으므로 분명 피폐해져 있을 터이니 이를 기다려 먼저 그 기를 꺾어 깨뜨려야 한다고 했다. 이로부터 베트남군은 공세로 나와 탕 롱에서 동남쪽으로 얼마 떨어지지 않은 홍 강 유역에서 원군을 격파하기에 이르렀다.[79] 따라서 5월에 들어와 원군은 철병하지 않을 수 없는 상황이 되었다. 5월 초 타인 똥 부자는 짱 안 푸(phu Trang An, 長安府, 오늘날 닌 빈 성의 남부 및 동남부)에서 원군을 격파하였는데, 전사자를 이루 셀 수 없었다고 한다. 이무렵 황족 등이 이끄는 민병(民兵)은 탕 롱과 쯔엉 즈엉(Chuong Duong, 章陽, 하노이 남부 18킬로미터 지점)에서 원군을 대파함에 따라 토곤 등은 로 강 건너로 물러났다.[80] 베트남군은 쩐 홍 다오의 지휘하에 퇴각하는 원군을 추격하여 느 응우옛 강과 남 싸익(Nam Sach, 南策, 현재의 하이 즈엉 소재)에서 일대 타격을 가했고, 토곤은 부하 장수의 도움으로 간신히 탈출했다.[81] 남쪽의 소게투 군은 토곤의 본대가 퇴각했다는 소식을 듣고 이를 확인하기 위해 탕 롱으로 진격했다가 본대가 후퇴한 것을 확인하고는 남하하는 도중 타인 똥 부자의 공격을 받았다. 이어서 소게투는 전사하고 오마르는 작은 배를 타고 탈출했다.[82] 이리하여 원의 제2차 침입도 실패로 끝나고 말았다. 원군이 이처럼 무너진

---

78) 『全書』(상), 346면. 항복한 문사 중 한 사람인 레 딱은 원에서 『안남지략(安南志略)』을 저술하였다.

79) 『全書』(상), 359~60면; 山本達郞 『安南史硏究』 I, 184~85면.

80) 『全書』(상), 360면; 『元史』 권209, 4645면.

81) 『全書』(상), 360면; 『元史』 권209, 4645면; 山本達郞 『安南史硏究』 I, 189~92면.

82) 『元史』 권129, 3153면; 『全書』(상), 360면; 山本達郞 『安南史硏究』 I, 192~95면.

이유 중 하나는 베트남의 기후가 덥고 습한데나가 말라리아 같은 질병 때문이었을 것으로 생각된다. 원의 군대가 물러가자 6월 쩐 타인 똥과 쩐 년 똥은 탕 롱으로 돌아왔다.

두차례의 패배에 격노한 세조 쿠빌라이는 베트남에 대한 재출병을 시도했다. 1285년 7월 그는 베트남 정벌군이 오랫동안 싸워 피로한 상태이므로 이들을 귀가시키고, 몽골군·한군(漢軍)·신부군(新附軍) 등 새로운 병력을 투입하자는 추밀원의 요청을 받아들였고 토곤을 총수로 하는 등 병력의 재배치도 이루어졌다.[83]

그러나 이 계획이 실행에 옮겨지는 것은 이듬해인 1286년으로, 정월 대대적인 남벌(南伐)이 논의되고 2월에는 사령관의 임명과 병력의 동원 등 구체적인 안이 결정되었다. 동시에 정치적 포석으로 전년 항복한 쩐 익 딱을 안남국왕에 봉하여 베트남 정복 후 그를 쩐 왕조의 지배자로 삼을 계획도 세웠다.[84]

원의 정벌계획을 접한 쩐 왕조에서는 전에도 그러했듯이 사신을 보내 공물을 바치면서 협상을 하는 한편,[85] 대내적인 대책도 적극 추진했다. 년 똥은 왕후(王侯)와 종실(宗室)에게 군사를 모집하여 훈련시키게 하고, 쩐 흥 다오에게는 이 일들과 병기의 제조 및 선박의 건조 등에 대한 모든 문제를 맡겼다. 그리고는 병사들의 훈련하는 모습을 직접 점검하기도 했다.[86]

다른 한편 상기한 원의 베트남 정벌계획은 잠시 중단되었다. 이유는 연이은 일본과 참파 원정으로 군민이 피폐하고, 출병의 시기도 안 좋으며 군량의 운반 또한 곤란하니 출병을 연기해달라는 호광(湖廣) 지방관들의 요

---

83) 『元史』 권13, 278면.
84) 『元史』 권14, 286면 및 권209, 4646면; 山本達郎 『安南史硏究』 I, 198~200면; 송정남 「中世 베트남의 外交」, 223면.
85) 『元史』 권14, 289면.
86) 『全書』(상), 362면.

청 때문이었다.[87] 여기에서 보듯이, 베트남 원정은 취소된 것이 아니라 연기되었을 뿐이었다.

1287년에 들어와 쿠빌라이는 베트남 정벌을 서서히 실천에 옮기기 시작했다. 우선 정월에 신부군 1,000명을 베트남에 출정하게 하는 한편, 정교지 행상서성(征交趾行尙書省)을 설치하고 군사령관들을 임명하여 토곤의 지휘하에 두었다. 이후 준비를 계속하여 11월에 병력 82,000명과 선박 500척으로 구성된 원군이 광둥과 광시 및 윈난 세 방면에서 공격을 개시했다. 원군은 베트남군을 만나 격파하면서 진군했는데, 육군은 쩐 홍 다오의 군을 물리치고 반 끼엡을 거쳐 남하를 계속하여 12월 푸 르엉 강을 건너 탕 롱으로 향하자 쩐 타인 똥이 아들과 함께 성을 버리고 도망함에 쉽사리 이를 손에 넣었다.[88]

1288년 정월 토곤의 군대는 도망한 쩐 타인 똥을 추격했으나 행방을 알지 못해 탕 롱으로 되돌아왔다. 이때 원군의 군량을 실은 선단이 베트남 수군의 공격과 풍랑으로 도착하지 않아 이들은 식량부족에 직면했다.[89] 2월 부하 장수들이 교지에는 성지(城池)가 없어 수비하기 어렵고 식량도 부족한데다 날씨는 이미 더워 병사들이 견디기 힘드니 후퇴할 것을 요청하자, 토곤도 이를 받아들였다.[90]

바익 당 강의 승리

원군은 3월 초 반 끼엡에 집결하여 수로와 육로로 나뉘어 총퇴각을 시작

---

87) 『元史』 권14, 290, 293면 및 권209, 4646~47면; 山本達郞 『安南史硏究』 I, 207~209면.
88) 『元史』 권14, 303면 및 권209, 4647~48면; 山本達郞 『安南史硏究』 I, 230면.
89) 『元史』 권15, 310면 및 권209, 4648면; 『安南志畧』, 410면; 『全書』(상), 364면; 山本達郞 『安南史硏究』 I, 236~38면.
90) 『元史』 권15, 308면 및 권209, 4648면.

하였다. 쩐 흥 다오는 바익 당 강에서 후퇴하는 원의 수군을 맞아 일대 격전을 벌였다. 그는 3세기 반 전 응오 꾸옌이 남한의 군대를 격파했던 것과 같은 방법으로, 강에 말뚝을 박고 만조 때 원의 전함을 유인했다가 간조 때 이들 전함이 말뚝에 걸리자 공격하여 대승을 거두었다. 오마르 등 원군의 주요 인물들은 포로가 되었다.[91] 원의 육군도 쩐 왕조의 복병에 큰 타격을 입고 간신히 샛길을 통해 귀국할 수 있었다.

쩐 흥 다오의 휘하에서 전쟁에 참여했던 쯔엉 한 씨에우(Truong Han Sieu, 張漢超)는 「백등강부(白藤江賦)」를 지어 바익 당 강 전투의 승리를 높이 찬양했는데, 그 일부를 소개하면 다음과 같다.[92]

그렇도다. 우주가 생겨날 적부터 본래 이 강산이 있었다. 참으로 하늘이 만들어놓은 험한 요새에서 인걸의 힘을 의지해 평화를 이루었도다. 맹진회맹[盟津之會]의 여상(呂尙)같이 위풍당당했으며, 유수(濰水)싸움의 한신(韓信)같이 탁월한 전략을 구사했다. 생각건대 이 강에서 이룬 대첩은 대왕이 대수롭지 않은 적이라고 여겼기 때문이다. 영웅의 풍모 기릴지니 칭송소리 그치지 않으리라. 옛사람을 생각하니 눈물이 흐르고 강물결 대하니 부끄러워지도다.

쩐 왕조가 원과 전쟁에서 승리할 수 있었던 데에는 여러가지 요인이 있겠지만, 결정적인 역할을 한 것은 쩐 흥 다오였다. 그는 천부적 전략가로, 필요하다면 언제라도 수도까지 포기할 준비가 되어 있었다. 그리고 적의

---

91)『全書』(상), 364면;『安南志略』, 410면; 山本達郞『安南史硏究』I, 242~45면.

92) Đinh Gia Khánh, chủ biên, *Tổng Tập Văn Học Việt Nam*(베트남문학전집), Hà Nội: NXB Văn Hóa 1980, Tập 2, 502면. 번역문은 최귀묵『베트남문학의 이해』, 270면. 인용문에 보이는 '맹진'은 주(周) 무왕(武王)이 은(殷)나라 주(紂)를 칠 때 제후와 회맹(會盟)한 곳이다. '여상'은 주나라 군대를 지휘한 인물로 흔히 강태공(姜太公)으로 알려져 있다.

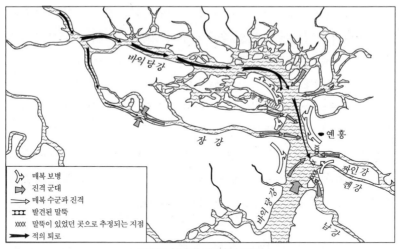

지도 내 텍스트:
- 바익 당 강
- 장 강
- 옌 홍
- 짜인 강
- 헨 강
- 바익 당 강
- 바 강

범례:
- 매복 보병
- 진격 군대
- 매복 수군과 진격
- 발견된 말뚝
- 말뚝이 있었던 곳으로 추정되는 지점
- 적의 퇴로

1288년 바익 당 강의 전투

힘이 강할 때에는 정면대결을 피하고 게릴라 전법으로 이들을 괴롭히다가 상황이 호전되면 전면공격을 하는 등 소수 병력으로 강대국의 침략을 저지했다. 그리하여 쩐 흥 다오는 오늘날 베트남역사상 위대한 영웅 가운데 한 사람으로 꼽히며, 신으로까지 추앙되어 모셔지고 있다.[93]

베트남은 몽골의 침입을 두차례 막아내기는 했지만 전쟁으로 인해 입은 피해는 말할 수 없을 정도였다. 이에 쩐 왕조에서는 더이상의 전쟁을 피하기 위해 원군의 퇴각 후 곧 사절을 보내 죄의 사함을 요청하는 동시에 금인(金人, 즉 자신의 대체물)을 바쳤고, 4월에도 조공사절을 파견했다. 10월 또다시 사절을 보냈고, 이에 대해 원은 11월 사신을 파견하여 쩐 타인 똥의 친조를 요구하면서 그렇지 않으면 다시 출병하겠노라는 위협적 태도로 나왔다. 원 사신이 도착한 것은 1289년 2월이었는데, 타인 똥은 노환을 구실로 정중히

---

93) Trương Hữu Quýnh, et al., *Đai cương lịch sử Việt Nam*(베트남사 개요), tập I, Hà Nội: NXB giáo dục 1999, 185면; 『越甸幽靈集』, 137~38면.

거절하는 표문을 보냈다. 이듬해 타인 똥이 사망하자 년 똥은 원에 부보(訃報)를 전했으나 원은 사절도 보내지 않을 정도로 냉랭한 태도를 보였다.[94]

1292년 3월에 년 똥은 예에 따라 황태자 투옌(Thuyen, 烇), 즉 쩐 아인 똥(Anh Tong, 英宗, 1293~1314)에게 양위하고 태상황이 되었다. 베트남에서 새로운 왕이 즉위하자, 원의 태도도 바뀌어 9월에 사신을 보내 쩐 아인 똥의 입조를 요구했다. 쩐 아인 똥은 질병을 핑계로 가지 않고 대신 사신을 보내 공물을 바쳤다. 원 조정은 이를 구실로 다시 베트남 원정을 추진하는 도중에 세조 쿠빌라이가 1294년 사망하고 티무르(Timur, 成宗)가 뒤를 잇자 계획은 실천에 옮겨지지 않았다.[95] 이후 베트남 원정에 대한 논의는 더이상 없었고, 1295년에는 대장경을 하사할 정도로 양국관계는 호전되었으며[96] 그로부터 쩐 왕조 말까지 별다른 변화가 없었다.

그러나 한가지 주목할 사실은 이후 원은 쩐 왕조의 군주를 국왕으로 하지 않았다는 점이다. 이는 쿠빌라이가 1281년 쩐 지 아이를 안남국왕에 봉한 것이라든가, 1285년 항복한 쩐 익 딱을 이듬해 안남국왕에 봉하고 쩐 왕조의 실제 지배자를 무시한 것과 불가분의 관계가 있는 것으로 보인다. 쩐 익 딱의 사망 후에는 그 아들 쩐 도안 응오(Tran Doan Ngo, 陳端午)가 아버지의 뒤를 이어 안남국왕에 봉해졌다. 쩐 왕조의 지배자들은 단지 '세자(世子)'로 취급되었을 뿐이다.[97]

그런가 하면, 쩐 왕조에서는 원에의 사신 파견을 단순히 '간다'는 의미의 '여(如)'자를 써서 '여원(如元)'이라 하여 대등한 태도를 취했는가 하면,

<hr />

94) 『元史』 권209, 4649면 및 권15, 311~12, 317면; 『全書』(상), 365, 367면; 山本達郎 『安南史研究』 I, 251~55면.

95) 『全書』(상), 370면; 『元史』 권17, 366면 및 권209, 4650면.

96) 『安南志畧』, 434면; 『全書』(상), 374면.

97) 『安南志畧』, 392~93, 435~36면; 山本達郎 「陳朝と元と關係(1225~1400)」, 山本達郎 編 『ベトナム中國關係史』, 東京: 山川出版社 1975, 142면.

원군의 침입 때는 이들을 '호로(胡虜)'라든가 '북로(北虜)'라 불러 비하하기도 했다.[98]

14세기 중반에 이르러 쩐 왕조와 원의 교류가 중단되었는데, 이는 중국대륙에서의 동란 때문이었다. 이런 와중에 명이 등장하여 베트남에 새로운 위협으로 다가왔다. 그때문에 쩐 왕조는 명이 중국을 통일하기 전인 1359년 명에 사신을 보내 그곳 정세를 살피게 하는 동시에 화친을 도모했다.[99] 베트남의 모든 왕조는 이처럼 중국의 정치적 변동에 민감한 반응을 보였다. 중국에서의 정치적 변화는 베트남에 곧바로 영향을 주었기 때문이다.

1368년 명 태조 홍무제(洪武帝)가 즉위하면서 그 사실을 알려오자, 쩐 주 똥(Du Tong, 裕宗, 1341~1369)은 곧 답례로 사신을 보내 빙물(聘物)을 바쳤다. 그 결과 이듬해에는 안남국왕으로 봉해져 양국관계는 정상화되었다.[100] 그러나 조공 규정은 1388년에 이르러서 3년에 한번 보내도록 완전한 결정을 보았다.[101] 그럼에도 불구하고 쩐 조정은 국내에서 군민(軍民)에게 중국식 의복을 입지 못하게 하는 등 대등함의 의지를 보였다.[102]

한편 명은 1384년 윈난 지방에서 일어난 소요를 계기로 쩐 조정에게 군량 5천석을 제공하라고 요구했다. 당시 쩐 왕조의 재정상태로는 받아들이기에 무리한 요구였지만 여하튼 이를 받아들였다.[103] 명은 이듬해와 그 이

---

98) 『全書』(상), 353, 357, 368면; 유인선 「전근대 베트남의 對中國認識」, 23, 425면.

99) 『全書』(상), 431면.

100) 『明太祖實錄』(中央研究院歷史語言研究所 『明實錄』 縮印本), 臺北: 中文出版社 1966, 권 43, 847~48면; 『明史』 권321, 1997, 8309~10면; 『全書』(상), 436면; 山本達郎 「陳朝と元と關係(1225~1400)」, 143~44면. 쩐 주 똥은 명의 사절이 도착하기 전에 사망하고 즈엉 녓 레(Duong Nhat Le, 楊日禮)가 제위에 올랐기 때문에 그는 다시 사신을 보내 책봉을 요청하여 왕으로 봉해졌다. 그러나 이후 군주들은 왕으로 봉해지지 못했다.

101) 『明太祖實錄』 권194, 2917~18면; 山本達郎 『安南史硏究』 I, 270면.

102) 『全書』(상), 446면.

103) 『明史』 권321, 8311면; 『全書』(상), 457면.

172 제2부 독립왕조시기의 양국관계: 조공과 방교

듬해에도 각각 사절을 보내 승려 20명 및 빈랑(檳榔)과 여지(荔枝, lichi) 같은 각종 남방식물의 묘목을 요구하는 등 베트남에 대한 압력을 점차 증대시켰다.[104] 1395년에는 용주(龍州)에서의 반란 토벌을 구실로 명은 또다시 군량 20,000석을 요구해 쩐 조정은 이를 보냈고, 같은 해 명의 요구에 따라 승려·안마녀(按摩女)·화자(火者, 고자) 약간 명도 보내주었다.[105] 쩐 왕조의 사정으로는 벅찬 요구들이었지만, 쉽게 응한 것은 당시 정권을 잡고 있던 호 꾸이 리(Ho Quy Ly, 胡季犛)가 명의 위협을 두려워했기 때문이다.

호 꾸이 리가 권력의 중추부로 들어갈 수 있었던 것은 그의 두 고모가 민 똥(Minh Tong, 明宗, 1314~1329)의 후궁이 되어 한 사람은 응에 똥(Nghe Tong, 藝宗, 1370~1372)을 낳고, 다른 한 사람은 주에 똥(Due Tong, 睿宗, 1373~1377)을 낳은 덕분이었다. 그후 주에 똥이 참파와의 싸움에서 전사하자 상황인 응에 똥이 어리석을 정도로 호 꾸이 리를 맹신하여 그를 지지해준 덕분에 권력을 장악한 것이다. 당시 호 꾸이 리의 권력이 얼마나 강했는가는 주에 똥이 전사한 다음 뒤를 이은 그의 장자 히엔(Hien, 晛, 즉 Phe De[廢帝])이 10년 후(1388) 호 꾸이 리에 의해 폐위된 것으로도 알 수 있다.

명 태조 홍무제는 호 꾸이 리의 부당한 행위를 질책하면서도 베트남문제에 깊이 개입하는 것은 피했다. 북쪽 변경에서 몽골의 침입에 대비하여 그 방어에 주력해야 했다. 홍무제의 정책은 그의 뒤를 이은 건문제(建文帝) 때에도 마찬가지였다. 그리하여 1400년 호 꾸이 리가 쩐 왕조의 마지막 황제인 티에우 데(Thieu De, 少帝, 1398~1400)를 위협하여 선양의 형식을 빌려 스스로 황제의 자리에 올랐음에도 불구하고 별다른 조치를 취하지 않았다.[106] 그러다가 1403년 성조(成祖) 영락제(永樂帝)가 즉위하면서 명의 베트남정책은 일대 변화를 가져왔다.

---

104) 『全書』(상), 458~59면.
105) 『明史』 권321, 8311면; 『全書』(상), 470면.
106) 山本達郎 『安南史研究』 I, 269~71면.

제3장 명의 베트남 지배

1. 호 꾸이 리의 찬탈과 명의 침입

호 꾸이 리(胡季犛)

호 꾸이 리는 1400년 초 제위에 오른 지 11개월 뒤 쩐 왕조의 황제들이 그랬던 것처럼 아들 호 한 트엉(Ho Han Thuong, 胡漢蒼)에게 왕위를 물려주고 자신은 태상황이 되었다. 그가 태상황이 된 것은 쩐 황실의 지배자들과는 달리 자신의 찬탈 행위에 대한 대내외 비난을 모면하기 위해서였다. 하지만 그는 명이 언젠가는 무력으로 내정에 간섭하리라는 것을 잘 알고 있었다.

그에 대한 대비책으로 호 꾸이 리는 우선 필요한 병력을 확보하기 위해 1401년 전국의 호적을 고쳐 두살 이상 모든 남자는 빠짐없이 등재하도록 했다. 등재되지 않은 자에 대한 처벌을 강화하고, 타지방으로 떠나가 있는 유민(流民)들도 원적(原籍)에 올리게 했다. 그 결과 15세에서 60세 사이의 남자 수가 종전에 비해 배가 되었다고 한다. 이에 앞서 그는 신하들에게 백만의 군대를 모집해 북방 적의 침입에 맞서야 한다고 했다.[1] 그러나 당시 국가의 경제와 인구는 그가 원한 만큼의 군사력을 가질 정도가 되지 못했다.[2]

한편 영락제는 1402년 즉위하자 곧 안남·섬라(暹羅, 현 타이)·조규(爪蹉, 현 자바)·유구 등을 초유(招諭)하기 위해 사절을 보냈다. 이에 응해 호 꾸이 리는 1403년 사절을 파견하여, 찬탈을 감추고 쩐씨는 후사가 끊겼기 때문에 외손인 호 한 트엉(중국사서의 기록에는 胡㝠)이 여러 사람의 추대를 받아 '권리안남국사(權理安南國事)'가 되었다고 설명하면서 책봉을 요청했다. 영락제는 베트남 사정을 잘 몰라 예부(禮部)에 명하여 이를 알아보도록 사절을 파견하였는데, 사절의 주요 임무는 쩐씨 후계자의 유무와 호 한 트엉 옹립의 진위를 파악하는 것이었다. 명의 사절이 돌아올 때 호씨의 사신도 동행하여 호 한 트엉을 쩐씨의 외손으로 하여 작위를 내려주도록 표문을 올림에 따라 안남국왕에 봉해주었다.[3]

이무렵 참파는 명에 호씨의 대규모 원정에 대해 구원을 요청했다. 호씨의 참파에 대한 원정은 쩐 왕조 말 이래 계속된 양국간의 충돌이기도 하지만, 다른 한편 호씨가 앞으로 있을지도 모를 명의 침입 이전에 배후세력을 제거할 목적에서 이루어졌던 것이다. 1402년에 이어 1403년 호 꾸이 리는 20만 대군을 동원하여 참파의 수도 비자야를 공격했다. 그러나 결국 함락하지 못하고 식량이 바닥나 철수할 수밖에 없었다. 참파왕은 점점 강화되

---

1) 『全書』(상), 479면.

2) Phan Huy Lê, "Bước chuyển biến từ thời cuối Trân sang Lê so"(쩐 말기로부터 레 초로의 전환), Phan Huy Lê, *Lịch sử và văn hóa Việt Nam: Tiếp cận bộ phận*(베트남역사와 문화: 부분적인 접근), Hà Nội: NXB giáo dục 2007, 255면.

3) 『明史』 권6, 80면 및 권321, 8312~13면; Alexander B. Woodside, "Early Ming Expansionism (1406~1427): China's Abortive Conquest of Vietnam," *Papers on China*, Vol. 17, Cambridge, Mass.: Harvard University 1963, 10면; Wang Gungwu, "China and Southeast Asia 1402~24," Jerome Ch'en and Nicholars Tarling, eds., *Studies in Social History of China and South-East Asia*, Cambridge: Cambridge University Press 1970, 381면.

는 베트남의 압력을 피하고자 명에 사절을 파견하여 도움을 요청했고, 명은 이를 받아들여 호씨에게 전쟁을 중지하도록 권유했다.[4] 이 권유를 호한 트엉이 받아들이면서 사죄한 것도 그가 안남국왕에 봉해질 수 있었던 주요 이유였다.

호씨와 명은 이처럼 별다른 갈등 없이 친선관계가 맺어졌지만, 오래가지는 못했다. 당시 명의 영락제는 대외 팽창정책을 펼쳐 1405년에는 환관 정화(鄭和)에게 함대를 이끌고 동남아시아에서 아프리카의 동쪽 해안에 이르는 지역들을 원정하도록 명했으며, 특히 당대(唐代)까지 중국의 식민지였던 베트남의 병합을 추진했다. 하지만 명분 없이 출병할 수는 없어 구실만 찾고 있던 차에 마침내 기회가 찾아왔다. 그것은 1404년에 일어난 세 가지 사건이었다.

우선 불거진 문제는 양국 사이의 국경분쟁이었다. 광시 성 사명부(思明府)의 타이계 추장 황광평(黃廣平)이 전에 자기의 영토였던 록주(祿州)·서평주(西平州)·영평채(永平寨)를 호씨가 빼앗았다고 명에 호소한 것이다. 여기에 더하여 참파가 사신을 보내 베트남이 명의 명령을 무시하고 다시 침범하여 영락제에게 보낼 예물까지 약탈했다고 알려왔다. 명은 곧 호씨에게 사절을 보내 참파 침략과 사명부 일대에 대한 영토 점유가 결코 베트남에 이롭지 못할 것이라는 경고성 주의를 주었다.[5]

그러나 이것보다도 호씨와 명의 관계를 더욱 악화시킨 사건은 호씨의 찬탈을 둘러싼 시비로, 명이 베트남을 침공하게 되는 직접적인 계기가 되

---

4) 『全書』(상), 480~81, 483면; 『明史』 권321, 8313면 및 권324, 8385~86면; G. Maspèro, *Le royaume de Champa*, 222~23면; 山本達郎 『安南史研究』 I, 272~77면.

5) 『明太宗實錄』 권32, 569면; 『明史』 권321, 8313면 및 권6, 82면; 山本達郎 『安南史研究』 I, 278~79면; Lo Jung-Pang, "Intervention in Vietnam: A Case Study of the Foreign Policy of the Early Ming Government," *Tsing Hua Journal of Chinese Studies* (Taipei) 8-1 & 2, 1970, 168~69면.

었다. 이미 말한 바와 같이, 명은 처음 베트남 사정을 잘 모르고 호 꾸이 리가 요청한 호 한 트엉의 책봉을 승인해주었다. 그런데 1404년 쩐 왕조의 신하였던 부이 바 끼(Bui Ba Ky, 裴伯耆)가 명 조정에 나타나 호씨 부자의 찬탈 사실을 전하고, 이어 라오스로부터 쩐씨의 일족이라고 칭하는 쩐 티엔 빈(Tran Thien Binh, 陳天平, 일명 쩐 티엠 빈[Tran Thiem Binh, 陳添平])이 와서 똑같이 호씨의 비리를 호소하자 영락제는 베트남을 정복할 좋은 기회라고 여겼다. 명 기록에 의하면, 호씨의 사절이 왔을 때 쩐 티엔 빈을 만나게 했더니 그가 왕손(王孫)임을 알고 놀라 절을 했으며, 부이 바 끼는 대의(大義)로 사절을 꾸짖었다고 한다.[6]

부이 바 끼의 실재에 대하여는 의심할 바 없다.[7] 그러나 야마모토 타쯔로오는 쩐 티엔 빈이 실제로 쩐 왕실의 후손인가 하는 문제는 논란의 여지가 많다고 하면서, 그의 출신에 관한 기사는 명측의 위작일 가능성이 높다는 견해를 피력하고 있다.[8] 명의 기록에 따르면, 쩐 티엔 빈은 자칭하기를 쩐 타인 똥(日烜, 1258~1278)의 손자이며 마인(Manh, 奣), 곧 민 똥의 아들이라고 했다. 그러나 민 똥은 타인 똥의 손자이기 때문에 쩐 티엔 빈은 쩐 타인 똥의 증손자가 되어야 한다. 한편 『대월사기전서』에는 쩐씨 집안의 가노(家奴)였던 응우옌 캉(Nguyen Khang, 阮康)이 명으로 도망가 쩐 왕실의 후손처럼 사칭한 것으로 되어 있다.[9] 『대월사기전서』는 호씨를 찬탈자로 규정하고 있기 때문에 그 기록에는 상당한 신빙성이 있음에 틀림없다. 결국 영락제는 이미 베트남에 대해 출병할 의사가 있어서, 명 조정이 쩐 티엔

---

6) 『明史』 권321, 8313~14면 및 권6, 81면; 山本達郎 『安南史研究』 I, 281면; Lo Jung-Pang, "Intervention in Vietnam," 169면.
7) 부이 바 끼는 쩐 캇 쩐(Tran Khat Chan, 陳渴眞)의 비장(裨將)이었다고 하는데, 쩐 캇 쩐은 호 꾸이 리를 살해하려 모의하다 발각되어 처형당했으며, 부이 바 끼의 부모형제도 이때문에 모두 살해되었다. 『全書』(상), 476면; 山本達郎 『安南史研究』 I, 281면.
8) 山本達郎 『安南史研究』 I, 281~86면.
9) 『全書』(상), 465, 488면.

빈의 출신에 관한 문장을 조작하여 침입의 구실을 만들었다고 보아도 결코 무리는 아니라는 것이 야마모또의 생각이다. 이러한 야마모또의 견해는 이후의 전개과정을 보면 크게 빗나가는 것 같지 않다.

명에서는 쩐 티엔 빈을 쩐 왕조의 후손으로 인정한 때문에 1405년 1월 사절을 호 한 트엉에게 보내 그가 찬탈한 경위를 구체적으로 밝히도록 요구했다. 이무렵 윈난 성 영원주(寧遠州)의 관리가 베트남측이 7채(寨)를 침탈했다는 보고를 해와 또다른 문제가 불거졌다.[10] 호 한 트엉은 사신을 보내 사죄하면서, 자신은 결코 찬탈하지 않았으며 쩐 티엔 빈을 영립(迎立)하겠으며 명이 요구한 지역인 록주와 영원주 지방을 돌려주겠다고 약속했다.[11]

영토의 반환은 진심이었으나, 쩐 티엔 빈의 영립은 명의 압력을 피하려는 일시적 방편이 아니었는가 한다. 왜냐하면 호 꾸이 리는 명의 침공이 임박했음을 감지하고 이에 대한 방비책으로, 1404년 새로이 전함을 건조하게 하고 이듬해에는 모든 해구와 홍 강 및 바익 학(Bach Hac, 白鶴) 강의 요처에 말뚝을 박아 적 함대가 접근하지 못하도록 하는 동시에, 홍 강 상류에다 방(Da Bang, 多邦) 성을 구축했기 때문이다. 또한 그는 모든 로(路)의 안무사를 소집하여 화친할지 싸울지를 논의했다고 하지만, 결론은 이미 전쟁 쪽으로 기울어 있었다.[12]

10) 『明太宗實錄』권39, 650~51면; 『明史』권321, 8314면; 『全書』(상), 484~85면; 山本達郎 『安南史硏究』I, 287~88면.

11) 『明史』권321, 8314면. 『全書』에는 꼬 러우(Co Lau, 古樓)를 비롯한 59개 촌락이라고 하였는데, 아마도 명의 기록상에 보이는 록주와 영원주 지방을 말하는 것으로 생각된다. 『全書』(상), 485면.

12) 『全書』(상), 484~85, 487면; Lo Jung-Pang, "Intervention in Vietnam," 171면.

명 영락제의 베트남 침입

명은 1406년 초 쩐 티엔 빈을 5천명의 병력으로 호위하여 귀국시키면서 호 한 트엉을 순화군공(順化郡公, 투언 호아[Thuan Hoa, 順化] 군은 오늘날 후에 지방)에 임명했다.[13] 명의 기록에 의하면, 쩐 티엔 빈과 명의 호위병이 베트남 국경을 넘어 험준한 산간 길에 다다랐을 때, 호씨의 복병을 만나 명군은 패퇴하고 쩐 티엔 빈은 살해되었다.[14] 반면에 베트남 기록은, 호씨의 군대가 명의 대군을 격파하자 그들은 쩐 티엔 빈을 인도해주고 물러났으며 그를 국문한 결과 응우옌 캉의 가노였음이 밝혀졌다고 했다.[15]

이 사건을 계기로 호씨 부자는 명이 곧 쳐들어오리라는 것을 예상하고 그 대비를 위해 분주히 움직였다. 우선 조정의 직책을 개편하여 주요 자리에 최측근들을 배치했다. 그중 두 예만 들면, 응우옌 응안 꽝(Nguyen Ngan Quang, 阮彦光)을 현 중부지방인 탕 호아(Thang Hoa, 升華)로부터 중앙으로 불러들여 사법 관련 최고책임자인 대리정(大理正)에 임명하고, 도 만(Do Man, 杜滿)에게는 행정을 관장하는 최고위직의 하나인 행견(行遣)으로 삼아 병부상서를 겸하게 하면서 동시에 대장군의 직책도 맡겼다. 그리고 델타의 북부와 서부 지방(낀 박[Kinh Bac, 京北]과 썬 떠이[Son Tay, 山西]) 주민들은 강을 따라 외진 곳에 식량을 비축하게 함과 동시에 가옥을 파괴하여 명나라 군대가 침입할 때 이용할 수 없도록 했다.[16]

한편 쩐 티엔 빈을 호위병과 함께 귀국시키고 이들이 호씨 군대와 충돌한 것은 아마도 영락제가 의도한 수순대로 전개되지 않았는가 한다. 영락

---

13) 『明史』 권321, 8314면.

14) 『明太宗實錄』 권52, 781~82면.

15) 『全書』(상), 487~88면; 山本達郎 『安南史研究』 I, 295~96면.

16) 『全書』(상), 488~89면; John K. Whitmore, *Vietnam, Ho Quy Ly, and the Ming (1371~1421)*, New Haven: Yale Southeast Asian Studies 1985, 87~88면.

제는 호 꾸리 리 부자가 순순히 자신들이 차지한 자리를 내놓고 쩐 티엔 빈을 왕으로 맞아들이리라고 생각하지 않았을 것이다.

영락제는 쩐 티엔 빈의 호위병들이 호씨의 군대에 패했다는 소식을 듣고 몹시 분노했다. 그러면서 주능(朱能) 등에게 말하기를, "그같은 조그만 놈들의 죄악이 하늘에까지 다다랐다. (…) 만일 우리가 그들을 치지 않는다면 군대가 무슨 소용이 있겠는가?"라고 했다는 것이다.[17] 중화적 세계질서라는 관점에서 볼 때 주변의 소국이 명에 도전했다는 것은 도저히 용납할 수 없는 일이었다. 영락제의 명처럼 중국이 강세에 있을 때는 더더욱 그러했다.[18] 선택의 여지는 없었다. 대군을 동원하여 베트남을 침공하는 길이 있을 뿐이다.

1406년 여름 명은 원정군을 동서로 나누어 광시와 윈난 두 방향으로부터 베트남을 공격할 계획을 세웠다. 그리하여 주능(朱能)을 동군 총사령관으로 삼고 장보(張輔)를 동군 부사령관에, 목성(沐晟)은 윈난군 부사령관에 각각 임명했다. 전통적인 중국 기록에 의하면, 동서 양군을 합친 원정군의 수는 80만이라고 한다. 그러나 야마모또는 이는 과장된 것으로 원정군의 실제 숫자는 21만 5천명을 약간 상회한다고 추산하면서, 그중 동군의 수는 13만 5천명이며, 나머지는 서군이라고 했다. 병사들의 출신지를 보면, 동군은 주로 저장(浙江)·푸젠·장시(江西)·광둥·광시·후난(湖南) 등지, 그리고 서군은 윈난·구이저우(貴州)·쓰촨(四川)으로부터 징집되었다.[19]

---

17) 『明太宗實錄』 권53, 791~92면; Whitmore, *Vietnam, Ho Quy Ly, and the Ming (1371~1421)*, 88면.

18) 중화적 세계질서 유지는 중국의 무력과 밀접한 관계가 있었다. Benjamin I. Schwartz, "The Chinese Perception of World Order: Past and Present," in John K. Fairbank, ed., *The Chinese World Order: Traditional China's Foreign Relations*, Cambridge, Mass.: Harvard University Press 1968, 278면; 猪口孝「傳統的東アジア世界秩序試論——十八世紀末の中國のベトナム干涉を中心として」, 『國際法外交雜誌』73-5, 1975, 44~47면.

19) 『明太宗實錄』 권53, 796~98면; 山本達郎 『安南史硏究』 I, 306~10면. Lo Jung-Pang,

그렇다고 하여도 21만 5천이란 병력은 영락제의 뒤이은 몽골족에 대한 다섯차례 원정(1410, 1414, 1422, 1423, 및 1424) 때 동원되었던 수에 비한다면 훨씬 규모가 컸음에 틀림없다.[20] 이는 영락제가 베트남 정복에 얼마나 관심을 가지고 있었는가를 잘 보여준다고 하겠다.

실제로 영락제는 초기 베트남 원정에 보낼 장수들을 임명할 때, 자기가 가장 신임하면서도 유능한 인물들 가운데서 골랐다. 주능은 정난(靖難)의 변(變) 때 영락제를 도운 장수들 중 한 사람으로, 황제의 신임이 매우 두터워 베트남 출정 시에는 황제가 직접 어느 지방까지 배웅해줄 정도였다. 주능이 죽은 후 그의 뒤를 이은 장보는 영락제가 베트남과 북방으로 군사적 팽창을 하는 데서 가장 공을 많이 세운 장수들 가운데 한 사람이다. 1406~1407년 겨울 호씨의 수도 떠이 도(Tay Do, 西都)를[21] 점령한 진욱(陳旭)과 이빈(李彬)은 안후이(安徽) 출신으로, 각각 부(父)의 자리를 계승하여 무관으로서 유능함을 인정받아 승진가도를 달린 인물들이다.[22]

명의 원정군은 7월 난징(南京)을 출발하여 9월 용주(龍州)에 도착했으나, 총사령관 주능이 병사하자 영락제는 장보로 하여금 그 자리를 잇게 했다. 새로운 사령관의 지휘하에 원정군이 10월 빙상(憑祥)을 거쳐 베트남으로 들어갈 때, 영락제는 호씨 부자의 죄 20개조를 베트남 관민(官民)에게 발표하여 원정의 취지가 어디에 있는가를 밝혔다. 20개조를 죄목별로 나

"Intervention in Vietnam," 173면 참조.
20) Woodside, "Early Ming Expansionism (1406~1427)," 11면.
21) 떠이 도는 호 꾸이 리가 정권을 잡고 자기의 세력기반인 타인 호아 지방에 1397년 건설한 수도로, 오늘날 타인 호아 성 빈 록(Vinh Loc, 永祿) 현에 위치해 있다. 탕 롱은 이에 대해 동 도(Dong Do, 東都)라 불렸다. 떠이 도로의 천도는 200년 가까운 탕 롱의 쩐씨 기반에서 벗어나기 위해서였다. 천도의 또다른 목적은 장차 있을지도 모를 명의 침략에 대비하기 위한 조치로, 탕 롱이 델타 중심부에 위치하여 적의 공격을 방어하기 어려웠기 때문이다. 유인선 「전근대 베트남의 對中國認識」, 418면.
22) 『明史』 권145 「朱能傳」, 권146 「陳旭傳」 및 권154 「張輔傳」과 「李彬傳」; Woodside, "Early Ming Expansionism (1406~1427)," 11~12면.

누면, 첫째는 호 꾸이 리 부자의 찬탈·쩐 왕조의 왕손(쩐 티엔 빈) 살해·자신의 연호 사용이며, 둘째는 중국 영토인 일부 국경지방의 침탈과 토관(土官)의 살해이고, 셋째는 중국의 조공국인 참파에 대한 계속적인 공격, 넷째는 명 사신에 대한 불경한 태도 등이다. 따라서 원정의 목적은 간악한 호씨 부자를 토벌하여 베트남 국토를 안정시키고 이전의 쩐 왕실을 복귀시킨다는 것이었다.[23] 결국 원정이 중화적 세계관에 입각한 명의 자기합리화였음은 말할 것도 없다.

광시와 윈난을 각각 출발한 명의 동군과 서군은 1년도 채 안되어 호씨 군대를 격파하고 호 꾸이 리 부자를 생포하는 데 성공했다. 호씨측은 명군의 공격을 저지하기 위해 탕 롱과 떠이 도의 방비를 강화함은 물론, 앞서 말한 바와 같이 홍 강을 비롯한 여러 강가에 요새를 구축하고, 다른 한편으로는 대규모의 초토화 전술로 토지와 가옥을 파괴하는 등 장기적인 전쟁계획을 세웠다. 그러나 호씨는 쩐 황실의 제위를 찬탈했다는 이유로 구귀족(舊貴族)은 말할 것도 없고 조정 내의 관료와 군대의 지지도 얻지 못했다. 1399년 전술한 쩐 캇 쩐 등이 호 꾸이 리를 제거하기 위해 음모를 꾸몄다가 사전에 발각되어 370여명이 처형을 당한 사건은 호 꾸이 리의 지지기반이 취약했음을 단적으로 보여준다.[24] 더군다나 이를 간파한 명의 군대가 쩐씨를 복위시키겠다는 등의 선전으로 군의 사기를 크게 저하시켰다.[25]

---

23) 『明史』 권321, 8314면; 『越嶠書』, 『四庫全書存目叢書』 史部 163冊, 齊南: 齊魯書社 1996, 권10, 史 163, 75~76면; Lèonard Aurousseau, ed., *Ngan-Nan Tche Yuan*(安南志原), Hanoi: École Française d'Extrême-Orient 1932, 60, 219~21면(이하 『安南志原』); 山本達郞 『安南史硏究』 I, 332~34면; Wang Gungwu, "China and South-east Asia 1970, 1402~24," 381~82면; Whitmore, *Vietnam, Ho Quy Ly, and the Ming (1371~1421)*, 88~89면; Tạ Ngọc Liễn, *Quan hệ giữa Việt Nam & Trung Quốc*, 24면.

24) 『全書』(상), 476면.

25) 『全書』(상), 489면. Whitmore는 이 기사가 호씨 부자의 행위를 찬탈로 간주하는 뒷날 사가의 해석이었을 것이라고 한다. Whitmore, *Vietnam, Ho Quy Ly, and the Ming (1371~1421)*, 91면.

명의 원정군은 1406년 겨울 베트남 국경을 넘어 공격을 개시한 지 2개월 만에 동 도인 탕 롱과 호씨의 수도 떠이 도를 어렵지 않게 점령했다. 중국측 기록은 당시 베트남인들이 호씨의 죄악을 하루에 수백개씩이나 알려왔다고 한 반면, 베트남 사서는 이와 달리 베트남인들이 명군의 사역으로 끌려가면 가속(家屬)도 잃고 해서 울분을 못 참고 군문(軍門)에 자원하는 자가 적지 않았음을 말하고 있다.[26] 한편 베트남 지방의 말라리아를 염려한 영락제는 명 군대에게 서서히 진군하라고 명령했지만, 명군은 도망치는 호씨 부자를 남쪽으로 추격하여 1407년 여름 이들을 하 띤(Ha Tinh, 河靜) 지역에서 붙잡아 금릉(金陵, 현재의 난징南京)으로 압송했다.[27] 이에 더하여 당시 명군이 올린 전과(戰果)는, 평정한 주(州)와 부(府)의 수가 48, 현(縣)은 186, 호(戶)는 3,125,900이며, 포획한 코끼리는 112, 말 420, 소 35,750마리와 선박 8,865채였다고 한다.[28] 이리하여 호 꾸이 리 정권은 겨우 7년으로 끝나고 베트남은 독립한 지 400여년 만에 또다시 중국의 직접적인 지배를 받게 되었다.

2. 명 지배하의 베트남

명의 통치기구

베트남을 점령한 명은 그때까지 중국에게 알려진 이름인 안남을 교지(交阯, 자오 찌)로 바꾸고, 명의 지방제도를 도입하여 군사·행정·감찰의 삼권분립 원칙에 따라 도지휘사(都指揮司)·포정사(布政司)·안찰사(按察司) 3

---

26)『明史』권321, 8315면;『全書』(상), 493면.
27)『全書』(상), 495~96면;『明史』권321, 8315면.
28)『安南志原』, 233면;『全書』(상), 495면; 山本達郎『安南史硏究』I, 397~98면.

사를 두었다.[29] 그 아래 행정단위를 부·주·현으로 나누고 군사기구 또한 위소제(衛所制)에 따라 요충지에 위와 소를 설치했다. 이들 관아의 숫자는 시간이 지날수록 대체로 증가하는 추세지만, 1407년 처음 설치할 당시에는 부가 15, 주가 41, 현이 210개였다. 그리고 1408년 위와 소는 각각 10개, 2개로, 이들 대부분은 명 통치의 중추부인 탕 롱 부근에 두었다.[30]

현 아래에는 한동안 이전의 촌락들인 사(社)·촌(村)·방(坊)·시(市)·책(冊)·장(庄) 등을 그대로 유지하였는데 이들의 수는 전부 3,385개에 달했다고 한다.[31] 베트남에서 현 아래 촌락 수가 알려진 것은 이때가 처음인데, 이는 명의 지배의지가 어느 정도였는가를 잘 보여준다. 다만 촌락의 수가 80년 후와 비교했을 때 절반에도 미치지 못하는 것은 명 지배영역의 한계성을 드러낸 것이라 하겠다. 레 왕조의 타인 똥(Thanh-Tong, 聖宗, 1460~1497) 치세인 1490년의 촌락 수는 7,890개였다.[32]

명이 베트남을 지배하기 위해 위와 같이 많은 관료기구를 설치했다고 하더라도 1415년까지는 상당수가 이름뿐이지 실제로는 존재하지 않은 경

---

29) 『安南志原』, 241~42면. 도지휘사의 책임자인 도사(都使)에는 여의(呂毅)가 임명되었으나, 포정사와 안찰사의 장(長)인 포정사(布政使)와 안찰사(按察使)는 황복(黃福)으로 하여금 겸임하게 하여 중국대륙에서와 같은 완전한 삼권분립은 이루어졌다고 할 수 없다. 『明史』 권321, 8315~16면.

30) 『明太宗實錄』 권80, 1070면; 『明史』 권321, 8316면; 『越嶠書』, 『四庫全書存目叢書』 史部 163冊, 권6, 史 163, 19면; 山本達郎 『安南史研究』 I, 398, 495~99, 571~72면.

31) 『安南志原』, 60~63면; 유인선 「베트남 黎朝時代(1428~1788) 村落[社]의 구조와 성격」, 서울대학교 동양사학연구실 편 『近世 東아시아의 國家와 社會』, 서울: 지식산업사 1998, 463면.

32) 응우옌 짜이(Nguyen Trai, 阮廌)가 1435년에 편찬한 『억제집(抑齋集)』의 「지여지(地興志)」에는 당시 社 9,728, 村 294, 洲 119, 洞(=峒) 534, 冊 465, 寨 74로 레 타인 똥 시기보다도 훨씬 많다. Nguyễn Trãi, Ức-Trai Tập(抑齋集), Sài Gòn: Phủ Quốc-vụ-khành đặc-trách văn-hóa xuất bản, 1972 Tập Hạ, 734~35면; 『全書』(중), 736면; 櫻井由躬雄 「ヴェトナム中世社數の研究」, 『東南アジア──歷史と文化』 5, 1975, 15면; 유인선 「베트남 黎朝時代(1428~1788) 村落[社]의 구조와 성격」, 464면.

우가 많았다. 명은 상기한 많은 수의 관직을 전부 자신이 파견한 관리로 채울 수가 없었으며, 그나마 파견된 관리도 과실로 인해 좌천된 자들이 대부분이었다. 당시 베트남은 중국인 관리들에게 본국으로부터 멀리 떨어진 벽지에다가 풍토병이 많은 지역으로 인식되어 누구도 부임하기를 꺼려했다.[33] 이때문에 교지의 행정은 적지 않은 문제점을 낳았고, 이를 해결하기 위한 한가지 방법으로 명은 베트남인 중에서 각 방면에 걸쳐 유능한 자를 선발하여 관직을 수여했다. 장보 등은 몇해 동안 9천명 이상이나 난징의 조정에 천거했다고 한다.[34]

한편 명 조정은 명의 베트남 지배를 화평하게 한다는 의미에서 행정구역의 명칭을 상당수 바꾸었다. 기록에 따르면, 주 4, 부 7 및 현 27곳의 명칭이 초기에 바뀌었는데, 사용된 글자들은 주로 평(平)·화(和)·흥(興) 같은 것들이었다.[35]

명은 처음 출병의 명분으로 호 꾸이 리의 찬탈과 쩐 왕조의 부활 등을 내세웠는데, 베트남을 점령한 다음 행정단위의 명칭까지 바꾼 것은 출병이란 이름하에 정복, 즉 직접지배의 의도가 있었음을 그대로 보여준다고 하겠다. 사실 1409년 장보는 쩐 왕조의 후손이라고 하며 명 지배에 반기를 든 쩐 꾸이 코앙(Tran Quy Khoang, 陳季擴)이 보낸 사절에게 말하기를, 자신은 황제의 명을 받들어 반도를 진압할 뿐이며 쩐 왕실의 후손을 찾는 일은 알 바가 아니라고 했다.[36] 따라서 화평이란 말은 명이 자신들의 지배를 합

---

33) 山本達郞『安南史硏究』I, 594~95, 601면; Woodside, "Early Ming Expansionism (1406~1427)," 17~18면.

34)『明史』권321, 8316면;『越嶠書』,『四庫全書存目叢書』史部 162冊, 권2, 史 162, 711면;『全書』(상), 496면; 山本達郞『安南史硏究』I, 600~601면; Woodside, "Early Ming Expansionism (1406~1427)," 16~17면; Whitmore, *Vietnam, Ho Quy Ly, and the Ming (1371~1421)*, 114면.

35) Woodside, "Early Ming Expansionism (1406~1427)," 14면.

36)『明史』권154, 4222면; Woodside, "Early Ming Expansionism (1406~1427)," 13면.

리화하려는 것에 지나지 않았다. 베트남측에서 본다면 명의 지배는 어떤 형식이든 이제까지 자신들이 누려온 독립과 자유를 부정하는 행위였다. 그러기에 명의 베트남 지배는 처음부터 결코 순탄할 수가 없었으니, 무력 점령에 따른 저항운동이 각지에서 일어났다.

처음에는 명의 지배에 협력하는 자들에 대한 암살 위협으로부터 시작되었다. 당시 떠도는 말로, "살려면 산림에 은거하고, 죽으려거든 응오(Ngo, 吳)의 관리가 되어라"라고 했다는 것이다.[37] 무력에 의한 저항운동은 1407년 8월 오늘날 응에 안 성의 지엔 쩌우(Dien Chau, 演州)와 꾸인 르우(Quynh Luu, 瓊瑠, 당시 명칭은 짜 타인[Tra Thanh, 茶淸]) 및 푸 토 성의 훙 꽌(Hung Quan, 당시 명칭은 동 란[Dong Lan, 東欄]) 등지에서 일어났고, 같은 시기에 중국 국경에 접한 지금의 까오 방과 랑 썬 등지에서도 동란이 발생했다. 1408년에도 푸 토 성과 썬 떠이 성 및 타이 응우옌 성 등지에서 저항운동은 계속해서 일어났다.[38] 저항운동은 거의 명군에 의해 쉽사리 진압되었지만, 이러한 저항운동으로 보아 명군은 이전 쩐 왕조의 영토를 완전히 장악하지 못했으며, 이는 앞에서 본 촌락 숫자가 입증해준다.

잔 딘 데(簡定帝)와 쩐 꾸이 코앙(陳季擴)의 저항

여러 저항세력 가운데 역사적으로 중요한 의미를 갖는 것은 홍 강 델타 최남단에 근거를 둔 쩐 응에 똥(Nghe Tong, 藝宗, 1370~1372)의 차남으

---

37) 『全書』(상), 496면. 응오(吳)는 춘추시대 월왕(越王) 구천(句踐)에 멸망당한 나라를 암
   시하는 동시에 명의 창건자인 주원장이 1364년 오왕(吳王)을 칭했던 것과 관련이 있어,
   적국인 명을 의미하는 것이다. Stephen O'Harrow, "Nguyen Trai's *Binh Ngo Dai Cao* of
   1428," *Journal of Southeast Asian Studies* 10-1, 1979, 159~74면.
38) 『越嶠書』, 『四庫全書存目叢書』 史部 162冊, 권2, 史 162, 711~12면; 『全書』(상), 495~96
   면; 山本達郎 『安南史研究』 I, 411~14면; Whitmore, *Vietnam, Ho Quy Ly, and the Ming
   (1371~1421)*, 100면.

로 알려진 쩐 응오이(Tran Ngoi, 陳頠)를 중심으로 한 집단이다. 쩐 응오이는 1407년 10월 초 자칭 잔 딘 데(Gian Dinh De, 簡定帝)라 하고 흥 카인(Hung Khanh, 興慶)이라는 연호까지 제정했다.[39] 그리하여 응오 씨 리엔은 『대월사기전서』에서 쩐 응오이와 그의 뒤를 이은 쩐 꾸이 코앙의 시기(1407~1413)까지를 허우 쩐(Hau Tran, 後陳)이라 하여 하나의 독립된 왕조로 다루어 명에 대한 저항의지를 높이 평가하고 있다.[40]

쩐 응오이는 처음 모 도(Mo Do, 謨渡), 즉 오늘날 남 딘(Nam Dinh) 지방에 속하는 옌 모(Yen Mo, 安謨)에서 일어났다가 명군의 추격을 받고 곤경에 빠졌으나 웅에 안으로 도피한 이후 명에 항복했다 도망해온 당 떳(Dang Tat, 鄧悉) 등의 지원을 받아 타인 호아 이남 지방에서 세력을 확대해나갔다. 특히 명의 장보와 목성 등이 이끄는 주력부대가 본국으로 회군한 이후에는 세력을 더 키워 명의 관직을 받은 베트남인들을 처형하고 명군의 본거지인 동 도를 향해 북상하게 되었다.

영락제는 베트남에 잔류시킨 병력만으로는 사태를 수습할 수 없음을 깨닫고 다시 목성을 총사령관으로 하여 윈난과 구이저우 및 쓰촨 등지의 군 4만을 이끌고 윈난에서 진격케 하는 동시에 병부상서 유취(劉儁)에게도 출정을 명했다. 그러나 목성의 군대 역시 대패하여 유취와 도사(都使)인 여의(呂毅) 등은 전사하고 목성만 간신히 도피하였다.[41] 이를 계기로 잔 딘 데의 세력은 더욱 확대될 수 있었는데, 전략을 둘러싸고 내분이 일어나 그 세가 꺾이고 말았다.[42]

---

39) 『全書』(상), 497면; 『明史』 권321, 8316~17면.

40) 『全書』(상), 493~508면; 유인선 「전근대 베트남의 對中國認識」, 421면.

41) 『明史』 권6, 85~86면 및 권321, 8317면; 『全書』(상), 499면; 『安南志原』, 11~12면; 山本達郎 『安南史硏究』 I, 424~28면.

42) 잔 딘 데는 즉시 동 도를 공격하자고 주장한 반면, 당 떳은 군대가 먼 길을 와 군량이 부족하니 좀 기다리자고 했다. 응오 씨 리엔은 당 떳의 주장이 옳다고 보았다. 『全書』(상), 499면.

1409년 2월 잔 딘 데가 자신의 부하 가운데 최고 유력자인 당 떳과 응우옌 까인 쩐(Nguyen Canh Chan, 阮景眞) 등을 의심하여 살해하는 사건이 벌어졌다. 이에 두 사람의 아들인 당 중(Dang Dung, 鄧容)과 응우옌 까인 지(Nguyen Canh Di 阮景異)를 중심으로 한 세력이 반기를 들고 타인 호아로 돌아가 쩐 응에 똥의 손자이며 잔 딘 데의 조카인 쩐 꾸이 코앙을 황제로 추대했다. 쩐 꾸이 코앙은 제위에 올라 연호를 쭝 꽝(Trung Quang, 重光)이라 하고 당 중 등을 중용하여, 베트남측은 명군을 앞에 두고 둘로 분열되는 양상을 보였다.[43] 그러나 양자 사이에 곧 화해가 이루어져 세력이 우세한 쩐 꾸이 코앙은 잔 딘 데를 상황에 앉히고 자신이 저항세력의 주도권을 잡았다.

한편 목성의 패배 소식에 접한 영락제는 1409년 정월 즉시 장보의 지휘하에 저장·푸젠·광둥 등지의 군대로 이루어진 4만 7천의 원정군을 베트남으로 출병시켰다. 5월 베트남에 진격한 장보의 군대는 진격을 계속하는 가운데 일시 저항도 받았지만 타인 호아까지 진출하였다가 북으로 도망한 잔 딘 데를 쫓아가 11월 썬 떠이 성 지방에서 그를 생포하여 난징으로 압송했다.[44]

이후 장보는 영락제의 몽골 정벌에 참가하기 위해 1410년 정월 귀환길에 올랐으며, 이 틈을 타 응에 안 지방으로 물러났던 쩐 꾸이 코앙은 세력을 확대할 수 있었다. 그러나 그는 여러 지방의 저항세력들을 하나로 규합하지 못했고, 결국 항거는 실패로 끝나고 말았다.

장보가 없는 사이에 쩐 꾸이 코앙의 세력이 확대되자, 영락제는 1411년 세 번째 장보를 베트남에 보냈다. 장보는 전과 달리 이른바 '관휼지은(寬

---

43) 『全書』(상), 500~501면.
44) 『明太宗實錄』권98, 1290~91면; 『明史』권6, 87면; 『越嶠書』, 『四庫全書存目叢書』史部 163冊, 권6, 史 163, 26면; 『安南志原』, 119면; 山本達郎 『安南史研究』 I, 441~43면. 『대월사기전서』에는 포로 잔 딘 데를 직접 언급하지 않고 다만 '보새(寶璽)'라고 하여 간접적으로 암시하고 있다. 이는 저항운동의 상징적 존재였던 잔 딘 데가 포로가 된 사실을 수치로 생각하여 찬자가 의도적으로 회피한 것이 분명하다. 『全書』(상), 501면.

恤之恩)'의 방침 아래 평화적으로 문제를 해결하고자 했지만, 쩐 왕조의 후계자이며 베트남의 지배자임을 주장하는 쩐 꾸이 코앙과는 처음부터 타협이 불가능했다. 따라서 장보는 태도를 바꾸어 베트남군에 대한 적극적인 공세를 취해 이들에게 커다란 타격을 입혔다. 그리하여 1414년 정월 주요 인물인 당 카인 지와 응우옌 쑤이(Nguyen Suy, 阮帥) 등을 포로로 하고 1414년 3월에는 마침내 라오스 영내로 도망한 쩐 꾸이 코앙을 생포하는 데 성공했다.[45] 이로써 쩐 왕실을 부활하려는 노력은 끝을 맺었으니, 베트남 사서의 표현을 빌리면, "베트남인들은 이로부터 완전히 명나라 사람들의 신첩(臣妾)이 되었다."[46]

명측의 기록에 의하면, 명군에 사로잡힌 쩐 꾸이 코앙 등은 곧 중국으로 보내져 그곳에서 처형되었다.[47] 반면에 베트남 기록은 쩐 꾸이 코앙이 압송 도중 강에 몸을 던져 자살하자 응우옌 쑤이 등도 그 뒤를 따랐다고 하여, 쩐씨의 말로를 극적으로 그리고 있다.[48] 베트남 기록은 편찬자가 베트남인들의 저항정신을 미화할 의도로 다뤘을 가능성이 크다.

명의 동화정책

명은 베트남에 대한 지배권을 재확립한 후 이를 영속화하기 위해 행정체제를 정비하는 한편 문화적으로는 동화정책을 펼쳤다. 부와 주와 현은 인구분포에 따라 변경이 잦다가 1419년 대규모 통폐합이 이루어져 부 15, 주 46, 현 79개로 되어, 앞서 본 1407년보다 전체 수는 오히려 줄었다.[49]

---

45) 『明太宗實錄』 권149, 1737~38면; 『明史』 권154, 4222~23면 및 권321, 8319~20면 및 권7, 93면; 山本達郎 『安南史研究』 I, 486~90면.
46) 『全書』(상), 508면.
47) 『明太宗實錄』 권151, 1757면 및 권154, 1775면.
48) 『全書』(상), 508면.

명은 동화정책을 실시하기 위해 문화기관들도 다수 설립되었다. 명 조정은 베트남인들에게 중국문화를 보급시켜 중국식 예의를 익히게 하는 한편, 베트남 고유의 관습은 '이속(夷俗)'이라 하여 금지하였다. 예컨대 남녀가 모두 지난날처럼 머리를 짧게 깎지 못하게 하였으며, 모든 여성은 짧은 저고리와 긴 치마[短衣長裙]를 입도록 강요했다.[50]

중국문화의 보급에는 중국식 학교제도의 도입이 필요한데, 1407년 황복은 포정사 겸 안찰사로 부임하자마자 기존의 베트남 교육기관을 이용함으로써 문제는 쉽게 해결되었다. 그리고 우수한 학생들을 유치하기 위해 자신의 양자인 황종유(黃宗儒)를 자진해서 입학시키기까지 했다.[51] 물론 학교는 중국 본토처럼 의학·음양학·유학과 관련된 세 종류가 있었다. 그 중 유학을 가르치는 학교는 1410년대 중반 모두 161개교로 부학(府學)이 14, 주학(州學)이 34, 현학(縣學)이 113개였다. 그리고 특별히 우수한 학생은 입학 연도와 관계없이 '공생(貢生)'으로 선발되어 난징의 국자감에서 공부할 수 있는 기회가 주어졌다. 명 지배기간 중 베트남인으로 공생에 선발된 자는 모두 161명이었다.[52] 공생으로 선발된 학생들은 후일 귀국하여 관리로서 명의 지배체제를 돕는가 하면, 다른 일면에선 중국적 이념의 보급에도 도움이 될 수 있었다. 1416년 명 당국은 또한 불교와 도교 승단의 통제 및 불승과 도사의 행동규제를 위해 승강사(僧綱司)·승정사(僧正司)·도기사(道紀司)·도정사(道正司) 등을 부·주·현 등지에 다수 설치했다.[53]

다른 한편, 명은 1418년 쩐 왕조 때까지 저술된 베트남의 모든 고금도서

---

49) 山本達郞『安南史硏究』I, 579~80면.

50)『安南志原』, 253~54면;『全書』(상), 509면.

51)『安南志原』, 106면.

52)『安南志原』, 107면; 山本達郞『安南史硏究』I, 596~97면; Whitmore, *Vietnam, Ho Quy Ly, and the Ming (1371~1421)*, 125면.

53)『安南志原』, 129면; 山本達郞『安南史硏究』I, 597면.

를 수합하여 본국으로 보내는 동시에,[54] 이듬해에는 사서오경과 『성리대전(性理大全)』및 효순(孝順) 관련 서적을 각급 유학에 나누어주고 불경과 도경도 승사(僧司)와 도사(道司)에 전해주었다.[55]

이런 정책에도 불구하고 베트남의 동화는 명의 의도대로 되지 않았다. 명의 지배가 시작되어 10여년이 지난 1419년에도 베트남인 관리나 학생 모두 부모의 상을 당했을 때 베트남 고유의 관습대로 장례를 치렀다. 의례를 담당한 중국인 관리는 다음과 같은 상소문을 올렸다.[56]

자오 찌 사람들은 아직 저네들의 야만적 관습에 젖어 있습니다. 부모가 돌아가셨을 때, (중국 사람들이 흰옷을 입는 것과는 달리) 검은 옷을 입습니다. 토착관리와 학생 및 속리는 상중에도 (평소와 다름없이 일하고) 행동을 삼가지 않습니다.

유교의 가장 중요한 의식조차 제대로 시행되고 있지 않다는 말을 들은 황제는 놀라 "저들에게는 부모도 없는가?"라고 물었다. 그 관리는 "차츰 야만적 풍습이 교화되어 가고 있습니다"라고 대답했지만, 그것은 한낱 변명에 지나지 않았다.

명 지배정책의 한 축이 문화적 동화 노력이라고 한다면, 다른 한 축은 경제적 착취였다. 중국의 역대 왕조가 베트남을 지배하려 한 가장 큰 이유가 전통적으로 경제적 이득에 있었음은 이미 앞에서도 언급한 바 있다. 물

---

54) 『강목』은 당시 중국으로 보내진 도서목록을 판 후이 쭈(Phan Huy Chu, 潘輝注)의 『역조헌장유지(歷朝憲章類志)』「문적지(文籍志)」를 인용하여 상세히 열거하고 있다. 『綱目』 정편 권13, 4b~5b면; Trần Trọng Kim, *Việt-Nam Sử-Lược*, Quyển I, 212~13면.

55) 『全書』(중), 516~17면; 『綱目』 정편 권13, 3b~4a면.

56) 『明太宗實錄』 권214, 2146면; Whitmore, *Vietnam, Ho Quy Ly, and the Ming (1371~1421)*, 128면.

론 여기에는 베트남에 대한 직접적인 착취만이 아니라 남해무역에 필요한 중간기지로서의 중요성도 염두에 두어야 한다. 여하튼 명은 베트남을 점령하자 즉시 각종 세금을 징수하기 위해 시박사(市舶司)·염과사(鹽課司)·금장국(金場局) 등 경제 관련 여러 기관들을 설치했는데, 쩐씨의 저항세력을 진압한 뒤에는 그 수를 더욱 늘려 베트남인을 착취했다. 영락제는 베트남 지배 초기인 1408년 정치적 동요를 고려하여 세액을 경감 또는 감면해 준 적도 있지만,[57] 이런 정책은 어디까지나 일시적이었고 더욱이 질 낮은 관리가 부임해 오면 언제나 탄압과 착취로 바뀌었다. 베트남인들에게 가장 큰 부담은 명 황실에서 요구하는 특산물의 상공(上貢)이었는데, 관리들은 이 기회를 이용하여 중간에서 지나치게 착취를 했다.

상공품은 금·은·상아·부채·비단·옻 등 다양했지만, 특히 주요 품목은 비단·옻·소목(蘇木)·취우(翠羽, 물총새 깃털)·부채 다섯가지였다. 상공은 명의 지배가 절정에 달한 1416년부터 1423년까지만 행해졌는데, 그중 1421~23년 사이 3년 동안 상공한 5개 물품의 양을 보면 아래와 같다.[58]

	비단	옻	소목	취우	부채
1421	1,535필	2,500근	4,520근	2,725개	7,535개
1422	1,390	2,800	4,800	2,800	8,430
1423	1,747	3,000	5,000	3,000	10,000

베트남인들은 명의 과중한 세금을 부담해야 하는 것 외에도 둔전(屯田)의 경작이나 교량 건설 및 축성(築城) 등 노역봉사를 해야 했다. 이전 같으면 농한기는 베트남인들이 농사에서 해방되어 축제 등으로 생활의 여유를

---

57) 『明太宗實錄』 권77, 1043면; Woodside, "Early Ming Expansionism (1406~1427)," 24면.
58) 山本達郎 『安南史研究』 I, 604~605면.

즐기던 때였다. 하지만 명의 식민정부는 건기에도 남녀노소를 불문하고 베트남인들을 동원하여 홍 강 델타의 수많은 수로에 다리를 건설하고 전략상 중요한 곳에는 성보를 쌓았다. 명이 베트남을 통치하는 데 교통과 통신의 편의를 위해 건설한 교량 위로 역마가 다니고 병력이 이동하고 보급품 수송이 이뤄졌다.

3. 레 러이의 독립회복

레 러이(黎利)

경제적 착취와 강제노동은 베트남인들로 하여금 다시 저항운동을 일으키게 했다. 베트남 정복의 주역인 장보는 1416년 말 본국으로 소환되었으며, 그의 후임자들은 그가 이루어놓은 업적을 계승할 만한 능력이 없었다. 1417년에 이미 홍 강 평야의 중심부와 남부의 여러 지방에서 일련의 저항운동이 베트남인 하급관리들의 주도하에 일어났다.[59] 그러나 대부분 일시적이고 국지적이어서 대세에 영향을 주지는 못했다. 이에 비해 1418년 타인 호아 지방에서 군사를 일으킨, 이른바 '람 썬 기의(khoi nghia Lam Son, 藍山起義)'의 주인공인 레 러이(Le Loi, 黎利)는 달랐다. 그는 10년에 걸친 저항 끝에 마침내 명의 군대를 물리치고 베트남의 독립을 되찾는 데 성공했다. 이때문에 『대월사기전서』는 1414년부터 1417년까지만을 명에 속한 시기, 즉 속명기(屬明期)로 다루고 있다.

레 러이에 대하여는 여러가지 전설이 있지만 집안이 타인 호아의 람 썬

---

59) 『明太宗實錄』 권189, 2008면 및 권190, 2011~12면 및 권193, 2035면; 山本達郎 『安南史研究』 I, 617~15면.

(Lam Son, 藍山) 지방 토호라는 사실 외에는 확실히 알려진 것이 거의 없다. 그는 한때 쩐 꾸이 코앙의 저항운동에도 참여했다. 일설에 의하면 저항이 실패한 후 소금 밀매자나 여행객 등을 검문하는 명의 순검(巡檢)직에 있었다고 한다.[60] 그런가 하면 다른 일설에는 관직 제안을 받았지만 거절하고 어지러운 세상을 바로잡겠다는 뜻을 더욱 굳혔다고 한다.[61] 실제로는 전자쪽이 사실이고, 후자는 독립투쟁의 영웅이요 레 왕조(Le, 黎朝, 1428~1788)의 창건자인 레 러이를 미화하는 얘기일 가능성이 높다. 하지만 그가 순검직에 만족했다고 보기는 어렵고 언젠가 명 지배에 반기를 들고자 기회를 보고 있었음에 틀림없다. 그는 서서히 주위에 친척과 동향인 및 지역의 반도들을 불러모았는데, 이때 모여든 인물들 중에는 이후 저항운동에서 레 러이의 오른팔 역할을 하게 되는 응우옌 짜이(Nguyen Trai, 阮廌)도 있었다. 응우옌 짜이는 1400년 태학생(太學生) 시험에 합격하여 호씨 정권하에서 관직에 있었고 그때문에 명의 침공 후 한동안 연금생활을 했다.

1418년 레 러이는 빈 딘 브엉(Binh Dinh Vuong, 平定王)이라 칭하고 명 지배에 대해 공개적으로 반기를 듦으로써 이후 10년간에 걸친 저항운동의 첫발을 내디뎠다. 야마모또는 이 10년간을 두 시기로 나누어, 1418년부터 1423년까지를 제1기, 1424년부터 1427년까지를 제2기라고 했다. 제1기는 명에 저항하다가 일단 진압된 시기이고, 제2기는 명의 세력을 베트남에서

60)『明史』권321, 8321면;『大越史記』권10,「屬明期」, 연대미상, Hà Nội: Viện nghiên cứu Hán nôm VHv 1578/4. 이『대월사기』는 18세기 후반 떠이 썬(Tay Son, 西山) 시기에 간행되어 흔히『대월사기전서(大越史記全書)』「서산본(西山本)」이라고 알려져 있는데, 정확한 명칭은『대월사기속편(大越史記續編)』이며『국사편록(國史編錄)』이라고도 한다. 레 반 흐우의『대월사기』뒤를 이어 레 년 똥(Nhan Tong, 1443~1459) 때의 사관인 판 푸 띠엔(Phan Phu Tien, 潘孚先)이 1455년 황제의 명을 받아 쩐 왕조의 창건으로부터 명 지배 말년(1427)까지를 찬술하였다. 陳荊和「大越史記全書の撰修と傳本」,『東南アジア―歷史と文化』권7, 1977, 25~32면.
61)『藍山實錄』, Hà Nội: Viện nghiên cứu Hán nôm, A. 26, 권1, 9a면;『全書』(중), 516면.

완진히 축출한 시기이다.[62]

처음 레 러이가 의병을 일으켰을 때, 응우옌 짜이의 표현을 빌리면, "인재는 가을철 나뭇잎처럼 성기고 호걸은 새벽녘 별같이 드물었는데, 앞뒤를 쫓아다녀도 그런 사람은 모자랐던"[63] 때문에 그는 곧 명군에 패하여 람썬을 떠나 서북방의 찌 린(Chi Linh, 至靈) 산으로 도피하고, 한때는 라오스 쪽까지 도망한 적도 있다. 이후 레 러이는 주로 마(Ma) 강 상류의 산간지역을 거점으로 게릴라전을 전개하면서 세력을 유지하였다. 그의 전술은 방비가 약한 명군의 보급부대나 전진기지를 공격하고는 증원군이 오면 즉시 산속으로 후퇴하는 것이었다. 다시 말하면, "약함으로써 강함을 제압해야 했기에 혹 적의 방비가 허술할 때 공격했고, 소수로써 다수를 맞아 싸워야 했기에 늘 복병을 두었다가 기습했다."[64] 한편 레 러이는 명의 관직을 받고 일하던 베트남 관리들에도 동참할 것을 촉구하고, 만약 권유를 받아들이지 않으면 암살의 대상으로 삼아 위협을 가했다. 그렇기는 하지만 그의 세력은 아직 지극히 미미하여 타인 호아 산간의 이곳저곳을 전전하며 겨우 명맥을 유지하는 정도였다.

1420년 레 러이 군대는 한때 떠이 도 부근까지 진출한 적도 있지만, 명군에 또다시 패하여 마 강 상류로 도피하였다. 이후 지리적 이점을 이용하여 추격하는 명군에 타격을 가하기도 했다. 그러나 1422년까지는 여타 베트남인들의 반명(反明) 활동이 거의 종식되어 명군이 그를 진압하기 위해 집중적으로 공격해오자 다시 찌 린 산으로 쫓겨 들어갔다. 그곳에서 2개월간

---

62) 山本達郎『安南史硏究』I, 615면.

63) 『全書』(중), 547면. 레 뀌 똔(Le Quy Don, 黎貴惇)은, 레 러이의 군대는 장수는 보잘것 없고 병졸도 적은 데 비해 명군의 수는 4만 5천여 명이나 된다고 했다. Lê Quý Đôn(黎貴惇), *Đại Việt Thông Sử*(大越通史), Sài Gòn: Bộ Văn Hóa Giáo Dục và Thanh Niên 1973(이하『大越通史』), 권1, 11b면.

64) 「평오대고(平吳大誥)」, 『全書』(중), 547면; Nguyễn Trãi, *Ức-Trai Tập*, Tập Thượng, 320면.

풀뿌리를 캐먹고 급기야 코끼리를 잡아먹어야 할 정도로 식량이 바닥나고 고생이 극심하자 병사들 중에 도망가는 자들이 생겼다. 레 러이는 결국 명에 연락을 취하여 화약을 맺고 저항을 중단했다.[65] 1423년 람 썬으로 돌아와 「청항서(請降書)」를 명군에 보냈다. 응우옌 짜이가 쓴 「청항서」에 따르면, 레 러이가 군사행동을 하게 된 것은 지현(知縣)과의 불화 때문이며 명에 반항할 의사는 없었음을 밝히면서 관대한 처분을 청했다.[66] 명도 이를 받아들여 우마·어염·곡물·농기구를 보내주었다.[67] 이리하여 베트남의 정세는 어느정도 평온을 되찾았지만, 이런 상황은 그리 오래가지 않았다.

레 러이의 명군 격퇴

1424년부터 레 러이는 타인 호아 지방을 중심으로 활동을 재개했다. 그리고 세력을 점차 베트남 전역으로까지 뻗쳐 1427년에는 마침내 명의 군대를 몰아내고 이듬해 레 왕조를 창건하기에 이른다. 이렇게 전세가 변한 것은 단순히 레 러이가 이끄는 베트남 내부의 저항세력이 강해졌기 때문만은 아니고, 외부적으로 1424년 영락제가 사망한 후 뒤를 이은 인종(仁宗, 1425)의 베트남에 대한 정책이 소극적으로 바뀐 탓도 있었다. 인종에 이어 선종(宣宗, 1426~1435)은 더욱 소극적 정책을 택하고, 군사력을 북방의 변경을 방어하는 데만 집중시켰다.

명의 정책이 이처럼 전환되자, 레 러이는 이를 좋은 기회로 생각하여 재차 반기를 들었다. 그는 우선 마 강 유역으로 진출하여 명군에 타격을 주어 떠이 도 성(西都城) 방면으로 몰아냈다. 그리고 다시 남하하여 응에 안 지방의 명군을 격파함으로써 1424년 말 레 러이의 세력은 타인 호아로부터

---

65) 『藍山實錄』 권1, 32면; 『全書』(중), 521면; 『大越通史』 권1, 17a~b면.
66) Nguyễn Trãi, *Ức-Trai Tập*, Tập Hạ, 429~30면.
67) 『全書』(중), 521면; 『大越通史』 권1, 17b면.

응에 안 지방에까지 이르렀다. 1425년 초 레 러이는 응에 안 남부 빈(Vinh) 지역민들의 열렬한 환영을 받았으며, 그 남부에 위치한 하 띤 지방의 한 베트남 지부(知府)는 병사 8천여명과 코끼리 10여마리를 이끌고 와서 그를 지원했다고 한다.[68] 레 러이의 군대는 명군에 대한 공세에 박차를 가해, 가을에는 떠이 도와 응에 안 성(城) 등 두세 곳을 제외한 북의 타인 호아 지방부터 현재 트아 티엔(Thua Thien, 承天) 성 이남을 포함하는 남쪽 전 지역을 탈환했다. 이후 병력을 더욱 증강하여 홍 강 델타 지방으로 진출할 만반의 준비를 갖추었다.

　레 러이의 저항세력이 갈수록 강성해지고 주둔 병력이 연달아 패배하자 명 조정은 1426년 4월 왕통(王通)을 총사령관으로 하여 2만의 증원군을 파견하면서 베트남인 병사 3만도 동원하여 함께 토벌을 행하게 했다. 동시에 선덕제는 저항세력을 회유하기 위해 레 러이를 비롯한 반도(叛徒)가 귀순해 오면 관직을 주겠다는 약속을 하고, 종래 베트남에 부과했던 금·은·소금·철·향료 등의 물자조달을 중단했다.[69] 레 러이는 명의 증원군 파병에 개의치 않고 오히려 적극적인 공세를 취하여 군대를 홍 강 델타로 진군시켜 11월에는 탕 롱의 서쪽 쭉 동(Chuc Dong, 祝洞)과 뜻 동(Tot Dong, 崒洞)에서 대대적인 전투를 벌였다. 이 전투에서 명군은 두 장수를 비롯하여 수만의 장졸이 전사하거나 포로가 되고, 왕통 등은 간신히 몸을 피해 동 도로 물러갔다.[70] 이 싸움은 명군에게 결정적인 타격을 주었다. 레 러이는 곧 성을 포위하는 한편, 그 주변지역을 동·서·남·북의 4도(道)로 나누어 행정체계를 수립하고 성 안의 명군에게 문을 열고 나와 항복할 것을 권유했다. 포

68) 『全書』(중), 525면; 『大越通史』, 21b면; 山本達郎 『安南史研究』 I, 680~81면.
69) 『明宣宗實錄』 권16, 419면 및 권17, 448~450면; 『全書』(중), 527면; 『大越通史』 권1, 24a면; 山本達郎 『安南史研究』 I, 690~91면.
70) 『대월사기전서』에는 이 전투가 10월에 있은 것으로 되어 있으나, 여기에서는 야마모또의 견해를 받아들여 11월로 했다. 山本達郎 『安南史研究』 I, 702면.

위당한 왕통은 전세의 불리함을 직시하고 일단 싸움을 멈춘 다음 협상에 응할 태도를 보였다.[71]

양측의 협상에서 논의된 것은 명군의 귀국 날짜와 명군의 귀국을 위한 모든 편의 제공 등이었으나, 무엇보다 중요한 것은 레 러이가 쩐 왕실의 후손을 찾아내어 왕위에 앉혀야 한다는 문제였다. 명이 베트남을 침공하게 된 표면적인 이유가 호씨를 징벌하고 쩐 왕조를 재건한다는 것이었기 때문이다. 베트남인들은 이미 명의 경제적 착취와 오랜 전쟁으로 고통받고 있었기 때문에 레 러이는 전쟁이 더이상 장기화하는 것을 원하지 않아 쩐 왕실의 후손 옹립에 대해 명과 합의했다. 이리하여 1426년 말 무렵 왕위에는 쩐 까오(Tran Cao, 陳暠)라는 인물이 옹립되었는데, 그는 호옹(胡翁)이란 이름으로 전술한 하 민 지방 지부(知府)에게 몸을 의탁해 살면서 쩐씨의 후손으로 행세했다.[72]

그러나 이런 합의에도 불구하고 약속사항은 곧 이행되지 않았다. 왕통은 철군을 약속하고도 철수 때 혹시 모를 베트남측의 계략을 우려하여 차일피일 시간을 끌었는가 하면, 다른 한편으로는 기회를 보아 전투를 재개할 생각에서 나름대로 전투준비를 하고 있었다. 명 조정은 왕통의 군대가 동 도에서 포위되어 곤경에 처해 있음을 알고 1426년 12월 유승(柳升)과 목성으로 하여금 11만 5천여명이라는 대군을 동원하여 그를 구원케 했다. 베트남 군대는 명의 구원군을 맞아 1427년 9월 랑 썬 부근의 찌 랑(Chi Lang, 支棱)에서 명군을 격파하고 유승을 참(斬)하는 한편, 10월에는 윈난 접경 지대인 레 호아(Le Hoa, 梨花)에서도 목성의 명군에 대승을 거두었다.[73] 이

---

71) 『全書』(중), 530~31면.

72) 『全書』(중), 530면; 『藍山實錄』 권2, 74면; 『大越通史』 권1, 23b면; Nguyễn Trãi, Ức-Trai Tập, Tập Hạ, 479면; 『明史』 권321, 8324면.

73) 『全書』(중), 541~43면; 『藍山實錄』 권2, 71~73면; 『大越通史』 권1, 39b~41a면; 『明宣宗實錄』 권31, 797~98면 및 권32, 380면. 명의 대군이 베트남에 다다르기 전 레 러이의 군

러한 구원군의 패배는 명의 베트남 지배에 대한 최종적 일대 타격이 아닐 수 없었다. 이에 앞서 선종은 베트남을 직접 지배하는 데 막대한 경제적 부담을 느꼈을 뿐만 아니라 베트남인들의 저항으로 광시와 윈난 경계지역을 넘어 영토를 확대할 수 없다면, 전통적인 조공제도를 통해 영향력을 행사하는 것이 바람직하다는 생각이었다.[74] 그리하여 왕통에게 군대의 철수를 명했다.

「평오대고(平吳大誥)」

고립무원의 왕통은 황제의 철군 명령이 도달하기 이전에 레 러이와 화약을 맺고 1427년 12월 철수를 서둘렀다. 레 러이는 이때 500척의 선박과 많은 양의 식량을 제공하여 명나라 군대의 철수를 도왔다고 한다.[75] 이리하여 그는 항전 10년 만에 20년에 걸친 명의 지배에서 벗어나 민족의 독립을 이뤘다. 레 러이는 이를 기념하여 응우옌 짜이에게 글을 짓게 하였는데, 유명한 「평오대고(平吳大誥)」이다. 다음과 같이 시작된다.[76]

일찍이 듣건대 인의(仁義)의 거사는 요체가 백성을 편안하게 하는 데에 있고, 조민벌죄(弔閔伐罪)의 군사는 포악함을 제거하는 일보다 앞세우는 일은 없다고 한다. 우리 다이 비엣 국(國)은 진실로 문명화된 국가이다. 산천

대는 북부 국경지대의 주요 지역을 이미 거의 점령한 상태였다.

74) Woodside, "Early Ming Expansionism (1406~1427)," 32면.

75) 『明宣宗實錄』 권34, 867면; 『全書』(중), 546면; 『藍山實錄』 권2, 82면; 『大越通史』 권1, 43a면.

76) 『全書』(중), 546~48면; Nguyễn Trãi, Ức-Trai Tập, Tập Thượng, 319~23면. Truong Buu Lam, *Patterns of Vietnamese Response to Foreign Intervention: 1858~1900*, 55~62면; 조동일 해설, 지준모 옮김 『베트남 최고의 시인 阮廌』, 서울: 지식산업사 1992, 60면; 최귀묵 『베트남문학의 이해』, 272면. '조민벌죄'는 백성을 위무하고 죄 있는 자를 친다는 뜻이다.

의 경계가 다르고 남북의 풍속 또한 다르다. 우리는 찌에우(趙)·딘(丁)·리(李)·쩐(陳)이 창업할 때부터 한·당·송·원과 더불어 각각 그 나름의 영토에서 황제를 칭하고 다스려왔다.

이 글은 중국에 대한 저항이 베트남인들에게 대등의식을 갖게 하였음을 잘 보여준다. 앞서 말한 바와 같이, 「평오대고」에서 오(吳)는 춘추시대 월왕(越王) 구천(句踐)에게 멸망당한 나라를 암시하는 동시에 명의 창건자인 주원장이 1364년 오왕(吳王)을 칭한 것과 관련이 있어, 사실상 명을 의미하는 것이다. 전근대 베트남 사료들이 월(越)을 자신들의 조상으로 받아들이고 있음을 고려하면, 레 러이는 자신을 구천의 계승자로 생각하면서 적국인 명이 오나라와 마찬가지라는 뜻을 암시하고 있는 것이 분명하다.[77]

앞에서 인용한 리 트엉 끼엣의 노래에서 '천서(天書)'를 거론한 것에 비하면 「평오대고」는 몇걸음 더 나아간다. 남북의 강역이 다르고 풍속이 다를 뿐만 아니라 각자의 산천에서 이룩해온 역사가 다르기 때문에 역사상 '각각 그 나름의 영토에서 황제를 칭해온 것(各帝一邦)'이라고 했다. 지리적 이유, 문화적 이유, 역사적 이유, 이념적 이유에서 베트남의 독립은 지지되어야 한다고 선언한 것이다.[78]

호씨 정권과 명의 지배기간은 정치적 격동기였지만, 문화적으로도 베트남역사에서 중요한 전환기였다. 두 시기 30년 동안 호씨의 유학 장려와 명의 베트남인 교화 노력은 베트남사회에 가시적인 결과를 즉각 가져오지 않았지만, 반세기 후 레 왕조의 타인 똥(Le Thanh Tong, 黎聖宗, 1460~1497)에 이르러 나타났다.[79]

---

77) O'Harrow, "Nguyen Trai's *Binh Ngo Dai Cao* of 1428," 66~167면.
78) 최귀묵 『베트남문학의 이해』, 273면; 유인선 「전근대 베트남의 對中國認識」, 419면; O'Harrow, "Nguyen Trai's *Binh Ngo Dai Cao* of 1428," 168면.
79) Whitmore, *Vietnam, Ho Quy Ly, and the Ming (1371~1421)*, 129~30면.

제4장 레 왕조 전기 및 막씨 정권과 명

1. 레 왕조 전기 명과의 관계

명과의 국교 성립

1428년 봄 동 도에[1] 돌아온 레 러이는 제위에 올라 연호를 투언 티엔(Thuan Thien, 順天), 국호를 전처럼 다이 비엣(Dai Viet, 大越)이라 하였으니, 베트남역사에서 일컫는 레 왕조이다. 베트남의 군주들이 스스로를 황제라 하듯이, 다이 비엣이란 국호 역시 중국의 승인을 받은 것이 아니라 자체적으로 결정한 이름이었다.

레 러이, 곧 타이 또(Thai To, 太祖, 1428~1433)는 즉위 후 곧 명에 사절을 보내 쩐 까오가 사고로 사망하고 쩐씨 후손이 끊겼다는 것을 알리면서 금인(金人) 및 특산물을 바쳤다.[2] 하지만 쩐 까오는 사고로 사망한 것이

---

1) 레 러이는 1430년 동 도를 동 낀(Dong Kinh, 東京)으로 고쳤다. 여기에서 뒷날 통킹(Tongking)이란 말이 유래했다. 『全書』(중), 563면.
2) 『明史』 권321, 8325면; 『全書』(중), 556면.

아니라 레 러이가 사람을 시켜 살해한 것이다.[3] 원래 명에게 철병의 명분을 주기 위해 잠시 옹립되었던 만큼, 이제 명군이 물러나 소용가치가 없어진 이상 불필요한 존재였다. 레 러이는 독립투쟁의 지도자로서 명군과 10년 동안 싸워 이들을 물리치고 나라를 세웠지만, 베트남의 국력이 중국에 비할 바가 못 되므로 왕조의 영속적인 평화와 안정을 도모하려면 명과의 조공관계가 절대적으로 필요하다는 것을 잘 알기에 사절을 파견한 것이다.

선종이 이듬해 다시 사절을 보내 쩐 왕실의 후손을 찾아보도록 요구하자, 레 타이 또는 명 사신의 귀국 때 베트남 사절을 동행시켜 선덕제의 요구에 대해 후손이 없음을 설명하는 동시에 금은그릇과 특산물을 바치며 책봉(冊封)을 요청했다. 이어 1431년 책봉을 요청하는 공식 사절을 보내서, 쩐씨 자손을 두루 찾아보았으나 없다고 하자, 명은 마침내 이를 받아들여 레 러이를 '권서안남국사(權署安南國事)'에 봉했다.[4] 권서안남국사란 안남의 국사를 맡은 임시통치자라는 의미인데, 이로써 일단 양국관계가 수립되었다. 그러나 명이 레 러이를 안남국왕에는 봉하지 않았기에 양국관계가 완전히 안정되었다고는 할 수 없었다. 결국 이 문제는 레 타이 똥(Thai Tong, 太宗, 1434~1442)에게 넘겨졌다.

1433년 타이 또가 사망하자 타이 똥이 즉위하였다. 타이 똥은 바로 명에 고애사(告哀使)를 보내고, 1434년 정월과 5월에도 사절을 파견하여 베트남의 산물을 바치며 책봉을 요청했다.[5] 마침 명에서도 타이 또에 대해 불신감을 품고 있던 선종이 세상을 떠나고 영종(英宗, 1436~1449)이 뒤를 이었다. 그는 쩐씨 후손은 이미 끊어졌으니 타이 똥을 책봉하는 것이 옳다고 생

3)『全書』(중), 551면.
4)『明宣宗實錄』권80, 1848~49면;『全書』(중), 562~63면; Tạ Ngọc Liễn, *Quan hệ giữa Việt Nam & Trung Quốc*, 38면.
5)『全書』(중), 569, 574면.

각하여 조정의 동의를 얻어 1436년 그를 안남국왕에 봉한다는 조칙을 내리고 책봉사(冊封使)를 베트남에 보냈다.[6] 책봉사는 이듬해 정월 베트남에 도착하여 명 황제의 조칙과 안남국왕이란 금인(金印)을 전함으로써[7] 책봉과 조공관계로 맺어진 양국관계는 완전히 안정을 찾았다. 그리고 이후 조공은 홍무제 때 정해진 예에 따라 3년에 한번하는 것으로 되었다.

이로부터 1527년 막 당 중(Mac Dang Dung, 莫登庸)이 레 왕조의 왕위를 빼앗을 때까지 100년 가까이 양국관계는 비교적 안정적이었으니, 이는 1431년 두 나라 사이에 국교가 성립된 이래 3년마다 정기적으로 사절이 보내진 것으로도 입증된다. 베트남 사료에 따르면, 1438년의 경우를 제외하곤 3년 1회의 조공은 엄격히 지켜져 세공(歲貢)은 모두 28회였다.[8] 그외에도 수시로 필요에 따라 많은 사신이 파견되었다. 후지와라 리이찌로오(藤原利一郎)에 따르면, 1428년부터 1527년까지 레 왕조는 명에 모두 114회에 걸쳐 사신을 보냈는데, 그중 전술한 세공 28회를 제외하면 나머지 86회는 모두 임시 사행(使行)이었다.[9] 당시 임시 사행의 예로는 사은(謝恩)·구봉(求封)·사봉(謝封)·고애(告哀)·진향(進香, 명 황실에의 조문)·하즉위(賀卽位)·하입태자(賀立太子)·주사(奏事)·구관복(求冠服)·사사관복(謝賜冠服)·사죄(謝罪) 등이 있었다.

그러나 이러한 조공에도 불구하고 대내적으로 이전 왕조들에서와 마찬가지로 대등의식에는 변함이 없었다. 레 타이 또 때부터 황제의 칭호를 사용했을 뿐 아니라 사절의 파견을 '여명(如明)'이라 하여 전 왕조에서처

---

6) 『明英宗實錄』 권22, 449면.
7) 『全書』(중), 592면. 금인은 무게가 백량(百兩)이며 코끼리와 낙타를 결합한 형태[紐象駱駝]라고 한다.
8) 藤原利一郎 「黎朝前期の明との關係」, 山本達郎 編 『ヴェトナム中國關係史』, 265~66면. 따응옥 리엔에 의하면, 명은 베트남에 27회 사신을 보냈고 그 중 7회는 책봉을 위해서였다고 한다. Tạ Ngọc Liễn, Quan hệ giữa Việt Nam & Trung Quốc, 55면.
9) 藤原利一郎 「黎朝前期の明との關係」, 317~29면 도표 참조.

럼 '간다'는 의미의 '여'자를 썼고,[10] 명과의 관계에 처음으로 '교방(交邦)'
이라는 용어를 썼다.[11] 교방은 국가간의 상하질서보다는 평등한 외교관계
를 의미하는 것이다. 이 말은 떠이 썬(Tay Son, 西山) 정권시대(1788~1802)에
'방교(邦交)'로 쓰기 시작하여,[12] 응우옌 왕조에서 완전히 정착되었다.[13]

이 책의 첫머리에서 언급했듯이 응오 씨 리엔이 레 반 흐우와는 달리 베
트남역사의 상한선을 중국의 시조라고 할 수 있는 신농씨까지 소급한 것
도 중국과 대등함을 나타낸 것이다. 즉 역사로 보아도 중국에 조금도 뒤질
바가 없다는 의미이다. 사실 응오 씨 리엔은 『대월사기전서』의 서문에서
베트남은 중국과 대등한 황제의 나라임을 밝혔다.[14] 응우옌 짜이의 「평오
대고」 전문(全文)을 『대월사기전서』에 수록한 것 역시 이런 이유음였음이
분명하다. 앞에서 보았듯이, 이 글은 베트남이 중국과 대등한 국가임을 분
명히하고 있다.

레 왕조의 군주들은 명에 조공을 바치고 책봉을 받았지만 명 황제의 명
령에 순순히 따르지는 않았다. 1442년 레 타이 똥의 사후 레 년 똥(Nhan
Tong, 仁宗, 1443~1459)이 어린 나이로 즉위하자 참파는 1444년부터 베트남
남쪽 변경을 침입하기 시작했다. 레 조정에서는 1446년 원정군을 보내 반
격을 가하여 그 수도 빈 딘(Binh Dinh, 闍槃城)을 함락하고 그 왕 마하 비자

---

10) 일례를 들면 『全書』(중), 592면.

11) 『全書』(중), 713면. 『綱目』에는 방교(邦交)라고 되어 있는데, 이는 『綱目』이 편찬된 응
  우옌 왕조 시대의 용어가 반영된 것이다. 『綱目』 정편 권23, 23b면.

12) Ngô Thì Nhậm(吳時任) 『邦交好話』, Hà Nội: Viện Nghiên Cứu Hán Nôm, VHv 1831,
  연대미상. 이 책은 떠이 썬 정권이 1789년부터 1799년까지 청나라에 보낸 외교문서를
  수록한 것이다.

13) 『大南寔錄』 正編 I, 東京: 慶応義塾大學 言語文化硏究所 1963~1981, 권23, 3a면. 응우
  옌 왕조 때에는 이전 베트남 모든 왕조의 대중국 외교관계를 방교로 보았다. 레 통(Le
  Thong, 黎統)이 1819년 편찬한 『邦交錄』, École Française d'Extrême-Orient microfilm A.
  614 및 A. 691/1-2 참조.

14) 「實與北朝而抗衡」, 『全書』(상), 「擬進大越史記全書表」, 57면.

야(Maha Vijaya, 摩訶賁該)와 비빈(妃嬪) 등을 생포했다. 선왕 자야 심하바르만 5세(Jaya Simhavarman V)의 조카인 마하 꾸이 라이(Maha Qui-lai, 摩訶貴來)가 뒤를 이어 왕위에 오르면서 명의 책봉을 받았다. 명 영종은 그를 왕에 봉하면서 나라를 잘 다스리고 이웃 나라와 선린관계를 맺도록 했다. 또한 레 년 똥에게는 마하 비자야를 귀국시키도록 조칙을 보냈으나 년 똥은 참파가 자주 침범한다는 이유로 이를 받아들이지 않았다. 이어 명 대종(代宗)이 1450년 재차 수락을 요청하였으나 년 똥은 이 역시 거부했다.[15]

이와 유사한 예는 타인 똥에게서도 엿볼 수 있다. 참파 왕 반 라 짜 또안(Ban La Tra Toan, 槃羅茶全)이 1469년에 베트남 남쪽에 위치한 호아 쩌우(Hoa Chau, 化州, 쩐 왕조 때 리[里] 지역)를 공격하고, 이어 이듬해 또다시 육해 10만의 군대로 이 지역을 침범한 사건을 계기로, 타인 똥은 자신이 직접 26만 대군을 이끌고 대대적인 참파 원정길에 올라 이듬해 쉽게 그 수도 비자야를 점령하고 왕을 비롯해 3만여명을 포로로 하는 한편 4만여명을 참수했다.[16] 그러나 원정하기 이전 그는 명에 사절을 파견하여, 참파가 예를 저버리고 변방의 주민을 괴롭혀 거의 편안한 날이 없기에 할 수 없이 군대를 동원하게 되었다고 알렸다.[17] 이는 사후에 있을 명의 트집을 사전에 예방하여 불편한 관계를 피하자는 의도일 뿐 명의 허락을 받으려 한 것은 아니었다. 참파에 대한 원정이 끝난 직후 타인 똥은 또다시 사절을 보내 자기 원정의 정당성을 합리화했다.[18] 이는 양국간의 문제이니 명이 개입할 일이 아님을 밝히려는 것이었다.

---

15) 『明英宗實錄』 권166, 3213~14면 및 권190, 3920~21면; 『明史』 권321, 8327면; 『綱目』 정편 권17, 30b~31a면; G. Maspèro, *Le royaume de Champa*, 232면; 藤原利一郎 「黎朝前期の明との關係」, 286~87면.

16) 『全書』(중), 679~84면; 『綱目』 정편 권21, 27b~30a면 및 권22, 1a~3a면; G. Maspèro, *Le royaume de Champa*, 235~38면.

17) 『明憲宗實錄』 권91, 1771~72면; 藤原利一郎 「黎朝前期の明との關係」, 287~88면.

18) 『全書』(중), 687면; 『綱目』 정편 권22, 26b~27b면.

베트남은 중국에 대해 대내적으로 대등한 태도를 취하더라도, 대외적으로는 이처럼 가능한 한 공순한 태도를 취해 불필요한 갈등을 피하려 했다. 중국과 갈등을 일으켜 이로울 것이 없었기 때문이다.

응오 씨 리엔

응오 씨 리엔이 응우옌 짜이의 「평오대고」 전문을 『대월사기전서』에 수록한 것도 어떤 면에서는 단순히 중국과의 대등성만이 아니라 그가 레 왕조의 안위 문제에 가진 관심의 표명이기도 하다.[19] 베트남이 문명화된 국가로 중국과 산천이 다르고 풍습이 다른 독립된 국가라고 한 것은 결코 중국이 또다시 베트남을 침범하는 일이 있어서는 안된다는 것을 암시한다. 응오 씨 리엔이 잔 딘 데와 쩐 꾸이 코앙과 함께 명과 싸운 응우옌 까인 쩐과 당 뗫 및 그 아들들인 응우옌 까인 지(Nguyen Canh Di, 阮景異)와 당 중(Dang Dung, 鄧容)을 훌륭한 인물로 평가하고 있는 것 역시 왕조의 위기시에 후세 사람들이 이들을 귀감삼게 하려는 의도에서 비롯된 것으로 보인다.[20] 실제로 응오 씨 리엔은 자신이 살고 있는 시대가 불안정함을 인식하고 동시대인들에게 경고하는 의미에서 『대월사기전서』를 편찬했던 것이다.[21]

명과의 투쟁에서 독립했음에도 불구하고 레 왕조는 명에 대한 의심을 늦추지 않았기 때문에 외국인은 어느 나라 사람이든 지정된 장소 이외에는 거주가 허락되지 않았다. 응우옌 짜이의 기록에 따르면, 모든 외국은 마음대로 내지에 들어올 수 없고, 번 돈(Van Don, 雲屯)·반 닌(Van Ninh, 萬

---

19) 유인선 「전근대 베트남人의 歷史認識」, 196면.
20) 『全書』(중), 507~508면; 유인선 「전근대 베트남의 對中國認識」, 421면.
21) O.W. Wolters, "What Else May Ngo Si Lien Mean? A Matter of Distinctions in the Fifteenth Century," in Anthony Reid, ed., *Sojourners and Settlers: Histories of Southeast Asia and the Chinese*, St. Leonards, NSW: Allen Unwin 1996, 97~98면.

寧)·껀 하이(Can Hai, 芹海)·호이 통(Hoi Thong, 會統) 등지에만 머무를 수 있었다.[22] 여기서 말하는 외국인은 주로 중국인을 지칭하는 것으로 그들이 베트남의 국내 정세를 누설할지 모른다는 우려에서 제약을 두었을 가능성이 많다. 이후, 아마도 『국조형률(國朝刑律)』, 일명 『여조형률(黎朝刑律)』이 제정되었다고 믿어지는 15세기 중후반부터는 더욱 거주를 제한하여 모든 외국무역은 번 돈에서만 거래가 허용되었다.[23] 번 돈에서의 무역은 전시대부터의 일인데, 특히 쩐 왕조 원나라 때에는 중국인이 베트남의 허실을 엿보지나 않을까 하는 두려움에서 더더욱 그러했다.[24] 이와 관련하여 레 왕조에서는 혹 중국인 가운데 베트남에 거류를 원하는 자가 있으면 이들은 거류지 관리의 신원증명이 필요하고,[25] 더욱이 1437년 이후로는 베트남식 의복을 입고, 머리모양도 베트남인들처럼 단발(斷髮)을 하게 했다.[26] 이는 이들 중국인을 베트남화하여 중국과의 관계를 끊게 하려는 의도였지 않은가 한다.

이러한 우려 속에서도 1527년까지 레 왕조와 명의 관계는 외견상 전례 없이 비교적 안정이 유지되었다. 그 주된 원인은 명이 소극적 정책을 취해 종주국으로서 체면을 유지하는 것으로 만족했기 때문이다. 베트남과 참파 간의 분쟁에 명이 적극적으로 개입하지 않은 것은 이러한 소극적 정책

---

22) Nguyễn Trãi, *Úc-Trai Tập*, Tập Hạ, 844면; 山本達郎「安南の貿易港雲屯」, 『東方學報』(東京) 9, 1939, 282면.

23) *The Le Code: Law in Tradtional Vietnam*, Vol. I, Translated by Nguyen Ngoc Huy, et al., Athens, Ohio: Ohio University Press 1987, Articles 612, 615, 616면. 『여조형률』의 제정 시기에 대하여는 Nguyen Ngoc Huy, "Le Code des Le: 'Quoc Trieu Hinh Luat' ou 'lois pénales de la dynastie nationale'," *Bulletin de École Française d'Extrême-Orient* 67, 1980, 147~220면 참조.

24) 汪大淵『島夷誌略』, 北京: 中華書局 2000, 51면; 山本達郎「安南の貿易港雲屯」, 283면.

25) Fujiwara Riichiro, "Vietnamese Dynasties' Policies toward Chinese Immigrants," *Acta Asiatica* 18, 1970, 50면.

26) 『全書』(중), 602면; 藤原利一郎「黎朝前期の明との關係」, 283면.

의 결과였다. 명이 이처럼 소극정책을 취하게 된 이면에는 영락제 사후 국력이 저하된 것과 무관하지 않다. 레 왕조와 명 사이의 안정적인 관계는 막당 중이 레 왕조의 제위를 찬탈하면서 새로운 전기를 맞게 된다.

2. 막씨의 찬탈과 명 조정의 정벌 논의

막 당 중(莫登庸)의 찬탈

막 당 중의 고향은 하이 즈엉(Hai Duong, 海陽) 현의 꼬 짜이(Co Zhai, 古齋)로 오늘날 하이 퐁(Hai Phong) 시에 해당된다. 베트남 사료는 막 당 중이 쩐 왕조 때 진사(進士)로서 문명(文名)을 날린 막 딘 찌(Mac Dinh Chi, 莫挺之)의 7대 후손이라고 하는 데 반해,[27] 중국 자료는 그의 조상은 본래 광둥성 동관(東莞)에서 수상생활을 하던 단민(蛋民) 출신으로 훗날 베트남에 들어왔다고 한다.[28] 여하튼 그는 고기잡이를 업으로 하는 가난한 집안에서 태어나 성장한 다음 무과(武科)에 합격한 후 서서히 무인으로서 세력을 굳혀간 것이 분명해 보인다.

막 당 중이 처음 중용된 것은 우이 묵 데(Uy Muc De, 威穆帝, 1505~1509) 때로 타인 호아 세력과 힘의 균형을 위해서였다. 이어 뜨엉 즉 데(Tuong Duc De, 襄翼帝, 1509~1516)와 찌에우 똥(Chieu Tong, 昭宗, 1516~1522) 치하에서 무천백(武川伯)으로, 다음에는 무천후(武天侯)로 봉해졌다. 이무렵 궁중 내의 정치 부재로 각지에서 반란이 빈발하고, 난이 진압된 뒤에는 권신들간에 세력다툼이 전개되었다. 이런 혼란의 와중에서 막 당 중은 두각을

---

27) 『大越通史』 권3, 1면; 『全書』(중), 835면.
28) 『越嶠書』, 『四庫全書存目叢書』 史部 163冊, 권7, 史 163, 46면; 大澤一雄, 「十六·十七世紀における中國·ヴェトナム交渉史に關する硏究」(2), 『史學』 38-3, 1965, 51~57면.

나타내어 병권을 장악하고 반대파를 하나하나 제거하고 자신의 친족 내지 심복들을 요직에 등용했다. 찌에우 똥이 신변의 위협을 느끼고 궁중을 탈출하자 그는 꿍 호앙 데(Cung Hoang De, 恭皇帝, 1522~1527)를 형식상 옹립했다가 1527년 마침내 선양의 형식을 빌려 자신이 제위에 오르고 연호를 민 득(Minh Duc, 明德)으로 바꾸었다.[29]

막 당 중의 찬탈 이전에 뜨엉 즉 데 때인 1513년 명의 책봉에 대한 답례의 형식을 마지막으로 이후 14년간은 정치적 혼란으로 인해서 명에의 조공사절 파견은 없었다. 찌에우 똥 치하인 1518년에 이르러 다시 세공사(歲貢使)와 청봉사(請封使)의 파견이 결정되었으나 국란(國亂)으로 보내지지 못했다.[30] 다른 한편 중국 사료에 의하면, 찌에우 똥이 막 당 중의 압력을 견딜 수 없어 궁중을 탈출한 후 1525년 베이징에 책봉을 요청하고자 샛길로 사신을 파견하려다가 막 당 중의 방해로 뜻을 이루지 못했다.[31]

당시 베트남의 지배자는 중국 황제의 책봉을 받는 것이 대내적으로 자신의 지위를 합법화하는 데 중요했고, 이처럼 두 황제가 대립한 상황하에서는 더더욱 그러했기 때문에 이러한 시도를 한 것이다. 찌에우 똥이 명의 책봉을 받을 경우, 막 당 중으로서는 자기가 세운 꿍 호앙 데가 정통성을 잃기 때문에 그의 책봉을 필사적으로 저지하려고 했을 것임에 틀림없다. 이와 동시에 그는 꿍 호앙 데가 책봉을 받을 수 있도록 노력했다. 『명사(明史)』에 의하면, 막 당 중은 그 이듬해 1526년 흠주(欽州)의 관리에게 뇌물을 주어 꿍 호앙 데의 책봉을 받게 해달라고 했다가 광둥 총독에게 발각되어 그 관리는 옥에 갇혔다 사망했다고 한다.[32] 중국 지방관이 책봉에 별 영향

---

29) 『全書』(중), 834~35면; 『綱目』 정편 권27, 15a면.

30) 『全書』(중), 804, 821면; 大澤一雄 「黎朝中期の明·淸との關係(1527~1682)」, 山本達郎 編 『ベトナム中國關係史』, 338면.

31) 『明史』 권321, 8330면; 大澤一雄 「黎朝中期の明·淸との關係(1527~1682)」, 338면.

32) 『明史』 권321, 8330면.

력은 없겠지만, 공식적으로 책봉을 요청하기 어려운 상황에서 막 당 중은 최소한 호의적인 상소문을 올려주기 바랐을 수 있다.

막 당 중은 즉위 이듬해인 1528년 명에 사신을 보내 레씨의 자손이 끊겼음을 알리고, 대신 국사를 다스리게 해주도록 요청했다. 명측이 이를 의심하여 사람을 보내 사정을 탐문하게 하자, 막 당 중은 영토의 할양과 동시에 금은 및 진귀한 보물들을 바침으로써 양국간에 왕래가 재개되었다. 이는 『대월사기전서』의 기술내용이다.[33] 그러나 중국 사료에 의하면, 막 당 중이 보낸 사절단은 랑 썬(Lang Son, 諒山) 성에서 반대파의 공격을 받고 돌아갔다.[34] 이로써 막 당 중이 사절을 파견한 것은 확실하지만, 막 당 중과 명사이에 왕래가 시작됐는지는 의문의 여지가 없지 않다. 막 당 중은 대내적으로 권위와 명분을 얻음과 동시에 혹 있을지도 모를 명의 개입을 미연에 방지하고자 사절의 파견을 서둘렀을 가능성이 높다. 그러나 당시 상황으로 보아 양국관계 정상화의 관건을 쥐고 있는 것은 명이었기에 명의 태도를 살펴볼 필요가 있다. 명의 태도 결정에 영향을 미친 것은 때마침 베트남 내부에서 일어나고 있던 레씨 부흥운동이었으므로 먼저 이 문제를 잠시 언급하자 한다.

『강목』에 의하면, 1529년 레 왕조의 신하였던 찐 응웅(Trinh Ngung, 鄭顒) 형제가 명 조정에다 군사를 동원하여 막씨의 죄를 묻게 하려 했다. 막 당 중이 명의 변경 관리에게 뇌물을 주어 이를 저지시킴으로써 형제는 뜻을 이루지 못하고 명에서 사망했다고 한다.[35] 『대월사기전서』에는 이에 관한 기록이 없어서 사실 여부는 알 수 없지만, 레 왕조의 군주가 명의 책봉을 받은만큼 명의 힘을 빌려 막씨를 제거하려는 시도는 있었음직한 일이다.

한편 막 당 중이 정권을 장악하자 라오스로 도피하였던 레 왕조의 구신

---

33) 『全書』(중), 837면. 『綱目』은 이 사실을 부정하고 있다. 『綱目』 정편 권27, 33a~34b면.
34) 『越嶠書』, 『四庫全書存目叢書』 史部 163冊, 권6, 史 163, 36면; 『明史』 권321, 8331면.
35) 『綱目』 정편 권27, 19b면; 大澤一雄 「黎朝中期の明·淸との關係(1527~1682)」, 348면.

(舊臣) 응우옌 낌(Nguyen Kim, 阮淦)이 1532년 막씨에 대한 저항운동을 시작하였다. 그는 찌에우 똥의 아들인 레 닌(Le Ninh, 黎寧)을 맞아들여 황제(Trang Tong, 莊宗, 1533~1548)로 추대함으로써 상당한 호응을 얻었다. 그러나 응우옌 낌은 막씨에 비하면 열세에 있었기 때문에 이를 만회하기 위해 우선 명에 도움을 청하고자 1533년 찐 주이 리에우(Trinh Duy Lieu, 鄭惟憭)를 사절로 보냈다.[36] 응우옌 낌 역시 찐씨 형제와 마찬가지로 막씨의 찬탈이 명의 책봉정책에 어긋나는 것임을 호소하여 명이 막씨에 압력을 가할 수 있게 하는 동시에 대내적으로는 자신의 위치를 강화하고자 한 것이다.

찐 주이 리에우 등 일행 십여명은 막씨의 방해를 피하기 위해 참파에서 상선으로 광둥에 도착한 다음 육로로 해서 베이징에 다다랐다.『강목』에는 이들이 베이징까지 가는 데 2년이 소요되었다고 하나,『명세종실록』에는 4년 이상 걸린 1537년 2월에 도착한 것으로 되어 있다.[37] 중국 기록에 날짜까지 나와 있으니 4년여 걸린 것이 확실하다. 찐 주이 리에우는 명 조정에 막 당 중이 왕을 시해(弑害)하고 스스로 왕을 칭할 뿐만 아니라 도로를 막고서 새로운 왕[레 닌]이 베트남 내부 어려움을 알리고자 여러차례 명에 보낸 사신들을 중도에서 모두 살해하였으니 군사를 일으켜 그 죄를 추궁함과 동시에 제거해줄 것을 요청했다.

명 조정의 정벌 논의

때마침 전년부터 명 조정에서는 베트남문제를 놓고 논란을 벌이고 있었다. 1536년 가정제(嘉靖帝, 1522~1566)의 태자 탄생에 따른 것으로, 중화적 세계질서 관념에 따라 이를 번속국에 알려야 하는데, 베트남에도 사절을

---

36)『全書』(중), 845면;『綱目』정편 권27, 26b~27a면.
37)『明世宗實錄』권197, 4156면.『明史』권321, 8331면도 참조.

보내야 하는가 하는 문제 때문이었다. 평상시대로라면 당연히 보내야 하겠지만, 가정제가 등극한 사실을 알리려고 1522년 파견한 사절이 베트남의 내란 때문에 입국하지 못하고 돌아와 그 혼란상을 보고함으로써 논란이 벌어졌던 것이다.

처음 예부(禮部)에서는 베트남이 조공을 바치지 않은 지 20년이나 되었고 막 당 중이 임금의 자리를 빼앗은 반역의 죄인이니 사절을 보낼 것이 아니라 오히려 토벌해야 한다는, 중화질서의 원칙론에 따른 강경한 주장을 폈다. 그러나 곧 이전의 사절이 교통이 두절되어 베트남에 들어가지 못했으니 잠시 사태를 관망하자는 쪽으로 한걸음 물러났다.[38] 당시 명 조정은 막 당 중의 찬탈 경위를 정확히 알지 못했던 것 같다.

그러나 가정제는 이에 개의치 않고 베트남 정벌의 뜻을 굳히고 구체적 계획을 검토케 하는 한편 윈난과 광시에 각각 관리를 보내 베트남의 찬탈 문제를 조사하도록 했다.[39] 계획안을 구체적으로 검토하는 과정에서 호부 좌시랑(戶部左侍郎)이 정벌에 반대한다는 상소문을 올렸다. 그는 현재의 정치적·경제적 상황은 영락제 때와는 다르다면서 반대하는 7가지 이유를 들고 있는데 그중 특히 관심을 끄는 점은 3가지이다. 3가지 내용을 보면, 첫째는 이적(夷狄)이 나누어져 서로 싸우는 것은 중국에 이롭다는 것, 둘째는 조공을 바치고 정삭(正朔)을 받들게 하더라도 이를 이용하여 자기 이웃 나라를 위협할 것이라든가 중국과의 교역을 통해 부유하게 하는 것 역시 베트남에 이로울 뿐이라는 점, 그리고 셋째로는 베트남이 비록 나누어져 싸우더라도 조공을 바치겠다고 한다면 그가 누구이건간에 거부할 필요는 없다는 것이다.[40]

---

38) 『明世宗實錄』권193, 4070~71면; 大澤一雄「黎朝中期の明·淸との關係(1527~1682)」, 343면.
39) 『明世宗實錄』권193, 4083면.
40) 『明世宗實錄』권195, 4115~17면.

오오사와(大澤)의 말을 빌리면,[41] 이러한 주장은 일종의 소중화주의(小中華主義)라고 할 수 있는 사고에 기초한 것으로, 중국의 안전을 제일로 하고, 조공이라는 형식조차도 그 당사자가 누구인지 문제삼아서는 안되며, 번속국의 국내문제에 대해서는 중국의 안위와 이해에 직접적인 관계가 없는 한 간섭할 필요가 없다는 입장이다.

그럼에도 불구하고 계속 정벌론 쪽으로 기운 가정제는 반대론에는 귀를 기울이지 않고 우도어사(右都御使)인 모백온(毛伯溫)을 베트남 정벌군의 총사령관으로 임명했다. 모백온이 부(父)의 상중임을 이유로 사양했지만 복상(服喪) 기간이 끝나자 1537년 5월 정벌의 공식임무를 맡겼다. 이런 상황에서 앞서 언급한 쩐 주이 리에우가 명에 도착하여 베트남 상황을 알려 명의 정책에 결정적 영향을 끼쳤을 법하다.

한편 응우옌 낌은 쩐 주이 리에우로부터 아무런 소식이 없자 1536년 다시 명에 사절을 보냈다. 사절들은 도중 윈난에서 가정제가 보낸 명의 관리를 만나 막 당 중의 시역(弑逆)과 레 닌의 옹립을 알리면서 막씨에 대한 토벌을 청했다.[42] 레씨 부흥운동의 초기 막씨에 대항하기에는 아직 힘이 부족했던 응우옌 낌은 레씨의 정통성을 내세워 명이 그를 제거해주기를 바라며 시도를 거듭했다.

1537년 4월 명 조정은 마침내 가정제에게 막 당 중의 십대 죄를 들어 토벌하도록 주청했다.[43] 이들 내용을 보면 쩐 주이 리에우가 요청한 바와 비슷하여 그의 정보에 의거한 듯하다.[44] 열가지 죄악 중 몇가지만 들면, 1) 찌에우 똥을 축출하고 수도를 점거한 것 2) 레 닌을 압박하여 멀리 쫓아낸 것

---

41) 大澤一雄「黎朝中期の明·淸との關係(1527~1682)」, 345면.
42) 『綱目』 정편 권27, 27b면; 『全書』(하), 846면. 이 내용이 중국 기록에는 없는 것으로 보아 이 사절이 명의 수도에까지 간 것 같지는 않다.
43) 『明世宗實錄』 권199, 4177~78면.
44) 大澤一雄「黎朝中期の明·淸との關係(1527~1682)」, 350면.

3) 태상황을 참칭(僭稱)한 것 4) 민 득(明德) 및 다이 찐(Dai Chinh, 大正)으로 연호를 바꾼 것 5) 병사를 국경의 관문에 배치하여 명 조사단의 입국을 저지한 것 6) 조공 길을 막은 것 등등이다. 이들 모두는 책봉과 조공에 관련된, 다시 말해서 명이 막 당 중을 정벌하기 위한 대의명분인 셈이다.

정벌을 주장하는 이들의 논리는, 안남은 중국의 번신(藩臣)으로서 조공을 해오고 있어 북적(北狄)이나 서융(西戎)과는 다른데, 만약 앞으로도 막 당 중과 같은 자가 나타나 임금을 시해하고 나라를 빼앗은 다음 책봉을 요청하는 경우 이에 어떻게 대처할 것인가 하는 점에 입각한 것이다.[45] 이른바 철저히 중화적 세계질서 원칙에 따른 대중화주의(大中華主義)라고 할 수 있다.

베트남 정벌을 둘러싼 이러한 찬반논의는 결국 중화적 세계질서의 이상과 현실의 문제로, 앞에서 이미 언급했듯이 여기서 다시 한번 중화적 세계질서의 유지는 중국의 국가권력과 밀접한 관계가 있음을 엿볼 수 있다. 이 무렵 소중화주의의 논리가 제기될 수 있었던 것은 명의 국가재정 궁핍이나 북방 이민족의 위협 때문이었다.

여기서 잠시 정벌 이유의 구체적 내용을 이해하기 위해 막 당 중이 제위에 오른 후의 움직임을 살펴볼 필요가 있다. 그는 1529년 12월 연로하다는 이유로 자리를 장자인 막 당 조아인(Mac Dang Doanh, 莫登瀛, 1530~1540)에게 물려주고 고향으로 돌아가는 동시에, 새 황제의 연호를 다이 찐(Dai Chinh, 大正)으로 정했다. 그러나 이것은 자신에게 쏟아지는 비난의 화살을 잠시 피해보려는 하나의 방편에 지나지 않았다. 그는 태상황으로서 전과 다름없이 국가의 중대사에 간여하여 실질적인 권력을 행사했다. 일례로, 1530년 타인 호아에서 레씨의 외손인 레 이(Le Y, 黎意)가 반기를 들자

---

45) 『明世宗實錄』 권199, 4186~87면; 大澤一雄 「黎朝中期の明·淸との關係(1527~1682)」, 346면.

막 당 중은 스스로 수군 수만명을 이끌고 싸워 마 강에서 이를 격파했다고 한다.[46)

태상황이나 연호는 중국 황제만이 사용할 수 있는 것으로, 중국의 관점에서 베트남은 제후국이므로 그 지배자가 쓸 수 없기에 결코 용서할 수 없는 죄에 해당된다. 따라서 중국측에서 보면 당연히 정벌의 원인이 될 수 있다. 하지만 당시 명의 사정으로는 쉽사리 군대를 동원할 수가 없었다.

5월 모백온이 수도로 돌아오자 가정제는 즉시 베트남 토벌의 명을 내렸다. 이때 모백온은 베트남 정벌에 요구되는 6가지 방침을 상주(上奏)했는데,[47)] 그중 가장 중요한 것은 첫번째 정명(正名)에 관한 것이다. 요점은 정벌에 앞서 격문을 보내 막 당 중이 투항하면 황제께 주청하여 죽음을 면하게 할 것이며, 혹 사리를 분별 못해 개전(改悛)의 여지가 없으면 반드시 살해하여 용서하지 않을 것이니 이를 분명히 해달라는 내용이었다.

상소문을 본 가정제는 베트남은 마땅히 토벌해야 하겠지만, 레 닌이 막 당 중의 찬탈이나 조공의 저지를 알린 데 대해 아직 자세한 조사도 하지 않았으니 잠시 토벌준비를 중단토록 했다.[48)] 이는 전의 강경책으로부터 한 걸음 물러선 것이었다.

그러나 가정제는 원난의 순무(巡撫)가 막 당 중의 첩자를 체포했다는 보고를 받고 다시 강경책으로 돌아서 이전의 정벌계획을 수행토록 명했다.[49)] 『강목』에도 동일한 기록이 있는 것을 고려하면,[50)] 당시 막씨는 명의 토벌계획에 대해 경계심을 갖고 이에 대한 정보를 얻고자 노력했던 것 같다. 다른 한편 원난 순무의 설득으로 막씨에 반대하는 레씨의 옛 신하도 항복하

---

46) 『全書』(중), 839면.
47) 『明世宗實錄』 권199, 4194~96면.
48) 『明世宗實錄』 권199, 4197면; 『明史』 권321, 8332면.
49) 『明史』 권321, 8332면.
50) 『綱目』 정편 권27, 27b~28a면. 『綱目』의 기록은 명의 것을 참작했을 가능성이 많다.

여 지도를 바치며 막씨 토벌에 적극 협력할 것을 약속했다.[51]

이러한 모든 상황으로 막씨는 불안감을 가질 수밖에 없었을바, 마침내 1538년 3월 막 당 중 부자는 사절을 보내 항복하겠다는 뜻을 밝혔다.[52] 명 조정은 항복 수용 여부를 두고 격렬한 논란을 벌였으나 결론을 내리지 못했다. 막 당 중은 1539년 2월 또다시 사절을 보내 진남관(鎭南關, 지금의 友誼關)에서 토지와 호구 수를 포함한 항복문서를 바쳤다.[53] 토지와 호구 수까지 보고한 것은 명에 절대적인 항복의사 표시로 볼 수 있다. 타인 호아 지역의 레씨 부흥세력이 엄존하는 상황에서 명이 침입하면 치명적이라는 것을 막 당 중은 너무나 잘 알고 있었기 때문이다.

명 조정에서는 다시금 논의가 벌어졌는데, 막씨의 항복문서를 그대로 믿을 수 없다면서 모백온에게 군사를 모집하여 화·전(和戰) 두 안 중 결정하도록 전권을 주었다. 즉 만일 막씨 부자가 숨기는 게 있으면 군대로 토벌하고, 다른 마음이 없는 게 확실하면 항복을 받아들이도록 한 것이다. 1540년 3월 광둥 성에 도착한 모백온은 직접적인 군사행동보다는 단순히 위협을 가해 막씨가 항복해오게 유도하는 계획을 세웠다.[54] 일부에서는 전쟁을 하는 경우 영락제 때에 비해 병력과 군량이 훨씬 못 미치는 상황에서 꼭 승리한다는 보증이 없었기 때문이라고 하지만,[55] 이는 전과는 달리 레씨 부흥세력이 막씨에 대항에 나서고 있다는 사실을 간과한 것으로 보인다.

앞서 1월 베트남에서는 막 당 조아인이 죽고 그의 아들 막 푹 하이(Mac

---

51) 『明史』 권321, 8332면.
52) 『明世宗實錄』 권210, 4341~42면; 『明史』 권321, 8332면; 『綱目』 정편 권27, 29b~30b 면; 『全書』(하), 846면. 『명세종실록』과 『綱目』에는 사절을 파견한 것이 막 당 조아인이 라고 하고, 『명사』는 막 당 중 부자라고 하는데, 당시 막씨의 권력구조로 보아 『명사』의 표현이 좀더 적절한 것 같다.
53) 『明世宗實錄』 권222, 4593~95면.
54) 『明史』 권198, 5240~41면.
55) 大澤一雄「黎朝中期の明·淸との關係(1527~1682)」, 359면.

Phuc Hai, 莫福海, 1541~1546)가 제위에 올랐다. 물론 실권은 여전히 막 당 중의 수중에 있었다. 막 당 중은 곧 모백온에게 투항하겠다는 사절을 보내고, 이어 모백온의 지시에 따라 그해 11월 자신이 직접 진남관에 가서 항복문서를 바쳤다. 막 당 중은 조카인 막 반 민(Mac Van Minh, 莫文明)과 신하인 응우옌 느 꾸에(Nguyen Nhu Que, 阮如桂), 도 테 카인(Do The Khanh, 杜世卿) 등 40여 명을 데리고 모백온 진영에 이르러 도선포복(徒跣匍腹)하고 머리를 땅에 닿도록 절을 하며 항복한다는 표문(表文)을 바침과 동시에 토지와 군민(軍民) 및 관직을 명의 처분에 맡기며, 옌 꽝(Yen Quang, 安廣)·빈 안(Vinh An, 永安)·띠 푸(Ty Phu, 溯浮) 등 변경지대의 일부를 명에 할양하면서 정삭(正朔)과 국왕인(國王印)을 요청했다. 이어 막 반 민과 응우옌 반 타이(Nguyen Van Thai, 阮文泰) 등을 베이징에도 보내 동일한 내용의 표문을 전했다.[56]

안남도통사

명 조정은 막 당 중의 항복한다는 표문을 받고 1541년 4월 정식으로 수리하여 비로소 양국의 긴장관계는 일단락되었다. 그러나 명은 안남국을 격하하여 안남도통사(安南都統司)로 하고 막 당 중을 안남도통사(安南都統使)에 임명하면서 종이품(從二品)의 품급을 주었다.[57] 베트남은 독립국으로서의 지위를 상실하고 중국 변방의 일개 행정구역으로 전락한 셈이다. 그러나 이는 명목상에 불과하고 실제로 3년에 1회 세공(歲貢)을 바치는 것 외에는 독자적인 권한이 인정되었다. 그런 점에서 리 정푸(黎正甫)가 지적했듯이,[58] 명이 얻은 것은 이름뿐이고 베트남은 실질적으로 독립적 존재였다.

---

56) 『全書』(하), 847면; 『綱目』 정편 권27, 31b~33a면.

57) 『明世宗實錄』 권248, 4971면.

58) 黎正甫 『郡縣時代之安南』, 上海: 商務印書館 1945, 165면. 大澤一雄 「黎朝中期の明·淸と

양국관계가 이러한 형식으로 마무리된 것은, 앞서도 이미 말했듯이 명은 이미 내림세에 있었기 때문에 베트남에 대해 강력한 영향력을 행사할 수 없었고, 막 당 중으로서는 국내에서 레씨 부흥세력과 대치한 상황에서 명이 직접 개입하여 자기 정권의 존재에 위협을 가하지 않는 한 형식에 구애받지 않은 결과였다.

막 당 중은 양국관계가 타결된 지 몇달 후인 8월에 세상을 떠났다. 명은 그가 사망하기 며칠 앞서 그를 공식적으로 안남도통사에 임명한다는 칙서를 작성한지라 칙서를 그대로 베트남에 보냈다. 칙서가 진남관에 도착한 것은 1542년 3월인데, 막 푹 하이가 직접 가서 대신 받았는데 이때 명은 칙서와 함께 대명대통력(大明大統曆) 1,000부도 함께 하사했다.[59] 막 푹 하이는 답례로 8월 응우옌 디엔 낀(Nguyen Dien Kinh, 阮典敬) 등을 사은사(謝恩使)로 보내고 이들과 함께 응우옌 찌에우 후언(Nguyen Chieu Huan, 阮照訓) 등을 파견하여 세공을 바쳤다.[60] 한가지 흥미로운 사실은, 이들 사절이 이듬해 명에 도착했을 때 명 조정에서는 안남국은 이미 존재하지 않으니 입공 사절을 조공국 신하의 예로서 대우해줄 수 없다면서 연회를 베풀어주지 않았다는 것이다.[61]

이에 앞서 12월 명은 막 푹 하이로 하여금 안남도통사의 직을 세습하게 했는데, 이는 모백온 등의 요청에 의해서였다.[62] 이처럼 막 푹 하이의 도통사 직 세습은 순조로웠으나 그의 뒤를 이은 막 푹 응우옌(Mac Phuc Nguyen, 莫福源, 1547~1561)과 막 머우 협(Mac Mau Hop, 莫茂洽, 1562~1592)의 경우는

の關係(1527~1682)」, 363면에서 재인용.

59) 『全書』(하), 848면.

60) 같은 곳; 『綱目』 정편 권27, 38b~39a면; 『大越通史』 권3, 44a~44b면. 『대월통사』에는 당시 명에 보낸 물품의 양이 상세히 기록되어 있다.

61) 『明世宗實錄』 권273, 5366면; 『全書』(하), 849면.

62) 『全書』(하), 848면; 『綱目』 정편 권27, 39a면.

각각 5년과 11년이 걸렸다. 이는 막 푹 응우옌이 어린 나이로 황제의 자리에 오르자 막씨 사이에 권력다툼이 일어났기 때문이다. 그 여파가 중국 변경지방에까지 미쳐 막 푹 응우옌이 보낸 조공사절이 중국의 난닝(南寧)에 체류하면서 베이징(北京)에의 입경(入京)이 허락되지 않았고, 또 그후 어떤 연유에서인지 막 머우 헙이 막 푹 응우옌의 자리를 계승한 다음에도 사절의 입경에는 여러 해가 걸렸던 것이다. 그러나 이 문제에 대해 베트남 사서에서는 별다른 기록이 보이지 않는데, 이는 아마도 막씨가 이미 명의 공식승인을 받았기 때문에 명에의 사절 파견보다는 국내에서 레씨 부흥세력과의 대결에 더욱 관심을 가졌던 것이 주원인이 아닌가 한다.

막 머우 헙이 도통사로 승인받은 것은 즉위한 지 10년이 지난 1572년이지만 그는 명에의 조공을 충실히 수행했다. 1575년 처음 세공 사절을 보낸 이래 1590년까지 모두 7회에 걸쳐 사절을 파견하였는데, 명 조정도 막 머우 헙이 도통사의 직을 이은 이후 3년마다 세공을 빠뜨리지 않고 바쳤다면서 그의 순종을 인정하였다.[63] 이무렵 레씨 부흥세력으로 찐 뚱(Trinh Tung, 鄭松)이 정권을 장악하고 착실히 내실을 다지면서 막씨에 대한 공세를 펴기 시작했다. 이러한 급박한 베트남의 국내상황이 막 머우 헙으로 하여금 전보다 명에 밀착하게 한 것은 아닐까 생각된다.

그러나 명의 세력은 이미 쇠약해져 베트남에 간섭할 여력이 없었다. 1592년 말 찐 뚱의 위협적인 공세에 마침내 막 머우 헙은 국사를 아들 막 또안(Mac Toan, 莫全)에게 맡기고 직접 군대를 이끌고 나가 싸웠다. 하지만 결국 그는 박 닌(Bac Ninh, 北寧) 성의 풍 냔(Phung Nhan, 鳳眼)으로 도피했으나 사로잡혀 동 낀에서 효시(梟示)되었다. 중앙정권으로서의 막씨는 이렇게 66년 만에 막을 내렸다.[64] 그렇다고 막씨의 세력이 여기서 다한 것은

---

63) 『明神宗實錄』권145, 2706~2707면; 大澤一雄「黎朝中期の明·淸との關係(1527~1682)」, 372~73면.
64) 막 또안은 이듬해인 1593년 1월 사로잡혀 처형되었다.

아니었다. 그 잔여세력은 이후 중국에 인접한 까오 방에 근거를 두고, 명과 그 뒤를 이은 청의 보호로 1677년까지 지방정권으로나마 명맥을 유지할 수 있었다.

막 머우 협이 처형된 후 막씨 잔여세력은 각지에서 저항을 계속했다. 저항의 중심은 막 낀 찌(Mac Kinh Chi, 莫敬止)로, 막 당 중의 차자(次子) 막 낀 디엔(Mac Kinh Dien, 莫敬典)의 아들이었다. 그는 하이 즈엉 성의 타인 럼(Thanh Lam, 靑林)을 근거로 싸우다 1593년 1월 생포되어 처형되었다. 뒤를 이어 막 낀 디엔의 또다른 아들인 막 낀 꿍(Mac Kinh Cung, 莫敬恭)이 제위에 추대되었으나 찐 뚱에게 쫓겨 북부 산악지대인 랑 썬으로 도망하는 수밖에 없었다.

다른 한편 막씨 일부는 명에 도움을 청하고자 했다. 막 머우 협이 처형된 직후 막 돈 느엉(Mac Don Nhuong, 莫敦讓)이란 자는 흠주(欽州)의 방성(防城)으로 달려가 중국 총독에게 베트남의 사태를 알렸다.[65] 그런가 하면 1594년 광시 성 순무(巡撫)가 베트남 정세를 살피기 위해 보낸 관리에게 또다른 막씨 일파인 막 낀 중(Mac Kinh Dung, 莫敬用)은 자신의 어려움을 알릴 뿐만 아니라 병사까지 요청했다고 한다.[66] 이듬해에도 막씨 측은 명에 구원을 청했다.[67]

명은 이러한 베트남의 사태에 대해 관망하고만 있지는 않았다. 1593년 광시 성 순무는 조정에 상소하기를, "만이(蠻夷) 나라에서의 역성(易姓)은 항상 있을 수 있는 일인데, 중요한 것은 저들이 우리에게 순종하느냐 안하느냐 하는 것이라"고 하면서, 이전의 조정에서 그랬듯이 레씨의 죄를 묻지 말고 막씨도 존속시키도록 하자고 건의했다.[68] 이에 따라 전술한 관리를

65) 『明史』 권321, 8335면.
66) 『明史』 권321, 8336면.
67) 『綱目』 정편 권30, 15a면.
68) 『明史』 권321, 8335~36면.

보내 베트남 정세를 살피게 했던 것이다.[69]

1595년 레 주이 담(Le Duy Dam, 黎維潭), 곧 테 똥(The Tong, 世宗)은 광시 성 순무에게 사절을 보내 사죄하면서 이전 관계의 회복을 요청했다. 이때 이미 양광(兩廣) 총독으로 승진했던 그는 신임 광시 성 순무 등과 의논하여 레씨도 거절하지 않고 막씨도 저버리지 않기로 한다는 데 합의를 보았다. 그리고 양측과 접촉하기 위해 관리들을 보냈다.[70] 명이 막씨와 레씨 두 집단을 다 인정하려는 것은 이들이 상호견제하여 중국에 대항하는 세력으로 부상하지 못하게 하기 위해서였다. 바꾸어 말하면, 중국이 베트남에 대한 통제를 용이하게 하려는 의도였다.

막 낀 꿍은 명에게 중국에 인접한 까오 방 지방을 근거로 존속하게 해달라고 청했다. 이는 그 지역이 레씨로부터 멀리 떨어져 있고, 중국과 지리적으로 가까워 잔존세력을 결집하기 유리하다는 정치적 고려에 의한 것이라 생각된다.[71] 곧 언급할 바와 같이 막씨는 명의 후원하에 명맥을 유지할 수 있었는데, 이는 베트남 지배자에게 중국과의 조공관계가 왕조의 안전 유지에 얼마나 중요했는가를 잘 보여주는 예이다.

레씨는 명과 접촉을 하기 위해 여러차례 사절을 보내면서도, 자신들은 이전 안남국을 회복한 것이니 이전 막 당 중이 한 것처럼 몸을 묶고 진남관에 가서 교섭을 요청할 수 없다고 했다. 명이 사절을 보내 달래자, 레씨 측은 막씨는 자기들의 원수이니 까오 방에 존속시킨다는 것을 결코 받아들일 수 없다고 하여 접촉은 잠시 중단되었다.[72]

베트남문제의 책임을 지고 있던 양광 총독은 자신의 정치적 입장을 고려하여 레씨 측에 막씨에게 까오 방을 할양해주도록 강력히 요구하자, 레

---

69) 『全書』(하), 900면.
70) 『明史』 권321, 8336면.
71) 같은 곳; 大澤一雄 「黎朝中期の明·淸との關係(1527~1682)」, 376면.
72) 『明史』 권321, 8336면.

씨도 더이상 명과의 갈등은 원하지 않았기 때문에 막씨의 까오 방 존속을 받아들였다. 동시에 레 주이 담 자신이 진남관에 가서 명의 문의에 답변하기로 합의했으나, 결국 가지 않아서 회담은 이루어지지 않았다.[73]

양광 총독은 레 주이 담이 오지 않은 것은 찐 뚱의 전횡에 의한 것이라고 조정에 상소하면서 그를 다시 설득하여 오도록 해 1597년 4월 진남관에서 명 사신과의 만남이 이루어졌다. 이때 명 사신은 레 주이 담에게, 그의 혈통과 찐 뚱과의 관계 및 막씨에게 까오 방을 할양할 것인가 등 6가지를 물었는데, 막씨 존속문제를 둘러싸고 다시 논란이 벌어졌다가 마침내 동의를 얻어냈다.[74] 이로써 양국관계는 정상화되어 풍 칵 코안(Phung Khac Khoan, 馮克寬)을 정사(正使)로 명에 보내 세공을 바치는 동시에 책봉을 요청했다.[75] 양광 총독 역시 레씨와의 만남이 잘 해결되자 조정에 상소를 올렸고, 1597년 10월 도착한 상소를 보고 명 조정은 레씨를 안남도통사에 임명했다.[76]

1598년 12월 귀국한 풍 칵 코안은 레 테 뚱에 다음과 같이 상주했다. "막

---

73) 『明史』권321, 8336면. 『대월사기전서』에는 레 황제가 갔었으나 명측이 이에 응하지 않은 것으로 되어 있다. 이에 대해 오오사와의 견해는 명측의 기록이 사실일 것이라고 한다. 『全書』(하), 900면; 大澤一雄「黎朝中期の明・淸との關係(1527~1682)」, 377면.

74) 『明史』권321, 8336면; 『全書』(하), 909면.

75) 『全書』(하), 909면; 『綱目』정편 권30, 18b~19b면. 풍 칵 코안은 마침 명 황제의 탄신을 축하하는 시 30수를 올렸는데, 황제가 크게 기뻐하여 이를 판각하게 했다. 이때 주청사(奏請使)로 와 있던 조선 사신 이수광(李睟光)이 서문을 써주었다고 한다. 이는 두 사람이 베이징의 옥하관(玉河館)에서 50일 동안 동거하며 교류하여 시를 주고받은 인연으로 인해서였다. 이수광은 귀국하여 자신이 지은 시, 그리고 베트남 사신과 주고받은 문답을 모아 『안남국사신창화문답록(安南國使臣唱和問答錄)』이라는 책을 엮었다. 이 책은 조선 지식인 사이에 베트남에 대한 관심과 우호의 감정을 확산시켰다고 한다. 『全書』(하), 909~10면; 金永健「安南國使臣唱和問答錄」, 『黎明期의 朝鮮』, 서울: 정음사 1948, 50~59면; 박희병「조선 후기 지식인과 베트남」, 『한국문화』47, 2009, 164~65면; 최병욱「이수광(李睟光)의 베트남, 1597~1598」, 『동남아시아연구』19, 2009, 31~55면.

76) 『明神宗實錄』권315, 1587~88면.

씨는 본래 안남국 레씨의 신하로 그 임금을 시해하고 나라를 빼앗은즉 명에게도 죄인인데, 지금 우리 주군(主君)은 막씨와 같은 죄인이 아님에도 불구하고 도리어 막씨와 같은 도통사직을 주는 것은 옳지 않으니 굽어살펴달라"고하자, 명 황제는 "너의 주군은 막씨와 비교될 바가 아니나 나라를 회복한 초기라 민심이 안정되지 않았으니 잠시 도통사직을 받았다가 나중에 왕작(王爵)을 더해도 늦지 않다"고 했다는 것이다.[77]

풍 칵 코안의 말로 보건대, 레씨 측에서는 명이 도통사직을 준 데 불만이 많았겠지만 일단은 이를 수용하기로 했다. 여기에는 아직 명의 보호하에 막씨의 일부가 까오 방 지방을 중심으로 저항하고 있는 점을 고려하였기 때문일 것이다. 그리하여 레 테 똥 자신이 홍 강을 건너가 명 황제가 보낸 사신을[78] 직접 맞이하여 절을 하고 조칙을 받음으로써 양국관계는 정식으로 확립되었다.

---

77) 『全書』(하), 916~17면; 『綱目』 정편 권30, 26a~27a면.
78) 『대월사기전서』에서는 명의 사신을 단순히 '북사(北使)'라고도 했는데, 이는 베트남과 중국을 남북으로 구분하여 대등한 위치에서 사용한 용어이다. 일례로 『全書』(하), 916면 참조.

제5장 레 왕조 후기 및 떠이 썬 정권과 명·청

1. 레 왕조의 부흥과 명과의 관계 회복

대명관계와 막씨 문제

레씨 왕조가 재건되고 명과 외교관계를 재정립한 후 당면한 과제는 까오 방에 있는 막씨 처리 문제였다. 베트남 사료에 의하면 양국 국교가 수립된 바로 직후 막 낀 꿍이 명의 지방관에게 뇌물을 주어 중앙조정을 움직이게 하여, 명 황제의 명으로 타이 응우옌(Thai Nguyen, 太原)과 까오 방 지방에 근거지를 마련할 수 있게 되었다.[1] 기록의 정확성 여부를 떠나 이는 막씨의 까오 방 근거지는 레씨와 명이 공식적으로 합의한 사항이지만, 막씨가 불안한 심정에 자신들의 지배지역을 재확인하고자 노력한 것이 아닌가 생각된다.

당시 레씨 측에서는 찐 뚱이 모든 권력을 장악하고 1599년에는 왕(Binh

---

1) 『全書』(하), 917면; 『綱目』 정편 권30, 27a면.

An Vuong, 平安王)을 칭하고 왕부(王府)를 두기에 이르렀다. 17세기 북부 베트남을 방문한 유럽인의 기록에 따르면, 레 황제는 찐 뚱이 하는 일에 대해 단지 '아멘'을 욀 뿐이었다.[2] 얼마 후 레 테 뚱이 세상을 떠나자 찐 뚱은 태자가 총민하지 못하다는 이유로 둘째아들인 주이 떤(Duy Tan, 維新)을 제위에 앉히니 이가 레 낀 뚱(Kinh Tong, 敬宗, 1600~1619)이다.

레 왕조에서는 한동안 명에 고애사도 책봉사도 보내지 않고 있다가 7년 후인 1606년에야 책봉사만 보냈고, 이때 세공도 별도로 바쳤다.[3] 이처럼 책봉 요청을 즉시 하지 않은 이유는 당시 찐 뚱이 응우옌 낌의 둘째아들이며 자신의 외숙인 투언 호아 진수(鎭守) 응우옌 호앙(Nguyen Hoang, 阮潢)과 보이지 않는 권력다툼을 시작한데다가[4] 아직 홍 강 델타 지역에 남아 있던 막씨 토벌에 더 관심을 가졌기 때문이 아닌가 한다. 실제로 찐 뚱은 1601년 대군을 동원해 이들을 공격해 커다란 타격을 주어 막 낀 꿍을 북부 산간지대로 축출했다. 다른 한편 1602년과 다시 2년 후인 1604년 각각 회시(會試)를 보았는데, 이러한 과거시험으로 자신의 지지세력을 좀더 확대하고자 함이었을 것이다. 자연히 책봉사의 파견도 늦어질 수밖에 없었다. 1606년 책봉사가 도착할 무렵 마침 베트남의 소수민족 관리들이 명의 사능주(思陵州)를 침범한 사건이 일어나 레 낀 뚱에 대한 도통사직 세습은 이

---

2) Samuel Baron, "A Description of the Kingdom of Tonqueen," in Awnsham Churchill, ed., *A Collection of Voyages and Travels*, Vol. 6, London: A & W. Churchill 1732, 21면.

3) 『明神宗實錄』권418, 7889~90면; 『全書』(하), 927면.

4) 응우옌 호앙은 1558년 투언 호아 진수로 자진해서 왔다가 1593~1600년 찐 뚱이 막씨로부터 수도를 탈환하고 이들을 까오 방 지역으로 축출하는 시기에 막씨 토벌에 적극 참여하여 공을 세웠다. 그는 레 왕조 부흥이라는 결정적 순간에 직접 참여함으로써 권력의 중추에 등장할 기회를 엿보았던 것 같다. 그러나 찐 뚱의 세력이 비대해져 황제의 권위를 압도하자 희망이 없음을 알고 이듬해 투언 호아로 돌아와 남에서의 독자적 기반을 다지는 데 노력하기 시작했다. 유인선 「베트남人의 南進과 南部文化의 形成」, 『東方學志』 105, 1999, 345~47면.

듬해에야 허용되었다.[5] 그렇지만 레 낀 똥 시기 명과의 관계는 그다지 긴
밀하지 않았으니, 베트남 기록으로는 1613년 세공사를 한번 보냈을 뿐이
다.[6] 찐 똥 측에서 보면, 사절을 자주 파견하는 것은 레 황제의 권위를 높여
줄 뿐이라는 생각에서 그러했을 가능성이 크다.

1619년 레 낀 똥은 찐 똥에 의해 시해되고, 장자인 레 주이 끼(Le Duy Ky,
黎維祺)가 뒤를 이으니 이가 레 턴 똥(Than Tong, 神宗, 1619~1628)이다. 레
낀 똥 때와는 달리 레 턴 똥은 즉위 이듬해 곧바로 명에 조공사절을 파견
했다.[7] 이는 레 낀 똥이 시해되어 명에서 이를 문제삼지 않을까 우려해서
가 아닌가 한다. 그리고 1621년에는 1611년과 1614년에 하지 못한 조공 몫
까지 보내고, 그후 찐씨는 4차례(1626, 1627, 1630, 1637)에 걸쳐 조공을 하는
등 빈번한 사절 파견을 행했다.[8]

이처럼 빈번한 사절 파견은 찐 짱(Trinh Trang, 鄭梉)의 권력 장악과 관련
지어 생각할 수 있다. 1621년이면 찐 똥은 연로하여 정사를 장자인 찐 짱에
게 물려줄 무렵으로, 권력의 승계를 무난히 치르고자 하던 때이다. 2년 후
인 1623년에는 찐 똥이 사망하고 정권을 잡은 찐 짱이 자신의 위치를 공고
히할 필요성을 느꼈을 것이다. 더욱이 1627년부터는 투언 호아 지방을 중
심으로 한 응우옌씨와의 무력대결이 시작됨에 따라 명과 긴밀한 관계를
유지하고자 했던 것으로 풀이된다. 이러한 해석은 그가 1640년 명에 왕작
(王爵)을 요청한 것을 보아도 가능하다. 명은 이에 대해 그가 권력을 전횡
할 것이라는 우려에서 이를 거부했다.[9] 권력의 전횡이란 국내에서만이 아

---

5) 『明神宗實錄』권431, 8142~43면; 大澤一雄 「黎朝中期の明·淸との關係(1527~1682)」,
   379면.
6) 『全書』(하), 929면.
7) 『全書』(하), 936면. 사절의 파견은 마침 명에서 신종(神宗)이 세상을 떠나고 새로운 황
   제인 희종(熹宗)이 즉위한 것과도 관련이 있지 않을까 한다.
8) 大澤一雄 「黎朝中期の明·淸との關係(1527~1682)」, 380면.
9) 『明崇禎實錄』권13, 389면. 남쪽 응우옌씨는 1702년 청에 사절을 보내 책봉을 요청했

니라 명의 통제로부터도 벗어나는 것까지를 의미했던 것으로 보인다. 이 당시 명은 쇠락할 대로 쇠약해서 찐 짱의 세력 강화에 호의적일 수가 없었다. 1640년의 사절 파견은 1644년 명이 멸망함으로써 양국 사이의 마지막 접촉이 되었다.

이무렵 까오 방 지방의 막씨 가운데 막 낀 꿍의 조카인 막 낀 코안(Mac Kinh Khoan, 莫敬寬)은 찐 뚱의 사망을 틈타 제위에 올라 막 낀 꿍과 더불어 세력을 이루고 있었다. 찐 짱은 1625년 이들에 대한 대대적인 정벌에 나서 막 낀 꿍을 포로로 하여 수도로 데려와 주살(誅殺)하고 항복한 막 낀 코안으로 하여금 그 뒤를 잇게 했다.[10] 이 정벌은 1627년 응우옌씨에 대한 최초의 원정에 대비해 후환을 없애려는 의도인 것 같다. 1638년 막 낀 코안이 사망하고 아들 막 낀 부(Mac Kinh Vu, 莫敬宇, 일명 막 낀 호안[Mac Kinh Hoan, 莫敬完])가 뒤를 잇고 저항하자 찐 짱이 군대를 이끌고 토벌을 시도했으나 성공하지 못했다.[11] 이는 남쪽의 응우옌씨를 의식해서 전력을 경주할 수 없었기 때문이다. 사실 당시 찐 짱은 남북으로 적을 맞고 있어 어느 쪽에도 전력을 쏟을 수 없었다. 찐씨가 일곱 차례(1627, 1643, 1648, 1655, 1657, 1661, 1672)에 걸친 응우옌씨와의 싸움에서 월등한 군사적 우세에도 불구하고 승리하지 못한 것은 배후에 막씨 세력이 남아 있었던 것도 한 원인이다.[12]

으나 안남에는 아직 레 왕조가 존속한다는 이유로 거절당했다. 그후 1744년에 이르러 스스로 국왕을 칭했다. 1756년 또다시 책봉을 요청했으나 성공하지 못했다. 『大南寔錄前編』, 東京: 慶應義塾大學 語學硏究 1961, 권7, 20b면 및 권10, 5b~6a면; Charles B. Maybon, *Histoire moderne du pays d'Annam, 1592~1820*, Paris: Librairie Plon 1919, Reprinted edition, Westmead, England: Gregg International Publishers 1972, 113면.

10) 『全書』(하), 937면; 『綱目』 정편 권31, 20b~21a면.

11) 『全書』(하), 947면; 『綱目』 정편 권31, 29b~30a면. 막 낀 부는 후일 막 응우옌 타인(Mac Nguyen Thanh, 莫元淸)으로 개명했다.

12) Maybon, *Histoire moderne du pays d'Annam, 1592~1820*, 24면.

남명(南明)의 안남국왕 책봉

1644년 명이 청에 망하고 중국 남부에 망명정권인 남명(南明)이 서자, 베트남의 레 왕조는 1646년 사절을 보내 책봉을 요청했다. 남명의 계왕(桂王)은 태상황인 레 턴 똥(Than Tong, 神宗, 1649~1662)을 안남국왕(安南國王)에 봉하고 이듬해 이를 공식적으로 인정했다.[13] 이리하여 베트남은 다시 중국의 속지에서 하나의 완전한 독립국이 되었다. 이는 마치 남송이 금과의 대립 속에서 리 아인 똥을 안남국왕에 책봉한 것과 유사하다. 우리는 여기서 다시 한번 중국 왕조들의 세력 약화가 베트남·중국 관계에 미치는 영향을 엿볼 수 있다.

남명이 베트남을 독립국으로 인정한 것은 레 왕조로부터의 도움을 기대해서였다. 실제로 남명은 1651년 9월 사신을 보내 전투용 코끼리[戰象]와 군량 및 총기 등을 요청하는 한편 10월에는 찐 짱을 부국왕(副國王)에 봉하였다.[14] 찐 짱의 부국왕 책봉은 남명이 그가 실권자임을 고려하여 요청한 바를 쉽게 받기 위해서였을 것이다.

1659년 계왕이 미얀마로 도피하면서 청(淸)의 승리가 확실해지자 베트남의 중국에 대한 정책도 바뀌어 레 왕조와 막씨는 경쟁적으로 청과의 접촉을 도모하기에 이르렀다. 막씨 측의 막 낀 지에우(Mac Kinh Dieu, 莫敬耀)는 1659년 9월 양광총독 이서봉(李棲鳳)을 통해 투항했다. 이를 보고받은 청 조정이 이듬해 2월 이를 수락하고 1661년 5월 막 낀 지에우를 안남도통사 귀화장군(歸化將軍)에 임명하였으나 그전에 사망함에 따라 11월 아들 막 응우옌 타인(Mac Nguyen Thanh, 莫元淸, 막 낀 부의 개명한 이름)이 안남도통사직을 이어받았다.[15] 여기서 한가지 문제는 앞에서 보았듯이, 베트남 사

---

13) 『全書』(하), 950~51면; 『綱目』 정편 권32, 3b~4a면.
14) 『全書』(하), 952~53면; 『綱目』 정편 권32, 8a면; 大澤一雄「黎朝中期の明·淸との關係 (1527~1682)」, 381면.

료에는 막 낀 부, 곧 막 응우옌 타인은 막 낀 코안의 아들로 되어 있고 그는 1638년부터 막씨의 제위에 있었다고 했다. 그렇다면 베트남과 청, 양측 사료의 차이를 어떻게 설명해야 할 것인가 하는 어려움이 있다. 그러나 이 문제를 떠나 분명한 사실은 레 왕조의 압력으로 위기에 처한 막씨가 생존을 위해 신속히 청에 접근했다는 점이다.

레 왕조는 막씨보다 한달 앞선 1659년 8월에 사신을 파견하고 이듬해에도 방물(方物)을 바쳐 청과의 공식적인 관계를 수립하는 데 성공했다. 그러나 안남국왕직에 공식 승인되는 것은 막씨와 같은 1661년 5월이지만 정확한 날짜는 그보다 하루 뒤였다.[16] 결국 청도 명과 마찬가지로 레씨와 막씨의 두 정권을 동시에 인정하는 정책을 취했다고는 하지만, 레 왕조는 명청교체기의 혼란을 이용하여 안남국왕으로서의 지위를 확고히할 수 있었다. 달리 말하면, 베트남이 중국의 정치적 변동을 이용하여 자신의 독자적 위치를 굳히려 최대한 노력한 결과였다.

사실 레 왕조는 청과 처음 접촉하는 과정에서 청의 요구에 일방적으로 응하지만은 않았다. 1660년 청과의 두번째 접촉에서, 레 왕조가 남명의 계왕에게서 받은 안남국왕의 금인(金印)을 반납하지 않고 청조의 금인을 요청한 것은 잘못이라는 청의 지적을 받고 레 턴 똥은 명대의 제도에서는 칙

---

15) 「兩廣總督李棲鳳揭帖」, 『明淸史料庚編』, 1本, 臺北: 中央硏究院歷史語言硏究所 1960, 1b면; 『淸聖祖實錄』(一), 北京: 中華書局 1985, 권2, 62면 및 권5, 94~95면; 『淸史稿』, 北京: 中華書局 1988, 권527, 14627면; 大澤一雄「黎朝中期の明·淸との關係(1527~ 1682)」, 382면.

16) 『淸史稿』 권527, 14627~28면; 『淸聖祖實錄』(一) 권2, 62면. 오오사와는 막씨가 레씨에 몇달 앞서 청과 접촉했다고 했는데 이는 오류이다. 大澤一雄「黎朝中期の明·淸との關係 (1527~1682)」, 382면. 『대월사기전서』에 의하면, 청에서 공식 책봉사를 보낸 것은 2년 후인 1662년 11월인 것 같다. 레 왕조는 이해 5월, 9월, 11월 세차례에 걸쳐 북사(北使), 즉 청 사신을 맞이하기 위해 진남관에 보냈다고 하는데 11월에야 비로소 청 사신을 접대한 것으로 되어 있다. 5월과 9월의 경우는 레 턴 똥의 와병과 사망으로 인해 연기된 듯하다. 『全書』(하), 968~70면.

인(勅印)을 돌려준 예가 없었기에 그대로 한 것뿐이라는 식으로 회답했다.[17] 이는 청의 책봉을 요청하면서도 레 왕조가 그 요구에 순순히 따르지 않았음을 잘 보여준다.

금인 문제가 다시 불거진 것은 1662년 턴 똥이 사망하고 그의 아들 후옌 똥(Huyen Tong, 玄宗, 1663~1671)이 뒤를 잇고 나서였다. 1663년 레 왕조에서 고애사와 함께 세공사를 보내자 청은 최초의 입공이라고 하며 매우 흡족해 상을 내리는 한편 조문사절을 보냈다.[18] 그러나 1666년에 이르러 청 조정이 다시 금인의 반납을 요구하자 레 왕조 측은 진남관에서 청 관리가 보는 가운데 이를 분쇄하겠다고 했다. 그러자 청은 천조(天朝)에 대한 예가 아니라고 하면서 만약 금인을 반환하면 입공을 허락하지만 그렇지 않는 경우에는 사신이 오는 것을 금하겠다는 뜻을 밝혔다. 청조의 강력한 요구 앞에서 레 왕조는 하는 수 없이 이를 반납했고, 1666년 5월 레 후옌 똥은 마침내 안남국왕에 봉해졌다.[19] 결국 금인은 반납되었지만, 우리는 여기서 레 왕조가 청과의 교섭과정에서 쉽사리 순종하지 않고 그 나름의 주장을 하고 있음에 주목할 필요가 있다.

청의 사신이 와서 레 후옌 똥을 실제로 책봉한 것은 1667년 3월이며,[20] 후옌 똥은 다시 세공사와 사은사(謝恩使)를 보냈다. 이때 중요한 사실은 3년 1회 조공하던 것을 명 만력(萬曆, 1573~1620) 때의 예에 따라 6년에 한번 사절을 보내 2회분을 하게 하는 이른바 육년양공병진(六年兩貢並進)을 요청하여 1668년 5월 청의 승인을 받아낸 것이다.[21] 청은 베트남으로부터 길

---

17) 『淸聖祖實錄』(一) 권4, 82면.
18) 『淸聖祖實錄』(一) 권11, 173, 178면;『全書』(하), 979면;『綱目』정편 권33, 14b면; 大澤一雄「黎朝中期の明・淸との關係(1527~1682)」, 384면.
19) 『淸聖祖實錄』(一) 권18, 263면 및 권19, 270면; 大澤一雄「黎朝中期の明・淸との關係(1527~1682)」, 384~85면.
20) 『全書』(하), 983~84면;『綱目』정편 권33, 21a~b면.
21) 『淸聖祖實錄』(一) 권26, 361면;『全書』(하), 987면;『綱目』정편 권33, 26a~b면.

이 멀고 또한 산천이 험하다는 이유로 이를 받아들인 것이다. 조공 횟수의 변경 요청은 아마도 북부의 찐씨가 남부 응우옌씨와의 오랜 전쟁으로 인해 재정이 궁핍해진 것과 관계가 있지 않은가 한다. 전쟁은 찐씨가 남으로 원정군을 보내고 응우옌씨가 방어하는 형태로 행해졌기 때문에 찐씨의 재정적 부담은 매우 컸다.

이러한 재정적 부담에도 불구하고 찐씨는 응우옌씨와의 전쟁이 계속되는 한 까오 방 지역의 막씨에 대한 주의를 게을리할 수는 없었다. 이리하여 1662년 3월과 1666년 1월 막씨를 공격했으나 커다란 성과는 거두지 못했다.[22] 1667년 청과의 관계가 완전히 해결되자 찐 딱(Trinh Tac, 鄭柞)은[23] 그해 9월 스스로 대군을 거느리고 까오 방 지방에 대한 대대적인 공세에 나서 막씨에게 재생이 어려울 정도의 타격을 입혔다. 막 응우옌 타인은 더 이상 대응할 힘이 없어서 청으로 도피하고 말았다.[24]

막 응우옌 타인은 윈난 지방으로 도망한 후 청 조정에 사정을 호소하는 글을 올렸다. 강희제가 그를 남령(南寧, 지금의 난닝)에 머물게 하자, 이번에는 레 후옌 똥이 상소하여 그를 정벌하게 된 것은, 그가 레 왕조의 찬탈자인 막씨의 후손이기 때문이라는 것을 알렸다. 강희제는 1668년 4월 베트남에 사절을 보내 까오 방 지방과 인민을 막 응우옌 타인에게 돌려주도록 했다.[25] 그 이유의 하나는 레씨 찬탈과 관련된 막씨는 이미 다 사망한데다 더욱이 오래 전 명 가정(嘉靖, 1522~1566) 때의 일이라는 것이다. 다른 하나는 막 응우옌 타인이 앞서 공납을 하고 귀순하여 도통사의 직을 주었고, 레씨

---

22) 『全書』(하), 968, 982면; 『綱目』 정편 권32, 39b면 및 권33, 16b면.

23) 찐 딱은 찐 짱의 아들로 1657년 부가 사망하자 그 뒤를 이어 왕의 자리에 올라 권력을 장악했다.

24) 『全書』(하), 985면; 『綱目』 정편 권33, 22b~23a면. 찐 딱은 이듬해 2월 개선했다.

25) 『淸聖祖實錄』(一) 권25, 356면; 大澤一雄 「黎朝中期の明·淸との關係(1527~ 1682)」, 386면. 청 사신이 베트남에 도착한 것은 1669년 1월이었다. 『全書』(하), 987면; 『綱目』 정편 권33, 25a~b면.

또한 공납을 했기에 왕으로 봉해주었는데 이제 갑자기 복수한다고 하면서 군사를 동원하여 까오 방을 파괴하고 병사와 인민을 살육한 행위는 합당하지 않다는 것이다.

청조의 요구에 대해 레 왕조는 곧 답을 주지 않고 며칠 고려한 끝에 타협을 시작하여 40여일 만에 찐 딱의 건의로 까오 방 지역의 4개 주(州), 즉 타익 럼(Thach Lam, 石林)·꽝 우옌(Quang Uyen, 廣淵)·트엉 랑(Thuong Lang, 上琅)·하 랑(Ha Lang, 下琅)을 돌려주기로 했다.[26] 그 결과 막씨는 다시 까오 방 지역으로 돌아올 수 있었다. 청의 개입은 명과 마찬가지로 레 왕조와 막씨를 대결시킴으로써 청의 안전을 도모하자는 데 있었음은 말할 것도 없다.

레 왕조가 청의 개입으로 막씨를 제거할 수 없었던 문제는 마침내 중국에서 1673년 발발한 오삼계(吳三桂) 등에 의한 삼번(三藩)의 난을 계기로 해결을 볼 수 있었다. 1677년 레 왕조는 이 난을 계기로 막씨의 소탕을 결정하고, 막씨가 오삼계에게 병사와 군량을 제공했다는 것을 구실로 군대를 보내 막 응우옌 타인을 격파하고 이전의 4개 주를 점령한 후 관리를 임명하여 다스리게 했다.[27] 이로써 막씨는 까오 방을 근거로 한 지 3대 85년 만에 완전히 멸망하고 말았다. 이후 1679년 말 히 똥(Hy Tong, 熙宗, 1676~1705)은 청에 사절을 보내 삼번의 난 진압을 경하하면서, 역적 오삼계의 변란으로 수년간 조공 길이 막혔다는 것과 그가 누누이 다방면으로 위협하여 복종하도록 했으나 결코 따르지 않았음을 알렸다. 아울러 역신(逆臣) 막 응우옌 타인이 황은(皇恩)을 배반하고 적에 동조하니 자기들이 이를 엄습하여 정죄하려 한다고 하면서 허락을 요청했다.[28] 이미 2년 전 레

---

26) 『綱目』 정편 권33, 25b~26a면. 이 직후에 청에 갔던 사신이 귀국해서 이후 세공은 육년양공병진으로 하도록 청 황제가 허락했음을 알렸다.

27) 『全書』(하), 1008면; 『綱目』 정편 권33, 3b~4b면.

28) 『淸聖祖實錄』(一) 권86, 1094~95면.

왕조가 막씨를 토벌한 뒤였는데 청 조정은 확인도 않고 이를 승인하였다. 레 왕조는 또다시 중국의 혼란을 이용하여 자기들에게 유리하게 막씨 토벌을 기정사실화한 것이다.

중국인의 베트남 남부 개척

명청교체기에 또다른 중요한 사실은 남쪽의 응우옌씨가 중국인들을 이용하여 당시 캄보디아의 영향권이었던 현재 베트남 남부를 정복한 것이다. 중국인들의 역할은 두 시기로 나누어진다. 첫번째는 명의 유장(遺將) 양언적(楊彦迪) 등이 메콩 강 하류에 정착한 시기이고, 두번째는 막(鄭)씨가 하 띠엔(Ha Tien, 河仙 또는 河僊) 지방을 개발한 시기이다.

1679년 명의 유장이라고 칭하는 양언적과 진상천(陳上川) 등이 병사 3천명을 이끌고 지금의 다 낭(Da Nang, 沱㶞, 유럽인들은 흔히 Tourane라고 했음)에 이르러 신하가 되기를 청했다. 응우옌씨 조정은 논의끝에 이들을 이용하여 캄보디아 동부를 개척하기로 결정하고 양언적 등은 미 토(My Tho, 美湫)에, 그리고 진상천 등은 비엔 호아(Bien Hoa, 邊和)에 정착시켰다.[29] 몇 년 후 양언적의 부장(副將) 황진(黃進)이 양언적을 살해하고 캄보디아 내에 독자적 세력을 형성하려 하자, 우동(Oudong)에 자리잡고 있던 캄보디아 왕 자야제타 3세(Jayajettha III, 1677~1697)는 이에 대비하여 요새를 구축하고 응우옌씨에 대한 이전부터의 조공을 거부했다. 응우옌씨는 자야제타 3세에 대한 원정을 구실로 1688년 출병하여 메콩 강 하류지역 지배에 걸림

---

29) 『大南寔錄前編』 권5, 22a~23b면; 鄭懷德 「嘉定城通志」, 戴可來·梁保筠 校注 『嶺南撫怪等史料三種』, 鄭州: 中州古籍出版社 1991, 121~22면. 천징허(陳荊和)는 이들이 본시 해적이었으나 나중에 정성공(鄭成功)에게 가담했던 무리로 보는 동시에 이들의 도착도 1682년 12월과 1683년 5월 두 차례였다고 했다. 陳荊和 「淸初鄭成功殘部之移殖南圻」(상), 『新亞學報』 5-1, 1960, 433~55면.

돌이 된 황진을 살해하고, 이어 진상천을 선봉장으로 삼아 프놈펜(Phnom Penh)을 점령했다. 응우옌씨의 군대는 자야제타 3세의 조공을 약속받고 일단 철병했으나(1689), 약속을 이행치 않자 1690년 다시 출동하여 그를 복속시켰다.[30] 이리하여 응우옌씨는 처음으로 메콩 강 하류를 자기네 영토로 만들고 직접 지배하기에 이르렀다.

17세가 말 남부 서쪽 변경 하 띠엔에서는 또다른 중국인 막 끄우(Mac Cuu, 鄭玖)가[31] 세력을 확장하면서 응우옌씨의 이 지역 점유에 적극적인 역할을 한다. 막 끄우는 광둥 레이저우(雷州) 출신으로 양언적(楊彦迪)처럼 명 멸망 후 청의 지배에 불만을 품고 1671년 캄보디아로 이주했다.[32] 그는 처음 캄보디아 궁중에서 무역을 담당하는 관리로 일했으나, 몇년 후 타이 만(灣)에 연한 반떼아이 메아스(Banteay Meas, 柴末)가 베트남인·중국인·말레이인 등의 무역으로 번성하는 것을 보고 왕에 요청하여 그곳을 통치할 수 있는 오크냐(oknha, 屋牙), 즉 총독에 임명되었다. 그로부터 오늘날의 하 띠엔에 정착했다.[33]

막 끄우는 하 띠엔에 도착한 후 도박이 성행하는 것을 보고 공식적으로 도박장을 개설해주고 세금을 징수했다. 또 은광을 개발하여 상당한 부

---

30) 『大南寔錄前編』 권6, 15b~16a면; 鄭懷德 「嘉定城通志」, 122~23면; Maybon, *Histoire moderne du pays d'Annam, 1592~1820*, 120면.

31) 막 끄우의 본래 성은 막(莫)씨였으나, 1527년 레 왕조의 왕위를 빼앗은 막씨와 구별하기 위해 막(鄭)씨로 했다. Emile Gaspardone, "Un Chinois des mers du Sud," *Journal Asiatique* CCXL-3, 1952, 374면.

32) 武世營 撰 「叶鎭鄭氏家譜」, 戴可來·梁保筠 校注 『嶺南撫怪等史料三種』, 鄭州: 中州古籍出版社 1991, 231면; Nicholas Sellers, *The Princes of Ha-Tien (1682~1867)*, Bruxelles: Thanh-Long 1983, 15면.

33) 鄭懷德 「嘉定城通志」, 151면; 『大南寔錄前編』 권8, 4a~b면. 하 띠엔은 본래 캄보디아어의 Peam, 즉 항구라는 의미와 관련이 있다고 한다. 이곳에 모여든 각국 상인들은 대부분 해적이었을 가능성이 많다. Paul Boudet, "La conquête de la Cochinchine par les Nguyên et le rôle des émigrés chinois," *BÉFEO* 42, 1942, 121면.

를 축적할 수 있었다. 아울러 그는 많은 유민을 받아들여 개간하게 했다. 이런 정책이 성공을 거두자 막 끄우는 한 띠엔 이외에도 콤퐁 솜(Kompong Som), 캄폿(Kampot), 푸 꾸옥(Phu Quoc), 까 마우(Ca Mau) 등 정착지를 만들었다.

이리하여 막 끄우는 베트남 남서부에서 캄보디아의 남부지역을 자신의 통제하에 두고 부와 권력을 누렸다. 그러나 당시 캄보디아 궁중은 내홍을 겪고 있었고 사이암의 침략도 빈번했기 때문에 막 끄우는 자신의 안전을 위해 1710년을 전후하여 응우옌씨의 보호를 요청했다.[34] 이에 응해 응우옌 씨는 그를 하 띠엔 진(鎭)의 총병(總兵)에 임명하고, 내정에는 간섭하지 않았다.

1735년 막 끄우가 사망하자 아들 막 티엔 뜨(Mac Thien Tu, 鄭天賜)가 뒤를 이어 하 띠엔을 다스렸다. 그 역시 이듬해 응우옌씨로부터 도독의 관직을 받고 자치를 행했다. 응우옌씨는 그에게 세금을 면제해주고 대외무역을 위한 독자적 화폐주조권도 인정해주었다. 따라서 막 티엔 뜨의 통치하에서 각국 상인들이 모여들어 하 띠엔의 번영은 이전 시기를 능가할 정도였다.

1747년 응우옌씨는 변경 침입을 구실로 캄보디아를 침공하여 우동을 점령했고, 1753년 타이 후원 아래 캄보디아 왕이 보복공격을 하자 응우옌씨 군대는 즉각 공세를 취했다. 캄보디아 왕은 막 티엔 뜨에게 중재를 요청했고, 그의 중재로 응우옌씨는 자 딘(Gia Dinh, 嘉定, 현 호찌민 市 일대) 남부에서 미 토 지방을 흐르는 메콩 강 지류에 이르기까지의 모든 영토를 손에 넣었다. 응우옌씨는 여기에 그치지 않고 1757년 다시 캄폿부터 까 마우에 이르는 타이 만 연안의 모든 지역에 대한 공식지배권을 캄보디아로부터

---

34) 아마도 그 시기는 1711년 또는 그 이전인 1708년으로 생각된다. 『大南寔錄前編』 권8, 4a면; 鄭懷德 「嘉定城通志」, 152면.

넘겨받아 막 티엔 뜨에게 관할케 했다.[35] 결국 응우옌씨는 막씨 부자의 도움으로 남부의 서부지방에 대한 지배권을 확립할 수 있었다.

이제 다시 북부로 돌아가보면, 막씨 문제의 해결로 레 왕조와 청의 관계는 순조로워졌다. 1683년 청은 사절을 보내 레 히 똥을 안남국왕에 책봉하고, 이어 오삼계의 난으로 인해 보류되었던 레 후옌 똥과 자 똥(Gia Tong, 嘉宗, 1672~1675)에 대한 조제사(弔祭使)도 보내주었다.[36]

2. 레 왕조와 윈난 국경 및 중국인 광산노동자 문제

청 사신에 대한 베트남의 의례 문제

이후 양국 사이에 심각할 정도는 아니지만 갈등이 없었던 것은 아니다. 갈등의 원인은 크게 보아 청 사신을 맞을 때 베트남측의 의례 문제와 윈난 변경의 영토 영유권을 둘러싼 논쟁 및 변경지방을 통한 중국인의 이주 등 세가지를 들 수 있다.[37]

우선 의례문제를 살펴보면, 전술한 1683년 베트남에 온 청 사신이 돌아간 후 강희제는 레 왕조의 왕에게 청 책봉사를 맞을 때 절을 하지 않아도 된다는 특례를 베풀었다고 한다.[38] 스즈끼 추세이(鈴木中正)는 이러한 예는 관례에서 완전히 벗어나는 일이라 얼마나 사실이었을지 의문시하면

---

35) 鄭懷德「嘉定城通志」, 151면;『大南列傳前編』권6, 東京: 慶応義塾大學 語學研究所 1961, 5b~6a면; Boudet, "La conquête de la Cochinchine," 127~28면.
36) 『全書』(하), 1013면;『綱目』정편 권34, 16b~17a면.
37) 이하는 주로 스즈끼의 논의를 중심으로 하되 좀더 간략히 언급하고자 한다. 鈴木中正「黎朝後期の淸との關係(1682~1804)」, 山本達郎 編『ベトナム中國關係史』, 405~37면.
38) 『全書』(하), 1013면.

서, 강희제 때는 대체로 오배삼고(五拜三叩), 즉 다섯번 절하되 그중 세번은 머리가 땅에 닿아야 하는 베트남 풍습에 따랐다고 했다.[39] 그러다가 청조의 중화주의가 강화되면서 강희제 말년인 1719년 주 똥(Du Tong, 裕宗, 1705~1729)을 안남국왕에 봉하기 위해 온 청 사신이 삼궤구고(三跪九叩)의 예를 요구하고 베트남측은 자국의 관습에 의하겠다고 하여 갈등이 있었다. 1696년의 칙령을 보면, 당시 레 왕조의 지배자들이 송이나 명의 예속(禮俗)과 다른 청의 만주 풍습을 이속(夷俗)으로 생각하여 호의적이 아니었던 만큼,[40] 그러한 청나라 사신에게 삼궤구고의 예를 행한다는 것은 자존심이 허락하지 않았을 것이다. 그럼에도 레 주 똥은 열세의 입장에 있었기 때문에 마침내 청 사신의 요청에 응해 몇번 연습을 했고 그래도 제대로 되지 않자 청 사신도 부득이 베트남 관습을 받아들였다고 한다.[41]

옹정제(雍正帝) 때인 1728년 청의 사신이 왔을 적에 주 똥은 전처럼 오배삼고의 예로 맞으려 했으나, 청 사신이 삼궤구고를 강력히 요구하여 이를 따랐다고 한다.[42] 스즈끼의 견해에 의하면, 이때 청 사신이 중국의 예를 따르도록 강력히 요구한 것은 강희제 말년 이래 중화주의가 강화된 요인도 있었지만, 당시 레 왕조와 청 사이에 논란이 되고 있던 윈난 성 개화부(開化府)의 뚜 롱(Tu Long, 聚龍) 지방을 청 황제가 베트남에 은혜로 양보해준다는 우월한 입장에 있었기 때문이라고 했다.[43] 다시 말하면, 황제에

---

39) 鈴木中正「黎朝後期の淸との關係(1682~1804)」, 467면, n. 8 및 408면.
40)『綱目』정편 권34, 35b~36a면; 藤原利一郎「黎朝後期鄭氏の華僑對策」, 藤原利一郎『東南アジア史の硏究』, 京都: 法藏館 1972, 245~46면. 이 칙령은 베트남에 거주하는 북인(北人), 다시 말해 중국인은 언어와 의복 모두 베트남의 풍습을 따라야 한다고 했다. 이에 앞서 1663년에 이미 청인(淸人)은 베트남의 풍속을 흐리게 하므로 거주구역을 별도로 지정하도록 하는 칙령을 내렸다.『全書』(하), 975면;『綱目』정편 권33, 5a~b면.
41)『全書』(하), 1045면;『綱目』정편 권35, 25b~26a면; 鈴木中正「黎朝後期の淸との關係(1682~1804)」, 408면.
42)『淸世宗實錄』(一) 권74, 1103면;『綱目』정편 권37, 4b면.
43) 鈴木中正「黎朝後期の淸との關係(1682~1804)」, 409면.

대한 감사의 표시는 베트남의 관습이 아니라 중국적 예에 의해야만 한다는 것이었다. 레 왕조는 비록 청에 대해 조공을 한다고는 하지만, 내면적으로는 자긍심이 강해서 상기한 일방적 요구에 대해 불만이 없을 수 없었다. 그리하여 이듬해인 1729년 세공사와 동광(銅鑛)이 있는 뚜 롱 지방을 돌려준 데 대한 사은사를 보내면서 동시에 황제 사절을 영접할 때의 의례를 비롯해 양국 문서 내왕에 관해 일정한 기준을 정해주도록 요청했다.[44] 청 조정이 이 요청에 대해 어떤 조치를 취했다는 증거가 없는 것으로 보아 이는 무시되었지 않은가 한다. 그렇지만 레 왕조에서도 쉽게 청의 요구를 따른 것 같지는 않다.

이러한 사실은 건륭 26년(1761)에 청이 히엔 똥(Hien Tong, 顯宗, 1740~1786)의 책봉과 선황(先皇)인 이 똥(Y Tong, 懿宗, 1735~1740)의 조문을 위한 사절을 보냈을 때 의례문제가 다시 불거진 것으로 알 수 있다. 이 일은 부사(副使)가 정사(正使)와 의논하지 않고 귀국길에 레 왕조를 비난하는 서신을 보낸 사실이 이듬해 문제시되면서 알려졌다.[45] 당시 레 왕조의 정권을 장악하고 있던 찐 조아인(Trinh Doanh, 鄭檊)은 베트남에 인재가 많다는 것을 과시하기 위해 청의 사신을 당대 저명한 문인인 응오 티 씨(Ngo Thi Si, 吳時仕 또는 응오 씨[吳仕]) 등이 접대하며 학문을 논하게 했다고 한다.[46] 아마도 이들로 하여금 의례문제를 논의하게 하려는 의도에서였지 않은가 생각된다. 과정이 어떠했든지 결과적으로 레 왕조가 청 사절의 요구를 들어 삼궤구고의 예를 행했다는 것은, 건륭제가 옹정 6년(1728)과 금번 두차례에 걸쳐 이미 삼궤구고의 예를 행했으니 앞으로는 이를 준행토록 하라고 예부(禮部)에 지시한 것으로 입증된다.[47] 이 문제를 다룬 스즈끼

---

44) 『全書』(하), 1067면; 『綱目』 정편 권37, 11a면.
45) 『淸高宗實錄』(九) 권659, 376면.
46) 『綱目』 정편 권42, 11a면.
47) 『淸高宗實錄』(九) 권654, 340~41면.

는 이에 앞서 청이 베트남에 1734년과 1737년 각각 책봉사와 조문사를 보냈을 때도 삼궤구고의 의례가 행해졌다고 하였지만,[48] 위의 1761년 건륭제 유시(諭示)로 보건대 베트남의 관습대로 오배삼고의 예를 행했을 가능성이 높다.

윈난 변경 영유권 논쟁

윈난 변경의 영토 영유권은 레 왕조 이전에도 베트남과 중국 사이에 자주 갈등을 일으키는 문제였다. 주된 원인은 오늘날처럼 국경이 확정되어 있지 않고 또 그곳 거주 소수민족들이 필요에 따라 소속을 바꾼 것이었다.

막씨 문제의 해결 후 양국간에 발생한 영토문제도 소수민족과 관련이 있다. 1688년 부 꽁 뚜언(Vu Cong Tuan, 武公俊)이란 자가 모반을 했다가 윈난의 개화부로 도망하여 그 지방 소수민족 관리의 후원하에 이웃 뚜옌 꽝(Tuyen Qaung, 宣光)의 2개 주(州)와 흥 호아(Hung Hoa, 興化)의 1개 주(州)에 대한 영향력을 행사했다. 레 왕조가 군사를 동원하여 정벌을 시도했다가 실패하면서 이들 3개 지역은 청의 영토로 편입되었다. 이듬해 레 왕조는 윈난 총독과 교섭하여 이들 지방으로 도망한 베트남인들을 귀환시키고 부 꽁 뚜언도 인도한다는 데 합의하여 소요는 진정되었지만 영토만은 돌려받지 못했다.[49]

레 왕조는 1689년에 보낸 세공사를 통해 또다시 위 영토의 반환을 요청했으나 적절한 답변을 들을 수 없었다.[50] 1697년 세공사가 갔을 때도 변경 문제를 거론하지만, 마침 귀경(歸京)해 있던 윈난 순무(巡撫)가 이 지역은 명나라 때 중국에 귀속되었다고 하면서 청이 명의 뒤를 이었으니 청의 영

48) 鈴木中正「黎朝後期の淸との關係(1682~1804)」, 410면.
49) 『全書』(하), 1017면;『綱目』정편 권34, 20b~21a면.
50) 『全書』(하), 1017면;『綱目』정편 권34, 21b~22a면.

토가 된 것은 당연하다고 하여 강희제가 이를 받아들였다.[51] 이러한 영토 반환 교섭의 실패는 레 왕조 후기의 국력 약화와 무관하지 않다. 신흥 청조 와의 외교 교섭에서 강경한 태도를 취한다는 것은 당시 남북 분단의 레 왕 조로서는 무리였다. 만약 레 왕조의 힘이 강했다면 부 꽁 뚜언의 반란을 초 기에 진압하고 그 지역을 되찾는 것이 그다지 어렵지 않았을 것이다.

개화부 변경을 둘러싼 문제는 옹정제 때 다시 일어났다. 청 윈난 관리의 주장에 따르면, 윈난과 베트남의 경계는 본래 개화부 남쪽 240리(里)에 있 는 도주하(賭呪河)였는데 명 말에 120리를 더 남으로 확대했다가 강희제 때인 1683년에는 새로운 경계 내에 있는 40리 지역을 잃었다는 것이다.[52] 이 지역이 문제가 된 것은 단순히 국경의 축소가 아니라 동광과 아연광이 있었기 때문이다. 옹정제는 레 왕조와의 친선을 고려하여 청의 일방적 경 계 지정은 합리적이 아니라고 하면서 레 왕조와 상의하게 했다. 레 왕조에 서도 조사단을 파견하여 논의한 결과 80리는 환수했지만 동광이 있는 40 리 지역만은 되찾을 수 없었다.[53] 그러나 레 왕조의 실권자인 찐 끄엉(Trinh Cuong, 鄭棡)은 동광의 중요성 때문에 이곳을 결코 양보할 수 없다는 입장 이었다.[54]

이후 윈난 총독 악이태(鄂爾泰)의 일방적 강경정책에 의해 국경문제는 해결의 실마리가 보이지 않는 형국이 되었다. 결국 1728년 옹정제가 천하

---

51) 『綱目』 정편 권34, 40a면. 스즈끼는 『대월사기전서』에 의하면, 강희제가 레 왕조 사신 의 요청에 응해 조사원을 윈난에 파견하려 했다가 윈난 순무의 설명을 듣고 요청을 거 부했다고 한다. 그러나 『대월사기전서』 어디에도 이런 내용이 보이지 않는다. 鈴木中正 「黎朝後期の淸との關係(1682~1804)」, 468면, n.17.

52) 鈴木中正 「黎朝後期の淸との關係(1682~1804)」, 412면. 『綱目』 정편 권36, 29b면 참조.

53) 『全書』(하), 1059, 1061면; 『綱目』 정편 권36, 29a~30a면.

54) 『全書』(하), 1065면. 판 후이 쭈에 의하면, 뚜 롱(聚龍) 동창(銅廠)은 뚜엔 꽝의 대표 적 광산이었다. Phan Huy Chú(潘輝注), *Lịch-Triều Hiến-Chương Loại-Chí* (歷朝憲章類誌), Quyển 31, Sài Gòn: Nhà In Bảo-Vinh 1957, 460~61면.

에 왕토(王土)가 아닌 것은 없는데 40리를 가지고 구구하게 논할 필요가 있겠느냐고 명함에 따라 베트남측이 원하는 대로 영토를 돌려주기로 결정하자 문제는 쉽게 풀렸다.[55] 이로써 앞에서 언급한 뚜 롱 지역이 반환되었던 것이다.

중국인 광산노동자 문제

영토문제가 해결된 후 양국간에는 별다른 논란이 없었다. 그러다가 레 히엔 똥 때에 와서 중국인의 불법이주 문제가 생겼다. 당시 청나라는 평화와 안정 시대로 인구가 증가한데다가 특히 윈난과 광시 변경의 베트남 영내에 있는 광산개발로 인해 대량 이민이 발생하게 된 것이다. 현지 소수민족들은 채굴기술이 없고[56] 평지의 베트남인들은 자기 촌락에 대한 강한 집착력으로 인해 멀리 산간지역까지 가려고 하지 않았다.[57] 이와는 달리 중국인들은 축재에 대한 의욕이 강해 온갖 어려움을 무릅쓰고 베트남 산간지방의 광산개발에 적극적이었다.

레 왕조는 광산개발을 위해 많은 중국인들이 이주해 들어오자 1717년 이미 치안의 불안을 느끼고 광산의 크기에 따라 대·중·소로 나누어 중국인 광부수를 제한했다. 큰 광산에는 300명, 중간 규모의 광산에는 200명, 작은 광산에는 100명으로 정해 그 수를 넘을 수가 없었다.[58]

---

55) 『淸世宗實錄』(一) 권65, 999면; 『綱目』 정편 권37, 6a면.
56) 和田博德 「淸代のヴェトナム·ビルマ銀」, 『史學』 33-3·4 合倂號, 1961, 120, 123면.
57) 다음의 속담은 베트남인들이 자기 촌락에 대해 얼마나 강한 집착력을 가지고 있었는가를 잘 말해준다. '가지에서 떨어지는 나뭇잎은 나무뿌리로 돌아간다.' Huynh Dinh Te, "Vietnamese Cultural Patterns and Values as Expressed in Proverbs," Ph.D. dissertation at Columbia University 1962, 123면.
58) 『全書』(하), 1034면; 『綱目』 정편 권35, 20b~21a면; Phàn Huy Chú, Lịch-Triêu Hiên-Chương Loại-Chí, Quyển 31, 467~68면; 藤原利一郎 「黎朝後期鄭氏の華僑對策」, 246~

다른 한편 중국 왕조들은 전통적으로 자국인의 국외 이주를 금지하는 경향이었는데, 이는 청조에서도 동일했다. 옹정제는 1731년 광시 성의 어리석은 백성들이 가업을 저버리고 광산개발 때문에 베트남으로 잠입하는 데 이를 못하도록 하라는 칙령을 내렸다.[59] 또한 관리들은 국경의 지형이 험준한 곳이나 산간벽지의 통로를 철저히 순시하여 이들을 체포하면 원적지로 되돌려보내 죄를 다스리게 하도록 명했다.

이러한 칙령에도 불구하고 베트남 내 광산으로의 불법이주자는 그치지 않았다. 당시 대표적 광산인 광시 성 변경에 가까운 타이 응우옌 지역의 똥 띤(Tong Tinh, 送星) 은광은 1767년 광부수가 1만명이 넘었는데, 이들 대부분은 광둥 성의 조주(潮洲)와 소주(韶州) 출신들이었다.[60] 많은 중국인들이 각 지방에서 모여들고, 그들 사이에 이권을 둘러싼 갈등이 생기면서 마침내는 흉기를 들고 싸우는 계투(械鬪)로 확대되었다.

똥 띤 은광에서 최초의 계투는 1765년에 발생하여 여러명의 사상자를 냈는데, 베트남 관리가 관련자들을 체포하여 광둥 성 당국에 넘겨주었다.[61] 계투는 이후에도 빈번히 발생하였던바, 레 왕조 측은 1767년 중국인들을 구축하려고 군대를 파견했지만 찐씨의 지배자인 찐 조아인의 사망으로 중단되었다. 군대를 보낸 것은 계투도 문제지만, 중국인에 대한 억압정책과 관련이 있었다. 당시 군대 파견을 건의한 관리는, "객인(客人), 즉 청인들은 변발을 하고 자기네 식의 옷을 입고 있으며 은을 캐가지고는 돌아가 나라에 도움되는 바가 없다. 그러나 머무르기를 원하는 자들은 베트

47면.

59) 『淸世宗實錄』(二) 권108, 441~42면; 鈴木中正「黎朝後期の淸との關係(1682~1804)」, 430~31면.

60) 『全書』(하), 1163면; 『綱目』정편 권43, 1b면; Phàn Huy Chú, *Lịch-Triều Hiến-Chương Loại-Chí*, Quyển 31, 466~67면.

61) 鈴木中正「黎朝後期の淸との關係(1682~1804)」, 431면.

남식 머리모양을 하고 의복을 입으면 호적에 올려 채광을 허락해도 좋겠다"고 말했다.[62] 여기서 한가지 부언한다면, 중국인 억압정책의 일환으로 1730년대 레 왕조의 실권자 찐 장(Trinh Giang, 鄭杠)은 이들에게 특히 세금을 무겁게 부과했다.[63]

1775년 또다시 똥 떤 은광에서 계투사건이 벌어졌는데 이 사건은 레 왕조와 청 관계에 중대한 영향을 끼쳤다.『대월사기전서』에 의하면, 장(張)·고(古) 두 성씨 사이에 계투사건이 일어나 은세(銀稅)가 걷히지 않자 레 왕조는 군대를 보내 토벌하고 두목들을 붙잡아와 세금을 받아냈다.[64] 중국 사료에 따르면, 장씨는 장덕유(張德裕)이고 고씨는 고이탕(古以湯)으로 두 집단이 2월 난투극을 벌이자 베트남 군대가 나서 이들을 진압하는 동시에 광구를 폐쇄조치하자 수만명에 이르는 중국인 광부들이 해산하여 대부분 귀국했다. 레 왕조 군대에 체포된 천 수백명은 청조에 인도되었는데, 청조는 두목 장덕유 등을 극형에 처하고 나머지는 이리(伊犁)와 우루무치(Urumqi) 및 여타 지방으로 유배보냈다.[65] 계투사건이 있은 지 몇달 안 된 6월에 청조는 광시 성을 통한 중국인의 베트남 출입을 엄금하고, 11월에는 중국인과 베트남인 사이의 국경무역도 완전히 금했다.[66]

---

62) 『全書』(하), 1163~64면; 『綱目』 정편 권43, 2a~b면; Phàn Huy Chú, *Lịch-Triều Hiến-Chương Loại-Chí*, Quyển 31, 466~67면.

63) Maybon, *Histoire moderne du pays d'Annam*, 106면.

64) 『全書』(하), 1181면. 『대월사기전서』에는 1774년으로 되어 있으나, 중국 사료에 기술된 1775년이 정확한 것 같다.

65) 和田博德「淸代のヴェトナム·ビルマ銀」, 122~23면; 鈴木中正「黎朝後期の淸との關係(1682~1804)」, 432~33면.

66) 『淸高宗實錄』(十三) 권985, 149면 및 권997, 337면.

3. 떠이 썬 정권에 대한 청의 간섭

떠이 썬 운동

베트남에 대한 청의 금지사항들은 베트남의 정치적 변동으로 인해 오래 지켜지지 않았다. 1771년 빈 딘(Binh Dinh, 平定) 성(省) 소재 떠이 썬 마을의 응우옌씨 삼형제, 즉 응우옌 반 냑(Nguyen Van Nhac, 阮文岳)·응우옌 반 르(Nguyen Van Lu, 阮文呂)·응우옌 반 후에(Nguyen Van Hue, 阮文惠)가 일으킨 이른바 떠이 썬 운동이[67] 확대되면서 베트남과 중국 관계는 새로운 국면으로 접어들었기 때문이다.

응우옌씨 삼형제가 이끄는 떠이 썬 군대는 1773년에는 성의 중심 도시인 꾸이 년(Quy Nhon)을 점령하고 이어 그해 말까지는 꽝 응아이(Quang Ngai)에서 빈 투언(Binh Thuan)에 이르는 광대한 지역을 손에 넣었다. 북쪽의 집권자인 찐 썸(Trinh Sam, 鄭森)은 오랜 경쟁자인 응우옌씨를 무너뜨릴 수 있는 좋은 기회라고 생각하여 1774년 떠이 썬 반군을 진압한다는 명목하에 호앙 응우 푹(Hoang Ngu Phuc, 黃五福)으로 하여금 군대를 이끌고 남침하게 하여 1775년 초에는 응우옌씨의 도읍인 푸 쑤언(Phu Xuan, 富春)을 함락하고 이후 12년간 점거했다. 푸 쑤언의 함락에 앞서 응우옌씨 일족은 바다를 이용하여 자 딘(Gia Dinh, 嘉定)[68]으로 도망쳤다. 이후 자 딘 지방은

---

67) 제2차 세계대전 후부터 오늘날까지 하노이 역사학계는 떠이 썬 운동을 순수한 농민 운동으로 보고 있다. 그러나 최근의 외국 연구들은 응우옌씨 3형제가 농민들의 빈곤을 이용해 반란을 일으켰지만, 세력이 강해지면서 미래에 대한 비전도 정치적 목적도 점차 자기들 중심으로 변했고, 세력이 강화된 이유 또한 범법자들과 화교, 그리고 중국 해적들을 끌어들인 때문으로 보고 있다. George Dutton, *The Tây Sơn Uprising: Society and Rebellion in Eighteenth-Century Vietnam*, Honolulu: University of Hawaii Press 2006. 또한 다이앤 머레이 지음, 이영옥 옮김 『그들의 바다: 남부 중국의 해적, 1790~1810』, 서울: 심산 2003, 39~93면도 참조.

1802년 떠이 썬 정권의 종말까지 응우옌씨 저항의 중심이 되었다.

상황이 이렇게 되자 떠이 썬 집단은 찐과 응우옌 양씨에 의해 협공당하는 지경에 이르렀다. 사태가 불리하다고 판단한 응우옌씨 삼형제는 찐씨에 복종하는 척했고, 호앙 응우 푹은 이를 받아들여 응우옌씨와의 싸움을 이들에게 맡겼다.[69] 이리하여 응우옌씨와 떠이 썬 군대 사이에 일진일퇴의 전투가 벌어져 1785년까지는 일단 떠이 썬 군대가 성공을 거두었다.

1786년 응우옌 반 냑은 북으로 눈을 돌려 호앙 응우 푹의 질병과 뒤이은 병사(病死)로 인해 찐씨 군대가 혼란한 틈을 타 응우옌 반 후에로 하여금 푸 쑤언을 점령케 하고 찐과 응우옌 양씨의 경계선 이북으로는 진출하지 말라는 지시를 내렸다.[70] 그러나 응우옌 반 후에는 푸 쑤언으로부터 자인(Gianh) 강까지 장악한 다음 응우옌 흐우 찐(Nguyen Huu Chinh, 阮有整)의 강력한 권유에 따라 '부여멸정(扶黎滅鄭)'의 기치를 내세우고 북부지방으로 진격해 탕 롱에 입성했다.[71] 찐씨의 마지막 권력자인 찐 카이(Trinh Khai, 鄭楷)는 도망하다가 붙잡히자 자결함으로써 240년(1545~1786) 동안

---

68) 최병욱에 의하면, 자 딘(Gia Dinh)은 말레이어(語)인 ya와 dingin의 결합일 가능성이 많다고 한다. ya는 '물, 수로 또는 강'을 뜻하며, dingin은 '맑은' 또는 '깨끗한'의 의미로, 결국 자 딘은 '맑은 물' 또는 '깨끗한 강'이란 현지어를 한자로 표기했다는 것이다. Choi Byung Wook, *Southern Vietnam under the Reign of Minh Mang (1820~1841): Central Policies and Local Response*, Ithaca: Cornell Southeast Asia Program Publications 2004, 19면, n. 2.

69)『大南正編列傳初集』, 東京: 慶応義塾大學 言語文化研究所 1962, 권30, 6b~7a면;『大南寔錄前編』 권12, 5b면.

70)『綱目』 정편 권46, 27a면;『皇黎一統志』, 陳慶浩 主編『越南漢文小說叢刊』, 臺北: 臺灣學生書局 1987, 66면.

71)『全書』(하), 1199~1200면;『大南正編列傳初集』 권30, 19b~20a면;『皇黎一統志』, 66~68면. 응우옌 흐우 찐은 본래 찐씨 군대의 남침 때 선봉장 중의 하나였으나 얼마 후 떠이 썬 당에 가담했다. 그는 야심이 만만했던 인물로, 나중에는 독자적으로 행동하면서 레왕조의 마지막 황제인 찌에우 똥 데 때 잠시 권력을 전횡하다가 응우옌 반 후에의 부하에 의해 살해당하고 말았다.

북부 베트남의 주인 노릇을 해온 찐씨는 종말을 고하였다.

응우옌 반 후에는 레 왕조를 부흥시키겠다고 한 약속을 즉시 실천에 옮겼다. 탕 롱에 입성한 다음날 레 히엔 똥을 알현하고 1740년 즉위 이래 유명무실해진 그의 권위를 인정하는 의미에서 호적과 병적을 바쳤다.[72] 응우옌 반 후에의 승전 소식을 들은 응우옌 반 냑은 동생이 레 왕조와 손을 잡을지도 모른다는 불안과 두려움에 급히 탕 롱으로 달려갔다. 이때 이미 히엔 똥은 세상을 떠나고 손자인 주이 끼(Duy Ky, 維祁), 즉 찌에우 통 데 (Chieu Thong De, 昭統帝, 1787~1788)가 즉위해 있었다. 응우옌 반 냑은 새로운 황제에게 전권을 위임하고 응우옌 반 후에와 함께 남으로 돌아왔다.

이로부터 삼형제간에 반목이 생기기 시작하여 응우옌 반 냑은 영토를 삼분하여, 응우옌 반 르에게 동정왕(東定王)의 칭호를 주어 자 딘 지방을 다스리게 하고, 응우옌 반 후에는 북평왕(北平王)으로 임명하여 푸 쑤언, 즉 투언 호아에서 하이 번 관(Hai Van, 海雲關) 이북의 타인 호아와 응에 안을 다스리게 하는 한편, 자신은 중앙황제(中央皇帝)로 칭하면서 꾸이 년을 도읍으로 하고 꽝 남과 빈 투언 지방을 지배했다.[73]

북부의 레 왕조로서는 왕조의 권위를 재확립할 수 있는 기회였음에도 불구하고 레 찌에우 통 데의 여리고 우유부단한 성격으로 인해 다시 권신들에 휘둘려 이를 실현할 수 없었다. 응우옌 반 후에는 탕 롱에서 자신의 권위가 흔들리는 것을 보고 1788년 다시 탕 롱에 대한 공격을 가해 권신들

---

72) 『全書』(하), 1201면; 『綱目』 정편 권46, 23b~25b면; 『大南正編列傳初集』 권30, 23a~b면.

73) 이에 앞서 1778년 응우옌 반 냑은 황제를 자칭하고 연호를 타이 득(Thai Duc, 太德)이라고 했다. 『大南正編列傳初集』 권30, 9b~10a면; Maybon, *Histoire moderne du pays d'Annam*, 190면; 兪長根 「18世紀末 越·中關係의 一硏究: 西山黨事件을 중심으로」, 『慶大史論』 창간호, 1985, 106면; 莊吉發 「越南國王阮福映遣使入貢淸廷考」, 『大陸雜誌』 54-2, 1977, 77면; Dutton, *The Tây Sơn Uprising*, 45, 94~95면. 유장근의 논문, 주 18의 내용은 오류이다.

을 처단했다. 레 찌에우 통 데는 응우옌 반 후에의 세력을 두려워한 나머지 탕 롱을 탈출하여 북쪽지방으로 가 청에 구원을 요청하기 위해 사절을 보냈으나, 이들은 중도에서 되돌아오고 말았다.[74]

청 건륭제의 베트남 출병

다른 한편 황태후는 까오 방의 광시 성 변경에 이르러 청에 구원을 요청했다. 양광 총독 손사의(孫士毅)는 레씨를 구하는 것은 청의 의무인 동시에 안남의 고지(故地)도 획득할 수 있는 일거양득의 기회라고 건륭황제에게 주청했다.[75] 건륭제는 레 왕조가 자력으로 해결하기를 바라나, 만약 그렇지 못하다면 군사간섭도 불가피하다는 의견이었다.[76] 손사의는 레 왕조는 덕을 잃지 않았고 또 천조(天朝)에게 계속 공순하였으니 응우옌 반 냑의 불법행위는 규탄되는 것이 마땅하다고 했다. 이는 질서를 잡고 폭군을 추방하는 데 쓰이는 힘은 의롭다는 한대(漢代) 이래의 논리에 의거한 것이다. 손사의의 거듭된 요청에 건륭황제도 마침내 동의하여 원정이 결정되었다.[77]

1788년 10월 청은 손사의를 총사령관으로 하는 20만 군대를 양군으로 나누어 광시와 윈난에서 각각 베트남의 랑 썬과 뚜옌 꽝 쪽을 향해 출발하도록 했다. 이들은 국경을 넘어 11월 쉽사리 탕 롱에 입성하니, 찌에우 통 데도 탕 롱으로 돌아왔다. 손사의는 황제를 대신하여 그를 안남국왕에 봉

---

74) 『全書』(하), 1208면.

75) 『全書』(하), 1208~1209면; 『綱目』 정편 권47, 32a~33a면; 『大南正編列傳初集』 권30, 30a~b면; 『邦交錄』 권2, 2b~3a면.

76) 『淸高宗實錄』(十七) 권1307, 595~96면; 鈴木中正 「黎朝後期の淸との關係」(1682~1804)」, 440~41면.

77) 『邦交錄』 권2, 4a면; 兪長根 「18世紀末 越·中關係의 一硏究」, 106면.

했다.[78] 청군이 탕 롱에 쉽게 입성할 수 있었던 것은, 응우옌 반 후에가 청의 침공을 크게 고려하지 않았고, 더욱이 북부지방은 오랫동안 레 왕조의 기반이었던 이유로 인심을 확보하지 못한 데 있었던 듯하다.[79]

응우옌 반 후에가 탕 롱으로부터 되돌아올 때 뒤에 남겨놓은 응오 반 써 (Ngo Van So, 吳文楚) 부대는 타인 호아로 후퇴하고 사태의 시급함을 푸 쑤언에 있는 응우옌 반 후에에게 알렸다. 응우옌 반 후에는 청의 출병 동기가 레 황제의 복위에 있다는 것은 명분일 뿐이고, 실제는 베트남의 지배라고 보았다.[80] 그러나 당장 청군의 침입에 직면한 그는 베트남의 합법적인 지배자로서 청과 전쟁을 벌이기 위해 11월 황제의 자리에 오르고 연호를 꽝 쭝(Quang Trung, 光中)이라 했다.[81] 새로이 즉위한 꽝 쭝 황제는 즉시 군사들을 불러모으고 12월 북쪽으로의 출정길에 올랐다. 그리고 다음과 같은 포고문을 선포했다.[82]

중국인은 우리와 다른 인종으로 그들의 생각은 우리와 같지 않다. 한(漢)이래 저들은 수도 없이 우리나라를 침략하여 얼마나 많은 사람들을 살육하

---

78) 『全書』(하), 1209면; 『綱目』 정편 권47, 35b~36a; 『大南正編列傳初集』 권30, 31b~32a 면. 즉위 날짜에 대하여는 11월 21일, 22일 또는 25일이라는 등 이견이 많다. Phan Huy Lê, "Thắng lợi và thất bại của Tây Sơn"(떠이 썬의 승리와 실패), Phan Huy Lê, *Lịch sử và văn hóa Việt Nam: Tiếp cận bộ phận*(베트남역사와 문화: 부분적 접근), Hà Nội: NXB giáo dục 2007, 450면.

79) 陳荊和「十七·八世紀ベトナムにおける南北對立の歷史とその分析」, 『史學』 38-4, 1966, 90면.

80) 兪長根「18世紀末 越·中關係의 一研究」, 107~108면.

81) 『全書』(하), 1209면; 『大南正編列傳初集』 권30, 32a~b면; Phan Huy Lê, "Thắng lợi và thất bại của Tây Sơn," 450면.

82) Truong Buu Lam, *Patterns of Vietnamese Response to Foreign Intervention: 1858~1900*, 64면; Le Thanh Khoi, *Histoire du Viet Nam des origines à 1858*, Paris: Sudestasie 1981, 325면.

였는가? 우리는 누구도 이런 수모를 당하고만 있지는 않았다. 한내에는 쫑씨 자매가 있었고, 송대에는 딘 띠엔 호앙과 레 다이 하인이 있었다. 원대에는 쩐 흥 다오가, 명대에는 현 왕조의 개창자인 레 타이 또가 있지 않았는가. (…)

이제 또 청이 쳐들어와 우리를 속국으로 만들려고 한다. 어째서 저들은 송·원·명대에 일어난 일들을 모른단 말인가? 장졸들은 분별과 능력이 있으므로 나를 도와 이 중대한 임무를 완수해야 한다.

이 글에서 응우옌 반 후에는 베트남과 중국은 인종이 서로 다르고 또한 나라도 별개임을 분명히하고 있다. 이는 응우옌 짜이의 「평오대고」의 내용을 연상하게 한다. 이러한 것은 베트남인들이 베트남과 중국은 인종이 다른 별개의 국가로 중국의 침입은 부당하다는 의식을 대를 이어 결코 잊어버리고 있지 않음을 보여준다고 하겠다.

응우옌 반 후에는 수륙 양군을 이끌고 푸 쑤언에서 응에 안에 도착하여 군대를 재편성했다. 당시 그의 병력은 10만을 넘고 전투용 코끼리도 수백 마리나 되었다고 한다. 그의 군대는 타인 호아의 응오 반 써의 부대와 함께 북진을 계속했다. 이때는 마침 구정(舊正)이라 청군은 이를 즐기고 있을 것임을 예측하고 응우옌 반 후에는 자기 군사들에게 미리 향연을 베푼 다음 1789년 1월 5일 여명에 탕 롱의 청군 진지를 기습하니 청군은 대혼란에 빠졌다. 당시 청군은 병사 수백명과 우수한 장수들을 잃었고, 손사의는 홀로 말을 타고 북으로 도망쳤다.[83] 이에 앞서 청 조정에서는 '천염여씨(天厭黎氏)'라는 논의가 일어나[84] 레씨를 도울 필요가 없다고 하여 손사의에게 철

---

83) 『全書』(하), 1211면; 『大南正編列傳初集』권30, 33a~34b면; 『綱目』정편 권47, 40a~42a면.

84) 『淸高宗實錄』(十七) 권1321, 861~62, 868~70면; 鈴木中正 「乾隆安南遠征考」(上), 『東洋學報』 50-2, 1967, 159~60면; Truong Buu Lam, "Intervention Versus Tribute in Sino-

병을 지시했으나 때는 이미 늦었다. 이러한 패배에도 불구하고 건륭제가 베트남 침공을 스스로 십전(十全)의 하나라고 꼽는 것은 중국 황제들이나 지배층이 얼마나 중국 중심적이었는가를 잘 보여준다. 응우옌 반 후에의 청군 격파는 쩐 흥 다오의 대몽항쟁과 더불어 베트남역사상 가장 위대한 승리의 하나로 꼽히고 있다. 청군이 패하자 찌에우 통 데와 황후 및 측근들 역시 청으로 달아났다.[85] 중국의 지배를 물리치고 세워진 레 왕조는 마지막 지배자가 청의 도움을 요청했다가 청군이 패하자 중국으로 달아남으로써 막을 내렸으니, 역사의 아이러니란 이를 두고 하는 말인 것 같다.

건륭제는 원정군의 패배 직후 양광 총독에 복강안(福康安)을 임명하여 평화적으로 베트남문제를 해결하도록 했다. 응우옌 반 후에도 꾸이 년을 근거지로 한 만형 응우옌 반 냑과의 대립 및 남부에 있는 응우옌씨의 일족인 응우옌 푹 아인(Nguyen Phuc Anh, 阮福映)과 그가 끌어들인 사이암 군대의 위협을 고려하여 청과의 관계를 조속히 해결할 필요를 느꼈다.[86] 사실 국내에서 적대세력이 서로 경쟁할 때 중국의 승인은 비록 형식적이라고 하더라도 정치적 우위를 점하는 데 매우 중요했다. 남북대립 시기에 쩐·응우옌 양씨가 각각 명과 청의 책봉을 요구한 것도 그런 이유에서였다.[87] 그 때문에 응우옌 반 후에는 군사적으로 승리했음에도 불구하고 복강안에게

　　Vietnamese Relations, 1788~1790," in John K. Fairbank, ed., *The Chinese World Order: Traditional China's Foreign Relations*, Cambridge, Mass.: Havard University Press 1968, 170~71면; Michael Ipson, "Da Qing and Dai Viet: Confucian States in Confrontation," Paper presented at the annual meeting of the Associations of Asian Studies, 1979, 10면. 응우옌 반 후에도 청군에 대한 승리 후 다른 의미에서 '천염여덕(天厭黎德)'을 주장했다.『邦交錄』권2, 13b면.

85)『全書』(하), 1211면;『大南正編列傳初集』권30, 34b~35a면;『綱目』정편 권47, 42a~43a면.

86)『淸史稿』권527, 14638면; 鈴木中正「黎朝後期の淸との關係(1682~1804)」, 451면; Truong Buu Lam, "Intervention Versus Tribute in Sino-Vietnamese Relations," 173~74면.

87) 陳荊和「十七·八世紀ベトナムにおける南北對立の歷史とその分析」, 85면.

여러차례 사죄의사를 밝혔다.[88]

그렇다고 해서 응우옌 반 후에가 정말로 청에 대해 종속적인 태도를 취한 것은 결코 아니었다. 그는 청군을 물리친 다음 청황제에게 보낸 표문에서 자신을 안남국왕으로 책봉해주도록 요청하면서도, 만일 이를 받아들이지 않으면 무력대결을 할 수밖에 없다고 했다.[89] 교섭의 임무는 북부 출신 문인이며 외교 수완이 뛰어난 응오 티 념(Ngo Thi Nham, 吳時任)과 판 후이 익(Phan Huy Ich, 潘輝益) 두 사람에게 맡겼다. 그들은 꽝 쭝 황제의 권위를 인정하게 하는 동시에 안남국왕에 봉하게 청하여 확답을 얻었다.[90]

응우옌 반 후에의 형식적 친조

이에 응우옌 반 후에는 응우옌 꽝 빈(Nguyen Quang Binh, 阮光平)이란 가명으로 조카 응우옌 꽝 히엔(Nguyen Quang Hien, 阮光顯)을 사절로 보내 이듬해 건륭 황제의 팔순만수축전에 친조를 약속하며 책봉을 요청하니, 건륭제는 이를 믿고 즉시 안남국왕 책봉을 허락했다.[91] 그러나 응우옌 반 후에는 내심 청의 권위를 인정하지 않았기 때문에 건륭 황제가 그를 안남국왕에 봉하려고 사절을 탕 롱에 보내자, 그곳은 이미 왕성한 기운이 쇠하였으니 푸 쑤언에 오도록 강하게 요구했다. 청 사절이 반대하자 응우옌

---

88) 『綱目』 정편 권47, 43a면; Truong Buu Lam, "Intervention Versus Tribute in Sino-Vietnamese Relations," 174면; 兪長根 「18世紀末 越·中關係의 一研究」, 115면.

89) 『大南正編列傳初集』 권30, 37a면; 鈴木中正 「乾隆安南遠征考」(下), 『東洋學報』 50-3, 1967, 308면.

90) Dutton, The Tây Son Uprising, 49면.

91) 『大南正編列傳初集』 권30, 37b~38b면; 『淸史稿』 권527, 14638면. 청 조정에서는 응우옌 반 후에의 방문 때 통과하는 지방에서 대우할 규정도 만들었다. 『淸高宗實錄』(十七) 권1343, 1210~11면; Truong Buu Lam, "Intervention Versus Tribute in Sino-Vietnamese Relations," 175면.

반 후에는 병을 구실로 탕 롱 행을 늦추다가 마침내 자기 대신 조카 팜 꽁 찌(Pham Cong Tri, 范公治)를 위장하여 책봉을 받게 하고 공물을 바쳤다.[92] 1790년 열하(Jehol, 熱河)에서의 건륭 황제 만수축전에도 어머니의 죽음을 구실로 아들 응우옌 꽝 투이(Nguyen Quang Thuy, 阮光垂)을 대신 보내려 했으나, 복강안이 반대하면서 부득이 그럴 수밖에 없다면 용모가 비슷한 인물로 대체해도 좋다고 하자 팜 꽁 찌를 자기 자신인 양 꾸며 보냈다. 복강안과 광시 순무(巡撫) 손영청(孫永淸)이 일행을 호위해서 열하에 이르니 건륭제는 기뻐하며 큰 상을 내렸다.[93] 이는 응우옌 반 후에가 베트남의 실질적 지배자임과 동시에 베트남이 독립국임을 인정해준 것이다.[94] 한편 이러한 '형식상 친조'로 인해 건륭제는 1792년에 응우옌 반 후에의 조공을 이년일공(二年一貢), 사년일차견사(四年一次遣使), 양공병진(兩貢竝進)하도록 하며, 조공품도 금은기(金銀器)는 면제하고 침향(沉香)도 양이 부족하면 견포(絹布)로 대체하게 했다.[95]

그럼에도 불구하고 응우옌 반 후에는 베트남에 이익이 된다면 중국의 반감은 개의치 않고 이를 좇았다. 예컨대, 중국 해적들에게 베트남 관직을 주어 중국 남부 연안 지방들을 공격케 했는가 하면,[96] 다른 한편 광시 지방에 있는 반청(反淸) 비밀결사인 천지회(天地會)를 도와주었다. 이유는 고대 베트남에 속했던 양광 지방을 재정복하기 위한 것이었다.[97] 뿐만 아니라

---

92) 『大南正編列傳初集』 권30, 38b면. 응우옌 반 후에의 이러한 태도는 당시 유럽 선교사의 글에도 잘 나타나 있다. Dutton, *The Tay Son Uprising*, 115면 참조.

93) 『大南正編列傳初集』 권30, 39a면.

94) Ipson, "Da Qing and Dai Viet: Confucian States in Confrontation," 11면.

95) 『淸高宗實錄』 (十八) 권1404, 862면; 鈴木中正 「黎朝後期の淸との關係(1682~1804)」, 406면.

96) 다이앤 머레이 지음, 이영옥 옮김 『그들의 바다: 남부 중국의 해적』, 83~93면.

97) 『大南正編列傳初集』 권30, 41b면; Truong Buu Lam, "Intervention Versus Tribute in Sino-Vietnamese Relations," 177면; Dutton, *The Tày Sơn Uprising*, 114면.

실제로 이 지방들을 정복하려고 베트남의 전투용 코끼리를 광저우까지 운반할 대형 선박을 건조하도록 했다는 기록도 보인다.[98] 응우옌 반 후에의 이러한 행동은 그 역시 찌에우 다의 남 비엣을 베트남의 왕조로 간주했다는 증거이기도 하다. 그러나 응우옌 반 후에의 원대한 꿈은 1792년 늦여름 40세의 이른 나이에 세상을 떠남으로써 아무런 결실도 맺지 못했다. 물론 그가 더 오래 생존했다 하여 계획이 이루어졌으리라는 보장은 없다.

응우옌 반 후에가 죽은 후 그의 아들 응우옌 꽝 또안(Nguyen Quang Toan, 阮光纘)이 11세의 어린 나이로 제위를 잇자, 동생 응우옌 반 바오(Nguyen Van Bao, 阮文寶)가 불만을 품어 내부불안이 있었고, 이듬해에는 형 응우옌 반 냑마저 세상을 떠남으로써 떠이 썬 정권의 세력은 급격히 기울었다. 더욱이 어린 응우옌 꽝 또안을 보필하는 외삼촌 부이 닥 뚜옌(Bui Dac Tuyen, 裴得宣)은 전횡을 일삼으면서 대외문제에 소홀했다.

건륭제 치세에 우호적이던 청과 떠이 썬 정권의 관계는 1799년 가경제(嘉慶帝)가 친정을 하면서 떠이 썬 측의 중국인 해적 비호문제로 급격히 변화하기 시작했다. 해적 문제는 이미 건륭제 때부터 있었던 일이다. 복강안이 1791년 초 광동 성 애주(崖州)의 해적을 토벌할 때 그 일당이 베트남 남부의 도안 미엔(Doan Mien, 短綿)과 동 나이(Dong Nai, 農耐)로 도망가 체포가 불가능하자 응우옌 반 후에에게 협조를 부탁하도록 황제에게 상주했다.[99] 몇개월 후 응우옌 반 후에는 응오 반 써로 수군도독을 삼아 해적 소탕에 열심이며 도안 미엔과 동 나이는 자기 관할이 아니고 응우옌 반 냑 소관지역이라 어쩔 수 없다는 답변을 받고 건륭황제는 만족해하면서, 앞으로는 조그만 지명을 가지고 베트남을 힘들게 하지 말고 청 병력이 전력

98) Alexander Woodside, n.d. "The Tay-son Revolution in Southeast Asian History," Mimeo of an undated paper, Cornell University Library, 5~6면.
99) 『淸高宗實錄』(十八) 권1370, 380~81면; 鈴木中正 「黎朝後期の淸との關係 (1682~1804)」, 456면.

을 다해 해적을 소탕하도록 명했다.[100] 이후에도 해적문제가 있었지만 건
륭제의 베트남에 대한 우호적인 태도로 인해 양국 사이에는 별 문제가 없
었다.

문제는 가경제 때 1801년 11월 해적 진첨보(陳添保)가 청에 투항하며 안
남국왕으로부터 받은 인장(印章)을 제출하고 해적이 된 경위를 설명하면
서였다. 진첨보 자신의 주장에 의하면, 그는 광둥 성 염주(廉州) 연해에서
아내와 두 아들과 고기잡이를 하며 살아가고 있었는데, 1780년 10월 배가
풍랑을 만나 베트남으로 떠내려간 뒤 하노이 근처에서 역시 고기잡이를
했다. 그러다가 1783년 그와 그의 가족들은 떠이 썬 반군에 의해 사로잡혔
다. 반군은 그에게 총병(總兵)의 직책을 맡기면서 찐씨를 몰아내는 전투에
참가하도록 강요했다는 것이다.[101] 진첨보의 진술이 사실인지 확실치 않
으나, 청 조정은 그의 증언을 받아들여 응우옌 반 후에의 행위를 비인륜적
으로 규정하고 그의 나라가 현재 동 나이 지방의 응우옌씨와 싸우면서 위
기에 처한 것도 당연한 귀결이라고 했다.[102] 그때문에 청은 떠이 썬 정권을
지지할 생각이 전혀 없었다. 그렇다고 남부의 응우옌씨를 도와주는 것도
아닌 중립적 태도를 취했지만, 결과적으로는 응우옌씨에게 유리하게 작용
했다고 볼 수 있다. 청 조정이 떠이 썬 정권을 비호하지 않음으로써 응우옌
씨는 청의 개입을 두려워하지 않고 떠이 썬 군대를 공격할 수 있었기 때문
이다.

---

100) 『淸高宗實錄』(十八) 권1380, 517~18면; 鈴木中正 「黎朝後期の淸との關係 (1682~
    1804)」, 456~57면.
101) 『淸仁宗實錄』(二) 권90, 199~200면; 다이앤 머레이 지음, 이영옥 옮김 『그들의 바다:
    남부 중국의 해적』, 65면.
102) 『淸仁宗實錄』(二) 권90, 200면; 鈴木中正 「黎朝後期の淸との關係(1682~1804)」,
    458면.

제6장 응우옌 왕조의 성립과 청

1. 응우옌 왕조의 성립과 청과의 방교

응우옌 푹 아인

앞에서 말한 바와 같이, 1774년 떠이 썬 반군을 진압한다는 명목하에 찐씨 군대가 남침하여 푸 쑤언을 점령하려 하자 응우옌씨 일족은 바다를 이용하여 자 딘 지방으로 도주했다. 한편 떠이 썬 삼형제가 찐씨 군대에 항복하자 이들에게 응우옌씨와의 싸움이 맡겨져 1776년 봄에는 현재의 싸이공 (Sai Gon, 柴棍)을 점령했다. 그후 곧 응우옌씨 군대가 싸이공을 탈환했으나 이듬해에는 응우옌 반 후에가 다시 원정을 하여 응우옌씨 군대를 대파하고 싸이공을 재점령했는데, 당시 응우옌씨 일족은 거의 다 학살되었다. 이때 살아남은 응우옌 푹 아인은 베트남 남단의 까 마우의 늪지대에서 겨우 명맥을 유지했다.

응우옌 푹 아인은 떠이 썬 군대가 자 딘을 떠났다는 소식에 접하자 명장 도 타인 년(Do Thanh Nhan, 杜淸仁) 등의 도움을 받아 1778년 초 싸이공으로 다시 돌아왔다. 그는 자신의 권위를 대외적으로 확립하기 위해 사이암에 사절을 파견하고, 대내적으로는 자기 치하의 행정구역을 개편하고 관리들을 임명하는 한편 1780년에는 마침내 왕위에 올랐다.[1]

1778년부터 1781년까지 3년 동안 양쪽은 현상을 유지하다가 1781년 여름 다시 충돌이 시작되었다. 응우옌 푹 아인이 수세에 몰렸다가 1783년에는 큰 타격을 입고 푸 꾸옥(Phu Quoc, 富國) 섬으로 쫓겨났다. 얼마 후 거기서 다시 사이암으로 가서 방콕 왕조의 창건자인 라마(Rama) 1세에게 도움을 요청하여 2만 군대와 300척의 전함을 이끌고 남부 베트남으로 돌아왔으나 미 토 부근에서 1785년 초까진 응우옌 반 후에 군에게 크게 패배하고 다시 방콕으로 피난했다.[2]

응우옌 푹 아인은 1787년 떠이 썬 정권의 내부분쟁을 틈타 다시 메콩 강 하류로 돌아와 잡다한 집단들을 끌어모아 세력을 확대하여 1790년 초까지는 자 딘 지방 전체를 지배하기에 이르렀다. 이때부터 그는 장기전을 목표로 전략을 세우고 떠이 썬 군에 대한 공세를 재개했다. 다행히도 농민들은 떠이 썬 정권의 징병과 세금 및 강제노동 등에 염증을 느끼고 있었으며,[3] 여기에 더하여 응우옌 반 후에의 갑작스런 죽음은 응우옌 푹 아인의 공세를 더욱 유리하게 만들어주었다. 그리하여 1801년 6월에는 마침내 조상의 도읍지인 푸 쑤언을 함락시켰으며, 이듬해 6월에는 북진을 계속하여 한달 만인 7월 20일엔 탕 롱에 입성할 수 있었다. 이리하여 오늘날 우리가 보는 바와 같은 영토로 이뤄진 베트남 최초의 왕조가 세워졌다.[4]

1)『大南寔錄』正編, 第1紀 권1, 8a~b면.
2)『大南寔錄』正編, 第1紀 권2, 12a~15b면; Maybon, *Histoire moderne du pays d'Annam*, 208면, n. 3.
3) Dutton, *The Tây Sơn Uprising*, 119~52면.
4) 1986년 도이 머이 정책 채택 이전의 하노이 역사학계는 떠이 썬 정권시대에 남북분단이 종결되고 통일이 이루어졌다고 했으나, 현재는 응우옌 왕조에서 비로소 통일이 되었다고 한다. UBKHXHVN, *Lịch Sử Việt Nam*(베트남역사), Tập I, Hà Nội: NXB khoa học

응우옌 푹 아인은 북진에 앞서 1802년 5월 푸 쑤언에서 제위에 오르고 연호를 자 롱(Gia Long, 嘉隆)이라 정했다.[5] 자 롱이란 자 딘에서 탕 롱까지란 의미로 베트남 전체를 뜻한다.[6] 연호의 제정은 통일에의 그의 굳은 의지를 나타낸 것이다.

한편 황제를 칭하고 연호를 정한 응우옌 푹 아인, 즉 자 롱 황제는 5월 아직 미해결로 남아 있는 떠이 썬 정권문제를 해결하기 위해 청의 도움을 얻고자 찐 화이 득(Trinh Hoai Duc, 鄭懷德)을 여청정사(如淸正使)로[7] 광둥에 보냈다. 그가 처음부터 청에 보낸 사절을 '여청사'라고 한 것은 청과 대등하다는 태도를 취하고 있음을 보여준다. 찐 화이 득 일행은 응우옌 푹 아인의 국서(國書)와 물품은 물론 응우옌 반 후에의 뒤를 이은 아들 응우옌 반 또안이 후퇴할 때 버린 청나라의 칙서와 금인(金印)을 가지고 갔고, 포로로 잡은 청국인 해적 3명도 데려갔다. 이들은 7월 광둥에 도착했는데,[8] 이것이 응우옌 왕조와 청의 첫 접촉이었다.

당시 보낸 국서의 내용이 프랑스어로 번역되어 전해지고 있는데, 이에 의하면 응우옌 푹 아인은 '남 비엣 국왕(roi du royaume de Nam-Viet, 南越國

xã hội Việt Nam 1971, 343~47면; Trương Hữu Quýnh, et al., *Đại cương lịch sử Việt Nam*, 437면.

5) 『大南寔錄』正編, 第1紀 권17, 1a~2a면; 『國史遺編』, Hong Kong: 中文大學 新亞研究所 1965, 7면.

6) 용(龍)과 융(隆) 두 글자의 베트남어 발음은 같다. 실제로 그는 얼마 안 되어 탕 롱(昇龍)을 탕 롱(昇隆)으로 바꾸었다. 『國史遺編』, 30면. 청나라 기록들, 예컨대 『청사고(淸史稿)』에는 자 딘의 '자'와 그 서북에 위치한 빈 롱(Vinh Long, 永隆)의 '롱'을 합성해서 '자 롱'으로 했다고 한다. 이곳은 통일 이전 응우옌 푹 아인의 근거지였다. 『淸史稿』 권 527, 14644면; 莊吉發 「越南國王阮福映遣使入貢淸廷考」, 82면.

7) '여청사'란 조공사절이 아닌 단순한 외교사절을 의미한다. 그 기원은 레 왕조 때인 1722년 청에 갔다 돌아온 사신을 '청사(淸使)'라고 한 데서부터였지 않은가 한다. 유인 선 「전근대 베트남의 對中國認識」, 406면.

8) 『大南正編列傳初集』 권11, 4b~5a면; 鈴木中正 「淸·越南關係의 成立」, 『愛知大學文學論叢』 33·34 合倂號, 1966, 351면.

王)'으로 되어 있다.[9] 스즈끼는 '왕'으로 번역한 것은 오역이고, 원문에는 남월국주(南越國主) 또는 남월국장(南越國長)으로 되어 있었을 것이라는 주장을 하고 있다.[10] 그러나 1787년 프랑스의 아드란(Adran) 주교가 응우 옌 푹 아인을 돕기 위해 그의 장자인 까인(Canh, 景)을 데리고 프랑스로 가 루이(Louis) 16세와 맺은 조약에서 응우옌 푹 아인을 코친차이나 왕(Roi de la Cochinchine)이라고 한 것을 고려하면,[11] 프랑스인들은 국주 또는 국장을 '왕(roi)'으로 인식했던 것 같다. 한편 1780년 응우옌 푹 아인이 왕위에 올 랐을 때 그의 조상 응우옌 푹 쭈(Nguyen Phuc Chu, 阮福淍)에 의해 1709년 주조된 옥새 '대월국완주영진지보(大越國阮主永鎭之寶)'를 다시 만들어 사 용하게 했다는 기록이 있는 것을 보면[12] 남월국장보다는 남월국주라고 했 을 가능성이 더 많아 보인다.

또 한가지 문제가 되는 것은 '남 비엣(Nam Viet)'이란 국호이다. 남 비엣 이라고 한 것은, 새로운 왕조가 안 남(An Nam, 安南, 당시 쩐씨의 영향하에 있던 지역을 말함)과 비엣 트엉(Viet Thuong, 越裳, 응우옌씨의 영토로 현재의 후에 이북으 로부터 남부까지를 포함)을 모두 포괄하여 이전의 쩐 왕조나 레 왕조보다 훨씬 넓은 지역을 통치한다는 의미에서였다.[13]

쩐 화이 득 일행의 광동 도착을 보고받은 청 조정은, 응우옌 꽝 또안이 해적을 비호하고 청 황제의 칙서와 인신(印信)을 존중하지 않고 저버린 데 대해 비난하는 동시에, 응우옌 푹 아인에게는 그의 공순함을 치하하면 서 베트남 전토를 통일한 다음 청봉사(請封使)를 보낼 것을 기대한다고 했

9) Maybon, *Histoire moderne du pays d'Annam*, 375~76면.
10) 鈴木中正 「淸·越南關係の成立」, 351면.
11) Georges Taboulet, *La Geste Française en Indochine*, Tome 1, Paris: Librairie d'Améque et d'Orient Adrien Maisonneuve 1955, 185~88면.
12) 『大南寔錄前編』 권8, 7a~b면; 『大南寔錄』 正編, 第1紀 권1, 9a면.
13) 『大南正編列傳初集』 권11, 2a면; Choi Byung Wook, *Southern Vietnam under the Reign of Minh Mang (1820~1841)*, 131면.

다.[14] 당시 청 조정이 국호 문제에 대하여 언급하지 않은 것은 『청실록』에 위의 청봉사와 관련된 기사 중 '농내견사(農耐遣使)'라든가 '이국장견사(爾國長遣使)' 등의 구절이 있는 것으로 보아, 스즈끼의 말처럼 광동 총독이 남월국주를 드러내지 않으려는 '농내국장(農耐國長)'으로 고쳤기 때문일 가능성이 높다.[15]

이에 응우옌 푹 아인은 1802년 응우옌 꽝 딘(Nguyen Quang Dinh, 阮光定)을 청봉사로 보내 자신을 왕에 봉하고 국호를 고쳐 남 비엣으로 해주도록 요청했다.[16] 그는 앞에서 말한 옥새 '대월국완주영진지보'를 사용한 것에서 보듯이 '다이 비엣(大越)'이란 국호를 사용했는데, 이제 전국을 통일하여 이전 어느 왕조들보다도 넓은 영토를 다스리게 됨에 따라 이를 '남 비엣'으로 바꾸겠다고 하는 것은 응우옌 반 후에와 마찬가지로 광동·광시 지방을 베트남의 일부로 간주하지 않았나 하는 생각이 든다.

국호문제

청 조정은 책봉은 문제삼지 않았으나, 국명을 남 비엣으로 하는 것에 대해서는 절대 불가하다는 입장이었다. 남 비엣이 예전에 조타가 세운 남 비엣과 이름이 같은데, 이는 암묵적으로 광동·광시 두 성까지를 포함하고 있기 때문에 좋지 않다는 것이었다. 응우옌 푹 아인은 1804년 1월 응우옌 꽝 딘을 다시 보내 이 문제를 논의하게 하니, 청 조정은 당시 응우옌씨와의 교섭 실무자인 광시 순무 손옥정(孫玉庭)의 건의를 받아들여, 응우옌 푹 아인이 비엣 트엉의 옛 땅을 먼저 얻고 뒤에 안남을 병합하였으므로 두 글자를 바꾸어 '비엣 남(Viet Nam, 越南)'으로 하면 예전의 남 비엣과도 혼동되지

---

14) 『清仁宗實錄』(二) 권102, 361~62면.
15) 鈴木中正 「清·越南關係の成立」, 353면.
16) 『大南寔錄』正編, 第1紀 권19, 10a면.

않으니 좋을 것이라 하였다. 당시 청조는 이미 쇠퇴기에 들어가 있는데다 백련교의 난(1796~1805) 등으로 베트남문제에 간섭할 여력이 없어 두 글자를 바꾸게 하는 정도로 종주국으로서 권위를 보이고자 했던 것이다. 응우옌 왕조 측에서도 조상 전래의 땅인 비엣 트엉의 '비엣'이 먼저 오고 뒤에 '남'자가 오는 것에 만족하여 청의 제안을 받아들임으로써 국호 문제는 해결되었다.[17]

방교(邦交)

국호 문제가 해결되자 양국의 우호관계는 공식화되었다. 『대남식록』의 표현을 빌리면 이로부터(1804년 1월) '방교의 대례(邦交大禮)'가 이루어진 것이다.[18] 방교란 나라와 나라 사이에 이뤄지는 단순한 외교관계라는 뜻일 뿐 상하개념은 존재하지 않는다. 응우옌 왕조는 당시 청과의 관계뿐만 아니라 이전 역대 베트남 왕조와 중국의 관계를 방교로 보았다. 이러한 사실은 1819년 레 통(Le Thong, 黎統)이 편찬한 『방교록(邦交錄)』의 내용을 보면 알 수 있다. 이 책은 한무제가 남 비엣의 조타에게 보낸 칙서에서부터 1826년까지 양국 사이에 오고 간 각종 공식문서는 물론 사신들기끼리 주고받은 시문들까지 모두 모아놓은 것이다.[19] 앞서 말한 바와 같이 레 왕조 타인 똥 때에는 명과의 관계를 '교방(交邦)'이라고 하였다가,[20] 떠이 썬 정권시대에 방교로 쓰이기 시작하여,[21] 응우옌 왕조에서 완전히 정착되었다.

---

17) 『淸仁宗實錄』(二) 권111, 480~82면; 『大南寔錄』正編, 第1紀 권23, 1b~2a면; 鄭懷德 『艮齋詩集』, Hong Kong: 中文大學新亞硏究所 1962, 132면.

18) 『大南寔錄』正編, 第1紀 권23, 3a면.

19) Lê Thống 撰, 『邦交錄』, École Française d'Extrême-Orient, microfilm A. 614 & A. 691/1-2, 1819. 1820년부터 1826년까지는 뒷날 보편(補編)으로 덧붙여졌다.

20) 『全書』(중), 713면. 『綱目』에는 방교로 되어 있는데, 이는 『綱目』이 편찬된 응우옌 왕조 시대 용어를 반영한 때문이다. 『綱目』정편 권23, 23b면.

국호 문제 해결로 우호관계가 성립되자 청조에서는 곧 선봉사(宣封使)를 보냈고, 이를 맞은 응우엔 푹 아인은 1804년 1월 13일 오늘날 하노이에서 선봉의식을 행하고 '비엣 남 국왕(越南國王)'의 자리에 올랐다.[22] 응우엔 왕조의 수도는 후에였지만, 이후 하노이에서의 책봉이 관례화되었다. 이는 뜨 득 황제(Tu Duc, 嗣德帝, 1848~1883)가 즉위 이듬해인 1849년에 후에에서의 책봉을 청조에 강하게 요구함으로써 바뀌었다.[23] 당시 고위관리 응우엔 당 카이(Nguyen Dang Khai, 阮登楷)가 황제에게 글을 올려 청과의 조공관계를 개선하도록 요구한 것이 받아들여진 결과였다.[24] 그는 황제가 하노이에 가서 청의 책봉을 받는 것은 순행(巡行)에 따른 백성들의 비용도 많이 들고 국가체면과도 관련되니 앞으로는 청 사신이 경사(京師, 즉 후에)에 오는 것이 좋겠다고 했다.

응우엔 왕조와 청조의 관계가 원만히 해결되자 '방교'는 2년1공(二年一貢)으로 하되 사절은 4년에 한번만 보내 두차례 분을 한번에 바치기로 했다. 이는 떠이 썬 정권의 경우와 같았다.[25] 물론 이러한 사신의 정규 파견 외에도 경하(慶賀), 청봉(請封), 사은(謝恩), 진향(進香, 즉 弔問) 등 임시사절 파견이 있었다. 청조는 사절을 보내 1803년부터 조공을 시작하되, 1803년과 1805년에는 1804년에 보낼 사은사(謝恩使)가 조공사를 대체하도록 요

---

21) Ngô Thì Nhậm(吳時任), 『邦交好話』, Hà Nội: Viện Nghiên Cứu Hán Nôm, VHv. 1831, 연대미상. 이 책은 1789년부터 1799년까지 청에 보낸 외교문서를 수록한 것이다.

22) 『大南寔錄』正編, 第1紀 권23, 3a면; 鈴木中正「淸·越南關係の成立」, 358면.

23) 『大南寔錄』正編, 第4紀 권4, 24b, 29b~30b면; 『淸史稿』 권527, 14644~45면; Henry McAleavy, *Black Flags in Vietnam: The Story of a Chinese Intervention*, New York: Macmillan 1968, 44면. 맥알리비는 1848년이라고 했는데, 이는 『청사고』의 내용을 잘못 해석하였기 때문인 것 같다.

24) 『大南寔錄』正編, 第4紀 권1, 31a~b면; 徐延旭 編 『越南輯略』(影印本) 권2, 출판지 미상 1877, 180a면.

25) 『大南寔錄』正編, 第1紀 권23, 4a면. 쩐 쫑 낌이 3년1공이라고 한 것은 잘못이다. Trần Trọng Kim, *Việt-Nam Sử-Lược*, Quyển II, 179면.

구하였고 응우옌 왕조는 그대로 응했다.[26] 그렇지만 때로는 조공사가 사은사를 겸했는가 하면 청조가 경하사와 진향사의 파견을 중지하도록 지시하여 임시사절의 수는 많지 않았다. 자 롱 황제의 뒤를 이은 민 망(Minh Mang, 明命, 1820~1839) 황제 말년인 1839년에 이르러서는 유구(琉球, 현 오끼나와), 섬라(暹邏, 현재의 타이)와 동일하게 조공을 4년에 한번 하는 것으로 되어 그 수는 더욱 줄어들었다. 한편 조공품에 대해서도 청조가 이전 레 왕조 때보다 떠이 썬 정권과 응우옌 왕조에게 많이 삭감한 것을 이때 다시 절반으로 함으로써 조공의 물질적 의미가 상당히 퇴색했다.[27]

응우옌 왕조의 조공체제 수용 의미

응우옌 푹 아인이 청조의 조공체제를 수용하고 그의 뒤를 이은 응우옌 왕조의 황제들이 이를 계속 받아들인 것은 무엇보다 청과의 군사적 대결을 피하고 친선을 도모함으로써 왕조의 안전을 유지하고자 함이었다. 베트남역사학회 회장인 판 후이 레(Phan Huy Le)에 의하면, 베트남은 1975년 이전 15차례 외침(外侵)을 받았다고 한다.[28] 그중 19세기 중반 이래 프랑스 (2차), 일본, 및 미국에 의한 것을 제외하면 11번이 중국의 침략이었다고 한다. 뿐만 아니라 왕조의 성립 바로 십여년 전인 1788년에 청이 베트남을 침입한 사실은 응우옌 푹 아인에게 적잖이 우려가 되었을 것이다. 응우옌 푹 아인이 탕 롱을 공격하기 앞서 찐 화이 득을 파견한 것도 이때문이었다. 그는 여청사가 돌아오면 즉시 불러서 청의 동태를 묻곤 했다. 『대남식록』

---

26) 『大南寔錄』正編, 第1紀 권23, 4a~b면.

27) 『大南寔錄』正編, 第2紀 권207, 41b~42a면.

28) Phan Huy Lê, "Tính thống nhất trong đa dạng của lịch sử Việt Nam"(베트남역사의 다양성 속에서의 통일성), Phan Huy Lê, *Tìm về cội nguồn*(근원의 탐구), Tập I, Hà Nội: Thế Giới Publishêrs 1998, 495면.

에 의하면, 자 롱 황제는 1818년 12월 여청사가 귀국하자 곧 청국 사정을 물었다고 한다.[29] 황제가 청의 정치적·사회적 변동이 베트남에 끼칠 영향을 생각하면서 물었으리라는 것은 두말할 필요도 없다.

한편 민 망 황제는 다른 어느 군주보다도 청의 사정에 더 깊은 관심을 가지고 그 정보를 얻고자 했다. 그는 여청사에게 『사정일기(使程日記)』를 써 중국에서 보고 들은 것을 상세히 기록하도록 명했다. 1832년 4월 민 망 황제는 사절들이 그의 의도와는 달리 청의 상황을 대략 기록했음을 지적하면서, 이후 사절들은 청의 국정과 민정을 명확히 기록하되, 이미 알고 있는 지명 등은 기재할 필요가 없다는 명을 내렸다.[30] 『대남식록』에 의하면, 그는 여청사가 가져오는 정보만으로는 부족하다고 느끼고, 같은 해 10월에는 하노이(Ha Noi, 河內)에[31] 있는 관리에게 청상(淸商)에게서 경초(京抄, 청조의 官報)를 구입하여 바치게 했다.[32] 당시 경초에는 그해 1월에 있었던 연경(燕京)의 대설(大雪)과 주민들의 동사(凍死)에 관한 기록은 없었으나, 그 이야기를 들은 민 망 황제는 이에 대한 내용도 기록하라는 칙령을 내릴 정도로 청국 정보의 수집에 열성이었다.

자 롱 황제와 후대 황제들이 조공관계를 중시한 또다른 이유는 중국을 지식의 원천으로 생각했기 때문이기도 하다. 예컨대, 자 롱 황제는 조회 때 신하들과 한당(漢唐) 군신(君臣)의 사적 및 역대 왕조의 제도를 논하고, 조

---

29) 『大南寔錄』 正編, 第1紀 권58, 11a~b면; 竹田龍兒 「阮朝初期の淸との關係」, 山本達郎 編 『ベトナム中國關係史』, 498면.

30) 『大南寔錄』 正編, 第2紀 권79, 17a~18b면; Alexander B. Woodside, *Vietnam and the Chinese Model: A Comparative Study of Vietnamese and Chinese Government in First Half of the Nineteenth Century*, Cambridge, Mass.: Harvard University Press 1971, 118~19면; 大澤一雄 「阮朝皇帝の對外認識──明命·紹治·嗣德時代を中心として」, 『山本達郎博士古稀記念 東南アジア·インドの社會と文化』(上), 東京: 山川出版社 1980, 272면.

31) 탕 롱은 1831년 하노이로 이름이 바뀌었다.

32) 『大南寔錄』 正編, 第2紀 권85, 30a면; 大澤一雄 「阮朝皇帝の對外認識」, 272면.

회가 끝난 뒤에도 밤늦게까지 『명사(明史)』를 보며 이야기했다고 한다.[33] 민 망 황제가 베트남역사상 레 타인 똥과 더불어 가장 유학에 열중한 인물이라는 것은 익히 알려진 사실이며,[34] 그의 뒤를 이는 티에우 찌 황제(Thieu Tri, 紹治帝, 1841~1847)도 유학과 문사를 존중해 과거시험 때 직접 출제에 나서기도 했다. 따라서 청나라에 가는 사신이 띤 중요한 임무 가운데 하나는 중국서적, 특히 신간서적의 입수였다. 이는 민 망 황제가 1829년 청에 가는 사절에게 중국의 고시(古詩)와 고화(古畵) 등을 구해 오게 하고, 청조의 실록을 구할 수 있으면 비록 초본이라도 가격에 구애받지 말고 반드시 구입하도록 한 유지(諭旨)에서 엿볼 수 있다.[35]

물론 중국서적 구입이 황제 자신의 지적 충족만을 위한 것은 아니었다. 그것은 응우옌 왕조가 정치제도라든가 법률제도 등을 만드는 데 중요한 참고자료가 되었다. 한 예를 들면, 자 롱 황제는 1815년 『국조율례(國朝律例)』, 흔히 『황월율례(皇越律例)』로 더 잘 알려진 법전을 편찬하여 반포했다. 이는 홍덕율례(洪德律例)와[36] 대청조율(大淸條律)을 참조하였다고 하지만,[37] 실제 내용은 『대청율(大淸律)』을 극히 일부만 제외하고 거의 그대로 계수(繼受)하고 있다.

경제적 목적 또한 응우옌 왕조의 군주들이 청의 조공체제를 받아들인 중요한 원인이었다. 오늘날과 달리 청조와 응우옌 왕조 모두 개인들의 자유로운 무역활동을 제한하였던 당시에는 조공제도가 사신들의 내왕을 통한 관영무역으로서 중요한 역할을 했다. 청조는 그래도 자기네 상인들이

---

33) 『大南寔錄』正編, 第1紀 권43, 4a면; 竹田龍兒 「阮朝初期の淸との關係」, 502면.
34) 민 망 황제의 중국 문화와 제도 수용에 대하여는 우드사이드에 의한 고전적 연구가 있다. Woodside, *Vietnam and the Chinese Model*, 1971.
35) 『大南寔錄』正編, 第2紀 권69, 29b~30a면; 竹田龍兒 「阮朝初期の淸との關係」, 499면.
36) 레 타인 똥 때 제정된 법을 말하는데, 혹 『여조형률』을 가리키는 것이 아닌가 한다.
37) 『大南寔錄』正編, 第1紀 권51, 3a~b면.

베트남과의 무역에 종사하는 것을 제한적으로나마 용인했지만, 베트남 상인들의 내왕은 전혀 허용하지 않았다. 응우옌 왕조는 청조와 달리 처음부터 자국민의 사사로운 출경(出境)을 금했다. 최초의 금령은 자 롱 황제 때인 1816년 사출외경(私出外境) 및 위금하해율(違禁下海律)이란 이름으로 내려졌다.[38] 이러한 금령이 내려진 것은 수출금지품인 쌀·소금·금·은·구리·무소 뿔·상아 등이 밀무역을 통해 중국으로 흘러나갔기 때문이다. 청조에서도 철·흑연·유황 등의 유출은 엄격히 금했다. 이러한 상황에서 응우옌 조정은 사신들을 통해 필요한 물자를 구할 수밖에 없었다.

응우옌 왕조의 황제들은 사신이 출발하기에 앞서 청 황제로부터의 하사품 내지는 구입할 물품의 목록을 황제가 정하고 사신들은 이에 따라야 했다. 청에서 구입하는 물품 가운데 중요한 것 하나는 앞서 언급했듯이 서적이었다. 그외에도 인삼·약재·중국차·종이 등이 포함되었다. 사신들은 조정에서 정해준 물품을 제대로 구입하지 못하면 처벌을 받았다. 1830년 여청사로 갔다 돌아온 응우옌 쫑 부(Nguyen Trong Vu, 阮仲瑀)와 응우옌 딘 떤(Nguyen Dinh Tan, 阮廷賓) 등이 파직된 예에서 알 수 있다.[39] 이들이 떠나기 전에 민 망 황제로부터, 청의 예부에 본국에 인삼이 부족하니 종래의 하사품 대신 관동인삼(關東人蔘)을 요청하고 창벽(蒼璧)·황규(黃珪)·청규(靑珪)를 구입하라는 명령을 받았다. 그러나 특별히 효양(孝養) 때문에 인삼이 필요하다고 밝혀 국사 체면을 손상했고, 더욱이 구입한 옥기들이 모두 유리 제품이었다 하여 처벌받았다.

물자 구입은 정기적인 사행뿐만 아니라 임시사절 파견 때에도 행해졌음은 물론이다. 1847년 12월 티에우 찌 황제의 사망을 청에 알리는 여청사를 보낼 때 새로 제위에 오른 뜨 득 황제는 옥기(玉器)·완기(玩器)·자기(瓷器)

---

38) 『大南寔錄』正編, 第1紀 권54, 9b면; 竹田龍兒 「阮朝初期の淸との關係」, 532면.
39) 『大南寔錄』正編, 第2紀 권65, 9b~10a면; 竹田龍兒 「阮朝初期の淸との關係」, 498면.

및 진기한 물자 등 구입할 목록을 보여주었다. 그러자 과도(科道, 오늘날 감찰관)인 한 관리가 당시는 황제의 즉위 초로 궁중이 질박해야 할 때인데다가, 더욱이 여청사는 황제의 사망을 알리는 고애사(告哀使)이므로 사치품의 구입은 불가하다고 하여 중단한 일이 있다.[40]

여기서 한가지 꼭 언급하고 넘어가야 할 것은, 여청사를 통한 관영무역이 중국인들의 생각처럼 '땅이 크고 물자는 풍부[地大物博]'해서가 아니라는 점이다. 민 망 황제가 말하기를, 물자란 각각 산출되는 곳이 다르니 있는 것을 없는 것과 바꾸는 일은 고금을 통해 당연하다고 했다.[41] 다시 말해, 중국에 있는 물건이 베트남에 없는 경우, 아니면 그 반대로 중국에는 없고 베트남에는 있는 경우, 이들 물자를 서로 교환하는 것으로 생각한 것이다.

여청사가 청나라에서 구입해 들여온 물자는 모두 황실의 수요와 지출을 담당하는 기관에 비치되었는데, 황실의 수요만을 위해 비축한 것은 아니었다. 황제는 이러한 진귀한 물자를 관리나 여청사에게 포상이나 선물로 나누어주었다. 결국 이러한 물자들은 황제가 자신의 권력을 강화하는 하나의 방편으로 사용되었던 것이다.[42]

2. 응우옌 왕조의 독자노선

다이 남(大南)

응우옌 왕조의 황제들이 청의 조공체제를 받아들이고 거기에 안주했던

---

40) 『大南寔錄』 正編, 第4紀 권1, 31b~32a면.
41) 『大南寔錄』 正編, 第2紀 권218, 33a~34a면; 大澤一雄 「阮朝皇帝の對外認識」, 276~77면.
42) Woodside, *Vietnam and the Chinese Model*, 267면.

것은 결코 아니다. 이는 그들이 황제 즉위나 연호 제정에 대해 청과 상의하지 않고 스스로 결정한 데서 알 수 있다. 다만 자 롱 황제가 국호 문제에 대하여 청의 승인을 요청한 것은, 그때까지 안남이란 이름이 당의 안남도호부에서 유래했으므로 이를 피하기 위해서였다. 그러나 청이 자신이 요청한 남 비엣을 받아들이지 않고 비엣 남으로 하도록 제안하자 우호관계를 고려하여 일단 받아들이지만, 만족하지는 않은 듯하다. 1812년에 자 롱 황제는 청에 알리지 않고 일방적으로 국호를 다시 다이 비엣(Dai Viet, 大越)으로 바꿨기 때문이다.[43]

이때 다이 비엣이란 이름으로 바꾼 것을 『국사유편』에서 '다시'라고 표현하는 것으로 보아, 앞에서 언급한 1780년 자 롱 황제가 제위에 오르면서 쓴 다이 비엣으로의 회귀가 아닌가 한다. 주지하는 바와 같이, 다이 비엣은 리 타인 똥 이래 역대 왕조의 국호로 되어왔으며, 중국의 승인을 받지 않은 독자적인 이름이다.

민 망 황제는 1838년 또다시 나라 이름을 '다이 남(Dai Nam, 大南)'이라 하고 이듬해부터 사용하기로 한다.[44] 그 이유는 왕조의 영토가 남해(南海)까지 이르러 대제국을 형성함으로써 새로운 이름이 좀더 합당하다는 것이다. 또 국호를 아름다운 글자로 한 경우는 전에도 얼마든지 있었다면서, 본래 만주였던 청나라가 대청(大淸)으로 바꾼 예를 들었다. 이는 논리적인 설명일 뿐, 사실은 별로 탐탁하게 생각하지 않은 청이 대청이라고 하는 데 자극되어 대항심리로 다이 남이라고 하지 않았나 생각된다. 이듬해에는 중국 황제의 옥새와 같이 옥(玉)으로 '대남천자지새(大南天子之璽)'를 만들어 국내의 모든 문서는 물론 청을 제외한 다른 외국과의 외교문서 등에 사용하게 했다.[45] 한편 티에우 찌 황제도 1844년 '대남황제지새(大南皇帝之璽)'

---

43) 『國史遺編』, 81면.
44) 『大南寔錄』正編, 第2紀 권190, 1a~2b면 및 권200, 8a~b면; 『國史遺編』, 278면.
45) 『大南寔錄』正編, 第2紀 권200, 16a~b면.

를 주조하여 조칙에 사용하라는 명령을 내렸다.[46]

민 망 황제가 새로운 국호를 제정함으로써 이후 어명에 의해 편찬되는 모든 서적에는 '대남'이란 두 글자를 넣었다. 『대남식록』, 『대남일통지(大南一統志)』, 『대남회전사례(大南會典事例)』 등이 좋은 예이다. 청조에서는 응우옌 왕조가 자기네가 허용한 비엣 남 대신 다이 남이란 국호를 사용하고 있는 것을 알고 있었던 듯하지만, 이를 묵인하고 간섭하려 하지 않았다.[47] 이유는 당시 청 조정이 아편전쟁과 애로호(號) 사건에서의 패배라든가 태평천국의 난(1851~1864) 등 대내외 문제로 베트남에 간여할 겨를이 없었기 때문일 가능성이 크다. 태평천국의 난 동안 15년간 양국 사이에 사절이 오고가지 않은 것이 이를 입증해준다.

아마도 이러한 대내외문제가 아니라도 청은 응우옌 왕조의 일에 간여하지 않았을지도 모른다. 응우옌 왕조의 창건 직전인 18세기 말 이후 급격히 쇠퇴한 탓인지 청은 명과 달리 베트남을 유구보다도 덜 중시하였다. 『명사(明史)』 외국전에는 조선·안남·일본·유구 등의 순서로 되어 있는 데 비해,[48] 『청회전(淸會典)』의 예부 항목과 『청사고(淸史稿)』의 속국 항목을 보면 조선·유구·월남 등의 순으로 기술하여,[49] 청에서는 월남을 유구 다음에 놓고 있다. 더욱이 두 나라에 파견된 책봉사를 보아도, 유구에는 중앙조정의 관리가 보내졌는데, 응우옌 왕조에의 책봉사는 광시 성의 안찰사(按察使)인 지방관이었다.[50] 청이 응우옌 왕조 문제를 지방관에 맡겼다는 것은 결과적으로 양국관계를 소원하게 만들었다.

---

46) 『大南寔錄』正編, 第3紀 권40, 1a~b면.

47) 竹田龍兒 「阮朝初期の淸との關係」, 495면.

48) 『明史』 권320, 列傳 208 및 권321, 列傳 209 및 권322, 列傳 210 및 권323, 列傳 211 참조.

49) 『淸會典』, 北京: 中華書局 1991, 권39, 350면; 『淸史稿』 권526, 列傳 313 및 권527, 列傳 314 및 권528, 列傳 315 참조.

50) 和田博德 「阮朝中期の淸との關係」, 山本達郎 編 『ベトナム中國關係史』, 554~55면.

이러한 양국의 소원한 관계는 청조의 베트남 사정에 대한 무지를 가져왔다. 그 대표적인 예가 아편전쟁 시기에 중국인들 사이에 널리 퍼져 있던 낭설로, 1808년 베트남이 영국과의 싸움에서 대승했다는 이야기이다. 이 낭설을 굳게 믿은 중국인들은 영국군을 가볍게 여겼을 뿐만 아니라, 영국 해군에 대항하기 위해 베트남 군함을 도입하자는 심각한 논의까지 있었다.[51] 결국 베트남과 영국 사이에 전쟁은 없었다는 것이 밝혀지기는 했지만, 청조의 베트남 정세에 대한 무지와 불간섭은 응우엔 왕조가 청조에 대해 가지고 있던 독자성과 대등의식을 강화시켜주었다고 할 수 있다.

전술한 바와 같이, 베트남인들은 중국문화를 받아들여 자기네도 문화민족임을 내세우고 있었기 때문에, 중국대륙을 지배하는 이민족에 대하여는 대등하다기보다 오히려 자기네가 더 우수하다는 생각을 가졌다. 응우엔 왕조에서의 청에 대한 저항의식 내지는 비판적 태도는 그 강도가 훨씬 더했다. 자 롱 황제가 그러했고 그의 후계자들과 왕조의 지식인들 모두가 다 그러했다. 중국문화를 존중하고 모방하려 한 것과는 달리, 그들은 청조나 청인들에 어떠한 존경심도 없었다. 따라서 청을 북조(北朝) 혹은 청국(淸國)이라 하고 청나라 사람들을 북인(北人) 또는 청인(淸人)이라 일컬었다. 중국적 '천하'라든가 '천자'라는 개념이 베트남사람들에게 받아들여질 수 없었음은 물론이다.[52] 이는 청이 이민족에 의해 세워졌다는 멸시감에서 비롯된 것이기도 하다. 심지어 자 롱 황제는 베트남을 '중국(中國)'이라고 불러 전통적 중국인의 개념을 자국에 적용시키고 있다.[53] 1809년과 1817년 여청사가 떠날 때 직접 불러 국체를 중히 여기고 방교를 굳건히하도록 엄

---

51) 같은 글, 559~61면.

52) Woodside, *Vietnam and the Chinese Model*, 19면; Choi Byung Wook, *Southern Vietnam under the Reign of Minh Mang*, 38면.

53) 『大南寔錄』正編, 第1紀 권26, 22a면 및 권38, 12a면 및 권44, 19a면; Woodside, *Vietnam and the Chinese Model*, 18~19면; 竹田龍兒「阮朝初期の淸との關係」, 543면.

명을 내린 것도, 타께다(竹田)의 지적처럼 청에 대한 경외심에서가 아니라 그가 이적시하는 청인의 빈축이나 모멸을 사지 않기 위해서였다.[54]

민 망 황제의 문화적 자만심

민 망 황제의 문화적 자만심은 어느 황제보다도 대단했다. 그는 1830년 신하들에게 이르기를, 『청회전(淸會典)』을 보면 조정의 관리들의 의관(衣冠)이 만이의 풍습을 따르고 있어 옛사람들의 복식과는 다르니 경망스럽게 이를 본받는 일이 없도록 하라고 했다.[55] 그뿐만 아니라 그는 시문(詩文)에도 자부심을 갖고 건륭제의 시에 대해 논평을 하고 있다. 1835년 신하들과 시를 논하는 가운데, 건륭황제가 지은 시들은 대단히 많으나 이들은 모두 정경(情景)을 그대로 묘사하고 있을 뿐 시어(詩語)가 제대로 가다듬어지지 않은 게 흠이라고 했다.[56] 조공체제하에서 종속국의 군주가 중국의 제도는 말할 것도 없고 황제의 시에 대해서까지 비평한다는 것은 상상하기조차 어려운 일이다. 민 망 황제의 이러한 태도는 응우옌 왕조 군주들이 청의 제도와 문화를 비하하고 자신들이야말로 중국문화의 진정한 후계자임을 자처한 데서 비롯된 것이다.[57]

응우옌 왕조 황제들의 청에 대한 비하는 청조의 세력 약화와도 관련이

---

54) 『大南寔錄』正編, 第1紀 권37, 11b면 및 권55, 6b~7a면; 竹田龍兒 「阮朝初期の淸との關係」, 497면. 민 망 황제도 1840년 여청사는 반드시 문학과 언어에 뛰어난 자라야 하며 탐비(貪鄙)한 자가 되면 타국의 멸시를 살 뿐이라고 했다. 『大南寔錄』正編, 第2紀 권218, 33a면.

55) 『大南寔錄』正編, 第2紀 권70, 2a면.

56) 『大南寔錄』正編, 第2紀 권159, 29b면; 竹田龍兒 「阮朝初期の淸との關係」, 541면.

57) 조선 왕조에서도 대내적으로는 청을 비하하여 상국(上國)으로 인정치 않았음은 왕실 의례에서도 '유명조선국(有明朝鮮國)'과 명의 숭정(崇禎) 연호가 사용된 점으로 알 수 있다. 이성규 「中華帝國의 팽창과 축소: 그 이념과 실제」, 『역사학보』 186집, 2005, 116~ 17면.

있어 보인다. 1840년 4월 민 망 황제는 아편전쟁을 전망하면서 다음과 같이 말하고 있다. "청조의 나약함은 내가 이미 알고 있는 바이다. 작년에 영국군이 광둥 연안의 섬들 사이를 오래 돌아다녔음에도 불구하고 청은 어떤 대책을 세웠다든가 아니면 배 한척 보내 이를 공격했다는 이야기도 듣지 못했다. 만약 영국이 다시 공격해온다면 청은 이를 저지할 수 없어 임칙서(林則徐)에게 죄를 묻고 영국에 항복할 것이 틀림없다."[58] 민 망 황제의 예측은 정확하여, 임칙서는 해직되고 다른 후임자가 보내졌다. 응우옌 왕조의 여청사가 쓴『사정일기』라든가 기타 정보를 통해 이러한 예측을 할수 있었을 것이다.

청조의 세력 약화로 응우옌 왕조 황제들은 더욱 독자적인 행동으로 나아갔다. 예컨대 초기 프랑스의 침략에 대해 뜨 득 황제는 청에게 아무런 도움도 요청하지 않았다. 주지하는 바와 같이, 프랑스는 1858년 베트남 중부지방의 다 낭을 침략하기 시작하여 이듬해인 1859년에는 자 딘 성(城)을 점령하고 1862년까지 동부 3성, 즉 자 딘 · 비엔 호아 · 딘 뜨엉(Dinh Tuong, 定祥)을 차지했다. 뜨 득 황제는 청에 알리지 않고 독자적으로 프랑스와 1862년 6월 제1차 싸이공조약(일명 壬戌條約)을 맺어 이 지방을 할양하였다.[59] 프랑스는 동부 3성 점령에 그치지 않고 1867년에는 빈 롱(Vinh Long, 永隆) · 안 장(An Giang, 安江) · 하 띠엔의 서부 3성도 점령하여 남부지방 전

58)『大南寔錄』正編, 第2紀 권212, 33b면; Woodside, *Vietnam and the Chinese Model*, 280면; 和田博德「阮朝中期の淸との關係」, 564면.
59) 이 조약은 12조로 되어 있으며, 프랑스어 원문은 다음에 실려 있다. Taboulet, *La Geste Française en Indochine*, Tome 2, 1956, 474~76면; Henri Cordier, *Histoire des relations de la Chine avec les puissances occidentales, 1860~1902*, Vol. 2, Reprinted, Taipei: Ch'eng-wen Publishing Company 1966, 257~61면. (Originally published by Paris: Ancienne Librairie Germer Bailliere 1901~1902.) 뜨 득 황제는 조약 후 곧 판 타인 잔(Phan Thanh Gian, 潘淸簡)을 정사로 하는 사절단을 프랑스에 보내 3성의 반환 교섭을 하게 하였으나 실패했다.

부를 완전히 식민지화했다.

앞서 말한 바와 같이, 이무렵 응우옌 왕조와 청조는 태평천국의 난으로 사절의 내왕이 없었다. 난 발발 직후 세공 해인 1852년에 응우옌 왕조가 예정대로 여청사를 보낸 이후 청의 요청으로 조공관계가 중단되었다가 1869년에야 재개되었다.[60] 이런 상황 탓인지 뜨 득 황제는 두차례 프랑스 침략에 대하여 청에 일절 원조를 요청하지 않았다.

한편 프랑스의 침략은 여기서 그치지 않았다. 다시 북부지방을 점령할 목적으로 1873년 장 뒤퓌(Jean Dupuis) 사건을 구실로 코친차이나 총독이 프랑시스 가르니에(Francis Garnier)를 보냈다. 가르니에는 소수의 병력으로 넓은 지방을 점령했다가 유영복(劉永福)의 흑기군(黑旗軍) 복병에 의해 하노이 부근에서 전사했다.

당시 프랑스는 보불전쟁 패배, 나폴레옹 3세의 실각 등과 같은 대내문제로 전쟁을 확대할 여력이 없어 1874년 응우옌 조정과 협상 끝에 제2차 싸이공조약(일명 甲戌和約)을 체결했다. 조약의 중요한 내용은, 베트남이 완전한 독립국이라는 것과 앞으로 베트남의 외교정책은 프랑스의 외교정책과 일치해야 한다는 것이었다.[61] 프랑스 외교관이 주장한 바와 같이, 이 조약은 베트남을 중국의 종속에서 벗어나게 하려는 데 있었다.[62] 이때도 역시 뜨 득 황제는 청에게 도움을 요청할 생각이 없었음은 물론, 조약의 내용조차 알려지지 않았다. 1860년대와 달리 이때는 청과의 왕래가 재개되었는

---

60) 『大南寔錄』 正編, 第4紀 권38, 44a~b면; 和田博德, 「阮朝中期の淸との關係」, 566면, 응우옌 왕조의 사절은 1852년 투언 호아를 출발하여 이듬해인 1853년 베이징에 도착했다.

61) 이 조약은 모두 22조로 되어 있다. 『大南寔錄』 正編, 第4紀 권50, 8a면; 中國史學會 主編 『中法戰爭』(一), 上海: 上海人民出版社 1957, 380~87면(이하 『中法戰爭』); Taboulet, *La Geste Française en Indochine*, Tome 2, 743~47면; Cordier, *Histoire des relations de la Chine avec les puissances occidentales, 1860~1902*, Vol. 2, 268~75면.

62) Lloyd E. Eastman, *Throne and Mandarins: China's Search for a Policy during the Sino-French Controversy, 1880~1885*, Cambridge, Mass.: Harvard University Press 1967, 33면.

데, 응우옌 왕조가 이러한 태도를 취한 것은 태평천국 잔당의 토벌에서 드러난 청군대의 무능함과 어떤 연관이 있지 않을까 한다.

제2차 싸이공조약의 내용을 중국에 알린 것은 프랑스였다. 1875년 5월 프랑스측이 총리아문(總理衙門)에 알리자 공친왕(恭親王)은 프랑스가 베트남을 보호령으로 하고 대외정책을 제한하는 데 대해 간접적으로 거부의사를 표시했다.[63] 이후 중국이 5년 동안 이 조약에 대해 더이상 언급을 피한 데다 공친왕의 의사가 프랑스어로 번역되는 과정에 "베트남은 중국의 조공국이었다"라고 과거형으로 오역되어, 프랑스는 중국이 조약내용을 묵인하는 것으로 생각했다.[64]

제2차 싸이공조약에 대한 중국의 미온적인 태도는 청조가 아직 서구의 법개념을 이해하지 못해 이 조약에 의해 중국과 베트남의 오랜 종주국·종속국 관계가 무효화된 것은 아니라고 믿었기 때문이다.[65] 응우옌 왕조 역시 이 조약으로써 중국과의 조공관계가 무효화된다는 것을 인식하지 못했다. 이는 아래서 보듯이, 1877년과 1881년에 여청사를 보내는 것으로 알 수 있다.

청조와 조공관계의 끝

가르니에 사건에 앞서, 태평천국의 난이 진압된 다음 그 잔당인 오곤(吳鯤)을 중심으로 한 집단, 유영복의 흑기군, 황숭영(黃崇英)의 황기군(黃旗軍), 백문이(白文二)의 백기군(白旗軍) 등이 홍 강 델타 북부로 들어와 약탈을 일삼았다. 응우옌 왕조는 1870년 청에 협력을 요청하였는데, 풍자재(馮子材)가 지휘하는 청의 토벌군은 랑 썬에 들어와 오곤을 살해하는 등 어느

---

63) Cordier, *Histoire des relations de la Chine avec les puissances occidentales*, Vol. 2, 278~83면.
64) Eastman, *Throne and Mandarins*, 33~35면.
65) 같은 책, 41면.

정도 성과를 거두었다.[66] 그러나 청의 토벌군이 체류하는 동안 농민들에게 적지 않은 피해를 입혔다. 이에 오곤이 죽은 뒤 뜨 득 황제가 1870년 "만(蠻)으로써 만(蠻)을 공격케 한다"라는 방침을 택해 그의 휘하에 있던 유영복에게 관직을 주어 다른 집단을 토벌하는 데 성공했다.[67] 뜨 득 황제는 청에 의존할 바가 못됨을 인식하고 독자적으로 문제를 해결하려 했음이 분명하다. 다시 말해 청의 조공체제를 형식상으로만 인정하고 있던 응우옌 왕조로서는 당연한 결정이었다고 하겠다.

응우옌 왕조가 청과의 관계를 완전히 끊은 것은 아니었다. 뜨 득 황제는 1868년 이후에도 1870년, 1872년, 1876년, 1880년 등 네차례에 걸쳐 여청사를 보냈다. 1877년과 1881년의 여청사에[68] 대해 프랑스는 제2차 싸이공조약을 위반한 것이라고 비난하였다.[69] 이때 신하들 중에는 프랑스가 하노이를 공격하는 틈을 타 청이 양광과 윈난 등지의 군대를 보내 북부지방을 점거하지 않을까 우려하는 이들도 있었다. 그러나 뜨 득 황제는 청이 그런 불의한 일은 하지 않으리라고 하며 이런 우려를 일축하였다.[70] 하지만 홍 강의 자유로운 통행을 재보장하기 위해 1881년 말 코친차이나 총독에 의해 파견

---

66) 『大南寔錄』 正編, 第4紀 권43, 18a~b면; 坪井善明 『近代ヴェトナム政治社會史』, 東京: 東京大學出版會 1991, 95~97면.

67) 『大南寔錄』 正編, 第4紀 권43, 5a~b면; 小玉新次郎 「阮朝と黑旗軍」, 『東洋史硏究』 13-5, 1955, 10면; 大澤一雄 「阮朝嗣德帝の土匪對策と黑旗軍」, 『史學』 33-2, 1960, 84면; McAleavy, *Black Flags in Vietnam*, 107~12면. 응우옌 왕조와 유영복의 관계는 1883년 뜨 득 황제 사후 궁중 내부의 혼란이 계속됨에 따라 점차 소원해지다가 1884년 청불전쟁이 발발하자 흑기군은 응우옌 왕조의 지배를 떠나 청의 정규군으로 편입되어 항불(抗佛)의 선구가 되었다. 大澤一雄 「阮朝嗣德帝の土匪對策と黑旗軍」, 91면.

68) 중국에 도착한 해를 말하는 것으로, 출발은 1880년이었다.

69) 『大南寔錄』 正編, 第4紀 권43, 18a면 및 권47, 14b면 및 권55, 31b면 및 권63, 41a~b면; 和田博德 「阮朝中期の淸との關係」, 581면. 와다의 글에 이들 연대가 그 이듬해로 되어 있는 것은 청에 도착한 연대를 기준으로 했기 때문이 아닌가 한다.

70) 『大南寔錄』 正編, 第4紀 권68, 10a~b면.

된 앙리 리비에르(Henri Rivière)가 1882년 5월까지 하노이와 그 부근 일대를 점령하자 이후 태도를 굳혀 뜨 득 황제는 양광 총독을 통해 청에게 도움을 청했다.[71] 이에 응해 1882년 6월 청군이 베트남 국경을 넘어들어왔다.[72]

이후 1883년에는 히엡 호아 황제(Hiep Hoa, 協和帝, 1883년 7~11월)가 후에 궁중 내의 혼란 속에서 청조의 책봉을 받아 자신의 지위를 확고히하는 동시에 프랑스 침략에 대한 원조 요청차 사절을 보내려고 했다. 하지만 당시 홍 강 델타지방이 프랑스군대에 의해 점거되어 종전처럼 육로를 이용할 수 없었다. 그리하여 히엡 호아 황제는 해로로 가게 해줄 것을 청에 요구하여 답을 얻었으나, 곧 당시 권력을 장악하고 있던 똔 텃 투옛(Ton That Thuyet, 尊室說)과 응우옌 반 뜨엉(Nguyen Van Tuong, 阮文祥)에게 독살됨으로써 무산되었다.[73] 히엡 호아 황제의 독살 소식을 접한 청 조정은 독살한 신하들의 죄를 묻고 정통의 왕을 즉위시켜야 한다는 1883년 11월의 논의에 따라 양광 총독 장우성(張樹聲)과 운귀 총독 잠육영(岑毓英)으로 하여금 군대를 이끌고 해로와 육로을 통해 응우옌 왕조의 수도인 투언 호아로 직행하여 변란을 진정시키라는 명령을 내렸다.[74] 당시 하노이 지방을 프랑스 군이 점령하고 있었던 것을 고려하면, 청은 정통 왕위를 보호한다는 명분하에 실제로는 베트남을 점거하여 외침으로부터 중국의 안전을 도모하려는 의도가 있었음에 틀림없다.[75] 베트남 학자가 청의 출병이 베트남을 지배하려는 욕망에서 비롯되었다고 본 것은 어떤 의미에선 옳을지 모르

71) 『淸光緖朝中法交涉史料』, 臺北: 文海出版社 1967, 권3, 36a~37b면; Eastman, *Throne and Mandarins*, 56면; 坪井善明『近代ヴェトナム政治社會史』, 100~101면.

72) 『淸光緖朝中法交涉史料』 권3, 4a~b면; 『淸史稿』 권527, 14648면; Eastman, *Throne and Mandarins*, 55면.

73) 和田博德「阮朝中期の淸との關係」, 584~85면.

74) 『淸光緖朝中法交涉史料』 권3, 27a면.

75) 노영순「청불전쟁(1884~1885) 전후 중국-베트남 국경문제와 획정과정」, 『북방사논총』 4, 2005, 143~44면.

지만,[76] 그것을 베트남 지배에만 목적이 있었던 것으로 보는 데는 문제가
있다.

히엡 호아 황제의 청봉(請封)사절 파견은 1874년 싸이공조약 제2조에 의
해 베트남은 완전한 독립국임이 인정되었기 때문에 실제는 조약 위반인
셈이다. 그럼에도 불구하고 청봉사절을 파견했다는 사실은 중국 황제의
책봉이 베트남 지배자들에게 상징적으로 얼마나 중요했는가를 잘 보여준
다. 이는 1592년 레씨 부흥세력에 의해 탕 롱에서 쫓겨난 막씨가 중국에 인
접한 지방에 근거를 두고, 명과 그 뒤를 이은 청의 보호로 1677년까지 지방
정권이로나마 명맥을 유지할 수 있었던 예를 상기시킨다.

응우옌 왕조가 청나라에 마지막으로 파견한 사절은 히엡 호아 황제의
뒤를 이은 끼엔 푹(Kien Phuc, 建福, 1883~1884) 황제가 보낸 청봉사였다.[77]
그러나 끼엔 푹도 책봉되지 못했는데, 즉위 반년 남짓 만에 병사하기 때문
이다. 결국 응우옌 왕조의 청조에 대한 조공관계는 1803년에 시작되어 80
년 동안 지속되다가 앙리 리비에르가 1883년 5월 전사한 사건을 계기로 프
랑스와 베트남 사이에 맺어진 1883년 8월 아르망(Harmand) 조약(제1차 후에
조약 또는 癸未和約이라고도 함)에 의해 베트남이 프랑스의 완전한 보호국으로
전락하여 외교권을 상실함으로써 종지부를 찍었다.[78] 이듬해 6월 이 조약
에 규정된, 베트남은 프랑스의 보호국임과 대외교섭권도 프랑스에 있음을
재확인한 빠드노트르(Patenotre) 조약(제2차 후에조약 또는 甲申和約)이 맺어졌
으나,[79] 수정된 부분은 대내 지역조정의 문제여서 대외문제에는 큰 변동

76) Trịnh Nhu, "Nguồn Gốc của Chiến Tranh Trung-Pháp (1883~1885)"(청불전쟁의 기
원: 1883~1885), NCLS, So 1, 1991, 20~21면.
77) 『대남시록』에 의하면, 끼엔 푹 황제의 즉위와 더불어 청조와의 조공관계는 완전히 끊
어진 것으로 되어 있으나, 와다는 중국 사료에 따라 이는 사실이 아니라고 주장한다. 『大
南寔錄』正編, 第5紀 권1, 25a~b면; 和田博德「阮朝中期の淸との關係」, 589~90면.
78) 아르망 조약 제1조. 이 조약은 모두 27조로 되어 있다. Taboulet, La Geste Française en
Indochine, Tome 2, 807~809면; 『中法戰爭』(五), 205~209면.

이 없었다.

대남제국질서

여기서 한가지 부언한다면, 응우옌 왕조의 청에 대한 문화적 자긍심은 자주독립 관계에 그치지 않고, 한걸음 더 나아가 주변 제국에 대해 독자적 세계질서를 구축하는 데 커다란 영향을 끼쳤다. 한 일본인 학자는 이 세계 질서를 '남의 중화제국(南の中華帝國)'에 의한 세계관이라고 했다.[80] 응우 옌 왕조의 세계질서란 중국의 조공체제를 모방한 만큼 남의 중화제국이란 말이 일리가 있기는 하지만, 1950년대 초까지 흔히 베트남을 '소중화(Little China)'라고 일컬은 것을 떠올리게 해 적절한 표현 같지 않다. 필자가 이미 오래 전에 언급한 '대남제국질서(大南帝國秩序)'란 용어가 좀더 적절하지 않을까 한다.[81] 응우옌 왕조가 중국의 문물제도를 받아들인 것은 사실이지 만 중국의 일부가 아닌 엄연히 독자적인 국가이기 때문이다. 민 망 황제나 티에우 찌 황제가 '대남'이란 글자가 새겨진 옥새를 주변국들과의 외교문 서에 사용한 것을 고려하면 더욱 그러하다.

베트남이 주변 소국가들을 중국적 화이(華夷) 개념으로써 대한 것은 중 국의 지배에서 벗어난 지 얼마 안되어서부터였다. 예컨대, 띠엔 레 왕조의 창건자인 레 호안은 994년 참파 왕이 예를 어겼다는 구실로 그의 조공을 거절했다.[82] 그런가 하면 리 타이 또의 즉위 초년인 1012년에는 진랍(眞臘)

---

79) 이 조약은 전문 19조로 되어 있다. Taboulet, *La Geste Française en Indochine*, Tome 2, 809~12면; 『中法戰爭』(七), 375~79면.
80) 坪井善明「ヴェトナム阮朝(1802~1945)の世界觀」, 『國家學會雜誌』96-9・10, 1983, 149~65면.
81) 유인선「베트남 阮朝의 성립과 '大南'帝國秩序」, 『아시아문화』 10, 1984, 81~87면.
82) 『全書』(상), 194면.

이 내공(來貢)했다는 기록도 보인다.[83] 이후에도 역대 왕조는 계속하여 정치적·문화적 우월성을 가지고 주변국들에 군림하지만, 체계적인 형식을 띠지는 않았다. 응우옌 왕조, 특히 민 망 황제에 이르러서 비로소 세계질서 개념이 완전히 구체화되어, 그의 정치이념을 기록한 『명명정요(明命政要)』에 처음으로 이들과의 관계를 다룬 '유원(柔遠)' 즉 먼 곳의 백성을 화목하게 하여 순종하게 한다는 독립된 항목이 보이며,[84] 이어 1855년 간행된 『대남회전사례(大南會典事例)』에도 청과 관련된 '방교' 외에 '유원'이란 조항이 별도로 두어졌다.[85]

유원 개념이 처음 사용된 것은 자 롱 황제 때였다. 1815년 그는 원방(遠方)의 내공국(來貢國)으로 13개 국가를 들고 있다. 홍 마오(Hong Mao, 紅毛, 영국)·반 뜨엉(Van Tuong, 萬象, 비엔티안)·남 쯔엉(南掌)·쩐 닌(Tran Ninh, 鎮寧, 라오스의 동부 고원지대)·미엔 디엔(Mien Dien, 緬甸)·푸 랑 싸(Phu Lang Sa, 富浪沙, 프랑스) 및 중부 고원지대인 현재 플레이 꾸(Plei Ku) 지방에 위치한 호아 싸 꾸옥(Hoa Xa Quoc, 火舍國)과 투이 싸 꾸옥(Thuy Xa Quoc, 水舍國) 등등이다. 그러나 여기에 까오 미엔(Cao Mien, 高緜 또는 高綿, 캄보디아)를 더해 실제로는 14개 나라가 되어야 할 것이다. 위의 나라들을 열거한 다음 까오 미엔이 금은 그릇을 헌상하며 자 롱 황제를 천황제(天皇帝)라 칭했다는 구절이 있기 때문이다.[86] 이 국가들이 와서 공물을 바친 것은 중국의 역대 황제들이 그랬듯이, 자 롱 황제도 그들이 자신의 덕을 흠모하고 권위를 인정해서였다고 믿었다. 이러한 자 롱 황제의 믿음을 뒷받침해주는 것으

---

83) 『全書』(상), 210면.
84) Minh Mệnh Chính Yếu(明命政要), Sài Gòn: Bộ Văn Hóa Giáo Dục và Thanh Niên Xuất Bản 1974, Tập VI, 권 25, 柔遠 항목.
85) Kham Định Đại Nam Hội Điển Sự Lệ(欽定大南會典事例), Huế: NXB Thuận Hóa 1993, Quyển 133~36.
86) 『國史遺編』, 88면.

로 『국사유편』의 다음과 같은 기사를 들 수 있다. "민 망 황제의 덕과 위세 앞에서 미얀마·비엔티안·루앙 프라방·호아 싸 꾸옥과 같은 이웃나라들은 물론 청조나 타이가 두려워하는 서양(의) 만이(蠻夷)(인) 영국과 프랑스 등도 모두 와서 신복(臣服)했다."[87] 결국 응우옌 왕조의 군주들이 내세운 것은 이웃나라들에 대한 자신들의 문화적 우월감이었다. 그러한 좋은 예가 캄보디아를 일컫는 중국 용어인 '까오 미엔(Cao Mien, 高綿)'을 『대남정편열전초집』의 외국열전에서 '까오 만(Cao Man, 高蠻)'으로 바꾸어 '야만'의 나라처럼 표기한 경우다.[88]

다른 한편 응우옌 왕조 황제들의 문화적 우월감은 만이를 예의로써 교화해야 한다는 책무의 표시로 나타나기도 했다. 1834년 민 망 황제는 이러한 뜻에서 호아 싸 꾸옥이 문자는 없지만 풍속이 순박하다면서 족장에게 '빈 바오(Vinh Bao, 永保)'라는 이름을 지어주고 조공체제 내에서의 지위도 왕으로 격상시켰다.[89]

그러나 대남제국질서란 중국의 조공체제보다는 응우옌 왕조 측의 일반적 생각이었음도 부정할 수 없다. 베트남이 중국에 비할 수 없을 정도로 작은 나라이기 때문이다. 그 결과 자신들도 정확히 구별하지 못하는 두 부족집단, 투이 싸와 호아 싸를 국가라고 한 것이다.[90] 사실 이들은 교역을 하기 위해 사절을 보냈을 뿐이며, 더욱이 그들 언어에는 조공을 의미하는 단어도 없다.[91] 1815년 영국이나 프랑스는 물론 미얀마까지 조공국으로 열거

87) 『國史遺編』, 312면; 和田博德 「阮朝中期の淸との關係」, 562면.
88) 『大南正編列傳初集』 권31, 外國列傳 1 참조.
89) 『大南正編列傳初集』 권32, 35a~b면. 『흠정대남회전사례』에는 수사국(水舍國)으로 되어 있으며, 우드사이드도 이에 의거하고 있는데 이는 오류인 것 같다. *Kham Định Đại Nam Hội Điển Sự Lệ*, Quyển 134, 454면; Woodside, *Vietnam and the Chinese Model*, 238면.
90) 『大南寔錄』 正編, 第3紀 권5, 6b~7a면; Woodside, *Vietnam and the Chinese Model*, 238면 참조.
91) 坪井善明 「ヴェトナム阮朝(1802~1945)の世界觀」, 159면.

한 것도 이와같은 맥락에서였다고 보아 틀림없지 않을까 한다. 당시 미얀마는 1822~23년 이전에는 응우옌 왕조와 아무런 접촉도 없었다. 미얀마는 1822년 베트남 상선의 표류를 계기로 이듬해 처음 사절을 파견하였는데, 사이가 좋지 않은 타이와의 외교 단절을 요청하기 위함이었다. 이는 응우옌 왕조를 자신들과 대등한 관계로 생각하고 한 것이지 조공국의 입장은 아니었다.[92]

타이 역시 『대남정편열전초집』에서 호아 싸, 투이 싸와 같은 부류의 국가로 분류되어 있는데,[93] 이 또한 응우옌 왕조의 일방적 생각이었을 뿐이다. 1809년 타이 왕은 부왕의 사망을 알리는 서신을 보냈다. 자 롱 황제의 신하들은 서신의 문체가 너무 오만불손하다는 이유로 받지 않으려 했으나, 자 롱 황제가 그들이 한문을 몰라 무지한 탓이라는, 우월감에서 접수를 허락했다.[94] 타이 왕의 또다른 편지에서 자 롱 황제를 '월남국불왕(越南國佛王)', 즉 비엣 남의 불교왕이라고 칭했는데도 이를 이의없이 받아들였다.[95] 결국 현실적으로 타이가 대등한 국가임을 인정하였기에 서신의 형식을 가지고 다툴 수 없다는 인식이 작용한 것으로 보인다.

진정한 의미에서 응우옌 왕조의 조공국이 있었다면 오늘날의 캄보디아와 라오스의 비엔티안 및 루앙 프라방 정도였다. 캄보디아 왕 앙 짠(Ang Chan, 蠟)은 1807년 자 롱 황제에 의해 까오 미엔 국왕(高綿國王)에 봉해지는 동시에 조공은 3년에 한번 하는 것으로 정해졌다.[96] 그러나 그후 캄보디아는 계속된 왕위계승 분쟁으로 파벌이 나뉘어, 한편은 타이에 의존하

92) 『大南正編列傳初集』 권33, 2a~3b면; Minh Mệnh Chính Yếu, Tập VI, 권25, 9a~b면; Woodside, *Vietnam and the Chinese Model*, 239면.
93) 『大南正編列傳初集』 권32, 外國列傳 참조.
94) 『大南正編列傳初集』 권32, 7b면; 『大南寔錄』 正編, 第1紀 권39, 19a~b면; Woodside, *Vietnam and the Chinese Model*, 259면.
95) Woodside, *Vietnam and the Chinese Model*, 259면.
96) 『大南正編列傳初集』 권31, 6b면; Woodside, *Vietnam and the Chinese Model*, 240면.

고 다른 한편은 베트남에 의존하여 각각 조공을 바쳐오다가 1863년 프랑스의 보호령이 되었다. 비엔티안 왕국의 짜오 아누(Chao Anu, 阿弩, 다른 말로는 Anuvong)는 유능한 인물로 타이의 예속에서 벗어나려고 1827년 전쟁을 일으켰다가 오히려 대패를 당하여 응우옌 왕조의 도움을 요청했다. 민 망황제는 요청에 응하여 군대로 호위케 하여 짜오 아누를 돌아가게 했다. 짜오 아누는 또다시 타이의 압력을 받고 쩐 닌(Tran Ninh, 鎭寧, 서양어로는 Plain of Jars)으로 달아났다가 짜오 노이(Chao Noi, 侶內)에 의해 타이로 넘겨짐으로써 결국 비엔티안 왕국은 멸망하였다.[97] 루앙 프라방 왕국은 베트남과 소원한 관계였으나 비엔티안 왕국이 멸망하는 것을 보고, 타이에 대항할 만한 힘을 갖출 필요를 느끼고 1831년과 1833년 응우옌 왕조에 사절을 바치기에 이르렀다.[98] 그럼에도 불구하고 루앙 프라방 왕국은 타이의 세력권에서 완전히 벗어나지는 못했다.

요컨대, 대남제국질서는 중화적 세계질서와는 비교할 수 없을 정도로 불완전한 것이었다. 그렇지만 응우옌 왕조가 청에 대항하는 뜻에서 그 나름의 독자적 세계질서 형성에 노력했다는 것은 주목할 일임에 틀림없다.

---

97) 『大南正編列傳初集』 권33, 42b~43a면; Martin Stuart-Fox, *A History of Laos*, Cambridge: Cambridge University Press 1997, 14~15면.
98) 『大南正編列傳初集』 권33, 12b~13a면; *Minh Mệnh Chính Yếu*, Tập VI, 권25, 28a~b면; Stuart-Fox, *A History of Laos*, 16면 참조.

제3부

현대 양국관계의 양면성: 우호와 갈등

제1장 프랑스 지배기의 베트남과 중국

1. 청불전쟁 및 베트남인의 초기 독립운동

청불전쟁

1883년 아르망 조약과 1884년 빠뜨노트르 조약으로 베트남이 프랑스의 식민지가 되면서 외교권을 상실하자 중국과의 관계는 이제 베트남을 대신하여 프랑스측으로 넘어갔다. 베트남문제를 둘러싼 중국과 프랑스 사이의 갈등은 마침내 청불전쟁으로까지 이어졌다.

앞에서 언급한 바와 같이, 중국은 이에 앞서 1874년 제2차 싸이공조약에 대해 항의를 하기는 했지만 한동안 미온적이었다. 1881년 프랑스가 베트남 북부지방에 대한 침략을 시작하자 청의 태도는 일변했다. 한림원시강학사(翰林院侍講學士) 주덕윤(周德潤)이 프랑스의 베트남 침략으로 순망치한(脣亡齒寒)의 위기가 초래될 것이라고 우려하며 양광과 윈난 지역에 강력한 병력의 배치를 요구하는 등, 중앙조정 내에서 강경대응을 요구하는 목소리가 커졌다.[1] 또 당시 운귀(雲貴) 총독이었던 유장우(劉長佑)의 상주

(上奏)에 의하면, 윈난과 월(粵)은 중국의 문호인데 베트남은 이 지방들과 순치(脣齒)의 관계이므로 반드시 이를 지켜야 한다는 것이다.[2] 이들 외에도 영국 주재공사를 거쳐 프랑스 주재 청국공사가 된 증기택(曾紀澤)이나 직예총독(直隸總督) 겸 북양대신(北洋大臣) 이홍장(李鴻章)의 막역한 친구였던 설복성(薛福成) 같은 주요 인물들도 베트남의 전략적 중요성을 인식하고 이를 보호하기 위한 더욱 적극적인 정책의 필요성을 요구하고 나섰다.[3]

증기택과 같이 대외강경론을 주장하는 청류파(淸流派)인 장패륜(張佩綸)은 베트남은 이미 프랑스에 거의 넘어가 망국의 상태나 다름없지만 청조는 남방 변경의 방어를 위해 베트남을 포기할 수 없다고 했다. 그리고 군대를 보내어 베트남 북방영역을 점거하고 지구전으로 프랑스에 항전하면 승산이 있다고 보았다.[4]

한편 증기택은 베트남은 중국의 속국이었다는 것과 1874년 조약은 중국의 사전 허락 없이 프랑스와 베트남이 임의로 맺은 조약인 만큼 중국은 이를 승인할 수 없다고 거듭 주장했다.[5] 증기택의 주장이 얼마나 강경하였는지 프랑스 당국은 베이징 주재 프랑스 공사를 통해 오만한 말투를 고치지 않으면 더이상 이 문제에 대한 그의 요청을 접수조차 하지 않겠다는 뜻을 청 조정에 알릴 정도였다.[6]

이렇게 심각한 분위기에서 1882년 6월 청 조정은 베트남에 군대를 보낸

---

1) 『淸光緒朝中法交涉史料』, 臺北: 文海出版社 1967, 권2, 2b~3b면; 崔熙在「越南, 朝鮮과 1860~80년대 淸朝 朝貢國政策의 再調整」, 『歷史學報』 206, 2010, 188면.

2) 『淸史稿』, 北京: 中華書局 1988, 권527, 14648~49면.

3) 崔熙在「越南, 朝鮮과 1860~80년대 淸朝 朝貢國政策의 再調整」, 190~92면.

4) 曺秉漢「淸末 海防체제와 中越 朝貢관계의 변화」, 『歷史學報』 205, 2010, 324면.

5) Lloyd E. Eastman, *Throne and Mandarins: China's Search for a Policy during the Sino-French Controversy, 1880~1885*, Cambridge, Mass.: Harvard University Press 1967, 56면; 曺秉漢「淸末 海防체제와 中越 朝貢관계의 변화」, 323~24면.

6) 邵循正『中法越南關係始末』, 石家庄: 河北教育出版社 2000, 87면; Eastman, *Throne and Mandarins*, 56~57면.

것이다. 하지만 청이 처음부터 무력대결로 나아갈 생각이 있었던 것은 아니었다. 마침 주중 프랑스 공사인 부레(F. A. Boure)가 이홍장과 만나 협상안 세가지를 내놓았다. 그중 중요한 안은 홍 강과 중국 국경지역을 완충지대로 하여 홍 강 이북은 중국 보호하에 두고 이남은 프랑스가 책임을 지자는 것이었다.[7] 이 협상안은 총리아문이 협상에 베트남 대표를 참석시키며 최종적으로 후에 조정의 재가를 얻자는 주장에 부레가 반대함으로써 좀더 시간을 갖고 논의할 필요가 생겼다. 그러는 사이에 1883년 2월 베트남을 프랑스의 식민지로 만들어야 한다고 주장하는 쥘 페리(Jules Ferry)가 수상이 되고 부레가 물러나면서 협상은 실패하고 군사작전이 강화되었다.

그해 3월, 리비에르가 하노이로 통하는 요충지인 남 딘을 점령했다. 이 틈을 이용하여 베트남군과 흑기군이 하노이 부근 호아이 득 부(Hoai Duc, 懷德府)를 점령하였다. 급히 하노이로 돌아와 부근의 방어상태를 점검하던 리비에르가 5월 흑기군의 급습을 받아 사망하였다. 페리 내각은 의회로부터 임시군사비를 승인받아 해군과 육군으로 구성된 대규모의 병력을 베트남에 파견했다. 또한 주일공사인 트리꾸(Arthur Tricou)를 특별사절로 중국에 보내 베트남에서의 현실상황을 고수하되 중국과의 화해를 도모하라는 훈령을 주었다.

중국에서도 사태를 외교적으로 수습하려는 노력이 계속되었고, 그 중심에 이홍장이 있었다. 프랑스와의 대결을 주장하는 당시 대부분의 관료들에게 그는 통킹(북베트남)은 '쓸모없는 모퉁이 땅(一隅無用之地)'이나

---

7) 『淸光緒朝中法交涉史料』 권3, 25a~b면; Georges Taboulet, *La Geste Française en Indochine*, Paris: Librairie d'Améque et d'Orient Adrien Maisonneuve Tome 2, 1956, 785면; Henri Cordier, *Histoire des relations de la Chine avec les puissances, occidentales, 1860~1902*, Vol. 2, Reprinted, Taipei: Ch'eng-wen Publishing Company 1966, 361~62 면; Eastman, *Throne and Mandarins*, 60~63면; Dương Kinh Quốc, *Việt Nam những sự kiện lịch sử(1858~1918)*(베트남의 역사적 사건들, 1858~1918), Hà Nội: NXB giáo dục 2001, 118면.

마찬가지라면서 반대의사를 분명히 밝혔다.[8] 이홍장은 가령 베트남이 프랑스에 병합된다 해도 변경의 환란은 장래의 일이지만, 프랑스와의 대립이 계속된다면 순식간에 전쟁이 발발하게 될 것이므로 그 이해의 경중(輕重)이 분명하다고 하며, 상황에 따라서는 베트남을 방기할 수도 있다고 했다.[9] 청과 프랑스의 이러한 화해 노력에도 불구하고 양측의 입장에는 차이가 많아 이홍장과 트리꾸의 접촉은 실패할 수밖에 없었다.

그러는 중에 프랑스군은 후에 조정을 압박하여 1883년 8월 전술한 바와 같은 아르망조약을 체결했을 뿐만 아니라 베트남 각지를 점거했다. 1882년 6월, 파견된 청군은 중국 국경 가까운 베트남 북부지방에 주둔하고 있을 뿐이어서 양광 총독 장우성과 운귀 총독 잠육영이 파병 확대의 어려움을 상주하자 조정이 이를 받아들여 파병계획은 중지되었다.[10]

그렇지만 전통적으로 베트남의 종주국임을 주장해온 중국이 아르망조약에 대해 좌시하고만 있을 리는 없었다. 조약이 체결된 직후 청조는 자신들이 승인하지 않은 베트남의 어떤 국제조약도 무효임을 선언했다. 1882년 뜨 득 황제의 요청으로 파견되었던 청군은, 조약이 체결된 뒤에도 흑기군과 연합하여 프랑스군에 대항하면서 썬 떠이와 박 닌을 점거하고 물러가려 하지 않았다. 11월 청과 프랑스 양국 군대는 마침내 충돌하여, 11월 프랑스군은 하이 즈엉을 방어하고, 12월에는 저항의 중심지인 썬 떠이를 빼앗았으며, 이듬해 3월엔 박 닌을, 4월엔 흥 호아를 점령하였다.[11]

1884년 5월 이홍장은 청 조정 내의 반대에도 불구하고 프랑스측 대표인

---

8) 『淸光緖朝中法交涉史料』 권6, 20a면; Eastman, *Throne and Mandarins*, 14면.

9) 崔熙在 「越南, 朝鮮과 1860~80년대 淸朝 朝貢國政策의 再調整」, 189면.

10) 『淸光緖朝中法交涉史料』 권6, 41a면; 和田博德 「阮朝中期の淸との關係」, 山本達郎 編, 『ベトナム中國關係史』, 東京: 山川出版社 1975, 585면.

11) 노영순 「청불전쟁(1884~1885) 전후 중국-베트남 국경문제와 획정과정」, 『북방사논총』 4, 2005, 144면.

푸르니에(François E. Fournier)와 톈진에서 강화조약을 맺었다. 리-푸르니에 협약 또는 제1차 톈진조약(天津條約)이라고 불리는 이 조약에서 프랑스는 통킹과 접한 중국의 남쪽 변경을 존중하며 필요한 경우에는 보호해주기로 했다. 반면에 중국은 통킹 지방에 주둔하고 있는 군대를 즉시 철수하고, 베트남과 프랑스 사이에 맺어진 기존의 조약들은 물론 앞으로 체결될 조약들도 존중하기로 한다는 것이었다.[12]

청이 베트남에 대한 프랑스의 보호권을 인정해주자 조정 내에서는 이홍장에 대한 비판이 거세게 일었다. 마침 좌종당(左宗棠)이 군기대신이 되면서 청은 프랑스에 대한 강경노선으로 급선회했다. 이러한 상황에서 양국 사이의 사태를 악화시킨 것은 6월 박 레(Bac Le, 北黎)에서 일어난 사건이었다. 톈진조약에 따라 이 지역을 접수하기 위해 진출한 프랑스군을 현지에 있던 청군이 공격하여 100명 가까운 사상자를 낸 것이다.[13] 프랑스가 청에 배상금의 지불을 요구했지만 거절당하고, 마침내 전쟁이 발발했다. 프랑스 함대는 즉시 청의 복건함대를 궤멸시키고 대만도 봉쇄했지만, 베트남 북부에서 있었던 전투에서는 1885년 봄 대패를 당하고 이후 전쟁은 교착상태에 빠졌다.

양측은 협상을 시작하여 1885년 6월 이홍장과 빠뜨노트르 사이에 전문 10조의 제2차 톈진조약(또는 越南新約)이 체결되었다. 조약의 내용은 프랑스와 베트남 사이의 현행 및 장래 조약을 청조가 존중하고 중국·베트남

---

12) Taboulet, *La Geste Française en Indochine*, Tome 2, 825면; 中國史學會 主編『中法戰爭』(七), 上海: 上海人民出版社 1957, 419~20면; Eastman, *Throne and Mandarins*, 123~24면; Dương Kinh Quốc, *Việt Nam những sự kiện lịch sử(1858~1918)*, 137면.

13) 22명이 전사하고 60명은 부상을 당했으며 2명은 실종되었다. 또한 다른 2명은 일사병으로 사망했다. 쩐 쫑 낌이 서술한 사상자 수는 이와 약간 차이가 있다. Taboulet, *La Geste Française en Indochine*, Tome 2, 831면; 邵循正『中法越南關係始末』, 169~70면; Trần Trọng Kim, *Việt-Nam Sử-Lược*(越南史略), Sài Gòn: Bộ Giáo-Dục Trung-Tâm Học-Liệu xuất-bản 1971, Quyển 2, 316면.

간의 변경무역을 개방하며 조약체결 후 6개월 내에 양국은 중국과 박 끼(Bac Ky, 北圻, 북부)의 경계를 정한다는 것 등이었다.[14]

근왕운동(勤王運動)

제2차 톈진조약이 맺어진 지 보름도 채 안되어 프랑스군의 사퇴 압력을 받은 응우옌 왕조의 권신(權臣) 똔 텃 투옛(Ton That Thuyet, 尊室說) 등은 쿠데타를 일으켜 프랑스군 수비대를 습격했다가 실패하자 어린 함 응이(Ham Nghi, 咸宜, 1884년 8월~1885년 9월) 황제를 데리고 후에를 빠져나갔다. 그리고 수년간 프랑스에 저항하는 이른바 근왕운동(勤王運動)을 전개했다. 이들은 "황제와 왕조를 위해 일어나라"고 외쳤다. 프랑스측이 이들에 대항하여 동 카인(Dong Khanh, 同慶, 1886~1888) 황제를 옹립하자 함 응이 황제의 정통성을 분명히하기 위해 청의 책봉을 청하려고 비밀리에 사신을 보낸다. 이에 응해 청의 운귀 총독 등은 함 응이 황제를 월남국왕에 책봉하여 대 프랑스 저항운동을 지원하도록 조정에 상주했다. 그러나 청 조정은 이미 톈진조약에 의해 중국은 베트남과의 종속관계를 포기했다 하여 허락하지 않았다.[15] 베트남 관리들에게 마지막으로 남아 있던 중국과의 전통적 관계에 대한 의식을 볼 수 있지만, 중국인들에게는 이러한 개념이 이후 완전히 사라졌다고 할 수는 없겠다. 이에 대해 와다 히로노리(和田博德)는 운귀 총독 등의 상주는 청불전쟁 이후에도 중국과 베트남의 전통적 조공관계를 유지하려는 시대착오적 정책이 중국관리들 뇌리에서 완전히 없어지

---

14) Cordier, *Histoire des relations de la Chine avec les puissances occidentales*, Vol. 2, 531~35면; 『中法戰爭』(七), 422~25면. 이후 국경확정 과정에 대한 상세한 설명에 대하여는 Vũ Dương Ninh, chủ biên, *Biên Giới Trên Đất Liền Việt Nam-Trung Quốc*(베트남-중국 대륙 위에서의 변경), Hà Nội: NXB công an nhân dân 2010, 185~222면 참조.

15) 『中法戰爭』(七), 476~79면; 和田博德 「阮朝中期の淸との關係」, 591면.

지 않았음을 보여주는 것이라고 한다.[16] 후술하는 바와 같이 중국인들이 지금도 형태만 달리한 대국주의적인 생각을 가지고 있는 것은 틀림없는 사실이다.

근왕운동은 1888년 말 운동의 정신적 지주인 함 웅이 황제가 프랑스군에 체포되어 알제리로 유배됨으로써, 이 운동에 참여한 많은 사람들의 사기가 떨어져 1900년 이전 시점에 거의 실패로 돌아갔다. 실패의 주원인은 참여자들이 맹목적인 충성심만을 내세웠을 뿐 지역간의 상호협력이 없었다는 것인데, 이는 국가와 민족이라는 근대적 개념이 결여되었기 때문이기도 했다.[17] 프랑스가 신속하게 동 카인 황제를 옹립한 것도 근왕운동의 한계성을 이해하고 응우옌 왕조의 연속성을 강조하기 위해서였음은 말할 것도 없다.

근왕운동이 쇠퇴하면서 반식민주의 투쟁은 잠시 주춤해졌지만, 그 와중에서도 장차 민족운동을 이끌어나갈 새로운 세대는 서서히 성장하고 있었다. 1860년부터 1885년 사이에 태어나 1900년경부터 독립운동에서 중추적 역할을 하게 되는 이들 신세대는 유교교육을 받은 마지막 세대이자 외부로터의 영향, 즉 근대사상을 흡수하기 시작하는 첫 세대였다. 이들에게 영향을 끼친 것은 중국에서 들어온 이른바 '신서(新書)'로, 이를 통해 접한 서구의 근대적 민족주의에서 베트남문제의 해결방안을 찾고자 했다.[18] 전통적인 유교교육을 받은 그들은 한문으로 번역된 서구의 사상 관련 서적들을 자유롭게 읽을 수 있었다. 이는 다른 동남아시아 각국의 민족주의자들이 식민지 본국의 언어를 통해 서구 근대사상을 접한 것과 비교하면 자

---

16) 和田博德「阮朝中期の淸との關係」, 591면.
17) David G. Marr, *Vietnamese Anticolonialism, 1885~1925*, Berkeley: University of California Press 1971, 76면; William J. Duiker, *The Rise of Nationalism in Vietnam, 1900~1941,* Ithaca: Cornell University Press 1976, 27면.
18) Marr, *Vietnamese Anticolonialism, 1885~1925*, 77, 95면.

못 흥미로운 경우이다.

'신서'란 1900년 전후 중국에서 들어온 양무운동(洋務運動)과 변법자강운동(變法自彊運動)에 영향을 준 계몽사상에 관련된 책들을 가리킨다. 한문으로 번역된 루쏘·스펜서·볼떼르·몽떼스끼외 및 여타 사회진화론자들의 저작이 베트남에 유입되어, 서구의 언어를 잘 모르는 베트남의 지식인들도 서구사상을 접할 수 있었다. 이와 때를 같이하여 중국에서 1898년 변법운동을 주도한 캉 유웨이(康有爲)와 량 치차오(梁啓超)의 저작들뿐만 아니라 다른 신서들, 즉 『영환지략(瀛環志略)』·『중동전기본말(中東戰紀本末)』(중동의 '중'은 중국을, '동'은 일본을 가리킴)·『무술정변기(戊戌政變記)』·『중국혼(中國魂)』·『신민총보(新民叢報)』·『일본유신삼십년사(日本維新三十年史)』 등이 소개되어 당시 베트남 지식층에 심대한 영향을 끼쳤다.[19]

이런 저술들을 통해서 신세대 지식인들은 비로소 자신들이 그때까지 생각해온 것처럼 세상이 위계적 질서에 의해 조화를 이루고 있는 것이 아니라 강자와 약자의 싸움터라는 것을 깨닫게 되었다. 베트남 개혁가들은 앞선 량 치차오의 예를 따라 봉건적 유교 사고방식을 버리고 그 대신 다원적인 사회진화론을 받아들이었다.

판 보이 쩌우(潘佩珠)

초기 베트남 민족주의운동의 두 주역은 판 보이 쩌우(Phan Boi Chau, 潘佩珠)와 판 쭈 찐(Phan Chu Trinh, 潘周楨)으로서, 특히 판 보이 쩌우는 중국의 영향을 많이 받았다. 그는 처음에는 일본의 도움을 받고자 1905년 4월 요

---

19) Marr, *Vietnamese Anticolonialism, 1885~1925*, 98~99, 172면; 白石昌也, 『ベトナム民族運動と日本・アジア』, 東京: 巖南堂書店 1993, 131~34면. 윤대영 「20세기 초 베트남 지식인들의 동아시아 인식: 連帶意識과 自民族中心主義 分析을 중심으로」, 『東亞研究』 53, 2007, 294면도 참조.

꼬하마에 갔다. 당시 일본은 아시아의 새로운 강국으로서 떠오른데다 같은 아시아인종으로 유사한 문화를 공유하고 있다는 점[同種同文同洲]에서였다.

판 보이 쩌우는 맨 먼저 당시 일본에 망명 중인 량 치차오를 찾아간다. 일찍이 베트남에서 량 치차오의『무술정변기』나『중국혼』및『신민총보』등을 통해 그의 사상에 강한 영향을 받고 있었기 때문이다.[20] 베트남독립 문제에 대해 조언해달라는 판 보이 쩌우의 요청에 량 치차오는, 일단 일본이 군사적 개입을 하면 결코 물러서지 않을 것임을 경고하면서, 베트남인들이 스스로 내적인 힘을 키우는 일이 우선되어야 한다고 충고했다. 또한 량 치차오는 판 보이 쩌우에게 열정적이면서도 비통한 글을 많이 써서 프랑스의 혹독한 식민정책하에 베트남이 처한 곤경을 세계에 알리고, 국민들의 의식을 일깨우며 이들의 전반적인 교육수준을 높이는 첫 수단으로 젊은이들에게 해외유학을 장려하라는 구체적인 권유도 했다. 뒷날 판 보이 쩌우는 그 순간 갑자기 시야가 트이고 의식이 깨는 것을 느꼈다고 회상하였다.[21] 이 권유에 따라 판 보이 쩌우는『월남망국사(越南亡國史)』를 쓰는데, 1905년 9월 상하이 광지서국(廣智書局)에서 출판된 책의 표지를 보면 '월남망국객 소남자 술 양계초 찬(越南亡國客 巢南子 述 梁啓超 撰)'으로 되어 있어[22] 량 치차오의 영향력을 분명히 느낄 수 있다.

그러나 여기서 주목할 사실은, 량 치차오가 판 보이 쩌우를 도와준 이면

---

20) 潘佩珠「自判」, 內海三八郎『潘佩珠傳』, 東京: 芙蓉書房出版 所收 1999, 254면; Vinh Sinh and Nicholas Wickenden, trans., *Overturned Chariot: The Autobiography of Phan-Boi-Chau*, Honolulu: University of Hawaii Press 1999, 93면; 川本邦衛「潘佩珠小史」, 長岡新次郎·川本邦衛 編『ヴェトナム亡國史 他』, 東京: 平凡社 1964, 236면.

21) Phàn Bội Châu (潘佩珠), *Phàn Bội Châu niên biểu* (潘佩珠年表), Hà Nội: Văn Sử Địa 1957, 58면; 潘佩珠「自判」, 256면; Vinh Sinh and Nicholas Wickenden, trans., *Overturned Chariot*, 90면.

22) 소남자(巢南子)는 판 보이 쩌우의 호. 윤대영「20세기 초 베트남 지식인들의 동아시아 인식」, 297면.

에는 베트남의 식민화 과정에 대한 구체적인 분석을 통해 프랑스 제국주의의 위험성을 자국민, 중국인들에게 알리려는 의도가 있었다는 점이다.[23] 이와같은 사실은 그가 베트남인들에 대해 갖고 있던 멸시적인 태도로써 입증된다. 량 치차오는 베트남인들이란 빈궁해서 어떻게 해볼 도리가 없는 사람들이라고 했다.[24]

판 보이 쩌우는 량 치차오의 권유에 따라 베트남 학생의 일본 유학, 다시 말해 동유운동(東遊運動)이라고 알려진 일을 추진했다. 1905년 9월 3명의 학생을 데리고 온 이래 수가 점차 늘어 가장 활발하던 1907년 10월부터 1908년 6월 사이에는 200명에 이르렀다.[25]

일본에 체류하면서 개인적으로 겪은 경험과 중국과 일본 정객과의 만남을 통해 판 보이 쩌우의 대일관(對日觀)도 서서히 변해갔다. 점차 드러나는 일본의 제국주의적 속성에 비례하여, 그의 관심이 일본 내의 중국혁명파로 전환되어간 것이다. 쑨 원(孫文)·장 빙린(章炳麟)·장 지(張繼) 등 중국혁명동맹회 회원들과 관계를 갖는다는 것은 당시 판 보이 쩌우에게 가장 큰 영향을 미치고 있던 량 치차오의 사상과 영향에서 벗어나 인식을 확대해감은 물론, 개량파의 입헌군주제 및 사회진화론에 대한 확신, 나아가 일본에 대한 기대에서 중국혁명으로 관심이 전환함을 의미한다.[26] 이런 점에서 판 보이 쩌우가 쑨 원과 만난 것은 매우 흥미로운 일이었다.

---

23) 같은 책, 307면.
24) 梁啓超「論私德」,『飮冰室文集』, 上海: 廣智華書局 1907, 상, 158면; 윤대영「20세기 초 베트남 지식인들의 동아시아 인식」, 307면.
25) 지역별로는 남부 출신 100여명, 중부 출신 50여명, 북부 출신 40여명이었다. 白石昌也『ベトナム民族運動と日本·アジア』, 324~25면; 유인선「판 보이 쩌우(Phan Boi Chau, 1867~1940)─방황하는 베트남 초기 민족주의자」,『歷史敎育』90, 2004, 187면; Phan Huy Lê, "Phong Trào Đông Du trong giao lưu văn hóa Việt-Nhật"(베트남-일본 문화교류에서의 동유운동), NCLS 12, 2005, 3면.
26) 유인선「판 보이 쩌우(Phan Boi Chau, 1867~1940)」, 192~93면.

1906년 초 판 보이 쩌우는 미국에서 일본으로 막 돌아온 쑨 원을 만났다. 이미『월남망국사』를 읽은 쑨 원은 판 보이 쩌우의 입헌군주제를 비난하면서 그와 그의 동지들이 중국혁명동맹회에 가담할 것을 권하고 중국혁명이 성공하면 제일 먼저 베트남의 독립에 힘쓰겠다고 말했다. 이에 대해 판 보이 쩌우는 동맹회가 먼저 베트남의 독립운동에 협조하고 이후 베트남을 광둥과 광시 진격의 기지로 이용할 것을 주장하여 협상은 결렬되고 말았다.[27] 쑨 원이 판 보이 쩌우를 만난 것은 베트남에서의 혁명기지 확보를 위한 것일 수 있다. 실제로 이 시기에 쑨 원은 베트남에서의 혁명기지 확보를 위해 노력하고 있었다.[28] 그는 앞서 1900년 6월부터 인도차이나 북부로부터 중국 남부로의 진공작전에 필요한 지원을 요청하기 위해 일본 주재 프랑스대사 아르망(Jules Harmand)과 인도차이나 총독인 두메르(Paul Doumer) 및 보(Paul Beau) 등과 꾸준히 접촉을 해왔었다.[29]

쑨 원과 만난 후 1907년경부터 판 보이 쩌우는 중국인 무정부주의자인 장 지와 류 스페이(劉師培)가 중심이 되어 장 빙린을 회장으로 앉힌 아주화친회(亞洲和親會, 일명 東亞亡國同盟會)에도 가담하여 활동하였다. 이 단체는 인도인·베트남인·필리핀인·조선인 등 재일 활동가 및 일본의 사회주의자들이 참가한 조직이었다.[30]

---

27) 潘佩珠「自判」, 260면; Vinh Sinh and Nicholas Wickenden, trans., *Overturned Chariot*, 101~102면; Marr, *Vietnamese Anticolonialism, 1885~1925*, 126면.
28) Martin Wilber, *Sun Yat-sen, Frustrated Patriot*, New York: Columbia University Press 1976, 63면.
29) 윤대영「20세기 초 베트남 지식인들의 동아시아 인식」, 307면.
30) 판 보이 쩌우는 1908년 11월 자신이 동아동맹회(東亞同盟會)를 결성했다고 하는데, 시라이시(白石)는 여러가지 예를 들어 이를 반박하고 있다. 그러면서 동아동맹회는 아주화친회와 동일 조직이라고 했다. 필자는 시라이시의 의견에 따랐다. 潘佩珠「自判」, 281~82면; Vinh Sinh and Nicholas Wickenden, trans., *Overturned Chariot*, 163~64면; 白石昌也「東遊運動期のファン·ボイ·チャウ」, 永積昭 編『東南アジアの留學生と民族主義運動』, 東京: 巖南堂書店 1981, 272~96면.

또한 판 보이 쩌우는 량 치차오의 소개로 재일 윈난 성 사람들과 알게 되고, 그 인연으로 후일 그들 잡지인 『운남(雲南)』 편집원으로 많은 글을 기고하는 한편, 윈난·광시·베트남 재일학생조직의 연맹체를 만들고자 노력한 결과 전계월월연맹회(滇桂粤越聯盟會)를 조직하는 데 성공하였다.[31]

1908년 판 보이 쩌우는 프랑스의 일본에 대한 압력으로 동유운동이 중단됨과 동시에 일본 당국에 의해 추방된 후 사이암에 가 머물렀다. 1911년 신해혁명 성공 소식을 들은 그는 장 빙린 등의 초청 등을 이유로 서둘러 광둥으로 돌아왔다. 그리고 1912년 3월 다른 동지들 100여명과 더불어 1904년 자신이 조직한 군주제 성격의 유신회(維新會)를 해산하고 새로이 월남광복회(越南光復會)를 조직하였다. 월남광복회의 명칭은 장 빙린이 조직한 광복회로부터 기원하였다.[32] 그렇지만 월남광복회는 조직의 결성과 운영에 관한 세세한 점까지 쑨 원의 동맹회를 그대로 따랐다.[33] 광복회의 기본적인 목적은 프랑스 세력을 몰아내고 독립을 획득하며, 입헌군주제가 아닌 민주공화국을 건설한다는 것이었다.

그러나 광복회는 처음부터 자금문제에 봉착했다. 군표(軍票)를 발행했지만 별 성과가 없었다. 마침내 판 보이 쩌우는 암살·테러 등으로 광복회의 성가를 높이면 자금난이 해결되리라는 생각을 하게 되었다. 1912년 11월 당시 프랑스 총독이던 사로(Albert Sarraut)의 암살을 시도하고, 1913년 4월 말에는 하노이호텔에 폭탄을 투척하여 두명의 프랑스군 대령을 죽였다.[34]

---

31) 潘佩珠「自判」, 260, 282면; Vinh Sinh and Nicholas Wickenden, Trans., *Overturned Chariot*, 98~99, 164~65면. 시라이시는 전계월월연맹회란 운남잡지사가 중심이 되어 조직된 잡지동맹회와 동일 단체라고 하면서, 그 목적은 '各革命刊行互相交換 互相代派'라고 했다. 白石昌也「東遊運動期のファン·ボイ·チャウ」, 265면.

32) Marr, *Vietnamese Anticolonialism, 1885~1925*, 216면, n. 11.

33) 같은 책, 216면.

34) 같은 책, 220면.

프랑스 당국이 이 사건을 구실로 베트남 민족주의자들의 일제 검거에 나섬에 따라 아직 초기 단계에 있던 광복회의 국내 조직은 커다란 타격을 입었다. 프랑스는 또한 광복회의 활동을 제한하도록 중국정부에 압력을 가했다. 때마침 광둥에는 위안 스카이(袁世凱)의 부하 룽 지광(龍濟光)이 도독에 임명되었는데, 그는 1914년 1월 판 보이 쩌우를 체포하여 3년 후인 1917년 4월에 석방했다.[35) 광복회는 거의 괴멸 상태에 빠지게 되었다.

판 보이 쩌우는 이후 8년 동안 항저우(杭州)를 중심으로 활동하면서 독립운동을 하지만, 자신의 조직이 거의 해체되고, 또 기대를 걸었던 쑨 원의 혁명군도 그 나름의 어려움을 겪고 있었기에 활동이 용이치 않았다. 1923년 판 보이 쩌우는 절망감에서 "하늘이여! 황제여!"(Thin ho! de ho!)라는 글을 썼는데, 중국의 저명한 역사가인 후 스(胡適)는 그 서문에서 "과거 20여년간 중국 지식인들의 베트남에 대한 태도는 너무 냉혹했다"고 했다.[36) 또 1905년 당시 광시 성 태평부의 병비도(兵備道) 도대(道臺)인 쫭 윈콴(莊蘊寬, 1866~1932)은 "몇몇 예외가 있기는 하지만, 대체적인 안남인들의 노예근성은 치유할 도리가 없다"고 말했다.[37)

1925년 7월 판 보이 쩌우는 상하이에서 프랑스 당국에 의해 체포되며, 그해 11월 하노이로 압송되었다. 그리하여 1940년 10월 후에에서 세상을 떠날 때까지 15년 동안 연금 상태에 놓여 더이상 독립투쟁을 벌이지 못하였다.

---

35) 潘佩珠「自判」, 301면; Vinh Sinh and Nicholas Wickenden, Trans., *Overturned Chariot*, 158~59면; Marr, *Vietnamese Anticolonialism, 1885~1925*, 225~26면.

36) 胡適「天乎帝乎序文」,『胡適文存』, 上海: 亞東圖書館 1924, 2집, 권3, 25면. 윤대영「20세기 초 베트남 지식인들의 동아시아 인식」, 306면에서 재인용.

37) Phàn Bội Châu, *Phàn Bội Châu niên biểu*(潘佩珠年表), 64면; 윤대영「20세기 초 베트남 지식인들의 동아시아 인식」, 307면. 윤대영의 글에서 쫭 윈콴(蔣蘊寬)의 '蔣'은 '莊'의 오기이다.

2. 호찌민의 베트남공산당 창당

응우옌 아이 꾸옥

판 보이 쩌우가 하노이로 압송되기 1년 전인 1924년 11월 응우옌 아이 꾸옥(Nguyen Ai Quoc, 阮愛國), 곧 후일의 호찌민(Ho Chi Minh, 胡志明)이 모스끄바로부터 광저우에 도착했다. 그는 코민테른의 요원이 아닌 개인 자격으로 왔으며, 종래의 주장처럼 미하일 보로딘(Mikhail Borodin)의 비서로서도 아니었다.[38] 당시 광저우는 중국혁명가들의 본부로서, 베트남 민족주의자들의 해외 본거지와도 같은 곳으로 응우옌 아이 꾸옥이 활동하기에 최적의 장소였다.[39] 더욱이 베트남 민족주의자들 사이에서는 온건파가 쇠퇴하고 급진주의적인 성향을 띤 이들이 등장하고 있었다. 1923년 조직된 떰 떰 싸(Tam Tam Xa, 心心社)라는 단체의 회원인 팜 홍 타이(Pham Hong Thai, 范鴻泰)가 1924년 6월 일본 방문을 마치고 돌아오는 길에 광저우의 프랑스 조계에 머무르고 있던 메르렝(Martial Merlin) 총독에게 폭탄을 투척한 사건이 벌어졌다. 이로 인해 떰 떰 싸는 궤멸되었는데, 응우옌 아이 꾸옥은 흩어진 회원들과 다른 민족주의자들을 재규합하여 베트남청년혁명동지회(Việt Nam Thanh Niên Cách Mạng Đồng Chí Hội, 흔히 '청년'으로 약칭됨)를 조직했다.[40]

'청년'은 외견상 단순한 민족주의 단체였으나 실질적으로는 베트남 최초의 공산주의 단체였다. '청년'이란 이름은 조직의 외피이고, 핵심조직은

---

38) Sophie Quinn-Judge, *Ho Chi Minh: the Missing Years, 1919~1941*, Berkeley: University of California Press 2002, 64~66면.

39) 이때문에 판 보이 쩌우는 광저우로 오는 도중 상하이에서 체포되었다는 이야기도 있다.

40) 후인 낌 카인에 의하면, 이 단체의 공식명칭은 베트남청년혁명회이며, 흔히 말하는 베트남청년혁명동지회는 와전이라고 한다. Huynh Kim Khanh, *Vietnamese Communism, 1925~1945*, Ithaca: Cornell University Press 1982, 63면, n. 48.

9명으로 이루어진 '청년공산단(靑年共産團)'이었던 것이다.[41] '청년'을 만든 응우옌 아이 꾸옥은 처음 2년 동안 맑스주의자들을 양성하는 일에 집중했다. 그는 젊은이들을 장 제스(蔣介石)의 황푸군관학교(黃埔軍官學校)에 입학시키고, 광저우에 2,3개월 정도의 단기과정을 개설했는데, 마오 쩌둥(毛澤東)의 농민세미나와도 밀접한 관계를 맺고 있었고, 교과목에는 중국과 한국 혁명운동과 쑨 원의 삼민주의(三民主義) 등까지 포함시켰다.[42]

그러나 1927년 4월 장 제스가 상하이에서 공산주의자들을 몰아내고 정권을 장악하자, 응우옌 아이 꾸옥은 광저우를 떠나야 했다. 그 결과 조직이 확고하지 못한 '청년'도 타격을 입어 표류하게 되고 마침내는 분열하기에 이르렀다.

한편 장 제스가 북벌을 시작하여 어느정도 성공을 거두자 베트남사람들은 다시 한번 중국식 혁명이야말로 베트남이 독립하는 데 가장 적합한 방법이라고 생각했다. 그해 12월 하노이에서는 응우옌 타이 혹(Nguyen Thai Hoc)의 지도 아래 교사·학생·언론인을 중심으로 중국국민당을 모방한 베트남국민당이 비밀리에 창당되었다. 베트남국민당의 모체는 1925년에 만들어진 남 동 트 싸(Nam Dong Thu Xa, 南同書舍)로, 애국선전물 및 『중국혁명』·『삼민주의』 같은 번역서 등을 발간하는 출판사[43]이자 젊은 반식민주의자들의 토론장이었다. 창당의 주역들은 자신들이 쑨 원의 추종자라고 생각했지만, 대부분의 당원은 당의 전략이라든가 정강(政綱)에 대해 분명한 생각을 가지고 있었던 것 같지는 않다. 다만 프랑스를 타도하고 나라를

---

41) Huynh Kim Khanh, 같은 책, 26, 66면.
42) King C. Chen, *Vietnam and China, 1938~1954*, Princeton: Princeton University Press 1969, 23면; Huynh Kim Khanh, *Vietnamese Communism, 1925~1945*, 75면; 黃铮 『胡志明与中国』, 北京: 解放军出版社 1987, 29면.
43) Nguyễn Văn Khánh, *Việt Nam Quốc dân đảng trong lịch sử cách mạng Việt Nam*(베트남 혁명사에서의 베트남국민당), Hà Nội: NXB khoà học xã hội 2005, 57~58면.

구하고자 하는 마음은 모두 일치했다.[44] 그러나 조급하게 무력봉기를 계획했다가 실패하여, 응우옌 타이 혹을 비롯한 당 지도자들이 대부분 처형되었다. 소수의 생존자들은 중국의 광둥과 광시 지방으로 망명하여 소규모 운동을 계속했다.

베트남공산당

응우옌 아이 꾸옥의 부재 중 '청년'은 1929년 5월 홍콩에서 열린 제1차 전국대회에서 북부 대표단과 여타 지역 대표들 간에 공산당 창당 시기를 놓고 의견이 충돌해 마침내 분열하였다. 전자가 먼저 인도차이나공산당(Đông Dương Công Sản Đảng)의[45] 창당을 선언하고 세력을 확대하자, 다급해진 '청년' 지도부(주로 남부 출신)도 안남공산당(An Nam Công Sản Đảng)을 조직하여 이에 맞섰다. 중부지방을 중심으로 한 신월혁명당(新越革命黨, Tân Việt Cách Mạng Đảng)도[46] 인도차이나공산주의연맹(Đông Dương Công Sản Liên Đoàn)을 만들었다. 이렇게 세 조직이 서로 경쟁하며 코민테른의 인정을 받으려 했다.[47]

코민테른은 이들의 통합 지시를 내렸지만, 몇차례 시도에도 불구하고 통합은 실패하였다. 이에 코민테른은 당시 사이암에 있던 응우옌 아이 꾸옥에게 홍콩에 가서 통합을 시도하도록 요청했다. 응우옌 아이 꾸옥이 코민테른의 대표 자격으로 1930년 2월 초 세 당의 대표자를 불러 타협을 모

---

44) Huynh Kim Khanh, *Vietnamese Communism, 1925~1945*, 92~93면.
45) 베트남어로 Đông Dương[東洋]은 인도차이나를 의미한다.
46) 신월혁명당은 동유운동이나 동경의숙(東京義塾)과 관련되어 꼰 썬(Con Son) 섬에 유배되었다가 석방된 반식민주의 지식인들이 1926년에 만든 것이다.
47) Truong Chinh, *President Ho-Chi-Minh, Beloved Leader of the Vietnamese People*, Hanoi: Foreign Languages Publishing House 1966, 17면.

색한 결과, 세 조직은 모두 해체하고 새로운 당을 창당한다는 데 합의가 이루어졌다. 이리하여 베트남공산당(Đảng Cộng Sản Việt Nam)이 창당되었다.[48] 그후 코민테른의 요구로 그해 10월 당명이 인도차이나공산당으로 바뀌고 응우옌 아이 꾸옥은 당을 떠났다.

그에 앞서 응우옌 아이 꾸옥은 상하이로 가서 중국공산당에게 몇몇 지도급 동지를 싸이공에 보내줄 것을 요청했다. 이유인즉 싸이공에 200여 명의 화교 당원이 있는데 유능한 지도자가 없다는 것이었다. 그는 또한 양측으로부터 한명 이상의 대표로 협력체를 만들어 필요할 때 협조할 것을 제안했다.[49]

1930년 가을 베트남 내 응에 안(Nghe An) 성(省)과 하 띤(Ha Tinh) 성의 가난한 농민들과 지방 공산당 세포가 만든 이른바 응에-띤 쏘비에트(Nghe-Tinh Soviet)가 실패하자 인도차이나공산당은 큰 타격을 입었다. 응우옌 아이 꾸옥도 1931년 6월 초 홍콩에서 영국 경찰에 체포되어 1년 7개월 동안의 영어(囹圄) 생활 끝에 1933년 1월 홍콩에서 추방되어 상하이에서 몇개월을 보낸 다음 이듬해 7월 모스끄바로 갔다. 그가 중국으로 다시 돌아온 것은 1938년 말이었다. 그의 부재 중 인도차이나공산당과 중국공산당 간에는 이렇다 할 접촉은 없었던 것으로 보인다.

1938년 가을 모스끄바를 떠난 응우옌 아이 꾸옥은 12월 시안(西安)에 이르러 중국공산당 8로군에 가담하여 그 보호하에, 이듬해 2월에는 옌안(延安)을 거쳐 구이린(桂林)에 도착해 잠시 머물렀다.[50] 그곳에서 그는 인도차이나공산당 잡지인 『우리들의 소리』(Votre Voix)와 『노동』(Le Travail)에 신기 위해 베트남으로 많은 글을 써 보냈다.[51] 글들 중에는 당시 중국이 일본

---

48) 黃錚『胡志明与中國』, 42면; Quinn-Judge, *Ho Chi Minh*, 155~57면.
49) Quinn-Judge, *Ho Chi Minh*, 161면.
50) 黃錚『胡志明与中國』, 53~54면.
51) 黃錚『胡志明与中國』, 60~61면.

과 싸우는 중에 마오 쩌둥과 장 제스의 협력에 관한 것도 있다. 중국측 자료에 의하면, 그는 또한 충칭(重慶)에서 저우 언라이(周恩來)를 몇차례 만난 것으로 되어 있으나 어떤 이야기가 오고갔는지는 알 수 없다.[52]

1939년 가을 응우옌 아이 꾸옥은 충칭을 지나 1940년 초 윈난 성의 성도인 쿤밍(昆明)으로 갔다. 당시 쿤밍은 베트남 독립운동의 중심지와 같은 곳으로 베트남국민당은 1930년 봉기 실패 후 본부를 중국으로 옮겼고 인도차이나공산당은 중국 등지에 해외지부를 두었다. 그리하여 응우옌 아이 꾸옥은 다시금 베트남혁명의 전면에 나서게 된다. 그의 등장은 어렵지 않게 이뤄졌다. 1939년 11월에 개최된 제6차 인도차이나공산당 중앙위원회에서 이미 그를 급히 불러와야 한다는 요구가 제기되었다.[53] 한편 1940년 초 당 총서기인 응우옌 반 끄(Nguyen Van Cu)가 체포된 후에는 지도자의 공백이 문제가 되고 있었다. 또한 상하이 시절 제자인 팜 반 동(Pham Van Dong)과 오랫동안 그를 존경해온 보 응우옌 지압(Vo Nguyen Giap)이 찾아온 것도 응우옌 아이 꾸옥에게는 커다란 힘이 되었다. 그는 옌안에 당원을 보내 1940년 8월 중국공산당과 비밀협정을 맺었는데, 그 내용은 일본에 대항하여 중월 양국민이 연합전선을 형성하며, 중국공산당은 인도차이나공산당에게 중국에서의 활동을 위해 매달 5만 위안(元)을 제공한다는 것 등이었다.[54]

1940년 가을 이른바 박 썬(Bac Son) 소요의[55] 실패 후 많은 베트남 혁명

---

52) Chen, *Vietnam and China, 1938~1954*, 34~35면; William Duiker, *Ho Chi Minh*, New York: Hyperion 2000, 232, 237면; Quinn-Judge, *Ho Chi Minh*, 229~30, 233, 237~38면.

53) Quinn-Judge, *Ho Chi Minh*, 235면.

54) Chen, *Vietnam and China, 1938~1954*, 41면.

55) 1940년 9월 일본군이 광시 성에서 중월 국경을 넘어 랑 썬 지방으로 공격을 가하자, 베트남복국동맹회(越南復國同盟會, Việt Nam Phục Quốc Đồng Minh Hội)의 쩐 쭝 럽 (Tran Trung Lap) 등이 봉기하여 프랑스군을 공격했다. 이런 혼란의 소용돌이 속에서 박 썬 지방의 공산당 세포도 무장유격대를 조직하여 소요를 더욱 확대시켰다. 그러나 프랑

가들이 광시 성의 소도시 징시(靖西)로 모여들자, 베트남 민족주의자들이 쿤밍에서 그곳으로 옮겼고 응우옌 아이 꾸옥도 예외는 아니었다. 당시 제4 전구(戰區) 총사령관 장 파쿠이(張發奎)에 의하면, 응우옌 아이 꾸옥은 신분증을 석장 가지고 있었는데 모두 호찌민(Ho Chi Minh)이란 이름으로 되어 있었다고 한다. 종래 알려진 바와 달리 그가 호찌민이라는 이름을 사용하기 시작한 것은 바로 이때부터였다.[56]

3. 베트민 결성과 중국국민당

호찌민과 베트민

1940년 가을 일본군이 북부 베트남으로 진주한 후인 이듬해 2월 호찌민은 잠시 국경을 넘어 베트남으로 들어왔으나, 대부분은 중국 국경 내의 촌락들에 머물렀다. 이무렵 그는 그의 주변 핵심 공산당원들과 연합전선을 구성하는 문제에 주력하여 두가지 중요한 모임을 가졌다. 그 성과의 하나는 1941년 4월 징시에서 여러 항일단체의 연합조직인 베트남민족해방동지회(Việt Nam Dân Tộc Giải Phóng Đồng Chí Hội)를 결성한 것이다. 임시사무실을 징시에 둔 동지회는 중국국민당 연합전선과 성격이 거의 같으며, 쑨 원의 삼민주의를 기본철학으로 삼았다.[57]

스군이 일본군의 동의 아래 10월부터 공세를 취해 공산 게릴라 부대는 1개월 만에 진압되었다. 이를 박 썬 소요라 한다.

56) 蔣永敬『胡志明在中國』, 臺北: 傳記文學出版 1972, 107~108면; Chen, *Vietnam and China, 1938~1954*, 47면; Quinn-Judge, *Ho Chi Minh*, 241, 247, 250면. 퀸-저지는 응우옌 아이 꾸옥이 호찌민이란 이름을 가질 생각은 그에 앞서 여름부터였다가 이때부터 공식적으로 사용한 것으로 보고 있다. 그러나 그후에도 몇차례 응우옌 아이 꾸옥이란 이름을 사용했다.

제2차 세계대전기의 중국 남부

그러나 베트남민족해방동지회의 팜 반 동과 보 응우옌 지압은 곧 베트남 간부 훈련과정의 학생들에게 베트남독립을 도울 수 있는 것은 중국국민당과 국민당정부가 아니라 중국공산당뿐이라고 선전했다. 두 사람이 공산당원이라는 정보에 접한 국민당은 즉시 동지회에 대한 태도를 바꾸어 이들을 체포하려 하자 두 사람은 1942년 초 베트남 까오 방으로 도피하고, 이후 동지회는 거의 유명무실해졌다.[58]

또다른 하나는 1941년 5월 광시 성의 접경지대인 까오 방 성의 빡 보(Pac Bo)에서 있은 인도차이나공산당 제8차 중앙위원회의 개최였다. 호찌민이 베트남에 돌아온 후 그와 중앙당위원회가 처음으로 가진 연석회의로, 참

57) Chen, *Vietnam and China, 1938~1954*, 48~50면; Quinn-Judge, *Ho Chi Minh*, 248면.
58) 蔣永敬『胡志明在中國』, 128면; Chen, *Vietnam and China, 1938~1954*, 50~51면.

가자들은 그를 비롯하여 모두 8명이었다. 이들의 공통점은 코민테른과 밀접한 관련이 없다는 것이다.[59] 당시 인도차이나공산당 내에서 호찌민에 도전할 만한 인물들은 프랑스 식민당국에 의해 구금되거나 처형된 상태였다. 따라서 베트남 전문가로 호찌민의 전기를 쓴 라꾸뛰르의 말을 빌리면, 20여년간 호찌민의 민족주의를 억압한 코민테른의 계율은 마침내 땅속에 묻히고, 호찌민은 민족문제를 정면으로 들고 나올 수 있었다.[60] 호찌민은 민족해방문제의 구체적인 해결을 위한 실천방법으로 베트남독립동맹(Việt Nam Độc Lập Đồng Minh)의 결성을 제안하여 이를 통과시켰다. 흔히 베트민(Việt Minh, 越盟)으로 약칭되는 이 단체는 각계각층의 혁명세력을 규합하여 프랑스 식민주의자와 일본 파시스트의 타도를 목표로 삼았다. 베트민이 결성된 지 5주일 후 독일이 소련을 침공하자 베트남은 연합국에 대한 지지를 선언했다.

1942년 8월 호찌민은 베트민을 대표하여 연합국, 특히 장 제스정부의 도움을 청하기 위해 중국으로 갔다.[61] 그는 앞서 언급한 3개의 신분증과 입국증명서를 휴대했다. 입국증명서에는 이름 호찌민, 직업 신문기자, 그리고 국적란에는 베트남 거주 화교로 되어 있었다.[62] (흔히 응우옌 아이 꾸옥은 이때부터 호찌민으로 이름을 바꾼 것으로 알려졌다.) 하지만 신분증들이 1940년에 발급된 시효가 지난 것이어서 그는 일본군 스파이로 오인받아 체포되고, 여러 군인구류소를 전전하면서 많은 고통을 겪어야 했다.[63]

---

59) 호찌민 외에 인도차이나공산당 중앙위원 4명과 베트남 세 지역(북부, 중부, 남부)의 대표 각 1명. Huynh Kim Khanh, *Vietnamese Communism, 1925~1945*, 257~58면.

60) 쟝 라꾸뛰르 지음, 아시아·아프리카·라틴아메리카 연구원 옮김 『베트남의 별: 호찌민의 항불항미 구국 80년 생애』, 서울: 소나무 1988, 70면.

61) Truong Chinh, *President Ho-Chi-Minh*, 25면.

62) 黃錚 『胡志明与中國』, 81면.

63) 蔣永敬 『胡志明在中國』, 144~46면; Chen, *Vietnam and China, 1938~1954*, 55~57면; Duiker, *Ho Chi Minh*, 263~65, 268면.

1943년 5월 류저우(柳州)로 옮겨진 뒤에는 비교적 안정되어, 시간을 보낼 겸 중국측의 환심을 살 의도로 삼민주의를 베트남어로 번역하기도 했다.[64] 마침내 1943년 9월 석방되었으니, 호찌민은 12개월 이상 감옥생활을 한 셈이었다.

호찌민이 감옥에 있는 동안 윈난 성과 광둥 성에 망명 중이던 일단의 베트남인들은 1942년 10월 류저우에서 장 파쿠이의 도움을 얻어 베트남혁명동맹회(Việt Nam Cách Mạng Đồng Minh Hội)를 결성했다. 동맹회는 1930년 프랑스 식민당국의 탄압을 받고 망명해 있던 베트남국민당이 주축을 이루었으며, 여기에 박 썬 봉기 후 도망해온 복국동맹회의 회원과 일부 개인 이주자들이 포함되어 있었다.[65] 베트남국민당은 식민당국의 탄압으로 한때 휘청거렸으나, 이무렵에는 중국국민당과 지방군벌들의 후원으로 어느정도 세력이 회복된 상태였다.

베트남혁명동맹회는 반일투쟁을 위해 비공산주의자들로만 구성된 단체였으나, 지도력의 부족과 곧 이어진 내분 및 인도차이나공산당의 반발로 소기의 목적을 거둘 수 없었다. 이에 실망한 장 파쿠이는 동맹회를 재조직하기로 결심했다. 호찌민이 석방된 것은 이런 이유에서였다. 그렇지만 실제로 그의 석방에는 장 파쿠이의 신임을 얻고 있던 참모로 당시 공산주의 동조자인 샤오 원(蕭文)의 도움이 컸다. 그는 장 파쿠이를 설득하여 호찌민을 석방하는 데 역할을 다하였다.[66]

호찌민은 이제 자유의 몸이 되었을 뿐만 아니라 장 파쿠이의 지원으로 동맹회에서 중요한 역할을 하게 되었다.[67] 그는 동맹회의 조직을 확대해서

---

64) Chen, *Vietnam and China, 1938~1954*, 58~60면; Duiker, *Ho Chi Minh*, 270면.
65) 蔣永敬 『胡志明在中國』, 152~56면; Chen, *Vietnam and China, 1938~1954*, 61~62면.
66) 蔣永敬 『胡志明在中國』, 164면; Chen, *Vietnam and China, 1938~1954*, 65, 67면. 샤오 원의 직책은 제4전구 외사실(外事室) 부주임으로, 그의 주요 임무는 베트남 관련 문제였다.
67) 주석은 다이 비엣 당(大越黨) 출신의 응우옌 하이 턴(Nguyen Hai Than, 阮海臣)이었

베트남에서 가장 영향력 있는 인도차이나공산당의 대표와 대중조직들도 포함시킬 것을 제안했다. 이에 대해 비공산주의자들, 특히 베트남국민당이 어떻게 반응했으리라는 것은 쉽게 상상할 수 있겠다. 하지만 이들은 장 파쿠이를 의식해서 겉으로 드러내지는 않았다.

한편 호찌민은 동맹회의 일보다는 베트남으로 돌아갈 생각이 더 앞섰다. 그리하여 장 파쿠이에게 중국 국경 바로 남쪽에 두개의 게릴라 거점을 만들 것을 약속하고, 이를 위한 무기와 자금은 물론 여행증명서도 요청했다. 장 파쿠이는 요청을 모두 들어주었고, 호찌민은 18명의 베트남 젊은이들과 함께 1944년 8월 하순 류저우를 떠나 룽저우(龍州)와 징시를 거쳐 9월 20일 마침내 빡 보로 돌아갔다.[68]

호찌민의 귀국 후 베트민은 중국 국민당정부에 대하여 호의적인 태도를 보였다. 그해 11월 베트민은 장 제스정부와 연결된 확고한 방어책을 발표했다.[69] 물론 베트민과 충칭정부와의 연합에는 아직 해결되어야 할 일들이 많았고, 또 중국은 적국인 프랑스와 관계를 맺고 있는 만큼, 발표문의 작성자들은 연합의 어려움을 부정하지는 않았다. 그런 중에도 어떤 베트민 필자는 중국을 '극동에서 혁명의 구심점'이라고 추켜세우면서, 아시아의 반제국주의 투쟁에서 그들이 자처하는 '맏형(eldest brother)'의 역할을 지지하는 듯한 글을 썼다. 또다른 필자는 오늘날 민주화된 중국은 이전 봉건시대에 베트남에 많은 죄를 범한 중국과는 다르다는 것을 역설하기도 했다. 그러나 이들은 모두 외부세력에 의존하지 않도록 연합국 도착 이전에 베트

고, 호찌민은 부주석이 되었다. 黃錚 『胡志明与中國』, 99면.

68) 蔣永敬 『胡志明在中國』, 194~97면; Chen, *Vietnam and China, 1938~1954*, 81~85면; 黃文歡(Hoang Van Hoan) 著, 文庄·侯寒江 譯 『滄海一粟 ── 黃文歡革命回憶錄』, 北京: 解放軍出版社 1987, 187면; Duiker, *Ho Chi Minh*, 276면. 호앙 반 호안은 중국 대륙이 공산화된 후 첫 주중 베트남 대사였으며, 1979년 중국으로 망명하여 1991년 그곳에서 사망했다.

69) David G. Marr, *Vietnam 1945, The Quest for Power*, Berkeley: University California Press 1995, 255면.

민이 충분히 조직되어야 한다는 점을 강조하는 것을 결코 잊지 않았다.[70]

장 제스(蔣介石)

한편 1942년 장 제스는 그의 정부가 충칭에 위치해 있다는 지정학적인 전략 측면에서 볼 때 전쟁의 어느 시점에서는 인도차이나에 대한 영향력을 행사하게 될 수 있을 것이라고 믿었다.[71] 장 제스의 그러한 생각이 틀리지 않았음은 1941년 말 연합국들이 그의 지휘하에 있는 중국 전역(戰域)에 타이와 인도차이나까지 포함하도록 합의한 것으로도 입증된다.

그러나 1943년 11월 카이로회담에서 미국대통령 루스벨트가 종전 후 인도차이나를 신탁통치해야 한다는 뜻을 밝히며 장 제스에게 전후 인도차이나 지역을 통제하에 둘 것인가를 묻자, 장 제스는 그곳 사람들은 다루기가 어렵다고 하면서 냉담한 태도를 보였다. 직접 언급은 하지는 않았지만, 당시 장 제스에게는 국내의 공산당과 군벌 같은 문제가 인도차이나보다 더 중요했다. 그때문에 장 제스는 루스벨트에게 대신 제안하기를, 인도차이나가 전후에 독립할 수 있도록 중국과 미국이 공동으로 도와주어야 한다고 했다.[72]

장 제스의 이러한 제안은 1943년 중국 내의 여론과 맥을 같이하는 것으로 보인다. 당시 중국의 정치지도자들과 지식인들 대부분은 인도차이나에서 프랑스의 지배권은 박탈되어야만 한다고 하면서도, 과연 누가 그 자리를 대체할 것인가에 대하여는 의견의 일치를 보지 못하고 있었다. 쿤밍의

---

70) 같은 책, 같은 곳.
71) Liu Xiaoyuan, "China and the Issue of Postwar Indochina in the Second World War," *Modern Asian Studies* 33-2, 1999, 451면.
72) Walter La Feber, "Roosevelt, Churchill and Indochina, 1942~45," *American Historical Review* 80-5, 1975, 1283~84면.

유력한 일간지인 『운남일보(雲南日報)』는 프랑스의 계속된 통치나 중국에의 '반환'은 적극 배제하고, 베트남의 독립을 찬성하면서 "다른 나라들, 특히 중국과 긴밀히 협력해야 한다"고 주장했다.[73] 이에 앞서 국민당 기관지인 『중앙일보(中央日報)』는 8월 7일자 사설에서 중국이 베트남에 대해 관심을 갖는 데 대해, 이는 중국과 베트남인들의 문제일 뿐이라고 하면서, 프랑스와의 관계는 고려할 필요가 없다는 주장을 폈다.[74] 반면에 다른 이들은 독립이냐 병합이냐에는 개의치 않고 좀더 구체적인 이익, 예컨대 하이퐁(Haiphong)의 자유항문제라든가 인도차이나 내에서 중국인들의 상업활동 제한 완화 등에 관심을 보였다.[75] 그러나 1944년 4월 시작된 일본군의 1호작전(一號作戰)으로 일본군의 공세가 남부와 서부에서부터 강화되자 중국의 전후계획은 시급한 사태 앞에서 보류될 수밖에 없었다.

일본군의 1호작전은 아주 쉽게 진행되어, 중국 북부로부터 인도차이나에 이르는 직접연결선이 약하기는 하지만 그런대로 이어졌고, 12월에는 윈난과 쓰촨에 대한 공격도 임박한 듯했다. 그러나 장 제스 정부는 전선이 있는 성(省)에 정예부대를 보내지 않고 미국이 제공하는 군사장비도 배당해주지 않았다. 이에 이들 성의 군벌은 충칭정부에 반발하여, 오히려 이 기회에 장 제스정부가 약화되기를 바랐다. 그러는 한편 그들은 일본군이 침입해 들어와도 싸우지 않고 산간의 안전지대로 철수한다는 방침을 세웠다.[76] 장 파쿠이가 호찌민을 석방한 이유 중 하나도 중월 국경지방에 베트남 게릴라 지역을 형성하도록 하기 위해서였다.[77]

---

73) 『雲南日報』 1943년 12월 16일자. Marr, *Vietnam 1945, The Quest for Power*, 256면에서 재인용.

74) 『中央日報』(重慶) 1943년 8월 7일자. Liu Xiaoyuan, "China and the Issue of Postwar Indochina in the Second World War," 453면에서 재인용.

75) Marr, *Vietnam 1945, The Quest for Power*, 256면.

76) Lloyd E. Eastman, *Seeds of Destruction: Nationalist China in War and Revolution, 1937~1949*, Stanford: Stanford University Press 1984, 28~30면.

장 제스정부 역시 일본군이 진격하고 지나간 지방에서 그 지방의 국민당 지부에 의존해서 게릴라 진지를 구축하려고 노력하기는 마찬가지였다. 그 와 동시에 베트남국민당에게 베트남 내에 세 곳의 거점을 마련하라는 지시와 함께 무선송신기를 보냈다. 이들 거점은 광시 성 남부의 둥싱(東興) 소재 작전본부에 있던 당수(黨首)인 응이엠 께 또(Nghiem Ke To)에 의해 조정될 예정이었다. 조정이 성공한다면, 베트남국민당이 통킹에서 추종자들을 모집해 세력을 확장할 수 있는 좋은 기회였다. 바로 이런 이유로, 8월 샤오 원은 응이엠 께 또를 체포하고, 중앙당 본부의 계속된 석방명령을 무시하다가 마침내 12월 충칭으로 추방하였다. 1944년 후반 중국 국내사정으로 인한 응이엠 께 또에 대한 이러한 조치는, 독립운동의 새로운 기회를 맞으면서 기대에 차 있던 당시 베트남국민당의 사기를 크게 떨어뜨렸다.[78]

이와는 달리 베트민은 점차 세력을 확대하고 있었다. 호찌민의 부재 중 실제적인 지도자는 팜 반 동과 보 응우옌 지압이었다. 이들은 주로 베트남과 중국 국경지대의 산간지역에서 활동하면서 영역을 넓혀, 까오 방·박 깐(Bac Can)·랑 썬이 그 영향하에 있었다. 프랑스 식민당국이 묵과하지 않고 탄압을 가해 많은 베트민 지지자들이 살해되자, 베트민은 잠시 지하로 숨어들었다. 1944년 7월에 이르러 연합군이 유럽과 아시아에서 승세를 굳혀감에 따라 프랑스 식민당국과 일본군 사이의 적대관계는 날로 악화되었다. 이를 호기회로 생각한 인도차이나공산당은 위의 세 지역 성위원회 주최로 7월 회의를 열어 논의 끝에 '봉기'보다는 '게릴라전'을 위한 두달 동안의 준비기간이 필요하다는 데 합의를 보았다. 다만 첫 행동을 언제 할지 정확한 시기 문제는 뒤에 결정하기로 했다. 이후 논의가 계속된 끝에 전투계획이 완성되어 실행에 옮길 참이었다.[79]

---

77) Marr, *Vietnam 1945, The Quest for Power*, 257면.

78) 같은 책, 257~58면. 응이엠 께 또의 체포 이유에 대해 King C. Chen의 견해는 다르다. Chen, *Vietnam and China, 1938~1954*, 76~77면.

베트남으로 돌아온 호찌민은 그 이야기를 듣고, 전인민이 봉기하기에
는 아직 혁명적 분위기가 성숙되어 있지 않다고 하면서 무장폭동 계획에
반대의사를 표시했다. 그가 생각하기에, 투쟁은 종국적으로 정치활동에서
군사행동으로 옮겨가야 하겠지만, 현재로서는 정치적 선전활동이 더 중
요하다는 것이었다. 이런 이유로 그는 베트남해방군선전대(Đội Việt Nam
Tuyên Truyền Giải Phóng Quân)의 창설을 제안하여, 1944년 12월 보 응우옌
지압의 지휘하에 첫 부대가 창설되었다. 오늘날 베트남 인민군대(Quân Đội
Nhân Dân)의 모체가 되는 이 해방군 선전대는 평화시에는 선전을, 전시에
는 전투라는 이중의 임무를 띠고 촌락 내부에 침투하여 조직과 선전활동
을 시작했다.[80] 이들은 반대파를 적으로 만들지 않고 자기편으로 끌어들이
든가 또는 작은 프랑스군 초소들을 공격하여 무기를 획득하면서 영향력을
확대해나갔다.

1945년 초 프랑스 식민당국은 이를 무시할 수 없어 조치를 강구코자 하
였으나, 일본군과의 관계가 점점 더 긴장됨에 따라 그쪽에 관심을 두지 않
을 수 없었다. 다시 말하면, 일본군의 의심을 살까 봐 마음대로 군대를 산
간지대로 이동하기도 어려웠다. 그럼에도 불구하고 3월 초 프랑스 군당국
은 더이상 베트민 세력의 확대를 방관하고만 있을 수 없어 일본군 사령관
에게 베트민에 대한 무력행사를 하기 위한 것이라고 알리고 까오 방 지역
으로 대대병력의 저격병을 이동시키려 했다. 하지만 3월 9일 밤 계획이 무
산되고 말았다.[81] 그날 밤 일본군대가 쿠데타를 일으켜, 베트남에서 4년

79) Marr, *Vietnam 1945, The Quest for Power*, 197면. Chen, *Vietnam and China, 1938~
    1954*, 87~88면도 참조.

80) "Instructions by Ho Chi Minh for setting up of the Armed Propaganda Brigade for
    the Liberation of Vietnam," Gareth Porter, ed., *Vietnam: The Definitive Documentation
    of Human Decisions*, New York: Earl M. Coleman Enterprises, Inc. 1979, Vol. 1, 14면;
    Vo Nguyen Giap, *People's War People's Army: the Viet cong insurrection manuel for under
    developed countries*, New York: Frederick A. Praeger 1962, 78~79면.

이상 지속된 프랑스 식민당국과의 불편한 관계를 끊고 무력으로 이를 굴복시켰기 때문이다. 프랑스 총독을 비롯하여 고위 식민관리들과 군사지도자들은 거의 다 체포되어 연금상태에 놓였다.

일본군의 쿠데타가 일어나자 장 제스정부는 베트남으로의 진격을 위해 즉각적인 준비에 들어갔다. 그리하여 중국군 총사령관은 쿤밍으로 와서 새로이 두 부대를 조직했다. 윈난의 루 한(盧漢), 그리고 광시의 장 파쿠이가 각각 지휘를 맡았다.[82]

호찌민과 미국 전략첩보부

이에 앞서 호찌민이 귀국한 후 쿤밍에 있던 일단의 베트민 활동가들은 미국의 전쟁정보부(Office of War Information)와 전략첩보부(Office of Strategic Services, OSS) 관리들의 도움을 빌어 미국대사에게 그들의 독립투쟁에서 미국이 도와줄 것과 연합국이 일본과 싸우는 전쟁에 자기들도 참여시켜줄 것을 거듭 요청하는 서한을 보냈다.[83] 그러나 전략첩보부의 한 관리는 이들의 서한에 덧붙인 보고서에서 인도차이나 사람들은 완전히 독립할 능력이 없으며 일정 기간 보호가 필요하다는 의견을 밝혔다. 1944년 9월 초 쿤밍의 미국 총영사는 베트민 대표들을 만나긴 했지만, 안남인들은 '프랑스국민'이라고 잘라 말했다. 베트민 대변인이 일본과 싸울 무기를 이야기하려 하자, 총영사는 군사적 문제이니 연합군사령부와 논의하라면서 말을 끊었다.[84] 이후에도 베트민 집단은 목적하는 바를 위해 계속 노력했

---

81) Marr, *Vietnam 1945, The Quest for Power*, 200면.

82) Chen, *Vietnam and China, 1938~1954*, 95면.

83) Archimedes L. Patti, *Why Viet Nam? Prelude to America's Albatross*, Berkeley: University of California Press 1980, 53면.

84) 같은 책, 53~54면; Marr, *Vietnam 1945, The Quest for Power*, 281~82면.

지만 아무런 성과도 거두지 못했다.

1944년 말 미군 수송기가 랑 썬 상공에서 격추당해 조종사가 낙하산으로 탈출하여 살아난 일이 있었다. 베트민은 그를 잘 보호하여 중국으로 돌려보냈다. 호찌민은 이를 기회로 미공군 제14비행단 사령관인 셔놀트(Claire L. Chenault)를 만나려고 1945년 2월 국경을 넘어 쿤밍으로 갔으나, 정중히 거절당했다.[85] 면담은 실패했지만 호찌민은 중국군, 특히 장 파쿠이 군대가 베트남으로 진주하려고 한다는 정확한 정보를 얻을 수 있었다. 이는 정보 수집을 위해 광시로 간 인도차이나공산당의 고위간부인 호앙 꾸옥 비엣(Hoang Quoc Viet)을 만났기 때문이다. 호찌민은 그로부터 장 파쿠이가, "우리가 곧 다시 하노이에서 만나게 되기를 바랍니다"라고 했다는 말을 전해들었다.[86] 그러나 이는 충칭정부의 공식 방침은 아니었다. 사실 당시 중국국민당 정부는 1944년 10월 드골의 프랑스 임시정부를 승인했고, 베트민이 언젠가는 등을 돌리리라 생각하여 확실한 방책을 세우지 못하고 있었다.[87]

베트민에 대해 그다지 호의적이지 않던 미국 기관들은 일본군의 3월 쿠데타로 베트남에 주둔한 프랑스군의 정보망이 무너지자, 당시 베트남 내에서 가장 조직적인 베트민를 통해 정보를 얻을 수밖에 없었다. 전략첩보부 요원인 찰스 펜(Charles Fenn)은 호찌민에 접근하여, 3월 말 면담을 거절한 셔놀트 사령관과의 만남을 주선하였다. 호찌민은 사령관에게 요청하여 그가 서명한 사진을, 전략첩보부로부터는 권총과 통신기구 및 의약품 등을 받아 돌아왔다. 귀국 후 호찌민은 이것들을 가지고 연합군측이 베트민을 지지해주는 증거라고 선전했다.[88] 그후에도 전략첩보부팀은 호찌민이 있

85) 찰스 펜 지음, 김기태 옮김 『호치민 평전』, 서울: 자인 1973, 170면.
86) Stein Tønnesson, *The Vietnamese Revolution of 1945: Roosevelt, Ho Chi Minh and de Gaulle in a World at War*, London: Sage Publications 1991, 210면.
87) Chen, *Vietnam and China, 1938~1954*, 97~98면.

는 베트민 해방구 내 떤 짜오(Tan Trao)에 와서 베트민의 활동을 지원했을 뿐만 아니라, 그들의 존재 자체는 베트민의 명성에 많은 도움이 되었다.[89]

베트민의 활동은 일본군의 쿠데타로 식민지 행정체계가 마비됨에 따라 훨씬 수월해졌다. 그들은 처음으로 대부분의 도시와 농촌에서 별다른 저항을 받지 않고 선전과 조직활동을 할 수 있었다. 이제 일반인들의 눈에 베트민은 이전의 보잘것없는 반식민주의 조직이 아니라 베트남에 진정한 독립을 가져다줄 수 있는 조직으로 인식되었다.

8월 6일 미국이 히로시마에 원자폭탄을 투하하고, 이틀 후에는 소련이 일본에 선전포고를 하면서 만주 국경을 넘었다. 이에 떤 짜오에 있던 임시 지휘본부는 8월 12일 총봉기를 결의하고, 일본이 항복했다고 주장하면서 각 지역의 군대에게 일본군에게 최후통첩을 보내도록 지시했다.[90] 이어 8월 16일에는 다시 인도차이나공산당뿐만 아니라 여타 정당 및 사회단체들도 초청된 전국인민대회를 떤 짜오에서 개최하였는데, 주목적은 임시정부로서의 역할을 할 민족해방위원회를 조직함과 동시에 연합군 도착 이전에 베트민이 독립국가를 형성하겠다는 의도를 연합국측에 알리는 것이었다. 대회에서 호찌민은 위원장으로 선출되었다.[91] 8월 19일 베트민은 하노이를 장악하고, 8월 22일에는 그 세력이 후에까지, 8월 25일에는 싸이공까지 미쳤다. 이를 베트남공산당은 '8월혁명'이라고 한다. 이때 베트민과 노선을 달리하는 많은 저명인사들이 처형되었다. 1920년대와 30년대 전반『남

---

88) 찰스 펜 지음, 김기태 옮김『호치민 평전』, 178~84면; 黃文歡 著, 文庄·侯寒江 譯『滄海一粟』, 190면.

89) Patti, *Why Viet Nam*, 125~29면; Robert Shaplen, *The Lost Revolution: Vietnam, 1945~1965*, London: Andre Deutsch 1966, 41면.

90) "Appeal by Ho Chi Minh for General Insurrection," Porter, ed., *Vietnam*, Vol. 1, 60~61면; Marr, *Vietnam 1945, The Quest for Power*, 366면.

91) Tønnesson, *The Vietnamese Revolution of 1945*, 354면; Marr, *Vietnam 1945, The Quest for Power*, 370~71면; Chen, *Vietnam and China, 1938~1954*, 106면.

풍(南風)』(*Nam Phong*) 잡지를 통해 현재 사용하는 로마자화된 베트남어인 꾸옥 응으(Quôc Ngũ)의 보급에 크게 기여한 팜 꾸인(Pham Quynh), 1920년 전후해서 입헌당 당수였던 부이 꽝 찌에우(Bui Qung Chieu), 후일 베트남공화국의 대통령인 응오 딘 지엠(Ngo Dinh Diem)의 큰형으로 반공주의적 성향의 응오 딘 코이(Ngo Dinh Khoi), 그리고 트로츠키파의 대표인 따 뚜 터우(Ta Thu Tau)가 대표적인 희생자들이다.[92]

베트민으로부터 퇴위 통첩을 받은 바오 다이 황제(Bao Dai, 保大帝)는 8월 25일 퇴위령을 발표하고 8월 30일에는 권력과 권위의 상징인 옥새와 황금 보도(寶刀)를 하노이에서 온 인도차이나공산당 대표에게 넘겨주었다. 이로써 천 년 동안의 베트남 군주제는 완전히 막을 내렸다.[93]

바오 다이 황제의 퇴위 후 사흘 뒤인 9월 2일 베트남민주공화국 정부가 출범하고 호찌민을 주석(主席)으로 선출하는 등 내각을 구성했다. 내각의 주요 직책에는 베트민 인사들이 임명되었으나, 전략적으로 베트민이 아닌 인물들도 포함되었다.[94] 호찌민은 즉시 베트남민주공화국의 독립을 선언하였는데, 국내외 특히 미국의 호감을 사기 위해 '사회주의 국가'라는 표현을 쓰지 않았다. 이는 다음과 같이 독립선언문 첫머리를 미국의 독립선언문에서 따온 것으로도 입증된다.[95]

---

92) William Duiker, *The Communist Road to Power in Vietnam*, Bouler: Westview Press 1981, 115면; Ellen J. Hammer, *The Struggle for Indochina, 1940~1955*, Stanford: Stanford University Press 1966, 101, 110면.

93) 바오 다이 황제의 퇴위 과정에 대하여는 데이빗 마가 상세히 설명하고 있다. Marr, *Vietnam 1945, The Quest for Power*, 445~51면.

94) 내각 명단에 대하여는 Chen, *Vietnam and China, 1938~1954*, 111면, n. 36. 黃文歡 著, 文庄・侯寒江 譯『滄海一粟』, 200~201면 참조.

95) Ho Chi Minh, "Declaration of Independence of The Democratic Republic of Viet-Nam," Ho Chi Minh, *Selected Writings, 1920~1969*, Hanoi: Foreign Languages Publishing House 1977, 53면.

전국의 동포 여러분, 모든 사람은 평등하게 태어났으며, 조물주는 몇개의 양도할 수 없는 권리를 부여했는데, 그러한 권리 중에는 생명과 자유와 행복의 추구가 있습니다. 이 불후의 명언은 1776년 미국 독립선언문에서 발췌한 것입니다.

제2장 제2차 세계대전 종결과 양국관계

1. 영국군과 중국국민당 군대의 베트남 진주

중국국민당 군대의 베트남 진주

1943년 11월 카이로에서 일본과의 전쟁 문제를 논의하기 위해 미국 대통령 프랭클린 루스벨트(Franklin Roosevelt)와 영국 수상 윈스턴 처칠(Winsterm Churchill), 그리고 중화민국 총통 장 제스가 만나 3자회담을 열었다. 이 자리에서 루스벨트 대통령이 장 제스에게 인도차이나 지역에 대한 중국 국민당정부의 개입 의사를 묻자, 장 제스는 개입할 생각이 없다고 하면서 대신 두 나라가 그들의 독립을 도와주어야 한다고 제안했다는 것은 이미 앞에서 언급했다. 회담 후 장 제스가 참모들에게 밝힌 바에 의하면, 베트남이 독립할 수 있도록 루스벨트 대통령이 도와주어야 한다고 했더니 일소(一笑)에 부치더라는 것이었다.[1]

---

1) 蔣永敬『胡志明在中國』, 183면.

다른 한편 루스벨트 대통령은 장 제스가 전적으로 자신의 인도차이나 신탁통치안을 지지했다고 하지만, 사실상 어느 쪽도 상대방을 전적으로 지지하지는 않았다. 두 지도자가 합의한 것은 두가지뿐으로, 하나는 프랑스의 인도차이나 복귀에 반대한다는 것이며, 다른 하나는 이 지역 사람들이 외부의 확고한 지원 없이는 독립을 이룰 수 없으리라는 것이다.[2]

카이로회담에 이어 테헤란에서 처칠 및 소련의 스딸린과 회동한 자리에서도 루스벨트는 전후 상당 기간 인도차이나를 신탁통치해야 한다는 주장을 폈다. 스딸린은 루스벨트의 제안에 동의했지만, 처칠은 카이로회담 때부터 인도차이나의 신탁통치에 반대한다는 입장을 고수했다. 처칠이 반대한 것은 인도차이나가 신탁통치를 받게 될 경우 동남아시아의 영국 식민지에도 그 여파가 미치리라는 우려 때문이었다.

1944년 여름에 이르면 루스벨트의 인도차이나 정책은 곤경에 빠졌다. 영국의 압력, 프랑스의 복귀 주장, 미국 국무부의 반대가 거세지고, 아울러 중국 내부의 정치적 위기가 영향을 미쳤기 때문이다. 중국 윈난 지방에서 작전 중이던 미군을 지원하는 동시에 일본의 미얀마 침공에 맞서기 위해 중국군대를 파견해달라는 요청을 장 제스가 거절하자 루스벨트는 자신의 정책을 재검토하지 않을 수 없었다.[3]

1944년 10월 미국정부는 마침내 '자유프랑스운동'을 장악한 드골정권을 프랑스 임시정부로 승인했다. 이무렵 소련 주재 미국대사 해리먼(William A. Harriman)은 소련이 미국과 협조할 의사가 없을 뿐만 아니라 자국의 이해관계가 걸리면 언제든지 적대국이 될 수 있다고 경고하는 보고문을 보냈다.[4] 1945년 1월 루스벨트는 자유프랑스군이 인도차이나에서의

---

2) Liu Xiaoyuan, "China and the Issue of Postwar Indochina in the Second World War," 454~55면.

3) La Feber, "Roosevelt, Churchill and Indochina, 1942~45," 1287면.

4) 같은 글, 1289면.

공작활동을 위해 파견되어야 한다는 처칠의 요청을 받아들이고, 2월에 개최될 얄타회담에서는 마침내 식민지의 신탁통치는 식민 본국의 동의하에서만 가능하다는 안을 제시하기로 했다.[5]

얄타회담 한달 후인 3월 9일 일본이 전격적으로 인도차이나에서 비시(Vichy) 식민정권을 정복했다는 사실은 루스벨트의 정책에 더욱 중대한 영향을 끼쳤다. 드골과 영국정부는 즉시 루스벨트에게 중국에 있는 미공군의 지원을 요청했다. 며칠 동안 요청을 거절하던 루스벨트는 마침내 중국 주둔 미공군에게 인도차이나에서 싸우고 있는 프랑스 군대를 지원하도록 명령을 내렸다.

1945년 4월 루스벨트의 갑작스런 사망 후 대통령직을 승계한 트루먼(Harry Truman)은 전임자처럼 인도차이나에 대해 개인적으로 관심도 없고 식민주의에 대한 우려도 하지 않았다. 마침 군사전문가들은 전쟁으로 인해 소련이 유럽과 아시아에서 강력한 세력으로 부상하게 되었다고 경고하면서, 유럽의 안정이라는 측면에서 프랑스와 협력할 것을 제안했다. 그러나 트루먼은 프랑스에 대해 별로 호의적이지 않았다. 1945년 7월에 열린 포츠담회담에서는 미·영·소가 베트남 내의 일본군 무장해제를 위해 북위 16도선을 경계로 북에는 중국국민당 군대가, 남에는 영국군이 진주한다는 데 합의함에 따라 중국 군대에 16도선 이북지역을 점령할 수 있는 기회와 권한이 주어졌다.[6] 이와 관련하여 매카서(Douglas MacArthur) 장군은 일본 천황을 통해 발표한 일반명령 제1호에서 "중국과 대만 및 16도선 이북의 인도차이나에 있는 일본군 사령관들과 육해군은 장 제스 총통에게 항복하라"고 했다.[7]

---

5) 같은 글, 1292면.

6) Patti, *Why Viet Nam*, 130~31면.

7) Herbert Feis, *Japan Subdued: The Atomic Bomb and the End of the War in Pacific*, Princeton: Princeton University Press 1961, 139면.

포츠담회담의 결정은 8월 15일 경 떤 짜오에 와 있던 미군에게 전해지고, 그들을 통해 베트민에게도 알려졌다. 베트민은 이미 오래 전부터 공동의 적과 싸우는 데 협력할 필요성 때문에 중국군의 베트남 진입('Hoa Quan Nhap Viet'[華軍入越])을 지지해왔지만,[8] 이제는 현실적으로 바람직한 정책이 되지 못했다. 중국 국민당군의 진주는 베트민에게 아무래도 부담스러울 수밖에 없었다. 더욱이 베트남국민당 편을 들고 있는 장 파쿠이 군대가 들어온다면 문제는 간단치 않아 보였다.

한편 8월 24일 장 제스 총통은 일본군의 항복을 접수할 군대를 파견하는 문제와는 별개로, 중국은 베트남에 대한 영토적 욕심이 전혀 없다고 선언했다. 그러면서 베트남인들이 대서양헌장의 규정에 따라 점진적으로 독립을 이룩하기 바란다고 덧붙였다.[9] 장 제스 총통의 이러한 선언은 전후 중국국민당정부의 베트남에 대한 온건한 정책을 예견하게 한다. 사실상 국민당정부는 대내적으로 공산당과의 문제로 인해 베트남에 깊은 관심을 가질 겨를이 없었다. 장 제스 총통의 발표에 6일 앞서 프랑스는 8월 18일 1898년에 조차(租借)한 이래 인도차이나연방의 일부가 되었던 광저우 만(廣州灣)을 돌려주었다.[10] 이는 말할 것도 없이 중국국민당 군대가 16도선 이북의 베트남으로 진주하게 됨에 따라 사전에 중국의 호의를 사기 위한 것이었다.

한편 베트남에서는 호찌민이 베트남민주공화국의 독립을 선언한 직후, 내무부 부장 겸 베트민군대 총사령관인 보 응우옌 지압이 중국·미국과의 관계를 특별히 강조하는 발언을 한 데 주목할 필요가 있다. 그에 의하면, 중국은 지리적으로뿐만 아니라 경제적·문화적으로 베트남에 가장 가까운

---

8) Marr, *Vietnam 1945, The Quest for Power*, 368면.
9) '蔣主席重要宣示', 『中央日報』(重慶) 1945년 8월 25일자. 羅敏 「戰後中國對越政策的演變」, 『近代史硏究』 第1期, 2000, 82면에서 재인용.
10) Hammer, *The Struggle for Indochina, 1940~1955*, 132면,

나라라는 것이다. 그러면서 덧붙이기를, 베트남에 살고 있는 중국인들이 처음에는 프랑스, 다음에는 일본의 압제로 말할 수 없는 고난을 겪은데다, 베트남의 독립을 주장하고 지원하는 이상 베트남정부는 그들의 권리를 보호해줄 것이라고 했다. 미국에 대해서는, 베트남의 적인 파시스트 일본과의 싸움에서 가장 큰 기여를 했으므로 자기들의 좋은 친구라고 분명히 밝혔다.[11]

보 응우옌 지압의 이러한 말에는 두가지 의도가 내포되어 있는 것으로 보인다. 하나는 중국국민당 군대의 베트남 진주가 기정사실화된 마당에 그들의 감정을 건드리지 않으려는 것이고, 다른 하나는 미국의 지원 없이는 사실상 베트남의 독립은 어렵다는 것을 인식한 것이다.

루 한(盧漢)

포츠담회담의 결정에 따라 1945년 9월 12일 남부에는 영국 장군 그레이시(Douglas D. Gracy)의 지휘하에 주로 인도 병사들로 구성된 7,500명의 군대가 도착했다. 거의 같은 시기에 북부에는 루 한 장군이 총지휘하는 병력 15만여명의 중국국민당 정부군이 윈난과 광둥으로부터 들어왔다.[12] 그중 4개 사단은 윈난의 군벌인 룽 윈(龍雲) 휘하에 있던 병사들이었다. 그외 병사들은 광둥으로부터 샤오 원이 이끌고 들어왔다. 중국국민당정부가 장 파쿠이가 아니라 루 한에게 많은 병력을 주어 베트남에 보낸 것은 순전히 국내의 정치적 이유에서였다.

룽 윈은 당시 장 제스에게 상당히 껄끄러운 인물이었다. 장 제스는 그의 세력을 약화시키기 위하여 그와 가깝게 지내온 협력자 루 한에게 윈난군 4

---

11) Allen B. Cole, ed., *Conflict in Indo-China and International Repercussions: A Documentary History*, Ithaca: Cornell University Press 1956, 26~27면.
12) 朱楔『越南受降日記』, 上海: 商務印書館 1947, 41~42면.

개 사단을 인도차이나에 보내 일본군의 항복을 받으라고 했던 것이다. 룽 원은 장 제스가 그를 성장(省長)에서 해임할 것이라는 등 많은 이야기를 듣고 있었음에도 불구하고 충칭정부의 명령에 순순히 따랐다. 이들 윈난 군이 떠난 다음 룽 윈에게는 사실상 군사력이 거의 없어지고, 그 결과 10월 초 윈난에서의 모든 당직(黨職)과 군직(軍職)에서 해임되었다.[13]

프랑스측은 중국이 베트남에 루 한을 보낸 데 대해 처음에는 그런대로 안도의 한숨을 쉬었다. 장 파쿠이가 보내졌다면 베트남은 결과적으로 중국에 속하게 되어 프랑스의 베트남 복귀 노력은 물거품이 될 거라고 생각했기 때문이다.[14] 사실 프랑스는 처음부터 장 제스가 장 파쿠이를 보내리라고 생각하면서도 그보다는 룽원의 장군들을 보내기를 더 원했다. 하지만 중국군에 의한 무자비한 약탈과 그로 인한 베트남인들과의 충돌을 우려한 것도 사실이다.[15]

프랑스의 기대와 달리 루 한은 프랑스군에 대해 호의적이지 않았다. 1945년 3월 일본군의 쿠데타 때 베트남을 빠져나와 쿤밍에 머무르고 있던 프랑스 부대의 사령관인 알르쌍드리(Marcel Alessandri) 장군은 8월 11일 중국군 참모장 허 잉친(何應欽)으로부터 중국군과 더불어 베트남에 갈 수 있다는 허락을 받았다. 그는 즉시 루 한을 만나려고 했으나, 루 한은 차일피일하면서 허 잉친이 한 약속을 철저히 무시하였다. 알르쌍드리는 루 한의 미군 고문관을 통해 중국군이 베트남 북부에 도착한 며칠 후 겨우 허락을 받을 수 있었다.[16] 루 한뿐만 아니라 중국인들 모두 알르쌍드리를 싫어했

---

13) Eastman, *Seeds of Destruction*, 32~36면; Vo Nguyen Giap, *Unforgettable Days*, Hanoi: The Gioi Publishers 1994, 89면.

14) Chen, *Vietnam and China, 1938~1954*, 116면 및 116면, n. 53.

15) Patti, *Why Viet Nam*, 143면.

16) Philippe Devillers, *Histoire du Viêt-Nam de 1940 à 1952*, Paris: Editions du Seuil 1952, 151~52면.

는데, 그가 1940년 일본군의 베트남 진주에 전혀 저항하지 않고 굴복한 드 꾸(Jean Decoux) 총독의 일원이었기 때문이었다.[17]

이러한 개인적인 문제를 떠나서도 프랑스는 중국군과 더 많은 어려움을 겪어야 했다. 장 제스정부는 9월 15일 베트남고문단회의를[18] 소집하고, 베트남 점령과 관련하여 '북월군사점령 및 행정시책원칙(占領越北軍事及行政設施原則)' 14개 조항의 정책을 마련했는데, 모든 문제는 미국 및 프랑스 대표단과 의논하여 결정하겠다는 것이 그 주요 내용이었다. 다시 말하면, 중국정부는 베트남에 중국이 지배하거나 또는 프랑스에 반대하는 정권을 세울 의도도 없고 그럴 시도도 하지 않겠다는 것이다. 그러나 중국의 이해관계에 대해서는 깊은 관심을 보여, 전월(滇越)철도 문제라든가 베트남 화교의 지위와 같은 것들이 포함되어 있었다.[19] 중국의 이해문제를 제외하고 중국이 베트남 지배에 관심이 없다는 것은 과거 베트남에 대한 중국의 태도로 보아 형식적일 뿐 얼마나 진실성이 있는지 의심의 여지가 없지 않다.

장 제스정부 정책의 진실성 여부를 떠나 루 한은 중앙정부의 정책을 따르지 않았다. 그는 14개 조항은 베트남 현실에 맞지 않는다고 하면서, 베트남이 독립할 수 있을 때까지 좀더 중국의 신탁통치하에 두어야 한다고 주장했다.[20] 루 한의 이러한 주장이 즉각적 독립을 원하는 베트남인들에게 호의적으로 받아들여질 리가 없었다. 더군다나 중국군은 마치 점령군인 듯이 행세할 뿐만 아니라 하노이와 부근 일대를 약탈하면서 주민들에게 막대한 피해를 입혔다. 루 한 자신도 호찌민에게 막대한 양의 금을 헌납하라고 강요했다. 호찌민은 이를 거절할 입장이 못 되어 9월 16~22일을 '황

---

17) Hammer, *The Struggle for Indochina, 1940~1955*, 133면.
18) 베트남고문단은 재정·외교·군사·경제·교통·양식·중앙당을 대표하는 모두 7명으로 구성되었다. 朱楔『越南受降日記』, 2면. 주 시에(朱楔)는 당시 경제 대표였다.
19) 같은 책, 2~4면.
20) 같은 책, 10면.

금주간'(Tuần Lễ Vang)으로 정해 가뜩이나 기아에 허덕이고 있는 베트남인
들에게 호소 반 강제 반으로 금을 거두어 루 한에게 바쳤다. 그 댓가로 상
당한 양의 무기를 받는 동시에 정치적 호감을 사려고 한 것이다.[21] 당시 피
해를 입은 것은 화교도 마찬가지여서 어느 화교상인은 말하기를, "중국군
은 원자폭탄보다도 더 해롭다"고[22] 할 정도였다. 1945년 11월 『르 몽드』(Le
Monde)의 특파원 역시 중국군은 인도차이나의 북부 절반을 점령했음에도
불구하고 일본이 전국을 점령하던 때보다 몇배의 피해를 입혔다고 했다.[23]
이러한 피해로 인해 베트남인들이 더욱 자신들의 독립된 정권을 굳건히해
야 한다는 생각을 갖게 된 것은 물론이다.

이에 앞서 호찌민은 베트남인들이 중국군을 어떻게 대할 것인가 우려하
면서, 동시에 이미 일본군이 있는데 많은 중국군이 밀려들어오면 국가재
원에 큰 부담이 될 것으로 보았다. 그는 또한 중국군대가 약탈을 자행하거
나 베트남인들을 모욕한다면 상당한 말썽이 될 것임을 조심스럽게 언급하
기도 했다.[24]

그러나 베트민이 정말로 관심을 가진 문제는 베트남독립에 대한 중국의
진정한 입장이 무엇인가 하는 것이었다. 루 한의 주장과는 달리, 10월 하노
이를 방문한 허 잉친은 중국은 베트남을 점령할 뜻이 없음을 거듭 밝혔다.
중국은 열강들의 계획에 따라 베트남이 점진적으로 독립을 실현할 수 있
도록 도울 것이라고 하면서, 프랑스 선박은 열강의 허락 없이 중국군이 주
둔하고 있는 북부에는 들어올 수 없다고 덧붙였다.[25] 이러한 반복된 선언

---

21) Patti, *Why Viet Nam*, 337~38면.
22) Andrè Blanchet, *Au pays des ballila jaunes: relation d'un correspondant de guerre en
Indochine*, Paris: Dorian 1947, 227면. Hammer, *The Struggle for Indochina, 1940~1955*,
134면에서 재인용.
23) *Le Monde*, Novembre 3, 1945. Hammer, *The Struggle for Indochina, 1940~1955*, 135면
에서 재인용.
24) Patti, *Why Viet Nam*, 202면.

에도 불구하고 베트민은 아직 중국의 정치게임을 믿을 수 없었다.

샤오 원이 지휘하는 부대와 함께 장 파쿠이가 만든 동맹회의 지도자 격인 응우옌 하이 턴은[26] 루 한보다 며칠 늦게 하노이에 도착했다. 그러고는 하는 말이 중국은 호찌민을 임시정부의 수반으로 오래 놓아두지 않을 계획이라는 것이었다. 동시에 그는 호찌민에게 모든 혁명정당으로 구성된 정부에 참여할 것을 촉구했다.[27] 호찌민은 즉시 샤오 원을 찾아가서 중국군의 명령과 지시를 따를 것과 더이상 2,500만의 베트남인들이 반중국적인 언사나 행동을 하지 않을 것임을 목숨을 걸고 약속했다. 그는 또한 임시정부가 다른 정당들의 참여를 받아들일 용의가 있음도 밝혔다.[28] 그러나 동맹회와 베트남국민당은 계속하여 베트민을 공산주의자들이며 '적색테러집단'이라고 하면서, 부르주아지와 가톨릭교도 그리고 모든 지식인들은 이에 대항하여 단결해야 한다고 했다. 당시 베트남 북부에는 베트민, 베트남혁명동맹회, 베트남국민당 외에 제4당으로, 세력은 약하지만 베트남민주당도 있었다.[29]

인도차이나공산당 해체

베트민, 베트남혁명동맹회, 베트남국민당 3당은 공산당정권의 수립을 원하지 않는 중국국민당의 지지를 받고 있었기 때문에, 호찌민은 약간의 위기감에서 국면의 전환이 필요하다고 느꼈다. 11월 11일 인도차이나공산

---

25) Devillers, *Histoire du Viêt-Nam de 1940 à 1952*, 193면.

26) 응우옌 하이 턴에 대하여는 제3부 제1장 주) 67 참조.

27) Devillers, *Histoire du Viêt-Nam de 1940 à 1952*, 194면.

28) 羅敏「戰後中國對越政策的演變」, 85면, n.1; Chen, *Vietnam and China, 1938~1954*, 123면.

29) 羅敏「戰後中國對越政策的演變」, 83~84면.

당 중앙위원회는 당의 해체를 결정하고 이를 발표했다. 그러면서 공산주의 이론을 계속 연구하려고 하는 이들은 '인도차이나맑스주의연구회'에 가입하도록 했다. 해체의 이유는 국가의 해방을 저해하는 국내외의 오해를 없애기 위해서라는 것이었다.[30] 그렇다고 정말로 공산당이 해체된 것은 아니고 지하로 들어가 비밀리에 활동하려는 의도였을 뿐이다. 그럼에도 불구하고 지방의 당지부들에서 우려의 목소리가 있어서 해체 이유를 설명하고자 주요 당직자들이 각지로 나갔다.[31]

당내의 불만은 있었지만 이 조치는 적어도 반대파와 협상할 수 있는 길을 열어놓았다. 그러나 11월 12일 하노이에서 거행된 쑨 원 탄생 기념대회에서 응우옌 하이 턴이 반공구호를 외침에 따라 양당 사이에는 다시 피를 흘리는 충돌이 벌어졌다. 이에 11월 19일 장 파쿠이의 지시로 샤오 원이 베트민과 베트남국민당 및 동맹회 3자의 회담을 주선하여 23일에는 3당이 연립정부를 수립하며 상호비방을 하지 않는다는 데 합의했다.[32] 그렇지만 이후의 구체적인 정치일정에 대하여는 좀처럼 타협이 이루지지 않았다. 베트민은 12월에 총선거를 하자는 것이고 다른 두 파는 한달 늦추어 하자는 것이었다. 중국측이 다시 개입하여 12월 19일 회합을 가지고, 12월 26일 공동선언문이 발표되었다. 주요 내용은 1946년 1월 1일 새로운 임시 연합정부를 설립하며, 앞으로 구성될 국회에서 베트남국민당에게는 50석, 동맹회에는 20석을 배정하고, 주석과 부주석은 호찌민과 응우옌 하이 턴으로 한다는 것이었다. 그리고 내각 구성은 베트민 2명, 베트남국민당 2명, 민주당 2명, 동맹회 2명 및 기타 정당 2명으로 한다는 데 대해서도 합의가 이루어졌다.[33] 응우옌 하이 턴에게 정부의 고위직을 주기로 한 소식을 들

---

30) 발표 전문에 대하여는 Devillers, *Histoire du Viêt-Nam de 1940 à 1952*, 195면, n.7 참조.
31) 黃文歡 著, 文庄·侯寒江 譯『滄海一粟』, 207면.
32) 羅敏「戰後中國對越政策的演變」, 89면.
33) Chen, *Vietnam and China, 1938~1954*, 129~30면; Duiker, *Ho Chi Minh*, 352면.

은 한 공산당원이 호찌민을 만나 반대의사를 밝혔다. 호찌민은 길게 설명하지 않고 짧게 물었다. "똥은 더럽죠? 그러나 벼에 좋은데도 쓰지 않을 건가요?"[34]

베트남역사상 처음인 총선거는 1946년 1월 6일 실시되었다. 남부에서, 베트민이 지배하고 있는 지역에 한해서이지만 약 90퍼센트가 투표에 참가했다.[35] 유권자는 후보자를 자유롭게 선택할 수 있다는 점에서 자유로웠으나, 선택의 폭은 제한되었다. 입후보자들은 베트민이 승인한 이들 외에 다른 사람들은 거의 없었다. 이른바 이적행위자나 부패한 자들은 모두 제외되었다.[36] 베트민은 총투표의 97퍼센트를 얻어, 득표수대로라면 국회에서 333석 중 320석 이상을 차지할 수 있었으나 약속에 따라 그중 70석은 반대파에게 배분하였다.[37]

총선거 후 1945년 12월 26일의 합의에 따라 응우옌 하이 턴이 부주석이 되고, 외교부 부장 자리는 베트남국민당의 응우옌 뜨엉 땀(Nguyen Tuong Tam)에게 주어졌다. 그리고 여타 베트남국민당 당원들과 동맹회 회원들도 부장직에 임명되었다.[38]

이때 호찌민이 내각에 반대 당파의 대표자들을 포함한 데는 나름대로 이유가 있었다. 그는 프랑스정부와 타협점을 모색하고 있었는데, 베트민 반대파들을 내각에 포함함으로써 타협이 이루어지는 경우 공동의 책임을 지게 하려는 의도였다. 물론 이들을 내각에 들어오도록 설득하는 것은 어려운 일이었다. 그것은 중국과 베트남 민족주의자들과의 관계를 책임지고

---

34) Vo Nguyen Giap, *Unforgettable Days*, 103면.

35) 같은 책, 108면.

36) Devillers, *Histoire du Viêt-Nam de 1940 à 1952*, 201면.

37) Chen, *Vietnam and China, 1938~1954*, 130면.

38) 1946년 1월 구성된 임시연합정부의 내각명단은 Chen, 같은 글, 130면, n.98; 黃文歡 著, 文庄·侯寒江 譯『滄海一粟』, 208~209면 참조.

있던 샤오 원이 계속해서 베트남국민당과 동맹회로 하여금 베트민에 대해 적대행위를 하도록 부추기고 있었기 때문이다. 그러나 1월 선거 후 호찌민과 베트민이 정치적으로 우세한 것을 보면서 샤오 원은 생각을 바꾸어 이들을 중국 영향권으로 끌어들여 프랑스와의 협상을 저지하고자 했다. 그 결과 이전의 합의는 물론 샤오 원의 압력도 있어서 베트남국민당과 동맹회는 호찌민의 제안을 쉽사리 받아들였다.[39]

새로 선출된 국회는 1946년 3월 2일 첫 모임을 갖고 예정한 대로 호찌민을 주석으로 하는 내각을 구성하였다. 새 내각이 선서를 했으나 응우옌 하이 턴은 중국에 가 참석하지 않았다.[40] 한편 국회는 상임위원들을 선출했는데, 이들은 국회의 폐회기간 중에 정부의 정책을 통제할 수 있는 권한이 있었다. 그런데 이들 15명으로 구성된 상임위원회를 완전히 베트민이 장악했다는 것은 주목할 만한 일이다. 위원장과 부위원장, 간사들 모두가 베트민이었다.[41]

3월 4일 출범한 내각은 대외관계로 친중국정책을 채택했다. 호찌민의 친중국정책은 너무나 확실해 보여 몇몇 중국인들은 중국정부와 호찌민정부의 우호관계는 이제 의심할 바가 없다고 생각하였다. 그리하여 베트남 고문단의 대표자격으로서 샤오 바이창(邵百昌)은 2월 26일 호찌민에게 중국군이 떠나기 전에 프랑스와 협상을 하여 유리한 조건을 이끌어내 정권을 안정시키도록 권유했다. 그뿐만 아니라 3월 1일 중국과 프랑스와의 협정이 공포된 이후 3월 5일에도 샤오 바이창은 협상을 서두르도록 거듭 촉구했다.[42]

그러나 호찌민이 친중국정책을 채택한 것은 프랑스와의 협상에서 좀더

39) Hammer, *The Struggle for Indochina, 1940~1955*, 144면.
40) Chen, *Vietnam and China, 1938~1954*, 131면.
41) Devillers, *Histoire du Viêt-Nam de 1940 à 1952*, 221면.
42) 朱楔『越南受降日記』, 99, 101면.

좋은 조건을 얻어내기 위해서였다. 여론의 지지를 얻기 위해서도 시간이 필요했다. 그러면서 대중에게 선전하기를 협상을 원하는 것은 프랑스인들이라고 강조했다.

영국군 사령관인 그레이스의 임무는 일본군의 항복을 접수하고 연합군 포로를 석방하는 것 외에 법과 질서를 유지하는 것이었다. 그는 프랑스를 적극적으로 지원했고, 그로 인해 억류에서 풀려난 인도차이나 군대와 때마침 도착한 프랑스 공수부대는 싸이공의 공공건물과 시내 요충지를 어렵지 않게 점령했다. 1946년 1월 프랑스군은 남부의 주요 지역을 지배하고 2월 초까지 남부 지역 전부를 거의 장악했다. 1946년 1월 말 그레이스는 프랑스 당국에 권력을 이양하고 싸이공을 떠났으며, 3월 5일 영국군은 인도차이나에서의 최종 임무를 끝냈다.[43] 프랑스는 처음부터 영국군의 협조를 얻고 있었기 때문에 그들의 주요 관심은 남부문제보다는 중국국민당 군대가 주둔하고 있는 북쪽을 어떻게 회복하는가에 있었다. 이제 영국군이 완전히 철수한 이상 북부에 대한 관심은 더욱 커질 수밖에 없었다.

중국과 프랑스의 협상

중국과 프랑스의 협상은 1945년 말 프랑스가 제안하여 충칭과 하노이에서 간헐적으로 열렸다. 1946년 2월 22일부터 충칭에서의 협상이 지지부진하자 프랑스측은 렙시온(Reption) 중령을 보내 결정의 급박함을 알렸다. 현지 외교관들은 조약 조정을 위해 전력을 다했다. 26일 렙시온 중령이 도착했을 때 협상은 거의 마무리 단계였다. 구체적 문구 조정만이 남아 있을 뿐이다.

마침내 2월 28일 중국과 프랑스의 조약이 중국 외교부장 왕 스지에(王

---

43) Devillers, *Histoire du Viêt-Nam de 1940 à 1952*, 169면.

世杰)와 충칭 주재 프랑스 대사 메이리에(Jacques Meyrier)에 의해 체결되었다. 프랑스는 중국으로부터 인도차이나에서의 주권을 인정받고자 막대한 댓가를 지불했다. 상하이·톈진·항저우·광저우의 조계를 포기하며, 윈난 철도의 중국 내 소유권과 운영권을 매각하는 동시에 인도차이나 내 중국인에게 프랑스인에 준하는 대우를 해준다는 것이었다. 여기에 덧붙여 하이 퐁 항구의 자유로운 이용권도 포함되었는데, 이 또한 중국에게는 상당히 중요했다.[44] 이에 대한 댓가로 중국은 3월 1일부터 15일 사이에 인도차이나 북부에 주둔하고 있는 병력을 철수하기 시작하여 31일까지 마치고 프랑스군이 이를 대체한다는 데 동의했다.[45]

그렇지만 당시 타성대로 중국군은 조약의 규정에 따라 물러가지 않고 차일피일 미루었다. 프랑스측은 그러한 중국군의 느슨한 태도를 일일이 따질 수 없었다. 마침내 중국군이 완전히 철수한 것은 1946년 여름에 이르러서였다.

2. 호찌민정부와 프랑스의 협상

호찌민과 쌩뜨니의 잠정협정

3월 1일 중국과 프랑스 간의 협정이 공포되자 하노이의 분위기는 초긴

---

44) 1946년 4월 1일 현재 남중국의 중국국민당 군대 218,741명이 중국공산당과 싸우기 위해 미국 해군의 도움을 받아 북중국으로 수송되었는데, 그중 24.4%에 해당하는 53,399명이 하이 퐁을 거쳐서 갔다. Lin Xiaoyuan, "China and the Issue of Postwar Indochina in the Second World War," 480면.

45) Devillers, *Histoire du Viêt-Nam de 1940 à 1952*, 219면; Hammer, *The Struggle for Indochina, 1940~1955*, 147면; Chen, *Vietnam and China, 1938~1954*, 141~42면.

장 상태가 되었다. 협정에 따라 중국군은 물러가는 것이 당연하게 되고 프랑스군이 재점령하리라는 생각에서 베트남인들의 불안은 점점 커져만 갔다. 이런 상황에서 반프랑스 정서는 중국에 대한 원한으로 바뀌었다. 일주일 만에 많은 사람들이 하노이를 떠나 시내는 거의 인적이 끊겼다.[46]

상황은 매우 복잡했다. 호찌민은 국회상임위원회와 모임을 가졌지만 확실한 답은 없었다. 어떤 이들은 즉시 무기를 들고 싸우자고 하는가 하면, 다른 이들은 프랑스에 대항하기 위해 중국군의 지원을 요청하자고 했다. 그러나 호찌민에게 현재 상황에서 베트민군대는 너무나 취약해 누구와 협상을 한다는 것은 거의 불가능해 보였다. 한때 그는 분노에 차서 다음과 같이 말했다. "중국군이 머무른다면 무슨 일이 있을지 아십니까? 우리의 과거 역사를 잊으셨군요. 중국군은 올 때마다 천년 동안 머물렀습니다. 반면에 프랑스인들은 잠깐만 머무를 수 있습니다. 결국 그들은 떠나게 될 것입니다."[47]

당시 베트민은 중국, 프랑스, 미국 및 영국이 베트남을 희생시키기로 합의했다고 믿으면서, 중국군이 떠나기 전에 혹시 친중국정부를 세우지나 않을까 두려워했다.[48] 그리하여 일단 프랑스와 협상하기로 했는데, 이는 20만 가까운 중국군을 철수시키기 위한 일종의 수단인 동시에 시간을 벌어 프랑스와 싸우기 위한 준비기간을 갖자는 것이었다.[49]

협상에 대하여 3월 5일자 후에(Hue)의 한 일간지는 다음과 같은 기사를 실었다. "프랑스가 협상하기를 제안했다. (…) 우리는 협상할 준비가 되어

---

46) 朱楔『越南受降日記』, 100면.
47) Duiker, *Ho Chi Minh*, 361면. 후일 그는 프랑스 역사학자인 뿔 뮈스(Paul Mus)에게 다음과 같이 다분히 속된 말을 했다. "우리의 여생 동안 중국의 똥을 먹는 것보다는 잠시 프랑스 똥 냄새를 맡는 것이 나을 겁니다." Paul Mus, *Viêt-Nam: Sociologie d'une guerre*, Paris: Editions de Seuil 1952, 85면. Duiker, *Ho Chi Minh*, 361면에서 재인용.
48) Vo Nguyen Giap, *Unforgettable Days*, 150면.
49) 黃文歡 著, 文庄·侯寒江 譯『滄海一粟』, 214면.

있지만, 동시에 우리의 독립이 인정되지 않는 한 저항할 것이다. 협상은 우리의 독립과 자유가 주어질 때만 끝날 것이다."[50]

그럼에도 불구하고 협상하기로 한 결정은 비록 당이 국가의 이익을 팔아버렸다는 비난을 면할 수는 없겠지만, 다른 한편 중국과 베트남국민당의 영향력을 축소시키는 효과도 있었다. 베트민이 예상했던 대로, 베트남국민당과 동맹회는 중국군이 철수하면 자신들의 영향력이 거의 없어지리라는 것을 잘 알았다. 그리하여 그들은 누구보다도 베트민과 프랑스의 협상에 적극 반대했다. 그들은 자신들을 가장 열렬한 혁명가로 자처하면서 누구와도 협상은 안된다는 구호를 외치며 민중을 선동하는 데 앞장섰다. 베트남국민당과 동맹회의 주장은 베트민의 협상 결정이 열강간에 합의한 베트남의 평화를 깨뜨린다는 것이다.[51] 물론 이들의 반대는 호찌민의 결정에 별다른 영향을 주지 못했다.

협상은 어렵게 진행되었다. 호찌민은 '독립'을 주장했고, 프랑스측은 '독립'이란 말은 꺼내지도 않았다. 그대신 '자유'라는 말을 쓰고자 했다. 또 다른 문제는 코친차이나에 관한 것이었다. 호찌민은 북부·중부·남부 세 지역의 통합을 주장한 반면, 프랑스 대표는 이에 대해 나중에 논하자고 하면서 조금도 양보하려 하지 않았다. 협상은 난관에 부딪쳤다. 마침 프랑스 함대가 하이 퐁 항에 입항하면서 중국군과 충돌이 벌어지자 협상은 돌파구를 찾았다. 혼란을 막기 위해 호찌민은 '자유'라는 용어를 받아들였다.[52]

그리하여 1946년 3월 6일 호찌민과 프랑스 대표인 쌩뜨니(Jean Sainteny)간의 잠정적 협정은 결말을 보았다.[53] 협정에 의하면, 첫째, 프랑스는 베트

---

50) Devillers, *Histoire du Viêt-Nam de 1940 à 1952*, 221면에서 재인용.

51) Vo Nguyen Giap, *Unforgettable Days*, 151면.

52) 같은 책, 168~70면.

53) 드골은 일본 항복 직후 프랑스의 영광을 되찾기 위해 다르장리외(Thierry d'Argenlieu) 제독을 인도차이나 고등판무관에 임명하고, 곧이어 남부에 쎄딜(Jean Cédile)을, 북부에

남민주공화국이 자신들의 정부와 국회, 그리고 군대와 재정권을 갖는 프랑스연합 내의 자유국가임을 인정한다. 둘째, 베트남정부는 프랑스군이 중국군을 대체하기 위해 북부 베트남으로 들어올 때 평화적으로 맞을 준비가 되어 있음을 선언하기로 한다. 셋째, 조약 당사국들은 즉시 적대관계를 해소하기 위한 모든 조치들을 취하며, 양쪽 군대는 각자 위치에 있으면서 앞으로의 평화적인 협상 분위기를 해치지 않기로 한다는 것이었다. 부칙으로 프랑스는 1만 5천명의 군대를 북으로 진주시켜 5년 동안만 주둔시킨다는 데 대해서도 합의가 이루어졌다.[54]

호찌민은 협정에 조인한 후 쌩뜨니에게 다음과 같이 말했다. "나는 협약에 만족하지 않는다. 왜냐하면 기본적으로 이긴 것은 당신이기 때문이다." 그러고는 "당신도 알다시피 나는 좀더 많은 것을 원했다. 그러나 당신이 하루아침에 모든 것을 가질 수 없으리라는 것도 이해한다"라고 덧붙였다.[55]

어떤 면에서 보면 잠정협정은 프랑스가 베트남민주공화국을 인정했다는 의미이기도 하다. 물론 프랑스측도 그나름의 계산이 있었다. 우선 북부에 발을 들여놓고 점차 무력을 사용하여 영향력을 확대해서 북부정권을 전복하고 이전처럼 베트남 전부를 통치하겠다는 것이었다. 그때문에 협상이 조인되었다는 소식에 베트남 여론은 들끓었다. 당시 보도에 따르면, 7일 새벽부터 베트남인들은 놀람과 분노로 어쩔 줄 몰라했다. 정부가 사람들에게 자제를 호소하면서 프랑스인 거주자들에게 도발적 행동을 삼가해 달라고 경고했지만 하노이의 상황은 걷잡을 수 없게 되었다.

쌩뜨니를 파견했다.

54) Devillers, *Histoire du Viêt-Nam de 1940 à 1952*, 225~26면; Porter, ed., *Vietnam*, Vol. 1, 96~97면; Allan W. Cameron, ed., *Viet-nam Crisis: A Documentary History*, Vo. I, Ithaca: Cornell University Press 1971, 77~79면.

55) Jean Sainteny, *Histoire d'une paix manqèe: Indochine, 1945~1947*, Paris: Amiot Dumont 1953, 167면.

이런 상황에 대처하기 위해 호찌민과 하이 퐁에서 돌아온 보 응우옌 지압은 하노이대극장 앞에 모인 10만여명의 군중에게 직접 다가갔다. 군중 속에서 반대자들이 소란을 피우는 일도 있었다. 극장의 발코니에서 두 사람은 왜 그들이 프랑스 식민당국의 복귀를 받아들였는가를 설득력 있으면서도 감동적으로 설명했다. 보 응우옌 지압은 여러가지 예를 들며 군중들을 설득하려 온갖 노력을 기울였다. 그는 '자유'국가와 '자치'국가 사이에는 많은 차이가 있음을 역설하면서, 자유베트남민주공화국은 자신들의 정부와 국회 및 군대를 가지게 되었는데, 이는 국내문제에 관한 한 근본적인 권리를 향유하게 되었음을 의미한다고 했다. 또한 프랑스가 끝까지 반대하던 남부의 통합 문제를 국민투표에 부치기로 한 점도 강조했다. 그런 경우 결국 남부는 조국의 품으로 틀림없이 돌아오게 되어 있다는 것이다. 그는 만여명의 프랑스군이 들어오면 거의 20만에 가까운 중국군대가 물러가게 될 것이라는 말과 함께 프랑스군대도 결국은 철수하여 베트남은 독립을 되찾을 수 있게 되리라는 점을 강조하는 것도 잊지 않았다.[56]

호찌민은 소란스런 군중들을 더욱 감동적인 말로 진정시켰다. "저, 호찌민은 우리 동포들과 조국의 독립을 위해 전생애를 바쳐 싸웠습니다. 나라를 배반하기보다는 죽음을 택할 것입니다. 나는 맹세코 여러분들을 배반하지 않을 것입니다."[57]

호찌민의 호소는 그날 모인 군중들을 어느정도 안심시켰지만, 일부 당원들을 포함해 많은 베트남인들은 여전히 협정에 대해 회의적이었다. 특히 민족주의자들은 호찌민이 속았다고 비난하면서 그를 가리켜 반역자[越奸]라고까지 했다.[58]

이런 상황에서 호찌민정부가 이미 중국에 가 있는 응우옌 하이 턴이나

<hr />

56) Vo Nguyen Giap, *Unforgettable Days*, 180~81면.
57) 같은 책, 183면; Devillers, *Histoire du Viêt-Nam de 1940 à 1952*, 231면.
58) *Vietnamese Studies* (Hanoi), No. 7, 1965, 51면; Duiker, *Ho Chi Minh*, 364면.

민족주의자들이 그곳에서 혹시 베트민에 대한 공격을 가하지 않을까 우려한 것은 당연하였다. 그리하여 호찌민은 베트남국민당의 지도자급 인사로 당시 중국정부와 연결이 되어 있던 외교부 차관 응이엠 께 또(Nghiem Ke To)를 단장으로 하는 3인 사절단을 충칭으로 보냈다. 사절단은 호찌민이 중국정부의 지도를 바라며, 앞으로 프랑스 식민주의에 대항할 군대를 증강시킬 것이라는 의사를 전했다. 한편 호찌민 자신은 중국 주둔군에게 프랑스에 압력을 가해 베트남과의 잠정적 협정을 빨리 서둘러 공식화하게 함과 동시에 프랑스와의 정식조약이 맺어지기 전에는 떠나지 않도록 요청했다.[59]

리엔 비엣

호찌민의 요청에도 불구하고 결국 중국군은 조약이 맺어지기 전인 6월 소수의 병력만 남겨놓고 철수하였다. 이에 호찌민은 국내의 베트민에 반대하는 세력들을 형식상 규합하기 위해 '베트남국민연합회(Hội Liên-Hiệp Quốc-Dân Việt-Nam)', 약칭 '리엔 비엣(Liên Việt)'을 조직했다. 이 단체는 호찌민의 독립과 민주주의 및 번영이라는 계획에 따라 인종과 종교 및 계급에 관계없이 모든 베트남인의 통합을 표방했지만[60] 실제로는 어디까지나 베트민이 주도권을 장악하고 반대파들에게 압력을 가하고자 하는 데 속뜻이 있었다.

이를 모를 리 없는 베트남국민당과 동맹회 지도자들은 위협을 느끼고 중국과 인접한 국경지대로 도피하여 그들 나름의 군대를 조직했다. 베트

---

59) Chen, *Vietnam and China, 1938~1954*, 148~49면. 보 응우옌 지압에 의하면, 외교부 부장 응우옌 뜨엉 땀이 제안한 것으로 되어 있다. Vo Nguyen Giap, *Unforgettable Days*, 199~200면.
60) 같은 책, 230면.

민은 이를 구실로 무력행사를 하는 동시에 프랑스군에게 이들 지역의 일부 점거를 허용하며 협조를 구했다. 프랑스군은 두 민족주의 단체가 친중국적으로 베트민보다 프랑스에 더 반대한다고 생각하여 베트민측을 도와주었다.[61]

1946년 8월 중국군 잔여 부대마저 철수하자 베트남국민당과 동맹회 세력은 거의 제거되었고 지도급 인사들은 중국으로 떠났다. 이미 7월에 응우옌 뜨엉 땀은 난징(南京)으로 가 국민당의 도움을 요청했고, 베트남국민당의 또다른 주요 당원인 부 홍 카인(Vu Hong Khanh)은 광시와 광둥의 군벌들과 다시 접촉했다. 응우옌 하이 떤은 광둥 성장(省長)인 장 파쿠이의 보호 아래 광저우에 머물렀다.[62] 그러나 몇몇은 하노이에 그대로 남기도 했으니, 베트남국민당원으로 경제부 부장인 쭈 바 프엉(Chu Ba Phuong)과 동맹회의 일원이면서 농업부 차관인 보 쑤언 루엇(Vo Xuan Luat)이 그 좋은 예이다.[63]

한편 4월 17일 베트민정부와 프랑스는 3월에 맺은 잠정협정의 정식조약 문제를 논의하기 위해 다 랏(Da Lat)에서 만났으나 인도차이나연방의 지위 및 베트남민주공화국의 주권을 둘러싸고 처음부터 난항을 겪었다. 프랑스측은 코친차이나는 식민지였기 때문에 절대로 양보할 수 없다고 했고, 베트민측은 남부는 베트남의 일부로 인종적·지리적·역사적 및 문화적으로 보아 분리될 수 없다는 주장이었다. 마침내 회의는 커다란 차이만을 낳고 결렬되고 차후 회의 장소는 프랑스로 옮겨지게 되었다.

---

61) Chen, *Vietnam and China, 1938~1954*, 151면.
62) Devillers, *Histoire du Viêt-Nam de 1940 à 1952*, 381면.
63) Hammer, *The Struggle for Indochina, 1940~1955*, 176면.

퐁뗀블로회담

팜 반 동을 단장으로 하는 베트민 대표단이 프랑스로 떠나고 호찌민은 귀빈으로 초대되어 5월 말 출발했다. 그는 출발하기 전 샤오 원에게 세가지 원칙, 즉 친중국정책을 취한다는 것과 프랑스에 굴복하지 않겠다는 것, 그리고 앞으로 50년 동안은 공산주의 강령을 추구하지 않겠다는 것을 밝혔다.[64] 이는 프랑스와의 협상에서 중국의 지지를 얻으려고 한 점도 있지만, 그보다는 프랑스에 간접적으로 압력을 가하려는 의도였던 것으로 보인다.

호찌민이 출발한 직후인 6월 1일 프랑스는 코친차이나공화국의 수립을 선포하고 내각을 구성했다.[65] 코친차이나공화국은 순전히 프랑스측이 호찌민정부에 대항하기 위해 만든 것이었다. 따라서 그것은 어떤 의미에선 형식상으로만 존재했다고 보아도 좋다. 실제로 코친차이나공화국은 프랑스의 통제하에 놓여 있었다. 이는 공화국의 수상인 응우옌 반 틴(Nguyen Van Thinh)의 다음과 같은 말에도 그대로 나타나 있다. "나는 광대놀이를 하도록 요구되었고, 내각이 바뀐 후에도 그 놀이는 계속될 것이다."[66] 호찌민은 코친차이나공화국 수립 소식을 프랑스로 가는 선박에서 들었다.

프랑스의 총선거가 마침 6월 2일이라 회담은 베트민 대표단이 도착하고 나서 한참 기다린 뒤 7월 6일에야 퐁뗀블로(Fontainebleau)에서 개최되었다. 그때까지 정권을 장악하고 있던 사회당이 물러나고 우익 그리스도교 민주당이 들어서면서 회담 분위기는 베트남측에 더욱 불리해졌다. 다 랏

---

64) Chen, *Vietnam and China, 1938~1954*, 149면.
65) 내각명단에 대하여는 黃文歡 著, 文庄·侯寒江 譯『滄海一粟』, 215면 참고.
66) *New York Times*, 1946년 11월 11일자. Hammer, *The Struggle for Indochina, 1940~1955*, 181면에서 재인용. 응우옌 반 틴의 직함을 영어로 president라고 했으나, 베트남어 공식 명칭은 수상(thu tuong)이었다.

에서와 마찬가지로 코친차이나문제가 회담의 장애물이 되었다. 베트민 대표단의 일원인 즈엉 바익 마이(Duong Bach Mai)는 전체 회의에서 다음과 같이 분명히 말했다. "이 회의 결과는 세 지역[북부·중부·남부]의 문제와 밀접히 관련되어 있습니다. 코친차이나를 베트남에서 떼어놓으려고 한다면, 프랑스와 베트남 사이에 협상은 가능하지 않을 것입니다. 모든 것은 코친차이나 문제와 양국의 친선에 달려 있습니다."[67] 결국 양측은 합의점을 찾지 못한 채 회의는 9월 10일 결렬되고 말았다.

퐁뗀블로회담의 실패에 대해 프랑스 좌파 언론은 일반적으로 베트남측에 대해 동정적인 논지를 펴면서 다르장리외 제독의 소환을 요구했다. 반면에 보수적 경향의 신문들의 견해는 달랐다. 『르 피가로』(Le Figaro) 같은 경우는, 프랑스와 베트남이 거의 합의점에 도달했는데, 좌파 신문들의 공격으로 베트남측이 계속 버티면 지지를 얻을 수 있으리란 기대로 극단적 조건들을 주장함으로써 회담이 결렬되었다고 했다.[68]

호찌민은 베트남 대표단을 먼저 귀국하게 한 다음 9월 14일 자정 무렵 프랑스 해외영토 장관인 무떼(Marius Moutet)를 찾아갔다. 그리고는 그와 함께 빠리에 온 쎙뜨니와 무떼에게 다음과 같이 말했다. "이대로 나를 떠나게 하지는 마시오. 과격론자들에게 대처할 만한 무언가를 주시구려. 결코 후회하지는 않을 것이오."[69]

그리하여 겨우 맺어진 것이 양국간의 중대 쟁점은 피하고, 경제와 문화 및 사회질서의 유지에 상호협력한다는 모호한 '잠정협정'이었다. 그리고 프랑스에 있는 베트남인처럼 베트남에 체류하는 프랑스인들도 그 나라 사람들과 같은 자유를 누림은 물론 언론과 사업 등의 자유와 같은 일반적으

---

67) Devillers, *Histoire du Viêt-Nam de 1940 à 1952*, 299면.
68) *Le Figaro*, 1946년 9월 12일자. Hammer, *The Struggle for Indochina, 1940~1955*, 172면 에서 재인용.
69) Sainteny, *Histoire d'une paix manqèe*, 209면.

로 말하는 모든 민주적 자유가 보장되게 되었다.[70]

호찌민이 프랑스로 떠날 때, 저명한 한학자이자 중도파 내무부 부장인 후인 툭 캉(Huynh Thuc Khang)에게 주석 대행을 하게 했는데, 실제로 권력을 행한 것은 보 응우옌 지압이었다. 예컨대, 1946년 9월 2일 베트남민주공화국 수립 일주년 기념식에서 그동안 베트민의 성과에 대해 긴 연설을 한 이는 후인 툭 캉이 아니라 보 응우옌 지압이었다.[71] 그뿐만 아니라 보 응우옌 지압은 호찌민정부의 권력을 강화하기 위해 우파 인사나 회담에 반대하는 자 등 다수의 적대자들을 무자비하게 숙청했다.

10월 20일 호찌민이 하노이에 돌아왔을 때, 많은 이들은 그가 너무 타협적이며 프랑스의 요구에 많은 것을 양보했다고 생각했다. 이로 인해 반대파들의 격렬한 반발을 사지 않을까 하는 우려의 목소리가 베트민 내에서도 있었다. 그러나 호찌민 자신은 프랑스에 대해 온건한 정책을 취한 것이 충분히 현실적이었다고 믿었다. 귀국 후 자신의 정책을 설명하고 정당화하기 위해 가진 기자회견에서 호찌민은 다음과 같이 말했다.[72]

우리는 확실히 독립과 통합을 획득했으며 또한 프랑스연합 내에 머물기를 결정했습니다. 프랑스는 민주주의와 자유를 사랑합니다. 그런 프랑스가 베트남을 받아들이지 않을 이유는 없습니다. 그리하여 나는 빠리 정부가 최근의 조약을 충실히 이행할 의지가 있다는 것을 보증합니다. 이 잠정협정은 1947년 1월 협상을 재개하기 전 양국관계를 용이하게 하기 위해 필요합니다.

그리고 이어서 10월 29일에는 보 응우옌 지압에게 남부 전투의 휴전을

---

70) Cameron, ed., *Viet-nam Crisis*, Vol. I, 86~89면; Devillers, *Histoire du Viêt-Nam de 1940 à 1952*, 307, 309~10면.

71) Chen, *Vietnam and China, 1938~1954*, 156면.

72) Devillers, *Histoire du Viêt-Nam de 1940 à 1952*, 312면.

명령하도록 했다.[73]

호찌민의 타협 방침은 현실적 판단에서 이루어졌다. 당시 베트민의 군사력은 매우 취약하여 프랑스군에 대항할 수 없었다. 그때문에 타협책은 일시적 방편에 지나지 않는 것이었다. 힘이 주어진다면 그는 언제든 대항할 준비가 되어 있었다. 이런 점에서 호찌민은 확실히 누구보다도 정세 판단력이 정확했다고 할 수 있겠다.

호찌민이 타협안을 굳히자 베트민은 반대할 가능성이 보이는 이들을 모두 제거하기로 결의하고 신속히 움직였다. 10월 23일과 27일에 경찰 꽁 안(Cong An, 公安)을 동원해서 2백여명의 요주의 인물들을 체포하고, 그중 몇명은 살해하기까지 했다.

10월 28일 분위기가 쇄신된 가운데 시립극장에서 291명의 대표가 참석한 제2차 국회가 개최되었다. 반대파인 베트남국민당과 동맹회 소속의원은 많은 수가 숙청되어 6개월 전에 할당된 70명 중 37명만이 참석했다.[74] 호찌민은 자신을 비롯한 내각 전원의 사직원을 제출했고, 국회는 다시 그에게 재구성을 맡겼다. 그리하여 호찌민을 주석으로 하는 새 정부가 구성되었는데, 그는 외교부 부장을 겸하고 보 응우옌 지압은 국방부 부장이 되었다. 중립적 인물로 내무부 부장에 임명된 후인 툭 캉을 제외하면 부장 전원이 베트민 또는 그 동조자들이었다. 이제 베트민은 정부와 국회 및 군부를 완전히 장악하였고, 그 누구도 프랑스와의 잠정협정에 반대하지 못하게 되었다. 한편 11월 8일 국회는 242명 중 240명의 찬성으로 신헌법을 통과시켰다.[75]

---

73) *Vietnamese Studies* (Hanoi), No. 7, 1965, 93면.

74) Chen, *Vietnam and China, 1938~1954*, 156면, n. 3. 드빌레는 전부 210명이 참석했고, 반대파는 20여 명뿐이었다고 했다. Devillers, *Histoire du Viêt-Nam de 1940 à 1952*, 313면.

75) Vo Nguyen Giap, *Unforgettable Days*, 343면; Devillers, *Histoire du Viêt-Nam de 1940 à*

제2차 국회가 열려 새로운 정부를 구성한 목적은 프랑스와의 협력을 용이하게 하기 위함이었다. 물론 표면상은 그러했지만, 실제로는 반드시 그렇지만도 않았다. 새 헌법 제2조는, "베트남의 영토는 북부·중부·남부로 구성되며, 이는 하나로서 결코 분리될 수 없다"는 것을 분명히했다.[76] 그러나 다르장리외 제독은 즉각 "남부는 프랑스의 영토로, 프랑스 의회만이 그 지위를 결정할 수 있다"고 반박했다.[77] 이러한 베트민정부와 프랑스의 태도로 볼 때 양자의 충돌은 불가피하고, 이제 충돌은 시간문제일 뿐이었다.

1952, 314면.

76) Cameron, ed., *Viet-nam Crisis*, Vol. I, 90면.

77) Chen, *Vietnam and China, 1938~1954*, 158면,

제3장 인도차이나전쟁과 중국

1. 호찌민정부와 프랑스군의 충돌

인도차이나전쟁의 발발

호찌민과 프랑스 사이의 대화에도 불구하고 양측의 긴장관계는 고조되어만 갔다. 이곳저곳에서 베트민과 프랑스군 사이에 조그만 충돌이 벌어졌다. 1946년 9월 30일부터 효력을 발생하기로 한 잠정협정은 아무런 효력도 없었다. 상호 적대적 행동과 폭력을 중지키로 한 규약은 사문화되고 말았다. 마침내 문제는 하이 퐁 항구에서 발생했다.

잠정협정의 효력 발생 이전인 9월 10일 프랑스의 통킹 판무관은 다르장리외의 지시에 따라 하이 퐁 항구의 관세권을 10월 15일부터 접수한다고 발표했다.[1] 호찌민정부는 당시 재정난을 겪고 있어서 관세 수입이 매우 중

---

1) Vo Nguyen Giap, *Unforgettable Days*, 349면; Devillers, *Histoire du Viêt-Nam de 1940 à 1952*, 314면.

요했다. 그리하여 호찌민은 11월 11일 프랑스 수상 비도(Georges Bidault)에게 프랑스 판무관의 관세권은 잠정협정의 위반임을 지적하고 철회를 요구했으나 받아들여지지 않았다. 그러던 중 11월 20일 프랑스 초계정이 하이 퐁에 입항한 중국 선박을 나포하자, 베트남군은 해안에서 프랑스 선박에 사격을 가해 마침내 총격전이 벌어졌다. 같은 날 랑 썬에서도 충돌이 일어났다. 프랑스 전범조사단은 그곳에서 1945년 3월 일본군에 의해 살해된 프랑스군의 묘지를 조사하던 중이었다. 이들을 호위하던 프랑스군 10명 가량이 사망했다.[2] 이는 제1차 인도차이나전쟁의 발단이 되었다.

당시 빠리에 있던 다르장리외는 전문을 보내 베트민에 대해 군사행동을 하도록 지시하고, 그의 대행자인 발뤼(Jean Valluy) 장군은 하이 퐁에 있는 프랑스군 사령관에게 시가지를 점령하라는 명령을 내렸다. 11월 23일 정오 프랑스군 사령관은 중국인 거주지 내에서 베트민군대가 2시간 내에 철수하도록 최후통첩을 보냈는데,[3] 중국과의 관계를 고려한 조치였을 것이다. 이후 프랑스 함대는 대대적인 포격을 가했다. 포격으로 사망한 베트남인은 6,000명이었다고 하며, 그중 화교 사상자와 실종자는 500명~1,000명이고, 이들의 재산피해는 1천만~4천만 피아스터에 달했다고 한다.[4] 이처럼 화교 피해가 많은 것은 적지 않은 수의 베트민군대가 화교 거주구역에 주둔해 있었기 때문이다. 주둔의 목적은 두가지로, 하나는 베트남인 거주지에 대한 피해를 줄이려는 것이고, 다른 하나는 화교들을 강압적으로라도 자기편으로 끌어들이려는 데 있었다.[5] 그러나 당시 하이 퐁 시위원회 위원

2) Hammer, *The Struggle for Indochina, 1940~1955*, 182면.
3) Vo Nguyen Giap, *Unforgettable Days*, 351면; Chen, *Vietnam and China, 1938~1954*, 158면.
4) 『中央日報』(南京), 1947년 1월 18일자; 『解放日報』(延安), 1946년 12월 18일자. Chen, *Vietnam and China, 1938~1954*, 171면에서 재인용.
5) 같은 곳.

장은 후일 전체 사망자가 500~1,000명 정도인 것으로 회고하고 있다.[6]

호찌민은 12월 12일 수상에 취임한 옛 사회당 동지인 레옹 블륌(Léon Blum)에게 15일 전문을 보내 양측 군대는 11월 20일 이전의 위치로 돌아가 협상을 시작하자고 제안했다. 그러나 전문은 곧바로 전해지지 않고 싸이 공에서 의도적으로 지체되었다가 12월 26일에야 전달되었다.[7] 이 사이에 베트민 내에서도 강경파가 득세하여 프랑스 군인과 민간인에 대한 습격이 그치지 않았고 이에 맞서 프랑스군의 보복도 심해져서 그 여파가 하노이 에까지 미쳤다. 12월 19일 밤 베트민은 하노이의 발전소를 파괴하고 시내 곳곳에서 프랑스군을 공격했다. 프랑스군은 우세한 화력을 앞세워 공격을 막아내고 다음날에는 하노이 중심부를 장악하기에 이르렀다. 20일 하노이 를 탈출한 호찌민은 21일 베트남인들에게 독립과 남부 통일을 위해 최후 까지 투쟁할 것을 호소하는 동시에, 프랑스인들이나 2차 세계대전 때의 연 합국들과 왜 싸워야 하는가를 설명했다.[8] 이에 맞서 프랑스군이 23일 북부 와 중부의 북쪽지방에 계엄령을 선포하자 사태는 걷잡을 수 없이 악화되 었다.

프랑스군 소속 베트남 군인들에 비해 베트민군대의 사기가 월등히 높아 전쟁을 오래 끌 수 있을 듯 보였지만 문제는 재원 부족이었다. 그들은 국제 적 지원, 특히 중국의 도움을 원했다. 12월 29일 호찌민이 프랑스의 침략으 로 화교들의 생명과 재산이 위협을 받는다고 하면서, 베트남정부는 그들 의 생명과 재산을 보호하기 위해 모든 노력을 다하겠다고 한 것은[9] 이러한

---

6) Spencer C. Tucker, *Vietnam*, London: UCL Press 1999, 47면.

7) Devillers, *Histoire du Viêt-Nam de 1940 à 1952*, 351~52면.

8) Ho Chi Minh, "To the Vietnamese People, the French People and the People of the Allied Nations," Ho Chi Minh, *Selected Writings, 1920~1969*, 69~71면.

9) Trung Tâm Nghiên Cứu Trung Quốc, *Quan Hệ Việt Nam-Trung Quốc, những sự kiện 1945~1960*(베트남-중국 관계 사건들 1945~1960), Hà Nội: NXB khoà học xa hội 2003, 20면.

맥락에서였다고 보아 틀림없다. 실제로 베트민은 프랑스군이 하이 퐁과 하노이를 점령한 후 사방으로 흩어진 화교들에게 음식물을 제공했다.

중국 국민당정부는 화교의 생명과 재산에 대하여는 관심을 가졌지만, 호찌민의 성명에 대해서는 아무런 반응도 보이지 않았다. 호찌민의 성명 발표 이전에 중국정부는 프랑스에게 인도차이나에서의 권위를 인정하며 베트남정부와는 외교관계의 뜻이 없음을 밝혔지만,[10] 그후에도 공산당과의 내전이 심각해지면서 베트남문제에 관심을 가질 겨를이 없었다.

당시 미국 국무부장관 마셜(George C. Marshall)의 주도하에 국민당정부의 장 췬(張群)과 공산당의 저우 언라이로 구성된 3인위원회는 1946년 1월 10일 양자간에 적대행위를 중지한다는 데 합의했다. 하지만 국민당원 일부는 이에 대해 크게 불만을 나타냈다. 이런 가운데 4월 15일 소련이 만주의 창춘(長春)으로부터 철수한 바로 그날 공산당은 1월에 합의한 적대행위 금지를 위반하고 공격을 감행하여 4월 18일 시내를 점령했다.[11] 이로부터 양자는 만주지역의 지배권을 둘러싸고 공격과 반격, 협상과 재협상을 거듭하게 되는바, 그런 와중에 평화를 기대하기는 어려운 일이었다. 따라서 베트남문제가 국민당정부의 관심을 끌 수 없었던 것은 당연했다.

레옹 블룸

이에 앞서 프랑스 블룸 수상은 프랑스연합 내에서의 베트남독립을 인정한다고 강조하면서 무엇보다 질서회복이 급선무임을 천명하고, 베트남 정세를 파악하기 위해 무떼 장관을 파견했다. 그러나 12월 26일 싸이공에 도

---

10) Hammer, *The Struggle for Indochina, 1940~1955*, 185면.
11) U.S. Department of States, *United States Relations with China: With Special Reference to the Period 1944~1949*, Washington D.C.: U.S. Government Printing Office 1949, 137~38, 149~50면.

착한 무뗴는 며칠 후에 한 연설에서 호찌민이 협상을 하자고 하더라도 조심스럽게 검토해야 한다고 하는가 하면, 다른 곳에서는 협상을 하는 경우 그 상대는 베트남을 진정으로 대표할 수 있는 사람이어야 한다고 하여[12] 호찌민과 협상할 뜻이 없음을 분명히 밝혔다. 무뗴보다 이틀 앞서 싸이공으로 급히 돌아온 다르장리외는 1947년 1월 공산주의는 베트남에서 가장 위협적인 존재라고 강조했을[13] 뿐만 아니라 한걸음 더 나아가 베트남은 이전의 군주제로 돌아가야 한다고 주장하면서 바오 다이 황제의 복위까지 암시했다.[14]

이러한 상황에서 베트민은 화교에 대한 중국정부의 구조를 요청한다는 구실로 대표단을 파견하려 했다. 그렇지만 좀더 근본적인 이유는 중국정부의 도움을 요청하기 위해서였다. 그들은 베트남과 중국이 긴밀히 협조한다면 옌안의 과격분자들이 베트남정부에 침투해 양국관계를 해칠 수 없을 뿐만 아니라 중국의 서남부를 프랑스 제국주의에게 잃지 않을 수 있다는 식으로 설명하여 중국정부를 설득하고자 했던 것이다. 그러한 계획은 1947년 3월의 전에 없이 대대적인 프랑스의 공세로 인해 이루어지지 못했다.[15] 이때 프랑스군은 남부 증원군 확보와 화력의 절대적 우세로 그해 3월 남 딘까지 점령하여 호찌민정부의 괴멸은 시간문제처럼 보였다.

다른 하편 광저우에 머무르고 있던 응우옌 하이 턴과 응우옌 뜨엉 땀은 프랑스가 바오 다이에 관심을 보이자 이를 좋은 기회로 여겼다. 이들은 베트남국민당, 베트남혁명동맹회, 가톨릭교도 및 불교도 등과 연합하여 바

---

12) Devillers, *Histoire du Viêt-Nam de 1940 à 1952*, 361, 364면.

13) *New York Times*, January 27, 1947. Virginia Thomson and Richard Adolff, *The Left Wing in Southeast Asia*, New York: William Sloane Associates 1950, 43면에서 재인용.

14) *Journal Officiel, Assemblée de l'Union Française*, January 19, 1950, 49면. Hammer, *The Struggle for Indochina, 1940~1955*, 208면에서 재인용.

15) Chen, *Vietnam and China, 1938~1954*, 172면.

오 다이를 추대하여 새로운 정부를 조직할 계획을 세웠다. 이러한 목적을 위해 중국에 구체적인 원조를 청했다. 그 내용은, 첫째 경제원조로 4억 위안(元)을 제공해줄 것, 둘째 송신기와 수신기 수를 늘려줄 것, 셋째 변경 이용의 편의를 봐줄 것, 넷째 신정부 수립 후 프랑스와의 담판에서 중국이 도와달라는 것 등이었다.[16]

중국국민당 중앙부서는 요청서를 면밀히 검토한 후 신정부 수립에 대해 반대의견을 밝혔다. 그러면서 베트남의 각 당파가 베트민과 통합할 것을 촉구했다. 그 이유로 다음 두가지를 들고 있다. 하나는 베트민이 이미 전력을 다해 민족해방을 위해 싸우고 있는데 다른 당파가 제동을 걸면 승리는 어려울 것이라는 점과 다른 하나는 베트민이 비록 좌경 색채를 띠고 있지만 프랑스와 싸우고 있는데 중국이 돕지는 않더라도 다른 정권이 들어선다면 프랑스의 괴뢰정권으로 보일 것이 분명하고, 그런 경우 베트남인들은 중국을 의심하는 동시에 베트민 쪽으로 더욱 기울게 될 우려가 있다는 것이었다.[17]

결국 중국정부는 자신의 이해관계를 고려하여, 베트남과 프랑스의 개전 초기에 베트남 내부문제에 개입하기를 꺼려했다. 다시 말하면, 베트민이 비록 좌파라고 하더라도 당시 가장 조직력이 강력한 만큼 이를 공연히 적대시할 필요성이 없다는 판단에서 내린 결정이었다.

1947년 4월 새로운 인도차이나 고등판무관에 임명된 볼레르(Emile Bollaert)가 도착하여 화해적인 태도를 보이자 전쟁은 평화적으로 타결될 수 있다는 한가닥 희망이 보이는 듯했다. 호찌민은 협상을 제안했고, 이에 응해 볼레르는 저명한 인도차이나 전문가인 동시에 베트남 지인들이 많은 뿔 뮈스(Paul Mus)를 밀사로 보냈다. 뮈스는 호찌민과 솔직하게 이야기를

---

16) 羅敏「戰後中國對越政策的演變」, 100면.
17) 같은 곳.

나눌 수 있었지만, 단순한 전달자에 지나지 않았다. 그가 호찌민정부의 적대행위 중단과 프랑스군의 자유로운 이동 허용 및 포로석방을 말하자, 호찌민은 겁쟁이나 하는 짓이라며 즉석에서 그 제안을 거절했다.[18] 이후에도 몇차례 협상이 시도되었지만 의견이 좁혀지지 않아 별다른 성과는 없었다. 당시 프랑스 정치권은 1940년 독일에 훼손된 자존심 회복을 위해 정부가 강경한 태도를 취해야 한다고 주장했다.[19] 호찌민과 뮈스의 협상 실패 직후 볼레르가 "프랑스는 인도차이나에 계속 머무를 것이고, 인도차이나도 프랑스연합 내에 남아 있을 것이다"라고[20] 한 것도 이러한 배경에서 나온 발언이다.

프랑스측은 아직 완전히 호찌민에 대해 등을 돌리지는 않았지만, 가능하면 베트민 외의 인물들이 민족주의운동에서 주도권을 쥘 수 있도록 권장했다. 이런 의도에서 1947년 3월 프랑스의 밀사는 홍콩에 있는 바오 다이와도 접촉을 가졌다. 이 사실은 응우옌 하이 턴 등을 통해 중국정부에 알려졌다. 국민당 중앙부서에서는 베트남 각 당파들이 협력하여 베트남과 프랑스 간에 평화를 주선하게 하자는 의견이 제기되었다.[21]

이를 감지한 호찌민은 그럴 경우 베트남국민당과 동맹회 등의 영향력이 커질 것을 우려해, 사전에 자신의 기반을 확대할 계획으로 개각을 단행했다. 그리하여 자신의 정책을 지지하기만 하면 비공산주의자들도 각료로 참여시켰다. 최측근인 팜 반 동과 보 응우옌 지압은 형식상 뒤로 물러나 있

---

18) Devillers, *Histoire du Viêt-Nam de 1940 à 1952*, 389~90면.

19) 정치권과는 달리 일반 프랑스 사람들은 인도차이나 전쟁을 '그들의 전쟁'으로 생각하지 않았다. 그것은 그저 '머나먼 전쟁(guerre lointaine)'일 뿐이었다. 이재원 「인도차이나전쟁(1946~1954)을 통해서 바라본 프랑스인들의 식민지관」, 『프랑스사연구』 9호, 2003, 127면.

20) *Le Monde*, Mai 1, 1947. Hammer, *The Struggle for Indochina, 1940~1955*, 209면에서 재인용.

21) 羅敏 「戰後中國對越政策的演變」, 102면.

게 하고, 그때까지 남아 있던 베트남국민당 각료는 축출하였다.

때마침 중국의 전세(戰勢)는 국민당에게 유리하게 전개되는 듯이 보였다. 1946년 7월 내전이 전면화된 이후 10월 10일 국민당 군대는 공산당의 제2 근거지인 러허(熱河) 지방의 장자커우(張家口, 다른 말로 Kalgan)를 어렵지 않게 손에 넣고 이듬해 3월 중순에는 공산당의 근거지인 옌안까지 점령했다. 이리하여 무력에 의한 해결을 확신한 국민당 참모장은 공산당은 6개월 이내에 패배할 것이라고 주장했다. 장 제스 총통 역시 주중 미국대사에게 8월 말이나 9월 초까지면 공산당군대는 섬멸되든가 아니면 적어도 오지로 쫓겨나게 될 것이라고 공언할 정도였다.[22]

중국의 정세를 보면서 호찌민은 국민당정부와 친선관계를 맺는 것이 좋겠다는 생각을 했다. 그의 이런 생각은 1947년 여름 어느 외신기자에게 한 말을 보면 금방 알 수 있다. "프랑스 식민주의자들은 쑨 원의 삼민주의를 맑스의 계급투쟁으로 잘못 알고 있지만, 우리는 그것이 아시아의 위대한 혁명원리임을 깨닫고 있다."[23] 호찌민이 전에도 삼민주의에 대해 몇차례 비슷한 이야기를 한 적이 있었지만, 이렇게 중국 당국이 아닌 외신기자에게 한 것은 처음이었다. 이는 그가 기사를 통해 국민당정부의 호감을 사려 하였다고 보아도 틀림없다. 이러한 추측은 곧이은 그의 사절 파견 제안에 의해 입증된다.

호찌민은 개각을 단행한 지 한달 후인 1947년 8월 난징의 중국정부에 친선사절단을 파견할 계획이라는 전문을 보냈다.[24] 국민당 내부에서는 베트남에 대한 정책에 좀더 적극적이어야 한다는 의견이 있어 사절의 파견을 환영한다고 하면서, 베트남의 독립투쟁에 대해 동정의 뜻을 표하는 동

---

22) U.S. Department of States, *United States Relations with China*, 196, 237~38면.

23) *Bulletin* of Vietnam-American Friendship Association, New York July 7, 1947. Thomson and Adolff, *The Left Wing in Southeast Asia*, 42면에서 재인용.

24) Chen, *Vietnam and China, 1938~1954*, 177면.

시에 베트남이 독립하기 위해서는 베트민이 다른 모든 당파들과 협력해야 한다고 권유했다. 그러면서 중재자의 역할을 할 의도로 홍콩에 있는 바오 다이에게 난징에서 열릴 베트민과의 회합에 대표를 보내달라고 했다. 하지만 그때까지 프랑스가 바오 다이에 대해 애매한 태도를 취하고 공개적인 지지를 분명히하지 않자 호찌민은 베트남 정세를 관망하면서 중립적 입장으로 바뀌었다.[25)]

그럼에도 불구하고 호찌민은 예정한 대로 자신이 신임하는 응우옌 득 투이(Nguyen Duc Thuy)를 단장으로 하는 7인의 사절단이 까오 방을 떠나 중국 쌍십절에 맞추어 난징에 도착하도록 했다. 그러나 10월 초 프랑스군의 새로운 공세로 사절단의 출발은 지연되었다.[26)]

우수한 화력을 앞세운 프랑스군의 전략은 인구 중심지와 전략의 요충지를 확보한 다음 주변 각지로 군대를 보내 적군을 평정한다는 것이었다. 이 전략은 은폐물이 적은 모로코의 사막지대에서는 상당한 성과를 거두었지만, 베트남 북부지방은 산악과 정글이 많아 프랑스군은 고전을 면치 못했다. 산악과 정글에서는 베트민이 농민을 규합하여 시간이 갈수록 그 세력이 커지고 있었다. 일설에 의하면, 이무렵 베트남과 광시 성 국경지대의 중국공산당 군대 장교들이 타이 응우옌 간부훈련소라든가 박 장(Bac Giang) 성 지방으로 파견되어 1947년 7월까지 830명 이상의 베트민 장교와 병사들을 훈련시켰다고 한다.[27)]

---

25) 같은 책, 177면; 羅敏「戰後中國對越政策的演變」, 102면.

26) Chen, *Vietnam and China, 1938~1954*, 177면.

27) Zhai Qiang, *China and the Vietnam Wars, 1950~1975*, Chapel Hill: University of North Carolina Press 2000, 12면. 이들 중국 공산군은 일본이 항복한 후 중국 내전이 벌어지면서 국민당 군대의 공격을 피하여 일시 베트남으로 들어온 부대였다.

레아 작전

프랑스군은 1947년 10월 초 이른바 '레아 작전(Opration Lèa)'으로 난국을 타개하려 했다. 작전의 목적은 8,000km²에 달하는 호찌민정부군의 거점인 험난한 산악지대를 점령하는 데 있었다. 프랑스군은 1만 2천명의 병력을 투입하여, 한 부대는 배로 홍 강과 로(Lo) 강을 거슬러올라가고, 다른 한 부대는 랑 썬을 출발하여 까오 방을 점령한 다음 남하하여, 두 부대가 베트민의 중심부인 박 깐(Bac Can)을 동시에 공격하는 양면작전을 폈다. 이러한 공격으로 호찌민정부군은 막대한 피해를 입었다.[28]

프랑스군은 호찌민정부의 지배하에 있던 몇몇 도시를 점령하는 한편 보급과 무기 생산시설을 파괴하고, 수천명에 달하는 호찌민정부군을 사살하거나 생포했다. 그러나 병력 부족으로 프랑스군은 얼마 후 점령지에서 철수하지 않으면 안되었다. 이후 전선은 산악지대와 델타지대를 경계로 나누어지고 전쟁은 교착상태에 빠졌다.

12월 초까지 계속된 프랑스의 공격 와중에, 호찌민은 응우옌 득 투이로 하여금 중국 징시에 먼저 가서 다른 사절단원들을 기다리게 했다. 그러나 그가 징시에 도착하자 공산주의자라는 이유로 지방당국에 의해 체포되었다.[29] 호찌민이 난징정부와 충분한 사전준비 없이 성급하게 그를 보낸 실책으로 보인다. 만약 연락이 잘되었더라면 중앙정부는 징시 당국에 응우옌 득 투이의 도착을 알렸을 것이고, 그렇다면 그가 체포되는 일은 없었을 것이다. 호찌민의 사전준비가 충분치 않은 것은 프랑스의 공격이 급박한 와중이었기 때문일 것이다.

징시 당국은 응우옌 득 투이에게 베트남에서 중국공산주의 분자들을 축

---

28) Tucker, *Vietnam*, 55면.
29) 이 내용과 이하의 서술은 주로 다음에 의거했다. Chen, *Vietnam and China, 1938~ 1954*, 178~79면.

출하도록 베트민에게 촉구하는 편지를 쓰라는 요구를 받고, 자기의 임무를 고려하여 그대로 했다. 뿐만 아니라 중국과 베트남은 진실로 친선관계를 확립하기 바란다는 내용 등의 성명서에도 서명을 했다. 응우옌 득 투이가 서명한 것은 강요에 의해서만이 아니라 베트민이 중국과 프랑스 사이에서 확고한 태도를 취하지 않는다면 중국과 미국의 지지를 받을 수 없다고 생각했기 때문이기도 했다.[30]

응우옌 득 투이는 징시에서 몇달간 구금상태에 있었다. 1948년 2월 응우옌 득 투이의 편지를 받고 나서야 호찌민도 난징정부도 비로소 그의 소재를 알았다. 그의 체포는 호찌민이 국민당정부와 친선관계를 맺으려는 노력에 찬물을 끼얹었지만, 호찌민은 형식상 응우옌 득 투이가 한 약속을 지켰다. 구이린에서 발행되는 『중앙일보(中央日報)』에 의하면, 호찌민은 자기 점령지역 내 중국공산당원들에게 다른 곳으로 옮기라는 압력을 가했다고 한다.[31]

응우옌 득 투이는 이후 난징까지 가지 않고 1948년 늦봄 베트민 점령지역으로 되돌아왔다. 이는 아마도 호찌민의 명령에 의한 것인 듯하다. 미완으로 끝난 응우옌 득 투이의 임무는 중국대륙이 공산화되기 이전 호찌민이 국민당에 보낸 마지막 사절이었다.[32] 이무렵 중국대륙에서는 전세가 역전되어 사태가 공산당에 유리하게 전개되자 호찌민은 전황을 유심히 살피며 이제까지의 전략을 재검토하지 않을 수 없었다. 1947년 12월부터 공산군은 공세를 취하기 시작하여, 우선 린 뱌오(林彪)의 동북야전군이 이듬해 9월부터 시작된 만주의 중심지역을 둘러싼 공방전인 랴오선(遼瀋, 遼西와 瀋陽) 전투에서 승리를 거두어 창춘을 점령하는 등 만주 전역을 지배하에 두

---

30) Devillers, *Histoire du Viêt-Nam de 1940 à 1952*, 382면.
31) 『中央日報』(桂林), 1948년 5월 7일자. Chen, *Vietnam and China, 1938~1954*, 179면에서 재인용.
32) 같은 곳.

었다. 이에 앞서 4월 중순에는 전에 잃은 옌안을 되찾았고, 9월 하순에는 산둥 성의 지난(濟南)을 점령했다. 이리하여 호찌민은 더이상 중국국민당과 연계할 필요성을 느끼지 않았다.

바오 다이 해결책

이처럼 호찌민이 중국 정세를 살피고 있는 동안, 프랑스정부는 레아 작전이 실패하면서 다시 정치적 해결을 모색하는 방향으로 선회했다. 이번에는 호찌민정부에 대항하는 민족주의 독립정권을 수립하여 이 정권과 협상한다는 것이었다. 그렇게 되면 공산주의자들의 압력을 피할 수 있을 것으로 믿었다. 이를 위해 프랑스는 베트남 내 민족주의자들로부터 지지를 받는 동시에 프랑스에 비교적 협조적인 인물을 찾으려고 했다. 이때 등장하는 것이 이른바 '바오 다이 해결책'(Solution Bao Dai)이었다. 앞에서 말한 바와 같이, 호찌민 정권에 밀려 중국에 망명해 있던 베트남국민당과 동맹회는 이미 바오 다이와 접촉을 시도하고 있었다. 그뿐만 아니라 바오 다이는 남부의 종교단체인 까오 다이(Cao Dai)와 호아 하오(Hoa Hao) 및 중부와 북부에 있던 전직 관리들의 지지까지 받고 있었기에 최적의 인물로 떠올랐다.

프랑스 당국이 홍콩에 체류하고 있던 바오 다이와 몇차례 접촉한 끝에, 1947년 12월 하이 퐁 북쪽 하 롱(Ha Long) 만(灣)에서 바오 다이와 볼레르는 이른바 하 롱 협약에 서명하게 된다. 그러나 바오 다이가 협약문구에 불만을 품자, 프랑스측은 북부·중부·남부를 통합한 베트남 임시중앙정부를 수립하고 새로운 정부의 수반이 될 것을 전제조건으로 다시 그를 설득하였다. 1948년 6월에 하 롱 만에서 바오 다이가 참석한 가운데 볼레르와 이전 코친차이나공화국의 수반이었던 응우옌 반 쑤언(Nguyen Van Xuan) 사이에 제2차 잠정협정이 이루어진다.[33] 이 협정에 의하면, 프랑스는 베트남의 독립을 인정하지만 베트남은 프랑스연합 내에 속하면서 그에 따른 조건을 지키도록 되었다. 이는 프랑스가 여전히 군대와 재정 및 외교에 관한 한 베트남에 대해 권한을 갖는 것을 의미한다. 바오 다이는 이 협정에 다시 실망하고, 베트남의 완전한 통일과 실질적인 독립이 이루어지기 전에는 제위에 오르지 않겠다고 선언했다.

1948년 말 고등판무관으로 임명된 삐뇽(Lèon Pignon)은 중국에서 공산 세력 강화에 대한 대처와 프랑스를 달가워하지 않는 미국의 태도를 바꾸기 위해 자유주의정책으로 전환하고 바오 다이를 다시 설득했다. 1949년 3월 프랑스는 엘리제궁에서 바오 다이와 협정을 맺어 베트남이 코친차이나까지 통합한 하나의 국가임을 인정하였다.[34] 그렇지만 이 국가는 어떤 의미에서는 코친차이나공화국이 확대된 형태에 지나지 않았다. 여하튼 엘리제 협정을 계기로 프랑스는 베트남에서의 전쟁을 식민(지)전쟁이 아닌 자유 베트남과 공산주의의 대결 구도로 이끌어갔다.

그러나 상황은 프랑스의 뜻대로 전개되지 않았다. 새로운 정부 내에서 아무런 역할을 할 수 없었던 민족주의자들이 불만을 터뜨렸다. 프랑스가 여전히 모든 제도를 통제하고, 약속한 군대의 창설도 훨씬 뒤에야 추진되었기 때문이다. 그나마 모집된 베트남인 병사들은 전과 다름없이 프랑스 원정군에 편입되어 프랑스군 장교의 지휘하에 전투에 참가했다. 이런 상황에서 베트남인들에게는 호찌민정부 아니면 프랑스라는 두가지 선택의 길밖에 없었다. 그 결과 적잖은 민족주의자들이 싫든 좋든 호찌민정부측에 가담하는 경우가 많았고, 이는 프랑스를 곤혹스럽게 했다. 그러나 프랑스에게 이보다 더 심각한 문제는 1949년 중국대륙의 공산화였다.

---

33) Cameron, ed., *Viet-nam Crisis*, Vol. I, 117면; Devillers, *Histoire du Viêt-Nam de 1940 à 1952*, 431~32면.

34) Porter, ed., *Vietnam*, Vol. 1, 184~93면; Hammer, *The Struggle for Indochina, 1940~ 1955*, 233~35면.

2. 중국대륙의 공산화와 호찌민정부

중국대륙의 공산화

공산군이 창춘을 함락한 후 중국 내전은 급속히 확대되어 이들은 11월 쉬저우(徐州)를 공격해 1949년 1월 초 이를 점령하고, 1월 15일에는 톈진, 1월 말에는 베이핑(北平)까지[35] 손에 넣었다. 4월 20일 공산군은 별다른 저항 없이 양쯔 강을 넘어 난징을 점령하고, 상하이를 향해 빠르게 진격하여 5월 하순에는 상하이를 비롯하여 한커우(漢口)와 시안(西安)까지 함락했다.

국민당 총재인 장 제스는 11월 수도가 된 충칭에 직접 가서 쓰촨 성의 방어를 계획했으나 충칭마저 공산군에게 점령됨에 따라, 청두(成都)를 잠시 수도로 삼았다가 12월 타이완(臺灣)으로 옮겨갔다. 이리하여 중국대륙은 완전히 공산화되었다. 이에 앞서 10월 1일 공산당은 베이징에서 마오 쩌둥을 주석으로 하는 중화인민공화국 수립을 대내외에 선포했다.

중국공산당의 승리는 그때까지 고립무원 상황에서 외롭게 싸우던 호찌민정부가 도움을 받을 수 있는 더없이 좋은 기회였다. 따라서 호찌민은 중국공산당의 승리가 확실해진 1949년 8월 양당의 관계 확립을 위해 자신의 친서를 가진 사절단을 파견했다. 그리고 공산당의 승리가 확정되자 12월 초에는 마오 쩌둥에게 축하의 전문을 보냈다.[36]

한편 중국대륙의 공산화 직전인 1949년 6월부터 8월까지 소련을 방문한 류 사오치(劉少奇)에게 스탈린이 말하기를, 동아시아에서 조선반도는 소련이 혁명의 책임을 지겠지만 베트남과 동남아시아 지역은 중국의 책임범

---

35) 베이핑은 1949년 9월 베이징(北京)으로 개명되었다.
36) Trung Tâm Nghiên Cứu Trung Quốc, *Quan Hệ Việt Nam-Trung Quốc, những sự kiện 1945~1960*, 26~27면.

위라고 했다.[37] 전통적으로 베트남에 대해 우월한 태도를 가진 중국은 새로운 시대에도 이를 무의식적으로 계승한데다 스딸린으로부터 이러한 말을 듣자 더욱 베트남혁명에 대해 책임감을 갖게 되었다. 뿐만 아니라 베트남의 방위는 중국의 국가안전 문제와도 연결되는 것으로 믿었기에 더욱더 그러했다.

1950년 1월 초 도보로 중국 방문길에 오른 호찌민은 베트남 국경을 넘기 앞서 14일에 세계 어느 나라든 평등과 주권의 상호존중 및 세계평화의 원칙에서 외교관계를 맺고 싶다고 밝히고, 15일에는 중국공산당에 외교부 부장 명의로 국교를 맺자는 공식전문을 보냈다.[38] 그의 발표 장소와 표현은 베트남의 자주성을 보여주었다.[39] 당시 모스끄바에 체류 중이던 마오 쩌둥은 류 사오치로부터 연락을 받고 17일 이를 수락하는 전문을 보냄으로써 중국은 1월 18일 세계에서 최초로 베트남민주공화국과 외교관계를 맺었다.[40] 이에 1월 30일에는 소련이, 그리고 뒤이어 동유럽의 공산국가들과 아시아의 몽골 및 북한도 베트남민주공화국을 공식적으로 인정하고 외교관계를 수립했다. 호찌민정부는 이듬해 1월 15일, 중국에 1월 18일을 '외교승리기념일'로 정하고 매년 행사를 하겠다고 알렸다.[41] 이후 양국의

37) 金牛「劉少奇秘訪克里姆林宮 ―來自我國档案的秘密」, 中國共産黨史學會 編『百年潮』5 月号, 1997, 63면. 朱建榮『毛澤東のベトナム戰爭』, 東京: 東京大學出版会 2001, 13면에서 재인용; Chen Jian, "China and the First Indo-China War, 1950~54," *China Quarterly* 133(March), 1993, 89면.

38) Trung Tâm Nghiên Cứu Trung Quốc, *Quan Hệ Việt Nam-Trung Quốc, những sự kiện 1945~1960*, 30면; Porter, ed., *Vietnam*, Vol. 1, 222면.

39) Brantly Womack, *China and Vietnam: The Politics of Asymmetry*, Cambridge: Cambridge University Press 2006, 164면.

40) 中共中央文獻研究室『建國以來毛澤東文庫』第一冊, 北京: 中央文獻出版社 1993, 238~ 39면.

41) Trung Tâm Nghiên Cứu Trung Quốc, *Quan Hệ Việt Nam-Trung Quốc, những sự kiện 1945~1960*, 56면.

우호관계는 긴밀해졌으니, 이를 상징적으로 보여주는 것 중 하나가 명나라 이래 진남관(鎭南關)이라 불리던 광시 성과 랑 썬의 통로를 1953년 중국이 베트남과의 화목을 의미하는 목남관(睦南關)으로 바꾼 사실이다.[42]

프랑스는 특히 소련의 행위에 분노하여, 국제법을 위반했다고 비난했다. 베트남은 프랑스연합의 일원이며, 프랑스가 주권을 양도한 것은 바오 다이 정부에게였기에 이 정부만이 정통성이 있다는 주장이었다.

호찌민은 앞에서 본 바와 같이 중국과의 외교 수립 직전에 베트남을 떠나 1월 30일 베이징에 도착해 그때 소련에 있던 마오 쩌둥을 대신해 류 사오치의 환대를 받으면서, 자신이 온 목적은 중국의 원조를 요청하기 위함이라고 밝혔다.[43] 이어서 류 사오치의 제안으로 비밀리에 모스끄바로 가 스딸린과 만나 회담을 가졌다. 이미 호찌민정부를 공식 승인했음에도 불구하고 스딸린은 회담의 공식보도와 군사 및 무기 원조 요청을 받아들이지 않고 이들 원조를 중국에게 미루었다.[44] 스딸린의 이러한 태도는 유럽 국가들을 의식한 것이었다.

중국과 소련의 베트남민주공화국 승인은 미국으로 하여금 시급히 외교정책을 바꾸도록 하기에 충분했다. 그때까지 미국정부는 호찌민의 민족주의적 성향과 공산주의적 측면을 저울질하며 인도차이나전쟁 중 프랑스에 전폭적인 지지를 보내지 않았다. 다만 유럽에서 소련의 영향력에 대적하기 위한 하나의 방편으로 프랑스를 소극적으로 돕고 있을 뿐이었다. 그러나 미국 내에서 중국대륙을 잃었다는 비난여론이 비등하면서 곤경에 처한 트루먼 행정부는 소련의 호찌민정부 승인으로 호찌민이 공산주의자임을 확신한 듯 지체없이 2월 7일 바오 다이의 베트남정부를 공식적으로 인정

---

42) 목남관은 1965년 마오 쩌둥에 의해 다시 우의관(友誼關)으로 바뀌었다.

43) 黃文歡 著, 文庄·侯寒江 譯 『滄海一粟』, 255~56면.

44) Chen Jian, "China and the First Indo-China War, 1950~54," 88면; Zhai Qiang, *China and the Vietnam Wars, 1950~1975*, 17면; 朱建榮 『毛澤東のベトナム戰爭』, 14면.

했다. 같은 날 영국도 동일한 방침을 취했다.[45) 당시 '도미노이론'을 믿고 있던 미국의 정책수립자들에게 인도차이나의 공산화는 바로 동남아시아의 공산화를 의미하는 것이었기 때문이다. 따라서 공산주의의 확대를 봉쇄하기 위해 인도차이나의 전략적 중요성은 크게 부각되지 않을 수 없었다. 여기에 더하여 한반도의 6·25전쟁 발발은 공산주의에 대한 미국의 경각심을 더욱 촉발하였다.

한편 중국대륙의 공산화는 호찌민정부에게 군사적으로 상당히 유리한 국면을 제공했다. 중국은 적잖은 무기공급처인 동시에 필요한 경우 도피처가 되었고, 또 군사훈련 장소로 이용될 수도 있었다. 또한 심리적으로 호찌민정부에게 프랑스와의 대결에서 승리할 수 있다는 자신감을 갖게 했다.

호찌민과 중국의 지원 논의

1950년 3월 초 모스끄바에서 베이징으로 돌아온 호찌민은 군사적 지원을 비롯한 모든 문제를 중국공산당 수뇌부와 논의하여 그들로부터 적극적으로 원조하겠다는 답변을 들었다. 이때 중국측은 광시 성을 원조물자의 인도 및 부상병 치료 장소로 사용하도록 하겠다는 말도 했다.[46) 4월 베트남측은 구체적으로 중국 내에 군사학교 설립과 중국 군사고문단 파견 및 무기 제공 등에 대한 원조를 요청했다. 중국공산당 지도부는 군사고문단 파견은 가능하지만 지휘관 파견은 어렵다는 데 의견일치를 보고 베트남측에 전했다. 그리고 해방군 각 부대에서 차출된 281명을 베이징에서 훈련시킴과 동시에 장비와 물자를 베트남으로 보냈다. 5월 이후에는 호찌민정부

---

45) Porter, ed., *Vietnam*, Vol. 1, 230면; Hammer, *The Struggle for Indochina, 1940~1955*, 270면.

46) 黃文歡 著, 文庄·侯寒江 譯 『滄海一粟』, 256면; Trung Tâm Nghiên Cứu Trung Quốc, *Quan Hệ Việt Nam-Trung Quốc, những sự kiện 1945~1960*, 39면.

의 주력부대가 중국에 들어와 새로운 장비를 갖춘 채 훈련을 받았다.[47]

여기서 두가지 점을 언급하고자 한다. 하나는 중국공산당 지도부가 처음 군사고문단을 훈련시킬 때부터 베트남인들에게 결코 오만한 태도를 보이지 않도록 주의를 주었다는 것이다.[48] 베트남인들이 과거 베트남역사에서 중국의 침략에 대한 원한이 있는데다, 중국인들에 대한 그들의 자존심을 인식하였기 때문이다. 다른 하나는, 류 사오치가 중국공산당의 첫 베트남 연락 대표인 뤄 구이보(羅貴波)에게 "반불투쟁을 하고 있는 베트남인민을 돕는 것이 우리의 의무"라고 하면서도,[49] 의복이나 의약품 같은 일반 물자 원조에 대해서는 현재 베트남에는 교환할 만한 물건이 없으므로 당분간 원조로 생각했다가 후일 상호무역이 가능하든가 베트남이 물자를 제공할 수 있을 때 일부는 갚아야 할 것이라고 말한 점이다.[50] 중국이 베트남에 대한 원조를 전부 무상으로 생각하지 않았다는 것이 흥미롭다.

중국의 영향력이 강화됨에 따라 호찌민정부의 화교에 대한 태도도 바뀌었으리라는 것은 상상하기 어렵지 않다. 예컨대, 1950년 6월부터 베트민 신문과 라디오는 계속해서 프랑스인들이 싸이공과 쩌 런(Cho Lon) 및 꽝남 등지에 있는 중국인 학생들을 함부로 대한다고 방송하면서, 반면에 베트민 지역내 화교들에 대한 자신들의 정책은 칭송하기를 그치지 않았다.[51]

이무렵 중국고문단의 훈련이 끝나기 전 한반도에서 북한의 남침으로

---

47) Zhai Qiang, *China and the Vietnam Wars, 1950~1975*, 19면; 朱建榮『毛澤東のベトナム戰爭』, 14면.

48) Womack *China and Vietnam*, 168면; Chen Jian, "China and the First Indo-China War, 1950~54," 106면.

49) Chen Jian, "China and the First Indo-China War, 1950~54," 87면에서 인용.

50) 1950년 5월 19일 류 사오치가 뤄 구이보(羅貴波)에게 한 말. Zhai Qiang, *China and the Vietnam Wars, 1950~1975*, 19면에서 재인용.

51) Trung Tâm Nghiên Cứu Trung Quốc, *Quan Hệ Việt Nam-Trung Quốc, những sự kiện 1945~1960*, 44면; Chen, *Vietnam and China, 1938~1954*, 239면.

6·25전쟁이 발발하면서, 미국은 이에 신속히 대응해 36시간 이내에 파병을 결정했다. 또한 타이완해협에도 제7함대를 보냄으로써 중국은 미국이 자신들을 포위한다는 생각을 가졌다. 따라서 마오 쩌둥과 공산당 지도부는 호찌민정부에 대한 지원을 강화하려고 군사고문단의 파견을 서두른바, 웨이 궈칭(韋國淸)을 단장으로 하는 군사고문단이 8월 초 베트남에 들어와 호찌민정부군을 도왔다.[52] 그러는 한편 중국공산당 지도부는 가장 유능한 장군 가운데 한 사람인 천 껑(陳賡)을 보내 보 응우옌 지압과 공동작전을 하게 했다. 천 껑의 제안으로 변경작전을 시작한 이들은 9월 중순부터 한 달 동안 까오 방을 공격하여 점령함으로써 프랑스가 봉쇄하고 있던 베트남과 중국의 국경통로를 열어놓았다.[53] 이같은 승리는 인도차이나전쟁에서 힘의 균형을 깨뜨리는 것으로, 중국과의 통로가 뚫림으로써 이제 프랑스가 호찌민정부군을 패배시키는 것은 어려운 일이 되었다. 사기가 오른 보 응우옌 지압 지휘하의 호찌민정부군은 공격을 계속하여 12월까지 라오 까이와 랑 썬의 프랑스군 주요 요새를 점령하는 등 북부 산악지대를 완전히 장악했다. 당시 프랑스군의 전사자와 부상자는 1만 6천명에 달했다. 이 두차례 전투를 베트남측에서는 제1·2차 레 홍 퐁(Le Hong Phong) 작전이라고 한다.[54]

　상황의 긴박함을 깨달은 프랑스정부는 당시 가장 뛰어난 장군 가운데 한 사람인 드 라트르(Jean de Lattre de Tassigny)에게 인도차이나의 정치와

---

52) 호찌민정부군의 공식명칭은 1950년부터 베트남인민군대(Quan Doi Nhan Dan Viet Nam)이다.

53) 黃铮『胡志明与中國』, 127면; Chen Jian, "China and the First Indo-China War, 1950~54," 93~94면; Zhai Qiang, China and the Vietnam Wars, 1950~1975, 29~31면. 까오 방의 점령은 널리 알려진 디엔 비엔 푸(Dien Bien Phu)의 승리보다 중요하다고도 한다. Pierre Brocheux and Daniel Hémery, Indochina: An Ambiguous Colonization, 1858~1954, Berkeley: University of California Press 2009, 370면.

54) Tucker, Vietnam, 58~59면.

군사 문제를 위임했다. 드 라트르 장군은 홍 강 델타 주변을 방어할 목적으로 곳곳에 진지를 만들고 지뢰를 매설하며 철조망을 설치하는 등 긴 방어진을 구축했다.

1951년 1월 보 응우옌 지압은 하노이 북서쪽의 빈 옌(Vinh Yen) 성의 성도(省都)인 빈 옌을 공격했다. 드 라트르는 직접 빈 옌으로 가 전투를 지휘하면서 남부로부터 병력을 공수해 오고 네이팜탄으로 적군을 공격함으로써, 호찌민정부군은 성도 점령에 실패하고 6천명의 병사를 잃었다.[55]

마오 쩌둥 사상 학습

이무렵 베트민이 사회주의 진영으로 완전히 기울어짐에 따라, 호찌민은 활동의 편의를 위해 1945년 가을 형식상 해체되었던 인도차이나공산당의 이름으로 1951년 2월 제2차 전당대회를 개최하고 당명을 베트남노동당으로 바꾸었다. 호찌민이 주석으로 선출되고, 쯔엉 찐(Truong Chinh, 長征)이[56] 당 제1서기가 되었다. 당 대회는 중국혁명의 경험과 마오 쩌둥 사상에 대한 학습의 중요성을 강조하고, 노동당의 새로운 정강으로 맑스·엥겔스·레닌·스딸린 및 마오 쩌둥 사상을 베트남혁명과 결합하여 실천하는 것을 목표로 삼았다. 대회장 전면에는 마오 쩌둥의 초상이 맑스·엥겔스·레닌·스딸린의 초상들과 함께 걸려 있었다.[57] 이러한 것들은 당시 호찌민

---

55) Edgar O'Ballance, *The Indo-China War, 1945~1954: A Study in Guerilla Warfare*, London: Faber and Faber 1964, 127면.

56) 쯔엉 찐의 본명은 당 쑤언 쿠(Dang Xuan Khu)이다. 마오 쩌둥을 숭배하여 그의 대장정(大長征)에서 빌려 이름을 고쳤다.

57) Trung Tâm Nghiên Cứu Trung Quốc, *Quan Hệ Việt Nam-Trung Quốc, những sự kiện 1945~1960*, 57면; 黃文歡 著, 文庄·侯寒江 譯『滄海一粟』, 274~79면. 인도차이나공산당이 해체됨에 따라 캄보디아는 1951년 말 별도의 단체를 조직했고, 라오스노동당은 1955년에 창당되었다.

정부가 중국과의 관계를 얼마나 중시하였는가를 여실히 보여준다.

제2차 전당대회를 통해 호찌민정부가 조직을 재정비하자 보 응우옌 지압 장군은 1월의 실패에 개의치 않고 3월부터 6월까지 다시 하이 퐁 부근의 마오 케(Mao Khe), 그리고 닌 빈(Ninh Binh)에 대한 공격을 감행했다. 보 응우옌 지압은 이들 작전에서 최정예부대를 투입하여 프랑스가 반격으로 나오는 경우 최종적인 승리를 굳힐 생각이었다. 그러나 프랑스군의 우세한 화력으로 실패하자 델타 지역 요새에 대한 정면공격 계획을 포기해야만 했다.[58] 이들 작전에 중국 군사고문단이 간여한 것 같지는 않다. 이는 중국의 원조에도 불구하고 호찌민정부군이 중국 군사고문단의 우월의식을 달갑게 생각하지 않을 뿐만 아니라, 자기들이 중국의 도움 없이 프랑스와 싸운 4년간의 투쟁을 과소평가하는 데 대한 불만감에서 연유한 것이 아닌가 한다.[59]

정면공격 실패 후 호찌민정부군은 중국 군사고문단과 논의 끝에 부대를 소규모로 조직하여 이동하면서 프랑스군을 공격하는, 다시 말하면 게릴라 전술로 바꾸었다. 이는 상당한 성공을 거두어 호찌민정부군에게 유리한 전세가 되었다. 1951년 12월 드 라트르 장군이 병으로 베트남을 떠난 후 전쟁은 프랑스군에 더욱 불리하게 전개되었다. 1952년 미국이 850억 프랑 군사물자를 부담했음에도 불구하고 프랑스군의 상황은 계속 악화되어 전세 회복은 불가능해 보였다.[60]

58) Chen Jian, "China and the First Indo-China War, 1950~54," 95면.

59) Womack, China and Vietnam, 168면.

60) Brocheux and Hémery, Indochina: An Ambiguous Colonization, 1858~1954, 368~70면.

3. 디엔 비엔 푸 전투의 승리와 제네바협정

디엔 비엔 푸 전투

1952년에 들어와서 중국 군사고문단이 호찌민정부군에 라오스에 인접한 서북지방에 대한 공격을 제안하면서 군대를 훈련시키도록 요청했고, 베트남측에서도 이를 호의적으로 받아들였다. 9월 호찌민이 비밀리에 베이징을 방문하여 중국 지도부와 이를 의논한 결과, 호찌민정부군은 우선 서북지방과 라오스 북부를 점령하고 그곳으로부터 홍 강을 통해 남하해서 델타 지방을 점령한다는 데 합의를 보았다. 10월 보 응우옌 지압이 지휘하는 베트민군대는 프랑스군에 대한 대대적인 공세를 시작하여 12월 초에는 라이 쩌우(Lai Chau) 남부로부터 옌 바이 서부에 이르는 광대한 서북지방을 점령하는 데 성공했다.[61] 그리고 소규모 게릴라를 홍 강 델타의 촌락들로 침투시켰으니, 프랑스측이 주장하는 평정은 피상적인 데 지나지 않았음을 알 수 있다.

이런 전황을 보고받은 프랑스정부는 앙리 나바르(Henri Navarre) 장군을 인도차이나 총사령관에 임명하여 사태 수습을 맡겼다. 1953년 7월 싸이공에 도착한 나바르는 자신이 생각했던 것보다 상황이 심각하다는 것을 깨달았다. 그는 힘의 균형을 역전시키기 위해 북부에서는 전략적으로 중요한 홍 강 델타를 확보하고, 남부와 중부는 완전히 평정한다는 계획을 세웠다. 이러한 계획을 실현하려면 본국 정부의 대대적인 병력 지원이 필요한데 극히 일부만이 보내졌을 뿐이다. 그러나 프랑스의 인도차이나 상실을 우려한 미국이 한반도에서 전쟁이 종결됨에 따라 1,190억 프랑의 원조를

---

61) Chen Jian, "China and the First Indo-China War, 1950~54," 96~98면; Zhai Qiang, *China and the Vietnam Wars, 1950~1975*, 36~38면.

제공하여 전비(戰費)의 40퍼센트를 부담하였다.[62]

나바르의 계획을 우려한 베트남노동당은 8월 중순 중국공산당에게 전문을 보내 현상황 검토와 앞으로의 전략에 대한 도움을 요청했다.[63] 이때 보 응우엔 지압이 처음 계획한 북서쪽 산악지방에 우선 집중한다는 작전을 바꾸어 홍 강 델타에 대한 공격 계획을 세웠다. 뤄 구이보로부터 이런 내용의 보고를 받은 중국공산당 지도부는 전문을 보내, 예정한 대로 북서지방을 점령하고 라오스 북부와 중부를 해방시킨 다음 남부와 캄보디아로 전투를 확대하여 싸이공을 위협하도록 했다.[64] 베트남노동당이 이를 의논한 결과, 호찌민은 중국측의 견해에 찬성하고 보 응우엔 지압의 계획을 받아들이지 않았다.

베트민군대의 작전에 대한 정보를 입수한 나바르는 이를 저지하기 위해 1953년 11월 전략상 중요한 서북 변경 산간지대 디엔 비엔 푸(Dien Bien Phu)에 6개 낙하산 대대를 투입하였다. 프랑스측은 다시 병력을 증원하여 요새를 구축함으로써 디엔 비엔 푸는 인도차이나전쟁의 핵심으로 부상하였다. 프랑스 낙하산부대의 투입 소식을 들은 웨이 궈칭이 중국 중앙군사위원회에 베트민군대가 라이 쩌우에 대한 공격은 계속하면서 디엔 비엔 푸를 포위해야 한다고 제안했다. 중앙군사위원회가 이를 승인하면서, 디엔 비엔 푸 작전이 군사적·정치적으로뿐만 아니라 국제적인 면에서도 중대한 의미가 있음을 알렸다.[65]

국제적인 면이란 당시 공산진영이 국제평화를 제창하고 있었던 것과 관

---

62) Brocheux and Hémery, *Indochina: An Ambiguous Colonization, 1858~1954*, 370면.

63) Chen Jian, "China and the First Indo-China War, 1950~54," 99면; Zhai Qiang, *China and the Vietnam Wars, 1950~1975*, 44면.

64) 같은 곳.

65) Chen Jian, "China and the First Indo-China War, 1950~54," 100면; Zhai Qiang, *China and the Vietnam Wars, 1950~1975*, 45면.

련이 있다. 9월 소련은 미국·프랑스·영국에게 중국을 포함한 5개국 회담을 개최하여 국제적 긴장완화를 모색하자고 제안했다. 10월 중국 외교부장 저우 언라이(周恩來)는 소련의 제안을 지지하고 나섰다.[66] 11월에는 호찌민도 스웨덴 신문에 프랑스와 협상할 의사가 있음을 밝혔다.[67]

때마침 프랑스의 경제불황과 조기 종전을 바라는 프랑스 국내의 여론[68] 및 프랑스의 침략에 대한 세계의 비난이 비등하자, 중국과 호찌민정부는 8년간에 걸친 해방전쟁을 승리로 이끌 수 있는 기회가 왔다고 판단했다. 특히 1954년 4월에 제네바에서 강대국들이 회의를 갖고 한국과 인도차이나에서의 평화를 논의하기로 결정하자 디엔 비엔 푸에서의 승리가 협상에서 유리할 것으로 보았다.

중국 중앙군사위원회의 결정을 긍정적으로 받아들인 베트남공산당 정치국은 12월 초부터 작전을 개시하기로 결정했다. 총사령관에 임명된 보응우옌 지압이 비밀리에 디엔 비엔 푸를 포위하기 시작했는데, 여기에 투입된 병력은 5만명에 달했다. 이런 대규모 전투부대가 필요로 하는 중화기와 식량은 동원된 수만 농민이 멀리 떨어진 기지로부터 등짐으로 날랐다. 중국정부가 지원한 200대 넘는 화물자동차도 수송에 큰 도움이 되었다.[69]

제네바회담이 4월로 예정되어 있었기 때문에 중국은 베트남이 외교적 협상을 유리하게 하기 위해서는 전투에서의 승리가 중요하다고 생각했다.

---

66) 中華人民共和國外交部外交史研究室 編『周恩來外交活動大事記, 1949~1975』, 北京: 世界知識出版社 1993, 51면; 薛謨洪·裴堅章『当代中國外交』, 北京: 中國社會科學出版社 1990, 56면.

67) Cameron, ed., *Viet-nam Crisis*, Vol. I, 223~24면.

68) 1954년 2월 실시한 설문조사에서 "인도차이나에서 어떤 정책을 취해야 할 것인가"라는 질문에 베트민과 협상하라는 응답자가 42%, 인도차이나를 포기하라는 대답이 18%, 무응답이 29%였다. 이재원「인도차이나전쟁(1946~1954)을 통해서 바라본 프랑스인들의 식민지관」, 136면.

69) Chen Jian, "China and the First Indo-China War, 1950~54," 101면; Tucker, *Vietnam*, 72면.

이를 전달받은 중국 군사고문단이 보 응우옌 지압과 상의하여 3월 중순 전면공격을 개시하기로 합의를 보았다. 베트민군대의 집중포화에 프랑스군은 공중폭격으로 맞섰으나, 상대방의 진지가 위장이 잘 되어 있어 찾아내기 힘들고 병력과 화기도 나바르가 예상한 것보다 훨씬 강해서 저지할 수 없었다. 실제로 중국정부는 군사고문단에게 완전한 승리를 위해서 포탄을 아끼지 말라고 지시하기까지 했다.[70]

프랑스로부터 구원 요청을 받은 미국이 그 여부를 검토하는 동안 베트민군대는 디엔 비엔 푸의 포위망을 조금씩 좁혀들어갔다. 이에 대항하여 프랑스군은 진지를 끝까지 사수하려 버텼고 결국 피비린내 나는 전투가 벌어졌다. 외부 지원이 전무한 프랑스군이 5월 7일 마침내 항복함으로써 2개월 동안 계속된 처절한 싸움은 끝이 났다. 프랑스 수상 조제프 라니엘(Joseph Laniel)은 검은 양복을 입고 의회에서 패전 소식을 알렸고, 5월 8일자『르 피가로』는 "55일간의 영웅적 저항 끝에 디엔 비엔 푸는 어제 함락되었다"고 전했다.[71]

제네바협정과 저우 언라이

호찌민정부는 디엔 비엔 푸에서 영광스런 승리를 거두었지만, 그러나 그것으로 끝난 것은 아니었다. 이제 무대는 제네바의 협상장으로 옮겨지고, 그곳에서는 달콤한 승리의 맛을 볼 수 없었다. 이제까지 승리를 위해 긴밀히 협력한 중국과의 견해차이가 심했기 때문이다. 호찌민정부는 베트남의 민족독립과 통일을 원한 반면에, 중국은 국내외 이해관계에 더 관심이 많았다.

---

70) Zhai Qiang, *China and the Vietnam Wars, 1950~1975*, 49면.

71) Tucker, *Vietnam*, 76면.

사실상 전쟁 중에도 양측 사이에 갈등이 없지 않았다. 천 껑은 그의 일기에서 보 응우옌 지압이 교활하고 정직하지 않다고 했다. 그러면서 베트남 공산당원들의 최대 단점은 자아비판 의식이 결여되어 있다는 점을 적어놓았다.[72] 다른 한편 베트남인들 역시 중국인들에 대해 불만이 많았던 듯, 1979년 중월전쟁 후 발행된 베트남 외교부 공식 문서인 『중국백서(中國白書)』를 보면, 중국은 제1차 인도차이나전쟁 때 베트남에 가장 많은 무기와 군사물자를 원조한 국가라고 하면서도, 다른 한편 중국인들은 '배반자'였다라는 식으로 되어 있다.[73]

4월 26일 개막된 제네바회의에서는 예정대로 한국문제가 먼저 논의되고, 인도차이나문제는 디엔 비엔 푸가 함락된 바로 다음날인 5월 8일 다루어졌다. 영국 외무부 장관 이든(Anthony Eden)과 소련 외무부 장관 몰로또쁘(Vyacheslav Molotov)가 공동의장이 된 회담의 참가국은 미국을 비롯한 5대강국과 바오 다이 정부·캄보디아·라오스·호찌민정부 등 9개국이었다. 호찌민정부의 대표로 부수상인 팜 반 동이 참석했다.

프랑스측은 베트남과 다른 두 나라, 즉 캄보디아와 라오스를 구분할 필요가 있으며, 호찌민정부군은 이들 두 나라에서 즉시 철수해야 한다고 주장했다. 이에 대한 팜 반 동의 제안은 다음 두가지로 요약될 수 있다. 첫째는 휴전 후 인도차이나에 남아 있는 프랑스군의 완전 철수이고, 둘째는 인도차이나 3국은 각기 총선거로 재통일이 이루어져야 한다는 것이다. 국제무대에 처음 등장한 중국대표 저우 언라이는 나름의 역할에 관심을 가졌다. 그는 영국의 이든과 협의한 후, 프랑스의 주장대로 캄보디아와 라오스

---

72) 陳賡 『陳賡日記』(續), 北京: 解放軍出版社 1984, 22면.

73) ベトナム社會主義共和國外務省 編, 日中出版編集部 譯 『中國白書──中國を告發する』, 東京: 日中出版 1979, 31~33면(이하 『中國白書』). 이 책의 원제(原題)는 *The Truth about Viet Nam-China Relations over the Last 30 Years*로 베트남외교부에서 1979년 10월 4일 발행했다.

는 베트남과 분리해서 다루어야 한다는 데 동의하고, 특히 호찌민정부군이 두 나라에서 철수하도록 팜 반 동을 설득했다.[74]

이무렵 프랑스 총선거에서 망데스-프랑스(Pierre Mendès-France)가 새로이 총리로 선출되었다. 6월 17일 취임한 그는 사흘 후 연설에서 30일 이내에 인도차이나문제를 해결하지 못하면 스스로 물러나겠다고 약속했다. 6월 23일 제네바에 도착한 망데스-프랑스 총리 겸 외무부 장관은 몰로또프·저우 언라이·팜 반 동 등과 일련의 회담을 가졌다. 그 결과 군사적 휴전에 관한 교섭은 가속화되었지만, 특히 휴전선을 어디로 할 것인가에 대하여, 프랑스는 북위 18도선을 양보할 수 없다고 버텼고, 팜 반 동은 13도 또는 14도선을 고집함으로써 합의가 순조롭지 않았다.

저우 언라이는 7월 초 일시 귀국하여 3일부터 5일까지 광시 성 류저우(柳州)에서 호찌민을 만나 양측의 전투부대가 모두 라오스와 캄보디아에서 철수하며, 휴전선을 16도선으로 하도록 설득하여 이를 받아들이게 했다. 그가 강조한 것은 휴전이 성립되지 않으면 미국의 개입이 더욱 확대될지 모른다는 점이었다.[75] 호찌민도 이를 인식한 듯, 귀국하여 "전쟁을 계속하겠다는 이들은 나무만 보고 전체 숲은 보지 못한다. (…) 그들은 프랑스만 보고 미국은 보지 못한다"고 하여 전쟁 여론을 잠재웠다.[76] 제네바로 돌아온 저우 언라이는 남북 경계를 17도선으로 하자는 프랑스의 제안을 다시 팜 반 동에게 받아들이도록 촉구하여 수락을 받아냈다.[77] 그러나 휴전

---

74) 中共中央文獻硏究室 編 『周恩來年譜, 1949~1976』, 北京: 中央文獻出版社 1997, 383~84면(이하 『周恩來年譜』); 바르바라 바르누앙·위창건 지음, 유상철 옮김 『저우 언라이 평전』, 서울: 베리타스북스 2007, 185~86면.

75) 『周恩來年譜』上卷, 394~95면; 『周恩來外交活動大事記, 1949~1975』, 72면; Trung Tâm Nghiên Cứu Trung Quốc, *Quan Hệ Việt Nam-Trung Quốc, những sự kiện 1945~1960*, 91~92면; 바르바라 바르누앙·위창건 지음 『저우 언라이 평전』, 186면.

76) Ho Chi Minh, *Selected Writings*, 180면.

77) 바르바라 바르누앙·위창건 지음 『저우 언라이 평전』, 186~87면; 薛謨洪·裴堅章 『当代

선이 17도선으로 결정된 데 최종적인 역할을 한 것은 몰로또쁘였다고도 한다. 그가 이든·저우 언라이·팜 반 동·망데스-프랑스와 더불어 인도차이나 지도 위에 서서 17도선을 제안하자 모두가 이를 받아들였다는 것이다.[78] 이로 보면, 17도선을 호찌민정부가 받아들인 데는 중국과 소련, 두 나라 모두의 압력이 가해졌기 때문이라 생각된다. 이리하여 지루하게 계속되던 회담은 7월 20일(시계를 멈춰놓았기 때문에 실제로는 21일 새벽) 마침내 종결되었다. 하노이정부가 라오스 북부에 파테뜨 라오(Phathet Lao)를 위한 자치구역을 확보해주려던 의도는 뜻대로 되지 않았다. 17도선을 경계로 한 것은 당시 전황으로 보면 프랑스에 유리한 결정이었다. 그러기에 뒷날 북베트남정부는 이를 두고 베트남인민들의 투쟁에 대한 중국의 최초의 배반이었다고 한다.[79]

제네바협정의 최종 내용 가운데 중요한 점은 첫째, 북위 17도선을 경계로 3백일 이내에 호찌민정부군은 그 이북으로, 그리고 프랑스군은 그 이남으로 이동한다. 둘째, 민간인도 자유의사에 따라 17도선 이남과 이북으로 이동한다. 셋째, 독립과 통일 원칙에 근거한 정치적 문제 해결은 1956년 7월에 총선거를 실시하여 결정한다는 것 등이었다.[80]

중국정부가 호찌민정부에 압력을 가한 것은 순전히 그 나름의 국가적 이해관계 때문이었다. 첫째는 1953년부터 고려하고 있던 경제 5개년계획

中國外交』, 59면.

78) Chester L. Cooper, *The Lost Crusade*, New York: Dodd, Mead & Company 1970, 96~97면.

79) 『中國白書』, 40면. 1979년 중월전쟁 당시 베트남의 저명한 사학자인 반 따오는 제네바협정에서 중국이 진정으로 베트남의 독립과 통일 및 사회주의 건설을 원했는지 의심스럽다고 하였다. Văn Tạo, "Chiến Tắng Lịch Sử của Dân Tộc Việt Nam chống Bọn Trung Quốc Xâm Lược"(중국 침략에 대한 베트남 민족의 戰勝史), *Nghiên Cứu Lịch Sử* 2(March~April), 1979, 2면.

80) Porter, ed., *Vietnam*, Vol. 1, 642~55면.

과 타이완 '해방'에 대한 관심이었다. 둘째는 인도차이나전쟁이 계속되는 경우 미국의 직접적인 군사개입을 우려해서였다. 중국은 미국이 자기네 국경 가까이에 다가오는 것을 원치 않았다. 그리고 셋째는 제네바회담에서 평화공존 입장을 취함으로써 앞으로 프랑스·영국과는 물론 여타 서방국가들과도 대화의 통로를 마련하고자 하는 의도가 작용했다.[81] 여기에 한가지 더하여 하노이정부가 인도차이나연방을 구성하여 이를 지배하려는 것도 달갑게 생각하지 않았다.[82] 소련은 유럽방위공동체 가입을 미루고 있는 프랑스를 지지함으로써 유럽공동체 결속을 약화시키려는 의도에서 호찌민정부에 압력을 가했다.

제네바회의에서 드러난 베트남과 중국의 의견차이는 양국관계에 후일까지 어두운 그림자를 드리우게 된다. 그 이유 중 하나는 베트남 지도자들에게 자기 나라 운명에 걸린 중대한 문제에 중·소 양국이 압박을 가했다는 인상을 심어준 것이고, 다른 하나는 중국과 거리감이 있는 레 주언(Le Duan)의 등장과 관련이 있다. 중부 출신인 레 주언은 근거지를 버리고 북부로 철수해야 하는 데 불만을 가진데다가[83] 북부 건설에 깊이 간여한 중국고문단에 대한 신뢰가 없었다. 그가 1950년대 후반 노동당 서기장에 취임하면서 중국의 태도에 대해 베트남 지도부 내에 회의적인 기류가 흐르게 되었다.[84] 레 주언은 특히 마오 쩌둥을 싫어했는데, 베트남을 이해하지

---

81) Chen Jian, "China and the First Indo-China War, 1950~54," 107~108면.

82) Zhai Qiang, "China and the Geneva Conference of 1954," *China Quarterly* 129(March), 1992, 109~10면.

83) 1971년 7월 중순 저우 언라이가 하노이를 방문했을 때, 그는 1954년 조약 당시 싸이공 서북의 허우 응이아(Hau Nghia)에 있었을 때 느꼈던 감정을 말했다. 그러자 저우 언라이는 잘못을 인정하며 사과했다고 한다. Stein Tønnesson, "Le Duan and the Break with China," in Priscilla Roberts, ed., *Behind the Bamboo Curtain: China, Vietnam, and the World beyond Asia*, Stanford: Stanford University Press 2006, 462~63면.

84) 朱建榮 『毛澤東のベトナム戰爭』, 16~17면. 레 주언은 1957년 노동당 서기장대리였다가 1960년에 노동당 총서기가 되었다.

못한데다 가장 타협이 안되고 '대한민족(大漢民族)' 쇼비니즘의 뜻을 품은 인물이라는 이유에서였다.[85]

그럼에도 불구하고 이러한 불편한 양국관계는 한동안 겉으로 나타나지 않고 우호적 분위기가 지속되었다. 제네바협정 직후인 8월 2일 호찌민은 인도차이나에서 평화가 회복된 데 대해 마오 쩌둥에게 감사의 전문을 보냈다. 같은 날 팜 반 동을 비롯한 고위층 관료들이 중국정부의 초청으로 베이징을 방문했다. 중국측에서는 저우 언라이를 비롯한 고위층이 직접 공항에 나와 이들을 맞았다. 팜 반 동은 지난 8,9년간 전쟁에서 승리를 거두었지만 완전한 평화는 이루지 못했으니 앞으로도 중국이 계속 도와주기를 바란다고 했다. 이러한 가운데 특기할 것은 8월 18일에 중국정부에서 처음으로 뤄구이보를 초대 베트남 대사로 임명한 사실이다.[86] 이전에도 호찌민 정부가 대사의 임명을 요청했으나 전쟁혼란기라는 이유로 중국은 이를 미루어왔다.

---

85) Tønnesson, "Le Duan and the Break with China," 459면.
86) Trung Tâm Nghiên Cứu Trung Quốc, *Quan Hệ Việt Nam-Trung Quốc, những sự kiện 1945~1960*, 94~97면.

제4장 베트남전쟁 발발과 중국

1. 하노이정부의 남부공산당 지원

호찌민정부의 하노이 귀환

프랑스군이 1954년 10월 초 하노이를 호찌민정부군에 넘겨주고 17도선 이남으로 철수를 시작하여 1955년 5월 중순에는 마지막 부대가 하이 퐁을 떠났다. 이때 프랑스군을 따라 남하한 민간인은 80만~100만명으로 추산되는데, 그중 3분의 2 가량은 가톨릭신자였다. 남쪽에서 활동하던 호찌민정부군과 게릴라부대들은 17도선 이북으로 올라갔으나 이들과 함께 북으로 간 민간인은 소수에 지나지 않았다.

호찌민과 그의 동지들은 1954년 10월 10일 프랑스군으로부터 하노이를 이양받고 8년 만에 하노이로 돌아왔다. 새로이 합법화된 베트남민주공화국에서 모든 정치권력은 베트남노동당이 장악하고 정책결정은 정치국에서 이루어졌다. 그리고 10여명의 정치국원이 정부의 요직을 독점했다.

호찌민정부가 당면한 주요 과제는 두가지로, 하나는 북부의 경제재건이며 다른 하나는 남부통일이었다. 이 두가지에 대해 호찌민정부는 중국의 도움을 요청했다. 앞에서 본 바와 같이, 팜 반 동이 아직 완전한 평화가 이루어지지 못했다고 한 것은 남부의 통일을 염두에 두고 한 말이다. 중국측은 이에 대해 인내를 가지고 준비하면서 기회를 기다리라고 조언했다. 이는 아마도 서두르는 경우 미국을 자극할지도 모른다는 판단에서였을 것이다. 마오 쩌둥이 베트남의 자주권을 존중한다고 하면서 1956년 3월까지 자진해서 군사고문과 정치고문 전원을 철수하게 한 것은[1] 미국을 의식해서였지 않은가 생각된다.

사실 미국은 베트남 절반이 공산화된 데 불만을 품고 제네바협정에 서명을 하지 않은 채 무력개입만은 하지 않겠다는 성명을 발표했다. 그러나 1954년 8월 20일 국가안전보장회의(NSC)는 「미국의 극동정책 재검토」(Review of U.S. Policy in the Far East)라는 내부 문건을 통과시켰다. 이 문건은 불과 얼마 전 타결된 제네바합의 내용을 전면으로 거부하고 있다.[2]

남베트남, 캄보디아, 라오스를 따로 거론할 것도 없이 인도차이나 지역에 대해 외부 공산세력이 원격조종할 가능성이 급격히 증대되었다. (…) 이런 상황에서 미국이 프랑스와 바오 다이 정권에만 소극적으로 의존하는 자세는 미국의 지역 내 지도력에 대해 많은 국가들의 의구심을 낳게 될 것이다. (…) 한편 제네바협정으로 유리한 입장에 서게 된 공산세력들은 지역 내 평화를 역설하면서 자신들의 주도권을 확대해나갈 것이 틀림없다.(…) 결국 동남아지역에서의 지도력 상실은 일본으로부터 시작되는 봉쇄선의 붕괴라는 결과를 초래할 가능성이 높다.

---

1) 朱建榮 『毛澤東のベトナム戰爭』, 18면; 黃文歡 著, 文庄·侯寒江 譯 『滄海一粟』, 267면.
2) Porter, ed., *Vietnam*, Vol. 1, 666~67면.

한편 8년의 전쟁으로 인한 관개수로 파괴, 황폐한 농지, 수송과 통신망 마비에다 남부로부터의 식량유입 중단은 북부 호찌민정부 경제에 엄청난 타격을 주었다. 특히 식량부족은 1945년의 대기근이[3] 또다시 일어나는 것이 아닐까 우려할 정도로 심각했다. 다행스럽게도 첫해는 소련의 재정원조에 힘입어 미얀마로부터 쌀을 수입함으로써 겨우 넘길 수 있었다.[4] 정부는 미곡 부족 현상을 항구적으로 해결할 목적에서 사회주의 경제체제하에서의 농업발전을 위해 중국에 도움을 요청했다. 중국은 이에 응해 농업과 경제분야의 전문가들을 북베트남으로 보냈다.[5] 중국고문단의 지도하에 1953년 이래 일부 해방구에서 실시된 토지개혁을 북부 전체로 확대했다. 토지개혁이란 지주와 부농의 토지를 몰수하여 빈농과 소작농에게 분배하여 이들의 생산의욕을 고취하려는 것이다.[6]

그러나 이러한 급진적 토지개혁 과정에서 적지 않은 문제점이 드러났다. 가장 큰 문제는 토지개혁을 현장에서 실행에 옮긴 공산당원들이 대부분 가난한 농민의 아들들로 개혁을 수행할 만한 능력이 부족하다는 것이었다. 이들은 토지개혁을 부유층에 대한 보복수단으로 악용하여 조금이라도 자기들 마음에 들지 않으면 무조건 부르주아지로 간주하여 적법한 절차도 거치지 않고 처형했다. 당시 처형된 사람은 5천~5만명에 이른다고 전해지나 최근 당시 상황에 정통한 인물 중 한 사람은 1만명 정도로 추산

3) 1944년의 흉작과 뒤이은 일본군과 프랑스군의 미곡 비축 및 미군의 폭격으로 인한 남부 쌀의 유입 불능 등으로 인해 1944~45년 아사자가 50만에서 100만에 달했다. Tønnesson, *The Vietnamese Revolution of 1945*, 293~94면.

4) Joseph Buttinger, *Vietnam: A Political History*, New York: Praeger Publishers 1968, 422~23면.

5) 黃文歡 著, 文庄·侯寒江 譯『滄海一粟』, 267면.

6) 뒷날 류 사오치는 호찌민이 처음엔 중국 전문가들의 토지개혁 방법에 찬동하지 않은 것으로 회고하고 있다. Yang Kuisong, "Mao Zedong and the Indochina Wars," in Priscilla Roberts, ed., *Behind the Bamboo Curtain*, 73면.

하고 있다.[7] 이처럼 무차별적인 토지개혁으로 인해 일부 지방에서는 농민 반란이 일어나는 지경에 이르렀다.

사태의 심각성을 깨달은 베트남노동당은 1956년 10월에 열린 당 제2기 제10회 중앙위원회에서 토지개혁의 문제점을 시정하기로 결의하고, 개혁을 주도한 당서기장인 친중국 계열의 쯔엉 찐(Truong Chinh)이 책임을 지고 물러났다.[8] 그의 뒤를 이은 것이 전술한 레 주언이다.

호찌민정부는 경제의 균형적 발전을 위해 공업에도 관심을 기울였다. 호찌민은 1955년 6월 25일부터 7월 8일까지 베이징을 공식방문했는데, 이때 중국은 북베트남에 8억 위안[미화 2억 달러]을 제공하는 데 합의하였다. 이 돈은 하이 퐁 시멘트공장, 하노이 발전소, 남 딘 방직공장 등 18개 사업에 사용될 계획이었다.[9] 한편 중국은 하노이정부에게 중국뿐만 아니라 소련을 비롯한 동유럽 공산국가들에게서도 상당한 원조를 받도록 조언했다. 이는 중국의 시급한 경제개발과 자원의 한계 때문이었다. 그 결과 호찌민정부가 1955년부터 1965년까지 중국을 비롯한 이들 모든 국가로부터 받은 액수는 무상원조와 차관을 합쳐 10억 달러에 달했다.[10] 호찌민정부는 철저히 경제적 토대 구축에 원조를 사용함으로써 1961년부터는 5개년 개발계획을 세울 수 있었다. 그러나 1960년대 중반부터 남부 해방전쟁이 본격적으로 시작되면서 인력과 자원이 전쟁에 투입되고, 미국의 공습으로 산업시설들이 파괴되어 더이상 경제발전이 이루어질 수 없었다.

---

7) Bui Tin, *Following Ho Chi Minh*, London: Hurst & Co. 1995, 27면.

8) 黃文歡 著, 文庄·侯寒江 譯 『滄海一粟』, 283면.

9) Trung Tâm Nghiên Cứu Trung Quốc, *Quan Hệ Việt Nam-Trung Quốc, những sự kiện 1945~1960*, 144~47면; Zhai Qiang, *China and the Vietnam Wars, 1950~1975*, 70~71면.

10) Kevin Ruane, *War and Revolution in Vietnam, 1930~75*, London: UCL Press 1998, 43면.

응오 딘 지엠

휴전을 반대하면서 제네바협정에 서명을 거부한 남베트남의 주요 관심사는 북에 대항할 수 있는 반공정권 창출이었다. 주도적 역할을 한 인물은 바오 다이에 의해 1954년 6월 수상에 임명된 응오 딘 지엠(Ngo Dinh Diem)으로, 그는 가톨릭교도로서 철저한 반공주의자였다. 미국의 지지를 받은 응오 딘 지엠은 1955년 10월 국민투표를 실시하여 정치체제를 공화제로 바꾼 다음, 10월 26일 베트남공화국의 수립을 선포하고 초대 대통령으로 취임했다. 소련도 중국도 총선거에 대해 아무런 항의를 하지 않았다. 이들은 이미 제네바회의에서 베트남의 분단을 받아들였다. 소련은 호찌민정부로부터 남부의 국민투표에 대한 항의문을 받고 아무런 답변도 하지 않았다.[11] 제네바협정 때 이미 언급했듯이, 중국은 베트남의 분단이 자기네에게 유리하다고 생각했다.

베트남공화국은 처음부터 미국의 경제적 지원에 의해서만 생존이 가능했다고 해도 과언이 아니다. 예컨대, 1955년 싸이공정부의 재정수입은 세출의 3분의 1에 지나지 않았고 나머지 3분의 2는 미국의 경제원조로 충당되었다. 미국의 원조는 특히 군사적인 면에 집중되어, 1954년부터 1963년까지 총 원조액 17억 달러 중 4분의 3이 군사예산에 쓰였다.[12] 미국이 군사원조에 치중한 것은 남베트남정부를 동남아시아 공산화 저지의 전초기지로 간주했기 때문이다.

1956년에 이르러 응오 딘 지엠은 제네바협정에 따라 총선거를 치르자

---

11) Mari Olsen, "The USSR and Vietnam: 1954~1956," Philippe Le Failler and Jean Marie Mancini, eds., *Viet Nam: Sources et Approaches*, Aix-en-Provence: Publications de l'Université de Provence 1996, 163면.

12) Dennis J. Duncanson, *Government and Revolution in Vietnam*, New York: Oxford University Press 1968, 277면; Tucker, *Vietnam*, 87면.

는 하노이정부의 제의를 거절했다. 싸이공정부는 제네바협정에 조인하지 않았기 때문에 협정에 따라야 할 의무가 없다는 것이다. 미국도 이 점에서 응오 딘 지엠을 지지하고 나섰다. 양국 정부 모두 하노이에 민주정부가 들어설 때까지는 선거를 치를 수 없다는 입장을 분명히했다. 그러나 이런 거부는 어디까지나 구실일 뿐이고, 실제로는 선거가 치러질 경우 하노이정부가 압승할 것이 불을 보듯 뻔하기 때문이었다. 아이젠하워(Dwight D. Eisenhower) 대통령은 훗날 당시 선거가 치러졌더라면 유권자의 80퍼센트는 호찌민을 지지했을 것이라고 술회했다.[13]

하노이정부는 응오 딘 지엠이 선거를 거부하자 제네바협정 당사자들, 특히 회의 의장국인 영국과 소련은 자기들에게 호의적인 태도를 취할 것으로 예상했다. 그러나 기대와는 달리 국제사회는 별다른 반응을 보이지 않았다. 흐루시초프(Nikita Khrushchev)가 정권을 잡은 소련은 서방과의 평화공존을 모색하고 있었기 때문에 그다지 중요하지 않은 베트남문제로 미국과 갈등할 의사가 없었다.[14] 중국은 제네바회담을 다시 열자고 했지만 실제로는 말뿐이었다. 사실상 중국은 베트남 분단으로 남쪽 국경이 안전해졌다고 생각하면서 미국과의 공연한 전쟁으로 이를 위태롭게 하고 싶지 않았다. 제네바회담에서 열심이던 영국은 더이상 베트남문제에 간여하지 않고 거리를 두려고 했다. 만약 개입하는 경우에는 미국과의 우호적인 관계에 금이 가지 않을까 우려했던 것이다.[15]

---

13) Dwight D. Eisenhower, *Mandate for Change, 1953~1956*, Garden City, NY: Doubleday & Company 1963, 372면.

14) 소련은 제네바회담 이래 줄곧 남북 베트남의 평화공존을 옹호했다. 1957년 소련은 남북 베트남의 UN 동시 가입을 제안하기까지 했다. Marilyn B. Young, *The Vietnam Wars, 1945~1990*, New York: Harper Collins 1991, 53면; Ang Cheng Guan, *Vietnamese Communists' Relations with China and the Second Indochina Conflict, 1956~1962*, Jefferson, NC: McFarland & Company, Inc. 1997, 20, 49~50면.

15) Ruane, *War and Revolution in Vietnam, 1930~75*, 43~44면.

강대국들의 이러한 태도에 호찌민정부는 분개했지만 이렇다 할 대안이 없었다. 전쟁을 하면 미국이 군사적으로 개입할 것이 분명하고, 또 소련과 중국의 군사적 원조가 절대적으로 필요한 상황에서 그들의 반감을 사는 것도 두려웠다. 그리하여 이후에도 호찌민정부는 매년 총선거를 주장하지만 형식적인 것에 불과했다.

1956년부터 응오 딘 지엠 정부는 제네바협정 후 북으로 가지 않고 남쪽에 남아 있는 공산주의자들에 대한 검거를 실시했다. 하노이정부는 베트남이 남북으로 분단되자 남부에서의 지하공작 활동을 위해 10,000~15,000명을 남아 있게 했는데, 이들 중 상당수는 이때 체포되었다. 싸이공정부의 탄압이 시작되었을 때 남부의 공산주의자들은 하노이정부의 지원을 호소했다. 이에 대해 하노이정부는 이들에게 지하에서 반정부활동을 조직하라고 지시하는 한편 싸이공정부의 탄압에 대해서는 스스로 방어할 것을 촉구할 뿐 남부에 개입하려 하지 않았다. 당시 호찌민정부는 남부에 개입하기보다는 북부에서 자신들의 권력을 공고히하는 것이 급선무라고 판단했기 때문이다.[16] 여기에는 중국의 견해도 작용한 것으로 보인다. 전술한 중국 군사고문단의 철수라든가 1956년 11월 마오 쩌둥이 북베트남 지도자에 대해 "베트남의 분할 문제는 절대 단기간으로 해결할 수 없다. 장기간을 요하는 것이다"라고 말한 것[17] 등이 이를 입증해주는 것이 아닌가 한다. 뿐만 아니라 1958년 여름 베트남노동당 지도부가 남베트남에서의 무력투쟁에 대한 지지를 호소하자, 중국은 북부의 사회주의혁명 및 건설이 가장 중요하고 긴급한 과제라며, 현재 남부에서는 혁명적인 변혁을 할 정세가 아니라고 했다.[18]

---

16) Porter, ed., *Vietnam*, Vol. 2, 25면.

17) 『中國白書』, 44면.

18) Porter, ed., *Vietnam*, Vol. 2, 36~41면; 郭明 編 『中越關系演變40年』, 南寧: 廣西人民出版社 1992, 66~67면.

베트콩

1959년 초 하노이정부는 여러가지 상황변화로 이전의 남부에 대한 정책을 바꾸게 되었다. 상황변화란 우선 응오 딘 지엠 정권의 독재로 인해 인기가 급격히 하락함으로써 남부의 혁명적 잠재력이 크게 강화된 점을 들 수 있다. 둘째, 응오 딘 지엠 정권의 계속적인 공산당원 검거령으로 상기한 잠재력을 혁명으로 이끌어갈 만한 공산당 세포조직이 크게 위협받고 있었다는 점이다. 그때까지 남부 전체에 남아 있던 공산주의자는 5천명도 채 되지 않았던 것 같다.[19]

이리하여 1959년 1월 비밀리에 개최된 베트남노동당 중앙위원회는 남부에 대한 한층 적극적인 정책을 채택했다. 그러나 새로운 결정은 전면적인 무력공세가 아니라 남부에서 무장투쟁과 정치투쟁을 똑같이 중시해야 할 시기라는 것이다.[20] 훗날 베트남공산당 역사가들은 이 결정이 남부해방으로의 길에서 하나의 '이정표'였다는 평가를 내리고 있다.[21] 이후 하노이정부는 1960년 말까지 대략 4,500명의 남부 출신 공산당원을 비밀리에 뒷날 '호찌민 통로(Ho Chi Minh trail)'로 알려진 라오스와 캄보디아를 통해 남파하는 동시에 상당량의 물자와 군사장비도 보냈다.[22] 이런 조치들에도 불구하고 호찌민정부는 아직 남부와 전면전까지는 고려하지 않았다. 미국의 개입 가능성을 배제할 수 없고, 소련이 평화공존을 계속 원하고 있었기 때문이다. 남부공산당 지도부는 북부의 지원이 암암리에 응오 딘 지엠 정권에 대한 정치적·군사적 봉기를 승인한 것으로 해석했다.

---

19) Young, *The Vietnam Wars, 1945~1990*, 64면.
20) Porter, ed., *Vietnam*, Vol. 2, 44~46면.
21) Ruane, *War and Revolution in Vietnam, 1930~75*, 48면.
22) U.S. Department of State, *Foreign Relations of the United States, 1961~1963*, Washington D.C.: U.S. Government Printing Office 1988, Vol. I, 484~86면.

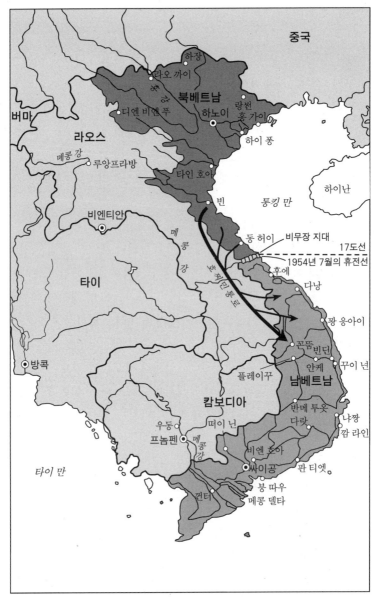

중국

하장

라오 까이

북베트남

디엔 비엔 푸

랑썬

홍 가이

하노이

하이 퐁

버마

라오스

메콩 강

루앙프라방

타인 호아

하이난

통킹 만

비엔티안

빈

메콩 강

동 허이

비무장 지대

호 치 민 통 로

17도선

1954년 7월의 휴전선

후에

타이

다낭

꽝 응아이

꼰뜸

빈딘

꾸이 년

플레이꾸

안케

남베트남

방콕

반메 투옷

다랏

나짱

깜 라인

우동

떠이 닌

프놈펜

메콩 강

캄보디아

비엔 호아

싸이공

판 티엣

타이 만

붕 따우

껀터

메콩 델타

1954년 7월~1960년 베트남

그리하여 1959년과 1960년에는 소수이기는하지만 공산당이 주도하는 농민봉기가 여러 곳에서 일어나 이제까지 싸이공정부가 지배하고 있던 지역들을 일부 '해방'시키고 대대적인 토지개혁을 시행하기도 했다. 농민봉기와 동시에 공산당은 싸이공정부의 관리들에 대한 광범위한 암살과 정부의 공공건물과 시설들에 대한 파괴공작을 벌였다. 흔히 말하는 '베트콩'(越共, 베트남공산주의자를 비하해서 부르는 약칭)이란 말은 이때부터 사용되었다.

이무렵 1959년 10월에 팜 반 동은 베이징을 방문하여 저우 언라이를 만나 군사원조와 군사기술단의 파견을 요청했다.[23] 저우 언라이는 이에 대해 즉각 대답하지 않았지만, 11월에 군사기술단이 현지조사차 베트남에 파견되었다. 이들은 베트남 합동참모본부뿐만 아니라 각종 부대를 방문하여 요구사항들을 청취한 결과, 북베트남군이 실제로 필요한 것보다 많은 물자를 요구한다는 인상을 받았다.

1960년에 중국 지도부는 남베트남에서의 무력투쟁에 대한 하노이정부의 전략을 적극 지지하고 나섰다. 중소분쟁이 영향을 미친바, 중국은 북베트남을 자기네 편으로 끌어들이려 했던 것이 아닌가 한다. 초대 주중 베트남대사인 호앙 반 호안(Hoang Van Hoan, 黃文歡)에 의하면, 중국은 이전 남베트남에서 공산당이 승리할 수 있는 기회에 관해 오판한 것을 인정하고 앞으로 전력을 다해 지지하겠다는 태도를 분명히했다.[24] 그리고 남베트남에서 정치투쟁과 무력투쟁을 병행하되, 전자는 도시에서, 후자는 농촌을 중심으로 하도록 조언을 하였다. 한편 중국 지도부는 전투의 급속한 확대는 바람직하지 않다고 보았다. 그래서인지 중국에 대한 베트남의 태도는 1959년에 조금 냉랭한 편이었다.[25]

---

23) 『周恩來年譜』 中卷, 262면.

24) Hoang Van Hoan, "Distortion of Facts about Militant Friendship between Viet Nam and China is Impermissible," *Bejing Review*, December, 1979, 15면. Zhai Qiang, *China and the Vietnam Wars, 1950~1975*, 83면에서 재인용.

중국의 태도를 의식해서인지 1960년 9월에 개최된 제3차 베트남노동당 전당대회에서, 호찌민은 북부에서의 사회주의 건설과 동시에 평화적인 방법으로 미제국주의의 지배로부터 남부를 해방시켜 국가통일을 완수해야 한다고 주장했다.[26] 이러한 주장은 남부에 대한 적극적 지원이라기보다 남부의 상황전개를 부정할 수 없었던 점을 고려한 것으로 생각된다. 한편 베트남노동당은 이를 근거로 남부의 사태전개에 그 나름의 영향력을 행사하려 했다.

사실상 이 전당대회 이후 하노이 지도부는 남부에서의 혁명은 무력에 의존하기보다 모든 반(反) 응오 딘 지엠 세력을 결집하는 정치운동에 주력할 것을 촉구하고 있다. 이런 정치운동은 이전 베트민 조직에서와 마찬가지로 공산당원이 아닌 민족주의자들을 이반시키지 않고 포섭하기 위해서였다.

1960년 12월 남부공산당은 제3차 노동당 전당대회에서의 정책결정에 따라 남베트남민족해방전선(Mặt trận Dân tộc Giải phóng Miền nam Việt Nam, 약칭 NLF)을 조직했다. 이 조직에는 남베트남정권에 반대하는 농민·노동자·지식인·소수민족·불교도 및 여타 소수 종교단체의 교도들이 두루 참여했지만, 실질적 권한은 공산당이 장악하고 배후에서 조종했다. 10개 조로 된 남부민족해방전선의 강령을 보면, 맑스주의가 아니라 민족주의를 내세우면서 미제국주의의 가면을 쓴 식민정부, 응오 딘 지엠 정권을 타도하는 것이 목표였다. 아울러 남북평화통일과 두 지역의 경제와 문화 교류를 제창했다.[27]

하노이정부의 전략은 남부 베트남인으로 구성된 단체를 만듦으로써 응오 딘 지엠 정권에 반대하는 운동을 남북대결이 아니라 남부 내에서 각 정

25) Ang Cheng Guan, *Vietnamese Communists' Relations with China and the Second Indochina Conflict, 1956~1962*, 139~40면.

26) Ho Chi Minh, *Selected Writings*, 257~60면.

27) Porter, ed., *Vietnam*, Vol. 2, 88면.

파간의 투쟁 형태로 이끌어가는 것이었다. 다시 말하면, 공산주의자들을 표면에 내세우지 않음으로써 남부에서의 투쟁을 이념분쟁이 아닌 민족주의간의 대립으로 보이게 하려는 의도였다. 남부민족해방전선의 수립 후 중국은 즉각 이를 승인했다.

응오 딘 지엠의 독재정치와 1956년 반포된 토지개혁법의 실패로[28] 인한 농민들의 소외는 바로 남부민족해방전선과 그 전위부대인 '베트콩' 세력을 급속히 키워준 주요 요인이었다. 1961년 가을 미국의 공식 추산에 의하면 '베트콩'에 동조하는 사람들의 수는 남부 인구의 2퍼센트에 달하는 20만이고 그 대부분은 농민이었다.[29] 남부민족해방전선과 '베트콩'의 세력이 커짐에 따라 미국이 싸이공정부를 포기하지 않는 한 이들과 미국의 직접적 대결은 피할 수 없는 상황이 되었다.

이무렵 중소분쟁 확대로 인해 호찌민정부는 곤란한 상황에 처했다. 호찌민은 공산진영의 분열은 막아야 된다는 생각에서 양측을 화합시키려고 여러가지로 노력했으나 허사였다. 하는 수 없이 그는 중립적 입장을 취하기로 하고, 이를 보여주기 위해 1962년 3월 베트남-소련친선협회와 베트남-중국친선협회를 동시에 확대했다.[30] 사실 당시 베트남은 어느 쪽도 소홀히할 수 없는 입장이었다. 그러나 흐루시초프가 계속해서 서방과의 평화공존을 주장하며 미국과의 대결을 피하려 하는 반면 케네디(John F. Kennedy) 행정부는 남베트남에 대한 지원을 증강하는 추세여서, 하노이정부는 자연히 중국 쪽으로 기울 수밖에 없었다.

---

28) 이 법의 한계는 처음부터 분명했다. 첫째, 당시 추산으로 토지를 분배받을 수 있는 농가는 전체의 3분의 1밖에 안되었다. 둘째, 지주의 토지를 소작하는 소작인들의 소작료는 전과 다름없이 높았다. 셋째, 토지를 분배받은 농민의 경우 토지에 대한 보상가가 너무 높아 지정한 기일 내에 대금을 완납할 수 없었다.

29) Ruane, *War and Revolution in Vietnam, 1930~75*, 52면.

30) Ralph B. Smith, *An International History of the Vietnam War*, Vol. 2, New York: St. Martin's Press 1986, 45면.

2. 미국의 개입과 중국의 하노이정부 지원

케네디

1961년 초 대통령에 취임한 케네디는 베트남문제에 깊은 관심을 보였다. 5월에는 존슨(Lyndon B. Johnson) 부통령을 싸이공에 보내 미국의 지지를 재확인하는 동시에 특수부대 요원 400명을 파견하여 싸이공정부군에게 게릴라전에 대비한 훈련을 시켜주도록 했다. 케네디의 이런 베트남 개입 확대는 '도미노이론'에 따라 동남아시아의 공산화를 저지하자는 것이었지만, 1949년 민주당정부의 중국 상실에 대한 공화당의 공격이라든가 그 자신의 꾸바 침공작전 실패 등과도 밀접한 관련이 있었다. 결국 또다른 실패는 그에게 정치적으로 치명적인 타격이 될 것이기에 남베트남 방어에 적극적으로 나섰던 것이다.

아이젠하워가 1961년 초 대통령직에서 물러날 때 남베트남에 있던 미 군사요원은 875명이었으나 1963년 말에는 16,263명으로 늘어났다. 당시 미국의 원조는 매년 4억 달러 정도였으며, 싸이공정부군의 병력은 24만 3천명에서 51만 4천 명으로 증가했고 미 군사원조사령부(Military Assistance Command, Vietnam, 약칭 MACV)도 설치되었다.[31]

미국의 이런 무력증강 정책에 대응하여 1961년 6월 팜 반 동은 중국을 방문하여 원조를 요청했다. 마오 쩌둥은 무력투쟁에 찬성했으나, 저우 언 라이는 이에 동의하면서도 합법투쟁과 비합법투쟁 및 정치투쟁과 무장투쟁을 결합하는 전략적 융통성을 제안했고 팜 반 동도 즉각 동의했다.[32]

1962년 여름에는 호찌민이 베이징을 방문하여 중국지도자들과 회합을

---

31) Ruane, *War and Revolution in Vietnam, 1930~75*, 56면.
32) 『周恩來年譜』中卷, 416~17면; 郭明 編 『中越關系演變40年』, 67면.

갖고, 남베트남에서의 전투상황과 미군의 북베트남 공격 가능성을 검토한 후 군사적 협력관계를 한층 더 긴밀히한다는 데 합의하였다. 그리고 북베트남군의 강화를 위해 중국은 곧 230개 보병대대를 무장할 수 있는 장비를 무상원조하기로 결정했다.[33]

그뿐만 아니라 중국정부는 자기들도 건설에 외화가 필요함에도 불구하고, 베트남노동당의 요청에 따라 민족해방전선 성립 이전인 1955년부터 시작해서 1976년까지 총 6억 달러를 남부에 제공하였다.[34] 그리고 1962년에는 남베트남의 게릴라전을 지원하고자 9만정에 달하는 각종 총포를 지급했다. 후일 저우 언라이의 회고에 의하면, 이때가 중국이 남부베트남 해방투쟁을 도운 시발점이었다고 한다.[35]

중국이 남베트남의 무장투쟁을 적극적으로 지원하고 북베트남의 방위에 깊숙이 간여했다고 하더라도 북베트남 정규군의 남하에 의한 남부통일의 지지까지는 아니었다. 베트남측의 말을 빌린다면, 중국의 이러한 정책은 "북부가 남부에 정치적 지원을 행하든가 또는 남부를 지원하는 정책을 내놓을 수는 있지만, 남부 형제들이 자력갱생 정신을 배양하도록 하는 것이 중요하다"고 한 데서 엿볼 수 있다. 뒷날 베트남정부는 이러한 중국의 태도를 비난하면서 남부에서 베트남 인민의 투쟁 강화를 방해했다고 했다.[36]

1963년 1월 싸이공에서 서남으로 60여km 떨어진 업 박(Ap Bac)이란 촌락에 대한 남부민족해방전선의 공격으로 남베트남군은 사상자 180명의 커다란 피해를 입었다. 이 승리로 북베트남 지도부는 전쟁에 대한 자신감을 가졌고, 마오 쩌둥도 남베트남의 무력투쟁에 대해 전폭적으로 지지를

33) 薛謨洪·裴堅章 『当代中國外交』, 159면; 郭明 編 『中越關系演變40年』, 69면; 朱建榮 『毛澤東のベトナム戰爭』, 21~22면.
34) 黃文歡 著, 文庄·侯寒江 譯 『滄海一粟』, 266면.
35) 郭明 編 『中越關系演變40年』, 69면.
36) 『中國白書』, 47~49면.

표명함으로써 베트남과 중국의 군사적 관계는 한층 긴밀해졌다. 두 나라 총참모총장이 비밀리에 상호방문하는가 하면, 5월 류 사오치가 하노이를 방문하여 중국과 베트남의 우의를 강조하면서, 중국은 베트남에 대해 아낌없이 원조하겠다는 뜻을 밝혔다.[37] 이때 호찌민은 류 사오치를 영접하면서 "베트남과 중국은 정의(情誼)가 깊어 동지 겸 형제"라고까지 말했다.[38]

1963년 11월 싸이공에서 쿠데타가 일어나 응오 딘 지엠과 동생 응오 딘 뉴(Ngo Dinh Nhu)가 살해되면서 정국은 혼미상태에 빠졌다. 12월 베트남 노동당 중앙위원회는 제9차 대회를 개최하고 남베트남에서의 전략을 논의했다. 머지않은 시기에 올 승리의 기회를 잡아야 하겠지만 그래도 장기전에 대비하도록 남부민족해방전선에 명령이 하달되었다.[39] 베트남전쟁에서 전환점의 하나로 평가되는 이 회의의 내용으로 미루어 베트남과 중국 지도자들 간에 밀접한 협의가 있었던 것 같으며, 이는 1963년 여름 이후 하노이가 중소분쟁에서 결정적으로 중국측에 섰음을 보여준다.[40]

같은 달 베트남군의 요청으로 중국군 총참모차장이 '전략적 방어시설의 설치와 전쟁 준비의 문제'에 대한 협의를 위해 군사조사단을 이끌고 하노이에 왔다. 일행은 북부 각지 전략적 요충지와 연안도서 등지를 돌아보고 「침략전쟁에 합치하며 베트남 실제상황에 맞는 방어정비안」을 제출했다. 1964년 통킹 만[41] 사건 이후 베트남과 중국의 군사협력은 이를 바탕으로 행해졌다.[42]

---

37) Viện Nghiên Cứu Trung Quốc, *Quan Hệ Việt Nam-Trung Quốc, những Sự Kiện, 1961~ 1970*, 226~27면.

38) 黃铮『胡志明与中國』, 201면.

39) Porter, ed., *Vietnam*, Vol. 2, 223~27면.

40) Donald S. Zagoria, *Vietnam Triangle; Moscow, Peking, Hanoi*, New York: Pegasus 1967, 108면.

41) 통킹 만을 베트남에서는 박 보(Bac Bo, 北部) 만이라고 한다.

42) 朱建榮『毛澤東のベトナム戰爭』, 24~25면.

1964년에 들어서면서 미국의 개입은 더욱 확대되기 시작했다. 응오 딘 지엠이 암살된 후 권력을 잡은 싸이공의 군사정권이 안정을 찾지 못하고 계속하여 교체를 거듭하자 미국은 이제 베트남문제를 직접 떠맡아야 한다는 생각을 하기에 이르렀다. 1963년 11월 케네디가 암살되자 대통령직을 승계한 존슨은 12월 미 군사고문의 수를 증가시켰다. 이는 싸이공정부에 군사적 화력을 불어넣어 '베트콩'의 공세에 적극 대처하려는 것이었다. 이어서 1964년 1월에는 북베트남에 대한 정찰비행과 남베트남 특공대의 북부 해안지대 기습공격과 같은 비밀작전을 승인했다. 합동참모본부는 한걸음 더 나아가 북베트남에 대한 공습을 제안하는 동시에 하이 퐁 항구를 봉쇄하기 위한 기뢰의 부설을 주장하고 나섰다. 그러나 존슨은 의회의 동의를 얻을 수 없다는 이유로 군부의 요청을 받아들이지 않았다.

　이런 상황에서 하노이정부는 중국의 도움을 청했고, 중국은 미국의 태도를 주의깊게 살펴보면서 북베트남과 협력할 뜻을 굳혔다. 1964년 6월 하순 북베트남군 참모총장 반 띠엔 중(Van Tien Dung)은 베이징을 방문하여 마오 쩌둥과 저우 언라이를 만나 군사원조 문제를 논의했는데, 그 자리에서 마오 쩌둥은 미국이 침략하면 중국은 군대를 파견하되 의용군 형식으로 하겠다고 하면서 다음과 같이 말했다.[43] "우리 양당과 양국은 협력해서 공동으로 적에 대항해야 할 것이니, 당신네 일은 곧 우리의 일이며 우리의 일은 바로 당신네 일이다. 결국 우리들은 무조건 일치해서 적과 싸워야 할 것이다." 7월 초 하노이를 방문한 저우 언라이 역시 중국은 북베트남에 대한 경제적·군사적 원조를 증대하고 조종사 훈련을 도와줄 것이며, 만일 미국이 북베트남을 공격하면 모든 수단을 동원해서 지원하겠다고 했다.[44]

43) 薛謨洪·裴堅章『当代中國外交』, 159면; 朱建榮『毛澤東のベトナム戰爭』, 91면.
44)『周恩來年譜』中卷, 654면; Chen Jian, "China's Involvement in the Vietnam War, 1964~ 69," *China Quarterly* 142 (June), 1995, 360~61면.

통킹 만 결의안

1964년 8월 2일 미 구축함 매독스(Maddox)호가 북베트남 어뢰정의 공격을 받은 사건이 일어났다. 당시 기상악화로 공격 여부가 불분명하다는 보고가 곧 있었지만, 존슨은 즉시 의회에 군사행동에 대한 백지위임을 요청했고 의회는 이를 만장일치로 통과시켰다. 이 '통킹 만 결의안'은 존슨에게 북베트남에 대한 폭격과 남베트남에 지상군을 투입할 수 있는 길을 열어주었다.

존슨의 단호한 의지에 직면한 하노이정부는 미 지상군이 투입되기 전에 싸이공정부를 붕괴시키기 위해 정규군을 신속히 남파했다. 최근 연구에 의하면, 1964년 말까지 북베트남 정규군 3개 연대 4,500명의 병력이 남부에 주둔하고 있었던 것으로 밝혀졌다.[45] 이러한 병력 남파는 1964년 12월 베트남과 중국의 군사협정으로 중국군 30만이 북베트남 북부지방으로 보내지게 됨에 따라 북베트남군의 자유 이동이 가능했기 때문이다.[46] 중국군이 베트남전에 직접 참가하기 시작한 것이다. 그와 동시에 마오 쩌둥은 남중국에 30만~50만의 병력을 배치하고 베트남 국경 부근 윈난지방 한두 곳에 비행장을 신설하여 북베트남이 공격받는 경우 중국 비행기가 지원하여 싸울 기지로 사용할 계획도 세웠다.[47]

미국과 하노이정부가 확전으로 치닫고 있던 1964년 후반 남베트남정부의 계속된 정국 불안은 미국에게 심각한 고민이 아닐 수 없었다. 그렇다고 전쟁을 무조건 확대하는 방향으로만 끌고 갈 수 있는 상황도 아니었다. 이해 가을 존슨은 북폭을 주장하는 군부와 이에 반대하는 민간인 참모들 사이에서 고민하던 중 11월 대통령선거에서 압승을 거두자 북폭 쪽으로 기

---

45) Ruane, *War and Revolution in Vietnam, 1930~75*, 65면.
46) Yang Kuisong, "Mao Zedong and the Indochina Wars," 78면.
47) 같은 곳.

울어졌다. 그러나 북폭은 지상군 투입으로 이어질 수밖에 없다는 것이 분명해짐에 따라 다시 주저하게 되었다.

1965년 2월 초순 '베트콩'이 플레이쿠(Pleiku)와 꾸이 년(Quy Nhon)의 미군 막사를 공격하고 비행기가 파괴되는 사건이 발생하자 존슨은 즉시 이에 대한 보복으로 17도선을 넘어 북폭을 명했다. 3월 초 '롤링 썬더(Rolling Thunder)' 작전에 의해 폭격은 계속되었으나 일단 19도선 이남으로 제한하여 군사기지와 남쪽 침투로를 목표물로 삼았다. 하노이정부가 더이상 '베트콩'을 지원하지 못하게 하려는 전략이었다. 3월 8일에는 해병대 3,500명이 공군기지 방위를 명분으로 다 낭에 도착했다. 4월에는 다시 해병대 2개 대대가 증파되면서 그 임무도 단순한 방어가 아니고 공격에도 직접 참가하는 것으로 바뀌었다.[48]

중국의 지원부대

미국의 확전에 하노이정부는 중국의 지원이 절박함을 느꼈다. 4월 레 주언과 보 응우옌 지압이 비밀리에 급히 중국에 가서 지원부대의 파병을 요청하여 양측은 6월에 협약을 맺었다.[49] 이에 1965년 6월 최초의 중국 지원부대가 베트남에 들어갔고, 그로부터 1973년 3월까지 고사포부대·철도건

---

48) George C. Herring, *America's Longest War: The United States and Vietnam, 1950~1975*, 3rd edition, New York: McGraw-Hill 1996, 143~45면; Ruane, *War and Revolution in Vietnam, 1930~75*, 69면.

49) 당시 류 사오치는 레 주언에게, 최선을 다해서 당신네를 도와주는 것이 우리의 방침이지만 모든 것은 당신들에게 달렸다고 말했다. 즉 도와달라고 해야만 도와주겠다는 것이다. Odd Arne Westad, et al., *77 Conversations between Chinese and Foreign Leaders on Wars in Indochina, 1964~1977*, Cold War International History Project Working Paper, No. 22, Washington D.C.: Woodrow Wilson International Center for Scholars 1998, 85면(이하 *77 Conversations*).

설부대·도로보수부대 등 총 32만여명의 중국 병사들이 북베트남에서 활동했다. 인원이 가장 많은 해에는 17만명에 이를 정도였다.[50] 1979년 중월전쟁 후 발표된 하노이정부 외교부의『중국백서』는 중국이 4월에 공군비행사도 보내기로 약속하고 7월에는 시기가 적절치 않다는 이유로 이를 거절한 것을 비난하고 있다.[51] 여하튼 중국군 지원부대의 노력으로 각종 운송시설이 건설되는 한편, 북베트남 정규군이 계속 남파될 수 있었다.

이들 부대는 주로 미군의 폭격으로 파괴된 도로를 보수하였을 뿐만 아니라 새로운 철도를 건설하여 수송능력을 향상시키는 데 기여했다. 중국측 자료에 의하면, 새로운 철도 건설 117km, 노후 철도 개선 362km, 임시 군사용 철도 건설 98km, 철교 건설 30개, 터널 공사 14개, 정거장의 확충 및 신설 20개소, 통신 케이블 설치 1023km, 해저전선 건설 8km 등에 이르렀다고 한다.[52] 또한 7차선 도로 1206km를 건설하거나 보수하고 교량 305개를 건설했다고 한다.[53]

여기서 보듯이, 직접 전투에 참가한 것은 북베트남군이며 중국군은 후방지원에만 참여하였다. 이는 베트남측이 전투에서 결정권을 행사하고, 중국측은 필요한 경우 조언을 하는 데 그쳤음을 의미한다. 이 점에서 제1차 인도차이나전쟁 때와는 차이가 있다. 이런 차이는 하노이정부가 전보다 자신감이 있고 또 독립적이었음을 보여주는 것이다.

중국의 도움에도 불구하고 베트남과 중국 사이에는 곧바로 불화의 싹이 트기 시작했다. 이는 우리가 전근대시기에 보았듯이, 베트남인들의 역

---

50) 郭明 編『中越關系演變40年』, 70면.
51)『中國白書』, 56면. 1965년 4월 북베트남군 총참모장이 중국 공군을 참전시키도록 요청한 데 대해 중국군 총참모장이 이를 찬성했었다. 朱建榮『毛澤東のベトナム戰爭』, 378~79면.
52)『援越抗美實錄』, 北京: 國際文化出版公司 1990, 210면. 郭明 編『中越關系演變40年』, 70~71면에서 재인용.
53) 郭明 編『中越關系演變40年』, 71면.

사적 자존심에 기인한 것이다. 1965년 중국군은 북베트남에 도착하자마자 베트남측의 냉랭한 태도에 불편함을 느꼈다. 북베트남 지도부는 일면 중국의 도움을 요청하면서도 다른 일면으로는 중국군의 베트남인들 접촉을 최소화함으로써 그 영향을 제한하려 했다. 일례로, 베트남관리들은 중국 의료지원단이 베트남인 환자를 치료하는 것을 달가워하지 않고 오히려 막았다.[54] 뿐만 아니라 1965년부터 북베트남의 주요 역사학술지인『역사연구』(Nghiên Cứu Lịch Sử)를 비롯한 많은 간행물들은 중국 봉건왕조들의 베트남 침략 사례를 계속 게재함으로써 과거를 빌려 현재의 중국정부를 암묵적으로 공격했다.[55]

북베트남과 중국이 불화하게 된 또다른 요인은 중국 국내정치의 급진화와 중소관계의 악화였다. 1966년 문화대혁명이 시작되면서 중국군이 베트남인들에게 마오 쩌둥 사상과 문화대혁명을 선전하는 것에 북베트남 지도부는 심기가 언짢았다.[56] 중국의 국경절에 북베트남은 매년 축전을 보내는데, 국가기념일에 보내는 축전은 양국간의 우호 정도를 상징적으로 표현하는 것이다. 그런데 1966년과 1967년에는 내용이 거의 같지만, 1968년에는 마오 쩌둥 노선에 관한 부분과 양국의 우호를 강조한 부분이 삭제되고 전체의 길이도 절반 정도로 짧게 되어 있다.[57] 뿐만 아니라 당시 화교들의『인민일보』나『광명일보』및『홍기(紅旗)』같은 중국 신문과 잡지의 구독도 금지되었다.[58] 호찌민 자신도 마침 중국에서 문화대혁명의 극좌파적

---

54) Zhai Qiang, *China and the Vietnam Wars, 1950~1975*, 152면; Chen Jian, "China's Involvement in the Vietnam War, 1964~69," 380면.

55) 郭明 編『中越關系演變40年』, 102면; 유인선「베트남의 도이머이(刷新)정책과 베트남사의 재해석」,『동남아시아연구』3, 1994, 3면 표 참조(대외항쟁사는 거의가 전근대시기 중국의 침입에 대한 것이다).

56)『中國白書』, 65면.

57) 伊藤正子「文化大革命初期におけるベトナム·中國關係──1966~68年の新越華報を中心に」,『アジア·アフリカ研究』30-3, 1989, 30면.

인 열기를 보며 중국을 모델로 삼는 것은 적절치 않다는 생각을 했다. 아마도 이런 이유로 해서 호찌민은 1966년 7월 17일 오늘날 유명한 구호가 된 "독립과 자유보다 다 더 귀한 것은 없다"라는 내용이 담긴 투쟁성명을 베트남인들에게 보내지 않았는가 한다.[59] 7월 23일 자신의 투쟁성명을 지지하기 위해 톈안먼(天安門) 광장에 운집한 100만 가까운 군중을 바라보며 호찌민은 그날 동원된 수많은 군중이 대미항쟁을 지지하기 위한 것이지 특별히 베트남의 독립과 자유를 위한 것은 아니라는 것을 느꼈다.[60]

이와는 달리 1964년 10월 흐루시초프가 실각한 후 소련은 베트남에 대해 적극적 원조정책을 취해 베트남과 경제발전 및 방어능력 강화에 관한 원조협정을 체결함으로써 중국의 반발을 샀다.[61] 당시 소련은 미국과 패권을 다투기 위해 베트남을 동남아시아 진출의 거점으로 삼으려 원조를 증강했으며, 하노이정부는 소련의 발달된 현대식 무기가 필요했기 때문에 양자의 이해관계가 일치했던 것이다.[62] 여기에 더하여 중국이 참석하지 않기로 한 1966년의 소련공산당 23차 전당대회에 북베트남이 대표단을 파견한 것도 문제가 되었다. 대회 참석 후 귀국 도중 베이징에 들른 레 주언에게 덩 샤오핑(鄧小平)은 다음과 같이 말했다. "당신이 중국의 원조에 어떤 의도가 있다고 의심하면 솔직히 말하시오. 그러면 문제는 쉽게 풀릴 것입니다. 우리는 군대를 당장 철수할 수 있습니다. 중국에서도 할 일이 많으니까요."[63]

---

58) 郭明 編 『中越關系演變40年』, 99면.

59) Ho Chi Minh, "Appeal to Compatriots and Fighters throughout the Country," *Selected Writings,* 307~10면. 인용 부분은 308면.

60) Womack, *China and Vietnam*, 178면; 黃錚 『胡志明与中國』, 245~46면.

61) 朱建榮 『毛澤東のベトナム戰爭』, 431~33면.

62) 1966년 3월 저우 언라이는 레 주언에게 소련의 원조는 베트남과 중국의 관계를 분열시키려는 의도라고 말했다. *77 Conversations*, 93면.

63) 같은 책, 96면.

대표단 파견은 아마도 레 주언의 주도하에 이루어지지 않았나 생각된다. 1966년부터 호찌민은 병약하여 현실정치 문제에는 거의 간여하지 않았다. 앞에서 본 바와 같이 레 주언은 중국에 대해 별로 호의적인 인물이 아니었다. 그는 1965년 4월 베이징 방문 후 모스끄바에 갔는데, 그곳 베트남대사관에서 베트남 외교관과 유학생들을 모아놓고 소련을 찬양하면서 중국의 정책 일부에 대해서는 비판을 했다는 이야기도 있다.[64] 더욱이 레 주언은 23차 소련공산당 전당대회에 참석하여 소련을 '제2의 조국'이라고까지 했다고 한다.[65] 중국 지도부는 이 말을 전해듣고 매우 충격을 받았다.

그러나 북베트남은 중국과의 긴밀한 협조가 필요한 상황이었기에, 소련이 자기네 원조물자가 베트남으로 가는 것을 중국이 방해한다고 비난한데 대해 그렇지 않다고 했다. 북베트남은 오히려 소련과 여타 동유럽 국가들로부터의 물자수송을 중국이 헌신적으로 돕는다며 칭송하기를 아끼지 않았다.[66] 결국 북베트남은 두 강대국 사이에서 교묘히 어느 편도 들지 않으면서 중간노선을 택했다. 두 나라의 도움 없이는 미국과의 전쟁이 어려웠기 때문에 그럴 수밖에 없었다.

64) 黃文歡 著, 文庄·侯寒江 譯『滄海一粟』, 303면.
65) Chen Jian "China's Involvement in the Vietnam War, 1964~69," 382면.
66) Li Danhui, "The Sino-Soviet Dispute over Assistance for Vietnam's Anti-American War, 1965~1972," in Priscilla Roberts, ed., Behind the Bamboo Curtain, 297~301면; Zhai Qiang, China and the Vietnam Wars, 1950~1975, 154면.

3. 전쟁의 미국화와 중국의 원조

전쟁의 미국화

존슨 대통령은 1965년 7월 전쟁의 '미국화'를 결정하고 현지 미군 총사령관 웨스트모어랜드(William Westmoreland)의 요청을 받아들여 미군을 증파한 결과, 1965년 말 그 수가 18만 4천명에 달했다. 존슨 행정부는 베트남 파병에 대한 국내의 이해와 지지를 구하는 한편, 싸이공정부에 대한 국제적 지지를 확대하는 데도 많은 노력을 기울였다. 다시 말해, 어떻게 하면 동맹국들을 베트남전쟁에 끌어들일 수 있을까 하는 것이었다. 미국이 이처럼 국제적 연대에 발벗고 나선 것은 무엇보다도 싸이공정부의 무능함 때문이었다. 당시 싸이공정부 지도자들은 정치적 책략에만 몰두한 채 국제사회의 지지를 얻는 데는 무관심하고 또 그럴 만한 능력도 없었다. 미국의 노력으로 1965년 말까지 한국[67]·오스트레일리아·뉴질랜드가 병력을 파견하고, 뒤이어 필리핀과 타이도 파병했다.

1966년과 1967년에 걸쳐 미국의 북폭 증대와 지상군 증강으로 전쟁은 확대되었지만, 곧 교착상태에 빠졌다. 1966년 북폭은 북위 19도선 이북으로 확대되어 석유저장소와 교통망을 목표로 했고 1967년에는 폭격대상에 제철소와 발전소를 비롯하여 하노이와 하이 퐁의 외곽지대까지 포함되었다. 특히 '호찌민 통로'에 대한 포격은 대단했지만 지상군의 작전이 뒤따르지 않아 별다른 효과가 없었다.[68]

존슨은 군부의 강력한 요청에도 불구하고 지상전은 남베트남 지역에만 한정했다. 그는 남부 전투에 필요하다고 생각되는 만큼만 병력을 투입하

---

67) 한국정부는 1965년 전투병력의 파병 이전인 1964년 7월 이동외과병원(130명)과 태권도 지도요원(10명) 등 비전투병력을 베트남에 보냈다.

68) Ruane, *War and Revolution in Vietnam, 1930~75*, 75면.

고, 소기의 목적이 이루어지지 않으면 다시 병력을 증파하는 방법을 취했다. 그리하여 1965년 18만명 정도이던 미군 병력은 1966년에 36만명으로 배가하고 1967년 말에는 48만 5천명에 이르렀다. 1968년에 들어오면 그 수가 최고조에 달해 54만명이나 되었다.[69]

그러나 베트남전쟁은 병력으로 이길 수 있는 전쟁이 아니었다. 싸이공 정부와 군대는 무기력하기 짝이 없어 미군에 의해 겨우 유지되고 있는 형편이었다. 반면 하노이정부는 미국의 압력에 조금도 굴하지 않고 통일에의 열망을 불태우고 있었다. 북부 베트남에 대한 미국의 폭격은 하노이정부를 협상테이블로 끌어내려는 속셈이었지만 오히려 하노이의 저항만 고조시켰다.

앞에서 언급한 '롤링 썬더' 작전 초기에 호찌민은 소련이 제안한 평화협상에 관심을 보였으나, 당시 마오 쩌둥은 그런 협상에 대해 철저히 반대했다.[70] 저우 언라이도 1965년 9월 2일 베이징 주재 베트남 대사관의 독립기념 식장에서 미국의 '평화회담은 속임수'일 뿐이라고 했다.[71] 이후 중국의 태도는 1968년 말까지 변함이 없었다.

물론 하노이정부는 때로 평화협상에 응하려는 듯한 태도를 보였으나, 이는 진정으로 평화를 위해서가 아니라 오히려 전쟁의 연장을 위해서였다. 작은 저개발국가인 북베트남이 강대국인 미국에 대항하여 완전한 승리를 거둘 것을 기대할 수는 없었다. 하노이의 지도자들은 이를 잘 알고 있었으며, 군사력의 증강을 위해 잠정적인 평화시기가 필요하다는 생각을 했던 것이다. 미국의 북폭을 중단시키기 위해 간간이 협상 제안을 한 것이 이를 말해준다. 다른 한편 하노이정부는 국제적 지지를 얻음과 동시에 미국내 전쟁논쟁에 대해 분열을 획책하기 위한 수단으로 협상을 이용하곤

---

69) 같은 책, 75~76면; Herring, *America's Longest War*, 167면.
70) Yang Kuisong, "Mao Zedong and the Indochina Wars," 82면.
71) 『周恩來年譜』 中卷, 754면. *77 Conversations*, 78~85면도 참조.

했다.[72) 결국 미국은 북베트남에 대한 폭격만으로는 하노이정부를 굴복시킬 수 없었다.

그렇다면 당시 일인당 국민소득이 50달러도 채 안 되는 북베트남이 어떻게 미국에 저항하며 견디어낼 수 있었을까? 한가지 중요한 점은 베트남인들의 전통적인 대외항쟁 정신에다 북베트남사회가 철저히 통제되고 또 잘 조직되어 있어서 북폭을 계기로 정부는 '국가방위'라는 슬로건으로 인민대중을 쉽사리 동원할 수 있었기 때문이다. 더욱이 근대 산업사회와는 달리 북베트남은 여전히 농업 위주 사회여서 미국이 생각한 만큼 북폭 효과가 크지 못했다.

여기에 더하여 소련과 중국의 군수물자 및 생필품 원조가 하노이정부에 커다란 도움이 되었다. 1965년 7월 북베트남과 중국 간의 합의에 의하면, 그해 후반에 중국은 소련과 동유럽 국가들로부터 오는 148,500톤에 상당하는 원조물자를 수송하기로 했는데, 그중 5만 5천톤이 군수품이고, 나머지 7만 5천톤은 생필품이었다. 그외에도 소련은 직접 물자를 베트남으로 보내기로 하고 1966년 7월 11만톤 이상의 물자를 선적 중이거나 이미 선적을 마친 상태였다.[73) 소련은 북베트남에 물자를 보내려면 중국의 수송수단이나 영공(領空)을 이용해야 하는데, 당시 중소분쟁으로 인해 많은 어려움이 있었다. 중국은 소련의 원조가 하노이정부에 대한 중국의 영향력을 감소시키지 않을까 우려했다. 뒷날 하노이정부는 중국의 이런 비협조적 태도를 맹렬히 비난하게 된다.[74)

---

72) Zhai Qiang, *China and the Vietnam Wars, 1950~1975*, 168면.
73) Li Danhui, "The Sino-Soviet Dispute over Assistance for Vietnam's Anti-American War, 1965~1972," 296~97, 303면.
74) 『中國白書』, 58면.

중국의 원조

중국이 하노이정부에 대한 최대의 원조국이었음은 말할 것도 없다. 중국은 하노이정부를 돕기 위해 자신들의 경제발전 문제를 뒤로 미루기까지 할 정도였다. 1965년 5월 중국공산당 중앙정치국회의에서 마오 쩌둥과 저우 언라이는 중국 자체의 산업계획에 대한 중앙정부의 대폭적인 규모 삭감을 옹호하고 나섰다.[75] 베이징정부는 북베트남이 식료품이라든가 여타 물자의 부족으로 인해 압박을 받지 않도록 하기 위해 생필품의 제공을 우선시했다. 물자를 직접 공급하는 외에도 제당공장을 비롯하여 소규모 도정공장·제분소·두부공장 등을 지어주었다.[76] 무기 원조로는, 1965~1967년에 북베트남에 소총 50만정·대포 11,000문·탄환 4백여만발·포탄 40만발 등을 제공했다.[77]

중국 원조의 상당 양은 남부민족해방전선에 직접 공급되었다. 1965년 마오 쩌둥은 국무원(國務院)에 명하여, 민족해방전선이 요구하는 것이면 할 수 있는 한 무조건 제공하라고 했다. 그러면서 그는, 중부 산간지대는 인구가 희소하고 부식물도 적으므로 민족해방전선의 생활이 매우 어렵다는 것을 고려하여 공급된 물건들이 그들의 건강에 실질적 도움이 될 수 있는 것이라야만 한다고 덧붙였다.[78] 따라서 제공된 물자에는 육포·모기장·

---

75) 『周恩來年譜』中卷, 729~30면; Shu Guang Zhang, "Beijing's Aid to Hanoi and the United States-China Confrontations, 1964~1968," in Priscilla Roberts, ed., *Behind the Bamboo Curtain*, 268면.

76) Shu Guang Zhang, "Beijing's Aid to Hanoi and the United States-China Confrontations, 1964~1968," 271면. 1965~70년 사이의 구체적 원조 품목과 수량에 대하여는 이 논문의 272면 도표 7 참조.

77) Chen Jian, "China's Involvement in the Vietnam War, 1964~69," 379면 도표 1에 의거.

78) 中共中央文獻硏究室 『建國以來毛澤東文庫』, 第十一册, 北京: 中央文獻出版社 1996, 478~79면.

우비·구급함·절인 생선·소금·치약·칫솔·비누 등등 일상생활에 필요한 것들이 거의 다 포함되어 있었다.

물자공급을 위해 중국은 또한 중국과 북부 베트남을 연결하는 수송로를 확장하고 유지하는 책임까지 직접 맡았다. 1965년 5월 중국 창사에서 호찌민은 마오 쩌둥을 만나 중국 국경에서 남베트남에 있는 민족해방전선의 후방기지까지 연결하고자 진행 중인 6차선 도로의 건설을 도와달라고 요청했다. 중국이 건설을 떠맡는다면, 그 건설에 투입된 30만명의 베트남 인력을 남부로 보낼 수 있다는 것이 호찌민의 주장이었다. 이 건설이 남부에서 민족해방전선의 투쟁 노력을 도울 수 있는 길이라고 생각한 마오 쩌둥은 즉시 요청을 받아들였다.[79] 존슨은 이 '호찌민 통로'에 대해 집중적인 공습을 감행했지만, 이렇게 제한된 공격만으로는 큰 효과를 볼 수 없었다. 중국인 기술자들과 노동자들이 이 수송로의 보수와 개축의 책임을 맡았기 때문이다.

중국의 이런 원조에도 불구하고 중국과 북베트남 사이에는 원조의 방법을 둘러싸고 갈등이 있었던 것 같다. 『중국백서』에 의하면, 중국은 베트남 인민의 총공격, 특히 건기시 총공격의 위력을 제한하기 위해 원조를 조정했다고 한다.[80] 다시 말하면, 중국은 필요한 시기에 원조를 제한함으로써 북베트남에 의한 통일을 저지하려고 했다는 것이다. 북베트남측의 주장이 얼마나 사실인지는 알 수 없지만, 아마도 그들이 원하는 만큼의 원조가 주어지지 않았는가 생각된다.

하노이정부는 중국인 기술자들과 노동자의 도움 덕분에 많은 인원을 남으로 보낼 수 있었다. 하노이정부의 병력은 징병제도를 통해 공급이 충분했다. 매년 20만명이 징병 연령에 도달했고, 이들 중 상당수가 남파되었

79) Shu Guang Zhang, "Beijing's Aid to Hanoi and the United States-China Confrontations, 1964~1968," 270면.
80) 『中國白書』, 58면.

다.[81] 미국 정보보고서에 의하면, 1968년이 시작될 때 남부에 있는 '베트콩'과 하노이 정규군 수는 30만으로, 비정규군까지 합치면 모두 60만명 정도에 달했다. 한편 미군과 싸이공정부군의 수는 120만명 가까이 되었다.[82] 그러나 싸이공정부군은 전투의지가 결여되어 있고, 미군은 게릴라군에 맞서기 위해서 사방으로 분산되어 있어서 전투에 실제 투입할 수 있는 병력은 그리 많지 않았다. 이런 상황에서 웨스트모어랜드는 군대만 더 보내주면 전쟁을 승리로 이끌 수 있다고 미국정부와 국민에게 장담했고, 미국정부도 전적으로 동의했지만, 그것은 환상일 뿐이었다. 마침내 그 환상은 1968년이 되자마자 깨졌다.

---

81) 매년 북베트남의 징병 연령에 달하는 수와 관련하여 존슨은 다음과 같이 말했다. "근본적으로 우리는 출생률과 싸우고 있다." *The Pentagon Papers: The Defense Department History of U.S. Decision Making on Vietnam*, Senator Gravel Edition, Vol. 4, Boston: Beacon Press 1971, 587면. David Elliot, "Hanoi's Strategy in the Second Indochina War," in Jayne S. Werner and Luu Doan Huynh, eds., *The Vietnam War: Vietnamese and American Perspectives*, Armonk, NY: M.E. Sharpe, Inc. 1993, 85면에서 재인용.

82) Ruane, *War and Revolution in Vietnam, 1930~75*, 79면.

제5장 1968년 뗏 공세와 전쟁국면의 전환

1. 뗏 공세와 북베트남과 중국의 불화

뗏 공세

1968년은 하노이측에 의한 '뗏 공세[구정 공세]'로 시작되었고, 이 공세는 이후 베트남전쟁에 중요한 영향을 끼쳤다. 1968년 1월 '뗏 공세'는 전쟁에서 이길 수 있다는 워싱턴의 환상을 여지없이 무너뜨리고 말았다. 베트남어로 구정(舊正)을 의미하는 뗏(Tết)은 우리의 설보다도 훨씬 큰 명절이다. 전에는 뗏을 전후하여 2주일 가량 휴전하는 것이 관례처럼 되어 있었다. 뗏 공세는 이런 허(虛)를 찌른 것이다.

베트남노동당 지도부는 일련의 총공세를 통해 미군을 완전히 철수시키고 민족해방전선 주도하의 연립정부를 세우고자 했다. 그들은 도시의 역할을 중시하고 승리를 위한 전략을 그곳에 집중시켰다. 도시에서의 진보적 계급 증가와 싸이공정부의 권력 약화를 고려하고, 1945년 8월 혁명이 도시를 중심으로 해서 성공한 역사적 사실 때문이었다. 사실상 1960년대 초부터 베트남노동당 전략가들은 남부에서의 총공세에 많은 노력을 경주해왔으며, 1965~1967년에는 도시의 역할이 결정적이라는 생각이 굳어졌다.[1] 그들은 도시에서의 총공세로 인해 혹 싸이공정부가 붕괴되지 않더라도, 군의 공세에 뒤이은 시민들의 봉기로 적이 약화되어 마침내는 승리할 수 있든가 아니면 적어도 협상으로 전쟁을 해결할 수 있으리라고 믿었던 것이다.[2]

그러나 뗏 공세 자체는 마오 쩌둥의 지구전 전략과는 몇가지 점에서 본질적인 차이가 있었다. 마오 쩌둥의 지구전 전략은 3단계로, 1단계는 적의 전략적 공격에 대한 혁명군측의 전략적 방어기이다. 2단계는 적의 전략적 공고화와 혁명군의 반격을 위한 준비기로, 달리 말하면 양측 세력이 균형을 이룬 시기라고도 할 수 있다. 마지막 3단계는 혁명군이 적에 대해 전략적 반격을 가하는 시기이다. 제1과 제2 단계는 적군이 도시를 지배하고, 혁명군이 농촌을 기반으로 점차 세력을 확대하면서 게릴라전을 전개하는 과정이다. 이런 게릴라전을 통해 적군을 서서히 소모시켜, 종국적으로는 총공세를 감행하여 대도시를 점령하고 제국주의자들을 나라 밖으로 쫓아내게 되어 있다.[3]

이렇게 볼 때, 뗏 공세는 마오 쩌둥의 인민전쟁과 적어도 네가지 점에서 달랐다. 첫째는 뗏 공세는 마오의 제3단계 훨씬 전에 군사적 혁명투쟁을 농촌으로부터 도시로 집중시켰다는 것이다. 둘째는 전환점에 도달하기 이전 군사력에 의한 대규모 공세를 취한 점을 들 수 있다. 셋째는 너무 일찍 혁명세력을 일정 장소에 배치하여 투쟁하게 했다. 넷째는 아직 군사적으로 우세한 적에게 혁명세력의 하부조직을 노출시켰다는 점이다.[4]

---

1) Zhai Qiang, *China and the Vietnam Wars, 1950~1975*, 176면.
2) Duiker, *The Communist Road to Power in Vietnam*, 263~64면.
3) Mao Tse-tung, "On Protracted War," in Mao Tse-tung, *Selected Works of Mao Tse-tung*, Vol. 2, Peking: Foreign Languages Press 1967, 136~41면.

떳 공세는 농촌 중심의 전략에서 벗어난 것으로, 이런 점에서 보면 1917년 소련의 10월혁명을 연상시킨다. 사실 1961년 4월 민족해방전선의 문서는 순수한 촌락 중심 전략의 약점을 다음과 같이 설명하고 있다. "촌락에서의 혁명 발전단계의 차이 때문에 우리와 적 사이의 세력균형은 지역에 따라 다르다. 그 결과 농민들은 모든 곳에서 동시에 봉기하지 않는다."[5]

북베트남과 중국의 불화

베트남과 중국 관계에 대한 1979년 『중국백서』에서, 하노이는 중국 당국이 베트남인민에게 장기 게릴라전으로 싸우되 대규모 공격을 해서는 안 된다는 식으로 강조했다고 비난했다. 아울러 베이징정부는 경화기·탄약·후방장비만을 지원하고, 베트남전쟁의 조기 종결을 원하지 않았다는 것이다.[6] 중국정부가 경화기만을 제공했다는 것은 비난이 좀 지나친 듯싶다. 왜냐하면 당시 중국은 아직 무기 개발에 뒤처져 있어서 최신 무기를 제공할 만한 입장이 되지 못했기 때문이다.

당연히 중국은 하노이의 비난을 부인했다. 1979년 베트남의 『중국백서』의 반박과는 달리, 1968년 마오 쩌둥은 호찌민에게 하노이정부가 남베트남에서 대규모 부대를 구성하여 적을 전멸시킬 전쟁을 전개하도록 권했고, 호찌민은 이를 받아들여 하노이에 전달했다는 것이다. 저우 언라이 역시 동일한 내용으로 호찌민과 논의했다고 한다.[7]

---

4) John W. Garver, "The Tet Offensive and Sino-Vietnamese Relations," in Marc J. Gilbert and W. Head, eds., *The Tet Offensive*, Westport, CT: Praeger Publishers 1996, 47~48면.

5) Douglas Pike, *Viet Cong: The Organization and Techniques of National Liberation Front of South Vietnam*, Cambridge, Mass.: MIT Press 1968, 77면.

6) 『中國白書』, 55~56면.

7) 『周恩來年譜』 下卷, 217면; Garver, "The Tet Offensive and Sino-Vietnamese Relations," 49면.

여하튼 뗏 공세는 베트남과 중국 관계를 더욱 악화시켰다. 이는 베트남에 대한 중국의 원조 삭감으로 나타났다. 하노이측에 의하면, 1969년도 원조문제를 논의한 1968년에 중국은 원조액을 1968년에 비해 20퍼센트나 삭감했다. 1970년의 원조액은 1968년에 비해 50퍼센트나 줄어들었다.[8] 그뿐만 아니라 후방지원부대도 1968년 봄부터 철수하기 시작하여 1970년 7월까지는 전부 귀국했다.[9] 원조 삭감은 분명 중국이 베트남노동당의 뗏 공세에 대해 불만이 있었음을 보여주는 것이다.

그렇다면 1967년 베트남노동당과 중국공산당 사이에 1968년의 총공세에 대해 아무런 논의도 없었는가? 이에 대해서는 확실한 증거가 없다. 중국 지도부는 전통적으로 베트남이 중국에 대해 가지고 있는 의구심을 감안하여 혹 총공세 계획을 알고 있어도 크게 간여했을 것 같지는 않다. 만약 중국이 1968년 하노이의 대대적인 공세에 반대를 했다면, 그것은 도시에서의 총봉기와 관련된 것이 아니라 중부 고원지대에 위치한 케 싸인(Khe Sanh)의 미 해병대기지 등에 대한 것일지 모른다.[10] 중국은 베트남노동당이 갑작스럽게 전국적으로 공세를 확대하려는 전략이 자신들과 미국 사이에 새로운 갈등을 초래하지나 않을까 우려했다. 미국과 전쟁을 피하려는 중국의 노력은 악화일로에 있는 중소갈등이란 배경에서 이해되어야 한다. 사회주의진영의 분열로 미국이 베트남노동당의 남베트남 공산화를 돕는 중국을 공격하지 않으리라는 보장은 없어 보였다. 마오 쩌둥은 주장하기

---

8) 『中國白書』, 64면.

9) 『人民日報』 1979년 11월 21일자. Garver, "The Tet Offensive and Sino-Vietnamese Relations," 45면에서 재인용; 黃文歡 著, 文庄·侯寒江 譯 『滄海一粟』, 268면. 일설에 의하면 중국군은 1972년 5월 재차 파병되었다가 1973년 8월 철수했다고 한다. 유용태 『환호 속의 경종: 동아시아 역사인식과 역사교육의 성찰』, 서울: 휴머니스트 2006, 323면.

10) 케 싸인 전투는 1968년 1월 21일부터 4월 8일까지 치러졌다. 미군은 적의 공격을 막아내 전략적으로 성공했다고 하지만, 북베트남측이 뗏 공세 준비를 위해 미군의 주의를 돌리려는 의도였다고 하면 반드시 그렇게 볼 수 없다는 주장도 있다.

를, 이전에는 소련의 핵우산과 사회주의진영의 절대적 군사력 우세로 그럴 가능성이 없었다고 했다.[11]

호앙 반 호안의 견해에 따르면, 레 주언은 단기간 내에 군사적 승리를 추구했다고 한다. 그러면서 그는 레 주언의 방침은 항미투쟁(抗美鬪爭)에는 장기간의 고난이 필요하다고 한 호찌민의 가르침에 어긋난다고 했다.[12] 이것이 사실이라면 뗏 공세는 당서기장이던 레 주언의 주도하에 행해졌을 가능성이 크다.

1967년 6월 노동당 중앙위원회는 미국의 제한된 전쟁을 패배시키고 베트남인민들의 대대적인 승리를 검토하기 위한 회의를 개최했다. 그 결과 적은 지금 군사적·정치적으로 동요하고 있는 반면, 자신들은 전쟁의 형세에서는 상당히 유리해지고 군사력은 많이 강화되었다는 것이다. 더욱이 미국이 대통령선거를 앞두고 있는 지금 결정적 타격을 가하고 승리를 이뤄 전략적으로 크게 도약할 필요가 있다고 했다.[13]

1968년 1월 31일 남부민족해방전선의 '베트콩'과 하노이 정규군 약 8만명은 싸이공정부와 미군의 세력기반인 남베트남의 거의 모든 도시를 공격대상으로 삼았다. 싸이공에서는 심지어 미국대사관 구내까지 침투하여 건물을 점거하려다 미군의 반격을 받고 24시간 뒤에 물러났다. '베트콩'이 가장 오래 점령한 도시는 중부의 후에로 미군은 격렬한 시가전 끝에 거의 25일 만에 이를 되찾았다. 공산주의자들은 이곳 전투에서만 5천명의 인명손실을 입었는데 이들 대부분은 민족해방전선 군대였다. 미군과 싸이공정부군은 5백명 정도가 전사했다. 민간인 사망자와 실종자는 4,800명에 달하며, 10만 가까운 난민이 생겼다. 공산주의자들의 총 사망자는 4만명으로 추산되었다.[14]

---

11) Garver, "The Tet Offensive and Sino-Vietnamese Relations," 51면.
12) 黃文歡 著, 文庄·侯寒江 譯『滄海一粟』, 307면.
13) Elliot, "Hanoi's Strategy in the Second Indochina War," 85면.

떳 공세는 북베트남에게 커다란 희생이었다. 막대한 병력 상실은 쉽사리 복구되기 어려울 정도였다는 점에서 하노이 정규군과 민족해방전선 군대의 패배였다. 뿐만 아니라 그들이 주장하고 또 기대했던 도시인들의 대규모 호응도 이끌어내지 못해 이념적으로도 패배한 셈이었다.

2. 미국의 평화협상 제안과 북베트남과 중국의 견해차이

미국의 평화협상 제안

미군이 비록 전술적인 승리를 얻었다고는 하지만 미국은 정치적으로 큰 타격을 입었다. 전쟁에서 곧 이길 것이라는 이야기를 들어온 미국인들은 존슨 행정부에 완전히 등을 돌렸고, 베트남정책에 대한 비난이 빗발쳤다. 특히 존슨의 가까운 친구이자 맥나마라(Robert S. McNamara) 장관을 대체한 신임 국방장관 클리포드(Clark Clifford)는 보고서에서, 미국이 감당할 만한 병사와 비용으로는 완전한 승리를 달성할 수 없다고 했다. 미국은 이미 매년 약 300억 달러를 베트남전에 소비하고 있는바, 국내 물가가 상승하고 대외적으로 달러의 약세를 가져온 것도 문제점이라고 하면서 전쟁을 계속하면 미국경제에 커다란 타격이 될 것이라고 경고했다.[15] 상황이 이 지경이 되자 존슨은 그때까지의 베트남정책을 재검토하고 전쟁을 축소하는 방향으로 전환하지 않을 수 없었다. 3월 31일 그는 북폭을 즉각 휴전선 바로 북쪽까지 제한하고, 동시에[16] 언제 어디서고 평화협상에 응할 것임을

---

14) Herring, *America's Longest War*, 208면.

15) Gary R. Hess, *Vietnam and the United States: Origins and Legacy of War*, revised ed., New York: Twayne Publishers 1998, 107면.

16) 처음 제안할 때는 북위 20도선 이남이었으며, 이어 4월 7일에는 다시 19도선까지로

밝혔다. 아울러 그해 치러질 대통령선거에 출마하지 않겠다는 성명도 발표했다. 존슨의 선언은 흔히 미국의 베트남 참전에서 주요 전환점으로 논의되고 있는데, 실제로 그렇다고 할 수 있다.[17] 이는 미군의 점진적인 철수와 전쟁의 베트남화를 함축적으로 내포하고 있기 때문이다.

하노이정부는 처음 거부의사를 표했으나, 곧이어 일단은 미군의 공습을 중단시키기 위해 북폭을 완전히 중단한다는 조건으로 평화회담에 응함으로써 1968년 5월 빠리에서 예비접촉이 이루어졌다. 처음 하노이측은 캄보디아의 프놈펜이나 폴란드의 바르샤바를 제안했으나 존슨은 그곳이 자기네에게 불리하다는 이유로 거절하여 빠리로 결정되었다.[18] 하노이정부가 협상에 응한 것은 뗏 공세와 케 싸인 전투와도 관련이 있다. 그들은 아직 전투의 정확한 결과나 상황을 파악한 것 같지는 않으나, 두 전투로 회담에 유리한 조건이 이루어졌다고 보았다. 그러나 회담에 대한 중국정부의 생각은 달랐다. 그들은 주장하기를, 군사적 상황이 아직 미국에 유리하며, 따라서 회담의 결과 역시 그럴 것이라고 했다. 뒷날 하노이정부는 이런 중국정부의 입장을 크게 비난하였다. 1979년 『중국백서』에 의하면, 1969년 8월 회담에서 중국측은 북베트남이 전쟁을 할 것인가 아니면 협상하며 싸울 것인가에 따라 원조를 고려하겠노라고 했다는 것이다.[19]

미국과의 협상을 둘러싼 논쟁은 또한 하노이측에 대한 중소 간의 영향력 문제와 관련되어 있었다. 국제외교무대에서 소련은 강한 반면, 중국은 아직 고립상태를 벗어나지 못해 하노이정부에 별다른 도움이 되지 못했다. 따라서 하노이정부가 국제외교에서 자신의 목적을 달성하려고 하면

재조정했다.

17) Herring, *America's Longest War*, 226~27면.

18) Lyndon B. Johnson, *The Vantage Point: Perspectives of the Presidency 1963~1969*, New York: Holt, Rinehart and Winston 1971, 505~506면.

19) 『中國白書』, 64면.

중국보다는 소련쪽으로 기울어질 수밖에 없었다. 사실 소련은 1964년부터 계속해서 평화회담 이야기를 꺼내왔다.[20]

그렇지만 당시 하노이정부는 소련의 제안을 받아들이지 않고 중국과 긴밀히 논의했다. 호앙 반 호안의 견해에 따르면, 호찌민은 과거 프랑스와 싸울 때처럼 항미전쟁에서도 오랜 고난 끝에 승리할 수 있다고 주장하였다는 것이다. 오직 레 주언만은 소련의 중재로 미국과 회담을 하여 남베트남 문제를 해결하자는 쪽으로 기울었다고 한다. 이에 대해 호찌민은 회담을 하게 되면 남북분단이 고착되어 남부는 미국이 통치하게 되므로 불가하다고 하여 레 주언의 의견은 받아들여지지 않았다.[21]

1968년 3월 존슨의 평화협상 제안에 4월 3일 레 주언은 호찌민이나 중국과도 상의하지 않고 단독으로 이를 받아들여 대표단을 파견하겠다는 성명을 발표했다. 하노이정부가 순순히 협상을 수용하자 존슨 행정부는 예상치 못한 일이라 놀라지 않을 수 없었다. 왜냐하면 하노이의 전략은 '싸우며 협상한다'(đánh vẫn đám)는, 다시 말하면 군사적·외교적 전략을 병행하여 적 진영 내부에서의 모순을 자극하는 것이어서, 어떤 복선이 깔려 있지 않은가 해서였다. 북베트남은 특히 이런 전략을 통해 미국 내에서의 반전운동을 부추기는 한편 미국과 싸이공정부의 갈등을 조장하려는 것이 아닌가 하는 의혹을 샀다.

당시 호찌민은 베이징에서 병을 치료하고 있었다. 호앙 반 호안의 말을 빌리면, 저우 언라이가 성명 발표의 소식을 들은 후 베이징에서 요양 중인 호찌민에게 곧바로 가서 전하니, 호 주석도 깜짝 놀라 전혀 아는 바가 없다고 했다는 것이다.[22] 결국 호찌민이 없는 사이에 친소 경향의 레 주언이 평화협상을 수용함으로써 베트남과 중국의 갈등은 증폭되었다고 할 수 있

---

20) Garver, "The Tet Offensive and Sino-Vietnamese Relations," 49면.

21) 黃文歡 著, 文庄·侯寒江 譯『滄海一粟』, 306~307면.

22) 같은 책, 308면.

다. 하노이정부는 팜 반 동을 베이징에 보내 마오 쩌둥을 만나 이해를 구하게 했으나 별다른 효과는 없었다.[23]

호찌민이 평화협상에 관하여 알지 못한 것은 건강의 악화로 이미 정치에서 손을 뗀 지 오래되었기 때문이다. 당시 하노이정부는 당서기장 레 주언의 주도하에 수상 팜 반 동, 부총리 겸 국방장관 보 응우옌 지압 등의 집단지도체제로 운영되고 있었다. 호찌민은 결국 1969년 9월 2일 그렇게도 염원한 베트남의 통일을 보지 못하고 세상을 떠났다.[24]

북베트남과 중국의 견해차이

베트남의 평화협상 수용으로 중국은 곤경에 처했다. 1968년까지 막대한 물자를 투입하면서 하노이정부의 민족해방을 도와주었지만 아무런 소득이 없어져 국가적 위신에 손상이 갔기 때문이다. 이런 이유로 해서 중국은 하노이정부의 협상 동의가 전략적 잘못이라는 논리를 폈다. 존슨의 평화협상 제안은 전쟁의 잠정적 휴식을 통해서 앞으로 전쟁을 확대하기 위한 것이라고 했다.[25] 다시 말하면, 미국은 남베트남에서의 전투의 패배와 당면한 국내외의 경제적·정치적 위기로부터 잠시 벗어나 확전에 필요한 시간을 벌자는 의도라고 보았다. 이런 주장은 존슨의 의도를 잘못 이해했는지 아니면 하노이정부의 협상에 의도적으로 반대하기 위한 것이었는지 정확히 판단하기는 어렵다. 아마도 후자 쪽이지 않았을까 하는 생각이 든다. 여하튼 하노이정부의 독자적 결정으로 북베트남에 대한 중국의 영향은 약

---

23) 『周恩來年譜』下卷, 229면.
24) 이 날은 독립기념일이어서 축제를 예정대로 진행하기 위해 정부는 발표를 다음날로 늦추고 사망일을 9월 3일이라고 했다가 뒷날 9월 2일로 고쳤다.
25) *Peking Review*, April 4, 1968, 14~15면. Garver, "The Tet Offensive and Sino-Vietnamese Relations," 54면에서 재인용.

화될 수밖에 없었다.

호앙 반 호안 역시 미국과의 협상이 타협으로 끝날 가능성이 많음을 우려하였다. 그는 회고록에서 말하기를, "전쟁이 교착상태에 있는 지금, 다시 말해 우리가 아직 절대적으로 우세하지 않으며, 상대방 또한 완전히 수세에 있는 이때에 미국과의 담판은 단지 남북을 갈라놓을 뿐이다"라고 했다.[26]

호앙 반 호안의 1968년 회담 반대에 대해 중국 지도자들도 같은 의견이었던 것 같다. 1979년의 하노이측『중국백서』에 의하면, 1968년 4월 베트남과의 회담 석상에서 중국측은 "베트남으로서는 지금 회담을 받아들일만한 시기가 성숙되지 않았으며, 유리한 입장에 있지도 않다. 우리의 양보는 시기상조다"라고 했다는 것이다.[27] 다시 10월 회담에서 중국은 미국과의 타협은 커다란 실패로, 1954년 제네바협정과 똑같은 잘못이라고 했다. 그와 동시에 중국측은, 베트남이 미국과 회담하는 것은 소련의 뜻에 따른 것이라고 하면서, 베트남에게 다음 두가지 중 하나를 택하라고 요구했다고 한다. "만일 미국에 이기려고 한다면 소련과의 관계를 끊어야 한다. 혹 미국과 회담을 성사시키기 위해 중국의 원조를 사용하여 싸우고자 하면 중국 원조는 그 의미가 없어질 것이다."[28]

하노이정부는 중국의 요구를 받아들이지 않고 오히려 소련 쪽으로 더 기울어졌던 듯, 1968년 11월 초순 팜 반 동은 모스끄바를 방문했다. 그리고 귀국길에 베이징을 들러 저우 언라이를 만나 소련 방문에 대해 이야기를 나누었다. 대화의 정확한 내용은 알 수 없지만 마오 쩌둥이 저우 언라이로부터 보고를 받고 한 말을 보면 하노이정부의 평화회담에 대한 소신에는 변함이 없었던 것 같다. 마오 쩌둥은 "모든 것은 자기들이 결정하게 하

---

26) 黃文歡 著, 文庄·侯寒江 譯『滄海一粟』, 307면.

27)『中國白書』, 61면.

28) 같은 책, 62~63면.

라"라고 했다는 것이다.[29] 이 말은 양국관계의 불화가 어느 정도였는가를 여실히 보여준다. 이에 앞서 6월에는 광저우·쿤밍·난닝에 있는 베트남 영사관 앞에서 평화회담에 반대하는 군중시위가 벌어지고, 쿤밍의 영사관이 심하게 파손되기까지 했다.[30]

중국은 또한 평화회담이 미국 및 소련과의 관계에 미칠 영향에도 관심을 가졌다. 소련은 비록 중국과 마찬가지로 미국과 싸우는 하노이정부를 돕고는 있었지만 미국과의 관계 악화는 원하지 않았다. 그리하여 미국이 평화협상을 제안하자 이에 즉각 찬성하면서 하노이측을 거들었고, 이에 답하여 하노이정부도 소련에 호의적인 태도를 보였다.[31] 중국은 바로 이런 소련의 태도로 미국과의 관계가 개선되면서 두 강대국이 중국에 대항하여 공모하리라고 믿었으며, 베트남문제 해결에서 양국의 협력이 이런 경향을 더욱 강화시키지나 않을까 두려워했다.

이는 어떻게 보면 중국이 베트남으로부터 서구의 영향력을 배제하고 1880년대 이전 시기의 역사적 관계를 재확립하려는 의도로 해석될 수 있지 않을까 한다. 아울러 미국을 남베트남에서 축출하는 것이 중국 남쪽 변경의 안전에도 도움이 되리라는 계산을 하였음에 틀림없다.[32] 요컨대, 중국의 평화협상 반대는 북베트남을 위해서가 아니라 중국의 국익을 고려한 결과였다고 하겠다. 중국이 평화협상 반대에서 찬성으로 바꾼 것은 1972년 닉슨의 중국방문 후였다. 닉슨이 떠난 지 며칠 안된 3월 초 저우 언라이

29) 『周恩來年譜』 下卷, 266면.

30) Roderick MacFarquhar and John K. Fairbank, eds., *The Cambridge History of China*, Vol. 15, Cambridge: Cambridge University Press 1991, 249면.

31) 예컨대 하노이정부는 1968년 8월 소련의 체코슬로바키아 침공에 찬성했다. 이는 중국을 몹시 분노하게 하여, 그해 10월 1일 건국기념식에서 베트남 대표단의 좌석은 예년과 달리 오스트레일리아 대표단 다음에 배치되었다. Jay Taylor, *China and Southeast Asia: Peking's Relations with Revolutionary Movements*, New York: Praeger Publishers 1976, 61면.

32) Garver, "The Tet Offensive and Sino-Vietnamese Relations," 55, 57~58면.

는 하노이로 달려가 불편한 관계를 원만히하기 위해 1968년 5월 북베트남이 미국과 협상하기로 결정한 것을 지지해주지 못한 것을 사과했다.[33]

평화협상에 대한 중국의 태도가 어떠했든, 앞서 언급한 바와 같이 하노이와 미국 대표단은 5월 13일 빠리에서 공식적으로 만났다. 그러나 회담은 처음부터 교착상태에 빠졌다. 하노이정부는 군사적 균형상 불리한 한 회담에 별로 관심을 갖지 않았다. 그들은 빠리회담을 북폭 중단, 미국과 싸이공정부간의 의견 격화, 그리고 미국 내 반전 압력 강화 수단으로만 보는 경향이 있었다. 실제로 북베트남 대표는 북폭과 그외의 모든 전쟁행위를 무조건 중단해야만 미국과 접촉하겠다는 것을 분명히 밝혔다. 존슨 행정부는 폭격을 중단할 용의가 있었지만, 전과 마찬가지로 전쟁의 상호 축소를 주장했다.[34] 하노이측이 전쟁 축소를 거듭 반대했기 때문에 회담은 5개월 동안 질질 끌었을 뿐 별다른 성과가 없었다. 회담에 별 진전이 없었던 데에는 미국의 책임도 있었다. 미행정부 내에서는 북베트남에 대한 강경론과 온건론이 대립하면서 좀처럼 타협이 이루어지지 않았다. 어느 미국 외교관이 한탄하기를, "우리의 가장 어려운 협상은 워싱턴과의 문제이지 하노이가 아니었다"고 할 정도였다.[35]

회담의 교착상태는 존슨이 10월 말 북폭 중단을 발표함으로써 일단 타개되었다. 존슨은 11월 대통령선거를 앞두고 공화당 후보인 닉슨(Richard M. Nixon)에 뒤지고 있는 민주당 후보 험프리(Hubert Humphrey)를 돕기 위해 과감한 평화적 조치를 취하라는 압력을 받았다. 여기에다 미국측 빠리회담 대표가 남베트남에서의 군사적 소강상태는 북베트남이 회담에 상당한 관심을 가진 증거라고 한 설득도 작용했다.

미국 대표는 회담을 재개하기 위해 미국은 일방적으로 북폭을 중단하

33) 『周恩來年譜』 下卷, 515면; Zhai Qiang, *China and the Vietnam Wars, 1950~1975,* 201면.
34) Herring, *America's Longest War,* 231면.
35) 같은 책, 232면.

겠다는 뜻을 전했고, 이에 하노이측도 무조건적인 북폭 중지를 더이상 요구하지 않고, 북폭이 중단되면 4일 내에 회담을 시작한다는 데 동의했다. 그러나 또다시 문제가 생겼다. 하노이정부와 남베트남공화임시혁명정부(1969년 6월 하노이정부가 외교적인 명목상 남베트남민족해방전선을 고쳐 만든 것)가 응우옌 반 티에우(Nguyen Van Thieu)가 대통령인 싸이공정부를 인정할 수 없다고 했고, 응우옌 반 티에우 역시 남베트남공화임시혁명정부의 합법성을 받아들일 수 없다고 맞섰다. 미국 대표가 '우리측'과 '상대측'이란 묘안을 내, 남베트남공화임시혁명정부는 하노이측에 속하고 싸이공정부는 미국측에 합류하는 방식이 채택되었다. 이리하여 싸이공정부와 남베트남공화임시혁명정부는 서로 인정하지 않으면서 회담에 참석할 수 있었다.[36]

문제는 여기서 끝나지 않고, 다시 회담 테이블의 모양을 정사각형으로 할 것인가 아니면 직사각형으로 할 것인가 하는 논란으로 거의 3개월을 끌었다. 북쪽은 정사각형을 고집했는데 이는 4자가 동등하다는 의미인 반면, 남쪽이 두개의 직사각형을 주장한 것은 전쟁이 양측의 문제임을 보여주려는 때문이었다. 마침내 타협이 이루어져 원형 테이블을 가운데 두고 직사각형 테이블을 양쪽에 놓기로 하고, 1969년 1월 18일 회의가 개최되었다. 타협이 이루어진 것은 소련이 하노이측에 압력을 가한 결과였다.[37] 회의에서는 매주 한차례씩 정례적 회담을 갖기로 했으나, 하노이측이 미군의 군사적 공격을 구실로 거절하여서 실질적 만남은 2년 가까이 지난 1970년 11

---

36) 같은 책, 237~38면.

37) 이무렵 베트남은 내면적으로 반중국적 감정이 있었던 가운데 친소적 경향이 강했다. 당시는 중국의 원조가 대폭 삭감되고 소련이 하노이정부에 대한 경제적·군사적 원조의 주요 공여국이었다. Ang Cheng Guan, *Ending the Vietnam War: The Vietnamese Communists' Perspective*, London: Routledge Curzon 2004, 31~32면. 남베트남공화임시혁명정부의 법무장관을 지낸 쯔엉 느 땅(Truong Nhu Tang)도 그의 회고록에서 베트남 노동당은 이미 1969년부터 소련 쪽으로 기울기 시작한 것으로 기술하고 있다. Truong Nhu Tang, *A Vietcong Memoir*, New York: Vintage 1985, 248면.

월 19일에야 겨우 이루어졌다.

이렇게 미국과 북베트남 간의 1968년 예비회담은 형식만 가지고 논했을 뿐 아무것도 이루지 못한 채 시간을 보냈다. 결과적으로 1968년은 '협상보다는 싸우는' 한 해였다. 양측이 회담에서 상대보다 유리한 위치를 차지하려는 동안 실제로 전투가 격렬했기 때문이다. 전투가 얼마나 격렬했는가는 3월 31일 이후 8주 동안에만 미군 3,700명, 그리고 북베트남 4만3천명이 전사했다는 사실만 보아도 잘 알 수 있다.[38]

3. 미·중 외교교섭과 북베트남의 반발

미국의 캄보디아 침공

1968년 11월 미국 대통령선거에서 공화당의 닉슨이 당선됨으로써 미국의 베트남정책은 자연히 재평가되지 않을 수 없었다. 1969년 국가안보담당 보좌관인 키신저(Henry A. Kissinger)는 "우리는 전과 똑같은 잘못을 저지르지 않을 것이다. 우리 스스로 결정하려 한다"라고 했다.[39]

닉슨의 생각은 패배 인상을 주지 않으면서 서서히 미군을 베트남에서 철수시키고, 그 공백은 싸이공 정부군의 증강으로 메우려는 것이었다. 그러기 위해 그는 오히려 하노이측에 군사적 압력을 가함으로써 하노이정부를 협상장으로 끌어내고자 했다. 동시에 소련과 중국에 북베트남에 대한 군사원조를 중단해줄 것을 설득하면서 미군철수를 서두르겠다는 뜻도 내비쳤다.[40] 그러나 닉슨은 어디까지나 명예로운 철수를 원했다. 그렇지 않

---

38) Herring, *America's Longest War*, 241면.
39) Roger Morris, *Uncertain Greatness: Henry Kissinger and American Foreign Policy*, New York: Harper & Row 1977, 4면에서 인용.

으면 미국은 강대국으로서의 권위를 상실하고 적에게는 용기를 불어넣어 줄 것이라고 믿었다.

1969년 6월 8일 닉슨은 태평양 미드웨이 섬에서 남베트남 대통령 응우옌 반 티에우와 만나 미군 2만 5천명을 즉각 철수시킬 것임을 밝혔다.[41] 이는 전쟁을 남베트남정부에 맡기는 이른바 '베트남화'의 시발점으로, 미군의 감축과 더불어 남베트남정부군은 더욱 확대되고 더 많은 임무를 부여받게 되었다. 미군철수라는 면만 고려하면 베트남화는 성공적이었다고 할 수 있다. 1968년 말 54만명이던 미군 병력은 1969년 48만명, 1970년 28만명, 1971년 14만명, 1972년 2만 4천명까지 대폭 감소했다.[42] 문제는 싸이공정부가 외부 도움 없이 스스로를 지킬 수 있는가 하는 것이다. 사실상 싸이공정부의 강화와 군사증강이 하루아침에 이루어질 수 있는 일은 아니었다. 닉슨 행정부의 고민은 여기에 있었다.

1969년 3월 닉슨은 캄보디아에 있는 하노이측의 병력과 물자 공급로 및 탄약고 등에 대한 폭격을 단행하여 이후 14개월 동안 계속했다. 이동안 B-52 비행기가 3천 6백회 출격했고 투하된 폭탄은 10만톤이나 되었다.[43] 이 작전은 비밀리에 행해졌지만 하노이측도 1954년 제네바협정을 위반하고 자신들의 병력을 주둔시켰기 때문에 공식적인 비난은 하지 않았다. 1970년 3월 중립적이던 캄보디아의 시아누크(Norodom Sihanouk) 왕이 해외여행 중 쿠데타에 의해 추방되고 친미적인 론 놀(Lon Nol)이 정권을 잡았다.[44] 론 놀은 캄보디아에 있는 베트남 공산주의자들의 '성역(聖域)'을

---

40) Ruane, *War and Revolution in Vietnam, 1930~75*, 90면.

41) Herring, *America's Longest War*, 248면.

42) Ruane, *War and Revolution in Vietnam, 1930~75*, 90면.

43) Hess, *Vietnam and the United States*, 118면.

44) 론 놀의 쿠데타에 미국이 개입했는가 여부에 대하여는 논란이 많다. 이에 대하여는 William Shawcross, *Sideshow: Kissinger, Nixon, and the Destruction of Cambodia*, New York: Simon and Schuster 1979 참조.

파괴하도록 싸이공정부에 요청했고, 이에 응해 싸이공정부군과 미군이 국경을 넘어 캄보디아로 진격해 들어감에 따라 전쟁은 확전의 양상을 띠었다.

캄보디아 침입은 미국측에 일시적 성공을 가져다주었다. 하노이정부가 캄보디아에 주둔해 있는 군대 문제에 잠시 관심을 돌리는 사이 미국과 싸이공정부는 베트남화에 필요한 시간을 벌 수 있었다. 1971년 초 100만명까지 증가된 싸이공정부군은 형식상 제대로 무장을 갖추어 뗏 공세 이후 쇠약해진 '베트콩'에 대해서 공세를 취할 수 있을 정도였다. 그러나 1월 말 미군사령부의 승인하에 시작되어 한달 반 동안 계속된 응우옌 반 티에우의 야심만만한 '람 썬 719작전(Operation Lam Son 719)'이 크게 실패하면서 전쟁의 베트남화는 의문시되었다. 람 썬 719작전의 목적은 라오스 내에 있는 호찌민 통로의 주요 거점을 파괴하는 것이었다.[45]

미·중 외교교섭

닉슨은 전쟁의 베트남화를 추진하면서 1969년 7월 중국과 외교관계를 맺을 뜻을 비쳤다. 그리하여 한국에서의 6·25전쟁 이래 중단되었던 중국 여행과 대중 무역의 금지를 해제했다. 동시에 파키스탄과 루마니아 지도자들을 통해 중국과 대화하고 싶다는 의사를 전했다.[46] 닉슨의 이런 정책은 중국과 화해함으로써 외교적 방법을 통해 북베트남이 회담에서 타협하게 압력을 가해 베트남전쟁에서 빨리 벗어나고자 함이었다.

중국정부는 당시 미국과 소련이 '공모'해서 세계를 지배하려 한다고 하면서도 모스끄바가 워싱턴보다 더욱 자기네에게 위협적이라는 생각을 가졌다. 특히 그해 3월 중소 두 나라 모두 자기네 섬이라고 주장하는 우수리

---

45) Hess, *Vietnam and the United States*, 120~23면.
46) 薛謀洪·裵堅章『当代中國外交』, 219면.

강에 위치한 전바오 섬(珍宝島, Damansky)에서의 무력충돌 이후 양국관계가 악화되면서 더욱 그러했다. 소련이 시베리아와 외몽골에 최신 무기로 무장한 군대를 배치하자 중국은 이제 더욱 큰 위협이 남쪽이 아니라 북쪽으로부터 온다고 느끼지 않을 수 없었다.

중국은 마침내 미국에 양국관계를 개선할 의향이 있음을 알렸고, 1970년 1월 20일 바르샤바에서 대사급 회담이 열렸다. 중국대표는 고위급 밀사를 파견하여 양국문제를 논의하도록 하겠다는 미국대표의 제안을 받아들였다.[47] 이리하여 양국의 긴장관계를 완화하는 길이 열렸다.

그러나 론 놀의 시아누크 전복 쿠데타와 미군의 캄보디아 침공은 막 시작되려던 중국과 미국의 접근에 찬물을 끼얹었다. 캄보디아문제는 또한 베트남과 중국의 긴장관계를 악화시켰다. 중국은 시아누크의 중립정책을 지지하는 편이었는데, 그 이유는 인도차이나에서의 전쟁 확대를 막는 동시에 하노이의 영향력을 제한했기 때문이다.[48] 저우 언라이는 모스끄바에서 온 시아누크와 회담을 갖고 그가 베이징에서 활동하는 것을 도와주겠노라고 하면서, 하노이의 중국대사에게는 시아누크에 대한 중국의 지지를 북베트남 지도자들에게 알리는 동시에 캄보디아 위기에 대한 베트남측의 견해를 문의하라는 전문을 보냈다.[49]

팜 반 동은 베이징에 가서 시아누크의 왕비인 모니크(Princess Monique)를 만나 북베트남 군대가 24시간 내에 정권을 되찾아주겠노라고 위로를 했다. 그러나 사태가 심각해지자 3월 하순 시아누크를 지지한다는 성명을 발표하고 프놈펜으로부터 외교관들을 철수시켰다. 반면에 중국은 뒤늦게 4월 초에야 미국이 시아누크를 추방하도록 조종한 데 대해 비난했다. 그러면서도 론 놀 정부에 대한 희망을 완전히 버리지 않고 캄보디아를 통한 무

---

47) 『周恩來年譜』 下卷, 406면; 薛謨洪·裴堅章 『当代中國外交』, 219면.
48) Zhai Qiang, *China and the Vietnam Wars, 1950~1975*, 182면.
49) 『周恩來年譜』 下卷, 356면.

기의 운송과 북베트남 군대에 대한 성역을 요청했다가 거절당하자 비로소 외교관계를 끊고 외교관들을 귀국시켰다.[50]

4월 말 닉슨의 캄보디아 침공 선언에 중국은 즉각적인 대응태세를 보였다. 5월 11일 마오 쩌둥은 레 주언을 만나서 작은 국가들은 미제국주의를 두려워해서는 안된다고 말하고,[51] 5월 18일 중국정부는 이틀 후 열리기로 된 바르샤바 회담을 취소했다. 5월 20일에는 톈안먼 광장에서 대규모 집회를 개최하고 마오 쩌둥은 시아누크의 지지와 미국의 침략을 규탄하는 성명을 발표했다. 그렇지만 성명서는 여전히 미국이 인도차이나문제에 간여하는 것을 축소하면 중국과의 접근이 가능하다는 점을 닉슨에게 전하는 한편, 소련에 대하여는 시아누크 왕정을 거의 20년 동안 인정하지 않았다는 점을 밝혀 소련의 입장을 곤란하게 하려 했다.[52]

베이징과 하노이의 캄보디아를 둘러싼 경쟁은 주로 론 놀에 대한 저항운동 차원에서 전개되었다. 중국은 지리적으로 불리한 입장이어서 내부문제에 직접 간여하기보다는 시아누크를 지원함으로써 베트남의 영향력을 견제하려 했다. 하노이정부는 캄보디아에 주둔하고 있는 군대가 캄보디아 왕정과 밀접한 관계를 맺는 가운데 베트남에서 훈련받고 귀국한 인물들이 론 놀에 대한 왕정의 저항운동에서 지배적 위치를 차지할 수 있도록 도왔다. 그렇지만 북베트남군의 주둔을 원치 않던 친중국 계열인 폴 포트(Pol Pot)의 크메르 루주(Khmer Rouge)가 1971년 7월 베트남공산주의자들과의 관계를 끊기로 결정하고 베트남과 가깝다고 여겨지는 캄보디아인들을 제거하기 시작하여 1972년에는 대대적인 숙청을 감행했다.[53] 이는 1973년 빠

---

50) J. Taylor, *China and Southeast Asia*, 152~53면.
51) Viện Nghiên Cứu Trung Quốc, *Quan Hệ Việt Nam-Trung Quốc những sự Kiện, 1961~1970*, 1035~36면.
52) Zhai Qiang, *China and the Vietnam Wars, 1950~1975*, 191면.
53) Ang Cheng Guan, *Ending the Vietnam War*, 71면. 폴 포트의 본래 이름은 Saloth Sar이

리협상 후 베트남과 중국의 갈등을 격화시키는 요인이 되었다.[54]

1970년 6월 미군이 캄보디아에서 완전히 철수하면서 중국과 미국 사이에 협상 재개의 길이 열렸다. 닉슨은 파키스탄을 통해 베이징에 고위급 사절을 보내고 싶다는 뜻을 전했다. 저우 언라이는 미국 사절을 환영한다고 했고, 이어 마오 쩌둥 자신이 그의 오랜 친구인 에드거 스노우(Edgar Snow)에게 닉슨이 원한다면, "대통령으로든 관광객으로든 만나고 싶다"는 이야기를 했다.[55] 당시 북베트남은 중국의 원조가 필요했기 때문에 불편한 심기를 드러내지 않았으나, 1979년의『중국백서』에서는 이를 가리켜 중국과 미국 관계의 결정적 전환점인 동시에, 베트남혁명과 인도차이나혁명은 물론 세계혁명을 배반하는 노골적인 행위라고 맹렬히 비난하고 있다.[56] 1971년 4월에는 미국 탁구팀이 미국인으로서는 1949년 10월 공산화 이후 처음 중국땅을 밟았다. 이에 앞서 미국 탁구팀이 중국에 도착하기 전 저우 언라이는 3월 초 하노이를 방문하여 중국과 중국인민은 베트남인민의 "구국항미정의투쟁(救國抗美正義鬪爭)을 적극 지지한다"고 했다.[57] 이는 아직 비밀리에 진행 중이던 미국 탁구팀의 방중이 알려졌을 때 북베트남정부의 분노를 사지 않으려는 계획하에서 이루어졌음에 틀림없다. 저우 언라이는 또한 북베트남이 소련과 '연합행동' 하는 것에 대해 언급하면서 한 국가의 외교정책이 다른 나라의 이익에 종속되는 것은 바람직하지 않다고 반대하

다. 폴 포트란 이름은 1975년 4월 캄보디아가 공산화에 성공한 때부터 사용하기 시작하였다.

54) William J. Duiker, *China and Vietnam: The Roots of Conflict*, Berkeley: Institute of East Asian Studies, University of California 1986, 60면.

55)『建國以來毛澤東文庫』, 第十三册, 166~68면; 薛謨洪·裴堅章『当代中國外交』, 219~20면; Roderick MacFarquhar and John K. Fairbank, eds., *The Cambridge History of China*, Vol. 15, 419면.

56)『中國白書』, 68면.

57)『周恩來年譜』下卷, 441~42면.

였는데, 이에 대해 레 주언은 중국을 중심으로 국제적 전선을 만들어 닉슨 독트린과 미일동맹에 대항할 것을 제안함으로써, 중국과 미국의 접근에 간접적으로 반론을 제기했다.[58]

미국 탁구팀의 중국 방문을 계기로 중국과 미국 관계는 급속히 호전되어 7월과 10월 두차례에 걸쳐 키신저가 비밀리에 베이징을 방문했다. 키신저는 저우 언라이와 타이완과 인도차이나문제 및 닉슨 대통령의 중국 방문 등에 관해 논의했다.[59] 그 결과 1972년 2월에는 닉슨이 직접 중국을 방문하여 마오 쩌둥을 만났다. 1971년 7월 키신저의 제1차 베이징 방문 정황을 알리기 위해 저우 언라이는 하노이로 급히 가서 레 주언과 팜 반 동을 만나 다음과 같이 말했다. "인도차이나문제는 우리와 키신저와의 회담 중에서 가장 중요한 문제였다. 키신저는 인도차이나문제의 해결과 타이완문제의 해결은 서로 연결되어 있다고 말했다. 미국은 미군이 인도차이나에서 철수할 수 있으면, 타이완의 미군도 철수할 것이라고도 했다."[60]

이러한 알림이 다만 북베트남을 달래기 위한 하나의 방편에 지나지 않는다는 것은 위 내용을 자세히 살펴보면 알 수 있다. 또한 중국정부가 미군이 타이완에서 철수하는 데 상당한 관심을 가지고 있다는 것이 입증된다. 중국대표단의 말과는 달리 인도차이나문제는 오히려 부차적이었을지도 모르겠다. 실제로 키신저가 보기에도 중국이 미군의 철수를 요구하기는 했지만 하노이정부가 주장하는 만큼 강경하지는 않았다.[61]

중국이 타이완문제를 중시했다는 것은 닉슨이 중국 방문을 끝내며 발표한 상하이 성명에서, 미국은 타이완으로부터 모든 군대와 군사시설의 철수를 최종목표로 하겠다고 한 데도 잘 나타나 있다. 그럼에도 불구하고 중

---

58) 같은 책, 442면; Zhai Qiang, *China and the Vietnam Wars, 1950~1975*, 194면.
59) 『周恩來外交活動大事記, 1949~1975』, 595~96, 608~609면.
60) 『周恩來年譜』 下卷, 469면; 『中國白書』, 68~69면.
61) Henry Kissinger, *White House Years*, Boston: Little, Brown & Co. 1979, 1073면.

국은 북베트남측에 상하이 성명 내용의 일부를 설명하면서, "중국과 미국과의 관계 정상화를 바라며, 극동정세의 완화를 원하면 우선적으로 인도차이나문제를 해결하지 않으면 안된다고 했다"라는 식으로 알렸다.[62] 이로 보면 하노이정부가 중국의 태도를 의심하고 분개하는 것도 무리는 아니었다는 생각이다. 사실 하노이정부는 중국이 베트남문제를 이용하여 타이완문제를 먼저 해결하려고 한다면서, 베트남은 자주독립노선을 굳게 지키겠다고 했다. 한편 닉슨의 방문 중에 베트남문제가 논의될 것이라고 중국이 북베트남측에 알려주자 노골적으로 "베트남은 우리 국가이니, 중국은 미국과 우리 문제를 논할 권리가 없다"고 전하기도 했다.[63] 하노이정부가 닉슨의 방중에 얼마나 분개했는가는, 1973년 고위관리가 일본 기자들에게 "1971년 중국이 닉슨을 초청한 것은 물에 빠지게 된 사람[닉슨]에게 구명기구를 던져준 것이나 다름없다"라고[64] 한 데에서도 잘 나타나 있다. 분노한 하노이정부는 언론을 통제하여 닉슨의 방중 소식을 1971년 말까지 보도하지 못하게 했다.[65]

북베트남에 대한 중국의 원조

중국은 미국과의 접촉이 북베트남의 전쟁 지속 노력을 저해하지 않는다는 것을 북베트남에 확신시키기 위해 1969년과 1970년 사이에 줄어든 무기원조를 1971년에 다시 늘렸다. 뿐만 아니라 9월에는 하노이정부와 경제

62) 『中國白書』, 70면.

63) 같은 책, 70, 74면.

64) John W. Garver, "Sino-Vietnamese Conflict and the Sino-American Rapproachment," *Political Science Quarterly* 96-3, 1981, 454면. 꿔 밍(郭明)도 1977년 팜 반 동이 중국 부총리인 리 셴녠(李先念)에게 같은 말을 했다고 한다. 郭明 編 『中越關系演變40年』, 103면.

65) Garver, "Sino-Vietnamese Conflict and the Sino-American Rapproachment," 254면.

와 군수물자의 공급 증가에 관한 의정시에 서명을 했다. 그 결과 1971년부터 1973년까지 3년 동안에는 중국의 원조가 전례없을 정도로 최고조에 달해, 원조액은 거의 90억 위안(元)으로 정해졌으며, 군사원조만으로는 1971, 1972년 두 해의 원조물자가 과거 20년의 총액을 초과하였다.[66] 북베트남정부는 후일 이러한 원조의 증가는 중국측이 배반을 은폐하고 베트남인민들의 분노를 달래기 위한 것이었다고 했다.[67]

중국의 원조 증가에도 불구하고 하노이정부의 중국에 대한 태도에는 별다른 변화가 없었고, 양국관계는 더욱 악화되었다. 북베트남은 중국이 원조의 조건으로 미국이 제시한 요구들을 받아들이도록 압력을 가하는 것이라고 믿었다.[68] 그래서 북베트남은 닉슨 방중 때 불편한 심기를 그대로 나타냈다. 1972년 2월 21일 하노이 주재 중국대사관은 중국과 베트남 모두의 큰 명절인 구정(舊正)을 축하하기 위해 연회를 베풀고 예년처럼 북베트남 인사들을 초대했다. 하지만 놀랍게도 베트남인들은 단 한 사람도 나타나지 않았다. 까닭을 알아본즉, 바로 그날이 닉슨이 베이징에 도착하는 날이었다.[69]

춘계 대공세

1972년에 들어서자 닉슨은 그해 말에 있을 대통령선거를 의식하여, 1월에 미군 7만명을 5월 1일까지 추가로 감축하겠다고 발표했다.[70] 그와 동시

---

66) 傅菊輝 外『当代中越關系史』, 香港: 中國國際文化出版社有限公司 2004, 282면; Shen Zhihua, "Sino-U.S. Reconciliation and China's Vietnam Policy," in Priscilla Roberts, ed., *Behind the Bamboo Curtain*, 355면.

67)『中國白書』, 70면.

68) 같은 책, 71면.

69) Zhai Qiang, *China and the Vietnam Wars, 1950~1975*, 201면.

70) Kissinger, *White House Years*, 1101면.

에 그는 빠리회담에 관심을 기울였다. 1968년 빠리 예비회담이 실패한 후 1970년 2월부터 키신저와 하노이정부의 정치국원인 레 득 토(Le Duc Tho)는 비밀리에 접촉을 계속해왔다. 그러나 양자의 주장에 너무 차이가 나 별다른 성과를 거두지 못했다. 하노이측은 남베트남에서 모든 외국군의 철수(하노이측은 남북 베트남을 하나로 생각하여 이 경우 하노이정부군은 제외) 및 민족해방전선을 포함한 남베트남임시연립정부 수립 등을 강력히 요구했다. 반면에 미국의 주장은 남베트남 정부군을 제외한 모든 군대(미군과 북베트남정부군) 철수와 남베트남문제에 대한 북베트남정부의 직·간접적인 개입 중단 및 독립된 국가로서 남베트남에서 총선거를 하자는 것이었다.[71]

양측의 견해차이가 좀처럼 좁혀지지 않는 가운데, 하노이정부는 협상보다 무력에 의한 해결 쪽으로 기울었다. 여기에는 두가지 요인이 작용했다. 하나는 미국의 대통령선거를 앞두고 1968년 뗏 공세 때와 마찬가지로 미국에 타격을 줌으로써 협상에서 유리한 고지를 점하자는 것이었다. 다른 하나는 미국과 중국·소련 두 나라와의 긴장관계가 점차 완화됨에 따라 자기네 투쟁에 어떤 압력으로 나타날지도 모른다는 우려였다.[72]

1972년 3월 말 보 응우옌 지압은 이른바 '춘계 대공세', 일명 '부활절 공세'를 감행하여 하노이정부군 12만명이 소련제 탱크와 대포의 지원을 받으며 휴전선을 넘었다. 예상치 못한 공격에 싸이공정부군과 미군은 일시 당황했고 하노이정부군은 상당한 성과를 거두었다. 흥미로운 사실은, 중국 언론이 춘계 대공세에 대한 뉴스를 즉각 보도하지 않고 더욱이 그 내용도 주요 기사로 다루지 않았다는 점이다.[73] 이는 아마도 중국이 닉슨과의

---

71) Ruane, *War and Revolution in Vietnam, 1930~75*, 94~95면.

72) William S. Turley, *The Second Indochina War: A Short Political and Military History, 1954~1975*, Boulder: Westview Press 1986, 138~39면.

73) 베트남사회주의공화국 외교부, "China Department's File". Nguyen Hong Thach,

협상 후 미군이 베트남에서 철수하겠다고 함에 따라 베트남문제에 대해 전처럼 민감하지 않게 되었기 때문이 아닌가 한다.

미군은 곧 공습으로 맞서 하노이군대의 전진을 저지하는 동시에, 4월 16일 닉슨은 공식적으로 북베트남 폭격 재개를 지시하고, 5월 8일에는 다시 수뢰(水雷)를 설치하여 하이 퐁 항구를 봉쇄하도록 명령했다. 하노이측은 당시 9만 5천명의 미군 병력이 남베트남에 주둔하고 있는 상황에서 미국이 이렇게까지 강경하게 나오리라고는 예상하지 못한 듯하다. 중국은 4월 미국 폭격에 대하여 관행적으로 해온 북베트남에 대한 지지성명도 내지 않고 있다가, 5월에야 미국의 공세에 형식적인 비난을 하는 데 그쳤다.[74] 키신저는 5월 11일자 『인민일보』의 해설자가 닉슨을 비난하지도 않고, 북베트남군의 저항에 대한 중국의 반응도 언급하지 않았음에 주목하였다.[75] 소련 역시 5월 닉슨의 모스끄바 방문 때 항의하기는 했지만 지극히 형식적이었으며, 오히려 고위급 외교관을 하노이에 보내 미국과 화해하도록 촉구했다.

춘계 대공세는 하노이측에 상당한 손실을 가져왔다. 이런 상황하에서 7월 마오 쩌둥은 내방한 남베트남공화임시혁명정부의 외교부장인 응우옌 티 빈(Nguyen Thi Binh)에게 미국과 접촉할 때 정치문제와 군사문제를 분리하여 다루기를 건의하면서, 응우옌 반 티에우의 제거를 전제조건으로 내세우지 않도록 설득하였다.[76] 같은 달에 저우 언라이 역시 레 득 토를 만나 응우옌 반 티에우 정부와 대화하기를 제안했다.[77] 여기에 더하여 닉슨

"Vietnam between China & the United States (1950~1995)," Ph.D. dissertation at the University of New South Wales, 2000, 126면에서 재인용.

74) 같은 글, 같은 곳에서 재인용.

75) Kissinger, *White House Years*, 1195면.

76) 傅菊輝 外 『当代中越關系史』, 275면; Garver "Sino-Vietnamese Conflict and the Sino-American Rapprochment," 460면. 가버의 글에 응우옌 타이 빈(Nguyen Thai Binh)으로 되어 있는 것은 오류이다.

의 재선이 확실해짐에 따라 하노이정부는 마침내 1972년 7월에 빠리회담 재개에 응하였다. 오랜 논란 끝에 10월 8일 레 득 토는 처음으로 휴선 후 응우옌 반 티에우 정부의 존속을 인정한다고 밝혔다. 이에 대한 응답으로 키신저는 북베트남군 주둔과 남베트남공화임시혁명정부 인정 및 휴전 후 60일 이내에 미군이 완전 철수한다는 데 동의하였다. 그 결과 10월 21일에는 협상 초안이 거의 마무리 단계에 들어갔다. 그러나 이번에는 응우옌 반 티에우가 회담 내용에 반발하고 나섰다. 그럼에도 불구하고 10월 31일 키신저는 "평화는 가까이에 있다"라고[78] 공언할 만큼 확신에 차 있었다. 닉슨은 응우옌 반 티에우를 달래기 위해 11월 세계 제4위의 공군력이 될 정도의 수백대 비행기를 포함하여 대량의 무기를 싸이공정부에 넘겨주고, 또 휴전 후 재건을 위해 상당한 정도의 원조를 약속했다.

그러자 하노이가 미국의 응우옌 반 티에우 정부에 대한 태도에 불만을 품어 재개된 협상은 11월에 결렬되고 말았다. 한편 중국은 11월에 북베트남에게 협정 체결을 위해 군대 철수를 요구하고, 12월에는 주베트남 대사를 통해 북폭 재개를 검토하고 있다는 키신저의 협박을 전하기도 했다.[79] 1979년의『중국백서』는 이에 대해 중국이 미국과 결탁하여 베트남을 배반한 것으로 비난하고 있지만,[80] 그럴 만한 증거는 없다.

중국의 빠리협상 지지

닉슨은 다시 '크리스마스 폭격'이라고 일컬어지는 폭격을 12월 18일부

---

77) 傅菊輝 外『当代中越關系史』, 276면; Shen Zhihua, "Sino-U.S. Reconciliation and China's Vietnam Policy," 360면.
78) Kissinger, *White House Years*, 1399면.
79)『中國白書』, 72~73면.
80) 같은 책, 73면.

터 재개하여 하노이측을 회담장으로 끌어내는 데 성공했다. 이와 관련하여 12월 31일 저우 언라이가 북베트남국회 상임위원회 주석인 쯔엉 찐에게 닉슨은 정말로 미군의 철수를 원하고 있으니 이번에야말로 성의껏 평화회담에 임해 성공해야 한다고 한 것은 주목할 만하다.[81] 1973년 1월 23일 마침내 키신저와 레 득 토는 잠정적인 협정에 합의하고, 1월 27일 미국, 싸이공정부, 하노이정부, 그리고 남베트남공화임시혁명정부의 대표가 공식적으로 평화조약에 각각 서명했다. 조약의 내용은 근본적으로 전년 10월의 협상안과 거의 다름이 없었다. 이 협정에 대해 1979년 하노이정부는 자평하기를, 베이징과 워싱턴의 모든 압력을 물리치고 베트남인민은 원칙적 문제에 대해서 조금의 양보도 하지 않았을 뿐만 아니라 미제국주의의 범죄행위에 통렬한 제재를 가한 것이라고 했다.[82]

사실 협정으로 가장 이득을 본 것은 하노이정부라고 할 수 있다. 무엇보다도 남베트남에서 임시혁명정부가 합법화되고, '베트콩'이 지배하고 있던 지역을 그대로 보존할 수 있었다. 당연히 가장 불만인 것은 싸이공정부였다. 싸이공정부의 동맹군들은 곧 철수를 시작하였고, 미군은 3월 말까지 모두 베트남을 떠났다.

중국 지도부는 빠리협정을 만족스럽게 생각했다. 그들은 정치적 협상을 통해서 미군의 철수를 이끌어내고, 이후 북베트남을 지원해서 남베트남을 통일한다는 방침이었다. 바로 그때문에 무력투쟁에 의한 즉각적 승리를 원하는 하노이정부와의 충돌이 있을 수밖에 없었다. 『중국백서』에 의하면, 1973년 6월 베이징의 회의석상에서 마오 쩌둥은 레 주언과 팜 반 동에게 다음과 같이 말했다고 한다. "베트남 남부에서는 반년, 혹은 1년, 또는 2년이면 더 좋겠지만, 여하간 어느 기간 전투를 멈출 필요가 있다."[83] 하

---

81) 『周恩來年譜』下卷, 569면; 『周恩來外交活動大事記, 1949~1975』, 659면.

82) 『中國白書』, 74면.

83) 『中國白書』, 82~83면. Duiker, *China and Vietnam*, 59~60면도 참조.

노이측이 중국은 미국과 응우옌 반 티에우에 반대하는 베트남인민의 투쟁에 대해 견제하려 했다고 비난한 것도 이를 근거로 한 것이었다. 하노이측의 불만에도 불구하고 중국 지도부가 빠리협정에 만족스러워한 이유는 미국과의 관계가 원만해져 점증하는 소련의 위협에 대처할 수 있게 되었다고 믿었기 때문이다.[84]

그러나 빠리협정 조인 후 얼마 안되어 베트남과 중국의 관계는 다시 악화되기 시작했다. 1973년 6월 초 레 주언과 팜 반 동은 중국을 방문하여 1974년의 원조 요청안을 제출했는데, 이는 81억 위안에 달하는 막대한 금액이었다. 저우 언라이는 이는 중국이 감당할 수 없는 비현실적 액수라고 하면서 25억 위안의 원조액을 제시했다.[85] 사실상 중국은 이무렵 문화대혁명기의 경제적 악영향이 점점 더 드러남에 따라 북베트남의 요구를 들어줄 만한 상황이 아니었다.

이와는 달리 소련은 하노이정부에 대한 원조를 늘렸다. 중국이 원조 증액을 거절한 지 한달 후인 7월 레 주언과 팜 반 동이 소련을 방문한 자리에서 양측은 북베트남의 경제회복을 위한 원조 문제에 대해 쉽게 합의했다. 우선 소련은 1965~1972년 전쟁기간에 차관으로 대여한 원조를 전액 무상으로 바꾸었다. 그뿐만 아니라 1973~1975년 사이에 소련은 북베트남에 미화 10억 달러 이상의 원조를 제공하기로 약속했다.[86]

이리하여 하노이정부는 점차 소련 쪽으로 기울기 시작하는 경향을 보였다. 하노이 주재 소련대사관은 1973년 연례보고서에서, 1973년에 베트남

84) Shen Zhihua, "Sino-U.S. Reconciliation and China's Vietnam Policy," 362~63면.
85) 『周恩來年譜』下卷, 598면.
86) 郭明 編 『中越關系演變40年』, 103면; 傅菊輝 外 『当代中越關系史』, 286~87면. 1965년부터 1973년 1월 빠리협정의 조인까지 소련의 북베트남에 대한 차관은 미화 10억 8천만 달러였다. Stephen J. Moris, "The Soviet-Chinese-Vietnamese Triangle in the 1970s: The View from Moscow," in Priscilla Roberts, ed., *Behind the Bamboo Curtain*, 414면.

노동당과 하노이정부의 고위층이 소련을 방문한 것은 북베트남에서 중국의 영향력을 약화시켜, 특히 반소선전에 별다른 효과가 없었다고 했다. 따라서 1973년을 베트남노동당 노선이 베이징의 적대적인 반소정책에서 벗어나 소련과 매우 우호적인 관계로 발전하는 해로 보았다.[87]

이처럼 소련이 베트남에 관심을 보인 것은 미군이 철수한 후의 공백을 자신들이 메우려는 의도였다. 1971년 4월에 개최된 제24차 소련공산당 전당대회는 소련이 동남아시아로 진출하는 데 인도차이나가 절대적으로 중요하다는 결의안을 통과시켰다.[88] 이 결의안을 접한 하노이정부가 점차 소련 쪽으로 기울면서 중소분쟁을 이용하여 최대한의 이익을 얻으려 했음은 분명한 듯하다.

중국이 이러한 베트남과 소련 관계에 심기가 불편했을 것임은 물론이다. 중국은 소련이 베트남과 친선관계를 맺음으로써 전략적으로 이를 이용하여 자기네를 에워쌀 뿐만 아니라,[89] 인도양으로 남하하고 태평양의 주요 기지들을 통제하려는 의도에서 베트남에 원조를 아끼지 않는 데 불안감을 느꼈다. 1975년 8월 헬싱키협정이 맺어진 다음 소련이 아시아에도 동일한 집단안보제도가 필요하다고 말했을 때, 중국이 즉각 반대하며 소련이 미국을 대체하여 동남아시아에서 패권을 확립하려는 시도라고 한 것도[90] 이런 이유에서였다.

이에 대처하기 위해 중국은 직접 남베트남공화임시혁명정부를 원조하기로 하고 내왕을 빈번히 했다. 1973년 6월 3일 임시혁명정부에 특명 전권

---

87) Moris, "The Soviet-Chinese-Vietnamese Triangle in the 1970s," 413~14면.
88) Shen Zhihua, "Sino-U.S. Reconciliation and China's Vietnam Policy," 363면.
89) 1968년 4월 저우 언라이는 이미 팜 반 동에게 다음과 같이 말했다고 한다. "이제는 소련이 중국을 둘러싸고 있습니다. 베트남 쪽을 제외하면 거의 완성되었습니다." 77 Conversations, 130면.
90) Robert S. Ross, The Indochina Tangle: China's Vietnam Policy, 1975~1979, New York: Columbia University Press 1988, 57면.

대사를 임명하는 동시에, 7월 초에는 긴급 무상원조협정을 맺었다. 다른 한편 11월 18일자 『인민일보』는 "중국인민과 남베트남인민의 전투 우의는 부단히 발전한다"는 기사를 발표했다.[91] 뿐만 아니라 1975년 4월 시아누크 왕의 모친 장례에 북베트남과 남베트남공화임시혁명정부의 대표들이 참석했을 때, 중국측은 남측 대표단에 더욱 친절을 베풀었다고 한다.[92] 이러한 태도는 빠리협상 후 얼마 되지 않았을 때도 이미 그러했다.[93] 이와같은 중국의 남북 분리방침이 하노이정부의 대중국 관계를 악화시켰음은 말할 것도 없다.

영토분쟁

베트남과 중국 양국관계의 갈등을 조장한 또 하나의 문제는 영토분쟁이었다. 베트남과 중국의 구체적 경계는 청불전쟁 이후 1887~1895년 동안 프랑스와 중국 간에 맺어진 조약에 의해 처음으로 결정되었다.[94] 1957년 11월 베트남노동당 중앙위원회는 1887~1895년에 이뤄진 회의의 결정에 따라서 국경의 현상유지를 중국측에 제안했다. 몇차례에 걸친 협상 끝에 국경은 일방적으로 바꾸지 않으며 현상유지를 하되 이 문제는 앞으로 양측이 재검토하기로 한다는 데 합의를 보았다.[95]

---

91) 傅菊輝 外 『当代中越關系史』, 287~88면.
92) Truong Nhu Tang, *A Vietcong Memoir*, 255~56면.
93) 같은 책, 249면.
94) 『中法戰爭』 (七), 432~67면; Cordier, *Histoire des relations de la Chine avec les puissances occidentales, 1860~1902*, Vol. 3, 569~75면; Charles Fourniau, "La fixation de la frontière sino-Vietnamienne 1885~1896," in *Études indochinoises: frontières et contacts dans la péninsule indochinoise*, Aix-en-Provence: Institut d'Histoire des Pays d'Outre-Mer 1981, 114~49면; 노영순 「청불전쟁(1884~1885) 전후 중국–베트남 국경문제와 획정과정」, 127~59면.
95) Antoine Dauphin, "La frontière sino-Vietnamienne de 1895~1896 à nos jours," in B.

빠리협정 후 경제건설이 중요하게 된 하노이정부는 1973년 12월 통킹 만 석유탐사에 대한 의사를 중국에 알리고 수역경계의 해결을 위한 재협상을 제안했다. 1974년 8월에 개최된 회담에서 북베트남측이 1887년 회의에서 결정된 해상경계, 즉 동경 108도를 수용하라고 주장하자, 중국 대표단은 1887년 회의에서 통킹 만에서의 경계에 관한 합의는 없었으며 베트남 주장대로다면 통킹 만의 3분의 2가 베트남에 속하게 된다고 하면서 그 주장을 일축해버렸다. 결국 양측은 합의를 보지 못하고 회담은 11월에 중단되었다.[96]

여기에 더하여 양국관계의 불화에 파라셀 군도와 스프래틀리 군도 (Paracel Islands and Spratly Islands, 西沙群島와 南沙群島, 베트남어는 Quần Đảo Hoàng Sa와 Quần Đảo Trường Sa)를 둘러싼 분쟁도 작용했다. 주원인은 해저석유매장량 및 인도양과 남중국해를[97] 연결하는 전략적 위치 문제였다.

제2차 세계대전 후 중국과 남베트남정부는 각각 파라셀 및 스프래틀리 군도에 대한 영유권을 주장하다가 1959년 초 싸이공정부가 파라셀 군도의 한 섬에 군대를 상륙시켜 중국 어부들을 납치하고, 이어 1961년에는 군도 전체를 꽝 남(Quang Nam) 성에 속하는 것으로 했다. 1973년 7월 싸이공정부는 스프래틀리 군도 주변 지역에 대한 석유탐사권을 외국회사에 허가하는 한편 9월에는 프억 뚜이(Phuoc Tuy, 현재 바리아-붕 떠우-Ba Ria-Vung Tau) 성에 귀속시키자 중국이 거세게 항의하고 나왔다. 그후 1974년 1월 중국군은 무력으로 파라셀 군도를 점령했다. 하노이정부는 이 사건에 대해 중국을

Lafont, ed., *Les frontières du Vietnam: Histoire des frontières de la péninsule indochinoise*, Paris: L'Harmattan 1989, 111면.

96) 薛謨洪·裴堅章『当代中國外交』, 272~74면; King C. Chen, *China's War with Vietnam, 1979: Issues, Decisions, and Implications*, Stanford: Hoover Institution Press 1979, 48면; Duiker, *China and Vietnam*, 60~61면;『中國白書』, 85면.

97) 남중국해(South China Sea)를 베트남에서는 비엔 동(Bien Dong, 東海)이라고 부른다.

지지하기보다 당사자들 간의 평등, 상호존중, 선린, 우호 정신에 입각하여 협상을 통해 문제를 해결하도록 하라는 중립적 태도를 보였다.[98] 몇년 후 프랑스 주재 베트남대사는 1974년 1월 작전은 베트남에 대한 중국의 첫 무력침략 행위라고 했지만,[99] 당시 북베트남은 남부에서의 전쟁으로 아직 중국의 원조가 필요했기 때문에 그 정도에서 그쳤던 것이다. 한편 하노이정부는 이듬해 4월 싸이공 함락 직전에 군대를 보내 스프래틀리 군도 6개 섬을 점령했고, 5월 주중 베트남대사관은 중국 외교부로부터 강력한 항의를 받았다.[100] 이는 이미 전쟁이 종결단계에 들어가서 베트남이 중국의 항의를 무시할 수 있었기에 가능한 일이었을 것이다.

1973년 이래 육상에서도 중국과 베트남 국경을 따라 사소한 일로 무력 충돌이 벌어졌다. 국경선이 처음 문제가 된 것은 1974년 하노이-유이관 철로의 양국간 경계가 어디인가에서부터였다. 하노이정부는 1954년 중국 노동자들이 잘못해서 베트남 국경 내 300미터 이상에 경계를 설치했다고 주장하면서 조정을 제안했고, 베이징 당국은 이를 단호하게 거부했다. 양국간에 옥신각신하며 마침내 충돌이 벌어져 1974년 충돌 건수는 하노이 측에 따르면 179건, 베이징측에 의하면 121건이었다. 1975년 3월 베이징은 양국이 문제를 해결하기 위해 협상하자고 했지만, 하노이는 아직 남베트남해방에 여념이 없다면서 지방당국자들에게 맡기자고 했다.[101] 그다지 중요해 보이지 않는 국경충돌은 상호간의 불신, 즉 하노이가 중국 팽창주

98) Chang Pao-min, "The Sino-Vietnamese Territorial Dispute," *Asia Pacific Community*, No. 8, 1980, 136~37면; Nayan Chanda, *Brother Enemy: The War after the War*, New York: Collier Books 1986, 21면.

99) Nayan Chanda, *Brother Enemy*, 21면.

100) 薛謨洪·裴堅章『当代中國外交』, 271면.

101) 같은 책, 274~75면; Anne Gilks, *The Breakdown of the Sino-Vietnamese Alliance, 1970~1979*, Berkeley: Institute of East Asian Studies, University of California 1992, 114~15면.

의에 대해 갖는 두려움과 베이징이 베트남을 이용한 소련의 포위망에 대해 품는 우려가 원인이었다.[102]

1975년 4월 30일 싸이공정부가 예기치 않게 쉽게 무너짐으로써 통일을 이룩해 강력해진 하노이정부는 더이상 중국의 원조가 필요 없고 또 그 비위를 맞출 필요도 없었다. 여기에는 싸이공정부에게서 몰수한 막대한 미국제 최신 무기로 무장한 무력도 작용했다.[103] 그리하여 이제는 자신이 원하는 목적을 추구할 수 있다고 믿었고, 또 그것을 실제 행동으로 옮기면서 중국과의 관계는 점점 더 악화의 길로 치달았다.

---

102) Gilks, *The Breakdown of the Sino-Vietnamese Alliance*, 115면.

103) 몰수한 무기는 비행기 467대, 헬리콥터 466대, 105mm와 155mm 곡사포 1,250문, 장갑차 3,300대, 탱크 400대, 트럭 4만 2천대, 대전차포 1만 5천문, 박격포 1만 2천문, M16 소총 79만 1천정, 권총 9만정, 상륙용 주정(舟艇) 940척, 탄환 13만톤 등이었다. Tucker, *Vietnam*, 188면.

제6장 베트남전쟁 종결과 1979년 중월전쟁

1. 베트남전쟁 후 베트남과 중국의 영토분쟁

베트남전쟁의 종결

1975년 4월 30일 싸이공이 하노이 군대에 의해 점령됨에 따라 싸이공정부는 종말을 고하고 20년 가까이 계속되었던 '대미항전'은 끝이 났다. 베트남 역사가들은 이를 일컬어 '1975년 봄의 대승(Đại thắng mùa Xuân 1975)'으로 칭하면서, '베트남역사에서 가장 혁혁하며 가장 빛나는 전승(戰勝)'이라고 한다.[1] 그런가 하면 하노이정부군의 남부사령관이었던 반 띠엔 중(Van Tien Dung)은 말하기를, 1975년 4월 30일의 역사는 미제국주의의 군사적·정치적 최대 실패일 뿐만 아니라, 미국과 결탁해서 싸이공 괴뢰정권과 미국의 존재를 인정함으로써 자기네 국토를 장기적으로 분단하여 자기

---

1) Nguyễn Quàng Ngọc, chủ biên, *Tiến trình lịch sử Việt Nam*(베트남역사의 전개과정), Hà Nội: NXB giáo dục 2000, 363~64면.

들을 그 반동노선에 끌어들이려 했던 중국 확장주의와 대국패권주의의 참담한 실패였다고 했다.[2] 반 띠엔 중의 글은 1979년 중국과 베트남의 전쟁 직후에 발표되었지만, 평소에 베트남인들이 중국에 대해 가지고 있던 반감을 그대로 나타낸 것이라고 보아도 틀림없을 것이다.

사실 북베트남의 승리에 대한 중국의 태도는 베트남인들의 반감을 사기에 충분했다. 하노이정부의 대대적인 환호와는 대조적으로 중국의 반응은 지극히 미온적이었다. 중국 지도부는 하노이정부에 축전을 보내며, '미국에 대한 승리'라는 말은 하지 않고 중국의 계속된 지지를 약속하는 동시에 남부통합은 민주적 절차를 거쳐 서서히 이루도록 강조했다.[3] 남부통합에 대해 언급한 것은 앞에서도 말했듯이, 남베트남공화임시정부를 통한 하노이에 대한 견제였다고 볼 수 있다. 하노이정부도 처음에는 남부통합을 3년에서 5년 정도 늦출 계획으로 1975년 7월 15일과 16일 북부와 남부가 각각 별도로 유엔 가입을 신청했다.[4]

북베트남과 중국의 관계는 중국대륙이 공산화되면서 냉전시기 공산주의국가라는 특수 이해관계로 이루어졌던 만큼 중국과 미국 간의 긴장이 완화된 시점에서 전쟁의 종결은 이러한 이해가 끝나는 것을 의미하는 것이었다. 사실상 공식적인 조약이 없었던 만큼 전쟁이 끝나면서 양국관계는 저절로 끝날 수밖에 없었다.

그렇다고 양국관계가 즉시 갈등으로 나타난 것은 아니다. 베트남과 중국, 두 나라는 아직 겉으로 친선을 내세우고 상호이익을 유지하는 척했다.

---

2) Văn Tiến Dũng, "Thắng lợi liên tiếp, sức mạnh phát triển không ngừng của dân tộc Việt Nam trong sự nghiệp bảo vệ Tổ quốc"(조국수호 과업에서 베트남 민족의 일련의 승리와 발전역량), *Quân Đội Nhân Dân*(인민군대), April 30, 1979.

3) *Xinhua*, May 1, 1975. Gilks, *The Breakdown of the Sino-Vietnamese Alliance*, 129면에서 재인용.

4) 같은 책, 135~36면.

하노이정부는 베트남 전체가 황폐화되다시피한 엄청난 전쟁피해를 복구하기 위해 사회주의국가들의 원조가 절대적으로 필요한 상황이었으므로 중국과 소련 사이에서 균형적인 정책을 취하지 않을 수 없었다. 1975년 종전 직후 소련은 전략상 베트남에 우호조약을 맺자고 제안했다.[5] 그러나 베트남은 현실적으로 위협이 되는 중국의 반감을 사지 않으려고 조약은 물론 남부의 군사기지 사용 요청도 받아들이지 않았다.[6] 중국 역시 베트남이 친소 쪽으로 기울지 않고 중립적 태도를 취하도록 겉으로나마 우호관계를 유지할 필요가 있었다. 중국의 원조물자를 실은 첫 선박이 소련 선박에 앞서 5월 2일 다 낭 항구에 도착한 것이 이를 말해준다.[7]

따라서 1979년에 일어난 두 나라의 전쟁은 1975년 4월 시점에서는 전혀 예상할 수 없는 일이었다. 그러나 결과적으로 그 전쟁은 1970년대 초반부터 시작된 양국관계가 점진적으로 갈등을 겪으면서 나타난 결과였다고 보아 크게 틀리지 않다. 1970년대 전반의 갈등 문제는 이미 앞에서 언급했으므로 여기서는 1975년 4월 종전 후부터 다루고자 한다.

베트남의 대중(對中) 위기의식

베트남은 겉으로는 내색을 하지 않았지만 중국의 위협을 의식하지 않을 수 없었다. 중국에 대한 위협의식은 싸이공이 함락된 지 얼마 안된 5월 중순 당서기장인 레 주언이 한 연설에서 엿볼 수 있다. 1975년 5월 통일의 기쁨 속에 싸이공(현 호찌민 시) 공항에 도착한 레 주언은 말하기를, 베트남은 두개의 어려움에 봉착해 있는데, 그것은 기아와 중국의 반동주의자들 때

---

5) Nayan Chanda, *Brother Enemy*, 257면.

6) *Far Eastern Economic Review*(이하 *FEER*), August 8, 1975, 21면.

7) *Viet Nam News Agency*, May 6, 1975. Gilks, *The Breakdown of the Sino-Vietnamese Alliance*, 137면에서 재인용.

문이라고 했다.[8] 그는 또한 인도차이나에 대한 관심을 재확인하면서 약속하기를, 베트남과 라오스 및 캄보디아는 서로 독립·주권·영토보존을 존중하는 바탕 위에서 확고부동한 군사적 친선을 강화해야 한다고 했다.[9] 이는 대국인 중국의 위협에 인도차이나 3국이 힘을 합쳐 공동으로 대응하겠다는 의미인 것이다. 그렇지 않으면 이들은 중국의 각개격파에 의해 병합될 것이기 때문이다. 레 주언의 말은 중국의 위협에 대한 사전예방책 내지는 경고였다고 볼 수 있겠다.

베트남과 중국의 심각한 긴장관계는 1975년 9월 베이징에서 있었던 양국 공산당 지도자들의 비밀회합에서 나타났다. 이 회담의 세부사항과 레 주언이 베트남 정치국에 한 보고는 공개되지 않았으나, 그 내용이 1975년 10월 소련에 전해짐으로써 알려졌다.[10] 중국의 원조가 제대로 이뤄지지 않자 레 주언은 소련에 의존할 수밖에 없었다. 그리하여 10월에 그는 모스끄바를 방문하여 브레즈네프(Leonid Brezhnev)와 공동성명을 발표하고 양국의 지속적인 우호관계의 중요성을 강조했다.[11] 보고서가 소련에 전해진 것은 이 방문 중이었을 가능성이 높다. 이하의 서술은 주로 이 보고서에 의거한 것이다.

9월 하순 레 주언을 단장으로 하는 베트남노동당과 정부의 대표단이 중국을 방문했다. 베트남측이 소련측에 전한 바에 따르면, 그들의 방문 목적은 베트남과 중국의 관계를 개선하는 것이었다. 특히 중국 및 소련과의 관

---

8) Nayan Chanda, *Brother Enemy*, 238면.

9) *Viet Nam News Agency*, May 15, 1975. Gilks, *The Breakdown of the Sino-Vietnamese Alliance*, 137면에서 재인용.

10) "Results of the Visit of the Vietnamese Party-Government Delegation to China (1975)," in Tsentr khraneniya sovremennoi dokumentatsii (TsKhSD, 현대문서보관소), f. 5. o73, d. 1933. Moris, "The Soviet-Chinese-Vietnamese Triangle in the 1970s" in Priscilla Roberts, ed., *Behind the Bamboo Curtain*, 419~20, 430면 n.52 참고.

11) Ross, *The Indochina Tangle*, 60면.

계를 전처럼 유지하고 싶다고 했다는 것이다. 이에 대해 중국 지도자들은 공식적으로 베트남의 대외정책, 특히 소련과의 관계에 대해 불만을 표시했다고 베트남측은 전했다. 중국은 경고하기를, 베트남이 계속 그와같은 정책을 취하는 한 중국은 도와줄 수 없다는 것이었다. 회담은 결렬되어 레 주언은 관례적인 만찬이나 공동성명도 없이 갑자기 베이징을 떠났다.[12] 중국이 베트남의 경제원조 요청에 대해 신규 무상원조를 해줄 의사가 없다고 한 것은 베트남의 친소정책으로 말미암은 것이 틀림없다. 그 결과 1975년 후반 하이 퐁 항구에서 중국 선박으로부터 하역되는 물자도 전년도 같은 기간에 비해 절반으로 줄어들었다.[13] 더욱이 1976년 초에 중국은 자기네 전문가와 기술자들을 상당수 귀국시켜 중국 원조로 진행 중이던 적지 않은 사업에 차질을 초래했다. 그후 1977년에는 베트남에 대한 신규차관도 끊어버렸다.[14] 베트남은 중국의 이러한 태도를 경제적으로 베트남을 압박하여 궤멸시키려는 정책이라고 여겼다.[15]

반면에 레 주언의 방중 직전인 8월 중국을 방문한 캄보디아 대표단의 키우 삼판(Khieu Samphan)과 이엥 사리(Ieng Sary)에 대한 중국의 태도는 상당히 달랐다. 중국은 이들과 공동성명을 발표하여 경제기술협정을 체결하고 미화 10억 달러의 군사 및 경제 원조를 하기로 했다.[16] 이는 베트남의 친소정책에 대항하여 캄보디아를 회유하려는 중국의 정치적 고려라고 생각된다.

---

12) *New York Times*, November 9, 1975. Gilks, *The Breakdown of the Sino-Vietnamese Alliance*, 152면에서 재인용.

13) 중국측 주장에 의하면, 당시 중국은 경제적으로 어려움에 처해 있어서 베트남전쟁 기간 때만큼 원조를 해줄 수 없다고 했다. 郭明 編『中越關系演變40年』, 114면.

14) Moris, "The Soviet-Chinese-Vietnamese Triangle in the 1970s," 420면; ベトナム社會主義共和國政府「中華人民共和國政府あて覺書」, 5月 18日,『世界政治資料』, 1978年 7月(下), 9면.

15) 古田元夫『ベトナムからみた中國』, 東京: 日中出版 1979, 42면.

16) 같은 곳.

이러한 상황에서 레 주언은 방중 후 베트남의 대중관계는 이제부터 어렵게 되었다고 말했다. 베트남노동당과 중국공산당의 관계가 심상치 않다면서 위기적인 상태라는 것이다. 그런즉 베트남노동당은 조심하면서 방심하지 말아야 하되, 두 당과 두 나라 사이의 분열을 피할 수 있도록 모든 노력을 경주해야 할 것이라고 했다. 레 주언은 또한 두 나라의 정치문제는 중국이 논하려고 하지 않아 못했는데, 다만 통킹 만의 해역경계와 연안의 대륙붕에 관한 논의는 10월 초에 하기로 되었다고 덧붙였다. 레 주언은 이 협상이 앞으로 두 나라의 관계가 어떻게 발전할 것인가에 대한 척도가 될 것이라고 보았다. 레 주언의 보고가 베트남 지도부에 놀라움을 가져다주었음에도 불구하고, 그는 중국이 어떤 태도로 나오든지 소련과의 관계에 대한 양보는 절대 있을 수 없다고 했다.

레 주언의 친소정책은 종전 후 처음으로 1976년 12월에 개최된 제4차 공산당 전당대회에서 더욱 분명히 드러났다.[17] 즉 친중국적 인물들이 당 지도부에서 제거되었는데, 대표적 인물이 정치국원이자 중앙위원회 위원인 호앙 반 호안이다. 그외에도 주중대사를 지낸 중앙위원들, 예컨대, 응오 민 로안(Ngo Minh Loan)과 응오 투옌(Ngo Thuyen) 및 응우옌 쫑 빈(Nguyen Trong Vinh) 등을 들 수 있다. 전술한 1977년 중국의 원조 중단은 이러한 친중국파의 제거 및 친소정책의 강화가 직접적인 원인이었다.

제4차 전당대회에 앞서 11월 초 베트남 국회 상임위원회는 특별회의를 갖고 남북통합을 앞당겨 1976년에 총선거를 실시하기로 했다.[18] 갑작스럽

---

17) J. Honey, "The Fourth Congress of the Lao Dong Party," *China News Analysis* 1072 (March 11), 1977, 4면; Chen, *China's War with Vietnam, 1979*, 25~26면; 黃文歡 著, 文庄·侯寒江 譯『滄海一粟』, 327면; 古田元夫『ベトナムからみた中國』, 43면. 이 전당대회에서 베트남민주공화국이란 이름이 베트남사회주의공화국으로 바뀌고, 당의 명칭도 베트남노동당에서 베트남공산당으로 고쳤다.

18) 남베트남공화임시혁명정부는 남북의 정치적·정서적·경제적 차이를 유지하는 선에서 서서히 조심스럽게 통합되기를 원했다. 쯔엉 뉴 땅이 해외로 망명한 것은 북부의 급

게 통일을 결정한 것은 경제문제 때문이었으나 중국과의 불협화음이 증가됨에 따라 강력한 국가건설의 필요성이 영향을 끼쳤다. 베트남 잡지『인민군대』(Quân Đội Nhân Dân) 11월과 12월호에서 연이어 자신들의 군대는 국가의 주권과 영토의 보존을 지킬 준비가 되어 있다고 강조했다.[19] 이에 중국은 남중국해에 있는 섬들에 대한 주권을 반복하여 주장하며 맞섰다.

이러한 상황에서 베트남이 중국과 관계를 회복한다는 것은 당연히 어려웠다. 중국과의 국경분쟁, 특히 통킹 만 해역 및 파라셀 군도와 스프래틀리 군도를 둘러싼 문제는 해결이 거의 불가능했다. 베트남은 1975년 5월 발행한 지도에 두 군도를 모두 베트남의 영토로 표시해놓았다. 그러나 1976년 7월 베트남 외교부는 두 군도가 모두 베트남 영토로 표시되어 있기는 하나, 이들에 대한 분쟁은 상호이해를 바탕으로 협력하여 해결되어야 할 것이라고 선언했다. 이에 대해 중국 외교부는 1976년 6월과 8월 두 차례에 걸쳐 베트남에 대해 경고조로, 남중국해의 모든 섬들은 역사적이나 고고학적으로 보아 고대로부터 중국의 성스러운 영토라는 것이 입증되었다고 했다.[20] 더이상 논쟁은 없었지만, 언제든 다시 폭발할 가능성이 높았다.

통킹 만 수역에 대해서는 1974년에 이어 1977년 10월 베트남과 중국의 제2차 회담이 개최되었으나 양국의 주장이 너무나 달라 타협의 여지가 없었다. 이에 앞서 5월 베트남 외교부는 일방적으로 200마일 배타적 경제수역을 선언하였는데,[21] 하노이의 기본적인 입장은 톈진조약에서 이미 정해진 경계는 존중되어야 한다는 것이었다. 결국 양측은 각자의 입장을 견지한 채 다시 논의하기로 했지만, 이후 사태의 복잡성으로 인해 무산되고 말

속한 통합결정에 반발해서였다. Truong Nhu Tang, *Vietcong Memoir*, 283~86, 292~93면.

19) Gilks, *The Breakdown of the Sino-Vietnamese Alliance*, 153면.

20) Chang Pao-min, "The Sino-Vietnamese Territorial Dispute," 139~41면.

21) Chen, *China's War with Vietnam, 1979*, 48면; Chang Pao-min, "The Sino-Vietnamese Territorial Dispute," 144면.

았다.

국경선에서의 충돌은 시간이 갈수록 심각해져, 베트남측에 따르면 1975
년 중국의 베트남 영토 침입은 234건으로 전년도에 배해 1.5배나 증가했
다고 한다.[22] 1976년에는 양국의 충돌이 더욱 잦아지다가 급기야 1977년 5
월에는 유이관에서 유혈사태까지 벌어졌다. 상기한 10월 회의에서 중국
이 톈진조약을 대체할 새로운 중국-베트남 국경협정을 맺자고 제안했으
나 베트남이 이를 거부했을 뿐만 아니라, 이에 몇달 앞서 이른바 변경지대
'정화작업'을 시작하여 중국인과 소수민족들을 중국 쪽으로 몰아내기 시
작했다.[23] 중국의 항의가 잇따르고, 국경충돌이 급증하는 가운데 베트남내
화교 축출 문제까지 겹쳐 베트남과 중국의 긴장관계는 마침내 악화일로를
걸을 수밖에 없었다.

남베트남의 화교

때마침 하노이 지도부에게 경각심을 불어넣은 것은 중국정부가 남베트
남에 있는 화인(華人, 현지화한 중국인 영구 거주자)들과 접촉하고 있다는 소식
이었다. 하노이측은 이들이 혁명당국의 노선과 갈등을 일으키고 있다고
믿었기 때문이다.[24] 이러한 주장이 얼마나 사실에 가까운지는 알 수 없다.
다만 남부의 부유한 화인들이 사회주의를 환영하지 않았을 것이라고 짐작
할 수 있다. 그들로서는 생명과 재산을 보장받는 것이 무엇보다 소중한 것
이었을 것이다.

앞에서 이미 언급했듯이, 중국은 베트남의 통일을 바람직하게 생각하지

---

22) 『中國白書』, 105면.
23) 謝益顯 『中國外交史: 中華人民共和國時期 1949~1979』, 河南: 河南人民出版社 1988, 493
면; Chang Pao-min, "The Sino-Vietnamese Territorial Dispute," 150면.
24) Moris, "The Soviet-Chinese-Vietnamese Triangle in the 1970s," 420면.

않았다. 이는 역사적으로 중국의 전통적인 정책이었다. 그 예는 이미 하노이에서 축출된 막씨를 명과 청이 옹호한 데 잘 나타나 있다. 중국은, "국가통일사업은 뒷날 자자손손 세대에 남겨주어야 한다"며 남북의 조기 통일을 반대하는 태도를 취했다고 보 응우옌 지압은 지적했다.[25] 하노이정부의 주장에 따르면, 그 이유는 독립과 주권이라는 순수한 맑스-레닌주의 노선에 따르는 동시에 세계적으로 정치적 위신을 획득한 독립과 통일의 사회주의국가인 베트남은 인도차이나와 동남아시아에서 중국이 획책하는 팽창주의와 패권주의에 대해 중대한 장애물이 되기 때문이라는 것이다.[26] 그로 인해 이미 통일된 베트남을 어떻게 할 수는 없지만, 최소한 조속한 남북의 통합만은 저지하고 싶은 것이 중국의 입장이 아니었을까 한다. 전술한 남베트남공화임시혁명정부에 대한 호의적 태도가 이를 잘 보여준다. 그렇다고 해도 중국이 화인을 이용했다는 확실한 증거는 없다.

하노이정부측 자료에 따르면, 1975년 통일 당시 베트남에 있는 화인은 대략 120만명으로, 그중 100만명 정도가 남부에, 그리고 약 20만명이 북부에 살고 있었다고 한다.[27] 이들 화인의 국적에 대해서는, 1955년 중국과 북베트남이 베트남 북부에 있는 화인은 베트남정부가 관할하고 베트남인과 같은 권리를 누리며 자신들의 의지에 따라 점차 베트남 국적을 획득하기로 한다는 데 합의했다.[28] 다른 한편 1956년과 1957년에 싸이공정부가 남부의 모든 화인에게 베트남 국적을 갖도록 강요한 데 대해 중국이 항의하

---

25) Võ Nguyên Giáp, "Nhân dân Việt-Nam nhất định thắng lợi giặc Trung-quốc xâm lược nhất định thất bại"(베트남 인민은 반드시 승리해야 하며 침략자 중국은 반드시 패배해야 한다), *Tạp Chí Công Sản*(공산잡지), Tháng Ba(3월호), 1979.

26) 『中國白書』, 92~93면.

27) 같은 책, 96면.

28) 『中國白書』, 96~97면; *Beijing Review*, June 16, 1978, 17면. 후자는 Chang Pao-min, "The Sino-Vietnamese Dispute over the Ethnic Chinese," *China Quarterly* 90 (June), 1982, 196면에서 재인용.

자 하노이정부가 지지를 표했다.[29] 당시 정세로 하노이정부가 중국의 도움이 필요해서였지, 다음에서 보듯이 진정으로 중국측 편에 서서 그랬다고 보기는 어렵다.

1975년 통일 후 하노이정부는 남부의 정치적 통제와 사회주의화 정책의 필요성에 의해 남부 화인의 통합을 위한 급격한 조치를 취했다. 이에 앞서 호찌민 시가 점령된 1975년 4월 30일 밤 중국인들의 거주지인 쩌런(Cholon) 지구에서는 중국 국기와 마오 쩌둥 초상화를 들고 대대적인 시위가 있었는가 하면, 일부 중국인은 사회적 혼란을 틈타 물자를 매점매석하여 경제상황을 악화시켰다.[30]

1976년 1월 베트남정부는 남부의 모든 화인들에게 국적을 등록하게 하고, 이어 2월에는 강제로 베트남 국적을 취득케 했다. 이에 응하지 않으면 고율의 세금을 부과하고 식량배급에서도 차등을 두었다. 다시 이듬해 2월 하노이정부는 베트남 국적 취득을 거부하는 화인들에게 직업을 제한하고 이주의 자유도 인정하지 않는 동시에 자유의사 형식으로 귀국시킬 방침을 세웠다.[31] 중국정부가 항의했지만, 베트남측은 별 반응을 보이지 않고 오히려 전국적으로 반(反)중국인운동을 전개했다. 반중국인운동은 중국인들의 경제력에 대한 반감에서 일어난 것으로, 이미 1910년대 말 남부에서 창당된 입헌당의 주요 목적 중 하나였다.[32]

1977년에 들어서면 베트남과 중국 관계는 더욱 악화되었다. 그 원인 중 하나는 베트남과 소련의 관계가 상당히 긴밀해진 데 있었다. 무역적자와 가뭄으로 인한 경제위기 속에 베트남 수상 팜 반 동은 동유럽 여러 나라를 방문했으나, 모두 하노이의 요구에 응해주지 않았다. 베트남은

---

29) Chang Pao-min, "The Sino-Vietnamese Dispute over the Ethnic Chinese," 198~99면.
30) *FEER*, June 16, 1978, 20면; Nayan Chanda, *Brother Enemy*, 233, 239면.
31) Chang Pao-min, "The Sino-Vietnamese Dispute over the Ethnic Chinese," 200, 203면.
32) Duiker, *The Rise of Nationalism in Vietnam, 1900~1941*, 136~37면.

별다른 방법이 없어 4월 소련이 주도하는 동유럽권 경제기구인 코메콘 (COMECON) 가입에 첫걸음을 딛고 1978년 6월 정식회원이 되었다. 브레즈네프는 즉각 베트남인민을 존경한다면서 그들이 양도할 수 없는 주권을 지키는 데 전폭적인 지지를 보내겠다고 약속했다.[33]

이에 조금 앞서 소련은 태평양함대의 일부를 남으로 이동시켜 필리핀 해안에서 멀지 않은 공해상에 머무르게 했다. 그러는 한편 중국과 대결하는 군대의 질적 향상방침을 결정하고, 중거리 탄도탄 미사일과 최신예 전투기를 포함한 최신 무기를 중국과의 국경지역에 배치했다. 4월에는 브레즈네프와 국방장관 참석하에 중국 국경지대에서 육해공군이 모두 참가하는 모의합동군사훈련도 실시했다.[34]

중국은 소련에게 점차 압력을 느끼며, 이는 분명 자기네를 '에워싸는' 전략이 현실로 나타난 것으로 보았다. 북에서는 소련, 남에서는 베트남의 위협에 직면했기 때문이다. 이런 상황에서 중국은 베트남을 '아시아의 꾸바'로 간주하고[35] 돌파구를 남에서 찾을 수밖에 없었다. 이런 돌파구의 구실을 마련해준 것이 베트남의 캄보디아 침공이었다.

2. 중월전쟁의 직접적 원인

베트남의 캄보디아 침공

역사적으로 보면, 캄보디아를 둘러싼 중국과 베트남의 갈등은 전통적인 중화적 세계질서인 대패권주의(大覇權主義)와 대남제국질서라는 소패권

33) Ross, *The Indochina Tangle*, 189면.
34) 같은 책, 175면.
35) Nayan Chanda, *Brother Enemy*, 354면; Ross, *The Indochina Tangle*, 176, 189면.

주의(小覇權主義)의 대립이라고 할 수 있다. 실제로 중국은 전통적으로 베트남이 주변 국가에 개입하는 것을 보고만 있지는 않았다. 15세기 초 명나라 영락제의 호 꾸이 리에 대한 정벌 이유 중 하나가 베트남이 중국의 조공국인 참파를 침공했다는 것이 좋은 예이다. 이러한 전통은 현대에도 그대로 이어지고 있다. 따라서 1970년대에 소련이 베트남을 적극 후원하면서 중국과 베트남의 대결은 더욱 격화될 수밖에 없었다.

캄보디아는 1860년대 프랑스 식민지가 되기 전까지 중국의 조공국인 동시에 베트남에 대하여도 조공을 바쳐왔다. 베트남은 이른바 '남진(南進)' 과정에서 캄보디아 영토의 상당 부분을 점령했을 뿐만 아니라 여러차례 침공을 하기도 했다. 이런 이유로 캄보디아인들의 베트남에 대한 감정은 매우 좋지 않은 게 사실이다.[36]

폴 포트가 이끄는 캄보디아 공산주의 집단인 크메르 루주는 베트남의 공산화에 한걸음 앞서 1975년 4월 17일 프놈펜을 점령함으로써 론 놀 정권은 무너졌다. 폴 포트는 일찍이 북베트남의 도움을 받기도 했지만, 앞서 본 바와 같이 1971년부터는 베트남에 반대하는 쪽으로 돌아섰다. 그러나 베트남전쟁 동안 크메르 루주는 베트남공산주의자들에게 성역을 제공하였고, 후자는 전자의 론 놀 정권에 대한 투쟁을 도와줌으로써 양자 간에 별문제는 없었다. 물론 이때에도 크메르인들은 내면적으로 베트남이 '제일의 적'임을 잊지 않았다.[37]

베트남전쟁이 끝나면서 베트남의 영향권에서 벗어나려는 크메르 루주는 중국을 가장 강력한 우방으로 생각했다. 그런가 하면 중국은 인도차이

---

36) Henry J. Kenny, "Vietnamese Perceptions of the 1979 War with China," in Mark A. Ryan et al., eds., *Chinese Warfighting: The PLA Experience since 1949*, Armonk, NY: M.E. Sharp, Inc. 2003, 219면; *FEER*, January 19, 1979, 19~20면.

37) Norodom Sihanouk, *War and Hope: The Case for Cambodia*, New York: Pantheon Books 1980, 18면.

나반도에서 베트남의 패권을 저지하려고 캄보디아를 적극 지원하고 나섰다. 1975년 8월 중국이 크메르 루주와 경제 및 기술 원조에 관한 조약을 맺은 것은 이러한 배경에서였다. 베트남측에 의하면, 1975년 4월 6개 사단밖에 되지 않던 크메르 루주군은 중국으로부터의 원조에 의해 군사력이 급격히 팽창하여 지배권력을 확립했다고 한다.[38]

한편 1975년 이후부터 크메르 루주정권은 베트남측에 베트남전쟁 때부터 자국 동부지역에 있던 군대의 철수를 계속 요구했다. 베트남은 마지못해 군대를 캄보디아와 인접한 서쪽 국경지대로 옮겨 주둔시켰지만, 이로부터 양측 사이에는 끊임없이 충돌이 벌어졌다. 1977년 4월 30일에는 폴포트 군이 국경을 접하고 있는 베트남의 안 장(An Giang) 성에 대한 대규모 공격을 감행하는 일까지 일어났다.[39] 이런 와중에 1977년 6월 베트남은 라오스와 우호협력조약을 맺고, 캄보디아에도 동일한 요구를 했으나 캄보디아는 불가침조약을 고집하여 협상은 결렬되었다.[40] 하노이측은 베트남과 대등한 관계를 갖고자 하는 캄보디아가 못마땅했고, 캄보디아는 독립을 유지하고자 했던 것이다.

다른 한편 북쪽 중국과의 국경지대에서의 베트남과 중국의 충돌은 나날이 격화되었다. 베트남측 주장에 의하면 1978년 중국의 베트남 영토 침입에 따른 충돌이 1975년에 비해 10배 가까운 2,175건까지 늘었다.[41] 국경충돌이 잦아지는 가운데 베트남 내 화인 축출 문제까지 겹쳐 중국과 베트남

---

38) "Cam-pu-chia: sự phản bội"(캄보디아: 배반의 일), *Quân Đội Nhân Dân*, September 5, 1978. 古田元夫『ベトナムからみた中國』, 43면에서 재인용.

39) 후일 보 응우옌 지압은 이를 평해, "국경에서의 무력충돌을 우리나라에 대한 전면적인 침략전쟁으로 확대시켰다"고 했다. 「第六期ベトナム國會第五回會議えの政府報告」(上), 1979年 5月 28日, 『世界政治資料』, 1978年 7月(上), 5면.

40) Chen, *China's War with Vietnam, 1979*, 34면.

41) 『中國白書』, 105면. 중국측은 베트남의 중국영토 침입이 1978년에 1,108건이었다고 한다. 謝益顯『中國外交史: 中華人民共和國時期 1949~1979』, 492면.

의 긴장관계는 악화일로를 걸을 수밖에 없었다.

1978년 3월 24일 베트남 경찰, 군대, 붉은 완장을 찬 학생들이 쩌런(Cho Lon, 싸이공의 중국인 거주 지역)에 들어와 중국인 상점들을 샅샅이 뒤져 감춰둔 금과 달러를 가져가고 상품은 모두 국유화하여 판매금지령을 내렸다. 아이로니컬하게도 이러한 자본주의에 대한 전면 공격은 동시에 사회주의 중국과의 대결에서 첫번째 대대적인 공세이기도 했다.[42]

이와같은 상황하에서 화인들의 중국으로의 대대적인 탈출이 시작되어 1978년 7월 말에는 16만명을 넘었다. 이들은 북부 거주자들이었지만, 남부에서는 이른바 '보트 피플(boat people)'로 동남아시아 각국에 다다른 숫자가 1978년 첫 8개월 동안 이미 3만명에 달하고 연말에는 10만명에 이르렀다.[43] 중국은 베트남정부의 잔학성을 주장하고, 베트남은 부정하는 등 상호비방을 되풀이하였지만, 어느 쪽도 확실한 증거를 제시하지는 못했다. 그러나 북으로 탈출한 이들의 95퍼센트, 보트 피플의 85퍼센트가 화인들인 점을 감안하면, 화인이 베트남정부의 조직적인 반화인(反華人) 운동을 견디지 못해 고통에서 벗어나려고 했음은 분명해 보인다.[44]

중국은 베트남에 압력을 가하기 위해 1978년 7월 모든 경제원조를 중단하고, 베트남에 있는 자국 기술자들을 귀국하도록 했다. 그러나 베트남의 입장도 확고했으니, 그들로서는 잃을 것이 없었기 때문이다. 충성심이 의심스러울 뿐만 아니라, 그들의 경제력도 더이상 필요 없는 16만 화인들의 출국에 대해 관심을 가질 이유가 없었다. 더욱이 베트남정부는 화인 1인당 2,000달러 내지 3,000달러 또는 그에 상응하는 금을 받고 조직적으로 출국을 허용하여 상당한 이득을 얻을 수 있었다.[45]

---

42) Nayan Chanda, *Brother Enemy*, 231~33면.

43) Chang Pao-min, "The Sino-Vietnamese Dispute over the Ethnic Chinese," 207~208, 222면.

44) *FEER*, 22 December, 1978, 8~12면.

한편 중국 당국이 북부 국경을 봉쇄하자 나중에 탈주한 자들 대부분이 베트남 경비병들의 안내를 받아 산간통로를 이용함에 따라 중국 국경 안전 문제가 야기되었다. 이에 대한 대책으로 중국 수비대가 베트남측이 주장하는 국경 내로 임의로 들어와 때때로 순시하였기 때문에 그러지 않아도 긴장된 국경분쟁에 기름을 부은 격이 되어 앞서 본 바와 같이 많은 충돌사고로 이어졌다.

하노이정부는 중국 및 캄보디아와 갈등을 겪는 가운데 1978년 2월 아니면 늦어도 12월까지는 폴 포트 정권을 축출하기로 결정했다. 중국의 캄보디아에 대한 영향력 강화를 보고만 있을 수가 없었던 것이다. 12월은 건기가 시작되므로 공격하기에는 적기였다. 문제는 중국이 어떻게 나올 것인가였다. 당시 중국은 프놈펜정부에 군사원조를 늘려가고 있었을 뿐만 아니라, 6천명 가량의 군사고문들과 그보다 더 많은 수의 기술자들이 캄보디아에 파견되어 있었기 때문이다.[46] 하노이 당국은 여러가지 논의 끝에 베트남과 소련의 우호조약 및 중국 북쪽 국경지역의 소련군 증강 등을 고려하건대 중국이 캄보디아에 직접 개입하지 않을 것으로 판단하였다.[47] 그리고 폴 포트 정권에 반대하는 동부지역의 헹삼린(Heng Samrin)으로 12월 3일 캄보디아구국민족통일전선(Kampuchean National United Front for National Salvation)을 구성케 하여 연합전선을 폈다. 그리고 12월 25일 10만 이상의 병력과 이를 지원하는 상당수의 탱크를 동원, 전격적으로 폴 포트 정권을 공격하여 1979년 1월 7일 프놈펜을 함락했다.[48]

---

45) *FEER*, December 22, 1978, 9~10면.

46) Duiker, *China and Vietnam*, 80면.

47) *FEER*, December 22, 1978, 17면.

48) 캄보디아 외무부는 붕괴 직전 *Livre Noire*(Black Book)라는 책자를 발간하여, 캄보디아인들은 베트남에 대해 깊은 증오심을 가지고 있으며, 이는 베트남이 항상 캄보디아를 침략하여 병합하려는 야욕 때문이라고 주장했다. *FEER*, January 19, 1979, 19면. 한편 베트남 외교부 차관을 지낸 쩐 꽝 꺼(Tran Quang Co)는 뒷날 그의 회고록에서, 베트남은

중국의 베트남 침공

1979년 2월 17일 중국군대는 중국과 베트남의 국경을 넘어 베트남에 대한 대대적인 침공을 개시하였다. 3월 5일에는 홍 강 델타로의 통로인 국경도시 랑 썬을 점령하고는 바로 그날 철수를 선언하면서 퇴각을 시작함으로써 전쟁은 16일 만에 끝이 난 것이나 다름없었다. 전세계는 중국이, 그것도 사회주의국가인 베트남에 대해 무력을 행사한 것에 대해 놀라움을 금치 못했다.

중국은 전쟁의 공식적 명목을 '자위반격전쟁(自衛反擊戰爭)'이라고 했으나,[49] 실질적 목적은 베트남의 중국 국경에 대한 도발과 캄보디아 침입을 '징벌'하기 위함이라는 것을 분명히했다.

베트남의 캄보디아 공격 한달 전인 1978년 12월 13일 중국은 베트남에게 캄보디아에 대한 적대행위를 계속하는 경우 자신들의 인내에도 한계가 있다면서, "결과에 대해 책임을 져야 한다"고 경고했다.[50] 그러나 베트남뿐만 아니라 다른 나라들도 이 말이 중국의 베트남 침공으로 이어지리라고는 예상치 못했다.[51] 사실 프놈펜이 함락되기 하루 전에도 중국 부총리 덩 샤오핑은 중국의 즉각적인 무력개입을 배제한 채 캄보디아 침공은 소련팽창주의의 일환이며 소련과 베트남의 중국에 대한 위협이라고 했다.[52]

캄보디아 침공으로 인해 동남아시아 국가들은 물론 다른 나라들로부터도 거의 고립되었다고 했다. Tràn Quàng Cơ, "Hồi Ký Trần Quang Cơ"(전 꽝 꺼 회고록), 미발표 원고, 2008, 6면.

49) 베트남에서는 이를 '1979년 越中國境戰爭'(Chiến tranh biên giới Việt-Trung, 1979)이라고 한다.

50) *New York Times*, December 13, 1978. Duiker, *China and Vietnam*, 83면에서 재인용.

51) 하노이정부 역시 중국의 침공을 우려하면서도, 그것이 국경분쟁에 지나지 않을 것으로 믿었다. Kenny, "Vietnamese Perceptions of the 1979 War with China," 228면.

52) Chen, *China's War with Vietnam, 1979*, 37면 참조.

그렇지만 이때는 이미 그의 말과 달리 중국은 베트남 침공의 범위, 기간, 전략, 목적 등을 수립한 다음이었다.

거시적으로 보면, 중국과 베트남의 충돌은 언젠가는 있을 일로, 위의 사건들은 다만 촉매제 역할을 한 것일뿐이다 하겠다. 전근대시기와 다름없이 여전히 '대한민족대국주의(大漢民族大國主義)'를 추구하는 중국과[53] 이에 맞서 '고두(叩頭)'를 거부하는 베트남[54]의 충돌은 불가피할 수밖에 없었고, 그 결과가 1979년의 중월전쟁으로 나타난 것이다.[55] 다시 말하면, 이 전쟁은 이념에 앞서 민족주의가 중요한 요인으로 작용한 결과이다. 실제로 하노이정부도 "(중국의 침공은) 결코 갑작스런 변화가 아니고 지난 30년간 중국 지도부의 대민족확장주의(大民族擴張主義)와 대패권주의(大霸權主義) 전략의 필연적 발전이다"고 했다.[56]

1979년 3월 19일자 중국의 『인민일보』는 베트남 공격의 이유로 다음과 같은 네가지 1) 하노이정부가 동남아시아 내에서 추구하는 패권주의 야망 2) 중국 국경지대에서의 분쟁과 그에 따른 영토 침입 3) 베트남 내 화교에 대한 탄압 4) 동남아시아로의 영향을 확대하려는 소련과의 긴밀한 유대관계 등을 들고 있다.

그러나 베트남측은 중국의 침공 목적이 1) 베트남 국경의 여러 성들을 점령하는 것 2) 캄보디아에 있는 베트남군대의 일부를 북쪽 국경으로 이동시키려는 것 3) 베트남 경제 기초를 파괴하려는 것 4) 반혁명분자에 의한 내란을 조장하여 베트남 정치를 혼란케 하려는 것 등으로 보았다.[57]

---

53) 三尾忠志「大漢民族大國主義とベトナムの對應」, 三尾忠志 編『インドシナをめぐる國際關係——對決と對話』, 東京: 日本國際問題硏究所 1988, 229~67면.
54) 하노이 소재 국제관계연구소 선임연구원의 말. Kenny, "Vietnamese Perceptions of the 1979 War with China," 234면에서 재인용.
55) 이 전쟁은 베트남이 프랑스와 싸운 제1차 인도차이나전쟁 및 흔히 베트남전쟁으로 알려진 제2차 인도차이나전쟁과의 연속선상에서 제3차 인도차이나전쟁이라고도 한다.
56) 『中國白書』, 8면.

서방의 베트남 전문가들의 시각은 다르다. 후드(Hood)와 젠크스(Jencks)는 중국의 침공은 캄보디아에 있는 베트남의 군사력을 분산시키려는 것이라고 했다.[58] 이와 달리 로스(Ross)는 중국의 침공은 베트남의 캄보디아 침입에 대한 대응인 동시에 동남아시아로부터 중국을 포위하려는 소련에 대한 베트남의 협력 때문이라고 보았다.[59]

앞에서 자세히 설명했듯이, 큰 틀에서 보면 전쟁은 전통적인 중화적 세계질서를 추구하는 중국과 이에 맞서 대적하려는 베트남 양국의 이해가 상반되어 일어난 결과라고 할 수 있다. 마오 쩌둥은 맑스-레닌주의에 충실하면서도 중국의 역사적 유산을 그대로 물려받았다. 그는 1965년 이후 중소분쟁에서 베트남 공산주의자들이 자기 노선을 따르지 않는다고 분노했다.[60] 물론 중국이 예전처럼 베트남을 정치적으로 지배하려 하지는 않았지만 좀더 커다란 의미, 즉 중국이 도덕적으로나 이념적으로 우위라는 것을 인정하기 바랐다. 이는 전근대시기 종주국으로서의 중국과 종속국 베트남 관계의 현대판인 셈이다.

베트남인들 역시 현대에도 과거 중국의 지배와 침입을 잊지 않고 있다. 1946년 호찌민이 중국의 지배를 염려했다는 것은 이미 앞에서 언급했다. 그의 후계자인 하노이 지도자들도 위에서 보았듯이 마오주의란 대한민족(大漢民族) 쇼비니즘에서 비롯되어 대민족팽창주의와 대국패권주의로 변

---

57) "Cuộc chiến tranh xâm lược của bọn phản động Trung Quốc và thất bại thảm hại của chúng"(반동 중국의 침략전쟁과 그들의 처참한 패배), *Nhân Dân*, 1979년 4월 3일, 4일자 시평; 古田元夫『ベトナムからみた中國』, 57~58면. *Nhân Dân*은 '인민'이란 뜻으로, 베트남공산당 기관지이다.

58) Steven J. Hood, *Dragons Entangled: Indochina and China-Vietnam War*, Armonk, NY: M.E. Sharpe 1992, 50~57면; Harlan W. Jencks, "China's 'Punitive' War on Vietnam: A Military Assessment," *Asian Survey* 19-8 (August), 1979, 802~803면.

59) Ross, *The Indochina Tangle*, 240~46면.

60) Zhai Qiang, *China and the Vietnam Wars, 1950~1975*, 219~20면.

한 것일 뿐이라는 생각을 가지고 있어 중국과의 긴장관계, 더 나아가 충돌
은 불가피할 수밖에 없었다.

3. 중국의 '징벌' 침공 결정과정과 결과

덩 샤오핑(鄧小平)

그렇다면 과연 언제부터 중국은 베트남 '징벌'을 계획하였는가? 나얀
찬다(Nayan Chanda)는 전후 3년이 지난 다음 중국관리의 말을 인용하여
중국 지도부가 '오만하며 감사할 줄 모르는' 베트남에 대해 '징벌'을 결정
한 것은 1978년 7월이라고 했다.[61] 이와 달리 로손(Lawson)은 1964년부터
1974년까지 양국관계가 악화되기 시작한데다, 1975년 베트남통일 후 영토
문제와 국경충돌로 인한 긴장관계 등, 다시 말해 몇달이 아닌 몇년간의 문
제가 충돌을 야기했다고 보았다.[62]

최근에 장 샤오밍(Xiaoming Zhang)은 새로이 접하게 된 중국 문헌 등을
인용하여 자세히 침공계획 과정을 설명하고 있다.[63] 그에 의하면, 어느 한
회의에서 침공이 결정된 것이 아니라 여러차례 회의를 거치면서 서서히
베트남 침공 문제가 논의되었으며, 그러는 과정에서 전쟁의 범위도 국경
분쟁 정도에서 전면적인 공격으로 바뀌었다고 했다. 베트남 침공 문제가
직접 언급된 것은 1978년 9월이며, 12월 31일 중국공산당 정치국 회의에서

---

61) Nayan Chanda, *Brother Enemy*, 601면.
62) Eugene Lawson, "China's Vietnam War and its Consequences: A Comment," *China Quarterly* 88(December), 1981, 691면.
63) Zhang Xiaoming, "China's 1979 War with Vietnam," *China Quarterly* 184 (December), 2005, 856~60면.

덩 샤오핑의 제안에 의해 거의 결정적으로 되었다고 한다.[64]

그러나 덩 샤오핑은 그 이전에 이미 베트남 침공을 결심한 것으로 보인다. 1978년 11월 초 9일간에 걸친 타이, 말레이시아, 싱가포르 방문은 전쟁이 일어났을 때 이들이 중국에 대해 가질 두려움을 없애기 위함이었다. 1975년까지 중국은 인도네시아를 제외한 다른 아세안(ASEAN) 국가들과 외교관계를 맺었지만, 그 관계는 아직 냉담한 상태였다. 덩 샤오핑은 말레이시아 수상에게 말하기를, 중국이 말레이시아와 타이에서 활동하는 불법적인 공산주의자들을 돕고 있는 것은 자기네가 손을 떼는 경우 베트남과 소련이 대신 이들을 이용해 영향력을 확대하려 하기 때문이라고 했다.[65] 그의 말 자체는 별 설득력이 없었을지 모르지만, 그에 조금 앞선 11월 3일 소련과 베트남이 우호협력조약을 맺음으로써 뜻밖의 소득을 얻을 수 있었다. 이 조약은 25년간 당사국 중 어느 한편이 위협을 받을 경우 상호협의할 것을 규정한 사실상의 군사동맹이었다. 덩 샤오핑은 타이 수상에게 프놈펜이 베트남군에 함락될 가능성이 있으며, 그럴 경우 중국이 적절한 조치를 취할 것이라고 했다.[66] 타이 수상은 베트남이 캄보디아를 침공하여 타이 국경까지 오는 것을 우려하여 중국을 적극 지지하였고, 타이 영공을 통해 중국 무기를 캄보디아에 보내는 데 동의하였다.

덩 샤오핑이 베트남을 침공하려는 생각은 리 콴유(李光耀, Lee Kuan Yew) 싱가포르 수상을 만났을 때 훨씬 직설적으로 나타났다.[67] 덩 샤오핑은 베트남을 '왕바단'(王八蛋, wang ba dan, '쌍놈의 자식'이란 뜻)이라고 불렀다. 베

---

64) Zhang Xiaoming, "Deng Xiao Ping and China's Decision to go to War with Vietnam," *Journal of Cold War Studies* 12-3 (Summer), 2010, 19~20면.

65) Ross, *The Indochina Tangle*, 221면. *FEER*, January 19, 1979, 18면 참조.

66) Nayan Chanda, *Brother Enemy*, 325면.

67) 덩 샤오핑은 베트남전쟁 중 중국의 도움에도 불구하고 베트남이 보인 '불손한' 태도에 대해 1960년대부터 이미 불쾌한 감정을 가지고 있었다. Zhang Xiaoming, "Deng Xiao Ping and China's Decision to go to War with Vietnam," 12면.

트남이 캄보디아를 공격하면 중국은 무거운 댓가를 치르게 할 것이지만, 소련은 베트남에 대한 지원이 부담스러워 관여하지 않을 것이라고 했다.[68] 리 콴유 수상은 덩 샤오핑의 말에 별다른 반응을 보이지는 않았다. 그렇지만 그는 캄보디아구국민족통일전선이 구성된 직후인 12월 초 방콕을 방문하여 타이 수상과 함께 캄보디아구국민족통일전선에 반대하고 폴 포트 정권을 계속 캄보디아의 합법적 정부로 인정한다는 데 동의했다.[69] 결국 덩 샤오핑의 동남아 방문은 성공한 셈이다.

위에서 언급한 것처럼 1978년 12월 말일 현재 중국의 베트남 침공은 거의 결정되었지만, 군사작전 시기를 정하지 않은 것은 다음과 같은 몇가지 문제 때문이었다. 첫째는 소련이 중국 북변에서 보복공격을 할 것인가, 둘째 미국은 어떻게 나올 것이며, 세계 여론은 무엇이라고 할 것인가. 그리고 전쟁은 당시 중국이 추진하고 있는 경제근대화계획에 차질을 가져오지 않을까 하는 점 등이다.

덩 샤오핑을 비롯한 중국 수뇌부는 소련이 대규모 군사행동을 할 만한 병력을 중국 국경지대에 가지고 있지 않기 때문에 베트남에 대한 단기간의 전쟁에 개입하지 않을 것이라고 믿었다. 한편 1979년 1월 말에서 2월 초에 걸쳐 덩 샤오핑은 직접 미국을 방문하여 지지를 얻어내고자 했다.[70] 그는 이미 자신의 방문으로 미국과의 유대관계가 강화되고, 따라서 중국이

---

68) Lee Kuan Yew, *From Third World to First: The Singapore Story: 1965~2000*, New York: Harper Collins 2000, 595, 601면.

69) Ross, *The Indochina Tangle*, 222면.

70) Gerald Segal, *Defending China*, Oxford: Oxford University Press 1985, 213~14면; Zhang Xiaoming, "Deng Xiao Ping and China's Decision to go to War with Vietnam," 23~25면. 이에 앞서 중국은 카터 행정부가 1978년 12월 4일 공식 제안한 국교정상화를 12월 12일 받아들였다. 그리하여 12월 15일 양국 정부는 1979년 1월 1일자로 국교정상화를 한다고 발표했다. 중국측에서 국교정상화를 서두른 이유는 두가지로, 하나는 미국이 베트남을 소련으로부터 떼어놓기 위해 그에 접근할 가능성과 다른 하나는 베트남과 소련의 군사적 협력강화였다. Zhang Xiaoming, 같은 글, 13~14면.

베트남을 공격하더라도 미국이 비난하지 않으리라는 확신을 가진 듯하다. 덩 샤오핑은 미국 방문 중 카터 대통령에게 베트남 징벌의 정당성을 강력히 주장함으로써 베트남 공격은 이미 결정된 것으로 보였다. 그가 말하지 않은 것은 시기뿐이었다.[71] 귀국 도중 일본에 들러서 오히라(大平) 수상에게도 미국에서 한 말을 되풀이했다. 미국과 일본은 중국의 베트남 공격에 대해 협상을 통해 평화적으로 해결하도록 권하기는 했지만, 공개적으로 비난하지는 않았다.

중국의 베트남 공격이 결정된 것은, 덩 샤오핑이 미국과 일본에서 돌아온 이틀 뒤 1979년 2월 11일 정치국 확대회의에서였다. 덩 샤오핑은 베트남 공격의 이유를 분명히했고, 2월 17일로 공격일이 정해졌다.[72] 일자를 정하는 데에는 기후조건이 가장 중시되었다.[73] 실제로 938년 남한의 군대가 응오 꾸옌에 패한 원인의 하나도 우기를 고려하지 않은 무리한 공격 때문이었고, 베트남전쟁 때 역시 우기에는 폭격기의 출격이 어려웠다. 4월부터 북베트남에는 우기가 시작되어 전투하기에 어려움이 따를 것을 생각하지 않을 수 없었다. 한편 중국은 중소 국경지대의 아무르(Amur) 강과 우수리(Ussuri) 강이 결빙상태로 소련의 초기 공격이 용이할지 모르지만 4월부터는 해빙기에 들어가 더이상의 작전 전개에는 어려움이 있으리라 판단했다.

1979년 2월 17일 새벽 동이 트기 전 8만 5천 가량의 중국군대는 200여대 탱크의 지원을 받으며 국경의 26개 지점을 통해 베트남으로 물밀듯이 쳐들어갔다.[74] 이어 이들은 곧 베트남 국경지대의 성도(省都)들로 통하는 5

---

71) Zbigniew Brzezinski, *Power and Principle: Memoirs of the National Security Adviser, 1977~1981*, New York: Farrar·Straus·Giroux 1983, 408~14면; Trân Quang Cơ, "Hồi Ký Trần Quang Cơ," 5면.

72) Zhang Xiaoming, "China's 1979 War with Vietnam," 860면.

73) Jencks, "China's 'Punitive,'" 805면.

74) 후방지원군까지 합하면 당시 동원된 군사는 모두 30만을 넘었던 듯하다. Zhang Xiaoming, "China's 1979 War with Vietnam," 865면.

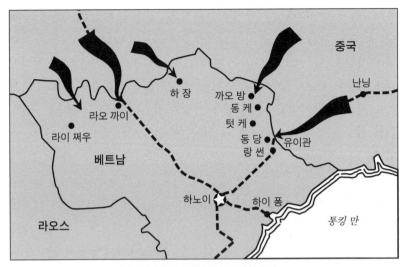

1979년 2월 17일 중국군의 공격로

개 주요 지점으로 집결하여 전초기지들을 파괴했다. 그러나 한국전쟁에서 위력을 발휘한 중국의 인해전술(人海戰術)은 실패하였다. 베트남군이 국경지역에 건설한 예상치 못한 복잡한 터널과 엄폐호들, 익숙하지 않은 산간지형에다 지역수비대와 민병대의 저항으로 중국은 수천명의 사상자를 냈다.[75] 중국은 사령관을 쉬 스유(許世友)에서 양 더지(楊得志)로 교체함으로써 암묵적으로 실패를 인정했다. 새 사령관은 전술을 바꾸어 포병과 기갑부대의 합동작전으로 서서히 보병을 진군시켜 격렬한 전투 끝에 라이 쩌우(Lai Chau), 라오 까이(Lao Cai), 하 장(Ha Giang) 및 까오 방 4개 성도를 점령할 수 있었다. 그럼에도 불구하고 양쪽 모두 공군력은 동원하지 않았다. 2월 27일 중국군이 탱크와 포대가 마지막 남은 국경지방 성도인 랑 썬

---

75) 베트남정부는 중국군이 통킹 델타로 공격해오는 경우를 위해 5개 정규사단을 대비시키고, 국경에서의 전투에는 정규군을 거의 투입하지 않았다.

에 대해 격렬한 포격을 가한 다음 내대적인 공격을 감행하여 3월 5일 오후 이를 완전히 장악했다. 몇시간 후 베이징정부는 중국군이 목적을 달성했다고 하고, 그날부터 철수하기 시작하여 16일 완전히 끝냄으로써 전쟁을 마감하였다.[76) 3월 19일 베트남 국방부는 전투가 자기네 승리로 끝났다는 성명서를 발표했다.

이처럼 전쟁은 단기간에 끝났지만 베트남 북변 도시들은 중국군에 의해 완전히 파괴되었다. 이 지역은 베트남전쟁 중에 중국 영토를 건드릴지 모른다는 우려 때문에 미 공군의 폭격을 면했던 곳들이다.[77) 역사의 운명이란 알 수 없는 일이다.

단기간의 전쟁에도 불구하고 양측의 사상자는 적지 않았다. 하노이 방송은 중국군 사상자 수가 4만 2천명이라고 한 반면, 중국측은 베트남군 사상자가 5만이며 자기네는 2만이라고 했다. 그러나 대부분의 서방 학자들은 킹 천(King C. Chen)의 통계에 따라 중국군과 베트남의 전사자는 각각 2만 6천명과 3만명이며, 부상자는 3만 7천명 대 3만 2천명이라는 데 별 이견이 없다.[78) 중국군의 사상자가 많이 난 것은 훈련이 부족한데다, 25년간 전투를 통해 쌓은 베트남군대에 대항하여 싸울 만한 현대전에 대한 준비가 안 되었기 때문이다. 그러나 중국 지도자들은 전쟁의 주도권이 처음부터 끝까지 자기들에게 있었던 만큼 사상자 수는 별로 중요하지 않으며 따라서 전쟁은 자기들의 승리라고 주장했다. 반면에 베트남측은 중국이 군사상 손실로 급히 후퇴하였고 자기들은 중국이 떠나기 용이하게 레드 카펫을 깔아주었을 뿐이라고 했다.[79)

---

76) 이상의 중국 침공 과정은 주로 Nayan Chanda, *Brother Enemy*, 356~57면에 의거.

77) 같은 책, 357면.

78) Chen, *China's War with Vietnam, 1979*, 113~14면; Zhang Xiaoming, "China's 1979 War with Vietnam," 866면.

중월전쟁의 결과

중국의 '징벌' 침공은 그들의 말대로 성공했는가 아니면 베트남이 주장하는 것처럼 실패했는가? 1980년대 서방 전문가들은 대체로 성공한 측은 중국이 아니라 베트남이라고 보는 편이었다. 예컨대, 시갈(Segal)에 따르면 중국이 사상자를 많이 내고, 캄보디아로부터 베트남군의 철병(撤兵)도 이끌어내지 못했을 뿐만 아니라, 무엇보다 중국의 명예에 지울 수 없는 손상을 입혔기에 침공은 실패라는 주장이다.[80] 나얀 찬다(Nayan Chanda)는 중국 침공이 베트남에 커다란 경제적·군사적 부담을 안겨주었지만 얻는 것은 별로 없었다고 했다. 그러면서 전후에 양국 변방지방을 방문하여 비참한 광경을 보며 어느 쪽도 이기지 못한 전쟁이라는 결론을 내렸다.[81] 킹 천 역시 중국과 베트남 모두 서로 자기네가 승리했다고 주장하지만, 특히 중국은 별다른 목적도 달성하지 못했다고 했다.[82]

그러나 1990년대에 들어오면 전쟁을 보는 시각이 달라진다. 한 예로, 길크스(Gilks)는 비록 중국의 베트남 침공이 처음 의도한 대로 베트남에 즉각적인 충격은 가하지 못했지만, 장기적 소모전이라는 중국의 전략면에서 볼 때 전쟁은 매우 성공적이었다고 결론지었다. 즉 베트남이 국경지대에 대규모 군사력을 배치함으로써 베트남에게 커다란 군사적 부담을 주었다는 것이다.[83] 최근에 와서 장 샤오밍도 중국의 침공은 목적을 달성했다고 했다.[84] 중국이 전투에서 많은 결함을 보인 것은 사실이지만, 처음부

---

79) Kenny, "Vietnamese Perceptions of the 1979 War with China," 232면.
80) Segal, *Defending China*, 211, 226~27면.
81) Nayan Chanda, *Brother Enemy*, 361면.
82) Chen, *China's War with Vietnam, 1979*, 114~17면.
83) Gilks, *The Breakdown of the Sino-Vietnamese Alliance, 1970~1979*, 233면.
84) Zhang Xiaoming, "China's 1979 War with Vietnam," 867~68면.

터 끝까지 주도권을 쥐고 있었다는 것이다. 그들은 대대적인 공격을 감행함으로써 베트남에 충격을 주었을 뿐만 아니라 재빨리 후퇴함으로써 전쟁의 수렁에 빠지지도 않았다고 했다. 또 소련이 베트남을 후원하지 않으리라는 예측이 적중한 점 역시 성공적이었다는 평가를 하고 있다. 한편 미국은 베트남의 캄보디아 침공과 중국의 베트남 침공 모두를 비난했다. 그러나 이는 말뿐이고 실제로는 소련의 동남아시아에 대한 영향을 저지한 중국에 동조적이었다.[85] 결과론적이기는 하지만 무엇보다 중요한 것은 전쟁으로 인해 베트남이 출혈을 하게 되었다는 점이다. 서쪽에서는 캄보디아에서 전쟁을 하고 북쪽에서는 중국과 싸워야 하는 양면 전쟁으로 인해 베트남은 어느 때보다도 심한 경제적 파탄을 면할 수 없었다. 중국 지도부는 베트남이 캄보디아에서 즉각 물러나리라고는 생각하지 않았는지 모르나, 결국 베트남은 1989년 9월 캄보디아에서 완전히 철수했다.

위와 같은 양국의 상반된 평가를 어떻게 보아야 할 것인가? 단기적으로 보면, 중국의 침공은 실패였음에 틀림없다. 우선 16일간의 전투에 2만 6천 명의 사상자를 냈다는 것은 중국측에 문제가 있었음을 부정하기 어렵다. 중국은 베트남군의 전투력을 과소평가했고, 변방 산간 지형에 대한 지식도 없었다. 게다가 부대와 부대끼리 통신이 제대로 안되고 병참보급도 끊겨 병사들의 이동에 어려움이 많았다. 이는 전쟁이 끝난 후 중국군 일부에서 급속한 군의 근대화를 주장하는 결과를 가져왔다. 다음은 20만에 달하는 베트남군이 캄보디아에서 전혀 철수하지 않고 그후 10년 동안이나 머물렀다는 점을 들 수 있다. 중국의 침공 당시 캄보디아를 방문 중이던 베트

---

85) 전쟁 발발 초기 미국은 정찰위성을 통해 베트남군의 움직임을 파악하려 했으나 구름이 많아 할 수 없었지만, 중소국경지대 소련군의 동태는 은밀히 중국에 알려주었다고 한다. 미국은 전쟁을 계기로 소련이 깜 라인(Cam Ranh) 만에 해군기지를 건설할 가능성을 우려해 중국을 암묵적으로 도왔다는 보도도 있다. Nayan Chanda, *Brother Enemy*, 360면; *New York Times*, February 25, 1979.

남 수상 팜 반 동은 아무 일도 없는 듯 귀국조차 하지 않고 예정한 일정대로 업무를 보았다.[86] 셋째, 중국의 침공 직후 세계여론은 중국에 대해 부정적이었으며, 특히 평소 중국의 팽창에 두려움을 갖고 있던 동남아시아의 인도네시아와 말레이시아를 긴장케 했다. 끝으로 중요한 것은, 앞서도 언급했듯이 중국 같은 대국이 베트남이란 소국에게 군사적 패배를 당함으로써 '종이호랑이'의 이미지를 벗지 못한, 국가적 명예의 추락이다.

그러나 중국이 침공으로 모두 잃은 것만은 아니다. 장 샤오밍의 말처럼, 중국은 자신들의 의도대로 전쟁의 주도권을 쥐고 제한된 공간과 기간 내에 이를 수행했다. 베트남은 중국의 의도를 잘못 이해하여, 이번 침공이 전통적 중화주의에 의한 베트남 재지배의 전초전이라고 보았다. 그리하여 중국이 후퇴를 선언한 다음에도 베트남정부는 전국민을 비상체제로 돌입하게 함으로써 막대한 정신적·물질적 부담을 안겨주었다.[87] 그런가 하면 중국은 비록 국경분쟁을 해결하지는 못했지만, 전후에 때때로 군사적 압력을 가함으로써 전략상 주도권을 놓치지 않았다.[88]

한편 베트남 침공에도 불구하고 미국을 끌어들여 폴 포트 정권을 지지하게 한 점 역시 중국의 외교적 승리로 보아야 할 것이다. 반면에 중국의 베트남 침공시 개입하지 않은 소련은 베트남에게 믿을 만한 우방이 아님이 입증되었다.[89] 그리하여 베트남은 강대국에 의존할 바가 아니라는 것을 깨달았으나[90] 중국과의 불편한 관계로 인해 1991년 소련 붕괴 때까지는

---

86) Nayan Chanda, *Brother Enemy*, 361면.

87) Kenny, "Vietnamese Perceptions of the 1979 War with China," 234~35면; Nayan Chanda, *Brother Enemy*, 360면.

88) 1980년대 중국과 베트남 사이에 주요 국경충돌만 해도 6차례 있었다고 한다. Zhang Xiaoming, "China's 1979 War with Vietnam," 867면, n. 78.

89) 소련측은, 중국은 침공으로부터 일어나는 모든 결과에 대해 책임을 져야 한다고 하면서도 어떤 보복조치를 취할 것인가에 대하여는 구체적으로 언급하지 않았다. *New York Times*, February 19, 1979.

소련과 긴밀한 관계를 유지했다.

결론적으로 말하면, 중국의 1979년 2월 베트남 침공은 승자도 패자도 없는 전쟁이 아니었는가 한다. 양국의 분쟁이 특별히 어느 쪽으로 유리하게 작용한 것은 아무것도 없다. 그러나 양자는 전쟁의 승패를 떠나 언제까지 대립할 수만 없었다. 베트남은 전쟁을 통해 중국의 전통적 중화주의를 재삼 인식하면서 앞으로도 계속될 위협에 어떻게 공존할 것인가 생각하며 타협점을 찾지 않으면 안된다는 교훈을 얻었다.[91] 더욱이 1980년대 중반 이후 중소관계가 우호적으로 변해가고 동유럽 사회주의국가들이 몰락하면서, 베트남은 중국에 대한 외교정책을 재검토하지 않을 수 없었다. 중국은 베트남과 관계가 좋지 않으면 다른 동남아시아 국가들과의 긴장이 계속될 것을 우려했다.

---

90) Kenny, "Vietnamese Perceptions of the 1979 War with China," 236면.
91) 같은 곳.

제7장 베트남과 중국의 관계 변화

1. 중월전쟁 이후 양국관계

악화된 양국관계

1979년 3월 중국군이 철수한 후 양국관계는 극도로 악화되어 언어전쟁으로 나타났다. 베트남정부는 『중국백서』를 발표하여, 앞에서 본 바와 같이 중국은 역사적인 침략자인 동시에 베트남의 통일을 일관되게 방해했다고 비난했다. 베트남 언론들도 중국이 베트남에 있는 화교들로 하여금 간첩활동을 시키는 동시에 베트남 경제를 파괴하도록 조종한다는 주장을 하였다.[1] 이에 대하여 중국은 중국의 원조와 우호가 최고조에 달했을 때조차 베트남이 역사상 반중국저항운동의 영웅들을 계속 찬미했다는 식으로 반론을 폈다.[2]

---

1) Lew M. Stern, "The Overseas Chinese in the Socialist Republic of Vietnam, 1979~82," *Asian Survey* 25-5 (May), 1985, 528~29면.
2) 國際問題硏究編輯部 編 「中越關係の眞相」, 『北京周報』(日本語版), 10月 31日 호. 岡部達味,

이로부터 1980년대 10년간 베트남과 중국의 관계는 지난날에 비추어보면 비정상적인 시기였다고 할 수 있다. 이 시기 중국의 베트남에 대한 정책은 상당히 적대적인 편이었다. 중국은 정책상 베트남과 단순한 의견차이가 있는 것만이 아니고, 하노이정권 자체를 철저히 부정하여 내부에서 봉기가 일어나면 이를 지지한다고 할 정도였다. 국제적으로는, 유엔의 상임이사국 자리를 이용하여 베트남의 '보트 피플' 발생과 캄보디아 점령을 비난하는가 하면, 미국과 손을 잡고 크메르 루주의 유엔 의석을 보장하였다.[3]

베트남에 반대하는 중국과 미국의 공동보조는 1980년대에 계속 유지되었다. 당시 중국이 베트남에 대해 얼마나 적대적이었는가는, 양국관계를 정상화하자는 1982년 브레즈네프의 제안에 대한 중국의 견해에서 잘 알 수 있다. 중국은 이때 소련의 제안에 대해 세가지 장애요인을 들었는데, 그중 하나가 소련이 베트남을 설득해 캄보디아에 주둔 중인 베트남군을 철수시키라는 것이었다. 다른 두가지는 소련군의 아프가니스탄 점령과 중소 국경에서 소련군의 철수문제였다.[4] 이후 7차에 걸쳐 중소회담이 열렸으나 소련의 베트남 지지에는 변함이 없었다. 소련은 베트남 기지가 갖는 전략적 중요성을 포기하고 싶지 않았던 것 같다. 소련은 1979년 전쟁 때 무력으로 베트남을 돕지는 않았지만 베트남 영해에 해군력을 증강시켰고, 1979년 3월 말에는 소련 함대, 5월에는 잠수함까지 깜 라인(Cam Ranh) 만에 들

「ベトナムの苦惱·對中關係」, 西原正, ジェームスW. モリ 編『對頭するベトナム』, 東京: 中央公論社 1996, 142면에서 재인용.

3) Womack, *China and Vietnam*, 200~201면. 시아누크(Sihanouk)파, 전 총리인 우익의 손 산(Son Sann) 세력 및 크메르 루주의 3파로 구성된 민주캄푸치아연합정부(Coalition Government of Democratic Kampuchea, CGDK)가 1982년 6월 성립된 후 유엔에 가입했다.

4) 첸치천(錢其琛) 지음, 유상철 옮김『열 가지 외교이야기』, 서울: 랜덤하우스중앙 2004, 16면; Nayan Chanda, *Brother Enemy*, 399면.

어갔다.[5] 그로부터 깜 라인 만은 해외에 있는 소련의 최대 해군기지로 바뀌고 남중국해로 진출하는 전진기지가 되었다. 이러한 '장애'에도 불구하고 중소의 경제적·문화적 관계 등에는 상당한 진전이 있었다. 1986년에는 양국 외무부 장관이 각각 상대국을 방문할 예정이기도 했다.[6]

물론 중국의 소련에 대한 불신이 사라진 것은 아니었다. 그럼에도 불구하고 1985년 초 덩 샤오핑은 어느 유럽 지도자에게 베트남이 캄보디아로부터 철수한다면 소련의 깜 라인 만 기지에 대해서 반대하지 않는다고 했다.[7] 소련과의 관계개선이 경제적으로 이득일 뿐만 아니라 베트남에 대해 심리적인 압박을 가할 수 있다는 속셈이 있었던 것 같다. 그러는 한편 중국은 타이의 협력을 얻어 캄보디아 내부에서 크메르 루주의 게릴라 활동을 군사적으로 계속 지원하였다. 캄보디아에 주둔한 약 20만 베트남군은 크메르 루주에 대항하는 헹 삼린 정권을 보호하기 위한 수비대로서만이 아니라 타이 침공을 위한 발판이 될 수 있는 잠재적 존재이기도 했다.[8] 따라서 중국이 캄보디아문제에 집착한 이유는, 만일 친베트남계가 완전히 세력을 장악하여 인도차이나에 대한 베트남의 주도권이 공고히 된다면 이 지역에 대한 중국의 영향력에 치명타가 될 것이기 때문이었다.

양국의 협상

상호적대적이었던 만큼 중국과 베트남의 직접적 관계는 지극히 제한되어 있었다. 1979년 2월 전쟁 전날인 2월 16일 중국은 양국 대표가 신속히

5) Edgar O'Ballance, *The Wars in Vietnam, 1954~1980*, New Enlarged Edition, New York: Hippocrene Books, Inc. 1981, 226면.
6) Nayan Chanda, *Brother Enemy*, 400면.
7) 같은 곳.
8) O'Ballance, *The Wars in Vietnam, 1954~1980*, 226면.

만나 변경지구의 평화와 안녕을 회복하게 협의하는 동시에 국경과 영토 문제의 쟁점들을 논의하자고 제안했다. 4월부터 1980년 3월까지 하노이와 베이징에서 외교부 부부장 회담이 몇차례 열렸으나 의견차이가 심했다.[9] 베트남측은 무력충돌과 국경지대에서의 긴장완화 문제에만 논의를 제한하자고 했다. 반면에 중국은 그 문제들을 논의하는 데 동의하면서도 아울러 베트남군의 캄보디아와 라오스 주둔과 베트남 내 화교 상황 및 양국의 영토문제도 포함시키기를 원했다. 특히 중국은 회담 재개를 통해 공개적으로 캄보디아의 베트남군대 철수를 요구함으로써 베트남을 고립시키려는 것이 중요한 의도였다고 하겠다. 1979년 말 덩 샤오핑은 일본 수상 오히라에게 일본이나 다른 나라들이 캄보디아의 베트남군 철수에 열성적이지 않다고 불만을 토로하면서도, 다른 한편 중국은 베트남군이 캄보디아에 있도록 하는 것이 유리하다는 생각이라고 했다. 왜냐하면 베트남이 캄보디아에 더 오래 머무를수록 더 많은 곤란을 겪을 것이고, 또 타이나 말레이시아 및 싱가포르로 세력을 뻗칠 수가 없기 때문이라는 것이다.[10]

따라서 베트남과 중국의 회담에도 불구하고 양국관계는 80년대 대부분 긴장상태가 지속되었다. 특히 긴장관계가 두드러진 것은 양국이 많은 군대를 주둔시키고 있는 국경지방이었다. 상호 군대의 침입에 대하여 비방을 일삼고 일부 변경지방에서는 포격이 일상생활처럼 되어버렸다.[11] 중국의 군사행동 증가는 베트남의 캄보디아 공격과 관련이 있었던 것 같다.

---

9) "Correct Approach for Solving Sino-Vietnamese Disputes," *Beijing Review* 18, May 4, 1979, 18~19, 28면; "Speech by Han Nianlong, Head of Chinese Government Delegation," *Beijing Review* 18, May 4, 1979, 10~17면; Ramses Amer, "Sino-Vietnamese Normalization in the Light of the Crisis of the Late 1970s," *Pacific Affairs* 67-3 (Autumn), 1994, 363~64면.

10) Nayan Chanda, *Brother Enemy*, 379면.

11) Chang Pao-min, *The Sino-Vietnamese Territorial Dispute*, New York: Praeger Publishers 1986, 70~81면.

1987년 8월까지 국경을 따라 6차례(1980년 7월, 1981년 5월, 1983년 4월, 1985년 6월, 1986년 12월~1987년 1월)의 큰 충돌이 있었다.[12] 1988년 3월에는 양국의 긴장관계가 스프래틀리 군도에서도 발생하여 마침내는 무력충돌로 이어져 3월에 베트남 함정 두척이 침몰하고 선원 77명이 목숨을 잃었는가 하면 중국은 베트남에게서 일부 섬을 빼앗았다.[13] 충돌에 앞서 1월 중국 군함이 스프래틀리 군도에 들어가자 베트남측은 '침입'이라고 비난하며 도발적 행위가 가져올 결과에 대해 책임을 져야 한다고 했다. 충돌 후 하노이에는 전쟁이 다시 발발할지 모른다는 긴장감이 감돌았다.

외교면에서는 1985년에 이르러 중국은 약간 태도를 완화하는 경향을 보였다. 그 예로 그해 9월 2일 베트남의 40주년 건국기념일을 맞아 중국 주석 리 셴녠(李先念)이 베트남 주석에게 축하전문을 보내고, 또 베트남 대표단이 광저우 무역박람회에도 참석한 사실을 들 수 있다. 이렇게 관리들이 접촉하고 국경일 같은 특별한 경우 축하 전문이 오고가기는 했지만, 국경지방에서의 충돌은 여전히 산발적으로 발생했다.[14] 그러나 1988년 후반에 이르자 접경지대의 긴장도 점차 줄어들었고, 그해 말에는 변경무역이 재개되었다. 또한 국경 양쪽에 살고 있는 소수민족들은 서로 방문할 수 있게 되었다.[15]

1980년대 10년간 계속된 중국의 적대적 방침과는 달리, 베트남의 정책

---

12) Chang Pao-min, 같은 책, 5~20면.

13) *FEER*, March 17, 1988, 23~24면 및 May 5, 1988, 24면; 郭明 編『中越關系演變40年』, 196면; Henry J. Kenny, *Shadow of the Dragon: Vietnam's Continuing Struggle with China and its Implications for U.S. Foreign Policy*, Washington D.C.: Brassy's 2002, 66~67면.

14) Ramses Amer, "Sino-Vietnamese Relations and Southeast Asian Security," *Contemporary Southeast Asia* 14-4 (March), 1993, 321면; Womack, *China and Vietnam*, 207면.

15) Amer, "Sino-Vietnamese Relations and Southeast Asian Security," 321면; Brantly Womack, "Sino-Vietnamese Border Trade: The Edge of Normalization," *Asian Survey* 34-6 (June), 1994, 499면.

은 1985년을 전후해서 두 시기로 나누어볼 수 있다. 1985년 이전에는 중국과 마찬가지로 적대적 태도를 견지한 데 반해, 그후에는 중국과의 관계를 개선하려는 노력이 보였다.

1979년 2월 중국의 침공 이후 하노이의 출판물들, 특히 당기관지들은 마오 쩌둥주의를 '사회쇼비니즘', 즉 '사회주의의 옷을 입힌 쇼비니즘'이라고 극렬히 비난했다.[16] 이러한 비난은 1981, 1982년에 절정에 달했다. 1981년 6월 당서기장 레 주언은 국회 연설에서 단정적으로 말하기를, "베이징정권 내부 반동집단은 (⋯) 우리 인민에게 직접적으로 위험한 적이다"라고 했다.[17] 1982년 2월 1979년 2월 중월전쟁 전승 3주년 기념논문에서 국가평의회 의장 쯔엉 찐 역시 "오늘날 우리 인민에게 직접적으로 위험한 적은 중국정권 내부에서 마오 쩌둥주의를 따르는 반동집단이며, 베트남혁명과 세계혁명의 근본적이며 장기적인 적은 미국을 선두로 하는 제국주의라는 것을 분명히 인식할 것"을 국민들에게 요구하고 있다.[18]

앞에서 언급했듯이 브레즈네프가 중국에 관계개선을 요청한 것은 이무렵이다. 그는 이에 앞서 1981년 9월 크리미아(Crimea)에서 개최된 인도차이나 3국과의 수뇌회담에서 이를 알리면서, 캄보디아문제 해결을 위해 3국이 아세안 국가들과 선린관계를 갖도록 요청했다고 한다. 회담 후 브레즈네프는 특히 동유럽 국가들의 도움을 받아 중국과의 관계개선을 베트남에 설득하려 했으나 1985년 고르바초프(Mikhail Gorbachev)가 등장할 때까

---

16) Nguyễn Đức Bình, "Thực chất phản động của chủ nghĩa Mao"(마오이즘의 반동적 실체), *Tạp Chí Công Sản*, No. 11 (November), 1979, 33~34, 36면. 이하는 三尾忠志 「大漢民族大國主義とベトナムの對應」, 255~56면에 의거했음.

17) Lê Duẩn, "Tất cả vì tổ quốc xã hội chủ nghĩa, vì hạnh phúc của nhân dân!"(사회주의 조국과 인민의 행복을 위한 모든 것), *Nhân Dân*, June 26, 1981.

18) Trường Chinh, "Nhân dân Việt Nam kiên quyết đánh bại mỗi mưu mô xâm lược của chủ nghĩa bành trướng và chủ nghĩa bá quyền Trung-quốc"(베트남 인민은 중국의 팽창주의와 패권주의의 침략 음모를 확실히 격퇴시켜야 한다), *Nhân Dân*, February 17, 1982.

지 해결을 보지 못했다. 당시 베트남은 중국을 항상 '중국팽창주의·패권주의자'로 부르는 데 반해, 소련은 이 말을 사용하지 않은 것이 주원인이었다.[19] 베트남이 1979년 2월의 중국침략에 대한 악감정에서 벗어나지 못했기 때문일 것이다.

사실 당시 베트남은 중국군의 제2차 '징벌' 행동에 대비하도록 전체 당원과 군대 및 인민들에게 호소하고 있던 중이었다. 중국이 재차 침공할 것에 대비해 무력증강에 노력했는데, 여기에는 소련의 도움이 컸다. 이러한 무력증강 덕분에 1984년 건기에 행한 대대적인 캄보디아 공격에도 불구하고 중국의 제2차 침입은 없었다. 1984년 캄보디아에 대한 대대적인 침공 성공에 만족한 듯 베트남은 중국과 관계를 개선하려는 소련의 노력에 더이상 부정적이지 않았다.

이와같은 사실은 다음 몇가지 실례로 입증된다.[20] 첫째, 1985년에 들어서 중국에 대한 공개적인 비난이 크게 누그려져, 베트남 지도부나 관영언론에서 '중국팽창주의'니 '패권주의'니 하는 언어를 거의 사용하지 않았다. 둘째, 중국군의 월경사건이나 영토포격에 대한 기사가 줄어들고, 1986년 말 응우옌 반 린(Nguyen Van Linh)이 당서기장으로 취임한 후부터는 국경지방에서의 군사적 충돌에 관한 기사가 점차 줄다가 1987년 말 이후에는 완전히 없어졌다. 셋째로 무엇보다 주목해야 할 사실은 캄보디아문제의 정치적 해결에 대한 베트남의 자세가 갑자기 유연해졌다는 점이다.

베트남이 캄보디아문제에 대해 유연해진 것은 대내외적인 요인이 작용한 것으로 생각된다. 1985년 베트남은 캄보디아에서 확고한 지위를 확립

19) 三尾忠志「ソ·越 關係——同盟關係下の不協和音」, 三尾忠志 編『インドシナをめぐる國際關係——對決と對話』, 東京: 日本國際問題研究所 1988, 156면.

20) Mio Tadashi, "The Transitions and Prospects of Sino-Vietnamese Relations," in Mio Tadashi, ed., *Indochina in Transition: Confrontation or Co-prosperity*, Tokyo: Japan Institute of International Affairs 1989, 144~45면.

했지만, 당시 경제력으로는 20만명에 달하는 군대의 군비를 감당하기가 어려웠고, 이는 그렇지 않아도 전후(戰後) 곤경에 처한 국내 경제에 상당히 부정적 영향을 끼쳤다. 그뿐만 아니라 동구권을 제외한 모든 나라들, 특히 동남아시아 국가들부터 소외되었다. 더욱이 소련은 베트남의 캄보디아 점령 문제와 베트남 지원비용에 관해 점점 더 부담을 느끼고 있었다. 이리하여 베트남은 캄보디아 점령을 다른 방법으로 해결하는 길을 모색할 수밖에 없는 상황이었다.

베트남군의 캄보디아 철수

위와 같은 상황에서, 1985년 8월 프놈펜에서 개최된 인도차이나 3국 외무부 장관 회의에서 베트남은 다음과 같은 성명을 발표하게 되지 않았나 생각된다. 즉 1990년까지 캄보디아에서 베트남군을 철수하겠다는 것이다. 이전에는 중국의 위협이 없다면 철수를 고려하겠다고 했는데, 그와 비교하면 일방적인 철수 선언은 베트남 정책의 커다란 변화임에 틀림없다.[21] 물론 여기에는 철수로 인해 캄보디아의 안전에 문제가 있으면 재고하겠다는 단서가 붙었다.

베트남이 철수를 선언하게 된 데에는 중국과의 협상이 힘든 상황에서 우선 동남아시아 국가들이나 미국과의 관계개선에 목적이 있었던 같다. 당시 베트남 지도부는 국내 사정을 고려하여 동남아시아 지역 및 여타 세계 각국과의 경제교류를 가장 우선시하고 있었다.[22] 사실상 미국과 동남아시아 국가들은 이전부터 베트남과의 정상적 관계회복의 전제조건으로 베트남의 캄보디아 철수를 들었다. 따라서 베트남측은 철수를 선언함으로써

---

21) Womack, *China and Vietnam*, 204~205면.

22) Gareth Porter, "The Transition of Vietnam's World View," *Contemporary Southeast Asia* 12-1 (June), 1990, 5~8면.

이들에게 외교적인 개방의 뜻이 있음을 보여주려 한 것이다.

1985년이면 베트남이 캄보디아를 완전히 장악하고 있었으므로 미국과 중국 및 동남아시아 국가들은 처음에는 모두 베트남의 제안을 무시하고 무성의하다고 비웃기까지 했다. 여기에 물꼬를 튼 것은 시아누크 국왕이 1987년 12월 친베트남 정권인 캄보디아인민공화국(People's Republic of Kampuchea)의 훈센(Hun Sen) 총리를 만난 것이었다.[23] 그 결과 캄보디아인민공화국이 민주캄푸치아연합정부와 타협을 하기로 했다.

1988년 7월 자카르타에서 캄보디아 네 당파의 수뇌, 즉 캄보디아인민공화국의 훈센과 민주캄푸치아연합정부의 3파인 크메르 루주, 시아누크 및 손산이 첫 비공식모임을 가졌다. 처음에는 별 진척이 없었으나, 유엔이 개입하면서 1991년에는 합의점에 이르렀다. 한편 1989년 4월 베트남은 캄보디아에 남아 있는 모든 군대를 9월 말까지 철수하겠다고 공식발표했다. 여기에는 중국과 국교정상화를 위해 소련이 압력을 가한 것과 베트남 국내 경제의 어려움 및 캄보디아인민공화국의 자체 방어능력 증강 등이 작용했다고 생각된다.[24]

베트남의 철군 발표로 1989년 7월 빠리에서 국제회의가 개최될 수 있었다. 크메르 루주를 참가시킬 것인가의 여부를 놓고 논란이 일다가, 1990년 9월 회담에서 참가시키기로 합의를 보고 최고국민평의회가 결성되었다. 이는 8월 5개국 유엔 상임이사국이 제시한 안을 받아들인 것이다.[25] 베트남은 캄보디아문제로 인한 국제적 고립 상태를 벗어났다는 점에서 명분보다는 실리를 택했다고 할 수 있다. 이러한 실리 위주의 해결방법은 역사적

---

23) Womack, *China and Vietnam*, 205~206면.

24) Amer, "Sino-Vietnamese Normalization in the Light of the Crisis of the Late 1970s," 378면.

25) 첸치천 지음, 유상철 옮김 『열 가지 외교이야기』, 71면; 郭明 編 『中越關系演變40年』, 190~91면.

으로 중국과의 관계에서 항상 있었다. 캄보디아 당파들 간의 합의와 그에 따른 1991년 캄보디아에 관한 빠리협정의 서명은 베트남과 중국의 관계정 상화에 길을 열어주었다.

2. 양국의 외교정상화

양국 정상회담

1991년 캄보디아에 관한 빠리협정의 서명에도 불구하고 베트남과 중국 의 관계정상화 과정이 쉽지는 않았다. 우선 앞서 말한 1988년 스프래틀리 군도에서의 충돌이 문제가 되었다. 이때 베트남 언론은 중국의 팽창주의 를 비난하면서도 영토분쟁은 무력이 아니라 협상에 의해 해결되어야 한다 고 하며 사태를 악화시키려는 경향을 보이지 않았다.[26] 그러나 이보다도 외교상의 논란이 더욱 심각했다. 중국은 시아누크 국왕의 제안을 받아들 여 크메르 루주를 포함한 4당파의 임시연합정부를 주장했는데, 1989년 8 월 베트남 외교부장 응우옌 꼬 타익(Nguyen Co Thach)은 중국 외교부 부부 장 류 수칭(劉述卿)을 만나 반대의사를 분명히 했다.[27]

응우옌 꼬 타익의 태도에 대해 중국 군부가 불만을 토로하면서 베트남 은 좀더 타협적이어야 하고 아울러 반중국적 입장을 완화해야 한다는 주 장을 폈다. 1990년 1월 베트남 외교부 부부장이 베이징을 방문하여 캄보디 아문제 해결에 어느정도 길을 열어놓았다. 이와 거의 때를 같이하여 중국 사회과학원 대표단이 호찌민 주석의 탄생 백주년 기념 국제회의 참가차

---

26) Mio Tadashi, "The Transitions and Prospects of Sino-Vietnamese Relations," 145면; 古田元夫「ベトナム──國際的對立から善隣關係へ」,『季刊中國研究』24, 1992, 35면.

27) Womack, *China and Vietnam*, 207면.

하노이에 왔다. 이 기회를 이용하여 당서기장 응우옌 반 린이 베트남혁명의 성공은 소련과 중국 모두의 도움 때문이라고 했음은 주목할 만하다.[28] 그러나 응우옌 꼬 타익이 1990년 6월 하노이를 방문한 중국 외교부 부부장 쉬 둔신(徐敦信)에게 종전의 주장을 되풀이함으로써 관계개선에 대한 전망은 다시 어두워졌다.

마침 미국이 1990년 7월 그때까지의 크메르 루주에 대한 지지정책을 바꾸어 캄보디아문제 해결을 위해 베트남과 접촉하겠다고 했다. 이제 크메르 루주에 대한 유일한 지지자가 된 중국은 1979년 이래 일관되게 고집해온 입장을 재고하지 않을 수 없었다. 1990년 9월 쓰촨 성 청두에서 베트남과 중국의 정상회담이 비밀리에 마련되었다.

회담이 이루어질 수 있었던 것은 캄보디아문제뿐만 아니라 1989년의 톈안먼(天安門)사태와 동유럽 사회주의체제의 붕괴에 따른 세계적 사회주의 위기도 어느정도 관련이 있었다. 이러한 상황하에서 베트남이 중국을 포함한 사회주의국가들과 관계를 강화해야 한다는 생각을 하게 되었다고 봐도 무리가 아닐 것이다. 사실 응우옌 반 린 당서기장은 1990년 6월 꾸바 관영통신과의 인터뷰에서 다음과 같이 말했다.[29]

현재의 국제정세하에서 제3세계 민족들은 다시금 긴밀히 단결하고 세계의 다른 혁명적 진보세력과 결합하여 민족주권을 방위하고 제국주의에의 다방면에 걸친 예속에 반대하며 투쟁하지 않으면 안된다. (…) 공산주의자로서 우리들은 모든 수단을 동원하여 우리 국토, 사회주의 조국, 베트남공산당을 지키지 않으면 안될 뿐만 아니라 세계 민족운동, 특히 중국·꾸바·북

---

28) Carlyle A. Thayer, "Sino-Vietnamese Relations: The Interplay and National Interest," *Asian Survey* 34-6 (June), 1994, 515면.

29) *Quân Đội Nhân Dân*, June 15, 1990. 古田元夫「ベトナム──國際的對立から善隣關係へ」, 37~38면에서 재인용.

470 제3부 현대 양국관계의 양면성: 우호와 갈등

조선 같은 사회주의 옹호를 위해 투쟁하고 있는 공산주의 동지들을 지원하지 않으면 안된다.

정상회담 참석자는, 베트남은 당서기장 응우옌 반 린과 수상 도 므어이(Do Muoi), 그리고 당 원로 팜 반 동, 중국은 당 총서기 장 쩌민(江澤民)과 총리 리 펑(李鵬)이었다. 베트남과 중국은 캄보디아에 관한 비밀 합의각서를 작성하고 관계정상화에 필요한 다른 장애요소들도 해결을 보았다.[30] 동유럽에서 공산주의가 무너지면서 이제 베트남과 중국 두 나라에게 모두 캄보디아 전쟁과 크메르 루주 문제는 중요한 논쟁거리가 되지 못했다. 일설에 의하면, 중국은 또한 이제까지 소련이 제공해온 모든 경제원조, 즉 석유·시멘트·철강·면직물을 제공하기로 하고, 그 댓가로 베트남은 중국과 외교정책에서 협력하며 더욱 긴밀한 정치적 유대관계를 발전시키기로 합의했다고 한다.[31]

그러나 베트남과 중국의 국교정상화는 1991년 6월 베트남공산당 제7차 전당대회 후로 미루어졌다. 하노이로 돌아온 응우옌 반 린과 수상 도 므어이는 몇몇 정치국원들의 반대와 프놈펜으로부터의 저항에 부딪쳤다. 정치국에서 열띤 논쟁이 벌어졌지만, 1990년 12월 발표된 정치강령 초안은 결국 중국과의 친선을 포함했다. 그 내용은 첫째, 소련 및 기타 사회주의국가들과의 관계를 강조하고, 둘째 라오스·캄보디아와의 유대 발전을 거론하고, 셋째 중국공산당과 중화인민공화국과의 우호와 협력을 회복하도록 노력해야 한다 등이다.[32] 1982년 제5차 전당대회에서 중국을 '베트남 인민의 직접적인 적'이라고 한 것을 상기하면 10년 동안에 양국관계가 얼마나 변했는지 잘 보여준다.

---

30) *FEER*, 4 October, 1990, 11면; 傅菊輝 外『当代中越關系史』, 408~409면.

31) Thayer, "Sino-Vietnamese Relations," 517면.

32) *Nhân Dân*, December 1, 1990.

그렇다고 중국과의 관계개선에 반대가 없었던 것은 아니다. 1991년 1월에 개최된 제11차 중앙위원회에서 응우옌 꼬 타익 등은 중국의 동기에 회의를 표하면서 미국·일본·유럽 등과 관계를 개선하는 좀더 균형잡힌 외교관계를 주장했다. 하지만 중앙위원들은 대부분 12월의 정치강령 초안에 따라 사회주의 이념을 바탕으로 중국과의 유대강화를 원하는 편이었다. 더욱이 이들은 소련 고르바초프의 개혁정책에 놀라 일당주의로 가야 한다고 하면서 중국의 경제협력을 받아들이도록 요구했다.[33]

이러한 중국과의 관계개선 배경의 주원인은 베트남이 소련의 원조와 지원을 더이상 받기 어려워진 점이었다.[34] 경제적으로 몹시 어려웠음에도 불구하고 베트남이 1978년의 캄보디아 침공 이래 국제적 고립 상태를 견디어낼 수 있었던 것은 소련의 도움 덕분이었다. 고르바초프가 원조를 삭감하고 소련 해군의 배치를 줄이면서 베트남은 이제 더이상 의지할 강력한 동맹국이 없었다.

중국과의 관계개선에 대한 최종 결정은 위에서 언급한 1991년 6월의 제7차 전당대회를 거치면서 이루어졌다. 응우옌 꼬 타익은 정치국과 중앙위원회 위원직에서 물러나고, 대회 후에는 모든 직책을 잃었다. 중국은 베트남의 변화를 환영했다. 장 쩌민은 '동지' 도 므어이에게 축하전문을 보냈는가 하면,[35] 중국공산당은 정치국 제2인자로 캄보디아에 대한 정책과 중국 관계 책임자인 레 득 아인(Le Duc Anh) 장군을 초청했다.[36] 중국에 머무르는 동안 레 득 아인은 중국 고위당국자와 양국관계의 정상화는 물론

33) *FEER*, 31 January, 1991, 15면.

34) Stein Tønnesson, "Sino-Vietnamese Rapprochement and the South China Sea Irritant," *Security Dialogue* 34-1 (March), 2003, 57면.

35) *Nhân Dân*, June 29, 1991.

36) Carlyle A. Thayer, "Comrade Plus Brother: The New Sino-Vietnamese Relations," *Pacific Review* 5-4, 1992, 405면.

캄보디아문제, 동중국해 영토분쟁 등을 논한 것으로 알려졌다. 이어서 8월에는 베트남 외교부 부부장이, 9월에는 외교부 부장인 응우옌 마인 껌 (Nguyen Manh Cam)이 중국을 방문하여 양국 정상회담에의 길을 열었다.

마침내 공식적인 양국관계 정상화는 당서기장 도 므어이와 수상 보 반 끼엣(Vo Van Kiet)이 1991년 11월 5일부터 10일까지 베이징을 방문하여 장 쩌민, 리펑과 정상회담을 가짐으로써 비로소 이루어졌다. 11월 10일 발표된 11개조 공동성명에서,[37] 양측은 어떤 형태로든 패권주의를 추구하지 않으며, 다른 나라들에게 자신들의 이데올로기와 가치 또는 발전방식을 강요해서는 안된다는 데 합의했다.

이는 분명히 다시는 중국의 세력권 안으로 들어가지 않겠다는 베트남의 의지의 표시였다. 한편 중국의 입장에서는 이전 1950년대와 같은 희생적 도움을 주는 형제국 관계로 돌아가지 않을 것이라는 뜻을 나타내고자 했을[38] 뿐만 아니라, 중국의 패권주의를 두려워하는 동남아시아 국가들을 의식한 것이라고 볼 수 있다.

그러나 정상회담이 중국측의 요구조건대로 이루어진 점이 있어 베트남으로서는 불만이 없지 않았다. 예를 들면, 베트남은 중국에게 재정적 부채상환을 인정해야만 했고, 또한 남중국에 있는 화교난민의 신분문제라든가 영토분쟁이 충분히 논의되지 못하고 미해결로 남은 것 등등이 그렇다.[39]

그럼에도 불구하고 정상회담 후 베트남과 중국의 관계는 원활해졌다. 매달 각료급 대표단의 상호방문이 있었는가 하면 새로운 경제협력에 관한

---

37) 공동선언 전문(全文)은 『人民日報』, 1991년 11월 10일자 참조. 11개조 요약문은 Thayer, "Sino-Vietnamese Relations," 522~23면에 있다.

38) 장 쩌민은 지적하기를, 과거 십몇년간 양국이 대결상태에 있었던 것은 비정상적이었지만, 그렇다고 1950, 60년대와 같은 상황으로 돌아가는 것 또한 비현실적이라고 했다. 郭明 編 『中越關系演變40年』, 221면.

39) Thayer, "Comrade Plus Brother," 405면.

조약이 체결되었다. 1992년 2월 중국 외교부 부장 첸치천의 하노이 방문 전날 베트남 외교부 부장 응우엔 마인 껌은 서방통신사에게 말하기를, 중국과 베트남의 대결시대는 이제 끝났다고 했다.[40]

베트남과 중국에게 1991년 공식적인 정상화의 이점은 무엇보다 적대관계의 종결이었다. 베트남은 이로 인해 군대를 더이상 동원할 필요가 없어졌고 국경지방의 재건을 시작할 수 있었다. 시장경제체제인 도이 머이(Doi Moi, 刷新) 정책이 1986년에 도입되었음에도 불구하고 개혁은 캄보디아 점령과 국제적 고립 및 중국과의 적대관계로 제대로 이루어질 수가 없었다. 이제 이런 세가지 문제가 모두 제거되어 베트남 경제는 성장하기 시작했다. 중국의 경우 베트남과의 적대관계가 종결됨으로써 베트남과 국경을 접한 윈난과 광시 두 성에서도 그동안 지연되었던 경제개혁이 이루질 수 있었다. 더욱 중요한 것은 개방시대의 중국 외교정책이 베트남문제로 제약을 받았는데 그 문제가 해결되어 아시아 지역 국가들과 평화와 경제협력을 추구할 수 있는 길이 열렸다는 점이다.[41]

양국관계로만 보면 긍정적인 측면과 그렇지 않은 측면, 두가지 면이 있다. 긍정적인 측면은 모든 분야에서의 접촉과 협력의 확대이고, 그렇지 않은 측면은 영토분쟁을 둘러싼 계속적인 논란이다. 긍정적인 측면은 우선 위에서 언급한 1992년 2월 중국 외교부 부장의 하노이 방문으로부터 시작된다. 두 나라 외교부 부장은 교통·통신·경제에 관해 원칙적으로 협력한다는 각서를 교환했고, 영토분쟁을 논의할 실무진을 구성한다는 데도 합의가 이루어졌다. 3월에는 베트남의 교통체신부 부장이 중국을 방문하여 서신·전화·전신·수송에 관한 합의안에 서명했다. 같은 시기에 베트남 국방부 대표단도 중국을 방문했다.[42]

---

40) Reuter(Hanoi), "Chinese FM Makes Historic Trip to VN," *Bangkok Post*, February 13, 1992. Thayer, "Sino-Vietnamese Relations," 523~24면에서 재인용.

41) Womack, *China and Vietnam*, 214~15면.

국경무역

위의 방문들보다 더 구체적인 효과는 국경지방에서의 무역에서 나타났다. 그것은 중국에는 이익이었지만, 베트남에는 문제점을 낳기도 했다. 국경무역으로 인해 가장 경제적 번영을 누린 것은 광시 지방이다. 변경과 해안지방의 모든 도시와 현(縣)은 무역과 건설과 투자로 번영했다. 무역의 중요성은 이곳의 도로표지판에 중국어와 베트남어가 같이 씌어 있는 것에서도 알 수 있다. 1990년대 초기 이 지방에서 생산되는 값싼 소비재를 대량으로 수입함으로써 이전까지 공급 부족에 시달리던 북부 베트남 시장이 정상화되었다.[43] 수입되는 물건은 선풍기·맥주·의류·자전거 등에 이르기까지 다양했는데, 이들은 베트남 제품보다 질이 좋고 값이 쌌다.

그러나 중국 제품 수입으로 베트남은 몇가지 심각한 문제에 당면했다. 첫째, 베트남은 중국에 수출할 물건이 없어 막대한 무역적자에 시달렸다. 베트남이 수출할 수 있는 것이라고는 플라스틱 슬리퍼와 농산물 정도였다. 이러한 무역적자로 인해 1993년부터 1998년까지 베트남의 무역량은 축소되어 거의 제자리 걸음 상태였다.[44] 둘째, 중국 제품의 대량 수입이 그와 경쟁상대인 베트남 제조업체에 커다란 타격을 주었기 때문에 베트남은 이들 산업을 보호하려 노력했다. 이러한 노력 가운데 가장 중요한 것은

---

42) Amer, "Sino-Vietnamese Normalization in the Light of the Crisis of the Late 1970s," 366~67면.

43) Womack, "Sino-Vietnamese Border Trade," 504~505면; Melanie Beresford and Dang Phong, *Economic Transition in Vietnam: Trade and Aid in Demise of a Centrally Planned Economy*, Cheltenham, UK: Edward Edgar 2000, 132~34면. 광시 지방의 베트남 수출이 얼마나 호황이었는가는 파산지경에 이르렀던 난닝(南寧)의 맥주회사가 베트남 수출로 인해 회생하는 경우조차 있었던 것으로 알 수 있다.

44) Gu Xiaosong and Brantly Womack, "Border Cooperation Between China and Vietnam," *Asian Survey* 40-6 (Nov.~Dec.), 2000, 1048~49면.

1992년 9월 17개 부문에 걸친 물품의 수입 제한이었는데, 이듬해 4월에는 3개 부문으로 줄였다. 수입이 제한된 품목은 자전거와 그 부속품 그리고 선풍기·전구·의류·직물·도자기 및 유리로 만든 일상용품·화장품·전지 등이었다.[45] 물론 이런 규제가 제대로 시행되었더라면 베트남 소비경제에 심각한 타격이 되었을 것이다. 1992년 10월에는 금지사항이 거의 효과가 없었는데, 이는 베트남이 일방적으로 통제할 수 있는 일이 아니었기 때문이다.[46] 셋째로는 밀수입이 심하여, 공식 무역량과 비슷했다는 점이다. 따라서 수입금지는 말뿐으로, 베트남은 국경무역을 통제할 수 없었다.

그런 까닭에 1992년 말에 중국 총리가 베트남을 방문하고 이듬해 말에는 베트남 총리가 중국을 방문하여 국경무역 통로 확대와 양국 사이의 직접적인 철로 개통을 논의했다. 그리하여 1979년 전쟁 이래 중단되었던 유이관을 통한 육상통로가 1994년 4월 1일 재개되었으나,[47] 철로 개통은 늦춰졌다. 1994년에는 중국 주석이 베트남을 방문하여 무역확대와 경제협력 및 수출입물품의 품질에 관해 협력하기로 합의가 이루어졌다. 1997년에는 밀수입이 다시 증가하여 양국 사이에 문제가 됨으로써 그해 10월 경제담당 중국 부총리가 베트남을 방문하여 이를 억제하기로 논의했다. 이어 1998년 10월 베트남 수상이 중국을 방문했을 때 양국은 다시 국경무역에 관해 공식합의를 보아 이후 양국의 무역은 점차 확대되었다.[48]

중국 제품 도입은 베트남에 긍정적인 면도 없지 않았다. 1991년 베트남에서 자전거·선풍기·화학비료·면직물·소금·설탕·비누 등의 생산은 1인

---

45) *Saigon Newsreader*, October 29, 1992년 10월 29일자. Womack, "Sino-Vietnamese Border Trade," 506면에서 재인용.

46) Womack, 같은 글, 500, 506면.

47) *FEER*, April 16, 1994, 14면.

48) Ramses Amer, "Assessing Sino-Vietnamese Relations through the Management of Contentious Issues," *Contemporary Southeast Asia* 26-2, 2004, 336~37면.

소비량에도 모자라 그 시장은 독점상태였다. 따라서 소비자들은 이것들을 구입하려면 길게 줄을 서지 않으면 안되었다. 이런 상황에서 값싼 중국 상품의 수입은 베트남인들의 물질생활의 질을 높여주었다.[49] 다시 말하면, 베트남 생산자들에게는 손해였지만, 소비자에게는 이득이었다. 값싼 중국 물품의 대량 수입으로 1993년 베트남 생산품은 줄어들어 호찌민 시에서는 일자리가 위협받을 정도였다.[50]

그러나 다른 한편 중국 상품은 베트남 생산자들로 하여금 생산방식·가격·마케팅을 재검토하지 않을 수 없게 했다. 높은 생산단가와 시장 상실 원인이 무엇인지를 조사하여 개선하려는 노력이 보이기 시작했다. 즉 소비자의 요구가 무엇인가에 주의를 기울이게 된 것이다. 그리하여 가격과 품질에 개의치 않고 생산하던 이전의 방식에 종지부를 찍었다. 또한 전에 국경을 넘어 중국으로 농산품을 수출하던 농민들도 많은 혜택을 입었다. 국경무역 개방 전에는 무역부가 수출을 대행하면서 관료적 형식주의와 질의 저하 및 낮은 가격 등으로 피해를 보았는데, 국경무역을 통해 직접 수출함으로써 농민들에게 자극이 되어 생산도 증가했다.[51]

이제까지 본 것처럼 1990년대 국경무역은 대체로 성공적이었다. 그럼에도 불구하고 중국의 베트남에 대한 투자는 미미했다. 중국 경제가 아직 해외투자를 할 만큼의 규모가 되지도 않지만, 그보다는 베트남이 중국의 경제적 지배를 우려하여 소규모 투자조차 허용하기를 주저하였기 때문이다.[52]

---

49) Womack, "Sino-Vietnamese Border Trade," 507~508면.

50) *Vietnam News*, October 1, 1993년 10월 1일자. Womack, 같은 글, 508면에서 재인용.

51) Melanie Beresford and Dang Phong, *Economic Transition in Vietnam*, 137~39면.

52) Womack, *China and Vietnam*, 216면.

3. 해양영토 문제

스프래틀리 군도

양국의 경제적 협력과는 달리 국경분쟁은 쉽게 해결되지 않았다. 1991년 11월 베트남과 중국의 관계정상화 과정에서 국경분쟁 문제는 해결을 보지 못했다. 다만 공동성명 제5조에서 양국은 육상국경문제와 여타 영토에 관한 논쟁은 협상을 통해 평화적으로 해결한다는 데 합의하고 이를 위해 '잠정적' 협약에 서명했을 뿐이다. 그러나 영토분쟁을 실제로 해결하는 데는 협상이 별 효력이 없었다.

베트남은 일부 분쟁구역에서만은 국경 협력을 거부했다. 가장 대표적인 경우가 양국의 국경지점인 유이관을 통과하는 철도에 관한 것이다. 앞에서도 이미 언급했듯이, 베트남측은 중국이 베트남 영토를 300미터 점유했다고 주장했다. 그 결과 양국을 연결하는 철도가 1993년 완성되었음에도 불구하고 기술상의 문제를 이유 삼아 운행하지 않았다. 1995년 12월 도 므어이 총서기가 중국을 방문한 후 발표된 공동선언문에서 철도재개에 대한 합의가 이루어져 1996년 2월에야 운행이 재개되었다.[53]

국경분쟁보다도 국제적 관심을 끈 것은 해양영토, 특히 스프래틀리 군도에 관한 것이었다. 중국은 베트남과 국교를 정상화하고 3개월이 지난 1992년 2월 영해법을 발표하여, 스프래틀리 군도의 일부 및 쟈오위다오(釣魚島, 센까꾸 열도)가 중국에 속한다고 선언했다. 그리고 5월 미국 크레스톤 에너지 회사(Crestone Energy Coorperation)와 베트남 광구(鑛區)에 인접한 스프래틀리 군도 지역의 석유채굴에 관한 협약을 맺었다. 베트남은 강력

---

53) Trung Tâm Nghiên Cứu Trung Quốc, *Quan Hệ Việt Nam-Trung Quốc, những sự kiện 1991~2000*(베트남-중국 관계, 1991~2000년의 사건들), 360~62면; 岡部達味「ベトナムの苦惱·對中關係」, 145면.

히 항의하면서 그 지역은 자기네 대륙붕에 위치해 있다고 주장했다.[54]

크레스톤 에너지 회사의 움직임은 양국 사이 긴장의 원인이 되었다. 1994년 4월과 5월 베트남은 스프래틀리 군도 내 뚜 찐(Tu Chinh, 중국명은 萬安灘) 지역에 대한 크레스톤 에너지 회사의 지진 조사에 대해 공식적으로 항의하며, 그 지역은 베트남의 배타적 경제수역(EEZ)임을 재삼 강조했다. 이에 대해 중국 외교부는 베트남이 스프래틀리 군도 부근 수역에서 석유 매장량의 탐사를 목적으로 석유회사들과 맺는 계약은 중국의 주권과 이익을 침해하는 것이라고 선언함으로써 긴장이 고조되었다.[55] 양국의 주장과 반박, 그리고 그에 대한 거부가 계속되던 중, 1994년 11월 장 쩌민이 베트남을 방문하고 발표한 공동선언문에서 해역 문제를 다룰 전문가 모임을 만들기로 함으로써 이후 논란은 어느정도 진정되었다.[56]

여기서 한가지 주목할 점은 중국의 행동이 베트남뿐만 아니라 아세안 (ASEAN)의 군도 영유권 국가들 사이에서도 커다란 우려를 불러일으켰다는 것이다. 1992년 7월 아세안 외무부 장관회의는 '남중국해선언'을 발표하고 분쟁의 평화적 해결을 호소했다. 뿐만 아니라 이 국가들은 중국의 급속한 경제적·군사적 발전에 위협을 느꼈다. 중국은 동남아시아 전체에 퍼지고 있는 '중국의 위협'과 중국과 베트남의 충돌에 대한 우려를 완화하기 위해 지도부가 모두 분쟁의 평화적 해결을 희망한다는 것을 거듭 밝혔다.

베트남은 이를 보며 중국의 위협에 직접 대결하기보다는 우회적으로 대처하는, 다시 말해 국제적 지지를 얻으려는 전략을 세웠다. 그리하여 우선

---

54) *FEER*, July 9, 1992, 14~15면; Ramses Amer, "Sino-Vietnamese Relations: Past, Present and Future," in Carlyle A. Thayer and Ramses Amer, eds., *Vietnamese Foreign Policy in Transition*, Singapore: Institute of Southeast Asian Studies 1999, 74~75면.

55) Amer, "Sino-Vietnamese Relations: Past, Present and Future," 76~77면.

56) Trung Tâm Nghiên Cứu Trung Quốc, *Quan Hệ Việt Nam–Trung Quốc, những sự kiện 1991~2000*, 268~71면; Amer, "Sino-Vietnamese Relations: Past, Present and Future," 80~81면.

아세안에 접근을 시도했다. 물론 아세안에 가입하는 데 대한 우려가 없지 않았지만,[57] 1994년 10월 가입신청을 하여 1995년 5월 아세안 외무부 장관회의에서 공식적으로 받아들여졌다.[58] 이렇게 하여 이제 중국은 베트남을 다른 아세안 국가들과 분리해서 스프래틀리 군도 문제를 다룰 수 없게 되었다. 다시 말하면, 중국은 베트남이 주장하는 군도에 대해 무력위협을 하기가 어렵게 된 것이다.[59]

1995년 7월 베트남이 미국과 국교를 정상화한 것도 어떤 면에서는 중국의 위협에 견제세력이 되는 우방을 구하려는 의미로 보아도 좋지 않을까 한다. 이 지역에 미국이 존재하는 것 자체는 물론이고, 미국의 적극적인 간여로 스프래틀리 군도 분쟁에 휩싸인 소국들에게 상당한 도움이 될 것임이 분명했다.[60] 베트남에 정통한 소식통에 따르면, 하노이정부는 또다시 일고 있는 중국의 위협에 대항하기 위해 최종적으로는 미국과의 전략적 제휴관계를 고려하고 있었다는 것이다. 실제로 당시 하노이정부는 내부적으로 모든 정부기관들이 미국 회사들과의 계약을 신속히 처리하도록 지시했다. 미국이 하노이 경제에 깊숙이 간여할수록 워싱턴은 더욱더 그 이익

---

57) 우려라는 것은 첫째, 타이와의 불편한 관계, 둘째, 발전이 뒤늦은 베트남이 아세안자유무역지역 내에서 받을 불이익은 없는가 하는 문제, 그리고 셋째로 매년 수백회 개최되는 회의에의 참석과 회의의 일부를 주최해야 하는 재정적 부담 등이었다. 岡部達味「ベトナムの苦惱・對中關係」, 151면.

58) 베트남의 아세안 가입과 관련하여 1977년과 1978년 미국과의 외교관계 협상대표였던 쩐 꽝 꺼는 뒷날 회상하기를, 당시 미국의 '무조건 관계정상화' 제안을 받아들였더라면 전후 베트남의 발전은 물론 지역 내 국가들과의 격차도 줄어들었을 것이라고 하며, 1975년 통일 후 베트남의 외교정책이 개방되지 못했음을 아쉬워했다. 한편 리 콴유도, "1975년 호찌민 시는 방콕과 경쟁할 수 있었지만, 지금(1992년)은 그보다 20년이나 뒤져 있다"고 보았다. Trân Quang Cơ, "Hồi Ký Trần Quang Cơ," 5면; Lee Kuan Yew, *From Third World to First*, 314면.

59) Hoang Anh Tuan, "Vietnam's Membership in ASEAN: Economic, Political and Security Implications," *Contemporary Southeast Asia* 16-3 (December), 1994, 269면.

60) 같은 글, 268면.

을 지키려고 할 것이라는 이유에서였다.[61]

그렇다고 베트남이 중국을 적대적으로만 대한 것은 아니다. 베트남 지도자들은 내면적으로는 어떻든간에 중국과 공개적으로 대치하는 것이 아무런 이익이 되지 않는다는 것을 너무나 잘 알고 있었다. 그리하여 1994년에는 '중국의 위협'이란 말을 사용하지 않기로 했다. 뿐만 아니라 그해 11월에는 타이완이 베트남 경제에 중요한 역할을 하고 있음에도 불구하고, 중국에 대해서 '하나의 중국정책'을 견지하였으니, 즉 '타이완은 중국의 일부'로 '중화인민공화국이 중국의 유일한 정통정부'임을 재확인했다.[62] 전술한 1995년 12월 도 므어이 총서기의 중국 방문도 중국과의 긴장완화라는 측면에서 이해되어야 할 것이다. 1997년 7월 도 므어이 총서기는 또다시 중국을 방문하여 양국의 우의를 공고히하는 동시에 21세기에 두 나라가 나아갈 방향의 기초를 다졌다. 그들은 또한 국경문제와 통킹 만 해역에 관한 논란을 '빠른 시일 내'에 합의하기로 했으나, 비공식적으로는 2000년까지 관련서류에 서명한다는 데 일치를 보았다.[63] 이러한 양국의 우의에 의해 특히 무역에서는 비약적인 발전을 이루어, 양측의 수출입 총액은 1991년 3천 223만 달러에서, 1998년에는 9.551억 달러에 이르렀다.[64]

그러나 영토문제는 '합의하기로 합의했음'에도 불구하고 논란과 자그마한 충돌이 있었다. 1998년 1월에는 국경에서, 4월부터 9월까지는 4차례 남중국해에서 충돌이 있었다.[65] 1998년 10월 판 반 카이(Phan Van Khai)

---

61) *FEER*, May 4, 1995, 24면; Bui Thanh Son, "Vietnam-U.S. Relations and Vietnam's Foreign Policy in the 1990s," in Carlyle A. Thayer and Ramses Amer, eds., *Vietnamese Foreign Policy in Transition*, 209면.

62) 岡部達味「ベトナムの苦惱·對中關係」, 153면.

63) Trung Tâm Nghiên Cứu Trung Quốc, *Quan Hệ Việt Nam-Trung Quốc, những sự kiện 1991~2000*, 519면; Womack, *China and Vietnam*, 222면.

64) General Statistics Office of Vietnam(베트남정부통계청) 2004.

65) Ramses Amer, "The Sino-Vietnamese Approach to Managing Border Disputes-Lessons,

수상이 베이징을 방문하여 국경문제와 통킹 만의 영해에 대한 견해차이를 2000년까지 해소하기로 공식적인 합의에 도달했다. 그러나 12월 후진타오(胡錦濤) 부주석이 하노이를 방문하면서 합의 형식이 국경문제는 '2000년 이전'에, 그리고 통킹 만 논쟁은 '늦어도 2000년 전'에 결정하기로 바뀌었다.[66]

사호(四好)

이러한 회담이 계기가 되어 1999년 2월 25일부터 3월 3일까지 일주일 동안 레 카 피에우(Le Kha Phieu) 총서기가 베이징을 방문하여 장쩌민과 정상회담을 가졌다. 그 결과 21세기에 양국이 나아갈 방향을 제시하는 '16자'로 된 방침, 즉 '장기적인 안정, 미래지향, 이웃과의 우호, 전면적 협력'(長期穩定 面向未來 睦邻友好 全面合作, Láng giềng hữu nghị, hợp tác toàn diện, ổn định lâu dài, hướng tới tương lai)과 이를 바탕으로 좋은 관계의 유지를 뜻하는 '사호(四好, 4 tốt)', 곧 '좋은 이웃, 좋은 친구, 좋은 동지, 좋은 반려'(好邻居 好朋友 好同志 好伙伴, đồng chí tốt, bạn bè tốt, láng giềng tốt, đối tác tốt) 정신에 관한 선언문을 발표했다. 그리고 경제·기술·에너지·교통 등의 협력에 관한 협정을 맺었다.[67]

이 '16자'로 된 지침은 이후 양국 정상이 만날 때마다 강조되었다는 점에서 중요한 의미를 갖는다. 그러나 흥미로운 것은 '16자'의 내용이 중국

Relevance and Implications for the South China Sea Situation," http://www.su.diva-portal.org/smash/record.jsf?pid=diva2:378507, 2011.

66) Trung Tâm Nghiên Cứu Trung Quốc, *Quan Hệ Việt Nam-Trung Quốc, những sự kiện 1991~2000*, 610, 621면; Womack, *China and Vietnam*, 222~23면.

67) 『人民日報』, 1999년 2월 26일자; Trung Tâm Nghiên Cứu Trung Quốc, *Quan Hệ Việt Nam-Trung Quốc, những sự kiện 1991~2000*, 635~39면; Do Tien Sam, 「베트남과 중국의 15년 관계 회고와 전망」, 『동향과 논단』 1·2호(겨울), 2007, 94면.

어와 베트남어의 경우 각각 순서가 다르다는 점이다. 베트남어에서는 '이웃과의 우호, 전면적 협력, 장기적인 안정, 미래지향'의 순서로 되어 있다. 베트남측이 '이웃과의 우호'를 첫째로 꼽은 것은 중국의 위협을 염두에 두었기 때문이라 하겠다. 즉 우호가 이루어진 연후에야 전면적인 협력도, 장기적인 안정도 가능하다고 여긴 것이다.

이러한 정상회담 결과 두 나라의 밀접한 관계는 급속히 진행되었다. 차관급 이상의 상호방문이 1998년 52회에서 1999년에는 80회에 달하고,[68] 두 나라 사이의 무역량은 2000년 29억 3750만 달러에 이르렀다는[69] 것이 이를 말해준다. 뿐만 아니라 1998년 12월의 약속에 따라 1999년 12월 30일 하노이에서 양국 외교부장은 국경을 확정하는 조약에 서명을 했고, 2000년 12월 25일에는 베이징에서 해상경계선과 통킹 만에서의 어업 협력 관련 두 조약에 대한 서명이 이루어졌다.[70] 이후 계속된 회의 끝에 두 조약은 2004년 6월 30일부터 발효되기로 하였으나 아직까지 문제는 남아 있다.

육상국경 문제가 비교적 손쉽게 해결된 것은, 약소국으로서 강대국인 중국의 남하를 저지하려는 베트남측의 의도가 작용하였기 때문이다. 반면에 중국의 입장은 주변 모든 국가들과의 국경문제를 해결함으로써 해상으로 진출하는 데 힘을 기울일 수 있다는 이점이 고려되었던 것이다.

이들 조약보다 더 중요한 것은 베트남과 중국이 새로운 세기에 포괄적 협력을 위한 공동선언문을 발표했다는 점이다.[71] 이 선언문은 장기적 협력

---

68) *FEER*, June 22, 2000, 32면.

69) Vietnam General Statistics Office, 2004. 무역은 출발부터 베트남측에서 보면 막대한 불균형이었던 만큼 1999년 베트남 무역부 부부장이 그 심각성을 지적할 정도였다. Kenny, *Shadow of the Dragon*, 87면.

70) Vũ Dương Ninh, chủ biên, *Biên Giới Trên Đat Liền Việt Nam-Truong Quốc*, 249~70면; Trung Tâm Nghiên Cứu Trung Quốc, *Quan Hệ Việt Nam-Trung Quốc, những sự kiện 1991~2000*, 697~700, 790~93면.

71) *Vietnam News Agency*, December 25, 2000. Carlyle A. Thayer, "The Structure of

계획을 통한 두 나라 관계의 틀을 제시해놓고 있는데, 그중에서 우선적으로 들어야 할 것은 경제문제이다. 이를 근거로 이른바 '두 회랑과 하나의 경제지역(兩廊一圈, two corridors and one economic belt)', 즉 쿤밍-라오 까이-하노이-하이 퐁 및 난닝-랑 썬-하노이-하이 퐁을 연결하는 두 회랑과 통킹 만의 공동경제권에 관한 개념이 도입되었다. 이는 2004년 6월 베트남 수상이 중국을 방문했을 때 처음 제기되어 2006년 11월 후 진타오 주석의 베트남 방문 때 양해각서가 체결되기에 이르렀다.[72] 양국 지도자는 또한 통킹 만의 석유 공동개발과 남중국에서의 영토분쟁에 관해 논의했다. 2007년에는 베트남 주석 응우옌 민 찌엣(Nguyen Minh Triet)이 베이징을 방문하여 후 진타오 주석과 양국의 경제 및 정치 관계를 재검토하고, 특히 6개 협력문건과 26억 달러에 달하는 9개 경제협약에 서명을 했다. 그리하여 경제개발 5개년 계획과 무역협력을 협의하기 위한 실무위원회가 설치되었다. 그뿐만 아니라 2008년까지 육상국경의 경계비를 설치하며, 남중국해에서 현재의 상태를 유지하고 분쟁을 유발하는 어떤 일방적 행동도 자제한다는 데 합의가 이루어졌다.[73]

중국의 경제정책들은 곧 베트남 지도자들에게 하나의 모델이 되었다. 이를 반영하듯 레 카 피에우는 장 쩌민과의 회담에서 중국이 이룩한 거대한 성취를 자신의 눈으로 똑똑히 보았다고 말했다는 것이다.[74] 베트남은

Vietnam-China Relations, 1991~2008," Paper for the 3rd International Conference on Vietnamese Studies, 3~8 December, 2008, Hanoi, Vietnam 2008, 3면에서 재인용.

72) Do Tien Sam, "Vietnam-China Relations and Building the Two Corridors, One Economic Belt," in Institute of Chinese Studies, Vietnam Academy of Social Sciences, *Cooperation for the Development of Vietnam-China Two Corridors and One Economic Belt: Current Situation and Prospects*, Hanoi: Encyclopaedia Publishing House 2009, 13~22면; Thayer, "The Structure of Vietnam-China Relations, 1991~2008," 7면.

73) Thayer, "The Structure of Vietnam-China Relations, 1991~2008," 7면.

74) Kenny, *Shadow of the Dragon*, 103면.

중국에 비해 시장개방정책에서 거의 10년 가까이 뒤져 있어서 중국의 조언을 요청했다. 중국은 베트남이 경쟁상대가 된다고 생각하지 않았기에 주저없이 지식을 전수하였다. 넓은 시장과 제반 법규 및 기술에서 더 앞선 중국은 자기네가 외국 투자가들에게 훨씬 매력이 있다는 자신감에서 베트남의 경쟁을 두려워할 필요가 없었다. 여기에 더하여 베트남이 미국시장에 접하기까지는 오랜 시간이 필요했다. 중국은 이미 미국의 최혜국 대상이었는 데 비해 베트남은 1994년까지도 미국과 국교가 수립되지 못했고, 정상적인 무역관계가 2002년에야 이루어졌다. 미국과 베트남의 이처럼 더딘 화해로 인해 중국이 무엇보다 두려워하는 베트남과 미국의 군사협력에 대해 안심할 수 있었다.

베트남과 중국의 관계가 이렇게 상당히 개선되었음에도 불구하고 양국은 계속해서 서로를 의혹의 눈초리로 바라보고 있다. 의혹의 많은 부분은 남중국해에서 일어난 충돌과 석유채굴권 문제이다. 베트남은 또한 중국의 급속히 성장하는 경제력과 군사력의 근대화 및 라오스와 캄보디아에 대한 영향력을 염려하지 않을 수 없다. 예컨대, 대중무역에서 매년 증가하는 막대한 적자에 대해 베트남이 심각한 우려를 나타내고 있는 것은 중국의 경제적 지배를 두려워해서이다. 2010년 베트남과 중국의 교역량은 27,283백만 달러이며, 베트남의 무역적자는 12,775백만 달러이다. 이러한 무역적자는 2001년의 189백만 달러, 2004년 1,724백만 달러, 2007년 9,146백만 달러에 비하면 엄청난 증가 추세이다.[75] 이와는 약간 다른 문제이기는 하지만, 베트남은 중국에 비해 작은 국가이므로 중국식 경제발전 모델이 적합하지 않다는 논의도 제기되고 있다. 이는 어쩌면 중국의 영향력에서 벗어나야 한다는 의미를 내포하고 있는지도 모른다.

---

75) General Statistics Office of Vietnam, 2011.

깜 라인 만 개방

한편 중국은 미국이 인도에 접근함에 따라 베트남이 인도와 미국 및 일본과 손을 잡지 않을까 두려워하고 있다. 그리하여 베트남에게 2002년부터 시작된 소련 해군의 깜 라인 만 철수가 완전히 끝났을 때 그곳을 미국 해군에 개방하지 않도록 경고를 한 것 같다. 이에 대해 베트남은 여러차례에 걸쳐 외국 해군에 깜 라인 만을 개방하는 일은 없을 것이라고 하면서 상업적으로만 발전시킬 뿐이라고 했다.[76] 그러나 동남아시아 국가들이 중국 해군력의 증강을 우려하는 가운데, 2010년 10월 베트남 수상 응우옌 떤 중(Nguyen Tan Dung)이 17차 아세안 정상회담 폐막식에서 깜 라인 만을 모든 국가들의 잠수함과 해군 함정들에게 개방할 것임을 공식적으로 밝혔다. 그리고 동아시아 정상회담(East Asia Summit)에[77] 미국과 러시아를 회원국으로 공식 초대했다. 이에 바로 앞서 미국 국무부장관 클린턴(Hillary Clinton)이 하노이와 워싱턴은 안보문제에 관해 광범위한 의견교환을 했다고 말한 것은 주목할 만하다.

전문가들은 베트남의 이러한 정책이 이 지역에서 미국의 영향력을 축소시키려는 중국에게 타격이 될 것이라고 했다.[78] 깜 라인 만의 재개방은 미국이 중국을 견제할 목적에서 베트남에 접근한 것이기도 하겠지만, 베트남 또한 언젠가 있을지 모를 중국의 위협에 대처하기 위해 힘의 균형을 유지하려는 의도임이 분명하다. 이와 관련하여 일찍이 베트남 국회 대외관계위원회 부위원장인 똔 느 티 닌(Ton Nu Thi Ninh)은 다음과 같이 말했다. "우리가 미국에 기울지도 않고 중국에 굴하지도 않는 균형을 유지해야 한

---

76) Tønnesson, "Sino-Vietnamese Rapprochement and the South China Sea Irritant," 59면.
77) 동아시아 정상회담(EAS)은 당시까지 모두 16개국을 포함했는데, 아세안 10개국을 중심으로 해서 한국·중국·일본·인도·호주·뉴질랜드였다.
78) http://www.bangkokpost.com/news/asia/204055/vietnam.

다는 것은 누구나 다 알고 있다."[79]

한편 중국은 베트남이 언젠가는 미국을 끌어들이리라는 것을 예측하고 가능하면, 특히 통킹 만과 남중국해에서 분쟁이 없기를 원했다. 그렇다고 이들 지역의 풍부한 수산자원과 석유매장량을 포기할 수는 없는 일이기 때문에 분쟁의 씨앗은 여전히 남아 있다. 이를 보여주는 좋은 예가 2009년 5월 중국이 북위 12도선 이북 남중국해에서의 어업을 5월 16일부터 8월 1일까지 3개월 동안 일방적으로 금지한 일이다. 어류의 보호와 불법조업의 금지 및 중국 어민 보호가 이유였다. 문제는 이때가 베트남 어부들에게는 조업의 성수기였다는 점이다.[80] 이는 분명 중국이 의도적으로 베트남 어선들의 조업활동을 억제하려는 조치였음에 틀림없다. 다른 한편 2010년 9월 11일 중국이 9명의 베트남인 어부를 파라셀 군도에서 체포하여 양국 간에 논란이 오고간 다음 베트남의 깜 라인 만 재개방 발표가 있었다는 것도 주목할 필요가 있다. 양국의 관계 악화를 원하지 않은 중국은 억류 한달 만인 10월 12일 어부들을 석방하였지만[81] 베트남정부의 점증하는 우려를 잠재울 수는 없었던 것이다.

이렇게 볼 때 두 군도의 영유권문제는 베트남과 중국의 국가적 자존심 및 해저자원과 관련되어 쉽게 풀리지 않을 것 같다. 최근에도 베트남 외교부의 대변인은 파라셀 군도에서 중국이 베트남의 영유권을 침범하는 행위를 즉각 중단하도록 촉구했다. 이어 외교부 대변인은 또다시 베트남이 영유하는 파라셀 군도에 속한 꺼이 섬(Dao Cay, 趙述島)을 중국이 2011년에 개

---

79) *International Herald Tribune*, 19 June, 2006. Thayer, "The Structure of Vietnam-China Relations, 1991~2008," 26면에서 재인용.

80) Carlyle A. Thayer, "Recent Developments in the South China Sea: Implications for Peace, Stability and Cooperation in the Region," in Diplomatic Academy of Viet Nam, *Proceedings of the International Workshop on 'The South China Sea: Cooperation for Regional Security and Development,'* 26~27 November, 2009, Hanoi, Vietnam, 2009, 134면.

81) http://www.reuters.com/.../us-vietnam-china-idUSTRE69B0SA20101012.

조할 주요 섬으로 확정했다는 중국 하이난(海南) 성의 발표에 대해 파라셀 군도 및 스프래틀리 군도에 대한 베트남의 주권을 강조하며 어떤 위반활동도 중지할 것을 요청했다.[82]

요컨대, 베트남과 중국은 서로의 이익을 위해 국교를 정상화하고 우의를 다짐하고 있다. 이는 양국 지도부의 빈번한 내왕과 경제협력으로 입증된다. 그러나 이는 어디까지나 표면적인 일이고 내면적으로는 서로를 불신하고 있는 것 또한 사실이다. 특히 중국의 국력이 강화됨에 따라 베트남의 불신은 더욱 커져가고 있다. 2009년 4월에 보 응우옌 지압 장군이 베트남 서부 고원지대에 있는 보크사이트 광산의 개발권을 중국 회사에게 허가해준 데 대해 적극 반대하는 서한을 총리와 관련 학회 회의에 보낸 것이 그 좋은 예이다.[83] 이는 베트남인들이 늘 중국이 위협적인 존재임을 잊지 않고 있다는 증거라 할 수 있겠다.

---

82) *Thanh Niên*(청년), February 18, 2011; April 9, 2011.
83) *VN Express*, April 10, 2009.

결어: 요약과 과제

예나 지금이나 베트남에게 좋든 싫든간에 가장 밀접한 관계가 있는 나라는 두말할 나위 없이 중국이다. 베트남역사나 현실을 조금이라도 이해하는 사람이면 누구나 알 수 있는 바이다. 양국의 이러한 관계는 무엇보다 국경을 맞대고 있는 데에서 출발한다. 더 나아가 전근대시기에 중국이 자신들만 문화국이고 이웃나라들은 모두 야만족이라는 중화중심적 세계질서 관념이 작용했는가 하면, 현대에도 이를 이어받아 '대민족확장주의와 대국패권주의'를 추구하고 있기 때문이다.

이러한 사실은 누구보다도 베트남인들이 더 잘 알고 있다. 베트남에 중국이 얼마나 중요한 관심의 대상인가는 베트남 사회과학원 산하의 지역연구원 조직에서도 그대로 나타나 있다. 지역연구원은 중국연구원·동북아연구원·동남아연구원·유럽연구원·미주연구원·아프리카 및 중동연구원 등 모두 여섯으로 나뉘어 있는데, 중국연구원만이 한 나라를 대상으로 하고 다른 연구원들은 지역 전체를 포괄하고 있다.

본 연구는 베트남과 중국의 관계를, 중국 역대 왕조들과 현 베이징정부의 베트남에 대한 정치적 위협과 침략을 바탕으로 베트남인들이 어떻게 인식하고 대처했는지 살펴보았다. 여기서 도출된 개념은 크게 두가지로 나눌 수 있다. 하나는 베트남이 중국의 위협에 대해 조공 내지는 친선 외교를 통해 우호관계를 유지하려 노력해왔다는 것이고, 다른 하나는 위와 같은 노력에도 불구하고 우호가 유지되지 못하여 중국이 침입하는 경우에는 끝까지 싸웠다는 점이다. 그러나 어떤 경우든 베트남은 중국과 대등하다는 의식을 잃지 않으려 했고 그러한 인식은 현재도 변함이 없다. 이는 중국이 베트남을 소국으로 여기고 군림하려고 한 것과는 차이가 크다.

베트남역사에서 전근대시기에 중국과 친선을 위해 조공외교를 한 선례는 남 비엣의 조타이다. 그는 겉으로 한나라에 대해 신하로 자칭하기는 했지만, 속으로는 한과 대등하다는 생각에서 대내적으로는 황제라는 칭호를 사용했다.

뒷날 조타의 예를 따른 인물이, 중국의 지배에서 벗어나 독립한 후 몇년 지나 딘 왕조를 세운 딘 보 린이다. 그는 황제를 칭하고 연호를 사용하며 나라 이름도 제정했다. 그러나 중국에서 송이 일어나 통일제국을 창건하자 위협을 느끼고는 친선관계를 맺기 위해 사절을 보냈다. 그뿐만 아니라 사절의 파견도 아들의 이름으로 하여 자신이 중국 황제에 대해 신하로 칭하는 일이 없도록 했다. 이때 베트남 역사서는 사절 파견에 조공을 의미하는 '공(貢)' 자 대신 '간다'를 뜻하는 '여(如)' 자를 써 '여송(如宋)'이라 한 것은 주목할 일이다. 베트남의 사가(史家) 역시 베트남과 중국은 동등하다고 보았다는 의미인 것이다.

딘 보 린의 뒤를 이은 베트남 모든 왕조의 군주들도 예외없이 그처럼 황제의 칭호를 사용하고 연호를 제정하는 것이 상례였다. 더욱이 응우옌 왕조에서는 청에 보내는 사절을 여청사라고 하는 한편 중국과의 관계를 방교라 했다. 그런가 하면 베트남 황제는 중국 황제에 대해 자신의 권위를 폄하하지 않기 위해 쩐 왕조에서는 태상황 제도를 도입하고, 응우옌 반 후에는 응우옌 꽝 비엔이란 가명을 썼다. 본명 대신 가명을 사용한 예는 그에 앞서 띠엔 레 왕조와 쩐 왕조 및 레 왕조에서도 보인다.[1] 이렇게 본다면, 조공외교란 베트남이 중국의 조공제도를 수용하는 척하면서 실제로는 자신들의 실리를 추구하기 위한 수단에 불과했다고 할 수 있다. 중국도 이를 알고 있었던 듯하지만, 자신의 권위를 인정하는 한 특별한 경우가 아니면 문제삼을 생각이 없었던 것 같다.[2]

다른 한편 베트남의 모든 왕조는 중국의 무력침략에 대해서 굴하지 않고 끝까지 싸웠다. 그 대표적인 예가 원의 세차례 침략과 명의 지배에 대한 쩐 흥 다오와 레 러이의 철저한 저항이다.

베트남이 천년 동안이나 중국의 지배를 받았다가 독립할 수 있었던 것도 철저한 저항정신의 소산이다. 테일러는 베트남이 중국지배기 동안 중국문화를 받아들이지 않고 오히려 자신들의 전통을 간직함으로써 저항정신을 키워 그 결과 독립을 쟁취할 수 있었다고 했다.[3] 사실 응오 꾸옌의 독립에 기반을 닦아놓은 인물은 아이 쩌우 출신인 즈엉 딘 응에이다. 아이 쩌우 지방은 홍 강 델타의 남부 변방으로 중국문화의 영향을 거의 받지 않아 반중국적 정서가 강한 곳이었다. 여기에 풍 흥의 저항정신이 더해졌던 것이다.

전근대 베트남의 중국에 대한 대등의식은 위와 같은 식민지배나 무력침략에의 저항정신 속에서 자연스레 잉태되어 나타난 결과이다. 레 반 흐우가 베트남이 중국과 대등하다는 것을 강조한 『대월사기』를 찬술한 시기가 원의 침입이 임박한 때였다든가, 응우옌 짜이가 「평오대고」를 써서 베트남인들의 대등의식을 강조한 시점이 10년간의 투쟁 끝에 명 지배에서 벗

---

1) 河原正博「前黎朝と宋朝との關係——黎桓の諸子を中心として」,『法政史學』29, 1976, 15~24면; 山本達郎『安南史研究』I, 東京: 山川出版社 1950, 20~39면.
2) "(黎)利雖受勅命 其居國稱帝 紀元順天." 『明史』 권321, 8326면.
3) Keith W. Taylor, "An Evaluation of the Chinese Period in Vietnamese History," *Journal of Asiatic Studies* (Seoul) 23-1, 1980, 139~64면.

어난 직후였다는 점을 감안하면 저항정신과 대등의식의 상관관계는 쉽게 이해가 간다. 요컨대, 전근대시기 베트남은 대외적인 면과 대내적인 면에서 서로 다른 양면성을 가지고 있었다고 하겠는데, 그들이 추구한 것은 실리이자 동시에 자존심의 보전이었다.

오늘날 베트남인들도 이러한 양면성을 이어받았다. 중국과 한편으로는 우호를 외치면서 다른 한편으로는 문제가 생기면 굴복하지 않고 철저히 저항한다. 중국도 이를 분명히 인식하고 있다. 1943년 11월 카이로에서 일본과의 전쟁문제를 논의하면서 루스벨트가 장 제스에게 전쟁이 끝난 후 인도차이나를 신탁통치할 수 있는지 묻자, 장 제스는 인도차이나 사람들은 다루기 힘들다고 하면서 한걸음 물러섰다.[4]

장 제스의 말을 그대로 입증한 것이 1979년 2월 중월전쟁이다. 이는 사회주의 양국의 싸움이 아니라 중국의 대국패권주의에 대항하여 베트남인들이 민족주의를 내세우고 저항하여 일어난 전쟁이다. 앞에서 지적한 바와 같이, 베트남인들은 마오주의란 전통적 중화주의가 이름만 바뀐 것이라고 여겨, 중국을 호의적으로만 볼 수 없는 게 현실이다. 1966년 7월 호찌민이 말한 "독립과 자유보다 더 귀한 것은 없다"라는 구호가 오늘날 베트남인들에게 금과옥조로 받아들여지고 있는 것도 이와 무관하지 않다. 흔히 미국과의 전쟁을 염두에 두고 한 말이라고 하지만, 실제는 당시 중국에서 일고 있던 문화대혁명을 보며 미국만이 아니라 중국에 대한 일종의 두려움에서 한 말이라고 생각된다. 호찌민이 중국의 지배를 얼마나 두려워했는가는 앞에서 인용한 "중국군이 머무른다면 무슨 일이 있을지 아십니까? 우리의 과거 역사를 잊으셨군요. 중국군은 올 때마다 천년 동안 머물렀습니다"라는 말에 그대로 나타나 있다.

---

4) Walter La Feber, "Roosevelt, Churchill and Indochina, 1942~45," *American Historical Review* 80-5, 1975, 1283면. 여기서 인도차이나 사람들이란 주로 베트남인을 가리킨다.

호찌민은 중국을 두려운 존재로만 인식하지는 않았다. 그는 때로 중국을 '동지 겸 형제'라고 부르기도 했다. 그가 앞서 한 말들과 비교하면 얼마나 역설적인가? 그가 정말로 중국을 동지 겸 형제라고 생각했는지는 의문이다. 호찌민이 이 말을 한 것은 미국과 전쟁이 시작될 무렵으로, 중국의 원조가 절실히 요구될 때였음을 상기할 필요가 있다. 이는 마치 전근대시기 응우옌 반 후에가 국내에서 형 응우옌 반 냑과 응우옌씨의 후손인 응우옌 푹 아인과 대립하는 가운데, 청과의 전투에서 군사적으로 승리했음에도 불구하고 복강안에게 여러차례 사죄의사를 표시한 것을 떠올리게 한다. 그런 점에서 호찌민의 말도 완전히 진심이기보다는 형식에 지나지 않았을 것으로 여겨진다. 응우옌 반 후에가 청에 대해 종속적이지 않았듯이 호찌민도 내면으로는 중국과 대등하다는 생각을 가지고 있었을 것이다. 당시 하노이 지도부는 중국의 원조를 받고 있으면서도 중국군이 베트남인들에게 마오쩌둥 사상과 문화대혁명을 선전하는 것에 심기가 불편했다. 결국 중국의 원조와 베트남인의 자존심은 별개의 것이었다. 중국이 자기네 원조에 베트남이 감사할 줄 모른다고 한 것도 지나친 말은 아닌 것 같다.

베트남은 예전이나 지금이나 이웃한 강대국 중국과 대립하는 것이 바람직하지 않다는 것을 잘 알고 있다. 중국 역시 베트남과의 불편한 관계는 동남아시아 국가들에게 좋지 않은 인상을 줄 뿐만 아니라 국제적으로도 국가 이미지에 문제가 있기 때문에 이를 개선해야 할 필요성을 느꼈다. 이리하여 양자간에 타협점이 모색되어 1991년 11월 국교가 정상화되고, 이후 양국의 수뇌부가 빈번히 상대국을 방문하여 우의를 다짐하는 동시에 상호협력을 강조하고 있다.

그렇다고 베트남과 중국의 갈등이 완전히 해소된 것은 아니다. 국경문제는 타결을 보았지만, 통킹 만의 해역 경계라든가 파라셀 군도를 둘러싼 분쟁은 여전히 미해결 상태이다. 뿐만 아니라 1979년 중월전쟁 이전에 베트남을 탈출해 중국 국경지방에 거주하고 있는 화교들 문제도 논란의 대상이 되고 있다. 중국측은 강제추방이라고 주장하는 반면 베트남은 자진출국이라는 입장이다. 강제추방인 경우에는 베트남정부가 화교들에게 재산을 돌려주어야 하지만 자진출국이라면 그럴 필요가 없기에 해결이 쉽지 않다. 여기에 더하여 중국에서 발원하는 홍 강 상류의 개발계획으로 하류 델타 지역의 물 부족 현상을 초래할 가능성 때문에 베트남측은 중국에 대해 불만을 품고 있기도 하다. 또한 베트남과 중국 양국의 문제만은 아니지만 스프래틀리 군도 및 메콩 강 유역 개발도 분쟁의 씨앗이 되고 있다.

이러한 상황에 더하여 베트남은 여전히 중국을 정치적 위협의 대상으로 생각하고 그에 대해 두려움을 갖고 있다. 2010년 10월 미국과 소련을 동아시아 정상회담에 정식 초청한 것이라든가 외국 해군에게 깜 라인 만의 재개방을 선언한 것 등은 중국에 대한 세력균형이라는 측면에서 이해될 수 있는 문제이다.

오늘날 베트남 지도부는 중국을 좋은 이웃으로 믿고 그와의 포괄적인 협력관계를 가장 중시한다고 말한다. 그러나 역사적으로 보거나 지정학적으로 보거나 시대가 바뀌면 미해결된 쟁점들이 언젠가는 또다시 격화될 가능성이 있다. 앞으로 이러한 상황들이 어떻게 발전할지 예측하기는 어렵다. 한가지 분명한 사실은, 전근대시기와는 달리 현대의 국제정세로 보건대 베트남이 어떤 경우에든 결코 중국의 압력에 굴하지 않고 적극적인 자세를 취하리라는 점이다. 2011년 중국의 항공모함 건조를 비롯한 해군력 증강에 대처해 베트남정부가 미국은 물론 인도, 일본 등과도 다양한 군사협력을 추구하고 있는 사실에서도 잘 알 수 있다.

| 참고문헌 |

1차 사료

『國史遺編』. Hong Kong: 中文大學 新亞研究所 1965.

『藍山實錄』. Hà Nội: Viện nghiên cứu Hán nôm A 26.

『大南寔錄』. 東京: 慶応義塾大學 言語文化研究所 1963~1981.

『大南寔錄前編』. 東京: 慶応義塾大學 語學研究所 1961.

『大南列傳前編』. 東京: 慶応義塾大學 語學研究所 1961.

『大南正編列傳初集』. 東京: 慶応義塾大學 言語文化研究所 1962.

『大越史記』. Hà Nội: Viện nghiên cứu Hán nôm VHv 1578/4.

『大越史記全書』 3권 陳荊和 編校. 東京: 東京大學東洋文化研究所 附屬 東洋學文獻
    センタ 1984~1986.

『大越史略』 陳荊和 編校. 東京: 創價大學アジア研究所 1987.

武世營 撰 「叶鎮鄭氏家譜」. 戴可來·梁保筠 校注 『嶺南撫怪等史料三種』. 鄭州: 中州
    古籍出版社 1991.

潘佩珠 「自判」. 內海三八郎 『潘佩珠傳』. 東京: 芙蓉書房出版 1999.

鄭懷德 『艮齋詩集』. Hong Kong: 中文大學 新亞研究所 1962.

_____. 「嘉定城通志」. 戴可來·梁保筠 校注『嶺南摭怪等史料三種』. 鄭州: 中州古籍
出版社 1991.

『皇黎一統志』. 陳慶浩 主編『越南漢文小說叢刊』. 臺北: 臺灣學生書局 1987.

『欽定越史通鑑綱目』. 臺北: 國立中央圖書館 1969.

Đinh Gia Khánh. chủ biên. *Tổng Tập Văn Học Việt Nam*(베트남문학전집). Hà
Nội: NXB Văn Hóa 1980.

Kham Định Đại Nam Hội Điển Sự Lệ(欽定大南會典事例). Huế: NXB Thuận Hóa
1993.

Lê Quý Đôn(黎貴惇). *Đại Việt Thông Sử*(大越通史). Sài Gòn: Bộ Văn Hóa Giáo
Dục và Thanh Niên 1973.

Lê Tắc(黎崱). *An Nam Chí Lược*(安南志畧). Huế: NXB Thuận Hóa 2002.

Lê Thống(黎統) 撰.『邦交錄』. École Française d'Extrême-Orient microfilm A. 614
& A. 691/1-2권. 1819.

Lý Tế Xuyên(李濟川). *Việt-Điện u-linh tập*(越甸幽靈集). Sài Gòn: Nhà sách Khai-
Trí 1960.

Minh Mệnh Chính Yếu(明命政要). Sài Gòn: Bộ Văn Hóa Giáo Dục và Thanh Niên
1974.

Ngô Thì Nhậm(吳時任).『邦交好話』. Hà Nội: Viện Nghiên Cứu Hán Nôm VHv.
1831. 연대미상.

Ngô Thì Sĩ(吳時仕).『越史標案』. École Française d'Etrême-Orient, microfilm A.
11. 연대미상.

Nguyễn Trãi(阮廌). *Ức-Trai Tập*(抑齋集). Sài Gòn: Phủ Quốc-vụ-khanh đặc-trách
văn-hóa xuất bản 1972.

Phan Bội Châu(潘佩珠). *Phan Bội Châu niên biểu*(潘佩珠年表). Hà Nội: Văn Sử
Địa 1957.

Phan Huy Chú(潘輝注). *Lịch-Triều Hiến-Chương Loại-Chí*(歷朝憲章類誌). Sài Gòn:

Nhà In Bảo-Vinh 1957.

Trân Quang Cơ. "Hồi Ký Trần Quang Cơ"(쩐 꽝 꺼 회고록). 미발표 원고. 2008.

Trân Thế Pháp(陳世法). *Lĩnh-nam chích-quái*(嶺南摭怪). Sài Gòn: Nhà sách Khai-
    Trí 1961.

Ủy ban khoa học xã hội Việt Nam(UBKHXHVN). *Thơ Văn Lý-Trân*(李陳詩文).
    Tập I. Hà Nội: NXB khoa học xã hội, 1977.

『明實錄』(中央研究院歷史語言研究所『明實錄』縮印本). 臺北: 中文出版社 1966.

『明淸史料庚編』. 臺北: 中央研究院歷史語言研究所 1960.

『尙書正義』(十三經注疏). 北京: 北京大學出版社 2000.

徐延旭 編『越南輯略』(影印本). 출판지 미상 1877.

『續資治通鑑長編』(影印本). 北京: 中華書局 1979.

『宋會要輯稿』. 北京: 中華書局 1957.

『水經注』. 南京: 江蘇古籍出版社 1989.

沈括 著, 胡道靜 校注『夢溪筆談校證』. 北京: 中華書局 1960.

梁啓超「論私德」.『飮冰室文集』. 上海: 廣智書局 1907.

汪大淵『島夷誌略』. 北京: 中華書局 2000.

『越嶠書』.『四庫全書存目叢書』史部 163冊. 齊南: 齊魯書社 1996.

『二十五史』(中華書局標點校勘本). 北京: 中華書局 1995~1997.

『人民日報』.

『資治通鑑』司馬光 著, 胡三省 注. 臺北: 天工書局 1988.

『全唐文』. 臺北: 大通書局 1979.

朱楔『越南受降日記』. 上海: 商務印書館 1947.

中共中央文獻研究室『建國以來毛澤東文庫』. 北京: 中央文獻出版社 1993~1998.

中共中央文獻研究室 編『周恩來年譜, 1949~1976』. 北京: 中央文獻出版社 1997.

中國史學會 主編『中法戰爭』七. 上海: 上海人民出版社 1957.

中華人民共和國外交部外交史研究室 編『周恩來外交活動大事記, 1949~1975』. 北京: 世界知識出版社 1993.

陳賡『陳賡日記』(續). 北京: 解放軍出版社 1984.

『清光緒朝中法交涉史料』. 臺北: 文海出版社 1967.

『清史稿』. 北京: 中華書局 1998.

『清實錄』. 北京: 中華書局 1985.

『清會典』. 北京: 中華書局 1991.

慧皎『高僧傳』. 西村九郎石衛門 木刻板. 日本 1651.

黃文歡(Hoang Van Hoan) 著, 文庄·侯寒江 譯『滄海一粟——黃文歡革命回憶录』.
　北京: 解放軍出版社 1987.

『淮南子』劉安 等編, 高誘 注. 上海: 上海古籍出版社 1989.

Aurousseau, Lèonard, ed. *Ngan-Nan Tche Yuan*(安南志原). Hanoi: École Française
　d'Extrême-Orient 1932.

Baron, Samuel. "A Description of the Kingdom of Tonqueen." Awnsham
　Churchill, ed. *A Collection of Voyages and Travels*. Vol. 6. London: A & W.
　Churchill 1732.

Beijing Review.

Brzezinski, Zbigniew. *Power and Principle: Memoirs of the National Security Adviser,
　1977~1981*. New York: Farrar·Straus·Giroux 1983.

Cameron, Allan W., ed. *Viet-nam Crisis: A Documentary History*. Vol I. Ithaca:
　Cornell University Press 1971.

Cole, Allen B., ed. *Conflict in Indo-China and International Repercussions: A
　Documentary History*. Ithaca: Cornell University Press 1956.

Eisenhower, Dwight D. *Mandate for Change, 1953~1956*. Garden City, NY:
　Doubleday & Company 1963.

Far Eastern Economic Review(FEER).

Ho Chi Minh. *Selected Writings, 1920~1969*. Hanoi: Foreign Languages

Publishing House 1977.

Johnson, Lyndon B. *The Vantage Point: Perspectives of the Presidency 1963~1969*. New York: Holt, Rinehart and Winston 1971.

Kissinger, Henry. *White House Years*. Boston: Little, Brown & Co. 1979.

Lee Kuan Yew. *From Third World to First: The Singapore Story 1965~2000*. New York: Harper Collins 2000.

Mao Tse-tung. *Selected Works of Mao Tse-tung*. Vol. 2. Peking: Foreign Languages Press 1967.

Nguyen Cuong Tu. *Zen in Medieval Vietnam: A Study and Translation of the Thien Uyen Tap Anh*. Honolulu: University of Hawaii Press 1997.

Nhân Dân(인민).

Porter, Gareth, ed. *Vietnam: The Definitive Documentation of Human Decisions*. 2 Vols. New York: Earl M. Coleman Enterprises, Inc. 1979.

Sainteny, Jean. *Histoire d'une paix manqée: Indochine, 1945~1947*. Paris: Amiot Dumont 1953.

Sihanouk, Norodom. *War and Hope: The Case for Cambodia*. New York: Pantheon Books 1980.

Taboulet, Georges. *La Geste Française en Indochine*. Tome 1 & 2. Paris: Librairie d'Améque et d'Orient Adrien Maisonneuve 1955/1956.

Thanh Niên(청년).

The Le Code: Law in Tradtional Vietnam. Vol. I. Translated by Nguyen Ngoc Huy, et al. Athens, Ohio: Ohio University Press 1987.

Truong Buu Lam. *Patterns of Vietnamese Response to Foreign Intervention: 1858~1900*. Monograph Series No. 11. New Haven: Yale Southeast Asia Studies 1967.

Vinh Sinh and Nicholas Wickenden, trans. *Overturned Chariot: The Autobiography of Phan-Boi-Chau*. Honolulu: University of Hawaii Press 1999.

VN Express.

Vo Nguyen Giap. *Unforgettable Days*. Hanoi: The Gioi Publishers 1994.

Westad, Odd Arne, et al. *77 Conversations between Chinese and Foreign Leaders on Wars in Indochina, 1964~1977*. Cold War International History Project Working Paper No. 22. Washington D.C.: Woodrow Wilson International Center for Scholars 1998.

2차 사료

Đặng Nghiêm Vạn. "Những chặng đường hình thành dân tộc Việt-Nam thống nhất"(통일 베트남 민족형성의 여러 단계). *Nghiên Cứu Lịch Sử*(NCLS, 역사연구) 179. 1978.

Đào Duy Anh. *Đất nước Việt Nam qua các đời*(베트남 역대 강역). Huế: NXB Thuận Hóa 1994.

Dương Kinh Quốc. *Việt Nam những sự kiện lịch sử (1858~1918)*(베트남의 역사적 사건들, 1858~1918). Hà Nội: NXB giáo dục 2001.

Lê Duẩn. "Tất cả vì tổ quốc xã hội chủ nghĩa, vì hạnh phúc của nhân dân!"(사회주의 조국과 인민의 행복을 위한 모든 것). *Nhân Dân*. June 26, 1981.

Nguyễn Đức Bình. "Thực chất phản động của chủ nghĩa Mao"(마오이즘의 반동적 실체). *Tập Chí Công Sản*. No. 11(November). 1979.

Nguyễn Khắc Xương. "Về cuộc khởi nghĩa Hai Bà Trưng qua tư liệu Vĩnh-phú"(빈 푸 자료에 의한 쯩씨 자매의 의거). *Nghiên Cứu Lịch Sử*. 151. 1973.

Nguyễn Quang Ngọc, chủ biên. *Tiến trình lịch sử Việt Nam*(베트남역사의 전개과정). Hà Nội: NXB giáo dục 2000.

Nguyễn Văn Khánh. *Việt Nam Quốc dân đảng trong lịch sử cách mạng Việt Nam* (베트남 혁명사에서의 베트남국민당). Hà Nội: NXB khoa học xã hội 2005.

500

Phạm Huy Thông. "Ba lần dựng nước"(세 차례 건국). *Học Tập* 21. no. 237. 1975.

Phan Huy Lê, et al. *Lịch Sử Việt Nam*(베트남역사). tập I. Hà Nội: NXB đại học và giáo dục chuyên nghiệp 1985.

Phan Huy Lê. "Đại Việt Sử Ky Toàn Thư—tác giả, văn bản, tác phẩm"(대월 사기전서—작자, 판본, 작품). *Đại Việt Sử Ky Toàn Thư*. tập I. Hà Nội: NXB khoa học xã hội 1993.

_____ "Tinh thống nhat trong đa dạng của lịch sử Việt Nam"(베트남역사의 다양성 속에서의 통일성). Phan Huy Lê. *Tìm về cội nguồn*(근원의 탐구). tập I. Hà Nội: Thế Giới Publishers 1998.

_____ "Phong Trào Đông Du trong giao lưu văn hóa Việt-Nhật"(베트남-일본 문화교류에서의 동유운동). *Nghiên Cứu Lịch Sử*. 12. 2005.

_____ "Bước chuyển biến từ thời cuối Trân sang Lê sơ"(쩐 말기로부터 레 초로의 전환). Phan Huy Lê. *Lịch sử và văn hóa Việt Nam: Tiếp cận bộ phận*(베트남역사와 문화: 부분적인 접근). Hà Nội: NXB giáo dục 2007.

_____ "Thắng lợi và thất bại của Tây Sơn"(떠이 썬의 승리와 실패). Phan Huy Lê. *Lịch sử và văn hóa Việt Nam: Tiếp cận bộ phận*. Hà Nội: NXB giáo dục 2007.

Tạ Ngọc Liễn. *Quan hệ giữa Việt Nam & Trung Quốc, thế kỷ xv~đầu thế kỷ xvi* (베트남과 중국 관계, 15세기~16세기 초). Hà Hội: NXB khoa học xã hội 1995.

Trần Trọng Kim. *Việt-Nam Sử-Lược*(越南史略). 2 Quyển. Sài Gòn: Bộ Giáo-Dục Trung-Tam Học-Liệu xuất-bản 1971.

Trịnh Nhu. "Nguồn Gốc của Chiến Tranh Trung-Pháp (1883~1885)"(청불전쟁의 기원: 1883~1885). *Nghiên Cứu Lịch Sử*. So 1. 1991.

Trung Tâm Nghiên Cứu Trung Quốc. *Quan Hệ Việt Nam-Trung Quốc, những sự kiện 1945~1960*(베트남-중국 관계 사건들, 1945~1960). Hà Nội: NXB khoa học xã hội 2003.

_____ *Quan Hệ Việt Nam-Trung Quốc, những sự kiện 1991~2000*(베트남-중국 관

계 사건들, 1991~2000). Hà Nội: NXB khoa học xã hội 2003.

Truong Chinh. *President Ho-Chi-Minh, Beloved Leader of the Vietnamese People*. Hanoi: Foreign Languages Publishing House 1966.

_____ "Nhân dân Việt Nam kiên quyết đánh bại mỗi mưu mô xâm lược của chủ nghĩa bành trướng và chủ nghĩa bá quyền Trung-quốc"(베트남인민은 중국의 팽창주의와 패권주의의 침략음모를 확실히 격퇴시켜야 한다). *Nhân Dân*. February 17, 1982.

Trương Hữu Quýnh, et al. *Đại cương lịch sử Việt Nam*(베트남사 개요). tập I. Hà Nội: NXB giáo dục 1999.

Ủy ban khoa học xã hội Việt Nam(UBKHXHVN). *Lịch Sử Việt Nam*(베트남역사). tập I. Hà Nội: NXB khoa học xã hội 1971.

Văn Tạo. "Chiến Tắng Lịch Sử của Dân Tộc Việt Nam chống Bọn Trung Quốc Xam Lược"(중국 침략에 대한 베트남민족의 戰勝史). *Nghiên Cứu Lịch Sử*. 2(March~April). 1979.

Văn Tiến Dũng. "Thắng lợi liên tiếp, sức mạnh phát triển không ngừng của dân tộc Việt Nam trong sự nghiệp bảo vệ Tổ quốc"(조국수호과업에서 베트남민족의 일련의 승리와 발전역량). *Quân Đội Nhân Dân*(인민군대). April 30, 1979.

Viện Nghiên Cứu Trung Quốc. *Quan Hệ Việt Nam, Trung Quốc, những sự kiện 1961~1970*(베트남-중국 관계 사건들, 1961~1970). Hà Nội: NXB khoa học xã hội 2006.

Vo Nguyễn Giáp "Nhân dân Việt-Nam nhất định thắng lợi giặc Trung-quốc xâm lược nhất định thất bại"(베트남 인민은 반드시 승리해야 하며 침략자 중국은 반드시 패배해야 한다). *Tạp Chí Công Sản*(공산잡지). Thang Ba(3월호). 1979.

Vũ Dương Ninh, chủ biên. *Biên Giới Trên Đat Liền Việt Nam-Trung Quốc*(베트남-중국 대륙 위에서의 변경). Hà Nội: NXB công an nhân dân 2010.

502

고명수「쿠빌라이 정부의 南海정책과 해외무역의 번영 ─ 몽골의 전통적 세계관과 관련하여」.『사총』72. 2011.

金永健「安南國使臣唱和問答錄」.『黎明期의 朝鮮』. 서울: 정음사 1948.

노영순「청불전쟁(1884~1885) 전후 중국-베트남 국경문제와 획정과정」.『북방사논총』4. 2005.

다이앤 머레이 지음, 이영옥 옮김『그들의 바다: 남부 중국의 해적, 1790~1810』. 서울: 심산 2003.

바르바라 바르누앙·위창건 지음, 유상철 옮김『저우 언라이 평전』. 서울: 베리타스북스 2007.

박희병「조선 후기 지식인과 베트남」.『한국문화』47. 2009.

송정남「中世 베트남의 外交 ─ 對蒙抗爭을 소재로」.『국제지역연구』10-1. 2006.

유용태『환호 속의 경종: 동아시아 역사인식과 역사교육의 성찰』. 서울: 휴머니스트 2006.

劉仁善『베트남史』. 서울: 민음사 1984.

_____「베트남 阮朝의 성립과 '大南'帝國秩序」.『아시아문화』10. 1984.

_____「베트남의 도이머이(刷新)정책과 베트남사의 재해석」.『동남아시아연구』3. 1994.

_____「베트남 黎朝時代(1428~1788) 村落(社)의 구조와 성격」. 서울대학교 동양사학연구실 편『近世 東아시아의 國家와 社會』. 서울: 지식산업사 1998.

_____「베트남人의 南進과 南部文化의 形成」.『東方學志』105. 1999.

_____「전근대 베트남人의 歷史認識 ─ 黎文休와 吳士連을 중심으로」.『동양사학연구』73. 2001.

_____「판 보이 쩌우(Phan Boi Chau, 1867~1940) ─ 방황하는 베트남 초기 민족주의자」.『歷史敎育』90. 2004.

_____「전근대 베트남의 對中國認識 ─ 조공과 대등의식의 양면성」.『동북아역사논총』23. 2009.

兪長根「18世紀末 越·中關係의 一硏究: 西山黨事件을 중심으로」．『慶大史論』창간
　　호. 1985.

윤대영「20세기 초 베트남 지식인들의 동아시아 인식: 連帶意識과 自民族中心主
　　義 分析을 중심으로」．『東亞硏究』53. 2007.

이성규「中華帝國의 팽창과 축소: 그 이념과 실제」．『역사학보』186집. 2005.

이재원「인도차이나전쟁(1946~1954)을 통해서 바라본 프랑스인들의 식민지
　　관」．『프랑스사 연구』9호. 2003.

쟝 라꾸뛰르 지음, 아시아·아프리카·라틴아메리카 연구원 옮김『베트남의 별:
　　호찌민의 항불항미 구국 80년 생애』. 서울: 소나무 1988.

조동일 해설, 지준모 옮김『베트남 최고의 시인 阮廌』. 서울: 지식산업사 1992.

曹秉漢「淸末 海防체제와 中越 朝貢관계의 변화」．『歷史學報』205. 2010.

찰스 펜 지음, 김기태 옮김『호치민 평전』. 서울: 자인 1973.

첸치천 지음, 유상철 옮김『열 가지 외교이야기』. 서울: 랜덤하우스중앙 2004.

최귀묵『베트남문학의 이해』. 서울: 창비 2010.

최병욱「이수광(李睟光)의 베트남, 1597~1598」．『동남아시아연구』19. 2009.

崔熙在「越南, 朝鮮과 1860~80년대 淸朝 朝貢國政策의 再調整」．『歷史學報』206.
　　2010.

Do Tien Sam「베트남과 중국의 15년 관계 회고와 전망」．『동향과 논단』1·2호
　　(겨울). 2007.

郭明 編『中越關系演變40年』. 南寧: 广西人民出版社 1992.

罗敏「战後中國对越政策的演变」．『近代史研究』第1期. 2000.

羅香林『百越源流與文化』. 臺北: 中華叢書委員會 1955.

傅菊輝 外『当代中越關系史』. 香港: 中國國際文化出版社有限公司 2004.

谢益显『中国外交史: 中华人民共和国時期 1949~1979』. 河南: 河南人民出版社 1988.

薛谟洪·裴坚章『当代 中国外交』. 北京: 中國社會科學出版社 1990.

邵循正『中法越南關係始末』. 石家庄: 河北教育出版社 2000.

黎正甫『郡縣時代之安南』. 上海: 商務印書館 1945.

莊吉發「越南國王阮福映遣使入貢清廷考」.『人陸雜誌』54-2. 1977.

蔣永敬『胡志明在中國』. 臺北: 傳記文學出版 1972.

陳荊和「交趾名稱考」.『國立臺灣大學文史哲學報』4. 1952.

_____「五代宋初之越南 ── 有關安南獨立王朝成立年代之若干商榷」. 郭廷以 等著
『中越文化論集』(二). 臺北: 中華文化出版事業委員會 1956.

_____「清初鄭成功殘部之移殖南圻」(상).『新亞學報』5-1. 1960.

黃錚『胡志明与中國』. 北京: 解放军出版社 1987.

岡部達味「ベトナムの苦惱·対中關係」. 西原正·ジェームス W. モリ 編『対頭する
ベトナム』. 東京: 中央公論社 1996.

古田元夫「ベトナム ── 國際的對立から善隣關係へ」.『季刊中國研究』24. 1992.

_____『ベトナムからみた中國』. 東京: 日中出版 1979.

吉開將人「馬援銅柱おめぐる諸問題」.『ベトナムの社會と文化』3. 2001.

_____「歷史世界としての嶺南·北部ベトナム ── その可能性と課題」.『東南アジ
ア ── 歷史と文化』31. 2002.

大澤一雄「阮朝嗣德帝の土匪對策と黑旗軍」.『史學』33-2. 1960.

_____「十六·十七世紀における中國·ヴェトナム交涉史に關する研究」(2).『史
學』38-3. 1965.

_____「黎朝中期の明·清との關係(1527~1682)」. 山本達郎 編『ベトナム中國關係
史』. 東京: 山川出版社 1975.

_____「阮朝皇帝の對外認識 ── 明命·紹治·嗣德時代を中心として」.『山本達郎博
士古稀記念 東南アジア·インドの社會と文化』(上). 東京: 山川出版社 1980.

桃木至朗「一家の事業としての李朝」.『東洋學報』(東京) 79-4. 1998.

藤原利一郎「ヴェトナム諸王朝の變遷」.『岩波講座 世界歷史』12. 東京: 岩波書店
1971.

_____「黎朝後期鄭氏の華僑對策」. 藤原利一郎『東南アジア史の研究』. 京都: 法藏

館 1972.

_____「黎朝前期の明との關係」. 山本達郎 編『ベトナム中國關係史』. 東京: 山川出
版社 1975.

尾崎康「後漢の交趾刺史について──士燮をめぐる諸勢力」.『史學』33-3・4. 1961.

白石昌也「東遊運動期のファン・ボイ・チャウ」. 永積昭 編『東南アジアの留學生と
民族主義運動』. 東京: 巖南堂書店 1981.

_____『ベトナム民族運動と日本・アジア』. 東京: 巖南堂書店 1993.

ベトナム社會主義共和國政府「中華人民共和國政府あて覺書」5月 18日.『世界政治
資料』. 1978年 7月 (下).

ベトナム社會主義共和國外務省 編, 日中出版編集部 譯『中國白書──中國を告發す
る』. 東京: 日中出版 1979.

ボーグエン・ザップ「第六期ベトナム國會第五回會議えの政府報告」(上) 1979年
5月 28日.『世界政治資料』. 1978年 7月 (上).

山本達郎「安南の貿易港雲屯」.『東方學報』(東京) 9. 1939.

_____「安南が獨立國を形成したる過程の研究」.『東洋文化研究所紀要』1. 1943.

_____「越史略と大越史記」.『東洋學報』(東京) 32-4. 1950.

_____『安南史研究』I. 東京: 山川出版社 1950.

_____「陳朝と元と關係(1225~1400)」. 山本達郎 編『ベトナム中國關係史』. 東京:
山川出版社 1975.

三尾忠志「大漢民族大國主義とベトナムの對應」. 三尾忠志 編『インドシナをめぐ
る國際關係──對決と對話』. 東京: 日本國際問題研究所 1988.

_____「ソ・越 關係──同盟關係下の不協和音」. 三尾忠志 編『インドシナをめぐる
國際關係──對決と對話』. 東京: 日本國際問題研究所 1988.

杉本直次郎「秦漢兩代における中國南境の問題」.『東南アジア史研究』I. 東京: 巖
南堂書店 1968.

_____「五代宋初に於ける安南の土豪吳氏に就いて」.『東南アジア史研究』I. 東京:

巖南堂書店 1968.

小玉新次郎「阮朝と黑旗軍」.『東洋史研究』13-5. 1955.

松本信廣『印度支那の民族と文化』.東京: 岩波書店 1942.

＿＿＿＿『ベトナム民族小史』.東京: 岩波書店 1969.

櫻井由躬雄「ヴェトナム中世社數の研究」.『東南アジア──歴史と文化』5. 1975.

＿＿＿＿「南海交易ネットワークの成立」.『岩波講座 東南アジア史』I. 東京: 岩波書店
    2001.

鈴木中正「淸·越南關係の成立」.『愛知大學文學論叢』33·34 合倂號. 1966.

＿＿＿＿「乾隆安南遠征考」(上).『東洋學報』50-2. 1967.

＿＿＿＿「乾隆安南遠征考」(下).『東洋學報』50-3. 1967.

＿＿＿＿「黎朝後期の淸との關係(1682~1804)」. 山本達郎 編『ベトナム中國關係史』.
    東京: 山川出版社 1975.

栗原朋信『秦漢史の研究』.東京: 吉川弘文館 1956.

伊藤正子「文化大革命初期におけるベトナム·中國關係──1966~68年の新越華報
    を中心に」.『アジア·アフリカ研究』30-3. 1989.

齋藤實「前漢武帝の對外政策」.『日本大學藝術學部紀要』18. 1989.

猪口孝「傳統的東アジア世界秩序試論──十八世紀末の中國のベトナム干涉を中
    心として」.『國際法外交雜誌』73-5. 1975.

朱建榮『毛澤東のベトナム戰爭』.東京: 東京大學出版會 2001.

竹田龍兒「阮朝初期の淸との關係」. 山本達郎 編『ベトナム中國關係史』.東京: 山川
    出版社 1975.

陳荊和「十七·八世紀ベトナムにおける南北對立の歴史とその分析」.『史學』38-4.
    1966.

＿＿＿＿「大越史略──その內容と編者」.『山本達郎博士古稀記念 東南アジア·イン
    ドの社會と文化』(下). 東京: 山川出版社 1980.

＿＿＿＿「大越史記全書の撰修と傳本」. 陳荊和 編校『大越史記全書』上. 東京: 東京大

學東洋文化硏究所 附屬 東洋學文獻センタ- 1984.

川本邦衛「潘佩珠小史」. 長岡新次郎·川本邦衛 編『ヴェトナム亡國史 他』. 東京: 平
凡社 1964.

_____『ベトナムの詩と歴史』. 東京: 文藝春秋 1976.

_____「ヴェトナの佛敎」. 中村 元 等編『アジア佛敎史·中國編 IV』. 東京: 佼成出
版社 1976.

八尾隆生『黎初ヴェトナムの政治と社會』. 東廣島: 廣島大學出版會 2009.

片倉穰「中國支配下のベトナム (1)」.『歴史學硏究』380. 1972.

_____「ベトナム·中國の初期外交關係にする一問題」.『東方學』44. 1992.

坪井善明「ヴェトナム阮朝(1802~1945)の世界觀」.『國家學會雜誌』96-9·10.
1983.

_____『近代ヴェトナム政治社會史』. 東京: 東京大學出版會 1991.

河原正博「丁部領の卽位年代について」.『法政大學文學部紀要』15. 1970.

_____「宋初における中越關係──太宗のベトナム出兵を中心として」.『法政大學
文學部紀要』18. 1972.

_____「ベトナム獨立王朝の成立と發展(905~1009)」. 山本達郎 編『ベトナム中國
關係史』. 東京: 山川出版社 1975.

_____「李朝と宋との關係(1009~1225)」. 山本達郎 編『ベトナム中國關係史』. 東
京: 山川出版社 1975.

_____「前黎朝と宋朝との關係──黎桓の諸子を中心として」.『法政史學』29. 1976.

和田博德「淸代のヴェトナム·ビルマ銀」.『史學』33-3·4 合倂號. 1961.

_____「阮朝中期の淸との關係」, 山本達郎 編『ベトナム中國關係史』. 東京: 山川出
版社 1975.

後藤均平『ベトナム救國抗爭史』, 東京: 新人物往來社 1975.

Chesneaux, Jean. *Le Vietnam──Études de politique et d'histoire*. Paris 1968. 藤田和子
譯『ベトナム──政治と歴史の考察』. 東京: 青木書店 1969.

508

Amer, Ramses. "Sino-Vietnamese Relations and Southeast Asian Security." *Contemporary Southeast Asia* 14-4(March). 1993.

_____ "Sino-Vietnamese Normalization in the Light of the Crisis of the Late 1970s." *Pacific Affairs* 67-3(Autumn). 1994.

_____ "Sino-Vietnamese Relations: Past, Present and Future." In Carlyle A. Thayer and Ramses Amer, eds. *Vietnamese Foreign Policy in Transition*. Singapore: Institute of Southeast Asian Studies 1999.

_____ "Assessing Sino-Vietnamese Relations through the Management of Contentious Issues." *Contemporary Southeast Asia* 26-2. 2004.

_____ "The Sino-Vietnamese Approach to Managing Border Disputes—Lessons, Relevance and Implications for the South China Sea Situation." http://su.diva-portal.org/smash/record.jsf?pid=diva2:378507. 2011.

Ang Cheng Guan. *Vietnamese Communists' Relations with China and the Second Indochina Conflict, 1956~1962*. Jefferson, NC: McFarland & Company, Inc. 1997.

_____ *Ending the Vietnam War: The Vietnamese Communists' Perspective*. London: Routledge Curzon 2004.

Beresford, Melanie, and Dang Phong. *Economic Transition in Vietnam: Trade and Aid in Demise of a Centrally Planned Economy*. Cheltenham, UK: Edward Edgar 2000.

Boudet, Paul. "La conquête de la Cochinchine par les Nguyên et le rôle des émigrés chinois." *Bulletin de l'École Française d'Etrême-Orient(BÉFEO)* 42. 1942.

Brocheux, Pierre and Daniel Hémery. *Indochina: An Ambiguous Colonization, 1858~1954*. Berkeley: University of California Press 2009.

Bui Quang Tung. "Le soulèvement des Soeurs Trung." *Bulletin de la Société des Études Indochinoises* 36-1. 1961.

Bui Thanh Son. "Vietnam-U.S. Relations and Vietnam's Foreign Policy in the 1990s." In Carlyle A. Thayer and Ramses Amer, eds. *Vietnamese Foreign Policy in Transition.* Singapore: Institute of Southeast Asian Studies 1999.

Bui Tin. *Following Ho Chi Minh.* London: Hurst & Co. 1995.

Buttinger, Joseph. *Vietnam: A Political History.* New York: Praeger Publishers 1968.

Chanda, Nayan. *Brother Enemy: The War after the War.* New York: Collier Books 1986.

Chang Pao-min. "The Sino-Vietnamese Territorial Dispute." *Asia Pacific Community.* No. 8. 1980.

_____ "The Sino-Vietnamese Dispute over the Ethnic Chinese." *China Quarterly* 90(June). 1982.

_____ *The Sino-Vietnamese Territorial Dispute.* New York: Praeger Publishers 1986.

Chen Jian. "China and the First Indo-China War, 1950~54." *China Quarterly* 133(March). 1993.

_____ "China's Involvement in the Vietnam War, 1964~69." *China Quarterly* 142(June). 1995.

Chen, King C. *Vietnam and China, 1938~1954.* Princeton: Princeton University Press 1969.

_____ *China's War with Vietnam, 1979: Issues, Decisions, and Implications.* Stanford: Hoover Institution Press 1979.

Choi Byung Wook. *Southern Vietnam under the Reign of Minh Mang (1820~1841): Central Policies and Local Response.* Ithaca: Cornell Southeast Asia Program Publications 2004.

Coedès, George. *The Indianized States of Southeast Asia.* Honolulu: East-West Center Press 1968.

Cooper, Chester L. *The Lost Crusade*. New York: Dodd, Mead & Company 1970.

Cordier, Henri. *Histoire des relations de la Chine avec les puissances occidentales, 1860~1902*. 3 Vols. Reprinted, Taipei: Ch'eng-wen Publishing Company 1966. Originally published by Paris: Ancienne Librairie Germer Bailliere 1901~1902.

Dauphin, Antoine. "La frontière sino-Vietnamienne de 1895~1896 à nos jours." In B. Lafont, ed. *Les frontières du Vietnam: Histoire des frontières de la péninsule indochinoise*. Paris: L'Harmattan 1989.

Devillers, Philippe. *Histoire du Viêt-Nam de 1940 à 1952*. Paris: Editions du Seuil 1952.

Do Tien Sam. "Vietnam-China Relations and Building the Two Corridors, One Economic Belt." In Institute of Chinese Studies, Vietnam Academy of Social Sciences. *Cooperation for the Development of Vietnam-China Two Corridors and One Economic Belt: Current Situation and Prospects*. Hanoi: Encyclopaedia Publishing House 2009.

Duiker, William J. *The Rise of Nationalism in Vietnam, 1900~1941*. Ithaca: Cornell University Press 1976.

_____ *The Communist Road to Power in Vietnam*. Bouler: Westview Press 1981.

_____ *China and Vietnam: The Roots of Conflict*. Berkeley: Institute of East Asian Studies, University of California 1986.

_____ *Ho Chi Minh*. New York: Hyperion 2000.

Duncanson, Dennis J. *Government and Revolution in Vietnam*. New York: Oxford University Press 1968.

Dutton, George. *The Tây Sơn Uprising: Society and Rebellion in Eighteenth-Century Vietnam*. Honolulu: University of Hawaii Press 2006.

Eastman, Lloyd E. *Throne and Mandarins: China's Search for a Policy during the Sino-French Controversy, 1880~1885*. Cambridge, Mass.: Harvard University Press

1967.

_____ *Seeds of Destruction: Nationalist China in War and Revolution, 1937~1949.* Stanford: Stanford University Press 1984.

Elliot, David. "Hanoi's Strategy in the Second Indochina War." In Jayne S. Werner and Luu Doan Huynh, eds. *The Vietnam War: Vietnamese and American Perspectives.* Armonk, NY: M.E. Sharpe, Inc. 1993.

Feis, Herbert. *Japan Subdued: The Atomic Bomb and the End of the War in Pacific.* Princeton: Princeton University Press 1961.

Fourniau, Charles. "La fixation de la frontière sino-Vietnamienne 1885~1896." *Études indochinoises: frontières et contacts dans la péninsule indochinoise.* Aix-en-Provence: Institut d'Histoire des Pays d'Outre-Mer 1981.

Fujiwara Riichiro. "Vietnamese Dynasties' Policies toward Chinese Immigrants." *Acta Asiatica* 18. 1970.

Garver, John W. "Sino-Vietnamese Conflict and the Sino-American Rapprochment." *Political Science Quarterly* 96-3. 1981

_____ "The Tet Offensive and Sino-Vietnamese Relations." In Marc J. Gilbert and W. Head, eds. *The Tet Offensive.* Westport, CT: Praeger Publishers 1996.

Gaspardone, Emile. "Un Chinois des mers du Sud." *Journal Asiatique* CCXL-3. 1952.

General Statistics Office of Vietnam(베트남정부통계청) 2011.

Gilks, Anne. *The Breakdown of the Sino-Vietnamese Alliance, 1970~1979.* Berkeley: Institute of East Asian Studies, University of California 1992.

Gu Xiaosong and Brantly Womack. "Border Cooperation Between China and Vietnam." *Asian Survey* 40-6(Nov.~Dec.). 2000.

Hammer, Ellen J. *The Struggle for Indochina, 1940~1955.* Stanford: Stanford University Press 1966.

Herring, George C. *America's Longest War: The United States and Vietnam, 1950~ 1975*. 3rd edition. New York: McGraw-Hill 1996.

Hess, Gary R. *Vietnam and the United States: Origins and Legacy of War*. Revised ed. New York: Twayne Publishers 1998.

Hoang Anh Tuan. "Vietnam's Membership in ASEAN: Economic, Political and Security Implications." *Contemporary Southeast Asia* 16-3(December). 1994.

Honey, J. "The Fourth Congress of the Lao Dong Party." *China News Analysis* 1072(March 11). 1977.

Hood, Steven J. *Dragons Entangled: Indochina and China-Vietnam War*. Armonk, NY: M.E. Sharpe 1992.

http://www.bangkokpost.com/news/asia/204055/vietnam.

http://www.reuters.com/.../us-vietnam-china-idUSTRE69B0SA20101012.

Huynh Dinh Te. "Vietnamese Cultural Patterns and Values as Expressed in Proverbs." Ph.D. dissertation at Columbia University. 1962.

Huynh Kim Khanh. *Vietnamese Communism, 1925~1945*. Ithaca: Cornell University Press 1982.

Ipson, Michael. "Da Qing and Dai Viet: Confucian States in Confrontation." Paper presented at the annual meeting of the Associations of Asian Studies. 1979.

Janse, Olov. *Archaeological Research in Indo-China*. Vol. I. Cambridge, Mass.: Harvard University Press 1947.

Jencks, Harlan W. "China's 'Punitive' War on Vietnam: A Military Assessment." *Asian Survey* 19-8(August). 1979.

Kelly, Liam C. *Beyond the Bronze Pillars*. Honolulu: University of Hawaii Press 2005.

Kenny, Henry J. *Shadow of the Dragon: Vietnam's Continuing Struggle with China and its Implications for U.S. Foreign Policy*. Washington D.C.: Brassy's 2002.

_____ "Vietnamese Perceptions of the 1979 War with China." In Mark A. Ryan, et al., eds. *Chinese Warfighting: The PLA Experience since 1949*. Armonk, NY: M.E. Sharp, Inc. 2003.

La Feber, Walter. "Roosevelt, Churchill and Indochina, 1942~45." *American Historical Review* 80-5. 1975.

Lawson, Eugene. "China's Vietnam War and its Consequences: A Comment." *China Quarterly* 88(December). 1981.

Le Thanh Khoi. *Histoire du Viet Nam des origines à 1858*. Paris: Sudestasie 1981.

Li Danhui. "The Sino-Soviet Dispute over Assistance for Vietnam's Anti-American War, 1965~1972." In Priscilla Roberts, ed. *Behind the Bamboo Curtain: China, Vietnam, and the World beyond Asia*. Stanford: Stanford University Press 2006.

Li Tana. *Nguyen Cochinchina: Southern Vietnam in the Seventeenth and Eighteenth Centuries*. Ithaca: Cornell Southeast Asia Publications 1998.

Liu Xiaoyuan. "China and the Issue of Postwar Indochina in the Second World War." *Modern Asian Studies* 33-2. 1999.

Lo Jung-Pang. "Intervention in Vietnam: A Case Study of the Foreign Policy of the Early Ming Government." *Tsing Hua Journal of Chinese Studies* (Taipei) 8-1 & 2. 1970.

MacFarquhar, Roderick and John K. Fairbank, eds. *The Cambridge History of China*. Vol. 15. Cambridge: Cambridge University Press 1991.

Marr, David. G. *Vietnamese Anticolonialism, 1885~1925*. Berkeley: University of California Press 1971.

_____ *Vietnam 1945, The Quest for Power*. Berkeley: University California Press 1995.

Maspèro, George. *Le royaume de Champa*. Paris: Les Edition G. van Oest 1928.

Maspèro, Henri. "Le protectorat gènèral d'Annam." *Bulletin de l'École Française d'Etrême-Orient(BÉFEO)* 10. 1910.

_____ "La commanderie de Siang." *BÉFEO* 16. 1917.

_____ "L'Expedition de Ma Yüan." *BÉFEO* 18. 1918.

Maybon, Charles B. *Histoire moderne du pays d'Annam, 1592~1820*. Paris: Librairie Plon 1919. Reprinted edition. Westmead, England: Gregg International Publishers 1972.

McAleavy, Henry. *Black Flags in Vietnam: The Story of a Chinese Intervention*. New York: Macmillan 1968.

Mio Tadashi. "The Transitions and Prospects of Sino-Vietnamese Relations." In Mio Tadashi, ed. *Indochina in Transition: Confrontation or Co-prosperity*. Tokyo: Japan Institute of International Affairs 1989.

Moris, Stephen J. "The Soviet-Chinese-Vietnamese Triangle in the 1970s: The View from Moscow." In Priscilla Roberts, ed. *Behind the Bamboo Curtain: China, Vietnam, and the World beyond Asia*. Stanford: Stanford University Press 2006.

Morris, Roger. *Uncertain Greatness: Henry Kissinger and American Foreign Policy*. New York: Harper & Row 1977.

Nguyen Hong Thach. "Vietnam between China & the United States (1950~1995)." Ph.D. dissertation at the University of New South Wales. 2000.

Nguyen Khac Kham. "Dai Co Viet Revisited." 『創大アジア研究』 10. 1989.

Nguyen Ngoc Huy. "Le Code des Le: 'Quoc Trieu Hinh Luat' ou 'lois pénales de la dynastie nationale'." *Bulletin de École Française d'Extrême-Orient(BÉFEO)* 67. 1980.

O'Ballance, Edgar. *The Indo-China War, 1945~1954: A Study in Guerilla Warfare*. London: Faber and Faber 1964.

_____ *The Wars in Vietnam, 1954~1980*. New Enlarged Edition. New York: Hippocrene Books, Inc. 1981.

O'Harrow, Stephen. "From Co-loa to the Trung Sister's Revolt." *Asian Perspectives* 22-2. 1979.

_____ "Nguyen Trai's *Binh Ngo Dai Cao* of 1428." *Journal of Southeast Asian Studies* 10-1. 1979.

_____ "On the Origin of Chu-nom," *Indo-Pacifica* 1. 1981.

Olsen, Mari. "The USSR and Vietnam: 1954~1956." In Philippe Le Failler and Jean Marie Mancini, eds. *Viet Nam: Sources et Approaches*. Aix-en-Provence: Publications de l'Université de Provence 1996.

Patti, Archimedes L. *Why Viet Nam? Prelude to America's Albatross*. Berkeley: University of California Press 1980.

Pike, Douglas. *Viet Cong: The Organization and Techniques of National Liberation Front of South Vietnam*. Cambridge, Mass.: MIT Press 1968.

Porter, Gareth. "The Transition of Vietnam's World View." *Contemporary Southeast Asia* 12-1(June). 1990.

Quinn-Judge, Sophie. *Ho Chi Minh: the Missing Years, 1919~1941*. Berkeley: University of California Press 2002.

Ross, Robert S. *The Indochina Tangle: China's Vietnam Policy, 1975~1979*. New York: Columbia University Press 1988.

Ruane, Kevin. *War and Revolution in Vietnam, 1930~75*. London: UCL Press 1998.

Sainteny Jean. *Histoire d'une paix manguée-Indochine, 1945~1947*, Paris: Amiot-Dunont 1953.

Schafer, Edward. *The Empire of Min*. Tokyo: Charles E. Tuttle Co. 1954.

Schwartz, Benjamin I. "The Chinese Perception of World Order: Past and Present." In John K. Fairbank, ed. *The Chinese World Order: Traditional China's*

Foreign Relations. Cambridge, Mass.: Harvard University Press 1968.

Segal, Gerald. *Defending China*. Oxford: Oxford University Press 1985.

Sellers, Nicholas. *The Princes of Ha-Tien (1682~1867)*. Bruxelles: Thanh-Long 1983.

Shaplen, Robert. *The Lost Revolution: Vietnam, 1945~1965*. London: Andre Deutsch 1966.

Shawcross, William. *Sideshow: Kissinger, Nixon, and the Destruction of Cambodia*. New York: Simon and Schuster 1979.

Shen Zhihua. "Sino-U.S. Reconciliation and China's Vietnam Policy." In Priscilla Roberts, ed. *Behind the Bamboo Curtain: China, Vietnam, and the World beyond Asia*. Stanford: Stanford University Press 2006.

Shu Guang Zhang. "Beijing's Aid to Hanoi and the United States-China Confrontations, 1964~1968." In Priscilla Roberts, ed. *Behind the Bamboo Curtain: China, Vietnam, and the World beyond Asia*. Stanford: Stanford University Press 2006.

Smith, Ralph B. *An International History of the Vietnam War*. Vol. 2. New York: St. Martin's Press 1986.

Stern, Lew M. "The Overseas Chinese in the Socialist Republic of Vietnam, 1979~82." *Asian Survey* 25-5(May). 1985.

Stuart-Fox, Martin. *A History of Laos*. Cambridge: Cambridge University Press 1997.

Taylor, Jay. *China and Southeast Asia: Peking's Relations with Revolutionary Movements*. New York: Praeger Publishers 1976.

Taylor, Keith W. "An Evaluation of the Chinese Period in Vietnamese History." *Journal of Asiatic Studies* (Seoul) 23-1. 1980.

_____ *The Birth of Vietnam*. Berkeley: University of California Press 1983.

_____ "The 'Twelve Lords' in Tenth-Century Vietnam." *Journal of Southeast Asian Studies* 14-1(March). 1983.

_____ "Phung Hung: Mencian King or Austric Paramount?" *The Vietnam Forum* 8. 1986.

Thayer, Carlyle A. "Comrade Plus Brother: The New Sino-Vietnamese Relations." *Pacific Review* 5-4. 1992.

_____ "Sino-Vietnamese Relations: The Interplay and National Interest." *Asian Survey* 34-6(June). 1994.

_____ "The Structure of Vietnam-China Relations, 1991~2008." Paper for the 3rd International Conference on Vietnamese Studies. December 3~8, 2008. Hanoi, Vietnam 2008.

_____ "Recent developments in the South China Sea: Implications for Peace, Stability and Cooperation in the Region." In Diplomatic Academy of Viet Nam. *Proceedings of the International Workshop on 'The South China Sea: Cooperation for Regional Security and Development.'* November 26~27, 2009. Hanoi, Vietnam 2009.

Thomson, Virginia and Richard Adolff. *The Left Wing in Southeast Asia.* New York: William Sloane Associates 1950.

Tønnesson, Stein. *The Vietnamese Revolution of 1945: Roosevelt, Ho Chi Minh, and de Gaulle in a World at War.* London: Sage Publications 1991.

_____ "Sino-Vietnamese Rapprochement and the South China Sea Irritant." *Security Dialogue* 34-1(March). 2003.

_____ "Le Duan and the Break with China." In Priscilla Roberts, ed. *Behind the Bamboo Curtain: China, Vietnam, and the World beyond Asia.* Stanford: Stanford University Press 2006.

Truong Buu Lam. "Intervention Versus Tribute in Sino-Vietnamese Relations,

518

1788~1790." In John K. Fairbank, ed. *The Chinese World Order: Traditional China's Foreign Relations.* Cambridge, Mass.: Harvard University Press 1968.

Truong Nhu Tang. *A Vietcong Memoir.* New York: Vintage 1985.

Tucker, Spencer C. *Vietnam.* London: UCL Press 1999.

Turley, William S. *The Second Indochina War: A Short Political and Military History, 1954~1975.* Boulder: Westview Press 1986.

U.S. Department of States. *United States Relations with China: With Special Reference to the Period 1944~1949.* Washington D.C.: U.S. Government Printing Office 1949.

_____ *Foreign Relations of the United States, 1961~1963.* Washington D.C.: U.S. Government Printing Office. Vol. I. 1988.

Vietnamese Studies (Hanoi). No. 7. 1965.

Vo Nguyen Giap. *People's War People's Army: the Viet cong insurrection manuel for under developed countries.* New York: Frederick A. Praeger 1962.

Wang Gungwu. "The Nanhai Trade: A Study of the Early History of Chinese Trade in the South China Sea." *Journal of the Malayan Branch of the Royal Asiatic Society* 31. 1958.

_____ "China and South-East Asia 1402~24." In Jerome Ch'en and Nicholars Tarling, eds. *Studies in Social History of China and South-East Asia.* Cambridge: Cambridge University Press 1970.

Wilber, Martin. *Sun Yat-sen, Frustrated Patriot.* New York: Columbia University Press 1976.

Whitmore, John K. *Vietnam, Ho Quy Ly, and the Ming (1371~1421).* New Haven: Yale Southeast Asian Studies 1985.

Wolters, O. W. "Historians and Emperors in Vietnam and China: Comments Arising Out of Le Van Huu's History, Presented to the Tran Court in 1272."

In Anthony Reid and David Marr, eds. *Perceptions of the Past in Southeast Asia*. Singapore: Heinemann Educational Books (Asia), Ltd. 1979.

_____ "Assertions of the Cultural Well-being in Fourteenth-Century Vietnam (Part One)." *Journal of Southeast Asian Studies* 10-2. 1979.

_____ "What Else May Ngo Si Lien Mean? A Matter of Distinctions in the Fifteenth Century." In Anthony Reid, ed. *Sojourners and Settlers: Histories of Southeast Asia and the Chinese*. St. Leonards, NSW: Allen Unwin 1996.

Womack, Brantly. "Sino-Vietnamese Border Trade: The Edge of Normalization." *Asian Survey* 34-6(June). 1994.

_____ *China and Vietnam: The Politics of Asymmetry*. Cambridge: Cambridge University Press 2006.

Woodside, Alexander B. "Early Ming Expansionism (1406~1427): China's Abortive Conquest of Vietnam." *Papers on China*. Vol. 17. Cambridge, Mass.: Harvard University Press 1963.

_____ *Vietnam and the Chinese Model: A Comparative Study of Vietnamese and Chinese Government in First Half of the Nineteenth Century*. Cambridge, Mass.: Harvard University Press 1971.

_____ n.d. "The Tay-son Revolution in Southeast Asian History." Mimeo of an undated paper, Cornell University Library.

Yamamoto Tatsuro. "Myths Explaining the Vicissitudes of Political Power in Ancient Vietnam." *Acta Asiatica* 18. 1970.

Yang Kuisong. "Mao Zedong and the Indochina Wars." In Priscilla Roberts, ed. *Behind the Bamboo Curtain: China, Vietnam, and the World beyond Asia*. Stanford: Stanford University Press 2006.

Young, Marilyn B. *The Vietnam Wars, 1945~1990*. New York: Harper Collins 1991.

520

Zagoria, Donald S. *Vietnam Triangle: Moscow, Peking, Hanoi*. New York: Pegasus 1967.

Zhai Qiang. "China and the Geneva Conference of 1954." *China Quarterly* 129(March). 1992.

_____ *China and the Vietnam Wars, 1950~1975*. Chapel Hill: University of North Carolina Press 2000.

Zhang Xiaoming. "China's 1979 War with Vietnam." *China Quarterly* 184(December). 2005.

_____ "Deng Xiao Ping and China's Decision to go to War with Vietnam." *Journal of Cold War Studies* 12-3(Summer). 2010.

526